Hermann-Josef Stipp
Alttestamentliche Studien

Beihefte zur Zeitschrift für die alttestamentliche Wissenschaft

Herausgegeben von
John Barton · Reinhard G. Kratz
Markus Witte

Band 442

De Gruyter

Hermann-Josef Stipp

Alttestamentliche Studien

Arbeiten zu Priesterschrift,
Deuteronomistischem Geschichtswerk
und Prophetie

De Gruyter

MIX
Papier aus verantwor-
tungsvollen Quellen
FSC
www.fsc.org
FSC® C016439

ISBN 978-3-11-030536-4
e-ISBN 978-3-11-030541-8
ISSN 0934-2575

Library of Congress Cataloging-in-Publication Data

A CIP catalog record for this book has been applied for at the Library of Congress.

Bibliografische Information der Deutschen Nationalbibliothek

Die Deutsche Nationalbibliothek verzeichnet diese Publikation in der Deutschen
Nationalbibliografie; detaillierte bibliografische Daten sind im Internet
über http://dnb.dnb.de abrufbar.

© 2013 Walter de Gruyter GmbH, Berlin/Boston

Druck: Hubert & Co. GmbH & Co. KG, Göttingen
∞ Gedruckt auf säurefreiem Papier

Printed in Germany

www.degruyter.com

Vorwort

Der vorliegende Sammelband enthält 15 Studien aus den Jahren 1995 bis 2011, ergänzt um zwei Rezensionen, die Debatten weiterführen, an denen mir gelegen ist. Keine dieser Arbeiten ist in der Originalfassung wiedergegeben, denn der Neudruck wurde genutzt, um Korrekturen anzubringen; außerdem wurden in Einzelfällen Ergänzungen vorgenommen, überholte Kontroversen ausgespart und Literaturangaben aktualisiert. In einem Falle („Richter 19: Schriftgestützte politische Propaganda im davidischen Israel") wurden zwei Aufsätze zu einem zusammengeführt, da ich in dem neueren der beiden Artikel einzelne Thesen aus der älteren Publikation revidiert habe. Ferner wurden die Abkürzungen biblischer Bücher sowie die biblischen Namen nach den Loccumer Richtlinien vereinheitlicht und die Orthographie auf die neue deutsche Rechtschreibung umgestellt. Deswegen wurde darauf verzichtet, die Seitenzahlen aus den Originalveröffentlichungen einzutragen. Allerdings waren gewisse Wiederholungen nicht zu vermeiden, da ihre Tilgung zu großen Aufwand erfordert hätte.

Mein Dank gilt Claudia Meinzold, Juliane Rohloff und insbesondere Daniel Thiem für die Erfassung und Neuformatierung der Texte; Daniel Thiem hat sich zudem um die Erstellung der Indizes verdient gemacht. Den Herausgebern John Barton, Reinhard Gregor Kratz und Markus Witte danke ich für ihre freundliche Bereitschaft, die vorliegende Sammlung in die Reihe BZAW aufzunehmen. Die Mitarbeiterinnen und Mitarbeiter des Verlags de Gruyter haben mich bei der Edition des Bandes kompetent unterstützt.

Die Originalausgaben eines Großteils der hier aufgenommenen Artikel enthalten Danksagungen an die Kolleginnen und Kollegen vom Departement Antieke Studie und von der Fakulteit Teologie der Universität Stellenbosch, wo die betreffenden Aufsätze entstanden. Deshalb gilt ein besonderer Gruß den Stellenboscher Freunden, bei denen auch dieser Band abgeschlossen wurde. Ob neben ihrer liebenswürdigen Kooperation auch die südafrikanische Sonne und die Weine vom Kap der Wissenschaft förderlich waren, müssen die Leser entscheiden.

München/Stellenbosch, im Februar 2013

Hermann-Josef Stipp

Inhaltsverzeichnis

III. Prophetie

Verzeichnisse

I.

Priesterschrift

Gen 1,1 und asyndetische Relativsätze
im Bibelhebräischen

„Das erste Wort der Bibel ist umstritten." Mit diesem lapidaren Satz eröffnete C. WESTERMANN (1974, 130) seine Erklärung von Gen 1,1, um eine Tatsache festzustellen, an der sich bis heute nichts geändert hat. Nach wie vor werden zwei grundlegende Deutungsalternativen vertreten.[1] Laut der ersten Interpretation steht in der artikellosen Präpositionalverbindung בְּרֵאשִׁית das Substantiv im Status absolutus; dann ist der Ausdruck eine morphologisch indeterminierte nominale Zeitangabe zu einem selbstständigen Satz im Umfang von V. 1. Diese Analyse sei zwecks rascher Verständigung das parataktische Modell genannt.[2] Es wird heute namentlich von Genesis-Kommentatoren bevorzugt.[3] Nach der konkurrierenden Erklärung steht רֵאשִׁית im determinierten Status constructus, wobei ein verbaler Attributsatz im Umfang des Restes von V. 1 die Rolle des Nomen rectum einnimmt. Die komplexe Konstruktusverbindung ist als pendierende Zeitangabe einem Matrixsatz zugeordnet, der entweder in V. 2 oder in 3a gefunden wird. Die Analyse sei im Folgenden das hypotaktische Modell genannt.[4] Es findet derzeit vor allem in der syntaktischen und monographischen Literatur seine Anhänger.[5]

Die syntaktische Alternative ist bekanntlich nicht ohne theologische Brisanz, weil sie die Schöpfungslehre in einem maßgeblichen Punkt berührt. Ist בְּרֵאשִׁית Zeitangabe zu einem selbstständigen Satz, kann der Ausdruck das בָּרָא-Wirken Gottes beim Ursprung von Himmel und Er-

---

1   Vgl. konzis E. JENNI 1992, 311; ausführlich M. BAUKS 1997, 69–92.

2   Angeregt von M. BAUKS 1997, 76: „Das parataktische Übersetzungsmodell".

3   Vgl. etwa G. VON RAD [10]1976, 27; C. WESTERMANN 1974, 107.130–135; L. RUPPERT 1992, 54.63f.; H. SEEBASS 1996, 58.64f. Die Variante von D. U. ROTTZOLL 1991, wonach V. 1 einen Hauptsatz und V. 2 einen temporalen Vordersatz zu V. 3 bilde, hat bislang keine Nachfolge gefunden.

4   Vgl. M. BAUKS 1997, 69.

5   Vgl. an neueren Vertretern: W. GROß 1987, 52f.; S. RATTRAY – J. MILGROM 1993, 292; H. RECHENMACHER 2002; M. WEIPPERT 2004. M. BAUKS 1997, 81–92, macht sich eine Kombination beider Modelle zu eigen: Sie übernimmt die hypotaktische Analyse von V. 1, bestreitet aber mit dem parataktischen Modell ein Pendens-Verhältnis zum nachfolgenden Kontext; vielmehr fungiere der Anakoluth V. 1 als Überschrift.

de verzeiten („Am / Im Anfang schuf Gott den Himmel und die Erde. Die Erde aber war Öde und Leere ..."). Der Wortlaut ist daher leichter brauchbar als biblische Berufungsinstanz für das Konzept einer uranfänglichen Creatio ex nihilo. Im anderen Falle verzeitet der Ausdruck ein Zweites – entweder den Zustand einer in V. 2 beschriebenen Vorwelt oder die in 3a eröffnete Gottesrede oder beides – im Verhältnis zu Gottes ברא-Handlung („Am / Im Anfang davon, dass Gott den Himmel und die Erde schuf ..."). Dann insinuiert der Wortlaut eine Vorwelt, die den ab V. 3 geschilderten Schöpfungsakten Gottes vorausliegt und deren Herkunft nicht geklärt wird. Bei dieser Interpretation taugt der Wortlaut besser als biblische Berufungsinstanz für Schöpfungskonzepte, die mit Größen rechnen, die nicht Gottes Urheberschaft entspringen, sodass deren Eigenart ihm nicht angelastet werden kann.

Wurzel der Interpretationsdifferenzen ist die Artikellosigkeit von בְּרֵאשִׁית, auf die sich bereits Raschi[6] und Ibn Esra[7] beriefen, als sie die ersten bekannten Varianten des hypotaktischen Modells entwarfen. Da die tiberische Vokalisation durch die antiken Übersetzungen (G ἐν ἀρχῇ,[8] Aquila ἐν κεφαλαίῳ, S $b^e r \bar{\imath} \check{s} \bar{\imath} \underline{t}$) und Transkriptionen (βρη/ισιθ, bresith)[9] sowie die samaritanische Aussprachetradition[10] unanfechtbar bestätigt wird, kommt die konjekturale Restitution eines synkopierten Artikels, wie mitunter vorgeschlagen, nicht in Betracht. Dass die Tiberer den Einsatz synkopierter Artikel generell auszuweiten geneigt waren,[11] steigert noch die Glaubwürdigkeit ihrer Bezeugung von Gen 1,1.

Der Erklärungsbedarf erwächst aus der Kombination zweier Faktoren. Erstens erfolgt die Markierung von Determination bzw. Indetermination in hebräischer Prosa nach ähnlichen Regeln wie in indogermanischen Artikelsprachen.[12] Dazu kommt zweitens der Denkzwang, dass

---

6   A. Ben Isaiah – B. Sharfman (ed.) 1949, 1f.; S. Bamberger ³1962, 1f.

7   D. U. Rottzoll 1996, 32.

8   Vgl. auch Joh 1,1 ἐν ἀρχῇ ἦν ὁ λόγος.

9   So die Standardtranskriptionen bei griechischen und lateinischen Kirchenvätern. Die angeblich hexaplarische Transkription βαρησηθ (BHS) ist dagegen erst im frühen 2. Jt. und fragwürdig belegt, zudem hinsichtlich des Artikels nicht eindeutig: U. Rüterswörden – G. Warmuth 1993, 170–172.

10   Entgegen dem Augenschein repräsentiert auch die samaritanische Aussprache bārāšit (P. E. Kahle 1962, 339) bzw. bārāšat (Z. Ben-Hayyim 1977, 353) Artikellosigkeit, denn da das samaritanische Hebräisch die Längungsfähigkeit des /r/ bewahrt hat (R. Macuch 1969, § 32cζ), wäre bei synkopiertem Artikel *bærrāšet zu erwarten (ebd. § 52bα); vgl. U. Rüterswörden – G. Warmuth 1993, 175; S. Schorch 2004, 83.

11   Dies belegen J. Barr 1989, 325–333, am Artikelgebrauch in der atl. Poesie und S. Schorch 2003, 298–304, durch Vergleich mit dem samaritanischen Pentateuch.

12   W. Gesenius – E. Kautzsch 1909, § 126d; B.K. Waltke – M. O'Connor 1990, § 13.2b. Zu den Ausnahmen vgl. J. Barr 1989.

die eine Welt notwendig nur einen Anfang haben kann, der somit situationsbedingt determiniert sein muss, eben „der Anfang". Wenn aber die Logik den priesterlichen Autor (bzw. die tiberischen Vokalisatoren) zu demselben Schluss genötigt haben müsste, warum steht dann kein Artikel? Die Vertreter der parataktischen Analyse geben darauf in der Regel zur Antwort, dass רֵאשִׁית einer Klasse hypodeterminierender Substantive angehöre, die sich von ihren Äquivalenten in vergleichbaren Artikelsprachen durch reduzierten Artikelgebrauch unterschieden. Deshalb sei bei der Übertragung von Gen 1,1 in andere Artikelsprachen ein Artikel zu ergänzen. So verfahren dann etwa die Einheitsübersetzung: „*Im* Anfang schuf Gott Himmel und Erde"; die revidierte Elberfelder Bibel: „*Im* Anfang schuf Gott die Himmel und die Erde"; die revidierte Lutherbibel: „*Am* Anfang schuf Gott Himmel und Erde"; ferner diverse englische Wiedergaben wie z.B. NKJV, NIV, NASB und ESV, die gleichlautend formulieren: „In *the* beginning God created the heavens and the earth."

Dem widerspricht das hypotaktische Modell. Danach beließ der priesterliche Autor רֵאשִׁית ohne Artikel, weil er gar nicht vom Anfang der Welt schlechthin reden wollte, sondern nur vom Ursprung der geordneten Lebenswelt, der mit dem Beginn der ברא-Tätigkeit Gottes anhob. Davon berichte Gen 1,1, weswegen רֵאשִׁית zwar determiniert sei, aber nicht inhärent, sondern durch den anschließenden Attributsatz, der jene Aktivitäten Gottes zum Inhalt hat.

E. JENNI (1992)[13] hat allerdings gegen die Begründungen beider Modelle eingewandt, dass sie eine „semantische Strukturdifferenz zwischen dem Hebräischen und unseren indoeuropäischen Sprachen" (309) außer Acht ließen, die sich beim Gebrauch relativer Zeitangaben wie „Anfang" und „Ende" auswirke. Mangels komparativer Kategorien fehle dem Hebräischen die Fähigkeit, zwischen Extremwerten und Nicht-Extremwerten zu differenzieren, weswegen Ausdrücke der genannten Art neben den Extremwerten auch deren Vorfelder abdecken müssten. So bezeichne etwa אַחֲרִית als Zeitbestimmung nicht nur das Ende, sondern auch die ferne Zukunft (309f.). Analog sei bei Ausdrücken für den Beginn anzunehmen, dass sie gleichermaßen für die ferne Vergangenheit einträten. Deshalb sei „zu fragen, ob nicht רֵאשִׁית in Gen 1,1 regulär im artikellosen status absolutus steht und der Ausdruck בְּרֵאשִׁית in einem nicht-extremen, nicht-superlativischen Sinn einfach eine sehr frühe Anfangszeit meint, wobei der Bezugsrahmen wie auch sonst beim Elativ offen bleibt" (313). Ist dies richtig, verdient das parataktische Modell den Vorzug, wenngleich in modifizierter Gestalt. Ent-

---

13 Vgl. auch schon den Vorentwurf E. JENNI 1989.

gegen dem hypotaktischen Modell und entgegen dem parataktischen in seiner herkömmlichen Form erklärt sich das Fehlen des Artikels einfach daraus, dass רֵאשִׁית indeterminiert ist. Als exakte deutsche Repräsentanz dieser neuen Variante der parataktischen Erklärung erscheint dann beispielsweise: *„In sehr früher Zeit* schuf Gott den Himmel und die Erde. Die Erde aber war Öde und Leere ..." (vgl. ebd.).

JENNIs These zu den semantischen Eigenarten relativer Zeitbestimmungen im Hebräischen bewährt sich an seinen Beispielen (309f.) und kann daher einige Wahrscheinlichkeit beanspruchen. Dies sei hier ohne näheres Referat festgestellt, denn selbst wenn diese Prämissen zutreffen, bleiben Zweifel, ob damit die vorfindliche Wortwahl erklärbar ist. Der priesterliche Schöpfungsbericht eröffnete ehemals ein Literaturwerk, zu dessen Markenzeichen eine feste, durchlaufende Chronologie gehörte, die bereits die Schöpfung einschloss, insofern das Sechstagewerk sich als die Explikation der in V. 1 genannten Schöpfertätigkeit Gottes erweist. Das priesterliche Zeitgerüst prägt bis heute den Endtext des Pentateuch und lieferte – kombiniert mit weiteren Traditionen – die Grundlage diverser Versuche, den Zeitpunkt der Schöpfung mitunter bis auf Tag und Uhrzeit genau zu berechnen.[14] Fern davon, das Sechstagewerk mittels einer „relativ vagen elativischen Zeitbestimmung ,in einer sehr, sehr frühen Urzeit'" (313) anzusiedeln, scheut der priesterliche Autor keine Mühe, die Entstehung der Welt in ein präzis kalkuliertes temporales Verhältnis zu epochalen Meilensteinen seines Geschichtsbildes, mithin zu seiner eigenen Gegenwart zu bringen.[15]

Die Theorie der Indetermination von רֵאשִׁית harmoniert also nur begrenzt mit den literarischen Eigenarten von P, die gerade die Erwartung eines determinierten Ausdrucks fördern.[16] Allerdings kehrt JENNI nach seiner eben skizzierten Argumentation überraschend zur traditionellen Variante des parataktischen Modells zurück. Er greift am Beispiel von עוֹלָם die alte Beobachtung auf, dass das Hebräische Substantive für Zeit- und Ortsangaben besitzt, die selten oder nie den Artikel

---

14   J. HUGHES 1990, 241–263; J. FINEGAN 1998, §§ 204, 211–216, 250ff., 699–703. Vgl. ferner den neuen Versuch zur Enträtselung der Arithmetik und Logik biblischer Chronologien von J. M. EGAN 1990.

15   J. HUGHES 1990, 5: „Priestly chronology is essentially a relative chronology ... But because this relative chronology has a fixed point in Adam's creation, which is contemporaneous with the creation of the world, it can also be converted into an absolute chronology of world history." Dabei gilt, dass die P-Chronologie Teil eines umfassenderen chronologischen Systems ist, das über die Königszeit und das Exil mindestens bis zum Baubeginn des zweiten Tempels reicht; vgl. etwa ebd. 5–54.

16   Diese Einwände werden auch durch die Überlegungen bei E. JENNI 1992, 314, nicht entkräftet, die auf die priesterliche Chronologie nicht eingehen.

annehmen und deshalb auch dann artikellos auftreten, wenn andere Artikelsprachen ein solches Element verlangen.[17] Daraus entnimmt er: „Ohne sich in Spekulationen über die Regeln der Artikelsetzung zu verlieren, kann man vielleicht doch fragen, ob nicht, was מֵעוֹלָם und עַד־עוֹלָם recht ist, auch בְּרֵאשִׁית billig sein könnte." (313) Dies läuft auf die herkömmliche These hinaus, dass die Artikellosigkeit auf Sonderregeln beruht, wonach bestimmte Klassen von Substantiven im Status absolutus generell die formale Anzeige der Determination unterlassen. JENNI erläutert das Verhältnis seiner beiden Erklärungen nicht, obwohl sie einander nicht stützen, sondern ausschließen. Denn seine neue Variante des parataktischen Modells führt die Artikellosigkeit von רֵאשִׁית auf bislang verkannte *Indetermination* zurück, während die hergebrachte Spielart mit lexemklassentypischem Verzicht auf die Anzeige von *Determination* rechnete.

In die Debatte um die syntaktische Interpretation von Gen 1,1 soll sich auch die vorliegende Studie einschalten. Dabei kann es zunächst nur darum gehen, das hypotaktische Modell der Analyse von Gen 1,1 zu sichten, bevor in einer weiteren Veröffentlichung die Frage JENNIs nach lexemklassenspezifischen Regeln der Artikelsetzung erneut aufgegriffen wird.

Das hypotaktische Modell interpretiert Gen 1,1 als eine Konstruktusverbindung, bei der ein Satz die Rolle des determinierenden Nomen rectum einnimmt mit der Folge, dass das Nomen regens determiniert ist. In einem traditionellen Sprachgebrauch, der bei mangelnder Unterscheidung von Form und Funktion auch im Hebräischen mit Kasusterminologie operiert, hat man solche determinierenden Sätze als Genetivsätze bezeichnet,[18] weil das Nomen rectum in semitischen Kasussprachen im Adnominalkasus (traditionell: Genetiv) steht. In einer den grammatischen Kategorien des Hebräischen verpflichteten Terminologie seien sie im Folgenden Rektumsätze genannt, da sie das satzhafte Äquivalent eines Nomen rectum bilden. Rektumsätze treten syndetisch und asyndetisch auf. Syndetische Rektumsätze werden durch eine Relativpartikel eröffnet, die bei asyndetischen Rektumsätzen fehlt. Es handelt sich demnach mit W. RICHTER (1979, 52f.) um Unterarten der Relativsätze, wobei die Wahl des Status constructus anstatt des Status absolutus beim (notwendigerweise in Kontaktstellung angeordneten) Bezugswort „noch nicht motivierbar[]" (79) ist. Entsprechend markiert

---

17 Vgl. z.B. F. E. KÖNIG 1897, § 294[3]; 1925, 130 mit Anm. 1.
18 C. BROCKELMANN [2]2004, § 144. Nach W. GESENIUS – E. KAUTZSCH 1909, § 130d, stehen diese Sätze „zu dem Stat. constr. (als dem Nomen regens) virtuell irgendwie im Genetiv-Verhältnis".

BH^t die Rektumsätze als Relativsätze (Sigle R; W. RICHTER 1991–1993).
Die Grammatiker sind sich einig, dass Rektumsätze Äquivalente deter-
minierter Nomina recta darstellen und somit ihr Bezugswort determinieren. Rektumsätze sind demnach determinierende Relativsätze.

Zur Bestätigung lässt sich eine Beleggruppe anführen, wo ähnlich
strukturierte Sachverhalte nach identischem Bezugswort (יוֹם) im ersten
Fall durch אֲשֶׁר-Satz nach determiniertem Status absolutus, im zweiten
durch syndetischen Rektumsatz und drittens durch asyndetischen Rektumsatz ausgedrückt werden:

אֲשֶׁר-Satz nach determiniertem Status absolutus:
1 Sam 27,11   כֹּה־עָשָׂה דָוִד ... כָּל־הַיָּמִים אֲשֶׁר יָשַׁב בִּשְׂדֵה פְלִשְׁתִּים
Syndetischer Rektumsatz:
Lev 13,46   כָּל־יְמֵי אֲשֶׁר הַנֶּגַע בּוֹ יִטְמָא
Asyndetischer Rektumsatz:
1 Sam 25,15   כָּל־יְמֵי הִתְהַלַּכְנוּ אִתָּם

Zur Beurteilung des hypotaktischen Modells der Analyse von Gen
1,1 erscheint es wünschenswert, zwecks Vergleich die atl. Rektumsätze
zu inventarisieren. Wie sich zeigen wird, begegnet dieser Versuch
erheblichen Hindernissen. Rektumsätze sind zweifelsfrei feststellbar,
wenn das Bezugswort erstens als Status constructus markiert und zweitens von einer Satzgrenze gefolgt ist. Beide Bedingungen zugleich sind
nur selten eindeutig erfüllt. Die syndetischen Relativsätze genügen
immerhin problemlos dem zweiten Kriterium, weil dort die Relativpartikel den Satzbeginn kennzeichnet. Im Falle der Asyndese sind jedoch
schon Unklarheiten zu gewärtigen, ob überhaupt eine Satzgrenze vorliegt. Noch weit größere Schwierigkeiten bereiten die Bezugsworte, da
nur ein Teil der hebräischen Nomina und ihrer Bildeformen Status
unterscheidet. Belegsammlungen von Rektumsätzen in Grammatiken
nennen regelmäßig Fälle mit Bezugsworten ohne Statusanzeige wie Ps
56,4 יוֹם אִירָא der Tag, an dem ich mich fürchte.[19] Relativsätze an Bezugsworten ohne Statusanzeige sind im AT häufig, müssten aber nach Maß-
gabe dieses Beispiels sämtlich als Kandidaten für Rektumsätze gelten,
ohne dass dies in der grammatischen Literatur bisher beachtet worden
wäre. Sie vollständig zu erörtern, würde den Rahmen dieser Studie
sprengen. Weil indes geklärt werden soll, ob Gen 1,1 einen asyndetischen Rektumsatz enthält, sind zumindest die asyndetischen Relativsätze daraufhin zu prüfen, ob beim Fehlen von Statusweisern am
Bezugswort andere Kriterien verbleiben, die die Diagnose von Rektumsätzen erlauben.

---

19   Vgl. W. GESENIUS – E. KAUTZSCH 1909, § 155l; P. JOÜON – T. MURAOKA 1991, § 129p.

Weitere Schwierigkeiten wirft die Datenerschließung auf. Gedruckte Konkordanzen helfen nicht, da sie keine Satzgrenzen verzeichnen und den Status nur dann, wenn er morphologisch markiert ist. Aus den rechnergestützten Konkordanzprogrammen enthalten die Datenbank zu den Biblia hebraica transcripta (Release 4; W. RICHTER 1997) „Multi-BHt" und die „Stuttgarter elektronische Studienbibel" (SESB)[20] Urteile über Status auch bei fehlender formaler Anzeige; MultiBHt erlaubt darüber hinaus den Zugriff auf Satzgrenzen. Solche Daten spiegeln allerdings die Meinungen der beteiligten Forscher, bieten also keine Tatsachen, sondern Hypothesen. Schon deshalb ist ein abschließendes Verzeichnis der asyndetischen Relativsätze im AT unerreichbar. Obendrein illustriert der Vergleich von BH[t] mit der Kommentarliteratur, dass nicht selten mangels hinreichender Kriterien strittig bleiben muss, ob Relativsatz oder einfache Koordination vorliegt.[21] Unten wird sich bei einem Teilkorpus herausstellen, dass dort eher Konjunktional- statt Relativsätze anzunehmen sind (I.3.1.3.a).

Das Material der folgenden Untersuchung bilden knapp 400 asyndetische Relativsätze, erschlossen durch MultiBHt, womit die meisten Belege und jedenfalls ein aussagekräftiges Korpus erfasst sein dürften. Um die Vollständigkeit der ermittelten Rektumsätze abzusichern, wurden zusätzlich Suchläufe mit SESB durchgeführt und die Sammlungen bei E. KÖNIG (1897, § 337v–z; 385h–m), W. GESENIUS – E. KAUTZSCH (1909, § 130cd; 155l), C. BROCKELMANN (²2004, § 144) und P. JOÜON – T. MURAOKA (1991, § 129pq) ausgewertet.

Der Blick durch die asyndetischen Relativsätze ergibt, dass sie im Regelfall ihr Bezugswort nicht determinieren, denn bei über der Hälfte (annähernd 220) der asyndetischen Relativsätze kann aus einem oder mehreren Gründen kein Rektumsatz vorliegen: Das Bezugswort ist als Status absolutus markiert;[22] das Bezugswort ist determiniert durch Artikel[23] oder enklitisches Personalpronomen;[24] das Bezugswort ist inhärent determiniert, weil es aus einem Personennamen,[25] einem Ortsna-

---

20 C. HARDMEIER – E. TALSTRA – A. GROVES 2004.
21 Vgl. z.B. Ps 104,19, nach BH[t]: יָדַע מְבוֹאוֹ ‖ שֶׁמֶשׁ לְמוֹעֲדִים יָרֵחַ עָשָׂה *er machte den Mond für Festzeiten, die Sonne, die ihren Untergang kennt.* So auch H.-J. KRAUS 1978b, 878; dagegen sieht K. SEYBOLD 1996, 407, die Koordination zweier Hauptsätze: שֶׁמֶשׁ יָדַע מְבוֹאוֹ ‖ עָשָׂה יָרֵחַ לְמוֹעֲדִים *er machte den Mond für Festzeiten, die Sonne kennt ihren Untergang.* Vgl. ferner unten Anm. 56.
22 Z.B. Num 24,6 נָטַע יְהֹוָה ‖ כַּאֲהָלִים.
23 Z.B. Ex 18,20 יֵלְכוּ בָהּ ‖ וְהוֹדַעְתָּ לָהֶם אֶת־הַדֶּרֶךְ.
24 Z.B. Jes 42,1 אֶתְמָךְ־בּוֹ ‖ הֵן עַבְדִּי.
25 Z.B. Jes 44,1 בָּחַרְתִּי בוֹ ‖ וְיִשְׂרָאֵל; Jes 51,2 תְּחוֹלֶלְכֶם ‖ וְאֶל־שָׂרָה.

men,[26] einem Demonstrativpronomen[27] oder einem selbstständigen Personalpronomen[28] besteht; oder das Bezugswort ist im Matrixsatz distant angeordnet, sodass es keine Konstruktusverbindung mit dem Relativsatz eingehen kann.[29] Manche asyndetischen Relativsätze kommen ohne Bezugswort aus.[30] Unter den Bezugsworten ohne Statusanzeige gibt es ferner Fälle, die aus semantischen Gründen indeterminiert sein müssen.[31] Daraus folgt methodisch, dass bei der Identifikation von Rektumsätzen an Bezugsworten ohne Statusmarker die Beweispflicht eng auszulegen ist.

Die Belege sind in Gruppen mit fallenden Sicherheitsgraden geordnet. Die Auswahlkriterien werden bei den einzelnen Rubriken dargelegt. Die Bündelung in einer Gruppe bedeutet nicht, dass sämtlichen Elementen derselbe Sicherheitsgrad zugeschrieben wird, da mitunter weitere stützende oder schwächende Gesichtspunkte hinzutreten, die in der Einzelkommentierung zu benennen sind. Die Rangfolge der Präsentation entspricht deshalb nur ungefähr der Wahrscheinlichkeit.

Da die vorliegende Studie durch die Frage nach der syntaktischen Struktur von Gen 1,1 angestoßen ist, beginnt sie mit den asyndetischen Rektumsätzen. Weil die Ansicht verbreitet ist, Rektumsätze folgten besonders häufig auf Zeitbegriffe,[32] werden die Belege nach Bezugswörtern aufgeschlüsselt und Substantive der Zeit zuerst aufgeführt. Weil ferner mit unterschiedlichen Gesetzmäßigkeiten in Prosa und Poesie zu rechnen ist, wird auch die Textsorte der Belege angemerkt. Senkrechte Striche | markieren Satzgrenzen, senkrechte Doppelstriche || den Beginn eines asyndetischen Relativsatzes. In fraglichen Fällen kennzeichnen schräge Doppelstriche \\ den möglichen Beginn eines asyndetischen Relativsatzes und ggf. ein Schrägstrich \ dessen Ende.

---

26 Z.B. Sach 9,2 חֲמָת ‖ תִּגְבַּל־בָּהּ.

27 Z.B. Ijob 5,27 הִנֵּה־זֹאת ‖ חֲקַרְנוּהָ.

28 Z.B. Ijob 41,2 וּמִי הוּא ‖ לְפָנַי יִתְיַצָּב.

29 Z.B. Gen 24,22 וּשְׁנֵי צְמִידִים עַל־יָדֶיהָ ‖ עֲשָׂרָה זָהָב מִשְׁקָלָם.

30 Z.B. Jes 54,1 לֹא־חָלָה ‖ וְצַהֲלִי und jauchze, die nicht kreißte; Ijob 29,16 וָרִב ‖ לֹא־ לֹא ‖ יָדַעְתִּי | אֶחְקְרֵהוּ und der Rechtsstreit dessen, den ich nicht kannte – ich untersuche ihn.

31 Z.B. Gen 15,13 גֵּר יִהְיֶה זַרְעֲךָ בְּאֶרֶץ ‖ לֹא לָהֶם ein Fremdling wird dein Same sein in einem Land, das ihnen nicht gehört.

32 Z.B. W. GESENIUS – E. KAUTZSCH 1909, § 130d.

I. Asyndetische Rektumsätze

1. Bezugswort markiert als Status constructus, danach eindeutige Satzgrenze

Die Gruppe mit dem höchsten Sicherheitsgrad umfasst Fälle, die beide Merkmale unbestreitbar an sich tragen: Die Bezugsworte sind morphologisch als Status constructus markiert, und zwar teilweise sogar konsonantenschriftlich, zumindest aber durch die Vokalisierung. Die Fortsetzung ist so geartet, dass über die Satzgrenze kein Zweifel besteht.

a) Zeitbegriffe

יוֹם	1 Sam 25,15	Prosa	וְלֹא־פָקַדְנוּ מְאוּמָה כָּל־יְמֵי ‖ הִתְהַלַּכְנוּ אִתָּם
יוֹם	Ps 90,15	Poesie	כִּימוֹת ‖ עִנִּיתָנוּ
יוֹם	Ijob 29,2	Poesie	כִּימֵי ‖ אֱלוֹהַּ יִשְׁמְרֵנִי
קַדְמָה	Ps 129,6	Poesie	יִהְיוּ כַּחֲצִיר גַּגּוֹת ‖ שֶׁקַּדְמַת ‖ שָׁלַף ‖ יָבֵשׁ
שָׁנָה	Ps 90,15	Poesie	שְׁנוֹת ‖ רָאִינוּ רָעָה
תְּחִלָּה	Hos 1,2	Überschrift	תְּחִלַּת ‖ דִּבֶּר־יְהוָה בְּהוֹשֵׁעַ

Hos 1,2 gilt oft als stärkste Stütze für das hyptaktische Modell der Analyse von Gen 1,1. Der Hos*G**-Übersetzer scheint zwar *דְּבַר* anstelle von דִּבֶּר gelesen zu haben (ἀρχὴ λόγου κυρίου ἐν Ὡσηε), doch für die tiberischen Vokalisatoren war der Befund jedenfalls als Rektumsatz deutbar. Der Passus funktioniert nach Position und Inhalt als Überschrift; dazu passt eine syntaktische Besonderheit: Der Matrixsatz ist ein Anakoluth. Deshalb erscheint es angezeigt, statt der Alternative Prosa / Poesie eine separate Kategorie vorzusehen.

b) andere

כֹּל	Gen 39,4	Prosa	וְכָל־‖ יֶשׁ־לוֹ ‖ נָתַן בְּיָדוֹ

Dies ist der einzige Nominalsatz unter den gesicherten asyndetischen Rektumsätzen.[33] Die Syndese (וְכָל־אֲשֶׁר יֶשׁ־לוֹ) in einigen hebräischen Zeugen (BHS: *C* pc Mss ܣ) könnte darauf beruhen, dass die Konstruktion (nur in Prosa?) als ungewöhnlich empfunden wurde. Dagegen besitzt die Syndese in *G*, *S* und Targumen keine Aussagekraft, weil der Verdacht überwiegt, dass sie übersetzungstechnisch bzw. zielsprachlich bedingt ist.

---

33   Unter 3.1.3.a werden noch Ps 59,17 // 102,3 diskutiert. Ob Rektumsätze vorliegen, bleibt fraglich.

כֹּל	Lev 7,9	Prosa	וְכָל־‖ נַעֲשָׂה בַמַּרְחֶשֶׁת וְעַל־מַחֲבַת
כֹּל	Ps 71,18	Poesie	עַד־אַגִּיד זְרוֹעֲךָ לְדוֹר לְכָל־‖ יָבוֹא׀ גְּבוּרָתֶךָ
כֹּל	1 Chr 29,3	Prosa	לְמַעֲלָה מִכָּל־‖ הֲכִינוֹתִי לְבֵית הַקֹּדֶשׁ
כֹּל	2 Chr 30,19	Prosa	יְהוָה הַטּוֹב יְכַפֵּר בְּעַד: כָּל־‖ הֵכִין לְבָבוֹ

JHWH, der Gütige, vergebe jedem, der sein Herz (darauf) gerichtet hat
… Von der Versgrenze ist abzusehen, da fraglos irrtümlich gesetzt.[34]

יָד	Ex 4,13	Prosa	בִּי אֲדֹנָי שְׁלַח־נָא בְּיַד־‖ תִּשְׁלָח
יָד	Klgl 1,14	Poesie	נְתָנַנִי אֲדֹנָי בִּידֵי ‖ לֹא־אוּכַל קוּם
מָקוֹם	Ijob 18,21	Poesie	וְזֶה מְקוֹם ‖ לֹא־יָדַע־אֵל
קִרְיָה	Jes 29,1	Poesie	קִרְיַת ‖ חָנָה דָוִד
יִתְרָה	Jer 48,36	Prosa	עַל־כֵּן יִתְרַת ‖ עָשָׂה׀ אָבָדוּ

Deshalb ist der Überschuss, den es (Moab) erzielt hat, verloren gegangen (mit pluralischem Prädikat an kollektivem femininem Subjekt[35]).

| שָׂפָה | Ps 81,6 | Poesie | שְׂפַת ‖ לֹא־יָדַעְתִּי׀ אֶשְׁמָע |

c) Auszuklammernde Problemfälle

| אַדִּיר | Ps 16,3 | Poesie | וְאַדִּירֵי ‖‖ כָּל־חֶפְצִי־בָם |

Der Wortlaut ist als Konstruktusverbindung mit nominalem Rektumsatz lesbar, doch wird der Text einhellig als verderbt eingestuft.[36]

| אִשָּׁה | Ps 58,9 | Poesie | נֵפֶל אֵשֶׁת ‖‖ בַּל־חָזוּ שָׁמֶשׁ |

Ein Rektumsatz lässt sich nur postulieren unter der Voraussetzung, dass zwischen Bezugswort (נֵפֶל) und Satz ein weiteres Glied der Konstruktuskette getreten ist. Deshalb nimmt man entweder Verschreibung an, sei es aus אִשָּׁה[37] oder אֶשֶׁת* *Maulwurf* (so T),[38] oder man deutet אֵשֶׁת als irreguläre Absolutusform.[39] Bei solchen Ungewissheiten wird man auf die Auswertung verzichten müssen.

| כֹּל | Ex 9,4 | Prosa | וְלֹא יָמוּת מִכָּל־‖ לִבְנֵי יִשְׂרָאֵל \ דָּבָר |

Hier wird oft ein nominaler Rektumsatz angenommen,[40] doch bleiben Zweifel, da die Abfolge מִכָּל־לִבְנֵי יִשְׂרָאֵל auch als Kon-

---

34 Vgl. BHS und die Kommentare.
35 E. KÖNIG 1897, § 346c.
36 Vgl. BHS; H.-J. KRAUS 1978a, 260f.; K. SEYBOLD 1996, 70.
37 H.-J. KRAUS 1978a, 574.
38 L. KOEHLER – W. BAUMGARTNER 1967–1990, 90b.91b.
39 C. STEYL 1983, gefolgt von F.-L. HOSSFELD in F.-L. HOSSFELD – E. ZENGER 2000, 133.
40 E. KÖNIG 1897, § 337v; W. GESENIUS – E. KAUTZSCH 1909, § 130d; P. JOÜON – T. MURAOKA 1991, § 129q 3.

struktusverbindung mit Präpositionalgruppe in der Rolle des
Nomen rectum gedeutet werden kann wie z.B. מִבֵּית לַפָּרֹכֶת Ex
26,33 u.ö. (ähnlich 1 Kön 7,8.31 u.ö.); מִצָּפוֹן לָעַי Jos 8,11 (ähnlich
Jos 8,13; 11,2; 15,6 u.ö.); מִקְצֵה לְמַטֵּה בְנֵי־יְהוּדָה Jos 15,21; מִימִין
לִנְבִיאֵי מִלִּבָּם Ez 13,2 usw.[41] 2 Kön 23,13; לְהַר־הַמַּשְׁחִית

לַיְל Jes 30,29   Poesie הַשִּׁיר יִהְיֶה לָכֶם כְּלֵיל ‖ הִתְקַדֶּשׁ־חָג
Nur auf den ersten Blick markiert die Schreibung לֵיל das
Bezugswort eindeutig als Status constructus. Das Substantiv לַיְל
(Jes 16,3) konzentriert sich in Jes 15–30, wo fünf von sechs Belegen auftreten. Während die monophthongisierte Lautung לֵיל in
Ex 12,42 fraglos den Status constructus bezeichnet, gilt dies für
die übrigen drei Fälle in Jes nicht: 21,11 verkörpert mit Sicherheit
einen Status absolutus, und für das Belegpaar in 15,1 gilt wahrscheinlich dasselbe.[42] Deshalb ist auch für 30,29 der Status absolutus nicht auszuschließen. Daher gebietet die Vorsicht, den Passus aus dem Kreis der gesicherten Rektumsätze auszuschließen.
In der abschließenden Auswertung (III.) wird auf diesen Fall zurückzukommen sein. – Von geringem Gewicht ist hingegen das
unter 2. zu verhandelnde Problem, ob die Verbalform ein finites
Verb oder einen Infinitiv darstellt, denn die finite Deutung von
הִתְקַדֶּשׁ wird durch 1QIsaᵃ התקדישו (D. W. PARRY – E. QIMRON
1999, 51) bestätigt, sodass auf jeden Fall von einem asyndetischen Relativsatz ausgegangen werden kann.

מָקוֹם Ez 39,11   Prosa אֶתֵּן לְגוֹג מְקוֹם־‖ שָׁם קֶבֶר
Manche Autoren akzeptieren hier einen nominalen Rektumsatz:
Ich gebe Gog einen Ort, wo ein Grab ist.[43] Dem widersprechen
Erklärungen, die eine gebrochene Konstruktuskette erkennen[44]
oder jenen antiken Zeugen (CGV) folgen, die anstelle von שָׁם die
Vokalisation שֵׁם* widerspiegeln.[45]

נַחֲלָה Ps 16,6   Poesie ‖ חֲבָלִים נָפְלוּ־לִי בַּנְּעִמִים | אַף־נַחֲלָת
שָׁפְרָה עָלָי
MT bietet einen Rektumsatz nach Anakoluth, doch das Nomen
regens wird einhellig mit GS in נַחֲלָתִי* emendiert,[46] sodass die
Satzgrenze entfällt.

---

41 Beispiele aus der Poesie: הָרֵי בַגִּלְבֹּעַ 2 Sam 1,21; כְּשִׂמְחַת בַּקָּצִיר Jes 9,2; עַתִּיקֵי
    מִשָּׁדָיִם Jes 28,9 usw.
42 E. KÖNIG 1897, § 337y; H. WILDBERGER 1978, 590.
43 Z.B. C. BROCKELMANN ²2004, § 144; BHⁱ; W. ZIMMERLI 1979, 923.930.
44 W. RICHTER 1979, 18 Anm. 61; vgl. D. N. FREEDMAN 1972.
45 K.-F. POHLMANN 2001, 507.
46 Z.B. BHS; H.-J. KRAUS 1978a, 260f.; K. SEYBOLD 1996, 70.

Hinzuweisen ist ferner auf vier Konstruktusverbindungen mit כֹּל, in denen C. BROCKELMANN (²2004, § 144) temporale Rektumsätze („sooft") erkennen wollte, ohne bislang zu überzeugen.

כֹּל   1 Sam 2,13   Prosa   כָּל־\\ אִישׁ זֹבֵחַ זֶבַח ׀

וּבָא נַעַר הַכֹּהֵן כְּבַשֵּׁל הַבָּשָׂר

Nach BROCKELMANN bildet אִישׁ זֹבֵחַ זֶבַח einen partizipialen Rektumsatz: *Sooft jemand ein Schlachtopfer darbrachte* …, analog der hypotaktischen Analyse von Gen 1,1: Eine Konstruktusverbindung mit Rektumsatz fungiert als pendierende Zeitangabe zu einem nachfolgenden Satz. BH^t hingegen fasst das Partizip attributiv auf, sodass sich ein Pendens ohne satzhafte Bestandteile ergibt: *Jeder, der ein Schlachtopfer darbrachte, (erlebte folgendes:)* … Die mangelnde Eindeutigkeit des Satzbaus behindert die Auswertung des Belegs.

כֹּל   Hos 7,2   Poesie   כָּל־\\ רָעָתָם זָכָרְתִּי

Nach BROCKELMANN: *Sooft ich ihrer Bosheit gedachte.* Die Kommentatoren[47] und BH^t betrachten כָּל jedoch weiterhin als Bestandteil des Objekts: *Ihrer ganzen Bosheit gedachte ich.*

כֹּל   Hos 14,3   Poesie   כָּל־\\ תִּשָּׂא עָוֹן

Nach BROCKELMANN: *Sooft du Schuld vergibst.* Andere Autoren rechnen dagegen mit einer unterbrochenen Konstruktuskette: *Alle Schuld vergib,*[48] oder bevorzugen ein adverbielles Verständnis von כָּל: *Ganz vergib die Schuld.*[49] Auch Textverderbnis wird erwogen.[50] BH^t erkennt keine Satzgrenze.

כֹּל   Ps 74,3   Poesie   כָּל־\\ הֵרַע אוֹיֵב בַּקֹּדֶשׁ

Nach BROCKELMANN: *Sooft der Feind das Heiligtum schändete.* Die Kommentare bleiben jedoch bei der Deutung von כָּל als Objekt: *Alles hat der Feind verwüstet im Heiligtum.*[51] Der Status constructus wird dabei allerdings nicht problematisiert.

Wie die Zusammenstellung zeigt, ist der Bestand an unanfechtbaren asyndetischen Rektumsätzen gering. Dies bekräftigt die weiter oben gewonnene methodische Maxime, dass bei der Suche nach weiteren, weniger klar markierten Fällen restriktives Vorgehen geboten ist.

---

47   Vgl. z.B. W. RUDOLPH 1966, 141.144; H. W. WOLFF ³1976, 132.135; J. JEREMIAS 1983, 90.
48   E. KÖNIG 1897, § 277m, 339r.
49   W. GESENIUS – E. KAUTZSCH 1909, § 128e; W. RUDOLPH 1966, 246f.; J. JEREMIAS 1983, 168 mit Anm. 1.
50   BHS; H. W. WOLFF ³1976, 300f.
51   Vgl. z.B. H.-J. KRAUS 1978b, 675; K. SEYBOLD 1996, 285; F.-L. HOSSFELD in F.-L. HOSSFELD – E. ZENGER 2000, 356.

2. Bezugswort markiert als Status constructus, doch Verbform als Infinitivus constructus deutbar

Im Unterschied zur vorhergehenden Rubrik ist hier die Annahme einer Satzgrenze zu rechtfertigen, weil dem Nomen im Status constructus ein verbales Element folgt, dessen Form sowohl als Verbum finitum (3. Ps Sg m SK) als auch als Infinitivus constructus lesbar ist. Nur im ersten Fall kommt ein Rektumsatz in Betracht. Die beiden Alternativen sind ungleichgewichtig, weil Konstruktusverbindungen mit Infinitiv in der Rolle des Nomen rectum gängig sind,[52] was nach der Aufstellung unter 1. auf Rektumsätze nicht zutreffen kann. Danach stellt die Interpretation als Infinitiv den Regelfall dar; sie verdient so lange den Vorzug, bis die Deutung als finites Verb positiv erwiesen ist. Abermals bestätigt sich, dass Rektumsätze einer strengen Beweispflicht unterliegen.

Die formale Übereinstimmung der 3. Ps Sg m SK und des Infinitivus constructus liegt vor bei den Stämmen D pass (*quttal*), H pass (*huqtal*) und Dt (*hitqattil*). Betroffen ist darüber hinaus H act, der zwar zwischen 3. Ps Sg m SK (*hiqtīl*) und Inf cs (*haqtīl*) unterscheidet, jedoch einige Belege des Infinitivs nach dem Muster *hiqtīl* realisiert.[53] Im gegebenen Fall erscheint es zweckmäßig, die betroffenen Belege nicht nach Bezugswortklassen, sondern nach Verbalstämmen zu ordnen.

2.1. Dt

לַיל   Jes 30,29   Poesie   הַשִּׁיר יִהְיֶה לָכֶם כְּלֵיל ‖ הִתְקַדֶּשׁ־חָג
Vgl. oben 1.c unter den ausgeklammerten Problemfällen.

כֹּל   2 Chr 31,19   Prosa   לָתֵת מָנוֹת לְכָל־זָכָר בַּכֹּהֲנִים
וּלְכָל־וּ הִתְיַחֵשׂ ׀ בַּלְוִיִּם

... *um einen Anteil zu geben jedem Männlichen unter den Priestern und jedem, den man ins Geschlechtsregister eingetragen hatte, unter den Leviten.* כֹּל + Inf cs bedeutet „alle Fälle der im Verb ausgedrückten Handlung → jedesmal wenn".[54] Da diese Konstruktion hier nicht in Frage kommt, kann die Verbalform keinen Infinitiv,

---

52 Z.B. Gen 2,4 בְּיוֹם עֲשׂוֹת יְהוָה אֱלֹהִים אֶרֶץ וְשָׁמָיִם u.v.a.

53 W. Gesenius – E. Kautzsch 1909, § 53l; P. Joüon – T. Muraoka 1991, § 54c. Vgl. außer den in diesem Artikel erörterten Fällen הַקְצוֹת Lev 14,43; הַשְׁאִיר־לוֹ עַד־בִּלְתִּי Num 21,35; הַשְׁמִדָם עַד Dtn 7,24; הַשְׁמִדְךָ אֹתָךְ עַד Dtn 28,48; הַשְׁמִדָם עַד לְמַעַן הַרְגִּיעַ Jer 50,34; ... הַרְגִּיעוֹ וְהִרְגִּיעוֹ Jes 31,5; גָּנוֹן וְהִצִּיל פָּסֹחַ וְהִמְלִיט אוֹתָם Jos 11,14; vgl. 1 Kön 11,16. Vgl. ferner F. E. König 1881, 276.

54 Gen 30,41; Dtn 4,7; 1 Kön 8,52; Ps 132,1; Esr 1,6; 1 Chr 23,31.

sondern muss ein finites Verb darstellen. In einer syndetischen Variante würde die Relativpartikel gegenüber הִתְיַחֵשׂ die Rolle des Objekts einnehmen; der Satzbau ist also analog zu 1 Chr 29,3 (s.o. 1.b).

2.2. H act

יוֹם   Lev 14,46   Prosa   \\ וְהַבָּא אֶל־הַבַּיִת כָּל־יְמֵי

הִסְגִּיר אֹתוֹ \ יִטְמָא עַד־הָעָרֶב

Wer das (vom Aussatz befallene) Haus betritt, solange man es verschlossen hat, ist unrein bis zum Abend. Die Wertung von הִסְגִּיר als Inf cs ohne formale Repräsentanz der anonymen Akteure kann sich auf Num 9,15 und 1 Sam 18,19 berufen.

כֹּל   Esr 1,5   Prosa   לְכֹל ‖ הֵעִיר הָאֱלֹהִים אֶת־רוּחוֹ

Die Präposition לְ an כֹּל erklärt sich als Signal einer Zusammenfassung der vorweg aufgezählten Gruppen, mit E. JENNI: „generalisierende Reidentifikation" im Sinne von „kurz, alle" (2000, 45f.; Rubrik 1117). Das Verständnis von הֵעִיר als Infinitiv scheidet somit aus.

Die gesicherten Rektumsätze können somit um Esr 1,5 und 2 Chr 31,19 vermehrt werden. Das Kontrollkorpus beläuft sich demnach auf 19 Fälle, also knapp 5 % der erfassten asyndetischen Relativsätze. Dies mahnt abermals zur Vorsicht bei der Identifikation weiterer Belege.

3. Bezugswort ohne Möglichkeit der Statusanzeige, dazu mit einkonsonantischer Präposition, aber ohne synkopierten Artikel

Das Augenmerk wendet sich nun jenen etwa 160 asyndetischen Relativsätzen zu, die auf Bezugsworte ohne Statusdifferenzierung folgen. Wie oben betont, finden Grammatiker dort weitere asyndetische Rektumsätze, vor allem nach יוֹם und עֵת, die bevorzugt mit Präpositionen auftreten, wie בְּיוֹם und בְּעֵת. Auch Gen 1,1 (בְּרֵאשִׁית) gehört hierher, sofern der Vers tatsächlich einen Rektumsatz enthält. Aus dieser Beleggruppe versprechen insbesondere die Beispiele an Bezugsworten mit einkonsonantischen Präpositionen Aufschlüsse für unsere Fragestellung, weil sie die Vokalisatoren zwangen, sich zu entscheiden, ob ein synkopierter Artikel einzutragen war oder nicht. Im positiven Fall ist ein Rektumsatz ausgeschlossen. Außerdem erleichtern solche Fügungen die Auswertung poetischer Belege, weil der Einsatz synkopierter

Artikel in Poesie weitgehend den Prosaregeln folgt.[55] Dies regt die
Nachfrage an, ob hier weitere Kriterien zur Diagnose von Rektumsätzen zu gewinnen sind.

Deshalb benötigen die asyndetischen Relativsätze an Bezugsworten
ohne Statusmarker, aber mit einkonsonantischen Präpositionen eine
gesonderte Diskussion. Zu Vergleichszwecken sind auch die asyndetischen Relativsätze an artikeltragenden Bezugsworten dieser Art zu
erfassen. Dabei erscheinen im Dienste der Übersichtlichkeit Vereinfa-
chungen tolerabel. Bei der Präsentation der Belege mit artikellosen Bezugsworten wird bloß unterschieden, ob ein Rektumsatz formal ausgeschlossen ist oder nicht; ausgeklammert bleibt also die Frage, ob die
Artikellosigkeit durch Indetermination bedingt ist und ein Rektumsatz
schon deshalb nicht in Betracht kommt (wie in Gen 15,13 und Jer 5,19;
s.u. 3.1.3.b). Ferner werden Fälle mit mehrdeutigen Verbalformen (vgl.
oben 2.) nicht in separate Rubriken verwiesen. Erforderlichenfalls sind
solche Gesichtspunkte bei der Einzelerörterung aufzugreifen. Inter-
essanterweise gestaltet sich bei den betroffenen Präpositionen בְּ, כְּ und
לְ der Artikelgebrauch unterschiedlich, weswegen sie getrennt darzu-
stellen sind.

3.1. Die Präposition בְּ

Oben begegneten zwei formal eindeutige Rektumsätze nach Bezugsworten mit בְּ:

יָד	Ex 4,13	Prosa	בִּי אֲדֹנָי שְׁלַח־נָא בְּיַד־‖ תִּשְׁלָח
			(vgl. 1.b)
יָד	Klgl 1,14	Poesie	נְתָנַנִי אֲדֹנָי בִּידֵי ‖ לֹא־אוּכַל קוּם
			(vgl. 1.b)

Das Vergleichsmaterial lautet wie folgt:

3.1.1. Bezugswort mit Artikel

Nicht belegt.[56]

---

55 J. BARR 1989, 325–331; B. K. WALTKE – M. O'CONNOR 1990, § 13.7a. Dies ist ein später
    Zug der tiberischen Vokalisation; vgl. zuletzt BARR ebd.; S. SCHORCH 2004, 38.

56 Laut BH[f] gehört hierher Ijob 15,31 נִתְעָה ‖ (בַּשָּׁיוֹ) בַּשֹּׁו אַל־יַאֲמֵן. Doch erkennen
    die Kommentatoren dort bloße Koordination; so z.B. F. HORST 1968, 218; G. FOHRER
    1989, 264. Andere emendieren בַּשֹּׁו in בְּשִׂיאוֹ*; so z.B. D. J. A. CLINES 1989, 341.344
    (mit Vorgängern).

3.1.2. Bezugswort ohne Artikel, aber Rektumsatz formal ausgeschlossen

a) Zeitbegriffe

יוֹם   Ps 116,2   Poesie   כִּי־הִטָּה אָזְנוֹ לִי וּבְיָמַי ‖ אֶקְרָא

Der Fall ist fraglich, da das Bezugswort in aller Regel mit S in בְּיוֹם emendiert wird,[57] was ihn unten in Rubrik 3.1.3.a platziert.

b) andere

אֱלֹהִים   Ps 56,5   Poesie   בֵּאלֹהִים ‖ אֲהַלֵּל דְּבָרוֹ

אֱלֹהִים   Ps 56,5   Poesie   בֵּאלֹהִים ‖ בָּטַחְתִּי

אֱלֹהִים   Ps 56,11   Poesie   בֵּאלֹהִים ‖ אֲהַלֵּל דָּבָר

יְהוָה   Ps 56,11   Poesie   בַּיהוָה ‖ אֲהַלֵּל דָּבָר

Die Satzgliederung von Ps 56,5.11 folgt BH*t*, wo *MT* als Grundlage dient. Zwar gehen die Ansichten über den Satzbau dieser Verse auseinander, zumal in verschiedenen Varianten mit Glossierung gerechnet wird.[58] Dies kann jedoch auf sich beruhen bleiben, da ohnehin keine Rektumsätze vorliegen können.

חִילָה   Ijob 6,10   Poesie   וַאֲסַלְּדָה בְחִילָה ‖ לֹא יַחְמוֹל

דָּבָר   Ijob 15,3   Poesie   הוֹכֵחַ בְּדָבָר ‖ לֹא יִסְכּוֹן

יַיִן   Spr 9,5   Poesie   וּשְׁתוּ בְּיַיִן ‖ מָסָכְתִּי

3.1.3. Rektumsatz formal möglich

a) Zeitbegriffe

Aus Gründen, die in der Auswertung zu nennen sind, werden in dieser Rubrik sämtliche Anfänge von asyndetischen Relativsätzen durch ‖ als unsicher gekennzeichnet.

יוֹם   Ex 6,28   Prosa   וַיְהִי בְּיוֹם ‖ דִּבֶּר יְהוָה אֶל־מֹשֶׁה

יוֹם   Lev 7,35   Prosa   בְּיוֹם ‖ הִקְרִיב אֹתָם לְכַהֵן לַיהוָה

Die Verbalform הִקְרִיב kann eine Suffixkonjugation oder einen irregulären Infinitiv des H-Stamms darstellen.[59] Daraus ergeben sich die Übersetzungsvarianten: … *an dem Tag, als man / er sie herantreten ließ, um JHWH als Priester zu dienen.* Als Urheber des Herantretenlassens kommen nach Wortlaut und Kontext zwei Größen in Frage, die beide in der Kommentarliteratur ihre Vertreter gefunden haben: einerseits die feiernde Gemeinde bzw. ihre Lei-

---

57   So z.B. H.-J. KRAUS 1978b, 968f.; K. SEYBOLD 1996, 452f.

58   Vgl. z.B. H.-J. KRAUS 1978a, 565f.; K. SEYBOLD 1996, 224f.; E. ZENGER in F.-L. HOSSFELD – E. ZENGER 2000, 105–108.

59   Vgl. oben Anm. 53.

ter, vertreten durch unspezifische Referenz („man");[60] andererseits JHWH als der eigentliche Weihespender („er").[61] Für die erste Leseweise mit ihrem Bezug auf nicht näher präzisierte Akteure ist es gleichgültig, ob הִקְרִיב als finite Verbform oder als Infinitiv gelesen wird. Die Analyse als Inf cs ohne formale Repräsentanz der (nicht interessierenden) Handlungsträger wird z.B. durch Num 9,15 und 1 Sam 18,19 gerechtfertigt. Dagegen verträgt sich der Bezug auf JHWH besser mit der Wertung als finiter Verbform, weil diese eindeutig ein singularisches maskulines Subjekt voraussetzt. Als Weihespender wird nun JHWH sogleich im nächsten Vers identifiziert: אֲשֶׁר צִוָּה יְהוָה לָתֵת לָהֶם בְּיוֹם מָשְׁחוֹ אֹתָם (7,36). Zwar tritt hier gerade die Konstruktion בְּיוֹם + Inf cs auf, die in der priesterlichen Gesetzgebung der Bücher Lev und Num gängig,[62] aber dann für 7,35 zu bestreiten ist. Doch da הִקְרִיב als finites Verb den Urheber enger und somit kontextgerechter eingrenzt, dürfte diese Interpretation den Vorzug verdienen.

יוֹם	Num 3,1	Prosa	בְּיוֹם \\ דִּבֶּר יְהוָה אֶת־מֹשֶׁה בְּהַר סִינָי
יוֹם	Dtn 4,15	Prosa	בְּיוֹם \\ דִּבֶּר יְהוָה אֲלֵיכֶם
יוֹם	2 Sam 22,1	Prosa	בְּיוֹם \\ הִצִּיל יְהוָה אֹתוֹ (= Ps 18,1)

Die Verbform ist ebenso gut als irregulärer Infinitiv deutbar.[63]

יוֹם	Sach 8,9	Prosa	בְּיוֹם \\ יֻסַּד בֵּית־יְהוָה

Der Inf cs des passiven D-Stamms ist selten, aber bezeugt (Ps 132,1).

יוֹם	Ps 56,10	Poesie	בְּיוֹם \\ אֶקְרָא
יוֹם	Ps 59,17	Poesie	בְּיוֹם \\ צַר־לִי
יוֹם	Ps 102,3	Poesie	בְּיוֹם \\ צַר לִי
יוֹם	Ps 102,3	Poesie	בְּיוֹם \\ אֶקְרָא
יוֹם	Ps 138,3	Poesie	בְּיוֹם \\ קָרָאתִי
יוֹם	Klgl 3,57	Poesie	קָרַבְתָּ בְּיוֹם \\ אֶקְרָאֶךָ
עֵת	Jer 6,15	Poesie	בְּעֵת־\\ פְּקַדְתִּים ǀ יִכָּשְׁלוּ
עֵת	Ijob 6,17	Poesie	בְּעֵת \\ יְזֹרְבוּ ǀ נִצְמָתוּ
עֵת	2 Chr 20,22	Prosa	וּבְעֵת \\ הֵחֵלּוּ בְרִנָּה
עֵת	2 Chr 24,11	Prosa	וַיְהִי בְּעֵת \\ יָבִיא אֶת־הָאָרוֹן אֶל־פְּקֻדַּת הַמֶּלֶךְ

---

60 K. ELLIGER 1966, 81.
61 E. S. GERSTENBERGER 1993, 75; R. RENDTORFF 2004, 229.
62 Lev 6,13; 7,16.36.38; 13,14; 23,12; Num 3,1; 6,13; 7,1.10.84; 8,17; 9,15; 30,6.8.9.13.15.
63 Vgl. oben Anm. 53.

עֵת   2 Chr 29,27 Prosa   וּבְעֵת \\ הֵחֵל הָעוֹלָה

Die Deutung der Verbalform als irregulärer Infinitiv[64] hat hier viel für sich, weil der Kontext (im Unterschied zu 2 Chr 20,22) den/die Akteur(e) der Handlung nicht identifiziert: *Und zu der Zeit, als man mit dem Brandopfer begann.* Die Grammatizität des Infinitivs wird wie oben bei Lev 7,35 durch Num 9,15 und 1 Sam 18,19 erwiesen.

Ferner Gen 1,1 (Prosa), wenn Rektumsatz:

בְּרֵאשִׁית \\ בָּרָא אֱלֹהִים אֵת הַשָּׁמַיִם וְאֵת הָאָרֶץ

b) andere

אֶרֶץ	Gen 15,13	Prosa	כִּי־גֵר יִהְיֶה זַרְעֲךָ בְּאֶרֶץ \\ לֹא לָהֶם
אֶרֶץ	Jer 2,6	Poesie	בְּאֶרֶץ \\ לֹא־עָבַר בָּהּ אִישׁ
אֶרֶץ	Jer 5,19	Prosa	כֵּן תַּעַבְדוּ זָרִים בְּאֶרֶץ \\ לֹא לָכֶם
אֶרֶץ	Jer 15,14	Poesie	וְהַעֲבַרְתִּי אֶת־אֹיְבֶיךָ בְּאֶרֶץ \\ לֹא יָדָעְתָּ
דֶּרֶךְ	Jes 42,16	Poesie	וְהוֹלַכְתִּי עִוְרִים בְּדֶרֶךְ \\ לֹא יָדָעוּ
דֶּרֶךְ	Jes 48,17	Poesie	מַדְרִיכֲךָ בְּדֶרֶךְ \\ תֵּלֵךְ
דֶּרֶךְ	Ps 25,12	Poesie	יוֹרֶנּוּ בְּדֶרֶךְ \\ יִבְחָר
*זִיקָה	Jes 50,11	Poesie	לְכוּ בְּאוּר אֶשְׁכֶם וּבְזִיקוֹת \\ בִּעַרְתֶּם
נְתִיבָה	Jes 42,16	Poesie	בִּנְתִיבוֹת \\ לֹא־יָדְעוּ ׀ אַדְרִיכֵם
שַׁחַת	Ps 7,16	Poesie	וַיִּפֹּל בְּשַׁחַת \\ יִפְעָל
שַׁחַת	Ps 9,16	Poesie	טָבְעוּ גוֹיִם בְּשַׁחַת \\ עָשׂוּ

c) Auszuklammernder Problemfall

הַר   Gen 22,14 Prosa   בְּהַר \\ יְהוָה יֵרָאֶה

Schon die notorische Umstrittenheit der Passage verbietet, ihr Beweiskraft zuzusprechen.[65] Die folgende Auswertung wird die Annahme eines Rektumsatzes weiter unterminieren.[66]

Auswertung

Die Suche lieferte keine asyndetischen Relativsätze nach Bezugsworten, die neben der Präposition בְּ auch den Artikel führen. Der Ausfall von artikeltragenden Beispielen setzt בְּ von den beiden anderen einkonsonantischen Präpositionen ab.

---

64 Vgl. oben Anm. 53. Die Fügung בְּעֵת + Inf cs ist belegt in Gen 31,10; 38,27; 1 Sam 18,19; Jer 11,14; 2 Chr 28,22.

65 Vgl. BHS, die Kommentare sowie aus der uferlosen Debatte nur zuletzt A. MICHEL 2003, 267 mit Anm. 114.

66 Vgl. unten Anm. 78.

Eine Besonderheit von בְּ sind ferner eigentümliche Muster in der Zusammensetzung der Bezugswortklassen sowie deren Distribution über Prosa und Poesie. Zeitbegriffe nehmen mit 16–18 Fällen etwa die Hälfte des Korpus ein, bei auffällig geringer lexikalischer Varianz: Benutzt werden nur die einsilbigen Substantive יוֹם und עֵת. Die Belege sind recht gleichmäßig über Prosa und Poesie gestreut. Bei Bezugsworten, die keine Zeitbegriffe sind, ist die lexikalische Vielfalt hingegen so geartet, dass jedes Substantiv verwendbar erscheint.[67] Dafür konzentriert sich die Verteilung deutlich auf die Poesie. Es treten nur zwei prosaische Fälle auf, die zudem ähnlich lauten: Gen 15,13 ‖ בְּאֶרֶץ לֹא לָהֶם und Jer 5,19 בְּאֶרֶץ ‖ לֹא לָכֶם. Für beide gilt, dass sie lediglich nach ihrer sprachlichen Oberfläche Rektumsätze bilden können, während ihre Bedeutung dem entgegensteht: *in einem Land, das ihnen / euch nicht gehört.* Dem Zusammenhang zufolge ist die Artikellosigkeit des Bezugsworts אֶרֶץ seiner Indetermination geschuldet, die einen Rektumsatz ausschließt. Bei den poetischen Belegen ist das Bild gemischt. Die Relativsätze mit לֹא יָדַע (Jer 15,14; Jes 42,16) verlangen indeterminierte Bezugsworte, während die Rede von dem Weg, der (zu gehen) gewünscht ist (Jes 48,17; Ps 25,12), Determination voraussetzt.[68] Bei den übrigen Fällen ist mehrheitlich Determination wahrscheinlich (Jes 50,11; Ps 7,16; 9,16). Hier könnten Rektumsätze vorliegen.

Daraus ergibt sich: Trägt das Bezugswort zu einem asyndetischen Relativsatz die Präposition בְּ, entfällt in der Poesie der Artikel auch bei Determination. Wollte man bei solchen Fügungen Rektumsätze postulieren, müsste man annehmen, dass der Artikel bei den indeterminierten Bezugsworten wegen ihrer Indetermination fehlt; hingegen bliebe er bei den determinierten Bezugsworten deswegen aus, weil der Relativsatz als Rektumsatz die determinierende Rolle übernimmt. Während also asyndetische Relativsätze normalerweise nicht determinieren, hinge ihre Wirkweise nach Bezugsworten mit בְּ von deren Determinationsgrad ab: Eignet dem Bezugswort Determination, wird sie vom Relativsatz vollzogen, der sich zum Rektumsatz wandelt; ist es indeterminiert, bleibt der Relativsatz wie üblich neutral. Das klingt wenig glaubhaft. Indessen ist für die hier verfolgten Zwecke eine Erklärung der Artikellosigkeit entbehrlich. Im Blick auf die Analyse von Gen 1,1 zählen die Beobachtungen, dass der Artikelverzicht nach בְּ nicht von Bezugs-

---

67 In Ps 56,5.11, dem elohistischen Psalter zugehörig, dürften die drei Belege von אֱלֹהִים älteres יהוה* ersetzt haben.

68 Vgl. z.B. Gen 42,38; Dtn 1,33; 1 Sam 12,23; 1 Kön 8,36; Jes 2,3; Mi 4,2; Ps 25,8; 27,11; 86,11; 119,33; 2 Chr 6,27.

wortklassen, sondern von der Präposition gesteuert wird und überdies
ein Merkmal der Poesie darstellt.

Dies gilt generell, während die Formulierungen mit Zeitbegriffen
nach Distribution und Lexikon eine separate Klasse bilden. Denn sie
sind in beiden Textsorten belegt und beschränken sich trotz ansehn-
licher Belegzahl auf zwei rekurrente Substantive von geringem Laut-
volumen. Breite Streuung bei geringer lexikalischer Varianz wirft die
Frage auf, ob nach בְּיוֹם und בְּעֵת zu Recht Satzgrenzen angenommen
werden. Zumindest ebenso plausibel erscheint es, mit E. JENNI[69] diese
Verbindungen als zusammengesetzte denominale Konjunktionen zu
deuten. Zum Vergleich heranziehen lassen sich die denominalen Prä-
positionen אַחֲרֵי,[70] מִדֵּי,[71] לִפְנֵי[72] und זוּלָתִי[73], die in konjunktionaler Rolle
ihre Konstruktusform behalten, ohne deshalb Rektumsätze zu erzeu-
gen. Nach dieser Analogie wären die Satzgrenzen vor statt hinter בְּיוֹם
und בְּעֵת zu suchen.[74] Folgerichtig müsste man die Wertung als Konjunktion dann auf artikelloses יוֹם und עֵת sowie die Verbindungen מִיּוֹם
und מֵעֵת ausdehnen:

יוֹם	Jer 36,2	Prosa	מִיּוֹם \\ דִּבַּרְתִּי אֵלֶיךָ
יוֹם	Ps 56,4	Poesie	יוֹם \\ אִירָא אָנִי
יוֹם	Klgl 1,21	Poesie	הֵבֵאתָ יוֹם־\\ קָרָאתָ
עֵת	Jer 49,8	Poesie	עֵת \\ פְּקַדְתִּיו
עֵת	Jer 50,31	Poesie	עֵת \\ פְּקַדְתִּיךָ
עֵת	Mi 5,2	Poesie	לָכֵן יִתְּנֵם עַד־עֵת \\ יוֹלֵדָה יָלָדָה
עֵת	Ps 4,8	Poesie	מֵעֵת \\ דְּגָנָם וְתִירוֹשָׁם רָבּוּ
עֵת	Dan 12,11	Prosa	וּמֵעֵת \\ הוּסַר הַתָּמִיד וְלָתֵת שִׁקּוּץ שֹׁמֵם

Ab der Zeit, wenn das Tamid-Opfer abgeschafft wird und man verwüs-
tenden Gräuel aufstellt. Die syntaktische Analyse des Passus hängt
primär an der Interpretation der Verbalform, die einen Infinitivus constructus des passiven H-Stamms darstellen kann, von
dem mehrere (z.T. textlich unsichere) Belege existieren.[75] Manche
betrachten וְלָתֵת als finale Angabe zu הוּסַר: *um verwüstenden*

---

69   E. JENNI 1992, 302: „Sowohl von עֵת als auch von יוֹם kann ein ganzer Satz abhängen,
     wodurch בְּעֵת und בְּיוֹם zu einer temporalen Konjunktion werden (Rubriken 342
     und 345)."
70   אַחֲרֵי נִמְכַּר Lev 25,48; אַחֲרֵי הֵסַבּוּ אֹתוֹ 1 Sam 5,9.
71   מִדֵּי אֲדַבֵּר Jer 20,8.
72   וְלִפְנֵי הִתְגַּלָּע Spr 17,14.
73   זוּלָתִי שְׁתַּיִם־אֲנַחְנוּ בַּבָּיִת 1 Kön 3,18; זוּלָתִי אֶת־חָצוֹר לְבַדָּהּ שָׂרַף יְהוֹשֻׁעַ Jos 11,13;
74   Zu יוֹם בְּ וַיְהִי 2 Chr 24,11 vgl. כִּי וַיְהִי בְּעֵת Ex 6,28 und עֵת Gen 6,1; 26,8; 27,1 u.ö.
75   Gen 40,20; Lev 26,34.35.43; Ez 16,4.5.

Gräuel aufzustellen.[76] Dieses Verständnis ist unabhängig davon, ob הוּסַר als finites Verb oder Infinitiv fungiert, übergeht aber die Syndese, die auf Koordination mit הוּסַר hindeutet, wonach das Wort als Infinitiv zu lesen ist.[77] Bei Gleichordnung von הוּסַר und וְלָתֵת ist anzunehmen, dass dem entfernteren Infinitiv zur Verdeutlichung die Präposition לְ beigegeben worden ist.

Insgesamt sind asyndetische Relativsätze an Bezugsworten mit בְּ für die Suche nach weiteren Rektumsätzen kaum ergiebig. Entsprechend besteht Anlass zur Skepsis, ob sie ein geeignetes syntaktisches Erklärungsmuster für Gen 1,1 bereitstellen. Zieht man die obigen Belege mit Zeitbegriffen zum Vergleich heran, ergeben sich zwei Möglichkeiten. Entweder nimmt man nach בְּיוֹם und בְּעֵת tatsächlich Rektumsätze an; dann irritiert die lexikalische Invarianz der Bezugsworte in einem aussagekräftigen Belegkorpus. Oder man bewertet בְּיוֹם und בְּעֵת als Konjunktionen; dann entfällt diese Kategorie für die Analyse von Gen 1,1. In Poesie scheinen asyndetische Relativsätze an beliebige artikellose, aber gleichwohl determinierte Substantive mit der Präposition בְּ zu treten. Doch es fehlt der Beweis, dass dies auch in Prosa gilt. Nach den prosaischen Vergleichsfällen Gen 15,13 und Jer 5,19 wäre für בְּרֵאשִׁית in Gen 1,1 Indetermination anzunehmen.[78]

3.2. Die Präposition בְּ

In dieser Rubrik lässt die Vielfalt von Bezugswörtern nur den Schluss zu, dass Bezugswortklassen keine syntaktische Rolle spielen. Deshalb werden die Belege nicht nach Bezugslexemen, sondern herkömmlich nach ihrer Reihenfolge in BHS geordnet. Oben begegneten zwei formal eindeutige Rektumsätze nach Bezugsworten mit בְּ:

| יוֹם | Ps 90,15 | Poesie | כִּימוֹת ‖ עִנִּיתָנוּ (vgl. 1.a) |
| יוֹם | Ijob 29,2 | Poesie | כִּימֵי ‖ אֱלוֹהַּ יִשְׁמְרֵנִי (vgl. 1.a) |

Das Vergleichsmaterial lautet wie folgt:

---

76 Vgl. O. PLÖGER 1965, 169; revidierte Elberfelder Bibel; BHˢ.

77 So anscheinend die Einheitsübersetzung; E. JENNI 2000, 216 (Rubrik 7471), mit weiteren Beispielen für Inf=לְ עֵת: 2 Kön 5,26; Hos 10,12; Hag 1,2.4; Ps 102,14; 119,126; Koh 3,2–8.

78 Dasselbe gälte dann auch für בְּהַר in Gen 22,14, was jedoch keinen Sinn ergibt und daher nicht vertreten wird. Die Annahme einer Satzgrenze nach בְּהַר ist folglich wohl aufzugeben.

3.2.1. Bezugswort mit Artikel

a) Zeitbegriffe
Nicht belegt.
b) andere

שֶׂה	Jes 53,7	Poesie	וְלֹא יִפְתַּח־פִּיו כַּשֶׂה ‖ לַטֶּבַח יוּבָל
			וּכְרָחֵל לִפְנֵי גֹזְזֶיהָ נֶאֱלָמָה (vgl. unten 3.2.3.b)
חָתָן	Jes 61,10	Poesie	מְעִיל צְדָקָה יְעָטָנִי כֶּחָתָן ‖ יְכַהֵן פְּאֵר
כַּלָּה	Jes 61,10	Poesie	וְכַכַּלָּה ‖ תַּעְדֶּה כֵלֶיהָ
בְּהֵמָה	Jes 63,14	Poesie	כַּבְּהֵמָה ‖ בַּבִּקְעָה תֵרֵד
טַל	Hos 6,4	Poesie	וְחַסְדְּכֶם כַּעֲנַן־בֹּקֶר וְכַטַּל ‖ מַשְׁכִּים הֹלֵךְ
			(// Hos 13,3)
גֶּפֶן	Hos 14,8	Poesie	וְיִפְרְחוּ כַגֶּפֶן ‖ זִכְרוֹ כְּיֵין לְבָנוֹן
מַיִם	Hab 2,14	Poesie	כַּמַּיִם ‖ יְכַסּוּ עַל־יָם
בְּהֵמָה	Ps 49,13	Poesie	כַּבְּהֵמוֹת ‖ נִדְמוּ (// V. 21)
חָצִיר	Ps 90,5	Poesie	כֶּחָצִיר ‖ יַחֲלֹף

3.2.2. Bezugswort ohne Artikel,
aber Rektumsatz formal ausgeschlossen

a) Zeitbegriffe
Nicht belegt.
b) andere

אֹהֶל	Num 24,6	Poesie	כַּאֲהָלִים ‖ נָטַע יְהוָה
נַחַל	Jes 30,28	Poesie	וְרוּחוֹ כְּנַחַל שׁוֹטֵף ‖ עַד־צַוָּאר יֶחֱצֶה
יוֹנָה	Jer 48,28	Poesie	וִהְיוּ כְיוֹנָה ‖ תְּקַנֵּן בְּעֶבְרֵי פִי־פָחַת
גִּבּוֹר	Jer 50,9	Poesie	כְּגִבּוֹר מַשְׂכִּיל[79] ‖ לֹא יָשׁוּב רֵיקָם
עָשָׁן	Hos 13,3	Poesie	כְּמֹץ יִסֹעֵר מִגֹּרֶן וּכְעָשָׁן[80] מֵאֲרֻבָּה
			(vgl. 3.2.3.b)
יְקָר	Ps 37,20	Poesie	וְאֹיְבֵי יְהוָה כִּיקַר כָּרִים[81] כָּלוּ
רְבִיבִים	Ps 72,6	Poesie	יֵרֵד כְּמָטָר עַל־גֵּז כִּרְבִיבִים ‖ זַרְזִיף אָרֶץ
לֶהָבָה	Ps 83,15	Poesie	כְּאֵשׁ תִּבְעַר־יָעַר וּכְלֶהָבָה ‖ תְּלַהֵט הָרִים
			(vgl. 3.2.3.b)
עוֹלֵל	Ijob 3,16	Poesie	כְּעֹלְלִים ‖ לֹא־רָאוּ אוֹר

---

79 Korrigiert aus *MT* מַשְׂכִּיל; vgl. BHS und die Kommentare.
80 Satzgliederung mit BH^t, wo Kontexttilgung des Prädikats יִסֹעֵר angenommen wird.
81 Satzgliederung mit BH^t und K. SEYBOLD 1996, 153. Einen einheitlichen Hauptsatz erkennt dagegen KRAUS 1978a, 437.

אָפִיק	Ijob 6,15	Poesie	אַחַי בָּגְדוּ כְמוֹ־נָחַל כַּאֲפִיק נְחָלִים ‖ יַעֲבֹרוּ
שָׂכִיר	Ijob 7,2	Poesie	כְּעֶבֶד יִשְׁאַף־צֵל וּכְשָׂכִיר ‖ יְקַוֶּה פָעֳלוֹ (vgl. 3.2.3.b)
מַיִם	Ijob 11,16	Poesie	כְּמַיִם ‖ עָבְרוּ ׀ תִזְכֹּר
סֻכָּה	Ijob 27,18	Poesie	בָּנָה כָעָשׁ בֵּיתוֹ וּכְסֻכָּה ‖ עָשָׂה נֹצֵר
יַיִן	Ijob 32,19	Poesie	כְּיַיִן ‖ לֹא־יִפָּתֵחַ
אַיָּל	Klgl 1,6	Poesie	הָיוּ שָׂרֶיהָ כְּאַיָּלִים ‖ לֹא־מָצְאוּ מִרְעֶה

3.2.3. Rektumsatz formal möglich

a) Zeitbegriffe
Nicht belegt.

b) andere

נֶשֶׁר	Dtn 32,11	Poesie	כְּנֶשֶׁר ‖ יָעִיר קִנּוֹ … ׀ יִפְרֹשׂ כְּנָפָיו
רָחֵל	Jes 53,7	Poesie	וְלֹא יִפְתַּח־פִּיו כַּשֶּׂה לַטֶּבַח יוּבָל וּכְרָחֵל ‖ לִפְנֵי גֹזְזֶיהָ נֶאֱלָמָה (vgl. oben 3.2.1.b)
אֹרֵחַ	Jer 14,8	Poesie	וּכְאֹרֵחַ ‖ נָטָה לָלוּן
גִּבּוֹר	Jer 14,9	Poesie	כְּגִבּוֹר ‖ לֹא־יוּכַל לְהוֹשִׁיעַ
גֶּבֶר	Jer 23,9	Poesie	וּכְגֶבֶר ‖ עֲבָרוֹ יָיִן
פַּטִּישׁ	Jer 23,29	Poesie	דְּבָרִי כָּאֵשׁ נְאֻם־יְהוָה וּכְפַטִּישׁ ‖ יְפֹצֵץ סָלַע
עֵגֶל	Jer 31,18	Poesie	כְּעֵגֶל ‖ לֹא לֻמָּד
כְּלִי	Jer 48,38	Prosa	כִּכְלִי ‖ אֵין־חֵפֶץ בּוֹ
מַלְקוֹשׁ	Hos 6,3	Poesie	וְיָבוֹא כַגֶּשֶׁם לָנוּ כְּמַלְקוֹשׁ ‖ יוֹרֶה אָרֶץ
כְּלִי	Hos 8,8	Poesie	כִּכְלִי ‖ אֵין־חֵפֶץ בּוֹ
מֹץ	Hos 13,3	Poesie	כְּמֹץ ‖ יְסֹעֵר מִגֹּרֶן וּכְעָשָׁן מֵאֲרֻבָּה (vgl. 3.2.2.b)
רֶמֶשׂ	Hab 1,14	Poesie	כְּרֶמֶשׂ ‖ לֹא־מֹשֵׁל בּוֹ
אַרְיֵה	Ps 17,12	Poesie	כְּאַרְיֵה ‖ יִכְסוֹף לִטְרוֹף
חֵרֵשׁ	Ps 38,14	Poesie	וַאֲנִי כְחֵרֵשׁ ‖ לֹא אֶשְׁמָע
אִלֵּם	Ps 38,14	Poesie	וּכְאִלֵּם ‖ לֹא יִפְתַּח־פִּיו
אֶרֶץ	Ps 78,69	Poesie	וַיִּבֶן כְּמוֹ־רָמִים מִקְדָּשׁוֹ כְּאֶרֶץ ‖ יְסָדָהּ לְעוֹלָם
אֵשׁ	Ps 83,15	Poesie	כְּאֵשׁ ‖ תִּבְעַר־יָעַר וּכְלֶהָבָה תְּלַהֵט הָרִים (vgl. 3.2.2.b)
יָרֵחַ	Ps 89,38	Poesie	כְּיָרֵחַ ‖ יִכּוֹן עוֹלָם
בֶּגֶד	Ps 109,19	Poesie	תְּהִי־לוֹ כְּבֶגֶד ‖ יַעְטֶה
צִפּוֹר	Ps 124,7	Poesie	נַפְשֵׁנוּ כְּצִפּוֹר ‖ נִמְלְטָה מִפַּח יוֹקְשִׁים

עֶבֶד   Ijob 7,2   Poesie   כְּעֶבֶד ‖ יִשְׁאַף־צֵל ‖ וּכְשָׂכִיר יְקַוֶּה פָעֳלוֹ
(vgl. 3.2.2.b)

נֶשֶׁר   Ijob 9,26   Poesie   כְּנֶשֶׁר ‖ יָטוּשׂ עֲלֵי־אֹכֶל

בֶּגֶד   Ijob 13,28   Poesie   כְּבֶגֶד ‖ אֲכָלוֹ עָשׁ

מֹץ   Ijob 21,18   Poesie   וּכְמֹץ ‖ גְּנָבַתּוּ סוּפָה

שׁוֹר   Spr 7,22   Poesie   הוֹלֵךְ אַחֲרֶיהָ פִּתְאֹם כְּשׁוֹר ‖
אֶל־טֶבַח יָבוֹא

Auswertung

Bei der Beurteilung des Materials ist zu beachten, dass Vergleiche mit der Präposition כ zu jenen Bereichen zählen, wo die hebräische Artikelsetzung stark vom Deutschen abweicht, da sie weniger vom Determinationsgrad als von anderen semantischen und syntaktischen Merkmalen der Vergleichsgröße abzuhängen scheint. Grammatiker beobachten folgende Tendenzen: (1) Personale, d.h. göttliche und menschliche Vergleichsgrößen sind überwiegend artikellos. (2) Impersonale Vergleichsgrößen (Sachvergleiche) tragen oft einen synkopierten Artikel. Der Artikel entfällt häufig, wenn eine Näherbestimmung durch Apposition oder asyndetischen Relativsatz folgt;[82] er entfällt zumeist, wenn die Vergleichsgröße durch ein artikelloses Adjektiv oder Partizip erläutert ist. Diese Trendauskünfte werden von unserem Korpus im Wesentlichen bestätigt. Wenn ein erweiterter Sachvergleich neben einen unerweiterten tritt, trägt nur das unerweiterte Glied einen Artikel:

Jer 23,29   דְּבָרִי כָּאֵשׁ נְאֻם־יְהוָה וּכְפַטִּישׁ ‖ יְפֹצֵץ סָלַע

Hos 6,3   וְיָבוֹא כַגֶּשֶׁם לָנוּ כְּמַלְקוֹשׁ ‖ יוֹרֶה אָרֶץ

Der Befund mag zur Frage veranlassen, ob die asyndetischen Relativsätze als Rektumsätze fungieren, um die nach dem Vortext erwartbare Determination bereitzustellen. Die hohe Anzahl der Gegenbeispiele unter 3.2.1. und 3.2.2. warnt jedoch vor diesem Schluss. Besonders aussagekräftig ist folgende Koordination zweier erweiterter Vergleiche, wo in einem Fall das Bezugswort als Status absolutus markiert ist, was für den Parallelfall ohne Statusmarker dieselbe Interpretation nahe legt:

Ps 83,15   כְּאֵשׁ ‖ תִּבְעַר־יָעַר ‖ וּכְלֶהָבָה ‖ תְּלַהֵט הָרִים

Wie schwer die hier wirksamen Regeln zu durchschauen sind, veranschaulicht die Koordination zweier erweiterter Vergleiche, wo das erste Bezugswort mit und das zweite ohne Artikel steht:

---

82   Vgl. z.B. W. GESENIUS – E. KAUTZSCH 1909, § 126op.

Jes 53,7   וְלֹא יִפְתַּח־פִּיו כַּשֶּׂה ‖ לַטֶּבַח יוּבָל ׀

וּכְרָחֵל ‖ לִפְנֵי גֹזְזֶיהָ נֶאֱלָמָה

Als Vergleichsgrößen firmieren ein männliches und ein weibliches
Exemplar derselben Tiergattung, und die Relativsätze benennen alltägliche Vollzüge der Viehwirtschaft. Hypothesen zu den Motiven des De-
terminationsgefälles haben deshalb wenig Aussicht, über Spekulationen hinauszugelangen.[83] Unter solchen Umständen bleibt nur, die
Diagnose von Rektumsätzen in diesem Korpus zu unterlassen. Dies gilt
dann auch für folgende Beispiele:

Ps 78,69   וַיִּבֶן כְּמוֹ־רָמִים מִקְדָּשׁוֹ כְּאֶרֶץ ‖ יְסָדָהּ לְעוֹלָם

Ps 89,38   כְּיָרֵחַ ‖ יִכּוֹן עוֹלָם

Als Vergleichsgrößen dienen Erde und Mond, die als kosmologische
Unikate Determination verlangen. Angesichts der übrigen Fälle wird
man jedoch besser davon absehen, die Artikellosigkeit auf Rektumsätze
zurückzuführen.

3.3. Die Präposition לְ

Es liegen nur wenige Fälle vor, sodass eine Ordnung nach Bezugswörtern keinen Sinn ergibt. Oben begegneten drei formal eindeutige Rektumsätze nach Bezugsworten mit לְ:

כֹּל	Ps 71,18	Poesie	לְכָל־‖ יָבוֹא ׀ גְּבוּרָתֶךָ (vgl. 1.b)
כֹּל	2 Chr 31,19	Prosa	וּלְכָל־‖ הִתְיַחֵשׂ ׀ בַּלְוִיִּם (vgl. 2.1)
כֹּל	Esr 1,5	Prosa	לְכֹל ‖ הֵעִיר הָאֱלֹהִים אֶת־רוּחוֹ (vgl. 2.2)

Das Vergleichsmaterial:

3.3.1. Bezugswort mit Artikel

a) Zeitbegriffe
Nicht belegt.
b) andere[84]

שֵׁד	Dtn 32,17	Poesie	יִזְבְּחוּ לַשֵּׁדִים ‖ לֹא אֱלֹהַּ

---

83 Für E. König 1897, § 299ln, hat כַּשֶּׂה im Interesse der „Lautwirkung" ein beabsich-
tigtes כְּשֶׂה* ersetzt.

84 Vgl. ferner Ijob 28,1 וּמָקוֹם לַזָּהָב יָזֹקּוּ ‖ *und ein Ort für das Gold, wo man (es) aus-
wäscht.* Weil als Bezugswort מָקוֹם zu gelten hat, gehört der Fall nicht hierher.

3.3.2. Bezugswort ohne Artikel, aber Rektumsatz formal ausgeschlossen

a) Zeitbegriffe
Nicht belegt.
b) andere

שׁוֹאָה Jes 10,3   Poesie ‖ וּמַה־תַּעֲשׂוּ לְיוֹם פְּקֻדָּה וּלְשׁוֹאָה
                              מִמֶּרְחָק תָּבוֹא

3.3.3. Rektumsatz formal möglich

a) Zeitbegriffe

עֵת   Dtn 32,35   Poesie וְשִׁלֵּם לְעֵת \\ תָּמוּט רַגְלָם
b) andere

עַם   Hab 3,16   Poesie אָנוּחַ לְיוֹם צָרָה לַעֲלוֹת לְעַם ‖ יְגוּדֶנּוּ
מֵזַח   Ps 109,19   Poesie תְּהִי־לוֹ כְּבֶגֶד יַעְטֶה וּלְמֵזַח ‖ תָּמִיד יַחְגְּרֶהָ
נֶפֶשׁ   Klgl 3,25   Poesie טוֹב יְהוָה לְקוָֹו לְנֶפֶשׁ ‖ תִּדְרְשֶׁנּוּ

Auswertung

Das Urteil über Dtn 32,35 kann sich an den Fügungen mit עֵת(בְּ) und
מֵעֵת orientieren, was auch hier auf Funktionswandel zur Konjunktion
deutet. In Hab 3,16 kann das Bezugswort nur determiniert gemeint
sein: ... *dass er heraufsteige für das Volk, das uns angreift.* Ps 109,19: *Er (der
Fluch) werde ihm wie ein Kleid, womit er sich einhüllt, und zu einem Gürtel,
womit er sich immerfort gürtet.* Während zur Artikellosigkeit von כְּבֶגֶד
die Erwägungen im vorangehenden Paragrafen gelten, fungiert לְמֵזַח
als effiziertes Glied eines werden-zu-Sachverhalts, übt also eine Rolle
aus, der weit überwiegend Indetermination eignet. Damit ist ein Rektumsatz ausgeschlossen. In Klgl 3,25 ist das Bezugswort לְנֶפֶשׁ mit dem
determinierten Glied לְקוָֹו koordiniert. Meist wird eine determinierte
Übersetzung gewählt.[85] Man kann spekulieren, ob Indetermination
zum Zweck der Verallgemeinerung gewählt wurde: ... *einer (jeden) Seele, die ihn sucht.* Wie dem auch sei, zum Nachweis eines Rektumsatzes
reicht der Befund nicht hin. So verbleibt als einziger veritabler Kandidat Hab 3,16, eine zu schmale Basis, als dass sie Schlüsse zuließe.

---

85   H.-J. KRAUS 1968, 51; O. KAISER in H.-P. MÜLLER – O. KAISER – J. A. LOADER 1992, 151;
     U. BERGES 2002, 171.

4. Fazit

Der asyndetische Rektumsatz ist ein syntaktisches Bildemuster, das sich jenseits der wenigen formal eindeutigen Fälle beharrlich dem Zugriff entzieht. Bereits die Suche bei Bezugsworten mit einkonsonantischer Präposition verläuft weitgehend im Sande. Sie führt nicht über das Belegbündel mit den einsilbigen Zeitbegriffen יוֹם und עֵת hinaus, das schon immer für Rektumsätze in Anspruch genommen wurde. Allerdings sind Zweifel angebracht, ob die wenig variablen Bildungen tatsächlich Rektumsätze regieren oder nicht vielmehr zu temporalen Konjunktionen erstarrt sind. Werden hingegen zu Recht Rektumsätze konstatiert, lässt sich dieser Satztyp beim schmalen Vokabular der Bezugswörter nicht mehr als Besonderheit einer Lexemklasse (Zeitbegriffe) beschreiben, sondern nur noch als Spezifikum zweier Substantive, die zufällig Zeitbegriffe sind.

Die Suche nach weiteren Kandidaten könnte nun bei jenen asyndetischen Relativsätzen fortfahren, die nach Eigenart ihres Bezugsworts für Rektumsätze in Betracht kommen. Doch die Erfolgsaussichten sind nach den bisherigen Erfahrungen und aus textsortenbedingten Gründen gering. Asyndetische Relativsätze steigern als Form der Syndesevermeidung die Poetizität hebräischer Texte, weswegen sie weit überwiegend in Poesie auftreten. Dort ist jedoch auch reduzierter Artikelgebrauch typisch, was die Diagnose von Rektumsätzen zusätzlich erschwert, wie zwei Beispiele illustrieren mögen:

Jer 31,21   Poesie   שַׁתִּי לִבֵּךְ לַמְסִלָּה דֶּרֶךְ ‖ הָלָכְתִּי

Ijob 3,3   Poesie   יֹאבַד יוֹם ‖ אִוָּלֶד בּוֹ ‖ וְהַלַּיְלָה ‖ אָמַר הֹרָה גָבֶר

Im ersten Fall wird das Bezugswort דֶּרֶךְ durch die Koordination mit לַמְסִלָּה und durch Parallelen[86] als determiniert erwiesen; im zweiten Fall leistet die Parallelität mit הַלַּיְלָה dasselbe für יוֹם. Trotzdem kann man den Vollzug der Determination nicht den angefügten Relativsätzen zuschreiben, da in Poesie ohnehin kein Artikel zu erwarten ist.

Bevor weitere Schlüsse gezogen werden, sind die syndetischen Rektumsätze zu betrachten, die knapper abgehandelt werden können.

---

86   Vgl. Anm. 68.

II. Syndetische Rektumsätze

Wo eine andere Relativpartikel als אֲשֶׁר auftritt, ist dies nach der Angabe der Textsorte hervorgehoben.

1. Bezugswort markiert als Status constructus

דָּבָר	Num 23,3	Prosa	וְדִבֶּר מַה־יַּרְאֵנִי וְהִגַּדְתִּי לָךְ מָה
דָּבָר	Dtn 22,24	Prosa	וְמֵתוּ אֶת־הַנַּעֲרָה
			עַל־דְּבַר אֲשֶׁר לֹא־צָעֲקָה
דָּבָר	Dtn 22,24	Prosa	וְאֶת־הָאִישׁ
			עַל־דְּבַר אֲשֶׁר־עִנָּה אֶת־אֵשֶׁת רֵעֵהוּ
דָּבָר	Dtn 23,5	Prosa	עַל־דְּבַר אֲשֶׁר לֹא־קִדְּמוּ אֶתְכֶם
			בַּלֶּחֶם וּבַמַּיִם בַּדֶּרֶךְ
דָּבָר	2 Sam 13,22	Prosa	עַל־דְּבַר אֲשֶׁר עִנָּה אֵת תָּמָר אֲחֹתוֹ
יָד	Jer 22,25	Prosa	וּנְתַתִּיךָ בְּיַד מְבַקְשֵׁי נַפְשֶׁךָ
			וּבְיַד אֲשֶׁר־אַתָּה יָגוֹר מִפְּנֵיהֶם
יָד	Ez 23,28	Prosa	הִנְנִי נֹתְנָךְ בְּיַד אֲשֶׁר שָׂנֵאת
יָד	Ez 23,28	Prosa	בְּיַד אֲשֶׁר־נָקְעָה נַפְשֵׁךְ מֵהֶם
יוֹם	Lev 13,46	Prosa	כָּל־יְמֵי אֲשֶׁר הַנֶּגַע בּוֹ יִטְמָא
יוֹם	Num 9,18	Prosa	כָּל־יְמֵי אֲשֶׁר יִשְׁכֹּן הֶעָנָן עַל־הַמִּשְׁכָּן
כֹּל	alle Fälle von כָּל־אֲשֶׁר		
מָקוֹם	Gen 39,20	Prosa	מְקוֹם אֲשֶׁר־אֲסִירֵי הַמֶּלֶךְ אֲסוּרִים
מָקוֹם	Gen 40,3	Prosa	מְקוֹם אֲשֶׁר יוֹסֵף אָסוּר שָׁם
מָקוֹם	Lev 4,24	Prosa	בִּמְקוֹם אֲשֶׁר־יִשְׁחַט אֶת־הָעֹלָה
מָקוֹם	Lev 4,33	Prosa	בִּמְקוֹם אֲשֶׁר יִשְׁחַט אֶת־הָעֹלָה
מָקוֹם	Lev 6,18	Prosa	בִּמְקוֹם אֲשֶׁר תִּשָּׁחֵט הָעֹלָה
מָקוֹם	Lev 7,2	Prosa	בִּמְקוֹם אֲשֶׁר יִשְׁחֲטוּ אֶת־הָעֹלָה
מָקוֹם	Lev 14,13	Prosa	בִּמְקוֹם אֲשֶׁר יִשְׁחַט אֶת־הַחַטָּאת
מָקוֹם	Num 9,17	Prosa	וּבִמְקוֹם אֲשֶׁר יִשְׁכָּן־שָׁם הֶעָנָן
מָקוֹם	2 Sam 15,21	Prosa	בִּמְקוֹם אֲשֶׁר יִהְיֶה־שָּׁם אֲדֹנִי הַמֶּלֶךְ
מָקוֹם	1 Kön 21,19	Prosa	בִּמְקוֹם אֲשֶׁר לָקְקוּ הַכְּלָבִים אֶת־דַּם נָבוֹת
מָקוֹם	Jer 22,12	Prosa	בִּמְקוֹם אֲשֶׁר־הִגְלוּ אֹתוֹ
מָקוֹם	Ez 6,13	Prosa	מְקוֹם אֲשֶׁר נָתְנוּ־שָׁם רֵיחַ נִיחֹחַ
מָקוֹם	Ez 21,35	Prosa	בִּמְקוֹם אֲשֶׁר־נִבְרֵאת
מָקוֹם	Hos 2,1	Poesie	בִּמְקוֹם אֲשֶׁר־יֵאָמֵר לָהֶם לֹא־עַמִּי אַתֶּם

מָקוֹם	Ps 104,8	Poesie זֶה	אֶל־מְקוֹם זֶה יָסַדְתָּ לָהֶם
מָקוֹם	Koh 1,7	Poesie שֶ	אֶל־מְקוֹם שֶׁהַנְּחָלִים הֹלְכִים
מָקוֹם	Koh 11,3	Poesie שֶ	מְקוֹם שֶׁיִּפּוֹל הָעֵץ
מָקוֹם	Est 4,3	Prosa	וּבְכָל־מְדִינָה וּמְדִינָה מְקוֹם אֲשֶׁר דְּבַר־הַמֶּלֶךְ וְדָתוֹ מַגִּיעַ
מָקוֹם	Est 8,17	Prosa	מְקוֹם אֲשֶׁר דְּבַר־הַמֶּלֶךְ וְדָתוֹ מַגִּיעַ
מָקוֹם	Neh 4,14	Prosa	בִּמְקוֹם אֲשֶׁר תִּשְׁמְעוּ אֶת־קוֹל הַשּׁוֹפָר
תּוֹרָה	Lev 14,32	Prosa	זֹאת תּוֹרַת אֲשֶׁר־בּוֹ נֶגַע צָרָעַת

Die syndetischen Rektumsätze heben sich von den asyndetischen ab
durch ihre Konzentration in der Prosa, entsprechend dem höheren Syn-
desegrad in dieser Textsorte. Eine Fülle von Belegen verteilt sich auf
lediglich sechs Bezugswörter, wovon die Mehrzahl auch bei den asyndetischen Rektumsätzen vertreten ist: יָד, יוֹם, כֹּל und מָקוֹם. Dies bestätigt, dass Rektumsätze eine Affinität zu bevorzugten Bezugslexemen
besitzen. Von einer Vorliebe für Zeitbegriffe lässt sich dann freilich
nicht mehr sprechen. Eher scheinen Häufigkeit, Kürze (כֹּל, יוֹם, יָד) und
Eignung für den Funktionswandel zur zusammengesetzten Konjunktion (מָקוֹם, יוֹם, יָד, דָּבָר) den Ausschlag zu geben. Werden bei syndetischen und asyndetischen Rektumsätzen zu Recht ähnliche Präferenzen
bei den Bezugswörtern diagnostiziert, können noch folgende Belege
dem obigen Korpus zugeschlagen werden:

יוֹם	Dtn 4,10	Prosa	יוֹם אֲשֶׁר עָמַדְתָּ לִפְנֵי יְהוָה אֱלֹהֶיךָ
יוֹם	1 Sam 29,8	Prosa	מִיּוֹם אֲשֶׁר הָיִיתִי לְפָנֶיךָ עַד הַיּוֹם הַזֶּה
יוֹם	Jer 20,14	Poesie	אָרוּר הַיּוֹם אֲשֶׁר יֻלַּדְתִּי בוֹ יוֹם אֲשֶׁר־יְלָדַתְנִי אִמִּי
יוֹם	Jer 38,28	Prosa	עַד־יוֹם אֲשֶׁר־נִלְכְּדָה יְרוּשָׁלָ͏ִם
יוֹם	Ps 78,42	Poesie	לֹא־זָכְרוּ אֶת־יָדוֹ יוֹם אֲשֶׁר־פָּדָם מִנִּי־צָר
יוֹם	Neh 5,14	Prosa	מִיּוֹם אֲשֶׁר־צִוָּה אֹתִי לִהְיוֹת פֶּחָם
עֵת	Koh 8,9	Poesie	עֵת אֲשֶׁר שָׁלַט הָאָדָם בְּאָדָם לְרַע לוֹ
עֵת	2 Chr 25,27	Prosa	וּמֵעֵת אֲשֶׁר־סָר אֲמַצְיָהוּ מֵאַחֲרֵי יְהוָה

Auszuklammernder Problemfall

עָוֹן	1 Sam 3,13	Prosa	כִּי־שֹׁפֵט אֲנִי אֶת־בֵּיתוֹ עַד־עוֹלָם בַּעֲוֹן אֲשֶׁר־יָדַע

עָוֹן ist als Status constructus vokalisiert, doch wird hier einmütig
Textstörung angenommen.[87]

---

[87] Vgl. L. KOEHLER – W. BAUMGARTNER 1967–1990, 756b; H. J. STOEBE 1973, 122; P. K.
MCCARTER 1980, 96; R. W. KLEIN 1983, 29f.

2. Bezugswort ohne Möglichkeit der Statusanzeige, dazu mit einkonsonantischer Präposition, aber ohne synkopierten Artikel

רֶשֶׁת	Ps 9,16	Poesie	זוּ	בְּרֶשֶׁת־זוּ טָמָנוּ נִלְכְּדָה רַגְלָם
מְזִמָּה	Ps 10,2	Poesie	זוּ	יִתָּפְשׂוּ בִּמְזִמּוֹת זוּ חָשָׁבוּ
דֶּרֶךְ	Ps 32,8	Poesie	זוּ	וְאוֹרְךָ בְּדֶרֶךְ־זוּ תֵלֵךְ
אֹרַח	Ps 142,4	Poesie	זוּ	בְּאֹרַח־זוּ אֲהַלֵּךְ

Diese poetischen Belege befolgen ebenfalls die bei den asyndetischen Relativsätzen beobachtete Artikellosigkeit nach בְּ (s. o. I.3.1.). Doch so wenig wie dort besteht ein methodisches Recht zur Annahme von Rektumsätzen. Relativsätze mit זֶה / זוּ / זוֹ sind zwar auch sonst wiederholt mit Makkef an Bezugsworte gebunden, die keine Information über ihren Determinationsgrad an sich tragen, aber nach Kontexthinweisen determiniert sein müssen.[88] Doch solche Relativsätze folgen ebenso auf morphologisch oder inhärent determinierte Bezugsworte, und wenn die Bezugsworte Status differenzieren, führen sie Morpheme des Status absolutus.[89]

III. Ergebnis

Die Suche lieferte nur 19 gesicherte Belege von asyndetischen Rektumsätzen. Daneben sind etwa 20–25 Formulierungen mit יוֹם und עֵת zu erwägen, bei denen allerdings fraglich bleibt, ob überhaupt Relativsätze vorliegen. Recht zahlreich sind dagegen die syndetischen Rektumsätze, vor allem wegen der oben nicht einzeln aufgeführten Fälle mit כָּל־אֲשֶׁר. Die Zusammenschau bestätigt, dass Rektumsätze einen kleinen Kreis von Bezugswörtern favorisieren. Bei Rektumsätzen beider Sorten (syndetisch wie asyndetisch) sind dies יָד, כֹּל, מָקוֹם und pluralisches יוֹם; dazu treten, falls nicht zur Konjunktion erstarrt, auch עֵת sowie singularisches יוֹם. Auf syndetische Rektumsätze beschränkt ist דָּבָר. Der gemeinsame Nenner dieses Wortschatzes ist nicht semantischer Natur (Zeitbegriffe), sondern eher bei Eigenschaften wie Häufigkeit und Kürze zu suchen.

Über dieses rekurrente Standardvokabular hinaus begegnen noch sieben weitere Bezugswörter mit jeweils bloß einem Beleg. Bei den asyndetischen Rektumsätzen sind dies שָׁנָה, שָׂפָה, קִרְיָה, קַדְמָה, יִתְרָה und תְּחִלָּה; bei den syndetischen תּוֹרָה. Die Liste umfasst ausschließlich

---

88   Ex 15,13.16; Jes 43,21; Ps 78,54; 143,8.
89   Jes 42,24; Hos 7,16; Ps 17,9; 62,12; 68,29; 74,2; 104,26; 132,12; Spr 23,22.

feminine Substantive auf הַ־, und es sind bei einer Ausnahme nur singularische Formen betroffen, also solche, die wegen ihrer konsonantenschriftlich eindeutigen Statusanzeige die Vokalisatoren der Entscheidung enthoben, ob sie einen Rektumsatz erkennen wollten oder nicht. Der pluralische Ausnahmefall in dieser Reihe ist das einzige gesicherte Beispiel, wo die Tiberer außerhalb des Standardvokabulars ein Bezugswort ohne konsonantenschriftlichen Zwang als Status constructus markierten:

שָׁנָה‎ Ps 90,15   Poesie רָעָה רָאִינוּ ‖ שְׁנוֹת ‖ עִנִּיתָנוּ ‖ כִּימוֹת

Der Konsonantenbestand hätte auch die Vokalisierung שָׁנוֹת‎*90 zugelassen, die einen normalen asyndetischen Relativsatz ergeben hätte. Freilich steht die Passage im Parallelismus zu einem Rektumsatz mit dem gängigen Bezugswort יוֹם‎, sodass der Status im Dienste der Symmetrie von dort übertragen sein dürfte. Folglich wurde der Status constructus auch hier nicht ohne speziellen Anlass gewählt.

Diese Beobachtungen werfen neues Licht auf den oben erörterten Problemfall Jes 30,29 הִתְקַדֶּשׁ־חָג ‖ כְּלֵיל לָכֶם יִהְיֶה הַשִּׁיר (vgl. I.2.1). Wäre לֵיל als Status constructus zu werten, wäre dies nunmehr der einzige Beleg, wo die Tiberer abseits des Standardvokabulars völlig frei auf dem Weg der Vokalisation einen Rektumsatz anerkannt hätten. Da sie dies jedoch offenbar sonst nie taten, werden die oben erhobenen Zweifel an der Brauchbarkeit des Beispiels und die Präferenz für die Interpretation als Status absolutus untermauert.

Die Praxis der Vokalisatoren lässt sich somit wie folgt charakterisieren: Bei einem kleinen, festen Fundus von Bezugswörtern waren ihnen Rektumsätze eine vertraute Erscheinung, wobei die konsonantenschriftliche Orthographie mit einigen Fällen von ידי‎ und ימי‎ ihren Standpunkt bestätigt. Über dieses Kernvokabular gingen sie nur hinaus, wenn ihre Vorlage sie dazu zwang. Das geschah lediglich sechs Mal bei Belegen im singularischen femininen Status constructus auf הַ־; die einzige Ausnahme ist Ps 90,15, wo die Tiberer anscheinend aus Symmetriegründen mit Rücksicht auf einen parallelen Rektumsatz nach gängigem Bezugswort einen allein in der Punktation verankerten Status constructus ansetzten. Das Verfahren ist erstaunlich, denn es kann nicht zutreffen, dass ein Satztyp jenseits eines engen Kreises rekurrenter Verwendbarkeitsbedingungen genau dann funktionierte, wenn die Zufälle der konsonantenschriftlichen Orthographie ihn anzeigten.

---

90 Nicht belegt, aber vgl. שָׁנִים Gen 1,14 usw.

Für die Herleitung des Befundes bieten sich zwei partiell komple-
mentäre Wege an. Entweder beruhen die wenigen Belege nach femininen Substantiven auf ת‍ַ auf Textfehlern. Dafür spricht die Leichtigkeit,
mit der ein ה in ein ת zu verschreiben war. Außerdem verfügt ein Beispiel über eine direkte Parallele mit Bezugswort im Status absolutus:

יִתְרָה   Jer 48,36   Prosa   אָבָדוּ ‖ עָשָׂה ‖ יִתְרַת כֵּן־עַל

       Jes 15,7   Poesie   עָשָׂה ‖ יִתְרָה כֵּן־עַל

                      יִשָּׂאוּם הָעֲרָבִים נַחַל עַל וּפְקֻדָּתָם

Es handelt sich um eine synoptische Passage aus den Moab-Gedichten
der Bücher Jes und Jer. Was im Spendertext[91] Jes 15,7 einen gewöhnlichen asyndetischen Relativsatz darstellt, erscheint in Jer 48,36 zu einem
Rektumsatz umgeformt. Allerdings ist nur ein Teil der Fallgruppe auf
Verschreibung rückführbar, denn bei Lev 14,32 (syndetisch) und Hos
1,2 (asyndetisch) ergibt die Herstellung des Status absolutus keinen
grammatischen Wortlaut. Diese Hypothese kann also lediglich Einzel-
fälle erklären.

    Eine universell anwendbare Erklärung eröffnet die Annahme, dass
der Rektumsatz in einer früheren Sprachstufe produktiver gewesen ist,
nämlich in einer Phase, als das Hebräische noch über zusätzliche
Status- und Determinationsmarker verfügte, die in der tiberischen Aussprache entfallen sind. Nach dem Verlust dieser Bildeelemente wurden
Rektumsätze nur noch unter den oben beschriebenen Umständen weiter wahrgenommen. Das ist verständlich, da Rektumsätze im Rahmen
des reduzierten tiberischen Morpheminventars großenteils ihre
Funktionalität einbüßten. Bietet das Bezugswort eines Relativsatzes
keine Informationen über Determination und Status (mehr), erlaubt die
sprachliche Oberfläche genau gegenteilige Interpretationen: Entweder
bezeichnet sie Indetermination und somit Status absolutus, oder sie
spiegelt die Determination, die durch den Relativsatz bewirkt wird, der
sich folglich als Rektumsatz herausstellt. In der Poesie kommt zusätzlich noch unmarkierte Determination in Frage, die weder auf ein geeignetes Morphem noch auf einen Rektumsatz angewiesen ist. Bei solcher
Mehrdeutigkeit werden sprachliche Kategorien unbrauchbar und sind
zum Verschwinden bestimmt. Die Konstruktion der Rektumsätze ist so
angelegt, dass sie eine differenziertere Morphologie voraussetzt, als sie
das tiberische Hebräisch bewahrt hat, im Gegensatz etwa zum Akkadischen und Arabischen, wo die Statusunterscheidung sehr konsequent

---

91   Über die Abhängigkeitsrichtung besteht Konsens; vgl. etwa H. WILDBERGER 1978,
    605f.; B. HUWYLER 1997, 187; G. WANKE 2003, 412.

durchgeführt wird (vgl. *bītu(m)* :: *bīt; baytun* :: *baytu*).[92] Mit dem Rück-
gang des nominalen Morphembestands schrumpfte auch die Funk-
tionsfähigkeit von Rektumsätzen. Das tiberische AT repräsentiert eine
Phase der hebräischen Sprachgeschichte, in der das Aussterben dieses
Satztyps weit vorangeschritten ist. Daraus lässt sich schlussfolgern,
dass die biblischen Texte bei ihrer Abfassung mehr Rektumsätze ent-
hielten, als der gegebene Zustand zu erkennen gibt.

Diese Feststellungen haben Folgen für die syntaktische Analyse
von Gen 1,1. Für die Interpretation der vorfindlichen Vokalisation gilt:
Wenn die tiberischen Gelehrten im Einklang mit einer mindestens tau-
sendjährigen Tradition die Präpositionalverbindung בְּרֵאשִׁית ohne Artikel beließen, kann es nicht ihre Absicht gewesen sein, das Substantiv
als Bezugswort eines Rektumsatzes zu markieren. Denn wie gezeigt,
rechneten sie mit Rektumsätzen nur bei einem schmalen Repertoire
von Bezugswörtern oder eindeutiger konsonantenschriftlicher Vorlage.
Keine dieser Bedingungen trifft auf Gen 1,1 zu.

Man kann sich fragen, ob die Vokalisatoren wenigstens an einen
normalen, also nicht-determinierenden asyndetischen Relativsatz dach-
ten. Für die Erklärung der Artikellosigkeit von רֵאשִׁית gelten dann die
Resultate unter I.3.1., wonach Präpositionalverbindungen mit בְּ, deren
Nomen als Bezugswort eines asyndetischen Relativsatzes fungiert, nur
artikellos bezeugt sind. Für die Poesie lässt sich belegen, dass dies auch
determinierte Bezugsworte einschließt. Für die Prosa fehlt dieser Beweis, denn in den beiden Kontrollbeispielen Gen 15,13 und Jer 5,19 sind
die Bezugsworte als indeterminiert einzustufen. Unterstellt man deswegen Indetermination, ergibt רֵאשִׁית nur dann einen nachvollziehbaren Sinn, wenn man es mit E. JENNI (1992, 313) als Ausdruck für „eine
sehr frühe Anfangszeit" wertet: „*In sehr früher Zeit*, in der / als Gott den
Himmel und die Erde schuf, da war die Erde Öde und Leere ..." Dagegen spricht indes, wie oben dargelegt, der kohärente Charakter der
priesterlichen Chronologie, der auch das Sechstagewerk einbegreift.

So wächst die Skepsis, ob die Vokalisatoren in Gen 1,1 eine Hypotaxe erblickten. Die Textoberfläche lässt zwar einen asyndetischen Relativsatz zu, enthält aber nichts, was zu dieser Annahme nötigt. Mehr
Wahrscheinkeit hat für sich, dass die Tiberer ihre Vorlage ebenso deu-
teten wie viele Jahrhunderte zuvor schon die antiken Übersetzer: Die
Septuaginta bietet ἐν ἀρχῇ ἐποίησεν ὁ θεὸς τὸν οὐρανὸν καὶ τὴν γῆν; die Peschitta liest *bᵉrīšīṯ bᵉrā 'alāhā yāṯ šᵉmayyā ūyāṯ 'ar'ā*. Damals fand man bei
בְּרֵאשִׁית Artikellosigkeit, aber keinen untergeordneten Satz. Dieselbe

---

92 Im Akkadischen steht das Bezugswort asyndetischer Relativsätze immer im Status
    constructus: W. VON SODEN ³1995, §§ 164a.166.

parataktische Struktur unterstellten die Targume[93] und Hieronymus: *In principio creavit Deus caelum et terram.*

Gewiss lässt sich nicht mit absoluter Sicherheit ausschließen, dass die tiberische Fassung von Gen 1,1 den Nachfahren eines früheren Rektumsatzes bildet, die Vokalisatoren also eine Aussprache konservierten, deren syntaktische Implikationen ihnen selbst nicht mehr bewusst war. Mit einer solchen Hypothese begibt man sich freilich in die Sphäre unentscheidbarer Spekulation. Ferner haben zwar Raschi (1040–1105) und Ibn Esra (gest. 1164) in zeitlicher Nähe zu den Tiberern die hypotaktische Analyse von Gen 1,1–3 verfochten, wobei sie vielleicht nicht mehr taten, als eine ältere Tradition weiterzuführen.[94] Doch dazu ist festzustellen, dass das hypotaktische Modell unvermeidlich eine Ausnahme beanspruchen muss, insofern es einen Rektumsatz unter Bedingungen behauptet, wo die Konstruktion im tiberischen AT nicht (mehr) existiert. Dem tiberischen AT liegt nach allen Indizien die parataktische Leseweise zugrunde, von der schon seit über tausend Jahren die Übersetzer ausgegangen waren. Dann aber bleibt zu klären, wie sich die Artikellosigkeit mit der Parataxe vereinbart. Dieser Frage wird eine separate Veröffentlichung zu widmen sein.[95]

Literatur

ANDERSON, G., The Interpretation of Genesis 1:1 in the Targums, CBQ 52 (1990) 21–29.

BAMBERGER, S., Raschis Pentateuchkommentar. Vollständig ins Deutsche übertragen und mit einer Einleitung versehen, Basel: Victor Goldschmidt ³1962.

BARR, J., „Determination" and the Definite Article in Biblical Hebrew, JSS 34 (1989) 307–335.

---

93 G. ANDERSON 1990, 22–24.

94 P. SCHÄFER 1971 wertet verschiedene rabbinische Quellen als Indizien, dass die hypotaktische Analyse von Gen 1,1–3 bereits vor Raschi und Ibn Esra bekannt war. Insbesondere deutet er rabbinische Überlieferungen über eine angebliche Wortumstellung in G* Gen 1,1 als Versuch, das hypotaktische Modell wegen unerwünschter theologischer Implikationen (Vorwelt vor der Schöpfung) ausdrücklich abzuweisen. Für Einzelheiten ist SCHÄFERs Artikel heranzuziehen. Sollte er das Richtige treffen, stellt sich umso mehr die Frage, warum die Tiberer nicht von vornherein der hypotaktischen Leseweise durch einen synkopierten Artikel das Wasser abgruben.

95 H.-J. STIPP, 2004–2007.

BAUKS, M, Die Welt am Anfang. Zum Verhältnis von Vorwelt und Weltentstehung in Gen 1 und in der altorientalischen Literatur (WMANT 74), Neukirchen-Vluyn: Neukirchener 1997.

BEN-ḤAYYIM, Z., The Literary and Oral Tradition of Hebrew and Aramaic amongst the Samaritans, Vol. 4: The Words of the Pentateuch, Jerusalem: The Academy of the Hebrew Language 1977.

BEN ISAIAH, A. – SHARFMAN, B., The Pentateuch and Rashi's Commentary. A Linear Translation into English. Genesis, Brooklyn: S. S. & R. Publishing Company 1949.

BERGES, U., Klagelieder (HThKAT), Freiburg – Basel – Wien: Herder 2002.

BROCKELMANN, C., Hebräische Syntax. Mit einem Geleitwort von W. GROß und B. JANOWSKI, Neukirchen-Vluyn: Neukirchener ²2004.

CLINES, D. J. A., Job 1–20 (WBC 17), Dallas: Word Books 1989.

EGAN, J. M., The Fullness of Time. Essays in Biblical Chronology, Elmira: Sator 1990.

ELLIGER, E., Leviticus (HAT 4), Tübingen: Mohr 1966.

FINEGAN, J., Handbook of Biblical Chronology. Principles of Time Reckoning in the Ancient World and Problems of Chronology in the Bible, rev. ed., Peabody: Hendrickson 1998.

FOHRER, G., Das Buch Hiob (KAT 16), Gütersloh: Mohn 1989.

FREEDMAN, D. N., The Broken Construct Chain, Bib. 53 (1972) 534–536.

GERSTENBERGER, E. S., Das dritte Buch Mose. Leviticus (ATD 6), Göttingen: Vandenhoeck & Ruprecht 1993.

GESENIUS, W. – KAUTZSCH, E., Wilhelm Gesenius' Hebräische Grammatik, völlig umgearbeitet von E. Kautzsch, Leipzig 1909, ND Hildesheim – New York 1977.

GROß, W., Die Pendenskonstruktion im Biblischen Hebräisch. Studien zum althebräischen Satz I (ATSAT 27), St. Ottilien: Eos 1987.

HARDMEIER, C. – TALSTRA, E. – GROVES, A., Libronix Digitale Bibliothek – Stuttgarter Elektronische Studienbibel, Stuttgart: Deutsche Bibelgesellschaft – Haarlem: Nederlands Bijbelgenootschap 2004.

HORST, F., Hiob. 1. Teilband (BK 16/1), Neukirchen-Vluyn: Neukirchener 1968.

HOSSFELD, F.-L. – ZENGER, E., Psalmen 51–100 (HThKAT), Freiburg – Basel – Wien: Herder 2000.

HUGHES, J., Secrets of the Times. Myth and History in Biblical Chronology (JSOT.S 66), Sheffield: Academic Press 1990.

HUWYLER, B., Jeremia und die Völker. Untersuchungen zu den Völkersprüchen in Jeremia 46–49 (FAT 20), Tübingen: Mohr Siebeck 1997.

JENNI, E., Erwägungen zu Gen 1,1 „am Anfang", ZAH 2 (1989) 121–127; ND in: E. JENNI 1997, 141–149.

— Die hebräischen Präpositionen. Band 1: Die Präposition Beth, Stuttgart – Berlin – Köln: Kohlhammer 1992.

— Studien zur Sprachwelt des Alten Testaments, hg. v. B. HUWYLER und K. SEYBOLD, Stuttgart – Berlin – Köln: Kohlhammer 1997.

— Die hebräischen Präpositionen. Band 3: Die Präposition Lamed, Stuttgart – Berlin – Köln: Kohlhammer 2000.

JEREMIAS, J., Der Prophet Hosea (ATD 24/1), Göttingen: Vandenhoeck & Ruprecht 1983.

JOÜON, P., A Grammar of Biblical Hebrew. Translated und Revised by T. MURAOKA, Vol. II: Part Three: Syntax (SubBi 14/II), Roma: Pontificio Istituto Biblico 1991.

KAHLE, P., Die Kairoer Genisa. Untersuchungen zur Geschichte des hebräischen Bibeltextes und seiner Übersetzungen, Berlin: Akademie-Verlag 1962.

KLEIN, R. W., 1 Samuel (WBC 10), Waco: Word Books 1983.

KOEHLER, L. – BAUMGARTNER, W., Hebräisches und aramäisches Lexikon zum Alten Testament, 4 Lieferungen, Leiden: Brill 1967–1990.

KÖNIG, F. E., Historisch-kritisches Lehrgebäude der hebräischen Sprache. Band I. Erste Hälfte: Lehre von der Schrift, der Aussprache, dem Pronomen und dem Verbum, Leipzig: Hinrichs 1881, ND Hildesheim – New York: Olms 1979, 276.

— Historisch-comparative Syntax der Hebräischen Sprache. Schlusstheil des historisch-kritischen Lehrgebäudes des Hebräischen, Leipzig: Hinrichs 1897, ND Hildesheim – New York: Olms 1979.

— Die Genesis eingeleitet, übersetzt und erklärt, Gütersloh: Bertelsmann ²⁺³1925.

KRAUS, H.-J., Klagelieder (BK 20), Neukirchen-Vluyn: Neukirchener ³1968.

— Psalmen. 1. Teilband: Psalmen 1–59 (BK 15/1), 5., grundlegend überarb. u. veränd. Aufl., Neukirchen-Vluyn: Neukirchener 1978a.

— Psalmen. 2. Teilband: Psalmen 60–150 (BK 15/2), 5., grundlegend überarb. u. veränd. Aufl., Neukirchen-Vluyn: Neukirchener 1978b.

MCCARTER, P. K., I Samuel (AncB 8), Garden City: Doubleday 1980.

MACUCH, R., Grammatik des samaritanischen Hebräisch (Studia Samaritana 1), Berlin: de Gruyter 1969.

MICHEL, A., Gott und Gewalt gegen Kinder im Alten Testament (FAT 37), Tübingen: Mohr Siebeck 2003.

MÜLLER, H.-P. – KAISER, O. – LOADER, J. A., Das Hohelied / Klagelieder / Das Buch Ester (ATD 16/2), 4., völlig neubearb. Aufl. Göttingen: Vandenhoeck & Ruprecht 1992.

PARRY, D. W. – QIMRON, E. (ed.), The Great Isaiah Scroll (1QIsaª). A New Edition (StTDJ 32), Leiden – Boston – Köln: Brill 1999.

PLÖGER, O., Das Buch Daniel (KAT 18), Gütersloh: Mohn 1965.

POHLMANN, K.-F., Das Buch des Propheten Hesekiel (Ezechiel) Kapitel 20–48 (ATD 22/2), Göttingen: Vandenhoeck & Ruprecht 2001.

RAD, G. VON, Das erste Buch Mose. Genesis (ATD 2/4), Göttingen: Vandenhoeck & Ruprecht [10]1976.

RATTRAY, S. – MILGROM, J., Art. רֵאשִׁית re'šît, ThWAT VII (1993) 291–294.

RECHENMACHER, H., Gott und das Chaos. Ein Beitrag zum Verständnis von Gen 1,1–3, ZAW 114 (2002) 1–20.

RENDTORFF, R., Leviticus. 1. Teilband: Leviticus 1,1 – 10,20 (BK 3/1), Neukirchen-Vluyn: Neukirchener 2004.

RICHTER, W., Grundlagen einer althebräischen Grammatik. B. Die Beschreibungsebenen. II. Die Wortfügung (Morphosyntax) (ATSAT 10), St. Ottilien: Eos 1979.

— Biblia Hebraica transcripta (BH*t*), das ist das ganze Alte Testament transkribiert, mit Satzeinteilungen versehen und durch die Version tiberisch-masoretischer Autoritäten bereichert, auf der sie gründet (ATSAT 33.1–16), 16 Bde., St. Ottilien: Eos 1991–1993.

— Biblia Hebraica *transcripta*, Release 4: BH*t*-Software, München 1997.

ROTTZOLL, D. U., Die Vorbedingung für Gottes große »Auseinander-Schöpfung«. Eine vornehmlich syntaktische Untersuchung zum Prolog des priesterschriftlichen Schöpfungsberichts (Gen 1,1f.), BZ 7 (1991) 247–256.

— Abraham Ibn Esras Kommentar zur Urgeschichte (SJ 15), Berlin – New York: de Gruyter 1996.

RUDOLPH, W., Hosea (KAT 13/1), Gütersloh: Mohn 1966.

RUPPERT, L., Genesis. Ein kritischer und theologischer Kommentar. 1. Teilband: Gen 1,1–11,26 (FzB 70), Würzburg: Echter 1992.

RÜTERSWÖRDEN, U. – WARMUTH, G., Ist בְּרֵאשִׁית mit Artikel zu vokalisieren?, in: W. ZWICKEL (Hg.), Biblische Welten (FS M. METZGER)

(OBO 123), Freiburg (Schweiz): Universitätsverlag – Göttingen: Vandenhoeck & Ruprecht 1993, 167–175.

SCHÄFER, P., *Berēšīt bārā' 'Elōhīm.* Zur Interpretation von Genesis 1,1 in der rabbinischen Literatur, JSJ 2 (1971) 161–166.

SCHORCH, S., Determination and the Use of the Article in Samaritan Hebrew, JSS 48 (2003) 287–320.

— Die Vokale des Gesetzes. Die samaritanische Lesetradition als Textzeugin der Tora. 1. Das Buch Genesis (BZAW 339), Berlin – New York: de Gruyter 2004.

SEEBASS, H., Genesis I. Urgeschichte (1,1–11,26), Neukirchen-Vluyn: Neukirchener 1996.

SEYBOLD, K., Die Psalmen (HAT I/15), Tübingen: Mohr 1996.

SODEN, W. VON, Grundriss der akkadischen Grammatik. 3., ergänzte Aufl. unter Mitarbeit von W. R. MAYER (AnOr 33), Roma: Pontificio Istituto Biblico 1995.

STEYL, C., The Construct Noun *'ešet* in Ps 58:9, JNWSL 11 (1983) 133–134.

STIPP, H.-J., Anfang und Ende. Nochmals zur Syntax von Gen 1,1, ZAH 17–20 (2004–2007) 188–196 (revidierter Neudruck in diesem Band S. 41–51).

STOEBE, H. J., Das erste Buch Samuelis (KAT 8/1), Gütersloh: Mohn 1973.

WALTKE, B. K. – O'CONNOR, M., An Introduction to Biblical Hebrew Syntax, Winona Lake, IN: Eisenbrauns 1990.

WANKE, G., Jeremia. Teilband 2: Jeremia 25,15–52,34 (ZBK.AT 20.2), Zürich: Theologischer Verlag 2003.

WEIPPERT, M., Schöpfung am Anfang oder Anfang der Schöpfung? Noch einmal zu Syntax und Semantik von Gen 1,1–3, ThZ 60 (2004) 5–22.

WESTERMANN, C., Genesis. 1. Teilband: Genesis 1–11 (BK I/1), Neukirchen-Vluyn: Neukirchener 1974.

WILDBERGER, H., Jesaja. 2. Teilband: Jesaja 13–27 (BK 10/2), Neukirchen-Vluyn: Neukirchener 1978.

WOLFF, H. W., Dodekapropheton 1: Hosea (BK 14/1), Neukirchen-Vluyn: Neukirchener [3]1976.

ZIMMERLI, W., Ezechiel. 2. Teilband: Ezechiel 25–48 (BK 13/2), 2., verb. … u. … erw. Aufl., Neukirchen-Vluyn: Neukirchener 1979.

Anfang und Ende

Nochmals zur Syntax von Gen 1,1

1. Der Stand der Frage

Die Syntax des ersten Verses der Bibel ist ein viel verhandeltes Problem, weil die meisten Leser bei der Rede vom „Anfang" in Gen 1,1 wegen der notwendigen Singularität dieses Ereignisses Determination erwarten, während die tiberischen Vokalisatoren es unterließen, in בְּרֵאשִׁית einen synkopierten Artikel zu verzeichnen. Der Befund wird im Wesentlichen auf zwei alternativen Wegen hergeleitet.[1] Die erste Erklärung rechnet das Lexem רֵאשִׁית einer Gruppe hypodeterminierender Substantive für Zeit- und Ortsangaben zu, die selten oder nie den Artikel annehmen, mit folgenden Konsequenzen: (1) In בְּרֵאשִׁית sind dem Substantiv Status absolutus und Determination zuzuschreiben, wobei die formale Anzeige der Determination aufgrund lexemklassenspezifischer Sonderregeln entfällt. (2) V. 1 ist syntaktisch als selbstständiger Satz zu beurteilen, der durch eine Präpositionalgruppe als temporaler Ergänzung eröffnet wird. (3) Bei der Übersetzung von בְּרֵאשִׁית in Artikelsprachen ist ein Artikel zu ergänzen: „Am / Im Anfang schuf ..." Diese Analyse sei hier das parataktische Modell genannt. Die konkurrierende Hypothese erkennt dem Substantiv in בְּרֵאשִׁית den Status constructus zu, wobei an die Stelle des Nomen rectum ein asyndetischer Rektumsatz (determinierender Relativsatz) im Umfang des Restes von V. 1 tritt, mit folgenden Konsequenzen: (1) In בְּרֵאשִׁית eignet dem Substantiv Determination, die durch den Rektumsatz ausgeübt wird. (2) Gen 1,1 bildet eine komplexe Konstruktusverbindung, die als pendierende Zeitangabe einem Matrixsatz vorausgeht, der entweder in V. 2 oder in 3a gefunden wird: „Am / Im Anfang davon, dass Gott den

---

1   Literaturnachweise bei H.-J. STIPP, Gen 1,1 und asyndetische Relativsätze im Bibelhebräischen, in diesem Band S. 3–40.

Himmel und die Erde schuf ..." Diese Herleitung sei das hypotaktische Modell genannt.[2]

In einer separaten Veröffentlichung habe ich das hypotaktische Modell anhand der rund 400 asyndetischen Relativsätze im hebräischen Alten Testament überprüft.[3] Das Ergebnis ist negativ: Relativsätze, gleichgültig ob syn- oder asyndetisch, gehen mit ihren Bezugsworten in der Regel kein Konstruktusverhältnis ein und wirken daher nicht determinierend. Rektumsätze treten normalerweise[4] nur dann auf, wenn eine von zwei Bedingungen erfüllt ist: (1) Das Bezugswort gehört einem festen Vokabular an, das sich auf יָד, כֹּל, מָקוֹם und pluralisches יוֹם beschränkt; dazu treten noch עֵת und singularisches יוֹם, sofern solche Fälle nicht vielmehr Konjunktionalsätze darstellen, in denen die genannten Substantive als erstarrte Konjunktionen fungieren. Vor syndetischen Rektumsätzen ist ferner das Bezugswort דְּבָר bezeugt. (2) Als Bezugswort dient ein beliebiges singularisches feminines Substantiv auf הָ-, bei dem der Status constructus auch in konsonantischer Orthographie eindeutig widergespiegelt wird. Davon gibt es sechs Belege.[5] Insgesamt bietet das AT nicht mehr als 19 unbezweifelbare asyndetische Rektumsätze[6] (ca. 5% der asyndetischen Relativsätze), die um ca. 20–25 Fälle mit יוֹם und עֵת zu verdoppeln wären, sollten die eben genannten Vorbehalte unberechtigt sein. Die syndetische Spielart ist in absoluten Zahlen stärker vertreten, vor allem wegen der häufigen Konstruktionen mit כָּל־אֲשֶׁר, bleibt aber innerhalb der zahlreichen syndetischen Relativsätze ebenfalls eine bescheidene Untergruppe.

Auffällig an diesem Befund sind die eigentümlichen Grenzen der Wahlfreiheit bei den Bezugswörtern: Neben einer Hand voll rekurrenter Lexeme treten nur bestimmte Nominalformen auf, die sich durch Repräsentanz des Status constructus in der konsonantischen Orthographie auszeichnen. Die Verwendbarkeit einer syntaktischen Kategorie kann in lebendiger Sprache jedoch unmöglich von orthographischen Zufälligkeiten abgehangen haben. Dies lenkt den Blick auf die Rolle der tiberischen Vokalisatoren bei der Kennzeichnung von Rektumsätzen.

---

2   Die Terminologie ist angeregt durch M. BAUKS, Die Welt am Anfang. Zum Verhältnis von Vorwelt und Weltentstehung in Gen 1 und in der altorientalischen Literatur (WMANT 74), Neukirchen-Vluyn 1997, 69–92.

3   STIPP (Anm. 1).

4   Die einzige Ausnahme Ps 90,15 רָאִינוּ רָעָה ‖ שְׁנוֹת ist dem Parallelismus mit עִנִּיתָנוּ ‖ כִּימוֹת geschuldet; vgl. ebd. III.

5   Syndetisch: תּוֹרָה Lev 14,32; asyndetisch: יִתְרָה Jer 48,36; קָדְמָה Ps 129,6; קִרְיָה Jes 29,1; שָׂפָה Ps 81,6; תְּחִלָּה Hos 1,2.

6   Gen 39,4; Ex 4,13; Lev 7,9; 1 Sam 25,15; Jes 29,1; Jer 48,36; Hos 1,2; Ps 71,18; 81,6; 90,15.15; Ps 129,6; Ijob 18,21; 29,2; Klgl 1,14; Esr 1,5; 1 Chr 29,3; 2 Chr 30,19; 31,19.

Für jene Tradenten scheinen Rektumsätze an einem schmalen Fundus häufiger Bezugswörter ein vertrautes syntaktisches Fügemuster gewesen zu sein; darüber hinaus erkannten sie Rektumsätze nur dann, wenn die konsonantenschriftliche Ablesbarkeit des Status constructus am Bezugswort sie dazu nötigte.

Diese fraglos künstliche Praxis ist nur erklärbar, wenn Rektumsätze in einer älteren Sprachstufe weiter verbreitet waren, während die tiberische Vokalisation eine fortgeschrittene Phase mit stark reduziertem Gebrauch widerspiegelt. Der Rückzug der Rektumsätze ist sprachgeschichtlich leicht zu motivieren. Das reduzierte Morpheminventar des tiberischen Hebräisch verminderte die Möglichkeiten, Determination und Status morphologisch zu differenzieren. Dies führte zwangsläufig einen Funktionalitätsverlust der Rektumsätze herbei, weil das Fehlen entsprechender Indikatoren am Bezugswort eines Relativsatzes diametral entgegengesetzte Deutungen zulässt: Entweder zeigt es Indetermination und Status absolutus an, sodass die Fortsetzung als gewöhnlicher, nicht-determinierender Relativsatz zu lesen ist; oder dem Bezugswort eignen umgekehrt Determination und Status constructus, bedingt durch den folgenden Rektumsatz. In Poesie kann eine solche Nullmorphemmarkierung überdies für Determination einstehen, die weder eines Morphems noch eines Rektumsatzes bedarf. Wenn sprachliche Kategorien keine Entscheidung mehr zwischen opponierenden Funktionen erlauben, sind sie mangels Tauglichkeit zum Verschwinden bestimmt.

Daraus ergeben sich Konsequenzen für die syntaktische Analyse von Gen 1,1. Wenn die Tiberer בְּרֵאשִׁית artikellos vokalisierten, dann kann der Grund nicht darin gelegen haben, dass sie im Rest des Verses einen Rektumsatz erkannten. Denn mit diesem Bildemuster rechneten sie nur nach Bezugswörtern, die dem oben präzisierten Wortschatz angehörten oder schon in der Vorlage als Status constructus kenntlich waren. רֵאשִׁית hingegen zählt weder zum einschlägigen Vokabular noch ist es zu einer Statusanzeige fähig. Das ist eine erhebliche Erschwernis für das hypotaktische Modell. Soll daher die Frage beantwortet werden, wie die tiberischen Vokalisatoren Gen 1,1 verstanden, richtet sich das Augenmerk auf die parataktische Analyse.

2. Determinationsanzeige bei vergleichbaren Zeitangaben

Das parataktische Modell rechnet רֵאשִׁית einer Gruppe von Substantiven zu, die Zeit- und Ortsangaben bezeichnen und selten oder nie den Artikel annehmen. Die Abwesenheit determinierender Elemente be-

deutet dann nicht notwendig Indetermination; vielmehr scheinen le-
xemklassenspezifische Sonderregeln einzuwirken, die den Verzicht auf
die Anzeige von Determination zur Folge haben. Um einige wichtige
Beispiele zu nennen: עוֹלָם *Dauer* ist im hebräischen AT 440-mal belegt,
davon nur 16-mal mit Artikel.[7] Auffälligerweise folgt die Artikelscheu
dieses Zeitbegriffs keiner absoluten, sondern einer Mehrheitsregel, von
der eine Minorität der Belege abweicht. נֶצַח nimmt in der Bedeutung
Dauer nie den Artikel an.[8] Das Substantiv עַד *dauernde Zukunft* tritt ausschließlich artikellos auf. Unter seinen Präpositionalverbindungen lautet mit 20 Fällen die häufigste לָעַד[9] (neben 6-mal עֲדֵי־עַד[10] und einmal
מִנִּי־עַד[11]), wobei das Qamäṣ unter dem Proklitikon auch die Annahme
eines synkopierten Artikels zulässt. Weil עַד jedoch sonst den Artikel
konsequent vermeidet, ist die herkömmliche artikellose Interpretation
nach den Analogien לָנֶצַח und לָבֶטַח nicht zu beanstanden.[12] Von den
zahlreichen Belegen, wo קֶדֶם als Orts- (*vorn, Osten*) oder Zeitangabe
(*früher, Vorzeit*) fungiert, trägt nur einer den Artikel.[13] Das Lexem wird
damit ähnlich behandelt wie die übrigen Himmelsrichtungen, denen
ebenfalls normalerweise der Artikel abgeht, es sei denn, die betreffenden Lexeme werden in ihrer primären Bedeutung verwendet.[14] Die
Verbindung לְפָנִים *früher* wird bei 20 Belegen[15] immer artikellos gefügt.
Dasselbe gilt für die verwandten Bildungen פָּנִים *vorn*[16], מִפָּנִים *von
vorn*[17], מִלְּפָנִים *von jeher*[18] und מִלְפָנִים *innen*[19]. Hinzuweisen ist ferner auf
Richtungsangaben mit He locale, die großenteils artikellos auftreten.

Die Suche nach geeignetem Vergleichsmaterial zu Gen 1,1 wird
erschwert durch den verminderten Artikeleinsatz in der hebräischen
Poesie. Artikellosen Zeitnomina in der Poesie wird heute gewöhnlich

---

7   Jer 28,8; Joël 2,2; Ps 28,9; 41,14.14; 106,48.48; 133,3; Koh 3,11; Dan 12,7; Neh 9,5.5;
     1 Chr 16,36.36; 17,14.14.
8   Ein Beleg mit Artikel in der Bedeutung „Glanz" findet sich in 1 Chr 29,11.
9   Jes 64,8; Am 1,11; Mi 7,18; Ps 9,19; 19,10; 21,7; 22,27; 37,29; 61,9; 89,30; 111,3.8.10;
     112,3.9; 148,6; Ijob 19,24; Spr 12,19; 29,14; 1 Chr 28,9. In Jes 30,8 und Zef 3,6 (לְעַד) ist
     לְעֵד zu lesen.
10   Jes 26,4; 65,18; Ps 83,18; 92,8; 132,12.14.
11   Ijob 20,4.
12   GK 310 (§ 102i).
13   Gen 10,30.
14   JM 512 (§ 137q).
15   Dtn 2,10.12.20; Jos 11,10; 14,15; 15,15; Ri 1,10.11.23; 3,2; 1 Sam 9,9.9; Jes 41,26; Ps
     102,26; Ijob 42,11; Rut 4,7; Neh 13,5; 1 Chr 4,40; 9,20; 2 Chr 9,11.
16   Ez 2,10; 1 Chr 19,10; 2 Chr 13,14.
17   2 Sam 10,9.
18   Jes 41,26.
19   1 Kön 6,29.

der Beweiswert bestritten mit dem Argument, dass dort ohnehin keine Determinationsanzeige erforderlich ist; deswegen sei nicht auszuschließen, dass das Fehlen des Artikels der Textsorte statt der Lexemklasse geschuldet ist. Dieser Vorbehalt blieb bei den bislang genannten Beispielen ohne Folgen, da sie wegen ausreichender Fallzahlen und geeigneter Streuung genügend prosaische Belege aufweisen, um gültige Aussagen über ihren Artikelgebrauch in der Prosa zu erlauben. Das ist anders bei Substantiven, die vollständig oder mit relevanten Teilkorpora nur in der Poesie bezeugt sind.

Deshalb ist an dieser Stelle ein methodischer Grundsatz darzulegen. Unbestreitbar müssen die Gesetze des Artikelgebrauchs im Hebräischen nach Prosa und Poesie getrennt erhoben werden. Allerdings lassen unter bestimmten Bedingungen auch poetische Belege Rückschlüsse auf die Verhältnisse in der Prosa zu. Für unsere Zwecke sind es folgende: Erstens können jene Substantive zum Vergleich herangezogen werden, die – wie בְּרֵאשִׁית – eine einkonsonantische Präposition tragen, da die tiberischen Vokalisatoren synkopierte Artikel in Poesie weitgehend nach den Regeln der Prosagrammatik setzten.[20] Die Ausnahmen lassen sich eingrenzen und gefährden nicht die Verlässlichkeit des Resultats.[21] Daher gewähren Substantive mit einkonsonantischen Präpositionen in poetischem Kontext Aufschluss darüber, ob nach Ansicht der Vokalisatoren in Prosa ein Artikel anzubringen wäre oder nicht. Eine zweite Maxime folgt aus der Inkonsequenz der Artikelsetzung in der Poesie: Mit der Anzahl der formal indeterminierten Belege eines Substantivs in der Poesie steigt die Wahrscheinlichkeit, dass es in Prosa ebenfalls artikellos gebraucht würde, denn andernfalls wären vereinzelte artikeltragende Beispiele auch in Poesie zu erwarten. Gewiss kann dieses Kriterium nur bereits anderweitig ermittelte Wahrscheinlichkeiten stützen oder schwächen; doch wäre es ungerechtfertigt, größeren Gruppen artikelloser Belege in Poesie die Relevanz für Fragen der Prosagrammatik rundweg abzusprechen.

Diese methodischen Gesichtspunkte sind bedeutsam für die Beurteilung einiger näherer Parallelen zu בְּרֵאשִׁית Gen 1,1. Das AT bietet sechs Fälle der Verbindung מֵרֹאשׁ *von Anfang an*[22], die beim syntaktischen Studium von Gen 1,1 heute meist ausgeklammert werden, weil

---

20 Vgl. hierzu ausführlich J. BARR, "Determination" and the Definite Article in Biblical Hebrew, JSS 34 (1989) 307–335, 325–333.

21 Die Artikelsetzung unterbleibt insbesondere dann, wenn ein Substantiv mit einem artikellosen kongruenzpflichtigen Attribut versehen ist, weil der synkopierte Artikel dann eine formale Disgruenz zum Attribut erzeugen würde; vgl. z. B. Jes 63,13 כַּסּוּס בַּמִּדְבָּר gegenüber Jer 8,6 כְּסוּס שׁוֹטֵף בַּמִּלְחָמָה.

22 Jes 40,21; 41,4.26; 48,16; Spr 8,23; Koh 3,11.

sie sämtlich der Poesie entstammen. Allerdings ist immerhin bemerkenswert, dass keinem der beteiligten Autoren eine artikeltragende
Ausnahme unterlief. Interessant ist ferner das Substantiv אָחוֹר *Rück-
seite, Westen,* adverbiell: *hinten, rückwärts, später.* Es tritt mehrfach als
Oppositionsglied zu לְפָנִים (s.o.) ein und nimmt bei 41 Belegen nie den
Artikel an. In primärem Gebrauch begegnet es mehrfach determiniert,
und zwar durch enklitisches Personalpronomen[23] oder Nomen rectum[24]
und nur in Prosa.[25] Die adverbielle Verwendung hingegen vermeidet
Determinationsweiser konsequent. Sie beschränkt sich in Prosa auf drei
Belege des polaren Wortpaars פָּנִים → אָחוֹר *vorne → hinten.*[26] Dafür
birgt die Poesie rund zwei Dutzend Fälle mit lokaler Bedeutung *rückwärts,*[27] darunter zwei mit einkonsonantischer Präposition: לְאָחוֹר Ps
114,3.5. Obwohl in Poesie, bezeugen sie, dass für die Tiberer das Substantiv bei adverbiellem Gebrauch auch in Prosa den Artikel entbehren
müsste. Das unterstreichen die drei Beispiele mit temporaler Bedeutung, die sämtlich einkonsonantische Präpositionen führen: לְאָחוֹר *für
künftig, in der Zukunft* Jes 41,23; 42,23; בְּאָחוֹר *am Ende, zuletzt* Spr 29,11.
Insbesondere der letzte Fall liefert wegen der identischen Präposition
eine aussagekräftige Analogie zu בְּרֵאשִׁית Gen 1,1.

3. Determinationsanzeige bei רֵאשִׁית

Angesichts des genannten Vergleichsmaterials wurde schon vielfach
die Meinung vertreten, bei רֵאשִׁית als Zeitangabe könne trotz Determination der Artikel unterbleiben. Dass die Frage offen ist, liegt wesentlich an den Gebrauchsweisen des Substantivs in der atl. Literatur. Von
den 51 Belegen entfällt nur ein rundes Viertel auf Zeitangaben; dagegen
bedeutet die weit überwiegende Mehrheit *Erstling* im Sinne von
Ausgangspunkt, Hauptwerk, Hauptsache, bestes Stück, in kultischem Zusammenhang *Erst-* bzw. *Bestabgabe.*[28] In dieser Beleggruppe entspricht
die Praxis der formalen Determination dem Üblichen. Dort findet sich
zwar nur ein und zugleich der einzige Fall mit Artikel (Neh 12,44),
doch rührt die Seltenheit dieser Verbindung daher, dass רֵאשִׁית vorwie-

---

23   Ex 33,23; 1 Kön 7,25 // 2 Chr 4,4; Ez 8,16.
24   Ex 26,12.
25   Vgl. in Poesie מֵאָחוֹר *von Westen* Jes 9,11.
26   2 Sam 10,9 // 2 Chr 19,10; Ez 2,10; 2 Chr 13,14. Poesie: קֶדֶם – אָחוֹר Ps 139,5; Ijob 23,8.
27   Gen 49,17; 2 Sam 1,22; Jes 1,4; 28,13; 42,17; 44,25; 50,5; 59,14; Jer 15,6; 38,22; 46,5; Ps
      9,4; 35,4; 40,15; 44,11.19; 56,10; 70,3; 78,66; 129,5; Klgl 1,8.13; 2,3.
28   Vgl. die Systematik in HAL 1091f.

gend *den Anfang* bzw. *die Hauptsache von etwas* bezeichnet. Deswegen ist es meist mit einem determinierten Nomen rectum oder einem enklitischen Personalpronomen gefügt. Die wenigen Fälle mangelnder Determinationsanzeige beruhen auf Indetermination[29] oder poetischer Prägung.[30] Ähnliches gilt für die Funktion als Zeitangabe, wo רֵאשִׁית bestimmt ist entweder durch ein inhärent determiniertes Nomen rectum (Eigenname)[31] oder ein enklitisches Personalpronomen.[32] Außer Gen 1,1 existieren nur zwei Fälle ohne Determinationsmarker, beide in poetischem Kontext: Jes 46,10 מַגִּיד מֵרֵאשִׁית אַחֲרִית *der von Anfang an den Ausgang verkündet* und Spr 17,14 פּוֹטֵר מַיִם רֵאשִׁית מָדוֹן *(wie) einer, der Wasser entfesselt, ist der Anfang des Streits.* Das ist zu wenig für den Nachweis, dass bei רֵאשִׁית als Zeitangabe auch in Prosa die Determinationsanzeige entbehrlich ist. In diese Richtung deutet indessen folgendes Beispiel:

Dtn 11,12   Prosa   מֵרֵשִׁית הַשָּׁנָה וְעַד אַחֲרִית שָׁנָה

Der Passus behandelt שָׁנָה nach den Oppositionsbegriffen רֵ(א)שִׁית und אַחֲרִית unterschiedlich: Obwohl Prosa, fehlt im zweiten Fall der Artikel. Die Textüberlieferung ist allerdings instabil: „Wenige Handschriften" (BHS) sowie das Qumran-Fragment 4QDeut[k1] (4Q 38)[33] verzichten gänzlich auf den Artikel, während „viele Manuskripte" umgekehrt in beiden Fällen den Artikel setzen, ein Trend, dem sich auch der Samaritanus, die Peschitta (Status emphaticus) und die Targume angeschlossen haben (BHS). Für die Beurteilung des Befundes lassen sich folgende Gesichtspunkte anführen: Der gespaltene Wortlaut des *MT* besitzt wenig Glaubwürdigkeit. Wo man korrigierte, überwog die Neigung, שָׁנָה einheitlich mit dem Artikel auszustatten. Die sekundäre Tilgung eines Artikels hat deshalb die geringste Wahrscheinlichkeit für sich. Daher kann man die Lesartendifferenz auf ein mutmaßliches Original zurückführen, wo die Extremwerte „Anfang" und „Ende" gegen das Sprachgefühl späterer Leser ohne Determinationsanzeige blieben. Sollte das zutreffen, kann man die Frage anschließen, ob רֵאשִׁית in Gen 1,1 mit demselben Verfahren als Extremwert gekennzeichnet werden sollte.

Die Überprüfung dieser Hypothese anhand des Oppositionsbegriffs אַחֲרִית *Ende, Zukunft* ist nicht möglich, da das Lexem trotz seiner 61 Belege über Dtn 11,12 hinaus keine tauglichen Prosa-Fälle bietet und

---

29 Lev 2,12; Ez 44,30; 2 Chr 31,5.

30 Num 24,20; Dtn 33,21; Am 6,6; Mi 1,13; Ps 78,51; 105,36; 111,10; Spr 1,7; 4,7.

31 Jer 26,1; 27,1; 28,1; 49,34.

32 Ijob 8,7; 42,12; Koh 7,8.

33 E. ULRICH (*et al.*), Qumran Cave 4. IX: Deuteronomy, Joshua, Judges, Kings (DJD XIV), Oxford 1995, 96.

als Zeitbegriff weit überwiegend keine Extremwerte, sondern ausge-
dehnte Perioden in der Zukunft bezeichnet, wie namentlich die häufige
Wendung בְּאַחֲרִית הַיָּמִים illustriert.[34] Die Praxis der Determinationsanzeige ist unauffällig. Von anderer Art als רֵאשִׁית ist auch תְּחִלָּה,
obwohl sich die Bedeutungen teilweise überlappen. Im Unterschied zu
רֵאשִׁית markiert תְּחִלָּה keine Extremwerte, sondern hat seine Domäne in
ausgedehnten Phasen der Vergangenheit: *Anfangszeit, frühere Zeit*.[35] Die
Mehrzahl der 21 Belege[36] ist determiniert, 11 davon mit Artikel, immer
in der Form בַּתְּחִלָּה.[37] Die Art der Determinationsanzeige entspricht
dem Gewohnten.[38]

4. Determinationsanzeige bei קֵץ

Besser zur Gegenüberstellung geeignet erscheint ein Lexem, das bisher
m.W. noch nicht zu diesem Zweck herangezogen wurde, obwohl es
wiederholt den רֵאשִׁית opponierenden Extremwert benennt: קֵץ *Ende*.
Aus den 67 Belegen bezeichnen 19 ein Ende von solch epochalem Rang,
dass ein Vergleich mit Gen 1,1 berechtigt erscheint. Davon stehen 13
Fälle in Prosa und 6 in Poesie. Ihr Artikelgebrauch weist interessante
Besonderheiten auf:

a) Prosa

Gen 6,13	קֵץ כָּל־בָּשָׂר בָּא לְפָנַי
Ez 21,30	בָּא יוֹמוֹ בְּעֵת עֲוֹן קֵץ
Ez 21,34	בָּא יוֹמָם בְּעֵת עֲוֹן קֵץ
Ez 35,5	בְּעֵת אֵידָם בְּעֵת עֲוֹן קֵץ
Am 8,2	בָּא הַקֵּץ אֶל־עַמִּי יִשְׂרָאֵל
Dan 8,17	לְעֶת־קֵץ הֶחָזוֹן
Dan 8,19	וַיֹּאמֶר הִנְנִי מוֹדִיעֲךָ אֵת אֲשֶׁר־יִהְיֶה בְּאַחֲרִית הַזָּעַם כִּי לְמוֹעֵד קֵץ

---

34 Gen 49,1; Num 24,14; Dtn 4,30; 31,29; Jes 2,2; Jer 23,20; 30,24; 48,47; 49,39; Ez 38,16;
   Hos 3,5; Mi 4,1; Dan 10,14; בְּאַחֲרִית הַשָּׁנִים Ez 38,8.
35 Vgl. insbesondere 2 Kön 17,25; Jes 1,26. Hos 1,2 תְּחִלַּת דִּבֶּר־יְהוָה בְּהוֹשֵׁעַ bezeichnet
   mit H. W. WOLFF, Hosea (BK 14/1), Neukirchen-Vluyn ³1976, 12, „den ‚ersten Zeit-
   abschnitt‘ des Prophetenlebens Hoseas"; zustimmend: W. RUDOLPH, Hosea (KAT
   13/1), Gütersloh 1966, 39; J. JEREMIAS, Hosea (ATD 24/1), Göttingen 1983, 27.
36 Dazu eine anerkannte Verschreibung aus הַתְּחִלָּה in Neh 11,17 (vgl. BHS und die
   Kommentare).
37 Gen 13,3; 41,21; 43,18.20; Ri 1,1; 20,18.18; 2 Sam 17,9; Jes 1,26; Dan 8,1; 9,21.
38 Die indeterminierten Fügungen in 2 Sam 21,9.10; Rut 1,22 sind durch besondere
   Verhaltensweisen des Substantivs קָצִיר bedingt; vgl. Gen 30,14; Ex 34,22; Jos 3,15; Ri
   15,1; 1 Sam 6,13; 12,17; 2 Sam 13,13; anders Rut 2,23.

Dan 11,27   כִּי־עוֹד קֵץ לַמּוֹעֵד

Dan 11,35   עַד־עֵת קֵץ

Dan 11,40   וּבְעֵת קֵץ יִתְנַגַּח עִמּוֹ מֶלֶךְ הַנֶּגֶב

Dan 12,4   עַד־עֵת קֵץ

Dan 12,9   עַד־עֵת קֵץ

Dan 12,13   וְאַתָּה לֵךְ לַקֵּץ

b) Poesie

Ez 7,2.2   קֵץ בָּא הַקֵּץ עַל־אַרְבַּעᵍ כַּנְפוֹת הָאָרֶץ

Ez 7,3   עַתָּה הַקֵּץ עָלַיִךְ

Ez 7,6.6   קֵץ בָּא בָּא הַקֵּץ הֵקִיץ אֵלַיִךְ הִנֵּה בָּאָה

Hab 2,3   כִּי עוֹד חָזוֹן לַמּוֹעֵד וְיָפֵחַ לַקֵּץ

Eine weitere Kandidatin ist die im Kontext schwer verständliche Verbalform הֵקִיץ in Ez 7,6, die häufig als Verschreibung aus הַקֵּץ* gewertet wird.[39] Aus den 13 Prosabelegen tragen nur zwei den Artikel (Am 8,2; Dan 12,13), während die übrigen 11 formal indeterminiert sind. Abweichend vom üblichen Muster weisen gerade die poetischen Belege den höheren Grad an morphologischer Determinationsanzeige auf: 4 bzw. 5 gegen 2 Fälle.

Der Befund hat besondere Relevanz für Gen 1,1, weil das Belegkorpus auch aus der Priesterschrift und weiterer priesterlicher Literatur (Ez) gespeist ist. Die Priesterschrift kündigt *das Ende allen Fleisches* (קֵץ כָּל־בָּשָׂר Gen 6,13)[40] in formal indeterminierten Worten an, obwohl sie die determinierte Form כָּל־הַבָּשָׂר ebenfalls kennt (Gen 7,15). Ez benutzt die Verbindung עֵת עֲוֹן קֵץ trotz Prosakontext nur ohne formale Determination. Dan spricht vom kommenden *Ende* bei einer Ausnahme (12,13) artikellos. F. E. KÖNIG hat aus den Belegen in Dan „die Ausbildung eines apokalyptischen terminus technicus ‚der Abschluss'" gefolgert,[41] ließ dabei aber ähnliche Phänomene in anderen Literaturbereichen unbeachtet. Daher wird man besser mit einem weiter verbreiteten Sprachgebrauch rechnen, der bei einem Extremwert wie dem *Ende* von

---

39   W. ZIMMERLI, Ezechiel 1–24 (BK 13/1), Neukirchen-Vluyn ²1979, 158.161; K.-F. POHL-MANN, Das Buch des Propheten Hesekiel, Kapitel 1–19 (ATD 22/1), Göttingen 1996, 111 mit Anm. 443.

40   Die Ausleger unterscheiden sich nur bei der Variante *alles* oder *allen Fleisches*, stimmen aber überein beim bestimmten Artikel von *das Ende*. Vgl. z. B. F. E. KÖNIG, Die Genesis eingeleitet, übersetzt und erklärt, Gütersloh ²⁺³1925, 343; G. VON RAD, Das erste Buch Mose. Genesis (ATD 2/4), Göttingen ¹⁰1976, 93; C. WESTERMANN, Genesis 1–11, Neukirchen-Vluyn (BK 1/1), Neukirchen-Vluyn 1974, 523; H. SEEBASS, Genesis I. Urgeschichte (1,1–11,26), Neukirchen-Vluyn 1996, 201. Keiner dieser Kommentatoren greift das Problem der formalen Indetermination von קֵץ כָּל־בָּשָׂר auf.

41   F. E. KÖNIG, Historisch-comparative Syntax der Hebräischen Sprache, Leipzig 1897, 286 (§ 294c).

der Determinationsanzeige absehen konnte. Dass der Artikelgebrauch schwankt, überrascht nicht angesichts der Parallelen bei עוֹלָם und Richtungsangaben mit He locale, die ebenfalls inkonsequent verfahren.

Die Hypodetermination von קֶץ bietet ein Analogon zur Artikellosigkeit des entgegengesetzten temporalen Extremwerts רֵאשִׁית in Gen 1,1 und ergänzt ältere Beobachtungen, wonach bestimmte Nomina für Zeitangaben die formale Determination meiden. Zugleich ist die Annahme einer Hypotaxe in Gen 1,1 kaum mit den Verwendbarkeitsbedingungen von Rektumsätzen im tiberischen AT zu vereinbaren. Diese Argumentationslage empfiehlt, der These eines Hauptsatzes mit inhärenter Determination von רֵאשִׁית den Vorzug zu geben.

5. Exegetische Konsequenzen

Die Option für die parataktische Analyse der ersten Verse der Bibel bedeutet freilich nicht, dass damit die bekannte schöpfungstheologische Sachfrage, ob Gen 1,1 das Konzept einer *creatio ex nihilo* verfechte, im affirmativen Sinne entschieden wäre. Davor warnt die Fortsetzung. V. 1 kann zwar zeitweilig den Eindruck wecken, er stelle die Erschaffung von Himmel und Erde fest. Doch dieser rezeptive Vorentwurf wird in seiner ersten Hälfte durch V. 6–8 erschüttert, wo der Himmel erst aus dem zweiten Schöpfungswerk hervorgeht. Was die zweite Komponente angeht, so beschreibt V. 2 den Zustand der Erde, die folglich bereits existiert, während sie laut der Benennung Elohims in V. 10 erst als Teilprodukt des dritten Schöpfungswerks entsteht. Dieser Widerspruch ist indes nur scheinbarer Art, insofern das Lexem אֶרֶץ in verschiedenen Bedeutungen aus seinem weiten semantischen Spektrum verwendet wird: In V. 2 bezeichnet es die *Erde* als kosmische Größe, in V. 10 das *Festland* als Oppositionsbegriff zu יַמִּים *Meere, Seen*. Würde V. 1 einen separaten Schöpfungsakt schildern, der den anschließend erzählten Etappen vorausgeht, könnte הָאָרֶץ nur die Chaoswelt aus V. 2 meinen. Daraus erwüchse allerdings eine weitere Ungereimtheit mit V. 6–8, weil V. 1 die Erschaffung von Himmel und Erde als Einheit behandelt, während sich dort herausstellt, dass sie verschiedenen Alters sind.

Es ist jedoch ein widerspruchsfreies Verständnis des Textes möglich unter der Prämisse, dass V. 1 keinen primordialen Schöpfungsakt meint, sondern die nachfolgend erzählten Schritte antizipativ bündelt. Dies bestätigt einen von Vertretern des parataktischen Modells schon vielfach übernommenen Vorschlag W. VON SODENs, der Vers fungiere als Mottovers, ein im Alten Orient gängiges Verfahren der Texteröffnung und Äquivalent einer Überschrift.[42] Der Merismus הַשָּׁמַיִם וְהָאָרֶץ umschreibt dann das (geordnete) Universum bzw. den Kosmos. Anschließend schaltet der Nominalsatz V. 2 in die Hintergrundschilderung, worin הָאָרֶץ für die chaotische Vorwelt eintritt, die Elohim durch sein in V. 3 anhebendes Schöpfungshandeln zur geordneten Lebenswelt umgestaltet. Auch auf der Basis des parataktischen Modells ergibt sich somit, dass der Autor dem traditionellen Konzept eines der Schöpfung vorgegebenen Rohmaterials in Gestalt einer chaotischen Vorwelt anhing.

---

42 W. VON SODEN, Mottoverse zu Beginn babylonischer und antiker Epen. Mottosätze in der Bibel, UF 14 (1982) 235–239. Zur Rezeption vgl. BAUKS (Anm. 2), 85–92.

Dominium terrae

Die Herrschaft der Menschen über die Tiere in Gen 1,26.28

Wenige alttestamentliche Passagen haben in den vergangenen Jahren so viel Aufmerksamkeit in der außertheologischen Öffentlichkeit gefunden wie der göttliche Herrschaftsauftrag an die Menschen in Gen 1. „Macht euch die Erde untertan" – in dieser Fassung ist Gen 1,28f unter die geflügelten Worte eingegangen und selbst bei bibelunkundigen Zeitgenossen immer noch als abendländisches Bildungsgut abrufbar. Seinen bleibenden Bekanntheitsgrad verdankt der Satz nicht zuletzt dem Vorwurf – erstmals von dem amerikanischen Mediävisten Lynn White publikumswirksam vorgetragen –, der biblische Auftrag zum *dominium terrae* im Rahmen der Gottesbildlichkeitsformulierung liefere das ideologische Unterfutter für den Raubbau an unseren natürlichen Lebensgrundlagen in den Industriegesellschaften und wirke als solches noch im Denken völlig säkularisierter Angehöriger der westlichen Kultur weiter. Die letztlich selbstzerstörerische Mentalität, dass die Natur dem menschlichen Besitz- und Konsumstreben beliebig zu Gebote stehe, habe ihren wahren Ursprung in der Bibel, weswegen der jüdisch-christlichen Tradition die Hauptverantwortung für die moderne ökologische Problematik anzulasten sei.[1] Grundlage ist eine Leseweise von Gen 1,26.28, wonach der Herrschaftsauftrag den Menschen einen Freibrief zur schrankenlosen Ausbeutung der nichtmenschlichen Natur erteile.

Die historischen Thesen Whites haben der Überprüfung nicht standgehalten.[2] Es lässt sich kein Zusammenhang nachweisen zwischen der zeitlichen und räumlichen Verbreitung der jahwistischen bzw. jüdischen und christlichen Religionen einerseits und der Wissenschaftsentwicklung im Allgemeinen samt der Umweltzerstörung im Besonderen andererseits. Die negativen Folgen von Technik und Industrialisierung haben erst dann katastrophale Ausmaße angenommen, als

---

1 L. WHITE, Ursachen unserer ökologischen Krise; in Deutschland besonders entschieden vertreten von AMERY, Ende der Vorsehung.

2 Vgl. den materialreichen Forschungsbericht von H. BARANZKE – H. LAMBERTY-ZIELINSKI, Lynn White und das dominium terrae.

die Integrationskraft der Religion bereits rapide geschwunden war; sie lassen sich also, wenn überhaupt, mit besserem Recht genau umgekehrt mit dem Säkularismus korrelieren.[3] Wie ferner rezeptionsgeschichtliche Arbeiten zeigen, hat die jüdische und christliche Auslegung – mit unerheblichen Ausnahmen – das *dominium terrae* bis in rezente Vergangenheit stark spiritualisiert verstanden, während konkreten Anwendungen technischer Art wenig Interesse galt. Die brachiale Interpretation ist nur vom späten 19. Jahrhundert bis vor dem 2. Weltkrieg nachweisbar und blieb ein marginales Phänomen.[4] Häufig wird in diesem Zusammenhang die Säkularisierungstheologie nach dem Zweiten Weltkrieg (F. Gogarten, H. Cox) genannt mit ihrem Versuch, die Säkularisierung und damit die Entgötterung der Welt, die die wissenschaftlich-technischen Triumphe allererst ermöglicht hätten, als zutiefst christliches Anliegen zu erweisen. Allerdings betonte Gogarten schon immer die Differenz zwischen der christlichen Sicht der Weltlichkeit der Welt und atheistischer Autonomie[5] und warnte in seinen späteren Schriften vor den Risiken eines Fortschritts, der sich theonomer Bindungen entledigt hat.[6] Und auch Cox, obwohl von bisweilen naivem Fortschrittsoptimismus beflügelt,[7] unterschied zwischen wünschenswerter Säkularisierung und enthemmtem Säkularismus, dessen Hang zur Perversion des Fortschritts nach dem „Exorzismus" durch die prophetische Kritik engagierter Christen rufe.[8]

Selbst wenn sich ein wirkungsgeschichtlicher Zusammenhang zwischen Bibel und ökologischer Krise nicht nachweisen lässt, ist damit die Frage nach dem ursprünglichen Sinn des Herrschaftsauftrags in Gen 1 noch nicht beantwortet. Nun hat der massive Angriff auf das AT als eigentlicher Wurzel der Umweltzerstörung breite exegetische Aktivitäten angestoßen, die aufzuzeigen suchten, dass die martialische Interpretation der biblischen Aussagen ein gravierendes Missverständnis darstelle. Allerdings ist eine durch Schuldzuweisungen aufgeladene

---

3   Das ist die These von U. KROLZIK, Umweltkrise. Vgl. ferner die detaillierten rezeptionsgeschichtlichen Studien von J. COHEN, „Be Fertile", und S. RAPPEL, „Macht euch die Erde untertan".

4   Beispiele nennen J. BARR, Man and Nature; S. RAPPEL, „Macht euch die Erde untertan", 338f.

5   F. GOGARTEN, Neuzeit, 137–143; Frage nach Gott, 46–50.

6   F. GOGARTEN, Frage nach Gott, 30–34.

7   H. COX, Stadt ohne Gott. Man vergleiche, wie Cox seitenlang die Segnungen der Mobilität preisen kann, ohne ihre ökologischen Folgen zu gewahren (62–72). Auch seine emphatische Feier der pragmatischen menschlichen Weltgestaltung (73–98) war schon bei Erscheinen der Erstausgabe (1966) nicht ohne Blauäugigkeit.

8   Ebd. bes. 166ff.

Atmosphäre für die wissenschaftliche Arbeit ambivalent. Einerseits kann sie wertvolle Forschungsenergien freisetzen, andererseits fördert sie apologetische Zugeständnisse an den Zeitgeschmack. So ist schon mehrfach der Verdacht erhoben worden, der Schwenk zu „sanften" Leseweisen des Herrschaftsauftrags könnte insgeheim dem Wunsch nach intellektueller Akzeptanz willfahren.[9]

Die vorliegende Studie stellt sich dem bleibenden Diskussionsbedarf. Im Folgenden ist kurz der Stand der Frage zu resümieren (1.). Anschließend wird nochmals die Semantik der maßgeblichen Verben כבש und רדה in Gen 1,26.28 thematisiert, wobei insbesondere für רדה ein Kriterium genutzt wird, das bislang noch nicht hinreichendes Augenmerk gefunden hat: der Vergleich mit den distributionellen Eigenschaften möglicher bedeutungsverwandter Verben (2.). Daraus resultieren neue Gesichtspunkte für das Verständnis des biblischen Herrschaftsauftrags (3.). Der strittige Passus Gen 1,26–31 lautet wie folgt:

26	a	Gott sprach:
	b	Wir wollen Menschen machen als unser Bildnis, wie unsere Gestalt,
	c	damit/sodass sie רדה **ausüben** an den Fischen des Meeres, den Vögeln des Himmels, dem Vieh, allem 'Getier' der Erde und allem Kriechgetier, das auf der Erde kriecht.
27	a	Gott schuf den Menschen als sein Bildnis:
	b	(d. h.) als Bildnis Gottes schuf er ihn;
	c	männlich und weiblich schuf er sie.
28	a	Gott segnete sie,
	b	und Gott sprach zu ihnen:
	c	Seid fruchtbar,
	d	werdet zahlreich,
	e	füllt die Erde,
	f	**tut** כבש an ihr
	g	und **übt** רדה **aus** an den Fischen des Meeres, den Vögeln des Himmels und allem Getier, das auf der Erde kriecht.
29	a	Gott sprach:
	b1	Siehe, ich übergebe euch (hiermit) alles Samen tragende Kraut,
	c	das auf dem Antlitz der ganzen Erde ist,
	b2	und alle Bäume,
	d	auf denen Samen tragende Baumfrüchte sind:
	e	Euch sollen sie zur Nahrung (dienen);
30	a1	allem Getier der Erde, allen Vögeln des Himmels und allem, was auf der Erde kriecht,
	b	in dem lebendiger Hauch ist,

---

9   Vgl. z. B. C. UEHLINGER, Dominium terrae, 61; M. WEIPPERT, Tier und Mensch, 54f.

a2   (gebe ich) alles Grünkraut zur Nahrung.

c   So geschah es.

31   a   Gott sah alles,

b   was er gemacht hatte,

c   und siehe: (Es war) sehr gut.

d   Es wurde Abend,

e   und es wurde Morgen:

f   Sechster Tag.

1. Die neuere Diskussion um das *dominium terrae*

Auf der Suche nach einem friedlicheren Verständnis des Herrschaftsauftrags wurden im Wesentlichen drei Wege eingeschlagen. Der erste, besonders entschieden von N. Lohfink beschritten, ist *semantisch-etymologischer* Art und will zeigen, dass die Verben כבש und רדה bislang zu Unrecht als Ausdrücke für Gewaltanwendung aufgefasst worden seien. Zwar könnten sie in geeigneten Kontexten bzw. mit geeigneten Modifikatoren gewaltsame Akte bezeichnen, doch wie etymologisches Vergleichsmaterial und gewisse inneralttestamentliche Gebrauchsweisen demonstrierten, seien sie im Kern neutral oder gar positiv getönt. כבש in 28f, traditionell als „untertan machen, unterwerfen" übersetzt, bedeute vielmehr wertfrei „den Fuß auf etwas setzen, auf etwas treten"[10], „betreten"[11], und zwar im Falle von Territorien speziell dazu, um sie in Besitz zu nehmen[12]. רדה in 26c und 28g ordnet man traditionell die Grundbedeutung „treten, trampeln" zu, ausgehend von Joël 4,13, wo vom Treten der Kelter die Rede ist. Auf Herrschaftsverhältnisse übertragen, stehe es für eine besonders rücksichtslose Form der Domination. In Wahrheit jedoch, so der Einwand, sei רדה mit dem akkadischen Verb *redû(m)* zu verbinden, das u. a. „begleiten, (mit sich) führen" heißt und das Führen von Tieren durch einen Hirten bezeichnen kann (AHW II 965). Folglich werde die Menschheit in Gen 1 zum Hüter der Tiere bestellt,[13] und die im AT wie im gesamten Alten Orient positiv besetzte Figur des Hirten als Inbegriff der aufopfernden Fürsorge für schutzbefohlene Lebewesen gebe den Menschen die Maßstäbe für ihren Um-

---

10   N. LOHFINK, „Macht euch die Erde untertan", 19.

11   B. JANOWSKI, Herrschaft über die Tiere, 184.

12   LOHFINK, ebd. 21.

13   LOHFINK, ebd. 23.

gang mit der Tierwelt an die Hand. Die Hirtentheorie ist eine besonders erfolgreiche neuere Auslegung des *dominium terrae*.[14]

Das zweite Argumentationsmodell beruft sich auf den *Kontext* des
Herrschaftsauftrags, an dem schon immer aufgefallen ist, dass er für
einen brutalen Umgang des Menschen mit seiner Mitwelt keinen Raum
lässt. Denn das *dominium terrae* ist explizite Funktionsbestimmung der
Gottesbildlichkeit, und zwar die einzige („damit/sodass[15] sie רדה ausüben" 26c). Die Gottesbildlichkeit ist aber die von Gott am Höhepunkt
seines Schaffens eingerichtete Theomorphie der Menschen, die sie nach
altorientalischer Bildertheologie[16] zu Repräsentanten Gottes in der Welt
erhebt. Das weckt die Erwartung, dass der priesterliche Autor sich das
schöpfungsgemäße Verhältnis der Menschen zu Tieren und Erde analog dem Verhältnis Gottes zu seiner Schöpfung vorstellte. Ferner ist der
Herrschaftsauftrag in V. 28a als Segen, mithin als lebensfördernde göttliche Zuwendung qualifiziert. Überdies präzisiert die Gottesrede Vv.
29–30 das Zueinander von Mensch und Tier durch eine Nahrungsordnung, die die Unzulässigkeit von Blutvergießen voraussetzt, indem sie
bei rein vegetarischer Kost für Mensch und Tier getrennte Nahrungsquellen vorsieht: Die Menschen erhalten das „samentragende Kraut",
also die Kulturpflanzen wie Getreide, Hülsenfrüchte und Fruchtbäume,
während den Land- und Lufttieren das „Grünkraut" (יֶרֶק עֵשֶׂב) verbleibt, also die von den Menschen nicht verwerteten Bestandteile wie
Laub und Stängel sowie die Wildpflanzen. Die Fische werden keiner
Nahrungsvorschrift unterworfen, denn diese Konfliktvermeidungsstra-
tegie hielt P offenbar nur erforderlich bei Gattungen, die den Lebensraum des Menschen teilen und daher mit ihm in Kollision geraten können. Erst nach der Flut wird die menschliche Diät auf Fleisch und Fisch
ausgedehnt (nebst dem bislang den Tieren vorbehaltenen „Grünkraut"), womit der tierische Schrecken vor dem Menschen als neues
Element in die Verfassung der Welt einzieht (9,2–3). Dieses System ist

---

14 Vgl. z. B. – mit Differenzierungen im Einzelnen – K. KOCH, Dominium terrae; O. H.
    Steck, Dominium terrae, 94; E. ZENGER, Gottes Bogen, 84–96; F. CONIGLIARO, Domi-
    nium terrae, 58; H. SCHÜNGEL-STRAUMANN, Paritätische Modelle, 188; N. BAUM-
    GART, Umkehr des Schöpfergottes, 263.269–271.369. Vgl. auch M. HONECKER, Domi-
    nium terrae: „Die bibl. Aussagen zu imago dei … und zur Herrschaft über die Natur
    sind … als Auftrag zur Pflege und Gestaltung der Natur (vgl. Gen 2,15) … zu ver-
    stehen."

15 Die Konstruktion entspricht dem Muster Aufforderung + *w*´=PK(KF) für Folgesätze.
    Dabei gehe ich davon aus, dass das Hebräische keine formale Unterscheidung zwi-
    schen finalen und konsekutiven Verhältnissen kannte.

16 Vgl. allgemein A. BERLEJUNG, Theologie der Bilder.

nur verständlich als retrospektive Utopie[17] einer schöpfungsgemäßen Idealordnung, die als gewaltfreies Miteinander von Mensch und Tier schon keinen Wettbewerb um Ressourcen kennt, noch weniger Blutvergießen zu Nahrungszwecken, von anderen Motiven ganz zu schweigen. Zu alledem wird gerade der Tag des Herrschaftsauftrags mit der zusammenfassenden, gesteigerten Billigungsformel „(Es war) sehr gut" resümiert (31c). Wie schließlich die Sintflutperikope zeigt, hat der priesterliche Autor gegen seine Vorlage (Gen 6,5–7; 8,21) die Land- und Lufttiere in die Verantwortung für die Katastrophe einbezogen (6,11–13), um eine exakte Deckung von Schuldigen und Sintflutopfern herbeizuführen. Für P tastete selbst JHWH nicht grundlos das Leben der Tiere an.[18] All dies ist mit einer zerstörerischen und rein anthropozentrischen Füllung des *dominium terrae* schlechterdings nicht zu vereinbaren.

Die dritte, *traditionsgeschichtliche* Argumentationslinie hebt hervor, dass P mit der herrscherlich konnotierten Gottesbildlichkeit ein häufiges, im ägyptischen Bereich standardmäßiges Motiv altorientalischer Königsideologie aufgreift und auf die Gesamtmenschheit überträgt. Dies lässt erwarten, dass die priesterliche Anthropologie von der Königsideologie zehrt. Will man daher den Charakter der menschlichen Herrschaft über die Tiere näher bestimmen, tritt neben die von der Gottesbildlichkeit insinuierte Analogie des Verhältnisses von Gott zur Schöpfung noch konkreter die Analogie der Rolle des Königs gegenüber seinen Untertanen. Zu den zentralen einschlägigen Königsideologemen gehören die den lebensweltlichen Kosmos stabilisierende Mittlerschaft zwischen Göttern und Menschen, die universale Ordnungsfunktion, verdinglicht im Anspruch auf weltweite Herrschaft, und der unermüdliche Einsatz für die Gerechtigkeit, womit der König vor allem den Schwachen zu Hilfe eilt. Darauf berufen sich Deutungen des Herrschaftsauftrags, die darin das gerechte, ordnende und hegende Walten des königlichen Menschen an Gottes Statt erkennen. Das *dominium terrae* ist dann das menschheitliche Äquivalent zur Weltherrschaft des Königs. Mit dieser Lesart ist besonders jene semantische Argumentationslinie kompatibel, die רדה als typische Hirtentätigkeit begreift. Aus der Beliebtheit der Hirtenmetapher in der Königsideologie hat E. Zenger gefolgert, das Theologumenon der Gottesbildlichkeit artikuliere die göttliche Berufung des Menschen zum königlichen Hirten.[19] Für die

---

17   Zum utopischen Charakter der priesterlichen Schöpfungsordnung vgl. J. EBACH, Bild Gottes, 18f.; N. BAUMGART, Umkehr des Schöpfergottes, 365–375.

18   Vgl. H.-J. STIPP, «Alles Fleisch».

19   E. ZENGER, Gottes Bogen, 84–96; vgl. auch schon J. BARR, Man and Nature, 22.

Ausbeutung der Untergebenen bleibe auch hier kein Raum. J. Ebach hat dem aber zu Recht entgegengehalten, dass selbst Zengers altorientalische Belegtexte offen gewaltsame Praktiken in der Amtsführung der königlichen Hirten schildern, und zwar nicht nur gegenüber den Feinden der schutzbefohlenen Gruppe, sondern auch gegenüber Abweichlern innerhalb dieser Gruppe selbst.[20]

Eine anders akzentuierte Kombination traditionsgeschichtlicher und etymologischer Gesichtspunkte hat B. Janowski entwickelt. Er rekurriert ebenfalls auf akk. *redû(m)*, aber nicht auf die Belege hirtlichen Umgangs mit Tieren, sondern auf solche mit der Bedeutung „regieren", die in den G- und Gtn-Stämmen mit den Subjekten Gott bzw. König auftreten und ein Objekt bei sich haben, „das eine räumliche Gesamtheit ... oder eine Totalität von Lebewesen ... bezeichnet"[21], namentlich in dem formelhaften Königsprädikat *murteddû kalîš matāte* „der alle Länder regiert"[22]. Dies fügt sich zum königsideologischen Hintergrund der Gottesbildlichkeit, woraus Janowski folgert, dass der Herrschaftsauftrag eine Anthropologie des „königlichen Menschen"[23] durch eine „universale Ordnungsfunktion" expliziere, die der Menschheit die Pflicht zur „tätige[n] Verantwortung für das Ganze der natürlichen Schöpfungswelt"[24] übertrage.

Ist das alles richtig, stützen sich die semantisch-etymologischen, kontextbezogenen und traditionsgeschichtlichen Gesichtspunkte nahtlos gegenseitig. Doch wie betont, geraten diese Entwürfe zunehmend in den Verdacht, die Terminologie des biblischen Herrschaftsauftrags apologetisch einzuebnen.[25] Deshalb beschreitet U. Rüterswörden wiederum einen anderen Weg: Er räumt die grundsätzlich gewaltsamen Konnotationen von רדה und כבש ein,[26] findet sie aber transformiert durch das Rahmenkonzept der Gottesbildlichkeit, das die auf Respekt vor Gruppenidentitäten und Rechtstaatlichkeit bedachten Ordnungsvorstellungen des persischen Weltreichs aufnehme, wo „aus dem niedergetretenen Gegner ... die Stütze legitimer Herrschaft" werde. So folge: „Eine Interpretation des dominium terrae auf diesem Hintergrund ergibt eine Rechts- und Friedensherrschaft des Menschen über die Natur."[27] Für M. Weippert indes bleiben alle Versuche zur Pazifizierung

---

20 J. EBACH, Bild Gottes und Schrecken der Tiere, 32.
21 B. JANOWSKI, Herrschaft über die Tiere, 190.
22 M.-J. SEUX, Épithètes royales, 242.
23 B. JANOWSKI 188.
24 Ebd. 191. Vgl. auch DERS., Gottebenbildlichkeit.
25 S. oben Anm. 9.
26 U. RÜTERSWÖRDEN, Dominium terrae, 98ff.
27 Ebd. 126–130, Zitate 126.

des Herrschaftsauftrags müßig: Erhebe man die Bedeutung der
Schlüsselverben כבשׁ und רדה aus dem inneralttestamentlichen Sprachgebrauch, müsse man auf der traditionellen Annahme der Gewaltherr-
schaft beharren.[28] Die semantische Frage ist daher nochmals aufzurollen.

2. Zur Semantik von כבשׁ und רדה

Unter den Anstößigkeiten des *dominium terrae* mag dem Verb כבשׁ für
moderne Leser noch das geringere Skandalon anhaften, da es jenes Verhalten kennzeichnet, zu dem Gott die Menschen gegenüber der immerhin unbelebten Erde ermächtigt. Das Lexem fußt auf einer gemeinsemi-
tischen Wurzel, die durchweg „treten auf, niedertreten" sowie im übertragenen Sinn „unterwerfen" bedeutet.[29] Das AT bietet außer Gen 1,28
dreizehn Fälle, dazu das nominale Derivat כֶּבֶשׁ, das einen Fußschemel
bezeichnet, was die Grundbedeutung „treten auf" untermauert. Für N.
Lohfink wäre es jedoch verfehlt, dem biblischen Verb deswegen einen
gewalthaften Kern zu unterlegen; vielmehr „müssen wir damit
rechnen, daß man im Hebräischen bei diesem Ausdruck «den Fuß auf
etwas setzen» sich nicht viel mehr gedacht hat als wir, wenn wir den
Ausdruck gebrauchen «die Hand auf etwas legen»."[30] Als Hauptstütze
eines neutralen, undramatischen Verständnisses diente ihm die priesterliche Landnahmeterminologie mit ihrer geprägten Wendung כבשׁ-N
הָאָרֶץ לִפְנֵי in Num 32,22.29[31] und Jos 18,1, der zufolge dem Verhei-
ßungsland im Zuge der Landnahme „vor JHWH bzw. Israel כבשׁ angetan wird". Dazu tritt noch die Nachahmung in 1 Chr 22,18, die die Eroberungen Davids mit identischem Sprachgebrauch als Vollendung der
Landnahme bewertet. Freilich werden damit ausnahmslos Resultate
militärischer Okkupation beschrieben. Welchen Beigeschmack die Eroberung des Landes im priesterlichen Geschichtsbild besaß, illustriert
Num 32,4 mit den Worten: הָאָרֶץ אֲשֶׁר הִכָּה יְהוָה לִפְנֵי עֲדַת יִשְׂרָאֵל
„das Land, das JHWH vor der Gemeinde Israels *geschlagen* hat".[32] Die
priesterlichen Kontexte unterscheiden ferner konstant die durch כבשׁ

---

28   M. WEIPPERT, Tier und Mensch. Vgl. auch schon den Einspruch von J. SCHARBERT,
     Ebenbild, 249.

29   S. WAGNER, כָּבַשׁ, 54.

30   N. LOHFINK, „Macht euch die Erde untertan" 20.

31   Ebd. 21.

32   נכה-H אֶת־הָאָרֶץ beschreibt die Landnahme noch in Jos 10,40; vgl. ferner 1 Sam
     27,9; Jes 11,4; Jer 43,11; 46,13; Mal 3,24.

bezeichneten Akte von der *späteren* Inbesitznahme. Laut Num 32,22.29 können die Stämme Gad und Ruben ihre ostjordanischen Territorien, wo sie bereits befestigte Städte bezogen haben (V. 17), erst dann zum Eigentum (אֲחֻזָּה) erhalten, nachdem an dem (ganzen) Land כבש vollzogen worden ist. Nach Jos 18,1–2 ist das Land zwar schon vollständig zum Gegenstand von כבש geworden, doch warten noch sieben Stämme auf die Zuteilung ihres Erbteils (נַחֲלָה). All das spricht dafür, dass כבש in den Landnahmetexten die kriegerische, gewaltsame Phase des Vorgangs bezeichnet.[33]

Die übrigen neun Fälle sprechen ebenso deutlich für eine von Hause aus gewalthafte Tönung. Der Grundbedeutung am nächsten kommt wohl Mi 7,19 יִכְבֹּשׁ עֲוֺנֹתֵינוּ „er wird unsere Sünden zertreten", immerhin die metaphorische Evokation eines Zerstörungsakts. Viermal begegnet die Wendung כבש לְעֶבֶד für das Versklaven von Menschen (Jer 34,11.16; Neh 5,5c; 2 Chr 28,10), die (in einzelsprachlicher Abwandlung) auch aus dem Aramäischen und Neuassyrischen bekannt ist.[34] Die atl. Belege betreffen ausschließlich die Verknechtung von Judäern durch Judäer bzw. Israeliten, und zwar immer in Zusammenhängen, die die Verwerflichkeit des Vorgangs anprangern. Ein wertfreier Gebrauch des Ausdrucks ist nicht bezeugt. Die enge sachliche Streuung in voneinander unabhängigen Kontexten weckt den Verdacht, dass כבש im Hebräischen besonders geeignet erschien, solche Akte schon durch eine

---

33 K. KOCH, Dominium terrae, 27, unterscheidet dagegen den נִכְבְּשָׁה-Zustand des Landes nochmals als separaten Schritt von der Eroberung des Landes. Ähnlich, aber spezifischer argumentiert B. JANOWSKI, Herrschaft über die Tiere, 184 Anm. 3: „כבש (etwa ‚den Fuß auf etw. setzen, um es in Anspruch/Besitz zu nehmen') ist in Gen 1,28; Num 32,22.29; Jos 18,1 und 1 Chr 22,18 offenbar ein rechtssymbolischer Terminus für die Inanspruchnahme von ‚Erde, Land'"; so mit Verweis auf M. MALUL, Legal Symbolism, 118f.379ff.403ff., und J. C. GREENFIELD, *ana urdūti kabāsu*. Das Vergleichsmaterial vermag diese Annahme jedoch nicht zu erhärten. (1) Die von Greenfield diskutierte Wendung *ana urdūti kabāsu* entspricht bis in die etymologische Korrespondenz *kabāsu* // כבש der hebräischen Wendung כבש לְעֶבֶד. Freilich bezeichnen beide Formeln keine Immobilientransaktionen, sondern nur Versklavungsakte (s. o.). (2) Malul stellt die Wendung *šēpa(m) šakānu(m)* als rechtssymbolischen Terminus des Immobilientransfers vor. Der Ausdruck markiert indes keine allgemein altorientalische Redeweise, sondern ist ausschließlich in den Keilschrifttexten aus Nuzi (15./14. Jh.) belegt. Deshalb bietet er für die Erklärung von כבש lediglich eine Denkmöglichkeit, die von seinem Gebrauch im AT nicht bestätigt wird. Denn (3) ist dort bei Immobilientransaktionen nirgends von כבש die Rede; vgl. Gen 23; 25,10; 33,19; 47,19–26; 49,30.32; 50,13; Lev 25,14–34; 27,20–24.28; Jos 24,32; 2 Sam 24,18–25; 1 Kön 16,24; 21; 2 Kön 8,1–6; Jer 32 (vgl. 37,12); Ez 30,12; 48,14; Rut 4,3ff.; Neh 5,16; 1 Chr 21,22–25. Wäre כבש analog zu *šēpa(m) šakānu(m)* verwendet worden, wäre sehr erstaunlich, wenn Zeugnisse dieser Praxis einzig in priesterlichen (und davon abhängigen) Landnahmetexten bewahrt geblieben wären.

34 J. C. GREENFIELD, *ana urdūti kabāsu*.

wertende Wortwahl zu brandmarken. An zwei Stellen steht כבשׁ für die Vergewaltigung von Frauen (Est 7,8; Neh 5,5d). Sofern Sach 9,15 textlich unversehrt ist,[35] charakterisiert כבשׁ dort die Effekte des Einschlags von Schleudergeschossen. Der einzige Beleg von כבשׁ-D (2 Sam 8,11) beschreibt Siege Davids über Völker (diesmal ohne geprägte Terminologie) mit Blick auf die Tribute in Silber und Gold, die David von den Unterworfenen bezogen hat.

Nach alldem wird man mit S. Wagner bilanzieren müssen: *„kabaš* gehört zu denjenigen hebr. Verben, die die Ausübung von Gewalt zum Ausdruck bringen."[36] Und wenn man zu רדה akkadische Königsprädikate mit *redû(m)* heranzieht, muss man auch zu כבשׁ jene mit *kabāsu(m)* vergleichen wie *mukabbis kišād âbišu* „der auf den Nacken seiner Feinde tritt" (u. ä.).[37] Es ist zwar im AT eine priesterliche Spezialität, כבשׁ an das Objekt „Land" bzw. „Erde" (אֶרֶץ) zu binden (imitiert in 1 Chr 22,18). Wenn indes die übrigen Fälle militärische Okkupation beschreiben, verliert der beliebte Bezug von כבשׁ Gen 1,28 auf normale Ackerbaukultur[38] weiter an Überzeugungskraft. An welche Umstände der Nutzung gedacht ist, zeigt das Analogon der kriegerischen Einnahme.[39]

Im Unterschied zu כבשׁ regiert רדה in Gen 1 belebte Objekte: die Tiere. Neuere Erörterungen zu רדה zitieren gern den Spott J. Barrs über den „Wurzelwahn"[40] der älteren biblischen Semantik und bekennen sich in aller Regel zur synchronen Ausrichtung moderner Semantik, die mit L. Wittgenstein voraussetzt: „Die Bedeutung eines Wortes ist sein Gebrauch in der Sprache."[41] Trotzdem spielen etymologische Erwägungen, wie gezeigt, nach wie vor eine große Rolle, vor allem die Frage nach dem Verhältnis zu akk. *redû(m)*. Ich stelle hier die etymologischen Gesichtspunkte zurück, und zwar schon deswegen, weil die moderne

---

35 Für וְכִבְשֻׁהָ wird häufig בָּשֵׁר konjiziert; vgl. BHS und die Kommentare.

36 S. Wagner, כָּבַשׁ, 58. Im Original: „… zum Ausdruck bringen wollen." Ich habe oben das „wollen" ausgespart, da Lexeme zu Willensakten nicht in der Lage sind. Vgl. zu כבשׁ jetzt auch C. Frevel, Blick auf das Land, 201–203, der zu Recht feststellt: „Angesichts der Semantik von כבשׁ läßt sich der behauptete völlige Pazifismus der Pg kaum durchhalten." (201f.)

37 M.-J. Seux, Épithètes royales, 123f.; vgl. U. Rüterswörden, Dominium terrae, 105.

38 So z. B. J. Barr, Man and Nature, 22; K. Koch, Dominium terrae, 27–30 (der auch den Städtebau einbezieht); O. H. Steck, Welt und Umwelt, 81; Dominium terrae, 96; vgl. auch C. Uehlinger, Dominium terrae, für den Gen 1 „die Menschheit als die Sachwalterin in [Gottes] paradeisos-Garten" stilisiert (62).

39 Vgl. H. Seebass, Genesis I, 84: „Die Wahl der Vokabel wird damit zusammenhängen, daß solche Nutzung ohne Vertreibung von Wild und Kleintieren (z. B. durch Feuer) nicht vorstellbar ist."

40 J. Barr, Bibelexegese und moderne Semantik, 161.

41 L. Wittgenstein, Philosophische Untersuchungen, Nr. 43.

Semantik ihnen nur heuristischen Wert zubilligt, aber auch weil etymologische Vorschläge sich bei רדה gegenseitig aufheben. So hat M. Görg eine Verwandtschaft mit ägyptisch *rd* „Fuß" postuliert, was wie bei כבש eine Bedeutung nach Art von „treten auf" nahelegt.[42] Das ist nicht abwegig, denn es passt zur traditionellen semantischen Beschreibung von רדה, die aus Joël 4,13 die Grundbedeutung „treten" ableitet.[43]

Die etymologischen Prämissen entscheiden auch darüber, was innerhebräisch zum Vergleichsmaterial von Gen 1,26.28 gehören darf. So musste N. Lohfink, um seine semantische Eingrenzung als „leiten, regieren" aufrecht erhalten zu können, רְדוּ Joël 4,13 mit dem Argument ausscheiden, hier liege ein gleichlautender Imperativ von ירד „hinabsteigen" (d. h. in die Kelter) vor,[44] wie es auch die Vulgata (*descendite*) im Unterschied zur Septuaginta (πατεῖτε) voraussetzt. Diese Interpretation hat U. Rüterswörden mittlerweile mit sachkritischen Gründen geschwächt: Die flachen Bodenvertiefungen, die im antiken Palästina zum Auspressen der Trauben dienten, boten wenig Möglichkeiten zum Hinabsteigen.[45]

Wie mir scheint, lässt sich die Bedeutung von רדה auch inneralttestamentlich befriedigend eingrenzen. Ich verwende dazu ein Kriterium, das für die semantische Klärung von רדה noch nicht hinreichend fruchtbar gemacht worden ist, nämlich den Vergleich mit möglichen bedeutungsverwandten Verben. Das ist im Falle von רדה einfach, weil die Diskussion sich um die beiden Pole hirtlichen oder herrscherlichen Handelns (bzw. die Kombination beider) gruppiert, und zwar verstanden als Metonymien von Grundbedeutungen, die entweder fürsorglich („führen, geleiten") oder gewalthaft („treten auf") konnotiert sind. Das AT bietet genügend vergleichbare Aussagen von Hirtentätigkeit und Herrschaftsausübung, die es erlauben, den näheren Sinn von רדה über den Grad seiner Austauschbarkeit mit alternativen Ausdrucksweisen einzugrenzen.

Nun sprechen gegen das Verständnis von רדה als Ausdruck von Hirtentätigkeit bereits triftige außersprachliche Argumente. Der Herrschaftsauftrag schließt das gesamte Tierreich ein. Zwar ernähren sich die Land- und Lufttiere zur Zeit des idealen Anfangs vegetarisch, sind also für den Menschen noch ungefährlich. Spätestens bei den Fischen jedoch erscheint unglaublich, P könne gemeint haben, dass der Mensch

---

42 M. Görg, Alles hast Du gelegt, 144.
43 So auch HAL 1110b; H.-J. Zobel, רָדָה, 355.
44 N. Lohfink, „Macht euch die Erde untertan", 22; Zustimmung von K. Koch, Dominium terrae, 31 Anm. 26.
45 U. Rüterswörden, Dominium terrae, 86.

sie in seine Obhut nehmen oder an ihnen eine lebenssichernde Aufgabe
erfüllen sollte.[46] Dazu treten Argumente aus dem Wortlaut der Priesterschrift. Vor einem hirtlichen Verständnis des Herrschaftsauftrags warnt
schon, dass in seiner Mitteilung an die Menschen (V. 28) ausgerechnet
das Vieh fehlt, also die Gattungen, die durch ihre Abhängigkeit vom
Hirtentum der Menschen definiert sind. Darauf liegt also gerade nicht
der Ton. Ebenso wenig kann gemeint sein, die Menschen hätten „für
die Nahrung der Tiere zu sorgen"[47]; dies tut vielmehr Gott selbst durch
die anschließende Nahrungsgabe. Derlei Pflichten sind auch nicht er-
weisbar durch das gern zitierte Beispiel von Noachs Rettung und Ver-
pflegung der Tiere in der Arche (6,21).[48] P berichtet ja nicht das entsprechende Handeln des Patriarchen, sondern Gottes Auftrag dazu; folglich
ist diese Aufgabe für P nicht einfach selbstverständliches Implikat der
menschlichen Bestimmung, sondern eine Sondersituation, für die Gott
eigens Weisungen erteilen musste.[49] Nicht einmal die Domestikation[50]
kann im Blick sein, denn nach dem priesterlichen Weltbild wird das
Hausvieh bereits als solches erschaffen.[51] Die Erinnerung an dessen
Abkunft von Wildgetier ist geschwunden, sodass es in der priesterlichen Welt nichts zu domestizieren gibt. Durchmustert man die priesterlichen Textbestände, muss man feststellen: Seit dem Ausbruch der
„Gewalttat" (חָמָס Gen 6,11.13) *essen* die Menschen Tiere, zunächst auf
eigene Rechnung, dann mit ausdrücklicher göttlicher Duldung (9,3); ab
der Kultoffenbarung am Sinai *opfern* die Israeliten sie auch, aber sie
üben an ihnen keine besonderen Verpflichtungen aus. Bemerkenswerterweise zeigen die priesterlichen Gesetzesmaterialien kein Interesse an
der Ausweitung des Tierschutzes.[52] Diese sachlichen und textlichen

---

46   Mit C. UEHLINGER, Dominium terrae, 61.

47   K. KOCH, Dominium terrae, 33; Zustimmung von M. WELKER, Herrschaftsauftrag
     105; F. SCHMITZ-KAHMEN, Geschöpfe Gottes, 34.

48   Vgl. z. B. K. KOCH, Dominium terrae, 34; O. H. STECK, Welt und Umwelt, 80; M.
     WELKER, Herrschaftsauftrag 104; P. J. HARLAND, Value of Human Life, 202; vgl. auch
     N. BAUMGART, Umkehr des Schöpfergottes, 271.

49   Auch den Einzug der Tiere in die Arche schildert P nicht als Tat Noachs, sondern als
     Akt der Tiere (7,9).

50   K. KOCH, ebd. 23; ebenso L. RUPPERT, Genesis 87.94: „Zähmung".

51   So die anerkannte Deutung von בְּהֵמָה V. 24; vgl. z. B. G. J. BOTTERWECK, בְּהֵמָה, 526:
     „die vierfüßigen Haustiere, das Groß- und Kleinvieh".

52   Das Heiligkeitsgesetz (H) übernimmt nur kultbezogene Vorschriften aus den älteren
     Gesetzeskorpora: Lev 22,27 ⇐ Ex 22,29; Lev 25,7 ⇐ Ex 23,10–11; eine Neubildung ist
     Lev 22,28. Vgl. demgegenüber Ex 20,10; 23,5.12; Dtn 5,14; 22,4.6–7; 25,4. Wenn H laut
     A. RUWE, Heiligkeitsgesetz, 278, in Lev 17,1–16 und 22,17–33 „Ansätze zu einer
     Tierethik" entwickelt, so erscheint dies als sehr wohlwollende Interpretation. Noch
     weniger leuchtet ein, dass durch Lev 17,3–4 die in Gen 9,1–7 gestattete „Tiertötung

Einwände gegen das Hirtenmodell werden von sprachlichen Gesichtspunkten vollauf gestützt.

Schwierigkeiten bereitet die Abgrenzung des Kontrollkorpus. Neben Gen 1,26.28 gibt es noch etwas mehr als 20 Belege des hier interessierenden Verbs רדה I.[53] Eine exakte Zählung ist unmöglich, weil Textüberlieferung, Lexikographen und Kommentatoren hinsichtlich der Zuordnung bestimmter Fälle zwischen רדה I und II, רדה und ירד schwanken. Erwähnt wurde schon der Vorschlag, רדו Joël 4,13 sei von ירד abzuleiten.[54] So zählt Lisowski 23 Belege, Zobel in ThWAT dagegen 24, weil er רְדִתָּה Dtn 20,20 gegen die tiberische Vokalisation zu רדה rechnet statt zu ירד.[55] HAL berücksichtigt zusätzlich Sir 44,3. יַרְדְּ Jes 41,2 gilt bei Lisowski als רדה-H, in HAL als fehlvokalisierte Form von רדד, und die Lesung יורד in 1QJesᵃ (vgl. BHS) setzt ירד-H voraus. יְרְדוּ Jer 5,31 zählt bei Lisowski zu רדה II, während HAL zwischen רדה I, II und Konjekturen schwankt. וַיַּרְדְּנָה Klgl 1,13 wird von zahlreichen Kommentatoren mit G (κατήγαγεν αὐτό) als Form von ירד revokalisiert (וַיִּרְדֶּנָה). Daher bleiben Dtn 20,20; Jes 41,2 und Jer 5,31 hier unberücksichtigt, während Klgl 1,13 deshalb nicht ausgeklammert werden kann, weil es den einzigen (möglichen) Beleg mit dem Subjekt JHWH darstellt. Auch bei weiteren Belegen (Num 24,19; Ps 49,15; 68,28[56]) erschweren Textprobleme die Auswertung.

Trotz eines hohen Anteils an Fällen fraglicher Zuordnung ist der Fundus mit rund 20 Beispielen groß genug, dass es auffallen muss, wenn nur ein einziger Beleg von Hirtentätigkeiten spricht: Ez 34,4, ein Vers, der überdies keine normale Verrichtung von Hirten beschreibt, sondern den allegorisch so angeredeten Führern Israels Amtsmissbrauch ankreidet. 4f erhebt die Anklage: וּבְחָזְקָה רְדִיתֶם אֹתָם וּבְפָרֶךְ „und mit Härte habt ihr sie רדה unterzogen – und mit Gewalt" (so MT) bzw. *וּבַחֲזָקָה רְדִיתֶם בְּפָרֶךְ „und an dem starken (Schaf) habt ihr mit Gewalt רדה ausgeübt" (so der alexandrinische Wortlaut, wie von G vertreten). Verfechter einer neutralen Bedeutung von רדה machen gern

---

… stark beschränkt" werde (144). Denn dort wird nur die Schlachtung der opferfähigen Säugetiere am Tempel vorgeschrieben, aber keine quantitative Grenze gezogen, und zu den übrigen essbaren Tieren verlautet nichts.

53 Vgl. רדה II „herausnehmen" (HAL) Ri 14,9.9; Jer 5,31 (textlich unsicher).

54 Wohl zu Recht keine Nachfolge gefunden hat der Vorschlag W. RUDOLPHs, Joel, 78, es liege eine Form von רדד vor, denn die wenigen, z. T. unsicheren Belege weisen auf die Bedeutung „zurücktreiben, unterwerfen" (G) bzw. einen Terminus der Metallverarbeitung (H); vgl. HAL.

55 H.-J. ZOBEL, רָדָה, 351.

56 Korrekturbedürftig ist allerdings die Bemerkung in HAL 975a s. v. צָעִיר zu רֹדֵם Ps 68,28, es „wäre als sf. רֹדְ(י)הֶם zu erwarten". Die Partizipien der Verben III-vocalis mit Suffixen der 3. ps pl m lauten sonst: נוֹטֵיהֶם Jes 42,5; מַעֲלָם Jes 63,11; רֹצָם Jer 14,12. Angesichts der uneinheitlichen Bildeweise lässt sich רֹדֵם nicht aus morphologischen Gründen anfechten.

geltend, dass erst Modalausdrücke wie בְּחָזְקָה oder בְּפָרֶךְ dem Verb einen gewalttätigen Sinn beilegten,[57] doch bewährt sich, wie zu zeigen ist, dieser Ausweg nicht.

Die mangelnde Applikation von רדה auf den Umgang von Hirten mit ihren Herden in neutral oder positiv konnotierten Zusammenhängen ist deshalb aussagekräftig, weil das AT mehr als 80 Vergleichsfälle von *verba pascendi, ducendi et comitandi* enthält, die darstellen, wie Menschen (Weide-)Tiere auf die Weide oder an einen anderen Ort führen bzw. begleiten. Etwa die Hälfte davon ist metaphorischer Natur, insofern im Gewand hirtlicher Terminologie Machtausübung über Menschen beschrieben wird. Von den metaphorischen Belegen sind 31 eindeutig positiv konnotiert, da sie die Herrschaft JHWHs, Davids oder eines verheißenen künftigen Herrschers über Israel betreffen. Die positiv besetzten metaphorischen Belege sind argumentativ besonders wichtig, denn sie erweisen die Tauglichkeit eines Verbs zur Benennung solcher Machtpositionen, die *im Interesse* der Untergebenen ausgeübt werden. Die hirtliche Deutung von רדה erscheint nun sehr bedenklich, wenn das Verb nur ein einziges gesichertes Mal für Verrichtungen von Hirten eintritt, und zwar um ihre Untaten anzuprangern, während es in positiv konnotierten metaphorischen Beschreibungen ausfällt. Das Kontrollkorpus ist groß genug, dass man den Befund nicht einfach dem Zufall anlasten kann.

Das Vergleichsmaterial schlüsselt sich im Überblick wie folgt auf. Für die typischste Hirtentätigkeit, das Auf-die-Weide-führen von Herden, lautet das hebräische Standardverb רעה. Ich zähle 47 einschlägige Beispiele,[58] davon 21 mit buchstäblichem Sinn (unter Einschluss der 4 Fälle aus der prophetischen Zeichenhandlung in Sach 11).[59] So bleiben 26 metaphorische Belege,[60] von denen 17 zweifelsfrei positiv besetzt sind, insofern sie auf JHWH (7),[61] David (3),[62] verheißene Herrscher der Zukunft (5),[63] die Richter (1)[64] und den Gerechten (1)[65] entfallen.

---

57   K. KOCH, Dominium terrae, 32f.; P. J. HARLAND, Value of Human Life, 195.

58   Dabei ist die Unterscheidung zwischen aktivem Partizip von רעה und substantivischem רֹעֶה aufgegeben, da nicht konsequent durchführbar. So rechnet LISOWSKI Gen 37,2 zum Verb, 1 Sam 17,34 jedoch zum Substantiv.

59   Gen 30,31.36; 36,24; 37,2.12.13.16; Ex 3,1; 1 Sam 16,11; 17,15.34; 25,16; Jes 40,11; 61,5; Jer 6,3; Sach 11,4.7.7.9; Ijob 24,2; Hld 1,8.

60   2 Sam 5,2 (// 1 Chr 11,2); 7,7 (korr. // 1 Chr 17,6); Jer 3,15; 22,22; 23,2.4; Ez 34,2.2.3.8.8. 10.10.13.14.15.16.23.23; Hos 4,16; Mi 5,3; 7,14; Ps 28,9; 78,71.72; Spr 10,21. – Ps 49,15 wird wegen Textstörungen ausgeklammert.

61   Ez 34,13.14.15.16; Hos 4,16; Mi 7,14; Ps 28,9.

62   2 Sam 5,2; Ps 78,71.72.

63   Jer 3,15; 23,4; Ez 34,23.23; Mi 5,3.

Für das Führen von Tieren über Wegstrecken treten an spezialisier-
tem Vokabular die Verben נהג, נחה und יבל-H ein sowie נהל-D mit
dem besonderen Beiklang des fürsorglichen Leitens. Darauf entfallen
19 Belege, die sich folgendermaßen verteilen. נהג ist mit 11 Fällen vertreten,[66] 4 davon metaphorisch, und zwar immer zur Beschreibung der
Führung Israels durch JHWH.[67] נחה begegnet dreimal, und zwar nur
metaphorisch: zweimal für JHWH[68] und einmal für David.[69] יבל-H wird
zweimal gebraucht, und zwar buchstäblich für das Führen eines Schafs
zur Schlachtung.[70] Die 3 einschlägigen Belege des fest mit fürsorglichen
Konnotationen verknüpften Verbs נהל-D dienen sämtlich dazu, durch
Hirtenmetaphorik den Umgang JHWHs mit Israel zu charakterisieren.[71]
Das sind bislang 66 Fälle, davon 27 mit eindeutig positiv besetzter Metaphorik. Bei diesen Zahlenverhältnissen gilt: Wäre רדה zum Ausdruck
typischer Hirtentätigkeiten oder mehr noch zur bildhaften Umschreibung fürsorglicher Autorität geeignet gewesen, wäre es höchst sonder-
bar, wenn das AT ausschließlich in Gen 1 davon Gebrauch gemacht
hätte.

Neben diesem spezialisierten Vokabular für das „Führen" von Vieh
ist auch ein allgemeinerer Wortschatz für den Transport und die
Begleitung solcher Tiere einsetzbar wie בוא-H „bringen"[72], בוא אַחֲרֵי
„hinterhergehen"[73], בוא עִם „gehen mit"[74], יצא-H „herausführen"[75],
נגש-H „herbeibringen"[76], שוב-H „zurückbringen"[77], נסע-H „aufbrechen
lassen"[78]. Mir sind 18 einschlägige Belege bekannt,[79] 4 davon metaphorisch mit dem Subjekt JHWH.[80]

---

64 2 Sam 7,7 (korr.).
65 Spr 10,21.
66 Gen 31,18; Ex 3,1; 1 Sam 23,5; 30,20; 2 Kön 4,24; Jes 11,6; 49,10; 63,14; Ps 78,52; 80,2;
   Ijob 24,3.
67 Jes 49,10; 63,14; Ps 78,52; 80,2.
68 Ps 23,3; 77,21.
69 Ps 78,72. Vgl. im buchstäblichen Sinn 1 Kön 10,26, wo allerdings neben den Wagen-
   pferden auch Streitwagen als Objekte von נחה fungieren.
70 Jer 11,19; Jes 53,7.
71 Jes 40,11; 49,10; Ps 23,2.
72 Gen 46,32; 47,17; Lev 4,14; 5,18.25; 12,6; Ez 34,13.
73 1 Sam 11,5.
74 Gen 29,9.
75 Ez 34,13.
76 Lev 8,14; 1 Sam 14,34.34; 2 Chr 29,23.
77 Ex 23,4; Dtn 22,1; Ez 34,16.
78 Ps 78,52.
79 Vgl. ferner קרב-H, das häufig das „Herbeibringen" von Tieren in Opferkontexten
   bezeichnet. Weil die Tiernamen jedoch in der Regel Opfertermini wie קָרְבָּן auf-

Das Vergleichskorpus liefert einen weiteren Gesichtspunkt syntaktischer Art. Unter den über 80 ausgewerteten Fällen regieren die Verben durchweg direkte Objekte, sofern sie die Führung von Tieren bezeichnen (nicht die Begleitung, d. h. von בּוֹא אַחֲרֵי und בּוֹא עִם abgesehen). Davon weichen nur 4 Ausnahmen ab, die Präpositionalobjekte mit der Präposition בּ bei sich haben.[81] Das ist ein gravierender Unterschied zur Konstruktionsweise von רדה, wo Präpositionalobjekte mit בּ (13 Fälle[82]) etwa drei- bis vierfach direkte Objekte (4 oder 3 Fälle, je nach Bewertung von Klgl 1,13[83]) an Häufigkeit übertreffen.[84] Die Art des Objektbezugs trennt das Verb רדה also zusätzlich von den *verba pascendi, ducendi et comitandi* und rückt es auf die Seite der *verba regendi*, für die im Hebräischen die Rektion auf Präpositionalobjekte mit בּ (neben Konstruktionen mit עַל) typisch ist, wie die einschlägigen Exemplare מָשַׁל, בָּעַל, מָלַךְ und שָׁלַט zeigen.[85] All dies macht ein hirtliches Verständnis von רדה äußerst schwierig. Wenn Hirten an ihren Herden רדה ausüben, verletzen sie ihre Pflichten (Ez 34,4). Dann stellt sich die Aufgabe, das Verb im Vergleich mit den *verba regendi* semantisch zu profilieren.

Das Verb מָלַךְ eignet sich nicht zur Gegenüberstellung, da es zu eng an das Königsamt geknüpft ist. Die 8 hebräischen Belege des späten Verbs שָׁלַט[86] bezeichnen dreimal neutral die Verfügungsgewalt über ein Vermögen.[87] In den übrigen 5 Fällen, wo Menschen die Objekte der Herrschaft sind, geht es immer um Macht, die von Menschen zum Schaden der Untergebenen ausgeübt wird: das von Kohelet bedauerte Regiment von Menschen über Menschen (Koh 8,9), die Anfeindung der Juden durch ihre Gegner und umgekehrt (Est 9,1.1), die Ausbeutung durch unqualifizierte Amtsträger (Neh 5,15) und die Gewalt des Unrechts über den Beter (H-Stamm Ps 119,133). Fälle mit göttlichem Sub-

---

schlüsseln, ist mit beschränkter Austauschbarkeit durch bedeutungsverwandte Verben zu rechnen.

80 Vgl. aus Anm. 72–78 die Belege aus Ez und Ps.

81 Sämtlich von רעה: Gen 37,2; 1 Sam 16,11; 17,34; Ps 78,71.

82 Gen 1,26.28; Lev 25,43.46; 26,17; 1 Kön 5,4.30; 9,23 (// 2 Chr 8,10); Jes 14,2; Ez 29,15; 34,4 AlT; Ps 49,15; Neh 9,28.

83 Sonst Lev 25,53; Jes 14,6; Ps 68,28; ferner Ez 34,4 MT.

84 Ohne Objekt: Num 24,19 (oder direktes Objekt zu restituieren? Vgl. BHS); Joël 4,13; Ps 72,8; 110,2.

85 U. RÜTERSWÖRDEN, Dominium terrae, 92, der ferner auf נגשׂ und עצר verweist. Da diesen Verben größere Bedeutungsspektren eignen, regiert nur ein kleiner Teil Präpositionalobjekte mit בּ. Deswegen bleibt עצר hier außer Betracht; zu נגשׂ s. weiter unten.

86 Vgl. M. SÆBØ, שָׁלַט.

87 G: Koh 2,19; H: 5,18; 6,2.

jekt kommen nicht vor. Soweit das schmale Belegkorpus Feststellungen erlaubt, gereicht es Menschen in der Regel zum Nachteil, wenn sie zum Objekt von שלט werden. Die 10 Belege der nominalen Ableitungen שָׁלְטוֹן,[88] שַׁלֶּטֶת[89] und שַׁלִּיט[90] zeichnen ebenfalls ein eher pessimistisches Bild der Machtausübung. Das ist anders bei בעל. In den 4 Fällen, wo es nicht für das Ehelichen einer Frau, sondern allgemeine Herrschaftsverhältnisse steht, bezeichnet es die neutral referierte Hoheit von Judäern über Moab (1 Chr 4,22), das beklagte Regiment von Fremdherrschern über Israel (Jes 26,13), aber auch die Souveränität JHWHs über sein Volk (Jer 3,14; 31,32). בעל ist demnach ein neutraler Terminus für Herrschaftsformen aller Art, deren nähere Natur nur der Kontext präzisieren kann.

Am ergiebigsten ist der Vergleich mit מָשַׁל II, dem Prototyp des neutralen Herrschaftsterminus. Seine 79 Belege, nebst einiger geeigneter Fälle von מֹשֵׁל und מֶמְשָׁלָה,[91] decken das komplette Spektrum von Haltungen ab, die Machthaber zu ihren Untertanen einnehmen können. מָשַׁל beschreibt in Ps 8,7 auch die Verleihung des *dominium terrae* an die Menschen. Wegen der Fülle des Materials können wir uns hier auf die eindeutig konnotierten Beispiele beschränken. Unerwünschtes, abträgliches Regiment bezeichnet מָשַׁל etwa dann, wenn fremde Unterdrücker[92] und selbstsüchtige Potentaten aus dem eigenen Hause[93] über Israel befehligen, aber auch Israel über Fremdvölker (Dtn 15,6), ein grausamer König über Ägypten (Jes 19,4) oder als Straffolge der Ursünde der Mann über die Frau (Gen 3,16). Die Brüder Josefs verurteilen mit מָשַׁל seine angebliche Herrschsucht (Gen 37,8). Keine erkennbare Bewertung trägt מָשַׁל, wenn im Berichtston Mitteilungen über die Gebieter fremder Länder ergehen[94] oder die Weisheitsliteratur Ratschläge zur korrekten Amtsführung des Herrschers (מֹשֵׁל)[95] und zum kollisionsfreien Umgang mit ihm[96] erteilt. Beispiele neutraler oder eher positiv getönter מָשַׁל-Verhältnisse sind die Hausverwaltung Abrahams (Gen 24,2), die Vollmacht der Gestirne über Tag und Nacht,[97] die Kanzler-

---

88 Koh 8,4.8; Sir 4,7.
89 Ez 16,30.
90 Gen 42,6; Koh 7,19; 8,8; 10,5; Sir 9,13.
91 Vgl. H. GROß, מָשַׁל. Wie schon bei רעה (s. Anm. 58) wird auf die Unterscheidung zwischen aktiven Partizipien und substantivierten Formen verzichtet.
92 Ri 14,4; 15,11; Jes 14,5; 49,7; 52,5; Joël 2,17; Ps 106,41; Klgl 5,8; Neh 9,37.
93 Jes 3,4.12 (korr.).
94 Jos 12,2.5; Ri 9,2; vgl. Ps 105,20.
95 Spr 29,12.
96 Spr 23,1; 29,26; Koh 10,4.
97 Gen 1,18; mit מֶמְשָׁלָה: Ps 136,8–9.

schaft Josefs über Ägypten[98] oder die Gewalt Salomos über sein Großreich (1 Kön 5,1 ≈ 2 Chr 9,26; vgl. sogleich zur Parallele mit רדה in V. 4).

Beachtlich ist der Anteil an Belegen mit fraglos positivem Beiklang.
Der Spruchweisheit gelten mit משל bezeichnete Führungspositionen
als erstrebenswert,[99] und sie bezeichnet damit die hoch geschätzte
Selbstdisziplin.[100] Deutlicher noch sind die Fälle, die sich auf Regie-
rungsvollmacht beziehen. In Ri 8,22 tragen die Israeliten Gideon die
Krone an und nennen die von ihnen selbst gewünschte Form der Autorität משל. Für Hab 1,14 ist das Fehlen eines מֹשֵׁל ein Unheilszustand.
Das Regime der Davididen über Israel bzw. Juda kann משל heißen,[101]
und zwar sogar in göttlicher Verheißungsrede (2 Chr 7,18). Am aus-
sagekräftigsten sind jene Stellen, die die Hoheit JHWHs[102] und des Mes-
siaskönigs[103] über Israel oder auch die Herrschaft JHWHs über die ganze
Welt mit משל belegen,[104] denn hier unterliegt der konstruktive, zuge-
wandte Charakter der Machtausübung keinem Zweifel. Wenn JHWH[105]
oder der künftige Messiaskönig[106] über die „Völker" (גּוֹיִם) regieren,
heißt ihre Autorität משל.

Das Vergleichsmaterial der *verba regendi* liefert Gesichtspunkte zur
Präzisierung des semantischen Profils von רדה. Im Kontrast insbesondere zu משל fällt auf, dass nur ein – zudem zweifelhafter – Beleg von
רדה mit göttlichem Subjekt vorliegt, nämlich Klgl 1,13, das, sofern
tatsächlich auf רדה statt mit G auf ירד-H zu beziehen, auch statt der
Herrschaft ein Strafhandeln JHWHs an Jerusalem schildert, dem im Bild
der klagenden Tochter Zion die Worte in den Mund gelegt werden:
„Aus der Höhe sandte er Feuer in meine Gebeine und vollzog רדה an
ihnen." Das kann keine Form der Zuwendung im subjektiven Interesse
der Betroffenen darstellen.

Was die Verknüpfung von רדה mit königlichen Subjekten angeht,
so umreißt das Verb in 1 Kön 5,4 die internationale Spannweite von Salomos Macht: „[4] Denn er übte רדה aus an dem ganzen (Gebiet) diesseits
des Stroms von Tifsach bis Gaza, an allen Königen diesseits des Stroms.
Er hatte *šalōm* von allen seinen Seiten ringsum. [5] Juda und Israel
wohnten in Sicherheit, jeder unter seinem Weinstock und unter seinem

---

98   Gen 45,8.26; Ps 105,21.
99   Spr 12,24; 17,2.
100 Spr 16,32.
101 Jer 22,30; Ez 19,11.14.
102 Ri 8,23; Jes 63,19; Ps 59,14; mit מֶמְשָׁלָה: Ps 114,2.
103 Jer 30,21; 33,26; Mi 5,1; Sach 6,13; mit מֶמְשָׁלָה: Mi 4,8.
104 Jes 40,10; Ps 59,14; 103,19; Ijob 25,2; 1 Chr 29,12; mit מֶמְשָׁלָה: Ps 145,13.
105 Ps 22,29; 66,7; 2 Chr 20,6.
106 Sach 9,10 (מֹשֵׁל).

Feigenbaum, von Dan bis Beerscheba alle Tage Salomos." Wie oben
erwähnt, bringt kurz zuvor 1a dasselbe in ähnlichen Worten, aber mit
מָשַׁל zum Ausdruck. Doch während V. 1 neutral die Dimensionen von
Salomos Reich konstatiert, hebt V. 4 mit רדה auf die Vorteile für Israel
ab: Der šalōm seiner Regierungszeit war šalōm für Salomo (4b), und laut
V. 5 gilt: „Nutznießer war das Herrenvolk."[107] In den Königspsalmen
tritt רדה zweimal für den Weltherrschaftsanspruch der Jerusalemer Regenten ein (Ps 72,8; 110,2). Der letzte Beleg ist besonders interessant,
weil hier der König seine universale רדה-Autorität durch ausdrückliches Geheiß JHWHs verliehen bekommt. Weltweite Königsherrschaft
bezeichnet das Verb auch in Sir 44,3.[108] Es fehlt freilich, wenn speziell
die Obrigkeit eines Machthabers über sein eigenes Volk zur Sprache
kommt. Namentlich charakterisiert רדה nie die Amtsführung der Davididen über Israel bzw. Juda, noch weniger die eines messianischen
Herrschers. Angesichts dessen lässt sich nicht einwenden, dass Weltherrschaft ja das eigene Volk einschließe. Denn nach der Distribution
von רדה wurde offenbar von einer Qualitätsdifferenz zwischen der legitimen Machtausübung über die eigene Gruppe und über andere ausgegangen, und wenn internationale Herrschaft רדה genannt wird, sind
„die Anderen" im Blick, auch wenn das eigene Volk faktisch ebenso zu
den Untertanen zählt.

Wie weitere Belege erhellen, steuert die Unterscheidung zwischen
dem Eigenen und dem Fremden zwar nicht konsequent, aber in auf-
fälligem Maße die Wahl von רדה. רדה bezeichnet Akte, die man den
„Anderen" zufügt, aber nicht der eigenen Gruppe. Mehrfach steht das
Verb für die Behandlung, die die Israeliten von Seiten auswärtiger Gegner erleiden. Im Heiligkeitsgesetz ist sie Fluchinhalt: וְרָדוּ בָכֶם שֹׂנְאֵיכֶם
„eure Hasser werden euch רדה antun" (Lev 26,17). Neh 9,28 fasst die
von JHWH als Strafe verhängten kriegerischen Bedrängnisse in die Worte: וַתַּעַזְבֵם בְּיַד אֹיְבֵיהֶם וַיִּרְדּוּ בָהֶם „du überließest sie der Hand ihrer
Feinde, damit sie an ihnen רדה vollzögen". Jes 14,6 charakterisiert
einen babylonischen Großkönig[109] mit den Worten רֹדֶה בָאַף גּוֹיִם „der
Nationen im Grimm רדה zufügt". In Ez 29,15 kündigt JHWH den Ägyp-
tern eine Schwächung an, die sie zur Unterjochung ihrer Nachbarn
unfähig machen wird: וְהִמְעַטְתִּים לְבִלְתִּי רְדוֹת בַּגּוֹיִם „ich werde sie
dezimieren, sodass sie an den Nationen nicht mehr רדה verüben (kön-

107 W. SCHOTTROFF, Friedensfeier, 212.
108 ארץ במלכותם* (רודי) *רודי (korr. aus) (P. C. BEENTJES, Ben Sira in Hebrew, 77).
109 Der ursprüngliche Bezug des Spottgedichts Jes 14,4c–20 ist umstritten. Zumeist
     rechnet man mit einer Chiffre für einen Tyrannen der nachexilischen Zeit; vgl. etwa
     H. WILDBERGER, Jesaja II, 538; O. KAISER, Jesaja 13–39, 29.

nen)". Umgekehrt kennzeichnet רדה auch die Weise, wie Israel seinerseits mit besiegten Widersachern verfährt. Jes 14,2 prophezeit für die
künftige Heilszeit: וְהָיוּ שֹׁבִים לְשֹׁבֵיהֶם וְרָדוּ בְּנֹגְשֵׂיהֶם „sie werden ihre
Gefangenhalter gefangen wegführen und an ihren Antreibern רדה vollziehen". Geht Num 24,19 וְיֵרְדְּ מִיַּעֲקֹב auf eine Form von רדה zurück,[110]
beschreibt der Satz „einer aus Jakob wird רדה vollstrecken" die Behandlung, die Israel seinen gewaltsam eroberten ostjordanischen Nachbarn (Vv. 17–18) angedeihen lassen wird. In all diesen Fällen haben die
als רדה qualifizierten Akte eine internationale, grenzüberschreitende
Komponente: רדה tut man anderen Völkern im Zusammenhang kriegerischer Eroberungen an. Müßig zu betonen, dass diese Handlungen
alles andere als das Eigeninteresse der Betroffenen zum Ziele haben.

Es gibt nun Belege von רדה, denen auch außerhalb kriegerischer
Kontexte das Spezifikum von Handlungen über Gruppengrenzen hinweg eignet. 1 Kön 9,23 definiert die Befugnisse des Aufsichtspersonals
über Salomos Fronarbeitswesen mit der Formulierung, die Fronvögte
hätten über die Arbeitskräfte רדה ausgeübt (הָרֹדִים בָּעָם הָעֹשִׂים
בַּמְּלָאכָה). Zuvor wird berichtet, Salomo habe lediglich Überlebende
der vorisraelitischen Restbevölkerung als Fronarbeitssklaven (מַס־עֹבֵד)
ausgehoben, während die Israeliten die Führungspositionen erhielten
(V. 20–22). Die typisch dtr Liste der vorisraelitischen Völker in V. 20
(Amoriter, Hetiter, Perisiter, Hiwiter und Jebusiter) lässt hinter dieser
Idee den Trägerkreis des DtrG aufscheinen. Die Nachrichten über das
Fronarbeitswesen besitzen allerdings eine Konkurrenzfassung in 1 Kön
5,27–32, wo die Aufseher das identische Attribut הָרֹדִים בָּעָם הָעֹשִׂים
בַּמְּלָאכָה tragen (V. 30), doch als Rekrutierungsreservoir der Arbeits-
kräfte „ganz Israel" gilt (V. 27). Die Version in Kap. 5 setzt die voran-
gehende dtr Erzählung von Salomos Kooperation mit dem tyrischen
König Hiram beim Tempelbau (V. 15–26) und damit die eigentlich dtr
Ebene des DtrG voraus. Danach zu urteilen, haben wir in Kap. 9 die dtr
Optik und in Kap. 5 eine postdtr Auffüllung vor uns.[111] Ist das richtig,
ist der jüngeren Fassung die Exemption der Israeliten vom staatlichen
Arbeitsdienst unbekannt. Das dürfte die historisch zutreffende Sicht
darstellen, denn wie 1 Kön 12,4.18 noch durchblicken lässt, hat gerade
das salomonische Fronarbeitswesen die Reichsteilung entscheidend mit
heraufbeschworen. Die Sezession des Nordreichs und der Lynchmord
an dem Fronaufseher Adoniram werfen ein Schlaglicht auf die Beliebtheit, die das durch רדה bezeichnete Kommando bei den Betroffenen
genoss.

---

110 Vgl. BHS und die Kommentare.
111 M. NOTH, Könige, 89; E. WÜRTHWEIN, 1 Könige, 52f.

Die Nachrichten über das Fronarbeitswesen übermitteln also zwei Bilder von רדה. Für die Deuteronomisten wäre es ein Frevel, wenn Jerusalemer Könige einen so beschreibbaren Herrschaftsstil an ihren israelitischen Untertanen praktizierten, doch gegenüber den kanaanäischen Kontrahenten ist er vollauf angemessen. רדה verkörpert hier eine Form der Subordination, die nicht dem eigenen Volk, sondern nur Fremden gebührte, die sich ihrer nicht erwehren konnten. Der jüngere Verfasser von 1 Kön 5,30 verrät keine Missbilligung des Aufgebots von Israeliten für den Arbeitsdienst. Inwieweit er die genannte Konnotation von רדה teilte, wird zumindest nicht deutlich. Allerdings ist es im literarischen Kontext gerade dieser Umgang der Jerusalemer Zentrale mit den Israeliten, der für das davidische Reich katastrophale Folgen zeitigt. Der Autor der Chronikbücher hat von den beiden Fassungen bemerkenswerterweise die deuteronomistische vorgezogen (2 Chr 8,7–10).

Besonders aufschlussreich für unseren Zusammenhang ist eine Gruppe von drei רדה-Belegen im Sklavenrecht des Heiligkeitsgesetzes, das mit Gen 1 den priesterlichen Horizont teilt. Lev 25,39–54 sieht unterschiedliche Rechtsverhältnisse für Israeliten und Nichtisraeliten im Sklavenrecht vor. Israeliten dürfen grundsätzlich nicht versklavt werden.[112] Im Falle des Selbstverkaufs infolge von Überschuldung sind sie bis zum nächsten Jobeljahr im Status von Lohnarbeitern (שָׂכִיר) oder Halbbürgern (תּוֹשָׁב)[113] zu halten (Vv. 39–43). Bei nichtisraelitischen Dienstherren wird im Rahmen verschärfter Bestimmungen zusätzlich der baldmögliche Loskauf unter Verrechnung der geleisteten Arbeit vorgeschrieben (Vv. 47–54). Ausländer und Kinder in Israel ansässiger Halbbürger dürfen hingegen versklavt und zu vererbbarem Eigentum gemacht werden (Vv. 44–46). Die Privilegien der Israeliten werden dreimal mit der Maxime begründet, Israeliten dürfe nicht „mit Gewalt (בְּפֶרֶךְ) רדה angetan" werden (Vv. 43.46.53). Dabei markiert „mit Gewalt רדה antun" ein Verhalten, das gegenüber Israeliten untersagt, gegenüber Fremden jedoch ausdrücklich für rechtens erklärt wird. Abermals steht רדה für eine Form der Machtausübung, die nur an solchen Menschen als statthaft gilt, die nicht dem eigenen Sozialverband angehören. Die Moralität von רדה hängt an der fundamentalen Unterscheidung zwischen der Wir-Gruppe und den Anderen.

Man hat Lev 25 zusammen mit Ez 34,4 als Beleg einer neutralen Grundbedeutung von רדה hingestellt, weil das Verb hier durch den Modalausdruck בְּפֶרֶךְ (sowie בְּחָזְקָה in *MT*) spezifiziert wird.[114] Das ist

---

112 Vgl. zuletzt K. GRÜNWALDT, Heiligkeitsgesetz, 330; A. RUWE, Heiligkeitsgesetz, 363.
113 Zum Begriff zuletzt J. JOOSTEN, Holiness Code, 73f.
114 Vgl. oben Anm. 57.

jedoch angesichts der kriegerischen Gebrauchsweisen von רדה unwahrscheinlich. Auch im Deutschen empfinden wir Ausdrücke wie
„gewaltsam unterdrücken" nicht als pleonastisch, obwohl „unterdrücken" hinsichtlich gewalthafter Aspekte kein neutrales Verb ist, das
erst durch geeignete Modifikatoren das Konnotat der Zwangsanwen-
dung erhält. Wie „gewaltsam" bei „unterdrücken", so bewirken auch
בְּחָזְקָה und בְּפֶרֶךְ bei רדה keine Vereindeutigung eines an sich neutralen Verbs, sondern die Verstärkung eines bereits im Verb angelegten
Sems.

Nach alldem erscheint es ungerechtfertigt, die Zugehörigkeit von
רְדוּ Joël 4,13 zu רדה und damit die Grundbedeutung „niedertreten" zu
bezweifeln.

> Damit sind sämtliche Fälle von רדה behandelt bis auf Ps 49,15; 68,28. Ihre
> Auswertung verlangt umfangreichere Analysen der textlichen und sach-
> lichen Kontextprobleme, die viele Ungewissheiten bergen. Dies führe ich
> hier nicht mehr vor. Wie immer man die beiden Passagen beurteilt, scheint
> mir, dass sie das Gesamtbild nicht einschneidend verschieben können.

Nachdem wir das Gebrauchsspektrum von רדה durchmustert
haben, können wir das Urteil über seine Konnotationen noch weiter
festigen durch den Vergleich mit einem Verb, dessen Einsatzweise ihm
erstaunlich nahe kommt. Es handelt sich um נגש, das mitunter den
verba regendi zugerechnet wird, da es teilweise Präpositionalobjekte mit
בּ regiert.[115] Ähnlich wie רדה übt es diese Funktion metonymisch aus,
abgeleitet von der Grundbedeutung „bedrängen, unter Druck setzen"[116], doch steht bei נגש das Gros der Fälle dem semantischen Kern
noch erheblich näher mit den Varianten: (Schulden) „eintreiben" bzw.
(Zwangsarbeiter) „antreiben", die meist direkte Objekte bei sich haben.
Wir können uns auf jene Beispiele beschränken, wo נגש ganz oder
annähernd synonym mit רדה gebraucht wird. Jes 14,2ef kündigt an:
וְהָיוּ שֹׁבִים לְשֹׁבֵיהֶם וְרָדוּ בְּנֹגְשֵׂיהֶם „sie werden ihre Gefangenhalter gefangen wegführen und an ihren Antreibern רדה vollziehen". Der Vers
verheißt die Heimkehr der Diaspora und die Umkehrung der Machtverhältnisse zwischen Israel und seinen Bedrückern: Israel wird den
Tätern vergelten, was es von ihnen erlitten hat. 2e exemplifiziert dies
mit dem Verb שבה; nach der dort vorgegebenen Korrespondenz von
Tat und Revanche setzt 2f רדה mit נגש gleich.[117] Jes 14,6 sagt von einem

---

115 Vgl. oben Anm. 85.
116 1 Sam 13,6; 14,24; Jes 3,5. Die von E. LIPIŃSKI, נָגַשׂ 231, angenommene Grundbedeu-
      tung „‚ergreifen, sich bemächtigen' besonders im juristischen Sinn" erscheint zu eng.
117 U. RÜTERSWÖRDEN, Dominium terrae, 99.

mesopotamischen Eroberer:[118] רֹדֶה בָאַף גּוֹיִם „der Nationen im Grimm
רדה zufügt". Derselbe Machthaber heißt in 14,4 נֹגֵשׂ; ebenso in Jes 9,3
die assyrische Fremdherrschaft, deren Ende begrüßt wird. Wie רדה in
Lev 25 dient נגשׂ in Dtn 15,2–3 zur Definition unterschiedlicher Rechtsstatus von Israeliten und Fremden, indem es Zwangsmaßnahmen zur
Schuldeneintreibung benennt, die bei Israeliten verboten, bei Ausländern aber legal sind.[119] Den Fronvögten in 1 Kön 5,30 und 9,23 sind die
ägyptischen Aufseher (נֹגְשִׂים) der unterdrückten Israeliten zur Seite zu
stellen.[120] נגשׂ tritt im Gegensatz zu רדה nicht als königsideologischer
Terminus auf,[121] bekräftigt aber den aggressiven Charakter des gemein-
ten Typs von Herrschaft.

Um diese Resultate für das Verständnis des *dominium terrae* in Gen
1 fruchtbar zu machen, ist nochmals ein Blick auf die Königspsalmen
vonnöten. Am deutlichsten artikuliert Ps 72,8 mit רדה den Anspruch
des Jerusalemer Königs auf Weltherrschaft: וְיֵרְדְּ מִיָּם עַד־יָם וּמִנָּהָר
עַד־אַפְסֵי־אָרֶץ „Er übe רדה aus von Meer zu Meer und vom Strom bis
an die Enden der Erde." Die bisherigen Beobachtungen legen die Annahme nahe, dass eine solche Wortwahl nicht einfach das ideologisch
beschworene Gesamtreich als homogene Größe in den Blick nimmt,
sondern speziell die darin beherrschten Fremdvölker. Das bestätigt die
Fortsetzung V. 9–11:[122]

---

118 Vgl. oben Anm. 109.
119 Vgl. auch 2 Kön 23,35; Jes 58,3.
120 Ex 3,7; 5,6.10.13.14; vgl. auch Ijob 3,18.
121 2 Kön 23,35 gehört in eine andere Kategorie. Die übrigen Belege: Jes 3,12; 53,7; 60,17;
   Sach 9,8; 10,4; Ijob 39,7; Dan 11,20.
122 Die Vv. 8–11 werden häufig einer sekundären, exilischen oder nachexilischen
   Messianisierung zugeschrieben; so v. a. B. RENAUD, Bénédiction, 307–311.322f. (Zustimmung von E. ZENGER, David, 68; DERS., Angesicht, 157f.; B. JANOWSKI, Stellvertretung, 46.65). Neuerdings wird die Ausscheidung besonders eingehend begründet
   von M. ARNETH, Sonne, 29–39, der sich zumal auf Stilwechsel und mangelnde Stich-
   wortverknüpfung beruft, sowie von Zenger in F.-L. HOSSFELD – E. ZENGER, Psalmen
   51–100, 312f., der den Themenwechsel als Spannungen bewertet. Bezeichnend ist etwa
   folgendes Argument: „Die V 2–7 und V 12–17b dominierende Perspektive ‚der König und sein Volk' bzw. ‚der König und sein Land' sind in V 8–11 ausgeblendet. Es
   fehlt auch jegliche Anspielung auf das Amt des Königs als Richter und Retter; insbesondere fehlen die Armen- und die Fruchtbarkeitsthematik." (HOSSFELD – ZENGER
   ebd.) All dies sind lediglich die formalen Korrelate der Tatsache, dass der König gegenüber Juda und den Fremdvölkern unterschiedliche Rollen spielt. Daher erscheint
   der Befund problemlos aus normaler sprachlicher Varianz und Themenfortschritten
   ableitbar. K. SEYBOLD, Psalmen, 277–279, geht weiter von der originären Zugehörigkeit der Vv. 8–11 aus, und C. RÖSEL, Messianische Redaktion, kennt keine messianische Bearbeitung von Ps 72. Was die Parallele Ps 72,8 // Sach 9,10 angeht, ist jeden-

Ps 72, 9   Vor ihm sollen sich beugen die Wüstenbewohner, und seine
            Feinde sollen Staub lecken.
      10   Die Könige von Tarschisch und den Küstenregionen[123] sollen
            Gaben bringen,
            die Könige von Saba und Seba sollen Tribut herbeitragen.
      11   Vor ihm sollen niederfallen alle Könige, alle Nationen ihm
            dienen.

Neben dem geographischen Horizont ist es insbesondere die konkrete
Praxis der königlichen Autorität, die רדה als Terminus technicus für
die Dominanz über Fremde erweist. Das Regiment über die Fremdvölker ist anderer Art als jenes über das eigene Volk, denn sein Recht
schaffendes Tun insbesondere zugunsten der Schwachen (Vv. 1–4.7.12–
14) verrichtet der König an den Fremdvölkern im Modus der Schre-
ckensherrschaft (Feinde, sich beugen, Staub lecken, Tribut herbeitra-
gen). Wenn dann in Ps 110,2 an den Zionskönig der göttliche Ermächti-
gungsruf ergeht: רְדֵה בְּקֶרֶב אֹיְבֶיךָ „übe רדה aus inmitten deiner Feinde", so ist dementsprechend nicht die unbesiegliche Souveränität über
die eigene Domäne inmitten einer feindseligen Umwelt gemeint, sondern die Macht über diese Feinde, die JHWH im Vers zuvor schon dem
König zum Fußschemel zu machen versprochen hat. Die Fortsetzung
verhehlt nicht, dass der Herrschaftsanspruch gegen Widerstände grau-
sam durchgesetzt werden muss:

Ps 110,5   Der Allherr an deiner Rechten zerschmetterte am Tag seines
            Grimms Könige.
      6   Er richtet unter den Nationen, er füllte mit Leichen,
            er zerschmetterte den Kopf auf weitem Land.

Wie der König seiner Mission, dem Recht Geltung zu verschaffen, mit
Waffengewalt nachkommt, fasst Ps 45 etwa in folgende, leider stark be-
schädigte und daher nur annähernd übersetzbare Worte:

Ps 45, 4   Gürte dein Schwert um die Hüfte, du Held,
            deine Pracht und deine Majestät!
      5   '' Hab Erfolg! Zieh aus für die Sache von Wahrheit und Milde
            (?), Recht;
            es lehre dich furchtbare (Taten) deine Rechte!
      6   Deine geschärften Pfeile – Völker fallen unter dir –
            (dringen ein) ins Herz der Feinde des Königs.

Besonders offen spricht Ps 2 die Tatsache aus, dass die weltweite
Hoheit des Zionskönigs, obwohl von JHWH verfügt, bei den Anderen

---

falls Ps 72 die Priorität zuzusprechen; so mit N. H. F. TAI, Prophetie, 49f.; A. KUNZ,
Ablehnung des Krieges, 128–132; M. ARNETH, Sonne, 50.
123 Mit E. RUPRECHT, Könige der Inseln.

unwillkommen ist und ihnen daher gewaltsam aufgezwungen werden muss:

Ps 2, 1   Warum tobten die Nationen
            und machen die Völkerschaften leere Pläne?
       2   Es treten an die Könige der Erde,
            und Machthaber rotteten sich zusammen
            gegen JHWH und gegen seinen Gesalbten.
       3   „Lasst uns ihre Fesseln zerreißen
            und von uns werfen ihre Stricke!"

            …

       8   „Fordere von mir,
            und ich will die Nationen zu deinem Erbteil machen,
            zu deinem Besitz die Enden der Erde.
       9   Du wirst sie zerschlagen mit eisernem Stock,
            wie Töpfergeschirr wirst du sie zertrümmern."
      10   Und nun, werdet verständig, ihr Könige,
            lasst euch zurechtweisen, ihr Richter der Erde!

Die Königspsalmen offenbaren eine tiefe Ambivalenz gegenüber den Fremdvölkern, die dem Widerspruch zwischen dem ideologisch hochgehaltenen Anspruch und der unübersehbaren Realität entspringt. Einerseits sind die Fremdvölker schutzbefohlene Untertanen des universal regierenden Weltenkönigs, denen er heilvolle Gerechtigkeit vermittelt; andererseits entziehen sie sich beharrlich seinem Zugriff und gebärden sich als bändigungsbedürftige Aufrührer. Obwohl also der Zionskönig in der Theorie einem homogenen Weltreich vorsteht, kann man auch bei Hofe die Augen nicht davor verschließen, dass er in Juda und außerhalb grundverschiedene Rollen spielt. Die Königsideologie trägt dem Rechnung, indem sie faktisch akzeptiert, dass die Herrschaft über die Anderen anderer Qualität ist. Wie ferner die Zionspsalmen (Ps 46, 48, 76) illustrieren, hat die Jerusalemer Kosmologie die Fremdvölker als Konkretionen mythischer Chaosmächte wahrgenommen, sodass die Anderen, immer von einer Außenperspektive betrachtet, als grundsätzlich böse und lebensfeindlich erscheinen. Danach bemisst sich das Auftreten, das ihnen gegenüber geboten ist.

Folglich gehört trotz des Anspruchs, die ganze Welt unter dem heilspendenden Jerusalemer Zepter zu vereinigen, die fundamentale Kluft zwischen dem Eigenen und Fremden zum Grundriss des Weltentwurfs. In den Königspsalmen hat sich gegen die Ideologie des im Rahmen universaler Ambitionen postulierten Ganzen die Wirklichkeit in der Unterscheidung interner und externer Verhältnisse Geltung verschafft. Nach den Beobachtungen zum Gebrauch von רדה überrascht nun nicht mehr, dass wir dieses Verb gerade in den Aussagen zur *universalen* Kompetenz des Königs finden, nicht aber in solchen, die seine

Hoheit über Israel bzw. Juda betreffen. Das semantische Profil von רדה ist derart, dass es als königsideologischer Terminus nur für die Beschreibung der Außenbeziehungen geeignet war.

Als letzte Illustration der gewalthaften Konnotationen von רדה sei abschließend auf die messianische Adaption von Ps 72,8 in Sach 9,10 verwiesen.[124] Gegenüber dem Zionskönig in Ps 72, dessen רדה-Herrschaft „von Meer zu Meer und vom Strom bis an die Enden der Erde" reicht, müssen die Fremdvölker Staub lecken (V. 9), Tribut leisten (V. 10) und sich wie vor einer Gottheit niederwerfen (חוה-Št V. 11). Wenn dagegen der künftige bescheidene Friedensherrscher aus Sach 9,9–10, der die Rüstungsgüter vernichtet und „zu den Völkern šalōm redet", endgültig jenes Universalreich heraufführt, wird seine Macht nicht mehr רדה, sondern משׁל heißen:

Sach 9,10   'Er wird'[125] die Streitwagen aus Efraim ausrotten
und die (Kriegs-)Pferde aus Jerusalem.
Ausgerottet werden wird der Kriegsbogen.
Er wird zu den Völkern šalōm reden,
und seine Herrschaft (מָשְׁלוֹ) (wird reichen) von Meer zu Meer
und vom Strom bis an die Enden der Erde.

In der messianischen, pazifizierten Idee der Weltherrschaft ist für ein רדה-Regiment kein Platz mehr.

Somit ergibt sich für die Semantik von רדה: Das Verb wird durch seine Rektion als *verbum regendi* ausgewiesen. Die Grundbedeutung „niedertreten" hat nach wie vor die größte Wahrscheinlichkeit auf ihrer Seite. רדה bezeichnet daher nicht die Reichweite, sondern den Stil der Herrschaft; es steht für eine Form der Domination, die ganz im Interesse der Regierenden und nicht der Regierten praktiziert wird. Meist hat sie einen erniedrigenden Charakter. Typisch für sie sind großzügigere Maßstäbe der Legitimität von Zwangsmitteln. רדה impliziert deshalb nicht notwendigerweise Gewalttätigkeit, wohl aber erhöhte Gewaltbereitschaft. Das Wort wurde bevorzugt dann gewählt, wenn es um Untergebene ging, die die Machthaber als minderen Rechts oder gar rechtlos betrachteten. Im Belegkorpus sind das vor allem Ausländer, sei es als Individuen oder ganze Fremdvölker. רדה als Herrschaftsterminus legt den Ton auf das mangelnde Zusammengehörigkeitsgefühl zwischen Gebietern und Untertanen. Diese Art der Autorität wird

---

124 Zum Abhängigkeitsverhältnis vgl. oben Anm. 122.
125 Vgl. BHS und die Kommentare.

JHWH nicht zugeschrieben, aber vom König im Auftrag JHWHs ausgeübt, und zwar gegenüber den Fremdvölkern.[126]

3. Konsequenzen für die Interpretation des *dominium terrae* in Gen 1

In Gen 1 vollzieht die priesterliche Anthropologie eine eklektische Tra-
ditionsverschmelzung, indem sie die aus Mesopotamien bekannte Vorstellung der Theomorphie der *Gesamtmenschheit* mit der vor allem in
Ägypten beheimateten *herrscherlichen* Konnotation der Gottesbildlichkeit vermählt. Als Herrschaftsbereich wird den so definierten königlichen Menschen die Tierwelt zugewiesen. Dazu greift der priesterliche
Autor das *verbum regendi* רדה auf, das einschlägig ist bei minderberech-
tigten, als fremd empfundenen Herrschaftsobjekten. Wenn nun der
priesterliche Autor gerade diesen königsideologischen Terminus auf
das Verhältnis von Mensch und Tier anwendet, überträgt er auf die
Tiere genau jene Ambivalenz, die auch den feindlichen Fremdvölkern
als Untertanen des Königs eignet: Der Mensch ist Herr der Tierwelt,
aber seine Ägide ist dort keineswegs willkommen, sondern wird mit
tätiger, wenngleich fruchtloser Rebellion begrüßt.

Man wird daher gegen neuere Deutungen die ältere Leseweise erneuern müssen, wonach der Gebrauch von רדה ein grundsätzlich konfliktives Verhältnis von Mensch und Tier voraussetzt. Das eigentliche
Auslegungsproblem des Herrschaftsauftrags besteht daher im Widerspruch zwischen Wortwahl und Rahmen, der, wie betont, allein schon
durch den Urvegetarismus keinen Raum für folgenschwere Aggression
belässt. Wie R. Kraetzschmar bereits 1896 beobachtet hat, ist der Herrschaftsauftrag gegenstandslos, solange das Tötungsverbot gilt.[127] Seither hat die scharfe Wahrnehmung dieses Gegensatzes zu diachronen
Lösungsversuchen geführt: Die fleischlose Nahrungsordnung in V. 29–
30 sei auf literar- oder traditionsgeschichtlicher Ebene sekundär.[128]

Das Argument hat Gewicht, und auf traditionsgeschichtlicher Ebene mag die Annahme der Verschmelzung heterogener Konzepte zutreffen. Doch für die Priesterschrift als literarische Größe erscheint der Re-

---

126 Diese semantische Beschreibung von רדה wird noch von den Qumran-Manuskrip-
ten bestätigt; vgl. QM 12,15; 19,7.

127 R. KRAETZSCHMAR, Bundesvorstellung, 193f.

128 So z. B. H. HOLZINGER, Genesis, 14; H. GUNKEL, Genesis, 114; W. H. SCHMIDT, Schöpfungsgeschichte, 152; C. WESTERMANN, Genesis, 227; M. WEIPPERT, Tier und Mensch,
54.

kurs auf diachrone Hypothesen entbehrlich. Vielmehr haben bestimmte Systemzwänge den Autor genötigt, die Herrschaftsstellung des Menschen bereits bei seinem Ursprung zu verankern, obwohl sie dort wegen der umfassenden Gewaltfreiheit der Schöpfungsordnung noch nicht virulent wird. In der idealen, gottgewollten Welt des Anfangs bedarf das Getier keiner ordnenden Hand des Menschen. Göttlich sanktionierte Folgen zeitigt das *dominium terrae* als Praxis der Gottesbildlichkeit erst ab der nachsintflutlichen Kompromissordnung, die für die Menschen zwei Abweichungen vom bisherigen Tötungsverbot verfügt. Erstens wird den Menschen ein Tötungs*recht* eingeräumt, und zwar über die Tiere zum Zweck des Verzehrs, was ein offenbar schon seit Ausbruch der Gewalttätigkeit (6,11.13) verbreitetes Verhalten entkriminalisiert. Weil zugleich das menschliche Leben einer göttlichen Schutzgarantie unterstellt und die Menschen selbst zu deren ausführendem Organ berufen werden, obliegt ihnen nunmehr zweitens eine Tötungs*pflicht* gegenüber allen, die sich an der Unantastbarkeit des menschlichen Lebens vergreifen, seien es Menschen oder Tiere.[129] Obendrein wird die Trennung der Nahrungsquellen noch weiter beschnitten, insofern die Menschen nun auch rechtmäßigen Zugriff auf das ursprünglich den Tieren reservierte „Grünkraut" (יֶרֶק עֵשֶׂב; vgl. 1,30) erhalten. Diese Neuerungen dokumentiert Gen 9,1–7[130]:

---

129 Dies erneuert die herkömmliche Deutung der Präposition ב in בָּאָדָם דָּמוֹ יִשָּׁפֵךְ 6a als Bet instrumenti (vgl. die obige Übersetzung). A. ERNST, »Wer Menschenblut vergießt …«, und J. LUST, „For Man Shall His Blood Be Shed", haben mit Verweis auf die Talionsformulierungen Dtn 19,21; 2 Sam 3,27 und G (ἀντὶ τοῦ αἵματος) die Interpretation als Bet pretii zur Debatte gestellt: „(als Preis) für den Menschen" (Zustimmung von E. JENNI, Präposition Beth, 154; H. SEEBASS, Genesis, 225; N. BAUMGART, Umkehr des Schöpfergottes, 315–318). Allerdings wiegen die Gegengründe von O. H. STECK, Todesstrafe, mindestens ebenso schwer, wonach der göttliche Schutz des Menschenlebens in P eine klare Regelung verlangt, wem die in 6a geforderte Ahndung von Verstößen obliegt. Ich folge den Argumenten Stecks, da sich die Alternative auf pragmatischer Ebene ohnehin in seinem Sinne entscheiden dürfte: Zwar kann die Präposition ursprünglich als Bet pretii gemeint sein, zumal 6a wahrscheinlich einen vorgeprägten Spruch darstellt, doch nimmt der Satz in P automatisch die Rolle einer Ausführungsbestimmung für den zuvor proklamierten Lebensschutz an.

130 In Gen 9,1–7 werden häufig die Vv. 4–6/7 einer jüngeren Hand (Ps) zugeschrieben; Vertreter sind zusammengestellt bei M. WITTE, Urgeschichte, 143 Anm. 94. Vgl. namentlich den kritischen Bericht mit neuem Lösungsversuch bei R. MOSIS, Gen 9, 196–213. Die Uneindeutigkeit der Indizien und die Vielfalt der Hypothesen lassen jedoch kaum noch auf eine abschließende Klärung hoffen. Neben die Unsicherheit, ob überhaupt mit diachronen Prozessen zu rechnen ist, tritt die Frage, ob diese vorliterarischer oder schriftlicher Natur gewesen sind. Was die oft betonte Spannung zwischen Segensrahmen (V. 1) und der Minderung der tierischen Lebensverhältnisse angeht, wird man stärker berücksichtigen müssen, dass im Unterschied zur Schöpfung (1,22) der Segen nur noch den Menschen gilt (9,1a), während ein Segen für die

1	a	Gott segnete Noach und seine Söhne
	b	und sagte ihnen:
	c	Seid fruchtbar,
	d	werdet zahlreich
	e	und füllt die Erde!
2	a1	Furcht und Schrecken vor euch wird auf allem Getier der Erde und auf allen Vögeln des Himmels, auf allem,
	b	was auf dem Ackerboden kriecht,
	a2	und auf allen Fischen des Meeres sein.
	c	(Das heißt:) In eure Hand sind sie gegeben.
3	a1	Alles Kriechgetier,
	b	das lebendig ist –
	a2	euch soll es zur Nahrung dienen;
	c	(das heißt:) wie Grünkraut gebe ich euch (hiermit) alles.
4		Bloß Fleisch, als dessen Seele sein Blut (noch vorhanden ist),[131] sollt ihr nicht essen.
5	a	Bloß euer eigenes Blut werde ich einfordern;
	b	(das heißt:) aus der Hand jedes Tiers werde ich es einfordern;
	c	und aus der Hand des Menschen – aus der Hand eines jeden, seines Bruders – werde ich das Leben des Menschen einfordern.
6	a	Wer das Blut des Menschen vergießt – durch den Menschen wird sein Blut vergossen werden,
	b	denn als Bild Gottes hat er den Menschen gemacht.
7	a	Ihr aber, seid fruchtbar
	b	und werdet zahlreich!
	c	Wimmelt auf der Erde
	d	und 'übt רדה an ihr aus'!

Ab der nachsintflutlichen Kompromissordnung also praktizieren die Menschen eine effektive Herrschaft, indem sie zur Tiertötung zwecks Verzehr befugt und zur Tötung jedes Zerstörers menschlichen Lebens verpflichtet sind. Die Schutzgarantie für das menschliche Leben wird als Konsequenz der Gottesbildlichkeit qualifiziert. Laut der in 7d über G rekonstruierbaren älteren Lesart וּרְדוּ* für MT וּרְבוּ wird auch der Herrschaftsauftrag erneuert,[132] wenngleich hier mit der „Erde" als sei-

---

Tiere ausbleibt. Die obige Analyse bezieht sich daher auf den vorfindlichen P-Bestand in Gen 9.

131 Die Konstruktion ist unklar. Vielfach wird דָּמוֹ als Glosse beurteilt (vgl. BHS). Die Übersetzung ist angelehnt an E. JENNI, Präposition Beth, 84f.

132 So mit BHS und die meisten Kommentatoren. In 7d lesen zahlreiche griechische Mss (sowie G-Tochterübersetzungen) κατακυριευσατε αυτῆς = וּרְדוּ־בָהּ* (J. W. WEVERS, Genesis, 127). Für die Ursprünglichkeit dieser Lesart spricht die Dublette 7b // d in MT. Laut R. S. HENDEL, Text of Genesis, ist in MT eine „assimilation by reminiscence or

ner Domäne. Soweit ich sehe, ist es bislang nicht gelungen, weitere inhaltliche Füllungen des *dominium terrae* als Praxis der Gottesbildlichkeit aus dem Wortlaut der Priesterschrift zu erheben.[133]

Wenn aber der Mensch die Herrschaft über die Tiere erst nach der Sintflut effektiv antritt, warum wird er dann schon in Gen 1 dazu beauftragt – zumal er seine späteren Vollmachten noch gar nicht gebrauchen durfte? Der Mensch ist in der priesterlichen Anthropologie königlicher Repräsentant Gottes in der Welt, was seine theomorphe Gestalt wie eine Amtstracht manifestiert.[134] Wenn allerdings in einer gewaltverseuchten Welt sein Bestand gesichert bleiben soll, bedarf er angesichts seiner vielfältigen Unterlegenheit gegenüber einer bedrohlichen Tierwelt bestimmter Vorrechte auf dem Gebiet der Gewaltanwendung. Notwendig wurden diese Privilegien zwar erst, nachdem die schöpfungswidrige Bluttat durch eigenes Verschulden der Geschöpfe in die Welt eingedrungen war. Doch weil die Hoheit des Menschen ihren sinnenfälligen Ausdruck in seinem theomorphen Äußeren findet, das ihm natürlich schon von Beginn an eignen musste, hat die Priesterschrift die Gottesbildlichkeit bereits bei der Schöpfung grundgelegt und als ihre Abzweckung den Herrschaftsauftrag definiert, obwohl ihm faktisch noch das Betätigungsfeld mangelte. Der Mensch erhält den Herrschaftsauftrag proleptisch, im Vorblick auf einen Niedergang, von dem der priesterliche Theologe zwar schon wusste, dass er eintreten würde, von dem er jedoch noch schweigen musste, wollte er ihn nicht als notwendig hinstellen. Erst dieser Verfall machte die kraft der Gottesbildlichkeit übertragenen Sonderbefugnisse erforderlich. Die Zurüstung für eine schöpfungswidrige Lebenssituation erhält der Mensch bereits im Rahmen seiner schöpfungsgemäßen Ausstattung. Das ist der Grund, warum sich in die gewaltfreie Schöpfungsordnung das gewalthafte Element des *dominium terrae* schiebt. Der Gegensatz resultiert nicht aus Textwachstumsprozessen, sondern aus der internen Dynamik des priesterlichen Konzepts.

---

anticipation" eingetreten (41; vgl. 9.56f.). Er rechnet den Fall zu jenen, wo die Priorität einer nichtmasoretischen Variante in Gen besonders sicher ist.

133 Mit W. GROSS, Gottebenbildlichkeit im Kontext der Priesterschrift. Dies gilt auch für neuere Vorschläge wie jenen, dass das *dominium terrae* den Menschen mit der „Sicherung der Weltordnung" beauftrage (J. EBACH, Bild Gottes und Schrecken der Tiere, 34). Wo schildert P Menschen bei der Wahrnehmung dieser Pflicht?

134 Aus Zeugnissen wie Ex 33,18–23; Jes 6; Ez 1; Am 9,1–4; Dan 7 entnehme ich, dass man sich JHWH einem übergroßen Mann ähnlich vorstellte. Zu Ez vgl. R. KASHER, Anthropomorphism 192–194. Für eine andere Sichtweise vgl. A. SCHART, «Gestalt» YHWHs, der generell Visionsschilderungen für nicht aussagekräftig hält (36) und die Rede von Körperteilen JHWHs als metaphorisch einstuft (34).

Was ist nun nach alldem das *dominium terrae* im Sinne der Priesterschrift? Der Herrschaftsauftrag an den Menschen ist die gnadenhaft gewährte Ertüchtigung zum Überleben in einer menschenfeindlichen Umwelt; hierdurch befähigt der Schöpferwille den Menschen zur Existenz in einer Welt, die dem Schöpferwillen nicht entspricht,[135] wie es bald der Fall sein wird. Mit einem Freibrief zu Raubbau und Verwüstung hat er nichts gemein. Das Theologumenon vom *dominium terrae* ist die gläubige Deutung des staunend wahrgenommenen Kontrasts von Schwäche und Erfolg des Menschen, also der Tatsache, dass er sich trotz seiner offenkundigen Mängel im Rahmen einer feindseligen Natur überraschend gut behaupten kann. Diese Erfahrung wird zurückgeführt auf Privilegien, die Gott dem Menschen als seinem Bild bereits im Ursprung gewährt hat.

Das Theologumenon des *dominium terrae* ist nur verständlich, wenn man die tiefe Kluft zwischen modernem und altvorderorientalischem Naturerlebnis beachtet, und zwar insbesondere im Hinblick auf die Tierwelt.[136] Beim Blick ins AT finden wir zwar in Ps 104 eine geradezu romantische Schilderung der Fauna, wo sogar die Löwen und der Leviatan in ihrem vorbestimmten Lebensraum von Gott ihre Nahrung erhalten, doch im Alltagsleben war die Tierwelt eine Quelle ernster Bedrohung. Laut 2 Kön 17,25 konnte eine Löwenplage die Bewohner eines Landstrichs in schwere Bedrängnis bringen (vgl. Ex 23,29). Zahlreiche Passagen illustrieren die Gefahr, die Menschen und Nutztieren im antiken Palästina von Raubtieren[137] wie Löwen[138], Bären[139] und Schlangen[140] erwuchs.[141] Insektenbefall löste häufig Hungersnöte aus;[142]

---

135 Für die nachsintflutliche Kompromissordnung ist dies wiederholt betont worden; vgl. z. B. JACOB, Genesis, 247; E. ZENGER, Bogen, 118; N. BAUMGART, Umkehr des Schöpfergottes, 305. – Bekanntlich erhalten die Landtiere nach ihrer Erschaffung in Gen 1,24–25 keinen Segen. Sollte P den Segen deshalb vermieden haben, weil die Landtiere mit den Menschen denselben Lebensraum teilen und ihm daher gefährlich werden können (so W. H. SCHMIDT, Schöpfungsbericht, 147), wäre dies ein weiteres Beispiel, wo P die mögliche Depravation der Lebenswelt bereits bei ihrem Ursprung berücksichtigt hat.

136 Vgl. O. KEEL, Allgegenwärtige Tiere, sowie allgemein H. WEIPPERT, Altisraelitische Welterfahrung.

137 Gen 37,20.33; Dtn 7,22; Jer 5,6; Am 5,19; Ijob 5,22–23; Weish 11,15–18; Sir 13,17–19; vgl. Ps 91,13.

138 Ri 14,5; 1 Sam 17,34–37; 1 Kön 13,24; 20,36; Jes 15,9; 30,6; 31,4; Jer 49,19 // 50,44; Ez 19,3.6; Am 3,8.12; 5,19; Mi 5,7; Nah 2,12–13; Ps 10,9; Spr 22,13 // 26,13; Hld 4,8.

139 1 Sam 17,34–37; 2 Kön 2,24.

140 Gen 3,15; Num 21,6–9.

141 Vgl. auch Tob 6,2; ferner die Rolle von Raubtieren in Schilderungen von Feinden, Kriegern und Tyrannen: Jes 5,29; 38,13; Jer 2,30; 4,7; 50,17; Ps 7,3; 10,9; 17,11–12;

die katastrophalen Folgen einer Heuschreckenplage haben in Joël 1f.
eine bewegende Klageliturgie hervorgebracht. Nicht von ungefähr
werden häufig Tierplagen als göttlich verhängte Strafen interpretiert[143]
bzw. angedroht[144]. Kontakt mit gewissen Tierarten führte in riskante
Nähe zu den Sphären der Dämonen und des Todes, wie ihre Vorliebe
für öde oder unterirdische Wohnstätten verriet.[145] Ein Großteil des
Vorderen Orients ist Wüste, die, mangels Wasser und Nahrung schon
lebensfeindlich genug, im Weltbild der Israeliten auch noch von tödlichen Fabelwesen wie geflügelten Schlangen (Serafen) bevölkert war.[146]
Die Gottesreden des Buches Ijob (38–41) veranschaulichen gerade an
der Tierwelt die Unfähigkeit des Menschen, die Natur zu kontrollie-
ren.[147] Aufgrund der Erfahrungen mit der Tücke und dem Ungestüm
des Meeres suchte man dort den Unterschlupf aufrührerischer Chaos-
drachen wie Leviatan, Tannin und Rahab, an deren Bändigung durch
Gott der Bestand der ganzen Lebenswelt hing.[148] Die Tierwelt ist eines
der bleibenden Einfallstore des Chaos und ruft damit die Labilität des
menschlichen Lebensraums beständig in Erinnerung. Nach alldem
verwundert nicht, dass das Ende der von Tieren drohenden Gefahren
einen häufigen Gegenstand von Heilserwartungen darstellt.[149]

Solche Zeugnisse spiegeln eine Naturwahrnehmung aus eher de-
fensiver Perspektive, wo weniger die Tierwelt als der Mensch bedroht
erschien. Angesichts des unablässigen, oft brutalen Überlebenskampfes
und des in kulturellen Belangen statischen Weltbildes sprengte es jedes
Vorstellungsvermögen, das Kräfteverhältnis könne sich aufgrund technischer Fortschritte einmal derart zugunsten des Menschen verschieben, wie es heute eingetreten ist. Symptomatisch ist die gerade in priesterlich inspirierten Texten ausgesprochene Erwartung, JHWH werde in
einer künftigen Heilszeit die Raubtiere aus Israel verbannen (Lev 26,6;

22,14.17.21–22; 35,17; 57,5; 58,5.7; Klgl 3,10–11; Dan 7,3–8; 1 Makk 3,4; 2 Makk 11,11;
   12,15. Hierzu B. JANOWSKI, Dem Löwen gleich.
142 Ex 10,4–19; Dtn 28,38–39; Joël 2,25; Am 7,1–2; Nah 3,15; Ps 105,35; vgl. Weish 16,9.
143 Ex 10,4–19; Num 21,6–9; 1 Kön 13,24; 20,36; 2 Kön 2,24; 17,25; Joël 1f.; Ps 105,34-35;
   Weish 11,15–18; 16,9.
144 Lev 26,22; Dtn 28,38; 32,24; Jes 15,9; Jer 5,6; Ez 5,17; 14,15.21; Hos 2,14; Joël 1f.; Am
   7,1–2; Nah 3,15; vgl. Jes 56,9.
145 Jes 13,21–22; 14,23; 34,11–17; Jer 50,39; 51,37–38; Zef 2,14.
146 Num 21,6; Jes 30,6.
147 O. KEEL, Gottesreden.
148 Jes 27,1; 51,9; Am 9,3; Ps 74,13–14; 89,11; Ijob 7,12; 26,12–13; Sir 43,25; vgl. Ijob 3,8;
   9,13; Ps 104,26.
149 Lev 26,6; Jes 11,6–9; 35,9; 65,25; Ez 34,25; Hos 2,20; vgl. Jes 27,1.

Ez 34,25).[150] Dass ein solches Thema Gegenstand protologischer und eschatologischer Utopie werden konnte, zeigt zum einen, welchen Problemdruck diese Tiere ausübten; zum zweiten, dass ihre Ausrottung mit menschlichen Mitteln jenseits des Denkbaren lag; und zum dritten, dass, wie beim damaligen Kenntnisstand nicht anders zu erwarten, jegliches Verständnis für die ökologische Rolle dieser Arten mangelte.

Vor einem solchen Horizont hat die Priesterschrift das Theologumenon des *dominium terrae* entworfen.[151] In einer für sie typischen Traditionstransformation hat sie die Tierwelt einschließlich der „Seeungeheuer" (תַּנִּינִם 1,21) wie zuvor schon die „Urflut" (תְּהוֹם 1,2) ihrer dämonischen Züge entkleidet und dies mit der Vorstellung eines paradiesischen Tierfriedens bei der Schöpfung verknüpft. Sämtliche Lebewesen sind nach P zu einem Dasein berufen, das kein Blutvergießen kennt.[152] Das gleichwohl unleugbare Erlebnis tödlicher Gefahr seitens der Tiere integriert P durch die Theorie, die schöpfungswidrige Gewalttätigkeit habe erst später und durch eigenes Verschulden der Geschöpfe Platz gegriffen. Damit werden chaosnahe Erfahrungen im Rahmen einer rationalistischen Theodizee entmächtigt. Indes wäre der Mensch in diesem Kriegszustand an sich in einer prekären Lage. Wenn er trotzdem besteht, so liegt das an seiner göttlichen Ausstattung mit königlicher Herrschaftlichkeit, manifest in seiner theomorphen Gestalt. Weil sie dem Menschen von Beginn an eignet, werden ihm die herrscherlichen Befugnisse bereits bei der Schöpfung zugesprochen, obwohl er sie erst später benötigt. Die Vollmachten müssen natürlich zugeschnitten sein auf jene blutigen Umstände, unter denen sie ihre Aufgabe erfüllen sollen.

Die Abzweckung auf einen Kriegszustand ist der Grund, warum die Priesterschrift die menschliche Dominanz über die Tiere mit רדה charakterisiert. Der Sprachgebrauch stellt klar, dass das intendierte Modell des menschlichen Weltverhältnisses nicht das Schöpfungsverhältnis JHWHs ist (von dem keine רדה-Herrschaft ausgesagt wird), sondern das Weltverhältnis des Zionskönigs. Im königsideologischen Erbe der Gottesbildlichkeit hat die Tierwelt nicht die Nachfolge der Zionsbewohner, sondern der Fremdvölker angetreten. Man wird daher kaum

---

150 Vgl. in andersartigem Kontext Jes 35,9.
151 Vgl. auch treffend O. H. STECK, Dominium terrae, 98: „Es ist wohl Folge des hohen Lebensrisikos in der antiken Welt voller elementarer Gefahren, das erst in jüngster Zeit angesichts der menschenmöglichen Verwüstungen neu ins Bewußtsein zurückkehrt, daß in den Schöpfungstexten die elementare Lebensermöglichung vor jeder menschlichen Nutzung, Gestaltung und Sicherung so ausschließlich im Vordergrund steht."
152 Zum Spezialproblem der Fische vgl. H.-J. STIPP, «Alles Fleisch», 114–116.

sagen können, P propagiere eine „Solidargemeinschaft mit den Tieren"
zum Zwecke der „Herrschaft durch Fürsorge"[153]. רדה definiert die
Tiere gerade als die Anderen, vor deren destruktivem Potenzial das
Lebensrecht der Menschheit geschützt werden muss. Darin meldet sich
das Empfinden für die schmerzliche Kluft, die die Gewalttat zwischen
Mensch und Tier aufgerissen hat, sodass der Mensch sich nun in einer
feindlichen Lebenswelt behaupten muss, aber auch seine wunderbare
Verschonung aufgrund einer göttlichen Bestandsgarantie erfährt.

Der Herrschaftsauftrag ist also ein Stück Gnadentheologie, das den
Fortbestand der Menschen unter widrigen Umständen erklären soll.[154]
Er trägt dazu bei, das Konzept der idealen Schöpfung mit der realen
Erfahrung zu vermitteln. Als gnadenhafte Befähigung zur Existenz in
einer dem Schöpferwillen entfremdeten Welt funktioniert er analog zur
Gabe der Kleidung in Gen 3,21. Nicht entfernt ist daran gedacht, einen
Freibrief zu Raubbau und Verwüstung im Dienste eigensüchtiger, vom
Schöpfer emanzipierter Interessen auszustellen. Das geht schon aus der
Limitierung der Tötungsrechte und -pflichten auf definierte Zwecke
hervor. Die Menschen dürfen mit situationsgerechten Mitteln ihren
Bestand sichern, mehr nicht. Zerstörerische Konsequenzen waren nicht
beabsichtigt und blieben unter damaligen Bedingungen auch jenseits
der Vorstellbarkeit.

Was fangen wir mit diesem Herrschaftsauftrag heute an? Er ist die
Praxis der Gottesbildlichkeit, die den Menschen mit königlichen Attributen ausstattet. „Bist du der König der Juden?" fragte Pilatus. „Du
sagst es", war die Antwort (Mk 15,2 parr). Aber der da vor ihm stand,
sah so ganz anders aus, als Könige auszusehen pflegten. Die Transformation des Königlichen, die Jesus Christus in seiner Person vollzogen
hat, muss auch den königlichen Menschen der Gottesbildlichkeit erfassen, damit „die ganze Schöpfung", die nach Röm 8 „sehnsüchtig auf
das Offenbarwerden der Söhne Gottes wartet", „von der Sklaverei und
Vergänglichkeit befreit wird zur Freiheit und Herrlichkeit der Kinder
Gottes" (Röm 8,19.21).

---

153 M. WELKER, Herrschaftsauftrag, 103f.
154 Vgl. ähnlich U. RÜTERSWÖRDEN, Dominium terrae, 130: „Die Herrschaft bedeutet,
    daß die Menschheit nicht Sorge tragen muß, daß die Erde als Lebensgrundlage
    versagt, und daß die Menschheit nicht durch die Tierwelt dezimiert wird. Insofern
    läßt sie sich als Explikation der Fruchtbarkeits- und Mehrungszusage verstehen. Das
    Konzept des dominium terrae löst ein gravierendes Problem – der israelitischen An-
    tike."

Verzeichnis der zitierten Literatur

AMERY, C., Das Ende der Vorsehung. Die gnadenlosen Folgen des Christentums, Hamburg 1972.

ARNETH, M., „Sonne der Gerechtigkeit". Studien zur Solarisierung der Jahwe-Religion im Lichte von Psalm 72 (BZAR 1), Wiesbaden 2000.

BARANZKE, H. – LAMBERTY-ZIELINSKI, H., Lynn White und das dominium terrae (Gen 1,28b). Ein Beitrag zu einer doppelten Wirkungsgeschichte, BN 76 (1995) 32–61.

BARR, J., Bibelexegese und moderne Semantik. Theologische und linguistische Methode in der Bibelwissenschaft, München 1965.

— Man and Nature. The Ecological Controversy and the Old Testament, BJRL 55 (1972/73) 1–28.

BAUMGART, N. C., Die Umkehr des Schöpfergottes. Zu Komposition und religionsgeschichtlichem Hintergrund von Gen 5–9 (HBS 22), Freiburg u. a. 1999.

BEENTJES, P. C., The Book of Ben Sira in Hebrew. A Text Edition of all Extant Hebrew Manuscripts and a Synopsis of all Parallel Hebrew Ben Sira Texts (VT.S 68), Leiden 1997.

BERLEJUNG, A., Die Theologie der Bilder. Herstellung und Einweihung von Kultbildern in Mesopotamien und die alttestamentliche Bilderpolemik (OBO 162), Freiburg Schweiz – Göttingen 1998.

BOTTERWECK, G. J., Art. בְּהֵמָה, ThWAT I (1973) 523–536.

COHEN, J., „Be Fertile and Increase, Fill the Earth and Master It". The Ancient and Medieval Career of a Biblical Text, Ithaca, NY – London 1989.

CONIGLIARO, F., *Dominium terrae.* L'uomo nel mondo della natura (Recta Ratio III.7), Torino 1998.

COX, H., Stadt ohne Gott, Stuttgart 1966 (engl. The Secular City, New York 1963).

EBACH, J., Bild Gottes und Schrecken der Tiere. Zur Anthropologie der priesterlichen Urgeschichte, in: Ders., Ursprung und Ziel. Erinnerte Zukunft und erhoffte Vergangenheit. Biblische Exegesen, Reflexionen, Geschichten, Neukirchen-Vluyn 1986, 16–47.

ERNST, A., »Wer Menschenblut vergießt ...« Zur Übersetzung von באדם in Gen 9,6, ZAW 102 (1990) 252f.

FREVEL, C., Mit Blick auf das Land die Schöpfung erinnern. Zum Ende der Priestergrundschrift (HBS 23), Freiburg u. a. 2000.

GOGARTEN, F., Verhängnis und Hoffnung der Neuzeit. Die Säkularisation als theologisches Problem, Stuttgart 1953.

— Die Frage nach Gott. Eine Vorlesung, Tübingen 1968.

GÖRG, M., Alles hast du gelegt unter seine Füße. Beobachtungen zu Ps 8,7b im Vergleich mit Gen 1,28, in: E. Haag – F.-L. Hossfeld (Hg.), Freude an der Weisung des Herrn. Beiträge zur Theologie der Psalmen (FS H. Groß, SBB 13), Stuttgart 1986, 125–148 = ders., Studien zur biblisch-ägyptischen Religionsgeschichte (SBA.AT 14), Stuttgart 1992, 117–136.

GREENFIELD, J. C., ana urdūti kabāsu = כבש לעבד, StOr 55 (1984) 259–263.

GROß, H., Art. מָשַׁל māšal II, ThWAT V (1986) 73–77.

GROß, W., Die Gottebenbildlichkeit des Menschen im Kontext der Priesterschrift, ThQ 161 (1981) 244–264 = ders., Studien zur Priesterschrift und zu alttestamentlichen Gottesbildern, 11–36.

— Die Gottebenbildlichkeit des Menschen nach Gen 1,26.27 in der Diskussion des letzten Jahrzehnts, BN 68 (1993) 35–48 = ders., Studien zur Priesterschrift und zu alttestamentlichen Gottesbildern, 37–63.

— Art. Gottebenbildlichkeit. I. Altes Testament, LThK[3] 4 (1995) 871–873.

— Studien zur Priesterschrift und zu alttestamentlichen Gottesbildern (SBA 30), Stuttgart 1999.

GRÜNWALDT, K., Das Heiligkeitsgesetz Leviticus 17 – 26. Ursprüngliche Gestalt, Tradition und Theologie (BZAW 271), Berlin – New York 1999.

GUNKEL, H., Genesis (HK1.1), Göttingen [4]1917.

HARLAND, P. J., The Value of Human Life. A Study of the Story of the Flood (Genesis 6–9) (VT.S 64), Leiden – New York – Köln 1996.

HENDEL, R. S., The Text of Genesis 1 – 11. Textual Studies and Critical Edition, New York – Oxford 1998.

HOLZINGER, H., Genesis (KHC), Freiburg i. Br. – Leipzig – Tübingen 1898.

HONECKER, M., Art. Dominium terrae, RGG[4] 2 (1999) 936.

JACOB, B., Das erste Buch der Tora. Genesis, Berlin 1934.

JANOWSKI, B., Herrschaft über die Tiere. Gen 1,26–28 und die Semantik von רדה, in: G. Braulik – W. Groß – S. McEvenue (Hg.), Biblische Theologie und gesellschaftlicher Wandel (FS N. Lohfink), Freiburg

– Basel – Wien 1993, 183–198 = ders., Die rettende Gerechtigkeit, 33–48.

— Dem Löwen gleich, gierig nach Raub. Zum Feindbild in den Psalmen, EvTh 55 (1995) 155–173 = ders., Die rettende Gerechtigkeit, 49–67.

— Stellvertretung. Alttestamentliche Studien zu einem theologischen Grundbegriff (SBS 165), Stuttgart 1997.

— Die rettende Gerechtigkeit. Beiträge zur Theologie des Alten Testaments 2, Neukirchen-Vluyn 1999.

JENNI, E., Die hebräischen Präpositionen, Bd. 1: Die Präposition Beth, Stuttgart – Berlin – Köln 1992.

JOOSTEN, J., People and Land in the Holiness Code. An Exegetical Study of the Ideational Framework of the Law in Leviticus 17–26 (VT.S 67), Leiden – New York – Köln 1996.

KAISER, O., Der Prophet Jesaja. Kapitel 13–39 (ATD 18), Göttingen ³1983.

KASHER, R., Anthropomorphism, Holiness and Cult: A New Look at Ezekiel 40–48, ZAW 110 (1998) 192–208.

KEEL, O., Jahwes Entgegnung an Ijob. Eine Deutung von Ijob 38–41 vor dem Hintergrund der zeitgenössischen Bildkunst (FRLANT 121), Göttingen 1978.

— Allgegenwärtige Tiere. Einige Weisen ihrer Wahrnehmung in der hebräischen Bibel, in: B. Janowski – U. Neumann-Gorsolke – U. Gleßmer (Hg.), Gefährten und Feinde des Menschen. Das Tier in der Lebenswelt des alten Israel, Neukirchen-Vluyn 1993, 155–193.

KOCH, K., Gestaltet die Erde, doch heget das Leben! Einige Klarstellungen zum *dominium terrae* in Genesis, in: H.-G. Geyer u. a. (Hg.), „Wenn nicht jetzt, wann dann?" (FS H.-J. Kraus), Neukirchen-Vluyn 1983, 23–36 = ders., Spuren des hebräischen Denkens. Beiträge zur alttestamentlichen Theologie. Gesammelte Aufsätze 1, hg. von B. Janowski und M. Krause, Neukirchen-Vluyn 1991, 223–237.

KRAETZSCHMAR, R., Die Bundesvorstellung im Alten Testament, Marburg 1896.

KROLZIK, U., Umweltkrise – Folge des Christentums?, Stuttgart – Berlin ²1980.

KUNZ, A., Ablehnung des Krieges. Untersuchungen zu Sacharja 9 und 10 (HBS 17), Freiburg u. a. 1997.

LIPIŃSKI, E., Art. נָגַשׂ nāgaś, ThWAT V (1986) 230–232.

LOHFINK, N., „Macht euch die Erde untertan"? (1974), in: ders., Studien zum Pentateuch (SBAB.AT 4), Stuttgart 1988, 11–28.

— Die Priesterschrift und die Geschichte, in: W. Zimmerli (Hg.), Congress Volume Göttingen 1977 (VT.S 29), Leiden 1978, 189–225 = ders., Studien 213–253.

— Die Schichten des Pentateuch und der Krieg, in: Ders. (Hg.), Gewalt und Gewaltlosigkeit im Alten Testament (QD 96), Freiburg – Basel – Wien 1983, 51–110 = ders., Studien 255–315.

LUST, J., «For Man Shall his Blood Be Shed». Gen 9:6 in Hebrew and in Greek, in: G. Norton (ed.), Tradition of the Text (FS D. Barthélemy) (OBO 109), Freiburg Schweiz – Göttingen 1991, 91–102.

MALUL, M., Studies in Mesopotamian Legal Symbolism (AOAT 221), Kevelaer – Neukirchen-Vluyn 1988.

MATHYS, H.-P. (Hg.), Ebenbild Gottes – Herrscher über die Welt. Studien zu Würde und Auftrag des Menschen (BThS 33), Neukirchen-Vluyn 1998.

MICHEL, A., Theologie aus der Peripherie. Die gespaltene Koordination im Biblischen Hebräisch (BZAW 257), Berlin – New York 1997.

MOSIS, R., Gen 9,1–7: Funktion und Bedeutung innerhalb der priester-lichen Urgeschichte, BZ 38 (1994) 195–228 = ders., Gesammelte Auf-sätze zum Alten Testament (FzB 93), Würzburg 1999, 11-54.

NOTH, M., Könige, 1. Teilband (BK 11.1), Neukirchen-Vluyn 1968.

RAPPEL, S., „Macht euch die Erde untertan". Die ökologische Krise als Folge des Christentums? (Abhandlungen zur Sozialethik 39), Paderborn u. a. 1996.

RENAUD, B., De la bénédiction du roi à la bénédiction de Dieu (Ps 72), Bib. 70 (1989) 305–326.

RÖSEL, C., Die messianische Redaktion des Psalters. Studien zu Entstehung und Theologie der Sammlung Psalm 2–89* (CThM.A 19), Stuttgart 1999.

RUDOLPH, W., Joel – Amos – Obadja – Jona. Mit einer Zeittafel von Alfred Jepsen (KAT XIII 2), Gütersloh 1971.

RUPPERT, L., Genesis, 1. Teilband (FzB 70), Würzburg 1992.

RUPRECHT, E., Wer sind die Könige der Inseln? Zur Semantik von אי, ZAW 110 (1998) 607–609.

RÜTERSWÖRDEN, U., Dominium terrae. Studien zur Genese einer alt-testamentlichen Vorstellung (BZAW 215), Berlin – New York 1993.

RUWE, A., „Heiligkeitsgesetz" und „Priesterschrift". Literaturgeschichtliche und rechtssystematische Untersuchungen zu Leviticus 17,1–26,2 (FAT 26), Tübingen 1999.

SÆBØ, M., Art. שָׁלַט šālaṭ, ThWAT VIII (1995) 79–84.

SCHARBERT, J., Der Mensch als Ebenbild Gottes in der neueren Auslegung von Gen 1,26, in: W. Baier u. a. (Hg.), Weisheit Gottes – Weisheit der Welt (FS J. Kard. Ratzinger), Bd. I, St. Ottilien 1987, 241–258.

SCHART, A., Die «Gestalt» YHWHs. Ein Beitrag zur Körpermetaphorik alttestamentlicher Rede von Gott, ThZ 55 (1999) 26–43.

SCHMIDT, W. H., Die Schöpfungsgeschichte der Priesterschrift. Zur Überlieferungsgeschichte von Genesis 1,1–2,4a und 2,4b–3,24 (WMANT 17), Neukirchen-Vluyn ³1973.

SCHMITZ-KAHMEN, F., Geschöpfe Gottes unter der Obhut des Menschen. Die Wertung der Tiere im Alten Testament (Neukirchener Theologische Dissertationen und Habilitationen 10), Neukirchen-Vluyn 1997.

SCHOTTROFF, W., Die Friedensfeier. Das Prophetenwort von der Umwandlung von Schwertern zu Pflugscharen (Jes 2,2–5 / Mi 4,1–5) (1984), in: Ders., Gerechtigkeit lernen. Beiträge zur biblischen Sozialgeschichte, hg. v. F. Crüsemann u. R. Kessler (ThB 94), Gütersloh 1999, 205–224.

SCHÜNGEL-STRAUMANN, H., Paritätische Modelle von männlich und weiblich am Anfang und Ende der Priesterschriftlichen Schöpfungserzählung (Gen 1:1–2,4a), in: B. Becking – M. C. A. Korpel (ed.), The Crisis of Israelite Religion. Transformation of Religious Tradition in Exilic and Post-Exilic Times (OTS 42), Leiden – Boston – Köln 1999, 183–193.

SEEBASS, H., Genesis I. Urgeschichte (1,1–11,26), Neukirchen-Vluyn 1996.

SEUX, M.-J., Épithètes royales akkadiennes et sumériennes, Paris 1967.

SEYBOLD, K., Die Psalmen (HAT I.15), Tübingen 1996.

STECK, O. H., Der Schöpfungsbericht der Priesterschrift. Studien zur literarkritischen und überlieferungsgeschichtlichen Problematik von Genesis 1,1–2,4a (FRLANT 115), Göttingen ²1981.

— Welt und Umwelt (Biblische Konfrontationen), Stuttgart 1978.

— Dominium terrae. Zum Verhältnis von Mensch und Schöpfung in Genesis 1, in: F. Stolz (Hg.), Religiöse Wahrnehmung der Welt, Zürich 1988, 89–105.

— Der Mensch und die Todesstrafe. Exegetisches zur Übersetzung der Präposition Beth in Gen 9,6a, ThZ 53 (1997) = Veritas Hebraica (FS E. Jenni) 118–130.

STIPP, H.-J., »Alles Fleisch hatte seinen Wandel auf der Erde verdorben« (Gen 6,12). Die Mitverantwortung der Tierwelt an der Sintflut nach der Priesterschrift, in diesem Band S. 95–116.

TAI, N. H. F., Prophetie als Schriftauslegung in Sacharja 9–14. Traditions- und kompositionsgeschichtliche Studien (CThM.A 17), Stuttgart 1996.

UEHLINGER, C., Vom dominium terrae zu einem Ethos der Selbstbeschränkung? Alttestamentliche Einsprüche gegen einen tyrannischen Umgang mit der Schöpfung, BiLi 64 (1991) 59–74.

WAGNER, S., Art. כָּבַשׁ kābaš, ThWAT IV (1984) 54–60.

WEIPPERT, H., Altisraelitische Welterfahrung. Die Erfahrung von Raum und Zeit nach dem Alten Testament, in: H.-P. Mathys (Hg.), Ebenbild Gottes – Herrscher über die Welt, 9–34.

WEIPPERT, M., Tier und Mensch in einer menschenarmen Welt. Zum sog. dominium terrae in Genesis 1, in: H.-P. Mathys (Hg.), Ebenbild Gottes – Herrscher über die Welt, 35–55.

WELKER, M., Schöpfung, Gottebenbildlichkeit und Herrschaftsauftrag, in: Ders., Schöpfung und Wirklichkeit (NBSTh 13), Neukirchen-Vluyn 1993, 89–106.

WESTERMANN, C., Genesis 1–11 (BK 1.1), Neukirchen-Vluyn 1974.

WEVERS, J. W., Genesis (Septuaginta. Vetus Testamentum Graecum Auctoritate Academiae Scientiarum Gottingensis editum, vol. I), Göttingen 1974.

WHITE, L., Die historischen Ursachen unserer ökologischen Krise, in: M. Lohmann (Hg.), Gefährdete Zukunft. Prognosen angloamerikanischer Wissenschaftler, München 1970, 20–29. (Deutsche Fassung von: The Historical Roots of our Ecological Crisis, Science 155, 10. 3. 1967, 1203–1207)

WILDBERGER, H., Jesaja. 2. Teilband: Jesaja 13–27 (BK 10.2), Neukirchen-Vluyn 1978.

WITTE, M., Die biblische Urgeschichte. Redaktions- und theologiegeschichtliche Beobachtungen zu Genesis 1,1 – 11,26 (BZAW 265), Berlin – New York 1998.

WITTGENSTEIN, L., Philosophische Untersuchungen, in: Ders., Schriften 1, Frankfurt a. M. 1969, 279–544.

WÜRTHWEIN, E., Das Erste Buch der Könige, Kapitel 1–16 (ATD 11.1), 2., durchges. u. überarb. Aufl., Göttingen – Zürich 1985.

ZENGER, E., Gottes Bogen in den Wolken. Untersuchungen zu Komposition und Theologie der priesterschriftlichen Urgeschichte (SBS 112), Stuttgart ²1987.

— „So betete David für seinen Sohn Salomo und für den König Messias". Überlegungen zur holistischen und kanonischen Lektüre des 72. Psalms, JBTh 8 (1993) 57–72.

— Dein Angesicht suche ich. Neue Psalmenauslegungen, Freiburg u. a. 1998.

ZENGER, E. – HOSSFELD, F.-L., Psalmen 51–100 (HThK.AT), Freiburg – Basel – Wien 2000.

ZOBEL, H.-J., Art. רָדָה rādāh, ThWAT VII (1990) 351–358.

„Alles Fleisch hatte seinen Wandel auf der Erde verdorben" (Gen 6,12)

Die Mitverantwortung der Tierwelt an der Sintflut nach der Priesterschrift

Die Bibel, vor allem der Mehrungssegen und Herrschaftsauftrag für die Menschen in Gen 1,28–30 sowie die Legalisierung tierischer Nahrung in Gen 9,2–4, ist oft verantwortlich gemacht worden für einen rücksichtslosen Umgang mit der Natur. Hier werde die Menschheit zur unbegrenzten Vermehrung geradezu verpflichtet und mit einem Freibrief ausgestattet, der die Natur ihrer unumschränkten Selbstsucht anheimgebe.[1] Namentlich Norbert Lohfink hat die Herausforderung angenommen[2] und dargelegt, dass solche Konsequenzen die betreffenden Aussagen aus ihrem Kontext isolieren und sich weit von den Anliegen der Autoren entfernen. Die Aussagen zur Vermehrung und Ausbreitung über die Erde sind keine Befehle, sondern segnende Ermächtigungen, die den Menschen nach der Schöpfung (Gen 1,28) und der Sintflut (Gen 9,1.7) zugesprochen werden, um aus winzigen Kernen den gottgewollten Bevölkerungsstand aufzubauen. Neben der Gesamtmenschheit gilt der Mehrungssegen den Patriarchen, aus denen das Volk Israel hervorgehen soll (Gen 28,3; 35,11; 48,4; vgl. 17,20). Ferner gewährt Gott ihn den Luft- und Wassertieren (Gen 1,22), und in 8,17 sagt er den in der Arche geretteten Land- und Lufttieren in gleicher Wortwahl Fruchtbarkeit und Vermehrung zu.[3] Der Mehrungssegen ist also kein Privileg der

---

1   Die Diskussion wurde angestoßen durch den amerikanischen Mediävisten Lynn White; vgl. den Bericht von H. BARANZKE – H. LAMBERTY-ZIELINSKI, Lynn White und das dominium terrae (Gen 1,28b). Ein Beitrag zu einer doppelten Wirkungsgeschichte, BN 76 (1995) 32–61.

2   N. LOHFINK, „Macht euch die Erde untertan"?, in: DERS., Studien zum Pentateuch, (SBAB 4), Stuttgart 1988, 11–28; DERS., Die Priesterschrift und die Grenzen des Wachstums, in: ders., Unsere großen Wörter. Das Alte Testament zu Themen dieser Jahre, Freiburg 1977, 156–171.

3   Zur Systematik der Segensgaben an die einzelnen Tiergattungen vgl. W. H. SCHMIDT, Die Schöpfungsgeschichte der Priesterschrift (WMANT 17), Neukirchen-Vluyn ³1973, 147: In Gen 1 werde den Landtieren der Segen vorenthalten, um ein

Menschen. Ebensowenig zielt er auf schrankenlose Ausbreitung. Wie sich der der Gesamtmenschheit erteilte Mehrungssegen aus der Sicht der Priesterschrift (P)[4] vollendet, dokumentiert die Völkertafel Gen 10, wonach er in der Ausdifferenzierung der Menschheit in Völker zur Ruhe kommt. Der Israel gewährte Segen erreicht sein Ziel, wenn Israel in Goschen die ihm bestimmte Größe erlangt (Gen 47,27; Ex 1,7).[5] Nach priesterlich beeinflusster Literatur kann die Mehrungszusage für Israel wiederaufleben, wenn JHWH das von Niederlage und Zerstreuung dezimierte Volk aufrichtet, um seine alte Größe wiederherzustellen (Jer 3,16; 23,3; in Ez 36,11 schließt diese Verheißung sogar die Tiere ein). Nicht unbegrenzte Vermehrung der Menschen ohne Rücksicht auf ihre Umwelt ist das Ziel, sondern Entfaltung von Mensch und Tier innerhalb eines von Gott abgesteckten Rahmens.

Wie allerdings der priesterliche Autor die in Gen 1,26.28 sowie 9,7 (emend.) den Menschen übertragene Suprematie über die Tiere verstand, ist aus terminologischen Gründen umstritten. Dem zweimal verwendeten Verb רדה eignet die Grundbedeutung „niedertreten"; es benennt zumeist eine Form der Herrschaft, die den Beherrschten aufgezwungen wird und an ihrem Wohl kein Interesse hat. Es bezeichnet daher vor allem das Regiment über Sklaven, Fronarbeiter oder besiegte Fremdvölker, aber nicht etwa die Autorität eines Königs über sein eigenes Volk. Wichtiges Datum der Interpretation ist jedoch auch hier der Kontext. In V. 26 ist die Herrschaft über die Tiere Explikation der Gottesbildlichkeit, die eine königliche Eigenschaft auf die Menschheit überträgt, damit sie stellvertretend göttliche Funktionen an den Tieren

---

Konkurrenzverhältnis zu den ebenfalls landlebenden Menschen zu verhüten, und deshalb fehle auch den Zusagen in Gen 8,17 der Status des Segens. Es fragt sich allerdings, ob man einem Gotteswort wie 8,17 wirklich eine geringere Gültigkeit als einer formell als Segen deklarierten Zusage zusprach.

4   Im folgenden steht das Kürzel P für die priesterliche Grundschrift. Was ihren Umfang angeht, wird die Abgrenzung von K. ELLIGER zugrunde gelegt; vgl. E. ZENGER – C. FREVEL, Das priester(schrift)liche Werk (P), in: E. Zenger u. a., Einleitung in das Alte Testament. 8., vollständig überarb. Aufl. hg. von C. Frevel (KStTh 1,1), Stuttgart 2012, 189–214, 197f. Neuere Studien bezweifeln die Zuschreibung gewisser Einheiten aus Num und Dtn an P; so L. PERLITT, Priesterschrift im Deuteronomium?, ZAW.S 100 (1988) 65–88; C. DOHMEN [– M. OEHMING], Biblischer Kanon, warum und wozu? (QD 137), Freiburg 1992, 60; PH. STOELLGER, Dtn 34 ohne Priesterschrift, ZAW 105 (1993) 26–51; TH. POLA, Die ursprüngliche Priesterschrift. Beobachtungen zur Literarkritik und Traditionsgeschichte von Pg, (WMANT 70), Neukirchen-Vluyn 1995. Meine Arbeitshypothese soll weder über den Umfang von P noch ihre Selbstständigkeit (Quellenschrift) oder Unselbstständigkeit (Redaktionsschicht) entscheiden, da beide Kontroversen für unser Thema von geringen Konsequenzen sind.

5   Nach dem Segen des Heiligkeitsgesetzes erreicht Israel seine volle Größe im Land, sofern es dort den im Gesetz niedergelegten Willen JHWHs respektiert (Lev 26,9).

ausübe, und in V. 28 sind Unterwerfung der Erde und Herrschaft über die Tiere neben der Mehrung Inhalte des den Menschen gewährten Segens. Die Diskussion um diese priesterlichen Theologumena kann hier nicht rekapituliert werden.[6] Gefolgt wird der Herrschaftsauftrag in V. 29f. durch die schöpfungsgemäße Nahrungsgewährung, die Menschen und Tieren pflanzliche Kost zuweist. Weil später den Menschen gestattet wird, das Blut von Tieren zum Verzehr ihres Fleisches zu vergießen (Gen 9,2–4), setzt die ursprüngliche Ordnung offenbar ein umfassendes Tötungsverbot voraus. Zugleich kommt sie dem Wettbewerb um Ressourcen zwischen Mensch und Tier zuvor, indem sie den Menschen die „samentragenden" Pflanzen (Getreide) und Fruchtbäume zuweist, während für die Land- und Lufttiere „alles Grünkraut", also Wildpflanzen, Blattwerk und Stängel bestimmt sind. Die nachsintflutliche Kompromissordnung, die die Tötung von Tieren zum Verzehr entkriminalisiert und damit die tierische Angst vor dem Menschen als ehemals unbekanntes Element in die Verfassung der Welt einführt, ist gegenüber der schöpfungsgemäßen Idealordnung eine gravierende Minderung der Lebensverhältnisse. Erst jetzt sind die Tiere den Menschen wie unterlegene Kriegsgegner „in die Hand gegeben" (9,2); was immer רדה in Gen 1 bedeuten mochte, ursprünglich war dies nicht so. Am Beginn der Schöpfung stand ein angstfreies, unblutiges Miteinander von Mensch und Tier.

Der Widerruf des Tierfriedens richtet eine Trennscheide auf, die ziemlich genau der Grenze zwischen Mensch und Tier entspricht und die große Mehrheit der Tierwelt empfindlich benachteiligt: „Furcht vor euch und Schrecken vor euch wird auf allem Wild der Erde und auf allen Vögeln des Himmels und auf allem, was sich auf dem Felde regt, und auf allen Fischen des Meeres sein. In eure Hand sind sie gegeben." (Gen 9,2) Sofern *MT* den originalen Wortlaut bewahrt hat,[7] zählt die Reihung sämtliche relevanten Tiergattungen auf mit Ausnahme des Hausviehs (בְּהֵמָה), bei dem der priesterliche Autor die tierische Angst vor dem Menschen nicht beobachtete. Den Grund des Schreckens er-

---

6   Vgl. W. GROß, Die Gottebenbildlichkeit des Menschen nach Gen 1,26.27 in der Diskussion des letzten Jahrzehnts, BN 68 (1993) 35–48; U. RÜTERSWÖRDEN, Erwägungen zum dominium terrae in Gn 1,28, in: Ders., Dominium terrae. Studien zur Genese einer alttestamentlichen Vorstellung (BZAW 215), Berlin 1993, 81–130; B. JANOWSKI, Herrschaft über die Tiere. Gen 1,26–28 und die Semantik von רדה, in: G. Braulik – W. Groß – S. McEvenue (Hg.), Biblische Theologie und gesellschaftlicher Wandel (FS N. Lohfink), Freiburg 1993, 183–198; H.-J. ZOBEL, Art. רָדָה *rādāh*, ThWAT VII 351–358; H.-J. STIPP, *Dominium terrae*. Die Herrschaft der Menschen über die Tiere in Gen 1,26.28, in diesem Band S. 53–93; jeweils mit Literaturangaben.

7   G^Mss setzen zusätzlich וְעַל כָּל בְּהֵמָה voraus (vgl. BHS).

klärt V. 3, durch explikative Asyndese wie die Übereignungsformel in
V. 2b als Erläuterung zu 2a markiert,[8] der den Menschen jegliche Tiere
(כָּל־רֶמֶשׂ אֲשֶׁר הוּא־חַי) als Nahrung zur Verfügung stellt und ihnen damit ihre Tötung erlaubt. Das Getier insgesamt muss sein Ausgeliefert-
sein an die unabänderliche, da in der Verfassung der Welt verankerte,
blutige Dominanz einer überlegenen Gattung verspüren. Die Verheißungen des eschatologischen Tierfriedens (Jes 11,6–9; 65,25; Hos 2,20;
vgl. Ez 34,25) sind demgegenüber anders konzipiert. Sie betonen die
Bedrohung schwächerer Lebewesen durch stärkere, wobei die Fronten
quer zur Grenze zwischen Mensch und Tier verlaufen, nämlich zwischen Raubtieren einerseits und dem Menschen mit seinen Nutztieren
andererseits: Das Lamm wird vom Wolf angegriffen, das Rind von
Löwe und Bärin, der menschliche Säugling von der Natter. Sie spiegeln
eine altorientalische Erfahrungswelt, wo Tiere für den Menschen und
seine wirtschaftlichen Lebensgrundlagen eine tödliche Gefahr bedeute-
ten.[9] Der priesterliche Entwurf offenbart dagegen eine erstaunlich mo-
dern anmutende Sicht der *condition animale*: Selbst wenn sich die Tiere
in Einzelfällen als stärker erweisen (9,5), ist der Kampf entschieden; sie
bleiben den Menschen hoffnungslos unterlegen.

Die Verschlechterung der tierischen Lebensbedingungen gehört zu
den Folgen der Verderbnis (שׁחת), die zuvor auf Erden um sich gegriffen hatte (Gen 6,11–13) und Gott veranlasste, eine Strafmaßnahme mit

---

8   Vgl. P. JOÜON, A Grammar of Biblical Hebrew. Translated and Revised by T. Murao-
     ka. Vol. II: Part Three: Syntax. Paradigms and Indices (SubBi 14.2), Rome 1991, 649 (§
     177a); W. GROß, Rez. von E. Zenger, Gottes Bogen (Anm. 27), ThQ 164 (1984) 217–
     219, 218. Den Zusammenhang zwischen Tierschrecken und nachsintflutlicher Nah-
     rungsordnung bezweifelt R. MOSIS, Gen 9,1–7: Funktion und Bedeutung innerhalb
     der priesterschriftlichen Urgeschichte, BZ 38 (1994) 195–228, 220–223: Die in 9,2 auf-
     gezählten Tiere repräsentierten „die immer präsenten und nachsintflutlich aggressiv
     tätigen Mächte des Chaotischen und Bösen" (223), und die über sie verhängte Angst
     verleihe den Menschen Sicherheit vor jenen Bedrohungen. Es ist jedoch zu beachten,
     dass die Terminologie in 9,2 nicht von jenen Passagen abweicht, in denen P die Tiere
     der alltäglichen Lebenswelt beschreibt. Ferner ist die priesterliche Theologie gerade
     durch die programmatische Abwesenheit von Chaosmächten gekennzeichnet, wie
     die Depotenzierung der תְּהוֹם, des Meeres und der Seeungeheuer in Gen 1,2.10.21
     sowie der absolut kontrollierte Verlauf der Sintflut veranschaulichen.
9   Vgl. z. B. Gen 3,15; 37,33; 49,17; Ex 23,29f.; Lev 26,22; Num 21,6–9; Dtn 28,38f.42;
     1 Sam 17,34; 1 Kön 8,37; 13,24; 20,36; 2 Kön 2,24; 17,25f.; Jes 15,9; 35,9; Jer 4,7; 5,6;
     8,17; 50,17; Ez 34,25.28; Hos 13,7f.; Joël 1f.; Am 3,8.12; 4,9; 5,19; Mi 5,7; Ps 79,2; 140,4;
     Ijob 5,22; Spr 22,13; 23,32; Koh 10,11 u. ö.; ferner die Rolle von Tierplagen in den
     Plagenerzählungen Ex 7,26–8,28; 10,3–20; Ps 78,45f.; 105,30f.34f., und zum Ganzen O.
     KEEL, Allgegenwärtige Tiere. Einige Weisen ihrer Wahrnehmung in der hebräischen
     Bibel, in: B. Janowski – U. Neumann-Gorsolke – U. Glessmer (Hg.), Gefährten und
     Feinde des Menschen. Das Tier in der Lebenswelt des alten Israel, Neukirchen-
     Vluyn 1993, 155–193, bes. 178–184.

gewaltigen Opfern unter Mensch und Tier ins Werk zu setzen, gefolgt von konstitutionellen Korrekturen an der Schöpfung, die jedoch nur die Tiere benachteiligen, während das menschliche Leben weiterhin Gottes Schutz genießt (Gen 9,5f.). Die Tiere werden verurteilt zu einem Dasein unabänderlichen Schreckens vor den Menschen, denen sie einen dauerhaften Blutzoll entrichten müssen. Warum fügt Gott den Tieren solch schwerwiegenden Schaden zu?

1. Die Mitschuld der Tiere an der Sintflut – eine vorläufige Klärung

Die Antwort scheint der Flutprolog zu enthalten, in dem P mit den Augen Gottes die Erde betrachtet: „Die Erde war verderbt vor Gott, und die Erde war voll von Gewalttat (חָמָס). Gott sah die Erde, und siehe, sie war verderbt, denn alles Fleisch hatte seinen Wandel auf der Erde verdorben. Da sagte Gott zu Noach: Das Ende allen Fleisches ist vor mir gekommen, denn seinetwegen ist die Erde voll von Gewalttat. Siehe, ich verderbe es (alsbald) mit der Erde." (6,11–13) Jene Größe, die durch die Verderbnis ihres Lebenswandels die Erde verdorben hat und die Gott deshalb verderben will, nennt P „alles Fleisch" (כָּל־בָּשָׂר), im Unterschied zur vorpriesterlichen Urgeschichte,[10] die „die Menschen" (הָאָדָם) verantwortlich macht: „JHWH sah, dass die Bosheit der Menschen auf der Erde gewaltig war und jedes Gebilde der Gedanken ihres Herzens nur böse den ganzen Tag. Da bereute JHWH, dass er die Menschen auf der Erde gemacht hatte, und war betrübt in seinem Herzen. JHWH sprach: Ich werde die Menschen, die ich geschaffen habe, vom Ackerboden ausrotten (...)[11], denn ich bereue, dass ich sie gemacht habe." (Gen 6,5–7) Nach der Flut erklärt JHWH ebenso eindeutig: „Ich werde

---

10   F. Crüsemann hat die literarische Eigenständigkeit der traditionell J zugerechneten Bestandteile von Gen 2–11 wahrscheinlich gemacht; vgl. F. CRÜSEMANN, Die Eigenständigkeit der Urgeschichte. Ein Beitrag zur Diskussion um den „Jahwisten", in: J. Jeremias – L. Perlitt (Hg.), Die Botschaft und die Boten (FS H. W. Wolff), Neukirchen-Vluyn 1981, 11–29. Mangels einer etablierten neuen Terminologie wird im Folgenden vom „vorpriesterlichen" Text gesprochen. Neuerdings werden diese Passagen vereinzelt als nachpriesterlich beurteilt; so z. B. J. BLENKINSOPP, The Pentateuch. An Introduction to the First Five Books of the Bible (The Anchor Bible Reference Library), New York 1992, 77f. Der nachstehend beschriebene, von P dokumentierte Reflexionsfortschritt bestätigt diese Hypothese nicht.

11   Die Worte „vom Menschen bis zum Vieh, zu den Kriechtieren und zu den Vögeln des Himmels" in 6,7 und 7,23 sind an P (6,20; 7,14.21; 8,17.19; 9,2) orientierte Abgleichungen; vgl. z. B. C. WESTERMANN, Genesis. 1. Teilband: Genesis 1–11 (BK I.1), Neukirchen-Vluyn ²1976, 547.591.

nicht mehr wieder den Ackerboden verfluchen um der Menschen willen." (8,21) Was Gott hiernach zum Eingreifen bewegt, ist die Bosheit der Menschen; was er bereut, ist die Menschenschöpfung, und was er beschließt, ist die Ausrottung der Menschheit.

Dem Unterschied im Sprachgebrauch hat die Exegese lange Zeit entnommen, dass P auch die Tiere für den Auslöser der Strafmaßnahme, die verderbliche Gewalttat, haftbar mache.[12] In der Tat scheint der priesterliche Gebrauch des Ausdrucks „alles Fleisch" diese Auslegung zu stützen. P verleiht ihm in der Flutgeschichte mit 13 Belegen den Rang eines Leitworts; darüber hinaus kommt er in den hier P zugeschriebenen Texten[13] nur ein weiteres Mal vor (Num 27,16). Dazu lassen sich noch einige Fälle aus sekundären priesterlichen Materialien zum Vergleich heranziehen, die den Ausdruck ebenfalls für eine Vielzahl von Individuen verwenden[14] (buchstäblicher Gebrauch scheidet für den vorliegenden Zweck aus der Betrachtung aus[15]). Immer bezieht sich „alles Fleisch" zumindest auch auf Tiere.

In 6,19 befiehlt Gott: „Von allem Lebendigen, von allem Fleisch, zwei von allem bringe auf die Arche, um mit dir zu überleben." Weil acht Menschen die Arche besteigen, für die separate Anweisungen ergehen (V. 18), kann „alles Fleisch" hier nur Tiere meinen. Gleiches gilt für 7,15f.: „Sie kamen zu Noach in die Arche, je zwei von allem Fleisch, in dem Lebenshauch ist. Die Kommenden, männlich und weiblich, kamen von allem Fleisch, wie Gott ihm befohlen hatte." Die Archepassagiere werden hier zusätzlich präzisiert als Träger des „Lebenshauchs" (רוּחַ חַיִּים). Nur Tiere aus dem Bereich der Atemluft sollen in die Arche einziehen, also die Land- und Lufttiere. Für Wassertiere ist die Arche nicht vorgesehen.

Dieselbe Umschreibung „alles Fleisch, in dem Lebenshauch ist" definiert den Kreis jener, die die Sintflut austilgen soll. In 6,17 spricht Gott: „Siehe, ich bringe die Flut (d. h. den Himmelsozean) als Wasser über die Erde, um alles Fleisch zu verderben, in dem Lebenshauch ist unter dem Himmel." Hier muss „alles Fleisch" fraglos die Menschen umfassen. Der Gleichklang mit 7,15 leitet jedoch dazu an, auch die Tiere nicht auszuschließen. Demnach dient die Sintflut nach P ausdrücklich dem Zweck, nicht nur – wie im vorpriesterlichen Text – die

12 Zahlreiche Vertreter sind zusammengestellt bei R. OBERFORCHER, Die Flutprologe als Kompositionsschlüssel der biblischen Urgeschichte. Ein Beitrag zur Redaktionskritik (IThS 8), Innsbruck 1981, 462 Anm. 1.
13 S. Anm. 4.
14 Lev 17,14 (3-mal; Heiligkeitsgesetz); Num 16,22; 18,15 (Pˢ).
15 Ohne Differenzierung nach literarischen Schichten: Lev 4,11; 13,13; 15,16; Num 8,7; Ez 10,12; Spr 4,22.

Menschen, sondern auch Tiere zu vernichten. Wieder stärker auf Tiere bezogen ist „alles Fleisch" in 7,21, wo „alles Fleisch" und „alle Menschen" einander gegenüberstehen: „Da kam um alles Fleisch, das auf der Erde kriecht, an[16] Vögeln und an Vieh und an Lebewesen und an allem Gewimmel, das auf der Erde wimmelt, und alle Menschen." Ähnlich in 8,17, wo „alles Fleisch" expliziert wird als Vögel, Vieh und Kriechtiere.

Gen 9 wiederholt die Verbindung „alles Fleisch" vier Mal: „Ich werde meinen Bund mit euch aufrichten: Nie mehr wird alles Fleisch von den Wassern der Flut ausgetilgt werden ... Ich werde an meinen Bund denken, der zwischen mir und euch und allen Lebewesen unter allem Fleisch besteht. Die Wasser werden nie mehr zur Flut werden, um alles Fleisch zu verderben. Der Bogen wird in den Wolken sein, und ich werde ihn sehen, um des ewigen Bundes zu gedenken zwischen Gott und allen Lebewesen unter allem Fleisch, das auf der Erde ist. Gott sprach zu Noach: Dies ist das Zeichen des Bundes, den ich aufgerichtet habe zwischen mir und allem Fleisch, das auf der Erde ist." (9,11.15–17) Die Rede vom „Bund zwischen mir und euch und allen Lebewesen unter allem Fleisch" in V. 15 differenziert zwischen Gott, den Menschen und den Tieren, wobei „alles Fleisch" den Tieren zugeordnet ist. Doch wie zuvor, kann der Ausdruck auch Mensch und Tier zusammenschließen. Das geschieht an den Stellen, die das Objekt der Strafmaßnahme als „alles Fleisch" bezeichnen (9,11; vgl. 6,17; 7,21) und vom Bund zwischen Gott und „allen Lebewesen unter allem Fleisch" (V. 16) bzw. Gott und „allem Fleisch" (V. 17) sprechen, sodass die Menschen unter „allem Fleisch" zu subsumieren sind.

Demnach fasst „alles Fleisch" in Gen 6–9 in der Regel Menschen und Tiere zusammen. Teilweise ist der Ausdruck stärker auf die Tierwelt bezogen, doch nie bezeichnet er die Menschheit allein. Gleiches gilt für die übrigen Belege aus priesterlichen Federn. Num 16,22 und 27,16 legen JHWH den Titel „Gott der Lebensgeister allen Fleisches" (אֱלֹהֵי הָרוּחֹת לְכָל־בָּשָׂר) bei. Es ist nicht zu sehen, wieso „alles Fleisch" hier nur die Menschen meinen sollte.[17] Lev 17,14 schärft das Verbot des Genusses von Blut als dem Sitz des Lebens „allen Fleisches" ein, muss also die Tierwelt einschließen. Num 18,15 artikuliert den Anspruch der aaronitischen Priesterschaft auf die Erstgeburten „allen Fleisches ... an Mensch und Vieh". Wendet man dieses Ergebnis auf Gen 6,12f. an,

---

16   Die Präposition בּ funktioniert hier und in 8,17; 9,10 als ein Typ des Bet essentiae, der die „Teilmengen" markiert, „die das Ganze ausmachen": E. JENNI, Die hebräischen Präpositionen. Bd. 1: Die Präposition Beth, Stuttgart 1992, 88.

17   Dies setzt freilich die Einheitsübersetzung voraus: „der Gott der Geister, die alle Menschen beleben".

scheint P ein ganz anderes Konzept von den Ursachen der Flut zu vertreten als der vorpriesterliche Text, insofern sie nicht nur die Menschen, sondern auch die Tiere verantwortlich macht. So sehr die Vorstellung der Schuldfähigkeit bzw. Haftbarkeit von Tieren modernen Sichtweisen widersprechen mag, haben die Exegeten doch lange Zeit einmütig ein solches Verständnis des Passus geteilt.[18]

2. Der Einspruch von Alexander Hulst

Den Konsens über die priesterliche Theorie der Mitschuld der Tiere hat 1958 A. Hulst zu erschüttern vermocht.[19] Ohne die obigen Feststellungen zur Referenz von „allem Fleisch" in der priesterlichen Literatur zu bezweifeln, bestritt er das Recht ihrer Übertragung auf Gen 6,12f. P habe sich dort „der Bedeutung angeschlossen, die kol baśar in der Kultsprache und in der (späteren) prophetischen Literatur eigen gewesen zu sein scheint", wo nämlich „alles Fleisch" normalerweise nur Menschen bezeichne. Daher sei es irrig, dem Verfasser eine theologisch anstößige Gleichstellung der Tierwelt zuzuschreiben: „Wir haben die Auffassung aufrecht zu erhalten, dass der priesterliche Erzähler, wenn von der sündigen Verderbtheit 'allen Fleisches' die Rede ist, vor allem, wenn nicht ausschließlich an die Menschheit gedacht hat."[20]

Sein Standpunkt hat seither Anklang gefunden. J. Scharbert erklärt mit Berufung auf Hulst: „Selbstverständlich betrachtet der Erzähler nur die Menschen als die Urheber der Verderbnis und als die Gewalttäter, nicht etwa auch die Tiere." [21] C. Westermann[22] und L. Ruppert[23] stimmen in ihren Genesiskommentaren Hulst ausdrücklich zu. Und während W. Zimmerli in der ersten Auflage seiner Kommentierung von 1943 noch uneingeschränkt die Mitschuld der Tiere vertrat,[24] spielte er sie in der dritten Auflage von 1967, anscheinend von Hulst beeindruckt, deutlich herunter: „Der priesterliche Erzähler [möchte] nun nicht etwa dem Missverständnis Vorschub leisten ..., als ob Mensch

---

18   S. oben Anm. 12.

19   A. R. Hulst, Kol baśar in der priesterlichen Fluterzählung (OTS 12), Leiden 1958, 28–68.

20   Ebd. 64.

21   J. Scharbert, Fleisch, Geist und Seele im Pentateuch. Ein Beitrag zur Anthropologie der Pentateuchquellen (SBS 19), Stuttgart ²1967, 51f.

22   C. Westermann (Anm. 11), 560.

23   L. Ruppert, Genesis, 1. Teilband: Gen 1,1–11,26 (FzB 70), Würzburg 1992, 324 mit Anm. 18.

24   W. Zimmerli, 1. Mose 1–11. Die Urgeschichte, II. Teil (ZBK.AT), Zürich 1943, 86f.

und Tier in der Frage der Schuld einfach gleichzustellen wären"; aus der Gottesbildlichkeit folge vielmehr: „Die Sünde des Mündigen wiegt schwerer als die Sünde des Unmündigen."[25] Ähnlich haben auch andere die Mitverantwortung der Tiere bestritten.[26] Die Deutung von „allem Fleisch" auf die gesamte belebte Welt hat dagegen mit besonderem Nachdruck R. Oberforcher verteidigt,[27] und angelsächsische Kommentare verweigern Hulst die Gefolgschaft.[28] Dieser Widerspruch erscheint berechtigt.

Hulst macht zu Recht geltend, dass an einigen Stellen außerhalb des Pentateuch „alles Fleisch" nur Menschen bezeichnen kann. Mitunter werden „allem Fleisch" kultische Handlungen zugeschrieben, die den Bezug des Ausdrucks auf Tiere ausschließen. So in Jes 66,23, wo JHWH verheißt: „An jedem Neumond und an jedem Sabbat wird alles

---

25 W. ZIMMERLI, 1. Mose 1–11. Die Urgeschichte (ZBK.AT), Zürich ³1967, 305.

26 Vgl. z. B. D. LYS, La chair dans l'Ancien Testament. „Bâsâr", Paris 1967, 84: „Sans doute cette expression désigne-t-elle simplement les êtres humains responsables de la corruption de la terre à 6,12 et aussi à 6,13." Vgl. ebd. 103 Anm. 127bis. Nach H.-P. MÜLLER, Das Motiv für die Sintflut. Die hermeneutische Funktion des Mythos und seiner Analyse, ZAW 97 (1985) 295–316, dient die Sintflut in P wie in ihrer Vorlage „als Strafe für menschliche Schuld" (295f.). Für E. VAN WOLDE, Words Become Worlds. Semantic Studies of Genesis 1–11 (Bibl.-Interpr.S 6), Leiden 1994, besagt 6,11f., „that people have made a mess of things" (78). R. W. E. FORREST, Paradise Lost Again: Violence and Obedience in the Flood Narrative, JSOT 62 (1994) 3–18, entnimmt Gen 1ff. auf der Ebene des Endtextes, dass „the activities of humanity, the earth and the gods" (7f.) verantwortlich seien für die Schädigung der Schöpfung, die Gott zur Sintflut veranlasst. Die Tiere bleiben unerwähnt. Laut D. B. SHARP, A Biblical Foundation for an Environmental Theology: A New Perspective on Genesis 1:26–28 and 6:11–13, SE 47 (1995) 305–313, beschuldigt P in Gen 6,11–13 lediglich „humankind" (311–13). – Wie S. ABIR, Was kann die anthropologische בשׂר-Konzeption zur Deutung der Urgeschichte beitragen?, ZAW 98 (1986) 179–198, den Passus versteht, wird nicht deutlich. Unklar ist auch H. SEEBASS, Genesis I. Urgeschichte (1,1–11,26), Neukirchen-Vluyn 1996, 210f.: „Kann man bei V 11b nur an menschlich zu verantwortende Taten denken, so sieht V 12b die Schicksalsgemeinschaft der Menschen mit ‚allem Fleisch', das in der Flut umkommt. Im Blick auf 9,2.5 (Furcht der Tiere) wird man an die Aufhebung des Tierfriedens untereinander und mit den Menschen zu denken haben (nicht als Schuld der Tiere; mit A. R. Hulst, baśar, 28ff.)."

27 OBERFORCHER (Anm. 12), 461–472. Vgl. ferner etwa O. H. STECK, Der Schöpfungsbericht der Priesterschrift. Studien zur literarkritischen und überlieferungsgeschichtlichen Problematik von Genesis 1,1–2,4a (FRLANT 115), 2., erw. Aufl. Neukirchen-Vluyn 1981, 145 Anm. 585; N. LOHFINK, Die Schichten des Pentateuch und der Krieg, in: ders., Studien zum Pentateuch (Anm. 2), 291 Anm. 77; E. ZENGER, Gottes Bogen in den Wolken. Untersuchungen zu Komposition und Theologie der priesterlichen Urgeschichte (SBS 112), Stuttgart ²1987, 109.

28 Vgl. G. J. WENHAM, Genesis 1–15 (WBC 1), Dallas 1987, 171; N. M. SARNA, Genesis (JPS Torah Commentary), Philadelphia 1989, 51; V. P. HAMILTON, The Book of Genesis, Chapters 1–17 (NICOT), Grand Rapids 1990, 279.

Fleisch kommen, um mir zu huldigen." In Ps 65,3f. umschreibt „alles Fleisch" die Subjekte einer Bußwallfahrt zum Zion: „Alles Fleisch kommt zu dir unter der Last der Sünden." Auch wenn ein Prophet ankündigt, „alles Fleisch" werde aus einer Tat Gottes eine Erkenntnis ziehen, war wohl nur an Menschen gedacht. Derlei finden wir etwa in Ez 21,4: „Dann wird alles Fleisch sehen, dass ich, JHWH, das Feuer entfacht habe"; sowie ähnlich in V. 10 und Jes 40,5; 49,26.

Allerdings redet der prophetische und kultische Sprachgebrauch keineswegs mit einer Stimme. In Ps 145,21 heißt es: „Alles Fleisch preise seinen heiligen Namen!" Da das AT durchaus die Vorstellung kennt, Tiere würden Gott loben (Jes 42,10; 43,20; Ps 69,35; 148,7.10; Dan 3,79–91; vgl. Ps 150,6)[29] gibt es keinen Anlass, Ps 145,21 auf Menschen einzuschränken. Wenn JHWH in Ps 136,25 dafür gepriesen wird, dass er „allem Fleisch Nahrung gibt", räumt Hulst selbst ein: „Hier kann ganz gut auch die Tierwelt mitgemeint sein."[30] Ebenso problematisch sind seine Belege aus Jer. JHWH kündigt in Jer 45,5 an: „Ich bringe Unheil über alles Fleisch." Wieso sollte die Katastrophe im Sinne des Textes nur Menschen treffen? Und wenn JHWH sich in der Einleitung einer Gerichtsansage vorstellt als „der Gott allen Fleisches" (Jer 32,27), gesteht auch Hulst zu, „dass mit *kol baśar* hier alle Geschöpfe gemeint sind".[31] Wie flexibel die Wendung ist, dokumentiert Joël 3,1: „Danach aber wird es geschehen, dass ich meinen Geist ausgieße über alles Fleisch." Laut der Fortsetzung gilt die Verheißung allein Israel: „Eure Söhne und Töchter werden Propheten sein, eure Alten werden Träume haben, und eure jungen Männer haben Visionen."

Ohne dass sämtliche Belege vorgeführt werden müssen,[32] lässt sich resümieren: כָּל־בָּשָׂר, sofern metonymisch für eine Pluralität von Individuen gebraucht, ist ein unscharfer Terminus, der in einem weiten Spektrum zwischen Mensch und Tier zusammengenommen, der Menschheit allein und sogar einzig Israel pendelt. Somit ist Hulst beizupflichten, dass „alles Fleisch" exklusiv die Menschheit bezeichnen kann. Eine andere Frage ist indes, ob dies auch für Gen 6,12f. gilt. Da das Schrifttum aus priesterlicher Tradition im Pentateuch den Ausdruck sonst gerade nicht zur Benennung der Menschheit allein benutzt, wäre es verwunderlich, wenn ausgerechnet in Gen 6–9 eine Ausnahme aufträte,

---

29   Die Tiere repräsentieren nur einen Ausschnitt der Vorstellung, dass alle Geschöpfe zum Gotteslob berufen sind (Ps 103,22), so auch nichtmenschliche wie Himmelskörper, Berge, Gewässer, Pflanzen usw.; vgl. z. B. Ps 96,12; 98,8; 148,3–9; Dan 3,37–81.

30   HULST (Anm. 19), 51.

31   Ebd. 42.

32   Vgl. sonst Dtn 5,26; Jes 40,6; 66,16.24; Jer 12,12; 25,31; Ez 21,9; Sach 2,17; Ijob 12,10; 34,15; Dan 4,9 (aram.).

wo „alles Fleisch" in elf Fällen unbestrittenermaßen die Tierwelt
einschließt. Ein Textsignal, das eine solch schwierige Annahme wahrscheinlicher machte, wurde bislang nicht aufgewiesen. Wenn der Ausdruck in Gen 6–9 einmal distinktive Kraft besitzt, dann nur zur
Abhebung der Tiere von den Menschen und nicht umgekehrt. An zwei
Stellen, wo der Autor von den Menschen im Unterschied zu den Tieren
sprechen wollte, griff er vielmehr zu dem Wort אָדָם. 7,21 zählt die
Opfer der Sintflut auf und differenziert zwischen den Menschen, כֹּל
הָאָדָם genannt, sowie den Tieren, die כָּל־בָּשָׂר heißen. „Alles Fleisch"
wird durch eine Kette mit Bet essentiae markierter Appositionen auf-
geschlüsselt als Vögel, Vieh, „Lebewesen" (חַיָּה) und „Gewimmel"
(שֶׁרֶץ),[33] während das Fehlen dieser Präposition bei כֹּל הָאָדָם klarstellt,
dass „alle Menschen" sich zu „allem Fleisch" nicht explikativ im Sinne
einer Teilmenge, sondern additiv im Sinne einer separaten Gruppe verhalten. Wo also Unterscheidungsbedarf besteht, benennt כָּל־בָּשָׂר die
Tiere, während für die Menschen אָדָם eintritt. Der priesterliche Sintflutbericht bedient sich des Lexems nochmals in 9,5f., wo die nachsintflutliche Kompromissordnung unterschiedliche Rechtsverhältnisse für
Mensch und Tier einrichtet, indem Gott die Tötung von Tieren zum
Verzehr erlaubt und die Tötung von Menschen weiterhin verbietet.
Angesichts dessen fragt man sich, ob der Verfasser das Risiko eingegangen wäre, beim Schuldspruch 6,12f. genau gegenteilig zu seinen Intentionen verstanden zu werden, indem er seine normale Terminologie
kurzerhand umkehrte.

Weitere Züge im theologischen Profil von P sprechen dafür, dass
sie tatsächlich Tiere für die Verderbnis der Erde verantwortlich hielt.
Schon die krasse Verschlechterung ihrer Lebensverhältnisse durch die
nachsintflutliche Neuordnung der Welt deutet darauf hin. Ferner
rechnet Gott laut 6,17 (vgl. 7,15f.) die Tierwelt von vornherein unter die
Ziele seiner Strafaktion ein, im Gegensatz zum vorpriesterlichen Text,
wo der Tod zahlloser Tiere lediglich Nebeneffekt einer gegen die Menschen gerichteten Maßnahme ist (vgl. 6,7 mit 7,4.22f.). Mehr noch ist es
der Grund der Flut, der für die Mitschuld der Tiere im priesterschriftlichen Konzept plädiert. P nennt die Ursache der Verderbnis חָמָס
„Gewalttat" (6,11.13). Mit Rücksicht auf den Gebrauch des Wortes in
prophetischen Anklagereden hat man diese Belege als Sammelbegriff
für verschiedene Formen der Entrechtung des Mitmenschen, vor allem

---

33   Vgl. Anm. 16.

im sozialen Bereich (Ausbeutung), aufgefasst.[34] Weil חָמָס jedoch von P zum Motiv eines Strafhandelns vom Ausmaß der Sintflut erhoben wird, sucht man meist nach drastischeren Bedeutungen. Dem sekundiert der Kontext. Bei der Schöpfung ergeht eine vegetarische Nahrungsordnung, die kein Blutvergießen kennt. Sie bindet auch Tiere, was zeigt, dass Tiere für den priesterlichen Theologen durchaus Verhaltensmaßregeln unterlagen. Es handelt sich freilich um eine Maxime, der die Tiere in seiner Welt offenkundig nicht entsprachen. Folglich musste mittlerweile ein Wandel eingetreten sein. Es ist auch die Nahrungsordnung, die die konstitutionellen Modifikationen in 9,2–6 betreffen: Zu Nahrungszwecken werden den Menschen gewisse Formen der Tötung gestattet. Die begrenzte Legalisierung des Blutvergießens spricht dafür, dass es für P gerade solche Praktiken waren, die die Strafmaßnahme auslösten. Demnach hat sie den Grund der Flut vor allem im massiven Verstoß gegen das in Gen 1,29f. vorausgesetzte Verbot des Blutvergießens gesucht – wobei, wie die Rede von „allem Fleisch" in 6,12f. unterstreicht, Menschen und Tiere gleichermaßen fehlten. Von daher rührt es, dass Tiere in der Welt des Verfassers Fleisch fressen. Als sie damit ursprünglich dem göttlichen Willen zuwiderhandelten, machten sie sich des חָמָס schuldig. Dagegen wird die Illegalität der Tötung von Tieren durch Tiere für ihn in seiner Gegenwart kaum fortgedauert haben. Er erlaubt die Tiertötung zwar expressis verbis nur den Menschen, kündigt den Tieren aber bloß für das Vergießen von Menschenblut Vergeltung an: „Nur euer eigenes Blut werde ich zurückfordern. Aus der Hand jedes Lebewesens (כָּל־חַיָּה) will ich es zurückfordern." (9,5)[35] Nur wenn die Tiere weiterhin Menschen töten, begehen sie weiterhin חָמָס. Dass der Autor auf die Frage der Zulässigkeit von Gewalt unter Tieren nicht näher eingeht, gehört zu den Unschärfen seines Entwurfs. In der schöpfungsgemäßen Idealordnung schloss die nachsintflutlich auf die Menschen eingeschränkte Unantastbarkeit des Lebens die Tierwelt ein.

---

34   Vgl. z. B. L. VAN DEN WIJNGAERT, Die Sünde in der priesterlichen Urgeschichte, ThPh 43 (1968) 35–50, 48; N. LOHFINK, Die Ursünden in der priesterlichen Geschichtserzählung, in: Ders., Studien zum Pentateuch (Anm. 2), 180.

35   Gen 9,4–7 wird P häufig ganz oder teilweise abgesprochen; vgl. die Diskussion entsprechender Vorschläge bei R. MOSIS, Gen 9,1–7 (Anm. 9), 196–213. Die angeführten Argumente sind nicht zwingend. Es ist schwer vorstellbar, dass P die Legalisierung des Fleischverzehrs berichtet habe, ohne zugleich die Frage des Blutgenusses zu klären (mit Mosis 212 zu V. 4). Ferner ist nicht zu sehen, warum die Sicherung des menschlichen Lebens gegen tierische Übergriffe in V. 5f. dem durch V. 1 eröffneten Segenskontext widersprechen soll.

Das Zitat aus 9,5 bestätigt, dass Tiere für P göttlichen Geboten unterlagen, deren Missachtung gravierende Folgen nach sich zog: Bei der Tötung von Menschen droht den Tieren die Exekution ebenso wie den Menschen. Diese Forderung war in atl. Zeit nicht ungewöhnlich.[36] Das Bundesbuch verlangt in Ex 21,28–32 für ein Rind, das einen Menschen getötet hat, den Tod durch Steinigung. Das Heiligkeitsgesetz ordnet in Lev 20,15f. an, dass im Falle von Sodomie der menschliche Täter und das beteiligte Tier zu töten sind; der die Täterschaft einer Frau behandelnde V. 16 wendet die יוּמַת מוֹת-Formel durch die Pluralform gleichermaßen auf die menschliche Täterin und das Tier an.[37] Nach den leitenden magischen Vorstellungen war der Urheber einer schwerwiegenden Verletzung des Ordnungsgefüges, sei es Mensch oder Tier, mit einer Fluchsphäre behaftet, deren Unheilsmacht nur durch seine Tötung unschädlich zu machen war. Die Verhängung solcher Kapitalstrafen war also primär von ihrer apotropäischen Aufgabe diktiert.[38] In demselben konzeptionellen Rahmen hat sich der priesterliche Theologe laut Gen 6,11–13 die Entgleisung der Schöpfung erklärt: Aufgrund der Fluchwirkung verbrecherischen Tuns „verdirbt" die Verderbnis des Lebenswandels von Mensch und Tier die Erde, d. h. reichen die Konsequenzen ihrer Bluttaten weit über deren unmittelbare Folgen hinaus, bis dahin – dies ist die Grundbedeutung von שׁחת –, dass die Verbrechen ihren Schauplatz, die Erde, für den zugedachten Zweck untauglich machen.[39] Deshalb ist die moderne Frage nach der Zurechnungsfähigkeit von Tieren dem Horizont des Autors unangemessen. Für ihn galt: Der von Mensch und Tier angerichtete Schaden nötigte Gott, für Abhilfe zu sorgen, wenn überhaupt das Ziel der Schöpfung gewahrt werden sollte. In diesem Sinne sind alle hier getroffenen Aussagen über Schuld, Verantwortlichkeit, Haftbarkeit oder Bestrafung von Tieren in P zu verstehen.

---

36 Vgl. F. C. FENSHAM, Liability of Animals in Biblical and Ancient Near Eastern Law, JNWSL 14 (1988) 85–90.

37 Nach den Rabbinen (bSanh 108a) war auch das in Gen 6,12 „allem Fleisch" vorgeworfene Verbrechen Sodomie; vgl. D. U. ROTTZOLL, Rabbinischer Kommentar zum Buch Genesis. Darstellung der Rezeption des Buches Genesis in Mischna und Talmud unter Angabe targumischer und midraschitischer Paralleltexte, SJ 14 (1994) 143 mit Anm. 48. Diese Auslegung wurde noch vertreten von B. JACOB, Das erste Buch der Tora. Genesis, Berlin 1934, 185.

38 Vgl. H. J. BOECKER, Recht und Gesetz im Alten Testament und im Alten Orient, Neukirchen-Vluyn ²1984, 143, zu Ex 21,28–32: „Die Tötung eines Menschen versetzt den Täter in eine Fluchsphäre. Unter diesem Fluch steht auch das Tier ... Die Frage subjektiver Verantwortlichkeit wird nicht gestellt, kann ja bei einem Tier auch nicht gestellt werden."

39 Vgl. J. CONRAD, Art. שָׁחַת šaḥat: ThWAT VII, 1233–1245.

Wenn folglich der priesterliche Theologe jene fatale Zerrüttung der Schöpfung, die Gott zur Sintflut greifen ließ, in Gen 6,12f. „allem Fleisch" anlastete, erstreckte sich für ihn die Urheberschaft auch auf die Tierwelt. Wie er Tiere der Bundeszusagen Gottes in 9,8–17 für würdig erachtete, so sah er sie göttlichen Verhaltensmaßregeln und scharfen Sanktionen unterworfen.

3. Eine Präzisierung

Die bisherigen Überlegungen scheinen die ältere Sichtweise zu bestätigen, der zufolge P „die Tiere", also die gesamte Tierwelt in die Verantwortung für die Sintflut einbezogen habe. Freilich erweist sich auch dieses Verständnis als nicht präzis genug. Nuancen im Umgang mit dem Leitwort „alles Fleisch" deuten an, dass der Autor Unterschiede wahrnahm. Wie wir sahen, ist „alles Fleisch" jene Größe, die zu verderben Gott die Flut herbeiführt (6,13.17), wie es dann geschieht (7,21; vgl. 9,11.15). Zugleich ist es jene Gruppe, von der Noach je ein Paar auf die Arche nimmt (6,19; 7,15f.; 8,17). „Alles Fleisch" empfängt schließlich Gottes Bundeszusage, er werde künftig auf seine Vernichtung durch eine Flut verzichten (9,11.15–17). Angesichts der beständigen Wiederholung des Ausdrucks fällt eine Passage auf, in der er nicht vorkommt. Es ist der Erlass der nachsintflutlichen Kompromissordnung: „Furcht vor euch und Schrecken vor euch wird auf allem Wild der Erde und auf allen Vögeln des Himmels und auf allem, was auf dem Felde kriecht, und allen Fischen des Meeres sein. In eure Hand sind sie gegeben. Alles Gewimmel, das lebendig ist, diene euch zum Essen. Wie Grünkraut gebe ich euch hiermit alles. Nur Fleisch, in dem noch sein Blut ist, sollt ihr nicht essen." (Gen 9,2–4) Im Bemühen, die Gesamtheit der Tierwelt in Abgrenzung zu den Menschen zu umreißen, greift der Autor nicht auf sein Leitwort „alles Fleisch" zurück, sondern benutzt er eine Aufzählung, die den Formulierungen des Herrschaftsauftrags in Gen 1,26.28 ähnelt, wo ebenso eine Grenze zwischen Mensch und Tier gezogen wird. Diese Reihungen erwähnen eine Gruppe von Tieren, die im Sintflutbericht sonst nicht vorkommt, nämlich die Fische. Warum diese Besonderheit?

Einen Fingerzeig liefert die Manier, wie Wörter für Fleisch vom Alten Orient bis heute verwendet werden. Jede Speisekarte führt Fleisch- und Fischgerichte gesondert auf. Dass dem nicht einfach kulinarische Ästhetik, sondern fundamentale, meist unbewusste Ordnungsschemata zugrunde liegen, bezeugen Diätvorschriften, die für Abstinenzzeiten den Verzicht auf Fleischgenuss verlangen. Das schließt keineswegs den

Verzehr von Fisch aus, was nur verständlich ist, wenn man Fischgewebe einer anderen Kategorie als das Fleisch von Land- und Lufttieren zurechnet. Aufgrund jahrtausendealter Traditionen gehört es noch heute zu den kulturellen Selbstverständlichkeiten, zwischen Fisch und Fleisch eine Trennlinie zu ziehen, unabhängig von deren physiologischem Recht. In der deutschen Alltagssprache tritt das Wort „Fleisch" in der Regel für Vieh, Wild und Geflügel ein, während bei Fischen lediglich von „Fisch" gesprochen wird. Die Rede von „Fischfleisch" oder gar „Fruchtfleisch" zeigt eine stärker reflektierte bzw. technische Sprachebene an. Dieselbe Scheidung zwischen Fleisch und Fisch galt schon im Alten Orient, wie Speiseordnungen (Hemero- und Menologien[40]) belegen. Deshalb war es wie auch heute wohl nicht ausgeschlossen, aber unüblich, die Wörter für „Fleisch" auf Fische anzuwenden. Im AT gibt es keinen Fall, in dem die Lexeme בָּשָׂר und שְׁאֵר für Fischgewebe stehen.[41] Im Akkadischen sprach man vom Fleisch (*šīru*) von Menschen und Landtieren wie Rindern, Schweinen, Schafen, Ziegen oder Gazellen,[42] doch bei Fischen sagte man nur *nūnu* „Fisch".[43]

Diese kulturell-sprachlichen Rahmenbedingungen scheinen auf die Wortwahl von Gen 9,2 eingewirkt zu haben. Wenn der priesterliche Autor im Sintflutbericht die Wendung כָּל־בָּשָׂר benutzte, bediente er sich eines Ausdrucks, der buchstäblich Körpergewebe bezeichnete,[44] um damit metonymisch die Totalität der Angehörigen der betroffenen Gattungen zu benennen. Im buchstäblichen Gebrauch war בָּשָׂר jedoch auf das Fleisch von Landlebewesen beschränkt. Wenn er daher in Gen 9,2 die gesamte Tierwelt unmissverständlich umschreiben wollte, war

---

40 R. LABAT, Hémérologies et ménologies d'Assur, Paris 1939; K. VAN DER TOORN, Sin and Sanction in Israel and Mesopotamia. A Comparative Study (SSN 22), Assen 1985, 33–36.

41 Eine scheinbare Ausnahme ist Lev 11,10f. Der Passus vermeidet für das „Kleingetier des Wassers und alle Lebewesen, die im Wasser leben und keine Flossen oder Schuppen haben" und deren „Fleisch" (בָּשָׂר) nicht gegessen werden darf, die Bezeichnung „Fisch" (דָּג, דָּגָה). Das Nahrungstabu betrifft gerade jene Wassertiere, die für den antiken Betrachter die unterscheidenden Merkmale von Fischen vermissen ließen, ihm daher als Nichtfische erschienen, aber den Lebensraum der Fische besiedeln und folglich im Aufbau seiner Welt eine Anomalie darstellten. Zur Rolle von Systemvorstellungen für die Klassifikation von Tieren als rein = ordnungsgemäß bzw. unrein = systemwidrig vgl. namentlich die Arbeiten von M. DOUGLAS, z. B. Reinheit und Gefährdung. Eine Studie zu Vorstellungen von Verunreinigung und Tabu (stw 712), Frankfurt 1985. Aus der damit angestoßenen Diskussion vgl. J. F. A. SAWYER (ed.), Reading Leviticus. Responses to Mary Douglas (JSOT.S 227), Sheffield 1996.

42 Vgl. CAD s. v. *šīru*.

43 Vgl. CAD s. v. *nūnu*; K. VAN DER TOORN (Anm. 40) 33f.

44 S. oben Anm. 15.

כָּל־בָּשָׂר ungeeignet. Denn einerseits konnte der Ausdruck die Menschen einschließen, wie er es im Kontext wiederholt tat; andererseits passte er nicht auf Fische. So wählte der Verfasser eine Reihung, die die Fische beim Namen nannte. Die Rede von „allem Fleisch" und den Fischen folgt danach einem klaren Muster. Von „allem Fleisch" spricht der Autor, wo er die Opfer der Sintflut und die Archepassagiere meint, denn die Strafmaßnahme bedrohte nur Menschen, Land- und Lufttiere – wie schon das Vorbild (7,22f.) wusste auch P, dass man mit einer Überschwemmung keine Fische ausrotten kann. Ebenso war die Zusage Gottes, keine Flut mehr zu schicken, an „alles Fleisch" gerichtet, denn sie interessiert nur Menschen, Land- und Lufttiere. Anders bei der Nahrungsordnung für die Menschen. Dort werden Fische, Land- und Lufttiere aufgezählt, weil nunmehr die Tiere insgesamt betroffen sind.

Diese Beobachtungen erlauben es, den Sinn der umstrittenen Definition der Schuldigen in 6,12f. deutlicher zu konturieren: „Alles Fleisch hatte seinen Wandel auf der Erde verdorben ... seinetwegen ist die Erde voll von Gewalttat." Im Rahmen des priesterlichen Sprachgebrauchs insinuiert „alles Fleisch" nicht die gesamte Lebenswelt, sondern nur die Menschen, Land- und Lufttiere. Demnach sind strenggenommen nur sie es, die der Urheberschaft an der Verderbnis der Erde bezichtigt werden. So ergibt sich eine präzise Kongruenz von Schuldigen und Bestraften: Exakt diejenigen, die die Katastrophe trifft, sind auch die Übeltäter. Folglich entfällt in P die Diskrepanz zwischen Tätern und Strafopfern, die die vorpriesterliche Flutgeschichte kennzeichnet. Der priesterliche Theologe erreichte dies durch ein geschicktes sprachliches Spiel. Indem er Schuldige wie Bestrafte als „alles Fleisch" beschrieb, nutzte er die kulturell verankerte Scheu, Wörter für das Fleisch von Land- und Luftlebewesen auf Fischgewebe anzuwenden. Dies gestattete ihm, Schuld und Strafe exakt in Einklang zu bringen und die Frage nach den Fischen in diesem Szenario zu umgehen. Versucht man, dem Text eine stimmige Logik zu unterlegen, sind sie unschuldig. Entsprechend heißen die Partner Gottes im Noachbund „alles Fleisch", weil die Fische nicht zu ihnen zählen.

4. Zum Hintergrund der priesterlichen Vorstellung von der Schuld an der Sintflut

Welcher Impetus dem priesterlichen Entwurf die Feder führte, ist leicht zu sehen. Der priesterlichen Theologie ist ein individualistischer Grundzug eigen,[45] wie folgende Beispiele illustrieren mögen. Die P-Fassung der Erzählung vom Wasser aus dem Felsen in Num 20,1–12* endet mit dem Vorwurf JHWHs an Mose und Aaron, ihm nicht hinreichenden Glauben erwiesen zu haben, weswegen er ihnen das Betreten des Verheißungslands verweigern wird (V. 12; vgl. V. 24 und Dtn 32,50–52). Diese Sünde der religiösen Führer Israels ist gegenüber der Tradition eine Neuerung. Selbst wenn nicht recht deutlich wird, worin genau der Autor ihre Verfehlung erblickte,[46] findet doch die Frage nach dem Zweck dieser Innovation eine einmütige Antwort. Laut der dtn Darstellung (Dtn 1,37; 3,23–26; vgl. 4,21f.) durfte Mose das Land Kanaan nicht betreten, weil der Groll JHWHs über Israel auf seinen Führer Mose übergriff („euretwegen" Dtn 1,37; 3,26; 4,21). Die priesterliche Theologie war mit einer solchen Auskunft nicht zufrieden, weswegen sie ein Erzählstück von der persönlichen Verschuldung Moses und Aarons ausbildete,[47] wie sie das Prinzip der Individualhaftung verlangte. In den ebenfalls priesterlichem Erbe entstammenden Erzählpassagen von der Rebellion Korachs in Num 16 droht JHWH, Israel kurzerhand auszutilgen. Daraufhin vermögen ihn Mose und Aaron umzustimmen, indem sie sich auf ebendiesen Grundsatz individueller Zurechnung berufen: „Ein einziger Mann sündigt, und du willst der ganzen Gemeinde zürnen?" (V. 22)

Zu seinen Überlieferungen zählte der priesterliche Theologe auch die Nachricht von der Großen Flut. In einen heno- bzw. monotheistischen Rahmen platziert, warf sie unweigerlich das Theodizeeproblem auf. Was hatte Gott zu einem solch ungeheuren Schlag gegen seine Schöpfung bewogen? Die Lösung der atl. Theologien lautete, die Flut in einen Schuld-Strafe-Zusammenhang einzubetten. Die vorpriesterliche Urgeschichte repräsentiert eine Reflexionsstufe, die eine Antwort in menschlicher Sünde gefunden hatte: Die gewaltige Bosheit der Menschen (Gen 6,5) war es, die JHWH zum Eingreifen zwang. Wie intensiv die priesterliche Theologie an diesem Problem weiterarbeitete, zeigt

---

45 Vgl. J. SCHARBERT, Prolegomena eines Alttestamentlers zur Erbsündenlehre (QD 37), Freiburg 1968, 99f.

46 Vgl. LOHFINK, Ursünden (Anm. 34), 187–189.

47 Vgl. z. B. M. NOTH, Das vierte Buch Mose. Numeri (ATD 7), Göttingen 1966, 127.

der Umstand, dass sie in mehreren Hinsichten über ihr Vorbild hinaus-
ging. Zunächst präparierte sie sorgsam Qualität, Quantität und kosmische Folgen der Sünde heraus: Es handelte sich um חָמָס, also schöpfungswidrige Vernichtung von Leben, und zwar solchen Ausmaßes,
dass die Erde „voll" davon war, sodass sie „verdarb", mithin der göttliche Zweck der Schöpfung durchkreuzt wurde. Weiterhin stellte der
Autor durch seine Wortwahl einen engen Sachzusammenhang zwischen den ursächlichen Vergehen, den kosmischen Folgen und Gottes
Strafmaßnahmen her, um die Wahl genau dieses Strafwerkzeugs einsichtig zu machen. Was die Schuldigen tun, was sie damit der Erde antun und was Gott dafür ihnen samt der Erde antut, heißt mit strenger
Einförmigkeit „verderben" (7-mal שׁחת in Gen 6,11–13.17; 9,11.15).
Wenn Gott also selbst alles Fleisch verdarb, handelte er nicht maßlos,
sondern passte sich nach Qualität und Quantität der kosmischen Tragweite des Übels an, indem er die Untaten auf ihre Urheber zurückfallen
ließ. Ferner stellte P die exakte Deckungsgleichheit von Schuldigen und
Bestraften sicher. Die Unbefangenheit, mit der seine Vorlage die Tierwelt für die Sünden der Menschen leiden ließ, befriedigte nicht mehr;
es musste einen Grund geben, warum mit den Menschen auch Tiere so
radikal dahingerafft wurden. Daher schloss die priesterliche Theologie
um der Gerechtigkeit Gottes willen vom Charakter der Strafe zurück
auf den Kreis der Verantwortlichen. Die Menschen sowie die Land-
und Lufttiere mussten die Schuldigen sein, denn sie waren es, die in
einer Überschwemmung zugrunde gingen. So war gewährleistet, dass
Gott in der großen Katastrophe niemanden zu Unrecht sterben ließ,
nicht einmal Tiere. Im Endergebnis erhielt sogar die Sintflut den Charakter einer talionischen, präzis auf das Vergehen abgestimmten Spie-
gelstrafe.

Eine Erklärung für die schuldhafte Verstrickung der Land- und
Lufttiere fand man darin, dass die Lebensweise vieler Arten flagrant
gegen die Unantastbarkeit des Lebens verstieß. Da man das Blut mit
extremer Vorsicht betrachtete und den Umgang mit ihm skrupulös zu
regulieren suchte, musste das tierische Verhalten Bedarf an theologischer Bewältigung wecken. Die vegetarische Nahrungsordnung in Gen
1,30 verdeutlichte, dass dieses Gebaren im Widerspruch zu den Absichten Gottes stand. Die Gewalt von Tieren an Tieren und Menschen war
also kein Makel seiner Schöpfung, sondern ein späterer, von den Tieren
selbst verursachter Niedergang. Die straflose Fortdauer des Blutvergießens zu erklären, oblag der Kompromissordnung in Gen 9,2–6 und den
Bundeszusagen in 9,8–17, die den vorfindlichen Zustand auf Gottes
duldende Hinnahme zurückführten. Wie jedoch vermochten die Fische
jener umfassenden Sünde zu entgehen, mit der alle anderen Lebe-

wesen, sofern in der Systematik der Priesterschrift berücksichtigt, die Flut heraufbeschworen? Dem Autor konnte nicht entgangen sein, dass Fische ebenso einander fressen wie andere Tiere auch. Einen Hinweis liefert die schöpfungsgemäße Nahrungsordnung für die Tiere in 1,30. Denn wie schon wiederholt beobachtet,[48] wird sie nicht den Tieren insgesamt, sondern lediglich den Land- und Lufttieren auferlegt.

Als ihre Empfänger gelten drei Gruppen: כָּל־חַיַּת הָאָרֶץ, „alle Vögel des Himmels" und כֹּל רוֹמֵשׂ עַל־הָאָרֶץ. Ist dies eine Umschreibung der gesamten Tierwelt? Im Vergleich mit den auf Totalität zielenden Formulierungen des Herrschaftsauftrags in V. 26.28 fällt auf, dass dort die Fische (דְּגַת הַיָּם) jeweils eigens genannt werden. Allerdings werden das erste oder dritte Glied zuweilen als Sammelbegriff aufgefasst, der die Fische einschließe. כָּל־חַיַּת הָאָרֶץ heißt bei C. Westermann „alle Tiere der Erde",[49] L. Ruppert gibt כֹּל רוֹמֵשׂ עַל־הָאָרֶץ wieder mit „alles, was sich auf der Erde regt".[50] Entsprechend verstehen diese Exegeten Gen 1,30 als Nahrungsordnung für sämtliche Tiere.[51] Allerdings unterliegt diese Auffassung Bedenken. Syntaktisch werden die drei Bezeichnungen einheitlich mit ו koordiniert und der Präposition ל versehen. Sie werden also sprachlich in ein additives Verhältnis gesetzt; kein Glied erhält formal eine Sonderrolle, die auf eine übergreifende Bedeutung hinwiese. Weitere Einwände ergeben sich aus dem sonstigen Gebrauch der betreffenden Wendungen.

Die Gruppe namens חַיַּת הָאָרֶץ (bzw. חַיְתוֹ־אֶרֶץ) tritt erstmals in Gen 1,24f. bei der Erschaffung der Landtiere auf, kann mithin keine Wassertiere einschließen, sondern muss neben בְּהֵמָה (Hausvieh) und רֶמֶשׂ (הָאֲדָמָה) (am Boden lebendes Getier, Reptilien; vgl. HAL) das Großwild bezeichnen. Der Ausdruck kehrt wieder in Gen 9,2, und zwar in einer ebenfalls offenbar additiven Reihe neben den „Vögeln des Himmels", dem kriechenden Getier (אֲשֶׁר תִּרְמֹשׂ הָאֲדָמָה) und den „Fischen des Meeres". Abermals nimmt חַיַּת הָאָרֶץ den Platz des Großwilds ein. Dasselbe gilt für 9,10, einer Aufzählung der Archepassagiere, wo außerdem Vögel und Vieh vorkommen.[52] In 1 Sam 17,46; Ez 29,5; 34,28; Ps 79,2; Ijob 5,22 steht חַיַּת הָאָרֶץ, wiederholt mit den „Vögeln des Himmels" verknüpft (1 Sam 17,46; Ez 29,5; Ps 79,2), für menschenfressende Raubtiere, also wiederum Landlebewesen (in Ez 29,5 ex-

---

48 Vgl. z. B. G. VON RAD, Das erste Buch Mose. Genesis (ATD 2.4), Göttingen ¹¹1981, 40; SCHMIDT, Schöpfungsgeschichte (Anm. 2) 151.

49 C. WESTERMANN (Anm. 11) 108.

50 L. RUPPERT (Anm. 23) 56.

51 Vgl. WESTERMANN 223–228; RUPPERT 96f.

52 Die neuerliche Nennung am Ende des Verses ist textkritisch identifizierbare Glosse; vgl. die Kommentare.

pressis verbis hervorgehoben). כָּל־חַיַּת הָאָרֶץ bezeichnet folglich nicht „alles Getier der Erde", sondern das Großwild des Festlands.

Die dritte Gruppe namens כֹּל רוֹמֵשׂ עַל־הָאָרֶץ basiert auf der Wurzel רמשׂ, die nicht selten auf Wassertiere angewandt wird (Gen 1,21; Lev 11,46; Ps 69,35; 104,25; sowie anscheinend auch Gen 9,3 als Kurzformel der in V. 2 genannten Tierarten, darunter die Fische), nie jedoch mit der Präpositionalverbindung עַל־הָאָרֶץ. Der Ausdruck steht im Herrschaftsauftrag Gen 1,26.28 neben Fischen, Vögeln und Vieh (in V. 28 nur *GS*) und vertritt daher das Wild des Festlands. In Gen 7,14; 8,17.19 benennt er die Archepassagiere, in 7,21 die Flutopfer und in Lev 11,44 das auf dem Boden lebende Kleingetier, also wieder nur Landtiere. In beiden Bezeichnungen steht אֶרֶץ nicht für die Erde, sondern für das Festland im Unterschied zu den Gewässern.

Demnach zielt die Vorschrift der vegetarischen Kost in Gen 1,30 nur auf Landtiere samt den Vögeln, nicht aber die Fische. Sie erhalten keine Nahrungsordnung, können folglich auch nicht dagegen verstoßen. Wie ordnete der priesterliche Autor dann die Ernährungsweise der Fische in sein Weltbild ein? Das Thema wird nirgends offen angeschnitten, doch bietet die priesterliche Literatur einige Indizien. Die priesterliche Tora ist durchdrungen davon, dass beim Umgang mit Blut als dem Sitz des Lebens besonders strenge Taburegeln gelten, deren Verletzungen zu den schwersten Verbrechen überhaupt zählen. Gerade unrechtmäßiges Blutvergießen soll ja die Sintflut herbeigeführt haben. Allerdings zählt Fischblut nicht zu diesem Bereich. Das Wort דָּם bezeichnet im AT nur das Blut von Menschen, Säugetieren und Vögeln, nie aber eine Körperflüssigkeit von Fischen.[53] Wie man Fischblut in atl. Zeit benannte, wissen wir nicht. Jedenfalls wurde es völlig anders bewertet als das Blut von Säugern und Vögeln. Es gibt im AT und im Judentum keine Vorschriften für die Schlachtung von Fischen bzw. die Entsorgung ihres Blutes, und das Verbot des Blutgenusses erstreckt sich nicht auf Fische. Im Mittelalter erklärten jüdische Autoritäten den Verzehr von Fischblut daher für erlaubt.[54] Das Heiligkeitsgesetz betont überdies die Bindung der Rolle des Blutes als Lebensträger an das Fleisch (בָּשָׂר). Lev 17, das die Behandlung des Blutes betroffener Schlachttiere – nämlich Säugetiere und Geflügel (V. 3.13) – regelt, motiviert die Unzulässigkeit des Verzehrs von Blut wie folgt: „Denn das Leben (נֶפֶשׁ) des Fleisches (בָּשָׂר) ist im Blut." (V. 11) „Denn das Leben

53   B. KEDAR-KOPFSTEIN, Art. דָּם *dām*: ThWAT II (1977) 248–266, 254. CAD s. v. *damu* nennt keine Belege der Anwendung des Lexems auf Fische.

54   Belege bei E. BISCHOFF, Das Blut in jüdischem Schrifttum und Brauch, Leipzig 1929, 19.22.

(נֶפֶשׁ) allen Fleisches (כָּל־בָּשָׂר) ist sein Blut [als sein Leben (בְּנַפְשׁוֹ)].[55] Ich sagte zu den Israeliten: Das Blut allen Fleisches dürft ihr nicht essen, denn das Leben allen Fleisches ist sein Blut." (V. 14) Demnach ist es eine Besonderheit des Fleisches, dass das Blut den Sitz seines Lebens bildet; nur im Fleisch funktioniert das Blut als Lebensträger, was die Sonderbehandlung des Fleisches erforderlich macht. Die Sphäre des Fleisches wird damit separiert von anders strukturierten Organismen. Wo wohnt das Leben nicht-fleischhafter Lebewesen? Kaum hätte man dem Blut dort eine andere Rolle zugeschrieben als im Fleisch. Ferner verdient Beachtung, dass man bei Fischen nicht nur das Wort בָּשָׂר vermied, sondern ebenso דָּם. Dies deutet darauf hin, dass im priesterlichen System, gestützt auf eine vorwissenschaftliche Naturbeobachtung, Fleisch und Blut zusammengehören, d. h. wo kein Fleisch ist, kann auch kein Blut sein. Wenn daher die Fische kein Fleisch besitzen, können sie auch kein Blut haben. Sie bilden eine separate Kategorie von Lebewesen; was ihre Körper aufbaut, ist nicht Fleisch und Blut, sondern anderes, für das andere Maßstäbe gelten. Und da in der priesterlichen Theologie das Blut beim Opfer als sühnender Stoff gilt (Lev 17,11), ist es nur folgerichtig, dass Fische als Opfermaterie nicht in Betracht kommen.

Wenn den Fischen das Blut mangelte, konnte es auch nicht vergossen werden. Daher bürdete ihre Ernährungsweise niemals solche theologischen Schwierigkeiten auf, wie sie dem Blutvergießen anhafteten, weshalb sie in der schöpfungsgemäßen Nahrungsordnung und den Vorschriften für die korrekte Schlachtung übergangen werden durften.[56] Folgerichtig konnten sie sich auch nicht in der Schuldverstrickung „allen Fleisches" verfangen, und es war gerecht, wenn Gott ein Strafwerkzeug wählte, das auf die bluttragenden Lebewesen zielte und die Fische verschonte. Moderne Leser mögen fragen, wo P das Lebensprinzip blutloser Organismen lokalisierte, das doch analoge Probleme aufwerfen müsste wie das Blut. Aber das wäre solch antikem Denken

55 Das Wort fehlt in *GSV* und ist junger Zusatz; vgl. z. B. K. ELLIGER, Leviticus (HAT I.4), Tübingen 1966, 219; J. E. HARTLEY, Leviticus (WBC 4), Dallas 1992, 263. Zu Lev 17 vgl. B. JANOWSKI, Sühne als Heilsgeschehen. Studien zur Sühnetheologie der Priesterschrift und zur Wurzel *KPR* im Alten Orient (WMANT 55), Neukirchen-Vluyn 1982, 242–247.

56 Nach O. H. STECK, Schöpfungsbericht (Anm. 27), fehlen die Fische in 1,30, weil der Passus „intentional nicht einfach die Versorgung der Tierwelt im Blick (hat), sondern enger eine Regelung, die die Tötung von Menschen durch Tiere ausschließen soll" (138). Dann bereitet jedoch die Erwähnung der Vögel Schwierigkeiten, denn man fragt sich, ob P tatsächlich meinte, dass die Vögel durch ihre Teilhabe am menschlichen Lebensraum „dem Menschen deshalb bedrohlich werden könnten" (ebd.).

unangemessener Rationalismus. Dem Blut kam aufgrund seiner überragenden Rolle in der Erfahrungswelt eine Sonderstellung zu; was es mit den anders strukturierten Lebewesen auf sich hatte, dies zu klären sah man keinen Anlass. Auch der priesterliche Entwurf, obwohl von außerordentlicher Konsequenz und Logik, darf nicht überfragt werden. Er ist ein Beispiel dafür, wie sich theologische Konzepte auf Wirklichkeitserfahrungen einen systematischen Reim zu machen suchen, was einmal besser und einmal schlechter gelingen kann, doch stets hinter der Komplexität der Erfahrungswelt zurückbleiben muss.

Die Unempfindlichkeit der Fische gegenüber Überschwemmungen und ihre Existenzweise außerhalb der kritischen Sphäre des Blutes ließ sich durch die priesterliche Theologie bei ihrer Gestaltung des Sintflutstoffes zu einem stimmigen System kombinieren, wo man die Große Flut auf eine ungeheure Verfehlung zurückführen und gleichzeitig eine nahtlose Kongruenz von Schuldigen und Bestraften wahren konnte. Selbst bei der Sintflut respektierte Gott das Talionprinzip. So fremd uns die Vorstellung einer Schuldhaftung von Tieren erscheinen mag, sollte man die dahinter wirksamen theologischen Triebkräfte nicht unterschätzen. Es ging um die Gerechtigkeit Gottes, und zwar auch gegenüber der Tierwelt. Hier ist es das Leiden und Sterben nicht nur von Menschen, sondern auch von Tieren, das die Fragen nach dem Gottesbild und der Theodizee antreibt – Zeugnis eines nicht nur für den Alten Orient bemerkenswerten Respekts vor dem Tier.[57]

---

57   Vgl. auch Jon 4,11.

„Meinen Bund hat er gebrochen" (Gen 17,14)

Die Individualisierung des Bundesbruchs in der Priesterschrift

[15] Wenn du nicht auf die Stimme JHWHs, deines Gottes, hörst, indem du nicht auf alle seine Gebote und Gesetze, auf die ich dich heute verpflichte, achtest und sie nicht hältst, werden alle diese Verfluchungen über dich kommen und dich erreichen: [16] Verflucht bist du in der Stadt, verflucht bist du auf dem Land. ... [20] Verfluchtsein, Verwirrtsein, Verwünschtsein lässt JHWH auf dich los, auf alles, was deine Hände schaffen und was du tust, bis du bald vernichtet und bis du ausgetilgt bist wegen deines Tuns, durch das du mich böswillig verlassen hast. ... [25] JHWH stößt dich nieder und liefert dich deinen Feinden aus. [26] Deine Leichen liegen da, zum Fraß für alle Vögel des Himmels und für die Tiere der Erde, und keiner verscheucht sie. ... [45] Alle diese Verfluchungen werden über dich kommen, dich verfolgen und dich erreichen, bis du vernichtet bist, wenn du auf die Stimme JHWHs, deines Gottes, nicht hörst und nicht auf seine Gebote und Gesetze, auf die er dich verpflichtet hat, achtest.

Das sind harte Worte. Sie stehen im Buch Deuteronomium im 28. Kapitel und beschließen das Gesetz, das JHWH dem Mose am Horeb offenbart haben soll. Das Zitat wirft ein Schlaglicht auf einen Aspekt deuteronomischer Bundestheologie, der uns heute fremd und düster erscheint. Dabei sind dies nur wenige Beispiele aus einer viel längeren Liste grässlicher Bundesflüche. Die Verwünschungen sind ein wichtiges Element der Art und Weise, wie sich Israel in entscheidenden Phasen seiner Geschichte die Struktur seines Gottesbezuges zurechtlegte: Es sah sich in einer Art Vertragsverhältnis mit JHWH, in dem beiden Seiten bestimmte Rollen zukamen – eben das, was wir gewöhnlich „Bund" nennen.[1] Israel war verpflichtet, sich dem Rechtswillen JHWHs zu fügen, wie er in konkreten Gesetzeskorpora niedergelegt war. Gehorchte das Volk, gewährte ihm JHWH dafür friedvolle, mit Wohlstand

---

1   Vgl. den Überblick zum Forschungsstand zu Beginn der Neunzigerjahre von E. ZEN-GER, Die Bundestheologie – ein derzeit vernachlässigtes Thema der Bibelwissenschaft und ein wichtiges Thema für das Verhältnis Israel – Kirche, in: Ders. (Hg.), Der Neue Bund im Alten. Studien zur Bundestheologie der beiden Testamente (QD 146), Freiburg i. Br. 1993, 13–49.

gesegnete Existenz im eigenen Land. Dieser für die Wahrung des Bundes verheißene Segen ist in den ersten Abschnitten von Dtn 28 leuchtend ausgemalt. Verweigerte sich Israel dagegen JHWHs Willen, war er von seinen Heilszusagen entbunden, und die zitierten Flüche traten in Kraft. Im Sinne jener Theologie handelte JHWH nur gerecht, wenn er sein Volk einem grauenvollen Untergang überantwortete – „bis du vernichtet bist", wie Dtn 28 unermüdlich einschärft.[2]

Für die ursprünglichen Hörer des Kapitels waren das keine hohlen Phrasen. Der Text zielte auf Judäer im späten 7. Jahrhundert, denen das fürchterliche Schicksal der Nordisraeliten vor Augen stand. Deren Staat hatten die Assyrer ein rundes Jahrhundert zuvor von der Landkarte gefegt, und mehr noch: Laut offizieller Jerusalemer Lesart war sogar die gesamte Bevölkerung des Nordreichs unwiederbringlich in alle Winde zerstreut, mit der Folge, „dass der Stamm Juda allein übrig blieb", wie 2 Kön 17,18 erklärt.[3] Solche Erfahrungen riefen nach religiöser Erklärung; erst recht das darauf gegründete Geschichtsbild war nur glaubwürdig binnen eines theologischen Gesamtentwurfs. Dieser Interpretationsbedarf trug dazu bei, der deuteronomischen Bundestheologie ihre besondere Gestalt aufzuprägen. In ihrem Rahmen erschien der radikale Untergang des Nordreichs als die Bewahrheitung der Bundesflüche, die dem permanenten Bundesbruch die verdiente Quittung erteilte. Darin lauerte indes eine heikle Prämisse: JHWH war sehr wohl willens und in der Lage, erforderlichenfalls sein Eigentumsvolk preiszugeben. JHWH war seinem Volk gegenüber frei. Er hatte es aus freier Huld erwählt; wenn es nicht gehorchte, ließ er es wieder fallen.

Seinerzeit im Juda des ausgehenden 7. Jahrhunderts hat wohl kaum jemand erahnt, welcher halsbrecherischen theologischen Konzeption man sich da verschrieben hatte – einer Theologie, die explizit die Möglichkeit endgültigen Scheiterns vorsah, indem Gott sein Volk für immer verwarf. Die Konjunktur der Vorstellung muss einer außerordentlichen Woge religiöser Zuversicht entsprossen sein. Es war die Zeit der joschijanischen Reform, die mit dem Jahr 622 verknüpft wird. Damals taumelte das assyrische Terrorregime über den Vorderen Orient endlich seinem allseits ersehnten Kollaps entgegen. Als demonstratives Fanal der wiedergewonnenen Freiheit warf der judäische König Joschija die Embleme assyrischer Gestirnskulte aus dem Jerusalemer Tempel hin-

---

2   Dtn 28,20.22.24.45.48.51.61.63.
3   Vgl. ferner Vv. 6.20.23f.

aus.[4] Aber er ging noch einen Schritt weiter: Er begründete die strikte Zentralisation des Opferkults, die im Judentum bis heute gilt. Jetzt konnten nur noch am Jerusalemer Tempel legitime Schlachtopfer dargebracht werden.

Darin war sich Joschija mit einer Gruppe hofnaher Theologen einig, die ihre Herzensanliegen in einem Gesetzeskorpus niedergelegt hatten, das sie als mosaisches Erbe verstanden und das heute den Kern des Buches Dtn abgibt (Dtn 12–26*). Dort nehmen die Vorschriften der Alleinverehrung JHWHs und der einzigen Opferstätte den Rang der Hauptgebote ein. Weil allerdings die Opferzentralisation allen antiken Instinkten zuwiderlief, dazu den Broterwerb der ländlichen Priesterschaft aufs Spiel setzte und deshalb keineswegs unumstritten war,[5] sprangen die als „Deuteronomisten" bekannten Gelehrten ihrem König mit einer Argumentationshilfe zur Seite: Sie verfassten eine monumentale Rechtfertigungsschrift in Gestalt einer Geschichte Israels. Weil es darum ging, ihrer Version des mosaischen Gesetzes Respekt zu verschaffen, platzierten sie es an den Kopf ihres Opus, stilisiert als neuerliche Promulgation des am Gottesberg geoffenbarten Gesetzes vor Moses Tod. Ebenso bedacht war das imposante Finale gewählt: die joschijanische Reform selber mit der endlichen, vollgültigen Inkraftsetzung des Korpus, nachdem ein wundersamer Zufallsfund es langer Vergessenheit entrissen hatte.

Der Wortlaut dieser ältesten historiographischen Großtat der Menschheit, von der Wissenschaft bekanntlich Deuteronomistisches Geschichtswerk getauft, liegt heute unseren biblischen Büchern Dtn bis 2 Kön 23 zugrunde. Darin konnten die Zeitgenossen Joschijas nachlesen, was sie erhoffen durften, wenn sie den gottgefälligen Einsatz des Königs für Kultreinheit und Kulteinheit unterstützten: Israel würde wieder zu jener Wohlfahrt und Weltgeltung aufsteigen, wie es sie in seiner goldenen Ära zu Zeiten Salomos vor dessen Sündenfall genossen

---

4   Mit C. UEHLINGER, Gab es eine joschijanische Kultreform? Plädoyer für ein begründetes Minimum, in: W. Groß (Hg.), Jeremia und die „deuteronomistische Bewegung" (BBB 98), Weinheim 1995, 57–89.

5   Als Zeugnis dafür werte ich die Polemik gegen die (fiktiv Hiskija zugeschriebene) Kultzentralisation durch den Rabschake in 2 Kön 18,22. Vorausgesetzt ist dabei die Datierung der zugehörigen literarischen Einheit, der „Erzählung von der assyrischen Bedrohung und der Befreiung Jerusalems" 2 Kön 18,17–19,9b.36c–37, in die Zeit der babylonischen Belagerung Jerusalems 589–587 durch C. HARDMEIER, Prophetie im Streit vor dem Untergang Judas. Erzählkommunikative Studien zur Entstehungssituation der Jesaja- und Jeremiaerzählungen in II Reg 18–20 und Jer 37–40 (BZAW 187), Berlin 1989. Wenn man dem als groteske Negativfigur gezeichneten assyrischen Offizier eine solche Invektive in den Mund legte, dann offenkundig mit der Absicht, anhaltende Ablehnung der Opferzentralisation zu diskreditieren.

hatte, als ideale kultische Zustände eine ideale politische Macht- und Prachtentfaltung verbürgten. Umgekehrt stellte das Werk klar, was zu befürchten gewesen wäre, hätte Joschija nach galoppierendem Niedergang unter Manasse (2 Kön 21*) nicht rechtzeitig das Steuer herumgerissen: Dann wäre Juda unvermeidbar dem Weg seiner Brüder im Norden gefolgt, die JHWH so lange gekränkt hatten, bis er sie schließlich in den Orkus warf.

Im Umkreis jener Hochstimmung ist die Bundestheologie zu begreifen, die in Dtn 28 mit solch unerbittlichem Gestus daherkommt. Das Deuteronomistische Geschichtswerk sollte die joschijanische Reform einsichtig machen, und damalige Religionspädagogik zeigte wenig Scheu, mit drastischen Worten und abschreckenden Beispielen den warnenden Zeigefinger zu erheben. Im Überschwang der offenbar recht erfolgreichen Maßnahmen Joschijas – die Opferzentralisation wurde nie mehr ernsthaft in Frage gestellt – rechnete niemand damit, dass trotz alledem auch Juda nur wenige Jahrzehnte später ganz ähnlich stürzen könnte wie das Nordreich. Als 587 babylonische Truppen Jerusalem einäscherten, den Tempel schleiften und Teile der Bevölkerung nach Mesopotamien verschleppten, saßen die Deuteronomisten in einer selbst gestellten Falle. Denn jetzt mussten sie Auskunft geben, wie das im Sinne ihrer Bundestheologie zu verstehen war. Hatte JHWH nun auch Juda verworfen und damit endgültig den Schlussstrich gesetzt?

Wir wissen heute, dass dem nicht so war. Auch die Judäer haben diese theologische Konklusion nicht gezogen. Die Vitalität ihrer Religion und ihr Glaube an die Treue Gottes erwiesen sich an einem bemerkenswerten Zug: der Bereitschaft anzuerkennen, dass im Angesicht neuer Erfahrungen selbst grundlegende Traditionen bis zur Verkehrung umgestaltet und durch neue ersetzt werden dürfen. Die Bundestheologie ist ein Beispiel. Das Schlüsseldatum 587 hatte jene Bundeskonzeption, die den totalen Bundesbruch vorsah, in eine interpretative Sackgasse gesteuert. Sollte der Fortbestand des Gottesbezuges Israels denkbar bleiben, mussten neue Entwürfe her.

Die exilisch-nachexilischen Theologien haben verschiedene Antworten auf dieses Problem gefunden,[6] darunter auch die deuteronomisch-deuteronomistische Tradition, die ich hier ohnehin vereinfacht habe. Denn unser Thema ist ja die Priesterschrift. Es geht darum, einen Gedanken zu erproben, wie sich unser Verständnis der priesterlichen

---

6   Vgl. den Überblick bei N. LOHFINK, Art. Bund, NBL I, Zürich 1991, 344–348, 346f.; detailliert W. GROß, Zukunft für Israel. Alttestamentliche Bundeskonzepte und die aktuelle Debatte um den Neuen Bund (SBS 176), Stuttgart 1998.

Bundestheologie in Gen 17 präzisieren lässt.[7] Ich hoffe, daraus Anregungen zu gewinnen, die über die exegetischen Fachgrenzen hinausreichen und unseren Umgang mit Tradition überhaupt betreffen.

Vorweg sind einige terminologische Klärungen angebracht. Bisher war unbefangen von „Bund" und „Bundestheologie" die Rede. „Bund" ist die übliche Wiedergabe des hebräischen Wortes בְּרִית *berīt*. Doch wie so oft, entsprechen die quell- und zielsprachlichen Äquivalente einander nur bedingt. Ein „Bund" ist im Deutschen in der Regel eine Übereinkunft mehrerer Partner mit gegenseitigen Rechten und Pflichten. Das kann man von בְּרִית so nicht sagen. Es meint zwar meist Bindungsverhältnisse, bei denen mehrere Partner gegenseitig Verpflichtungen eingehen, etwa bei einem normalen Vertrag. Dann ist die Wiedergabe mit „Bund, Vertrag" unmissverständlich. בְּרִית heißen aber auch solche Beziehungen, wo nur eine Seite Pflichten übernimmt. Dazu zählen auch mehrere בְּרִית-Schlüsse JHWHs. Sie sind faktisch reine Verheißungen[8] und werden daher gern „Gnadenbund" genannt.

Dieselbe Alternative wird auch unter den Stichwörtern „konditionierte" oder „unkonditionierte" בְּרִית verhandelt. Der mehrseitige Vertragsbund ist danach „konditioniert" oder „bedingt", der Verheißungs- oder Gnadenbund ist „unkonditioniert". Diese Termini beziehen sich nicht auf das Zustandekommen, sondern auf die Modalitäten, unter denen die בְּרִית fortbesteht, konkret: Hängt ihre Fortdauer von Gegenleistungen der Empfänger ab oder nicht? In religiösem Zusammenhang sind die Folgen erheblich, denn der zweiseitige, konditionierte Bund mit JHWH kann zumindest prinzipiell am Versagen der Menschen scheitern, wie es die klassische deuteronomische Bundestheologie vorsah. Der Unterschied ist hier deshalb von Interesse, weil gerade beim

---

7   Ich setze hier ältere Überlegungen fort, die ich gelegentlich vorgetragen habe, ohne schon die Publikation anzustreben. Solche Vorentwürfe hat mein Lehrer Walter Groß in beiderseitigem Einvernehmen für seine bundestheologischen Studien herangezogen. Vgl. W. GROß, Erneuerter oder Neuer Bund? Wortlaut und Aussageintention in Jer 31,31–34, in: F. Avemarie – H. Lichtenberger (Hg.), Bund und Tora. Zur theologischen Begriffsgeschichte in alttestamentlicher, frühjüdischer und urchristlicher Tradition (WUNT 92), Tübingen 1996, 60 Anm. 73; W. GROß, Zukunft (Anm. 6), 61.67.

8   Vgl. die semantischen Studien von Ernst Kutsch, zusammengefasst in E. KUTSCH, Verheißung und Gesetz. Untersuchungen zum sogenannten „Bund" (BZAW 131), Berlin 1973. Zur seitherigen Diskussion vgl. namentlich ZENGER, Bundestheologie (Anm. 1), 26–29; N. LOHFINK, Ein Bund oder zwei Bünde in der Heiligen Schrift, in: L'interpretazione della Bibbia nella Chiesa. Atti del Simposio promosso dalla Congregazione per la Dottrina della Fede, Roma, settembre 1999 (Atti e documenti 11), Città del Vaticano 2001, 273–297, 279–285; B. ZIEMER, Abram – Abraham. Kompositionsgeschichtliche Untersuchungen zu Genesis 14, 15 und 17 (BZAW 350), Berlin 2005, 291–293.

Abrahamsbund in Gen 17 strittig ist, auf welche Seite er gehört. Ist er ein zweiseitiger Bund, wo Gott den Menschen Pflichten auferlegt, oder ein Gnadenbund, bei dem er nur Heilsgaben zusagt? Um nicht schon durch die Wortwahl Vorentscheidungen zu treffen, spreche ich ab jetzt meist einfach von בְּרִית.

Die Einzelerörterung beginnt (1.) mit einigen Prämissen, die die Eigenart der Priesterschrift und ihren Umgang mit der בְּרִית-Tradition betreffen. Anschließend (2.) sind konträre Interpretationen der Bundestheologie in Gen 17 vorzustellen. An ihnen lässt sich die maßgebliche Deutungsalternative herauspräparieren, zu der das Ergebnis Stellung beziehen soll (3.).

1. Die Priesterschrift und die בְּרִית-Tradition

Die Priesterschrift tritt uns im AT nicht als empirisches Datum entgegen, sondern wir müssen sie erst aus dem Endtext herauslösen. Das führt uns auf die zentrale Crux der Bibelexegese, dass sie meist Hypothesen fortgeschrittenen Grades produziert; d. h. sie legt großenteils nicht einfach Texte aus, sondern Konstrukte, die aus dem überkommenen Wortlaut erst selber erschlossen worden sind. Exegetische Theorien funktionieren deshalb stets in einem Gerüst einleitungswissenschaftlicher Voraussetzungen, über die Konsens zu erzielen immer schwieriger wird. Weil jedoch der Rahmen eines Artikels ausschließt, auch nur die wichtigsten Prämissen zu rechtfertigen, können sie nur benannt werden. Dass es unmöglich allen recht zu machen ist, liegt auf der Hand; dass es keine Hypothesen ohne Schwierigkeiten gibt, ist ebenso selbstverständlich.

Aus den einleitenden Bemerkungen ging bereits hervor, dass ich trotz neuerer Einwände weiterhin von einem Deuteronomistischen Geschichtswerk ausgehe, das zudem nicht erst im Exil, sondern schon zu Zeiten Joschijas entstand.[9] Mit der Priesterschrift (P) wagen wir uns

---

9 Über den Stand der Diskussion informieren T. VEIJOLA, Deuteronomismusforschung zwischen Tradition und Innovation, ThR 67 (2002) 273–327.391–424; 68 (2003) 1–44 (mit Plädoyer für exilischen Ursprung und das sog. Schichtenmodell); G. BRAULIK, Theorien über das Deuteronomistische Geschichtswerk (DtrG) im Wandel der Forschung, in: E. Zenger u. a., Einleitung in das Alte Testament (Kohlhammer Studienbücher Theologie 1,1). Achte, vollständig überarb. Aufl., hg. v. C. Frevel, Stuttgart 2012, 237–256 (mit Plädoyer für vorexilischen Ursprung und das sog. Blockmodell). Für diese auch hier akzeptierte Position vgl. ferner R. NELSON, The Double Redaction of the Deuteronomistic History. The Case is Still Compelling, JSOT 29 (2005) 319–337, sowie H.-J. STIPP, Ende bei Joschija. Zur Frage nach dem ursprünglichen

auf das heißeste Schlachtfeld der Vorstufenrekonstruktion, die Penta-
teuchanalyse. Dieses klassische Steckenpferd der Alttestamentler ist bekanntlich in den letzten Jahrzehnten wieder in wilden Galopp verfal-
len, um die ehrwürdigen Gewissheiten der „Neueren Urkundenhypo-
these" von Julius Wellhausen und Martin Noth mit wuchtigen Tritten
zu zermalmen. Die Priesterschrift, lange Zeit nahezu ungeschoren,
gerät zunehmend ebenfalls ins Getümmel.[10] Zum Glück besteht noch
respektable Einmütigkeit, welche Teile der Bücher Genesis und Exodus
ihr zuzuschreiben sind. Danach sprießen die Hypothesen zwar üppig,
doch der anerkannte Bestand bis zum Sinai reicht für unsere Zwecke.
Auch die meisten Datierungsansätze klaffen nicht zu weit auseinander.
Freilich schwillt der Chor jener, für die P nie eine gesonderte Quelle,
sondern immer schon eine Redaktionsschicht gewesen ist. Wäre das
richtig, fiele meine These dahin. Mir scheinen indes immer noch die
deutlich besseren Argumente für die ehemalige Selbstständigkeit zu
sprechen.[11]

Ich setze daher voraus, dass die Priesterschrift während der Exilszeit oder kurz danach als separates Buch entstanden ist. Sie bietet einen
von starkem Formwillen und theologischer Systematisierung geprägten Neuentwurf von Menschheits-, Erzeltern- und Volksgeschichte. Der
Autor greift darin alte Traditionen auf und macht sie neuen Aussagezielen dienstbar. Die Souveränität im Umgang mit der Überlieferung
tritt schon an der Weise der Präsentation zutage. Mit verblüffendem Eigensinn setzt sich der Verfasser über die Konventionen herkömmlichen
Erzählens hinweg. Er bietet kein fesselndes Füllhorn von Geschichten,
sondern eine magere Auswahl hochgradig stilisierter Szenen, wie Lam-
pions an einer Kette eintöniger Brückentexte aufgereiht. Die Vergangenheit wird verdichtet auf ein Minimum von Schlüsselmomenten, in
hoher theologischer Aufladung neu erzählt für ein Publikum, das diese
Stoffe sichtlich schon kennen musste.

Ende der Königsbücher bzw. des deuteronomistischen Geschichtswerks, in diesem
Band S. 391–439.

10 Aktuelle Forschungsberichte: E. OTTO, Forschungen zur Priesterschrift, ThR 62
(1997) 1–50; E. ZENGER – C. FREVEL, Das priester(schrift)liche Werk (P), in: E. Zenger
u. a., Einleitung (Anm. 9), 189–214.

11 Mit ZENGER – FREVEL (Anm. 10), 194–196. Etwa die gestufte Offenbarung des Gottesnamens kann ich mir auch nach dem neuesten Gegenvotum von ZIEMER, Abram
(Anm. 8), 326–331, nur innerhalb eines unabhängigen Buches erklären. Beispielsweise sucht Ziemer die Widersprüche zwischen den Selbstvorstellungen JHWHs mit
dem Argument zu entkräften, die Offenbarungen würden in Gen 15,7; 28,13 als Gesicht und Traum, folglich als „subjektive" Erscheinungen gewertet, während sie in
Gen 17,1; 35,9 durch ראה-N als „objektive Visionen" gekennzeichnet seien. Ob das
wohl für antike Leser einen Unterschied machte?

Wie Walther Zimmerli herausgearbeitet hat,[12] zeigt sich der souveräne Umgang mit der Überlieferung gerade bei der priesterlichen Bundestheologie. In der älteren Tradition traf P zumindest den בְּרִית-Schluss JHWHs vom Gottesberg Sinai bzw. Horeb an. Er wurde eingangs im Gepräge der vorexilisch dominierenden deuteronomischen Theologie gestreift: Es war ein nach Motiven assyrischer Loyalitätseide konzipierter Bund im strengen Sinn[13] mit Zusagen Gottes, Verpflichtung des Volkes auf ein Korpus von Vorschriften und der Drohung des Endes für den Fall des Ungehorsams. Schwerer einzuschätzen ist die Relation zur בְּרִית JHWHs mit Abraham, die Gen 15 übermittelt, denn neuere Stimmen zum diachronen Verhältnis der beiden Kapitel sind völlig gespalten.[14] Jedenfalls heißt es in Gen 15,18: „An jenem Tag schloss JHWH mit Abraham eine בְּרִית des Inhalts: Deinem Samen gebe ich hiermit dieses Land vom Grenzbach Ägyptens bis zum großen Strom, dem Eufrat." Dies ist im Gegensatz zur Sinai-בְּרִית reine Gnadengabe JHWHs. Abraham und seinen Nachkommen wird für die Landzusage keine Gegenleistung aufgebürdet.

Die Priesterschrift enthält zwei בְּרִית-Schlüsse. Den konditionierten Bund vom Sinai suchen wir dort allerdings vergebens. Stattdessen

---

12 W. ZIMMERLI, Sinaibund und Abrahambund. Ein Beitrag zum Verständnis der Priesterschrift (1960), in: Ders., Gottes Offenbarung. Gesammelte Aufsätze zum Alten Testament (ThB 19), München 1963, 205–216.

13 Vgl. aus der neueren Literatur etwa E. OTTO, Treueid und Gesetz. Die Ursprünge des Deuteronomiums im Horizont neuassyrischen Vertragsrechts, ZAR 2 (1996) 1–52; DERS., Die Ursprünge der Bundestheologie im Alten Testament und im Alten Orient, ZAR 4 (1998) 1–84.

14 An der traditionellen Priorität von Gen 15 halten beispielsweise fest M. KÖCKERT, Vätergott und Väterverheißungen. Eine Auseinandersetzung mit Albrecht Alt und seinen Erben (FRLANT 142), Göttingen 1988, 204–247; H. MÖLLE, Genesis 15. Eine Erzählung von den Anfängen Israels (FzB 62), Würzburg 1988; D. M. CARR, Reading the Fractures of Genesis. Historical and Literary Approaches, Louisville, Ky. 1996, 84; J. C. GERTZ, Abraham, Mose und der Exodus. Beobachtungen zur Redaktionsgeschichte von Gen 15, in: Ders. – K. Schmid – M. Witte (Hg.), Abschied vom Jahwisten. Die Komposition des Hexateuch in der jüngsten Diskussion (BZAW 315), Berlin 2002, 63–81; ZIEMER, Abram (Anm. 8), 166–184. Gegenteilig votieren z. B. J. HA, Genesis 15. A Theological Compendium of Pentateuchal History (BZAW 181), Berlin 1989; TH. RÖMER, Gen 15 und Gen 17. Beobachtungen und Anfragen zu einem Dogma der „neueren" und „neuesten" Pentateuchkritik, DBAT 26 (1989/90) 32–47; K. SCHMID, Erzväter und Exodus. Untersuchungen zur doppelten Begründung der Ursprünge Israels innerhalb der Geschichtsbücher des Alten Testaments (WMANT 81), Neukirchen-Vluyn 1999, 180–186; E. BLUM, Die literarische Verbindung von Erzvätern und Exodus, in: J. C. Gertz – K. Schmid – M. Witte (Hg.), Abschied vom Jahwisten (s. o.), 119–156, 142–144; C. LEVIN, Jahwe und Abraham im Dialog: Genesis 15, in: M. Witte (Hg.), Gott und Mensch im Dialog (FS O. Kaiser), Band I (BZAW 345/I), Berlin 2004, 237–257, 241.

kennt P eine בְּרִית, die einzigartig dasteht, die also wohl einer Sondertradition der priesterlichen Schule entstammt. Man nennt sie meist Noachbund, weil Gott sie laut Gen 9 nach der Sintflut dem Noach offenbart hat. Sie gilt jedoch nicht nur Noach oder etwa den Israeliten, sondern, wie die Vv. 9 und 10 klarstellen, „euch und eurer Nachkommenschaft nach euch, und allen Lebewesen, ... die aus der Arche ausgestiegen sind". Die Noach-בְּרִית betrifft also die gesamte Mensch- und Tierwelt außer den Fischen.[15] Ihr Inhalt laut Gen 9,11: „Nie mehr wird alles Fleisch von den Wassern der Flut ausgerottet werden; nie mehr wird es eine Flut geben, um die Erde zu verheeren." In V. 12 und 16 nennt Gott diese בְּרִית ausdrücklich עוֹלָם „ewig", d. h. für unbegrenzte Dauer bestimmt. Auch sie ist reine Verheißung – ihren Empfängern, Menschen wie Tieren, wird keinerlei Bedingung auferlegt. Die zweite בְּרִית der Priesterschrift ist der Bund Gottes mit Abraham in Gen 17, der in Gen 15 ein Gegenstück besitzt. Nach Wegfall des Sinaibundes musste die Abraham-בְּרִית als einzige בְּרִית verbleiben, die nicht die Belange von Mensch und Tier allgemein – wie der Noachbund –, sondern das Gottesverhältnis Israels präzisieren konnte.[16]

Als der priesterliche Autor im Angesicht der Katastrophe schrieb, hat er den konditionierten Bund vom Gottesberg gestrichen. Auf die Frage nach dem Motiv hat Walther Zimmerli eine viel beachtete Antwort gegeben: P wollte die Klippe umschiffen, auf der die deuteronomische Bundestheologie gestrandet war. Obendrein hat P in Gestalt des Noachbundes eine unkonditionierte בְּרִית neu eingeführt. Wie würde er dann die Abraham-בְּרִית behandeln? Was wäre der Gewinn, hätte P die

---

15 Vgl. H.-J. STIPP, „Alles Fleisch hatte seinen Wandel auf der Erde verdorben" (Gen 6,12). Die Mitverantwortung der Tierwelt an der Sintflut nach der Priesterschrift, in diesem Band S. 95–116. – Laut V. 13 richtet Gott den Bogen ein als „Bundeszeichen zwischen mir und der Erde", womit nach dem Kontext nur das Festland gemeint sein kann.

16 Deshalb ist es unsachgemäß, wenn ZIEMER, Abram (Anm. 8), 317, fordert, „auf das Abzählen verschiedener ‚Bünde' zu verzichten. … Die Frage lautet nicht: Von der wievielten ברית ist Gen 17,4, und von der wievielten ist etwa Gen 17,19 die Rede? Sondern: Welche der mit Gottes ברית verbundenen Inhalte wurden bereits Noah, und welche wurden Abram, und welche wurden erst Abrahams Nachkommen zugesagt?" Gewiss kennen biblische Autoren ein die Welt und ihre menschlichen wie tierischen Bewohner übergreifendes Gottesverhältnis, das sie freilich nicht mit einem prägnanten Terminus belegen, das sich aber gegenüber einzelnen Gruppen und Individuen in bestimmte בְּרִית-förmige Sonderverhältnisse ausdifferenziert. Es wahrt deshalb einen schriftnäheren Sprachgebrauch, wenn Äquivalente wie „Bund" für diese pluralen Sonderbeziehungen reserviert bleiben. Formulierungen wie „Die Menschen werden durch die als ברית qualifizierten Verheißungen gegenüber Noah und Abraham zu Partnern Gottes" (ebd.) können ferner den Eigenarten der בְּרִית-Verhältnisse nach Adressatenkreis und Charakter nicht gerecht werden.

fatale Sollbruchstelle einfach vom Sinai auf Abraham vorverlagert?
War es nicht folgerichtig, wie Gen 15 zu verfahren, wo der Gottesbezug
Israels auf einem Fundament schlechterdings unverbrüchlicher Zusagen gründet? Freilich formuliert Gen 17 auf eine Weise, die dafür sorgt,
dass die Meinungen auseinandergehen. Daher ist ein Blick auf die
gegensätzlichen Standpunkte und ihre Gründe zu werfen.

2. Die Kontroverse um die priesterliche Abraham-בְּרִית in Genesis 17

JHWHs בְּרִית mit Abraham umfasst nach P ein Bündel von Verheißungen, die Gott teils Abraham, teils ihm und seinen Nachkommen zuspricht. Wir lesen sie in den Vv. 4 und 6–8.

4   Ich – da (ist) meine בְּרִית mit dir:
     Du wirst Vater eines Gewoges von Völkern werden.
5   Dein Name wird nicht mehr Abram genannt werden; dein Name wird
     Abraham sein, denn zum Vater eines Gewoges von Völkern mache ich
     dich (hiermit).
6   Ich werde dich sehr, sehr fruchtbar machen;
     ich werde dich zu Völkern machen;
     Könige werden aus dir hervorgehen.
7   Ich werde meine בְּרִית aufrichten zwischen mir und dir und deinem
     Samen nach dir gemäß ihren Generationen zu einer ewigen בְּרִית (des
     Inhalts), dir und deinem Samen nach dir Gott zu sein
8   und dir und deinem Samen nach dir das Land deiner Fremdlingschaft,
     das ganze Land Kanaan, zu ewigem Besitz zu geben und ihnen Gott
     zu sein.[17]

Mehrung, Landgabe, Gewährung des Gottseins – und all das für ewig:
Dies sind kurzgefasst die Selbstverpflichtungen, die JHWH unter dem
Titel בְּרִית gegenüber Abraham eingeht. Der folgende V. 9 setzt mit einer erneuten Redeeinleitung eine Gliederungsmarke, um nach den Zusagen jetzt eine Aufforderung an Abraham und Israel anzuschließen.

9   Gott sagte zu Abraham:
     Du aber sollst meine בְּרִית bewahren,
     du und dein Same nach dir gemäß ihren Generationen.
10   Dies ist meine בְּרִית, die ihr bewahren sollt
     zwischen mir und euch und deinem Samen nach dir:
     Beschnitten werden soll bei euch alles Männliche!

---

17   Zur Koordination von Infinitivus constructus und finiter Verbform vgl. B. K. WALT-
     KE – M. O'CONNOR, An Introduction to Biblical Hebrew Syntax, Winona Lake 1990,
     § 36.3.2 Nr. 3 (S. 611); GROß, Zukunft (Anm. 6), 58.

11 Ihr sollt beschnitten werden/sein am Fleisch eurer Vorhaut;
    es wird zu einem בְּרִית-Zeichen werden zwischen mir und euch.

12 Im Alter von acht Tagen soll bei euch beschnitten werden alles Männ-
    liche gemäß euren Generationen: ein im Haus geborener und ein von
    jedwedem Fremdling für Geld gekaufter (Sklave), der nicht aus dei-
    nem Samen ist.

13 Unbedingt beschnitten werden sollen der in deinem Haus geborene
    und der für dein Geld gekaufte (Sklave);
    und meine בְּרִית soll an eurem Fleisch eine ewige בְּרִית werden.

14 Ein männlicher Unbeschnittener,
    der nicht am Fleisch seiner Vorhaut beschnitten wird –
    ausgemerzt werden soll diese Person aus ihren Stammesgenossen.
    (Denn:) Meine בְּרִית hat er gebrochen.

Die Beschneidung war in Israel und bei der Mehrzahl seiner Nachbarn
seit jeher eingewurzelter Brauch.[18] Diese Verse machen jedoch erstmals
aus der Sitte eine kategorische Vorschrift. Das ist wohl eine Frucht der
Exilserfahrungen: Die Verbannten hatten unter den unbeschnittenen
Babyloniern gelebt, und die priesterliche Theologie erhob die Beschnei-
dungspraxis zum Widerlager gegen den Assimilationsdruck. Wie üblich, stieg das Brauchtum in der Minderheitensituation zum Identitäts-
signal auf, an dem umso zäher festgehalten wird. Hier nennt Gott das
Beschneidungsgebot genauso wie seine Verheißungen „meine בְּרִית"
und erteilt den Auftrag, sie zu „bewahren". Wer dem nicht nachkommt, soll „ausgemerzt werden". Vergleichbares findet sich in der
Parallele Gen 15 nicht. Ist die Abraham-בְּרִית bei P dann doch ein kon-
ditionierter Bund? Dazu einige neuere Voten.

Eine unkonditionierte בְּרִית finden beispielsweise Norbert Lohfink,
Erich Zenger und Christian Frevel, wenn sie die בְּרִית von Gen 17 einen
„Gnadenbund" nennen;[19] noch deutlicher Walter Groß: „reine Verhei-
ßungs- bzw. Gnaden-Berit".[20] Frank Crüsemann erkennt in Gen 17 eine
„verpflichtende[] und unverbrüchliche[] Zusage Gottes. Diese ist durch
nichts, auch nicht das Versagen der menschlichen Partner in Frage zu
stellen."[21] Die Gegenposition vertritt etwa Peter Weimar, der zu den

---

18 Eingehende Begründung bei K. GRÜNWALDT, Exil und Identität. Beschneidung, Pas-
    sa und Sabbat in der Priesterschrift (BBB 85), Frankfurt a. M. 1992, 11–17.

19 N. LOHFINK, Die Abänderung der Theologie des priesterlichen Geschichtswerks im
    Segen des Heiligkeitsgesetzes. Zu Lev. 26,9.11–13, in: H. Gese – H. P. Rüger (Hg.),
    Wort und Geschichte (FS K. Elliger; AOAT 18), Kevelaer – Neukirchen-Vluyn 1973,
    129–136, 135 (= ders., Studien zum Pentateuch [SBA.AT 4], Stuttgart 1988, 157–168,
    166); ZENGER – FREVEL, Das priester(schrift)liche Werk (Anm. 10), 196.207.

20 GROß, Zukunft (Anm. 6), 60.

21 F. CRÜSEMANN, Die Tora. Theologie und Sozialgeschichte des alttestamentlichen Ge-
    setzes, München 1992, 342.

Vv. 9–14 erklärt: „Die Beschneidung erscheint ... auf einmal als Bundes-
verpflichtung, von deren Erfüllung der Bestand des Bundes mit Abraham abhängig ist."[22] Nach Josef Scharbert macht die Priesterschrift „aus
der einseitigen Bindung Gottes an Abraham durch einen Eidritus" – so
in Gen 15 – „ein zweiseitiges Bundesverhältnis, bei dem auch Abraham
eine Verpflichtung auferlegt und diese mit einer Strafsanktion versehen
wird."[23] Ebenso Paul R. Williamson: „Unlike Genesis 15, this chapter is
alluding to a covenant between God and Abraham which is plainly
bilateral, involving not only divine promises but also human obliga-
tions."[24] Demnach ist der priesterliche Abrahambund „patently con-
ditional".[25] Horst Seebass betont den Kontrast zu Gen 9P, insofern „die
Berit anders als bei Noah zweiseitig ist, also gegenseitig verpflichtet",[26]
sekundiert jüngst von Benjamin Ziemer.[27]

Wie so oft in der Bibelwissenschaft, ist auch unser Thema mit Problemen der Textgenese verquickt. So wird gern die Meinung vertreten,
Gen 17 habe zwar ehemals reine Verheißung verkündet, sei aber später
in einen bedingten Bund verwandelt worden, indem man die Beschneidungsordnung Vv. 9–14 sekundär dazwischenschob.[28] Zwei neuere
literarkritische Thesen und ihre Hauptgründe seien beispielhaft heraus-
gegriffen. Für Matthias Köckert bilden die Einzelbestimmungen des Be-
schneidungsgebots in den Vv. 12–14 jüngere Zutaten, wie ihre konzeptionelle Andersartigkeit zu erkennen gebe. Den in der ursprünglichen
Priesterschrift sorgsam gewahrten Vorrang der Verheißung gegenüber
dem Gebot habe der Einschub in theologisch fataler Weise nivelliert:
„Das Verhältnis ungleicher Vorordnung der Verheißung ist einem
gewissermaßen ausbalancierten Gegenüber von Gottes Wort und
menschlicher Gehorsamstat gewichen, mag die Verheißung auch das
erste Wort noch haben. ... [I]m Lichte von V. 14 hat sich nun endgültig

---

22   P. WEIMAR, Art. Bundeszeichen, NBL I, Zürich 1991, 356f., 357.

23   J. SCHARBERT, Genesis 12–50 (NEB), Würzburg 1986, 143.

24   P. R. WILLIAMSON, Abraham, Israel and the Nations. The Patriarchal Promise and its
     Covenantal Development in Genesis (JSOT.S 315), Sheffield 2000, 150.

25   Ebd., 174.

26   H. SEEBASS, Genesis II. Vätergeschichte I (11,27–22,24), Neukirchen-Vluyn 1997, 101.

27   ZIEMER, Abram (Anm. 8), 303f.317. – Eine Extremposition vertritt I. KNOHL, The
     Sanctuary of Silence. The Priestly Torah and the Holiness School, Minneapolis 1995,
     141, der wegen der sog. noachitischen Gebote sogar die Noach-בְּרִית als konditio-
     niert erachtet. Verständnis für seinen Standpunkt äußert J. JOOSTEN, People and
     Land in the Holiness Code. An Exegetical Study of the Ideational Framework of the
     Law in Leviticus 17–26 (VT.S 67), Leiden 1996, 112.

28   Vgl. den Forschungsbericht bei GRÜNWALDT, Exil und Identität (Anm. 18), 18–26.
     Dort auch Positionen, die mutmaßliche Spannungen in Gen 17 auf die Einschmel-
     zung älteren Materials zurückführen. Ferner GROSS, Zukunft (Anm. 6), 53 Anm. 16.

das Zeichen, das Gottes Zugehörigkeit verbürgt, in ein unter Strafandrohung gestelltes Gesetz verwandelt."[29] Klaus Grünwaldt liest vor allem an sprachlichen Indizien ab, dass die Vv. 9–14 nicht in der originalen Priesterschrift gestanden haben könnten.[30] Das Beschneidungsgebot kennzeichne zwar die priesterliche Schule, finde sich aber sonst nur in gesetzlichen Passagen jener Art, die den Pentateuch erst später allmählich auf den heutigen Umfang anschwellen ließen.[31] Dasselbe gelte für die Strafbestimmung in V. 14, Unbeschnittene sollten aus Israel „ausgemerzt werden", nach ihrem hebräischen Wortlaut die *karet*-Formel genannt.[32] Mehr noch: Bestimmte Wendungen verrieten eine fremde theologische Handschrift. Grünwaldt stellt zu Recht fest, dass der Ausdruck „eine בְּרִית bewahren (שָׁמַר בְּרִית)" mit menschlichem Subjekt in religiösem Kontext, wie in den Vv. 9–10, sonst typisch ist für die deuteronomisch-deuteronomistische oder davon beeinflusste Literatur.[33] Dasselbe trifft zu auf „eine בְּרִית brechen (פרר-H בְּרִית)" in V. 14. Nun erweisen sprachliche Anleihen nicht zwingend die Uneinheitlichkeit, es sei denn, man wollte *a priori* ausschließen, dass P solche intertextuellen Signale setzen konnte. Doch für Grünwaldt ist damit ausgemacht: Die Beschneidungsordnung ist einer jener späten Einschübe, die bereits priesterliches und deuteronomistisches Gedankengut verschmelzen. Sie habe die Natur der Abraham-בְּרִית regelrecht auf den Kopf gestellt: „Die Beschneidung wird – pars pro toto – Zeichen für die Bindung der Israeliten an ihren Gott im Halten seiner Gebote, vor allem des ersten Gebotes."[34]

Ist also der Charakter der priesterlichen Abraham-בְּרִית in diachron aufgeschlüsselter Form zu beschreiben: ein Gnadenbund in der ursprünglichen Priesterschrift, ein bedingter Bund im vorliegenden Endtext? Diese Frage sei kurz zurückgestellt, denn eine andere Beobachtung rückt sie in ein neues Licht.

---

29   M. KÖCKERT, Leben in Gottes Gegenwart: Wandlungen des Gesetzesverständnisses in der priesterschriftlichen Komposition des Pentateuch, in: Ders., Leben in Gottes Gegenwart. Studien zum Verständnis des Gesetzes im Alten Testament (FAT 43), Tübingen 2004, 73–107, 86.88. Vgl. auch E. ZENGER, Gottes Bogen in den Wolken. Untersuchungen zu Komposition und Theologie der priesterschriftlichen Urgeschichte (SBS 112), Stuttgart ²1987, 150 Anm. 43: „Die Präzisierungen und Erweiterungen Gen 17,12–14 stammen nicht von Pg."

30   GRÜNWALDT, Exil und Identität (Anm. 18), 27–36.

31   Ex 12,44.48; Lev 12,3.

32   Ex 12,15.19; 30,33.38; 31,14; Lev 7,20.21.25.27; 17,4.9.10.14; 18,29; 19,8; 20,3.5.6.17.18; 22,3; 23,29; Num 9,13; 15,30; 19,13.20; vgl. Ez 14,8.13.17.19.21.

33   Ex 19,5; Dtn 29,8; 1 Kön 11,11; Ps 78,10; 103,18; 132,12; in profanem Kontext: Ez 17,14.

34   GRÜNWALDT, Exil und Identität (Anm. 18), 69, mit Zustimmung von SEEBASS, Genesis II/1 (Anm. 26), 111f.

3. Die Individualisierung des Bundesbruchs in der Priesterschrift

Die gegensätzlichen Deutungen der בְּרִית in Gen 17 gibt es, weil beiden Schwierigkeiten anhaften. Zur Interpretation als klassisches zweiseitiges Bundesverhältnis ist zu bemerken: V. 7 deklariert die בְּרִית mit Abraham und seinen Nachkommen ausdrücklich als ewige בְּרִית, und V. 8 verspricht den Israeliten das Land Kanaan als ewigen Besitz. Können denn Zusagen gleichzeitig ewig gelten und trotzdem von Klauseln abhängig sein? Nun darf man die Trennschärfe des hebräischen Wortes עוֹלָם – gern mit „Ewigkeit" übersetzt – im Allgemeinen nicht überschätzen. Es bezeichnet eine so lange Dauer, dass mögliche Grenzen nicht in den Blick treten, meint aber keine Ewigkeit im strengen Sinn. Andererseits ist der priesterliche Autor für die Sorgfalt seiner Wortwahl bekannt. Er hat auch dem unstreitig gnadenhaften Noachbund das Prädikat עוֹלָם beigelegt (Gen 9,16; vgl. V. 12). Wenn er bei der Abraham-בְּרִית ebenso formuliert, hat er die beiden בְּרִית-Verhältnisse in einem Kernpunkt parallelisiert und jedenfalls ein starkes Attribut gesetzt.

Ferner: Gewiss wird Abraham und seinen Nachkommen eine Pflicht auferlegt. Aber nirgends steht, dass – wie Peter Weimar erklärt – „von deren Erfüllung der Bestand des Bundes mit Abraham abhängig ist". Außerdem hat die Vorschrift bei näherem Zusehen doch ihre Merkwürdigkeiten. Zunächst übernimmt ein einzelnes Gebot die Rolle, die bei den Deuteronomisten ein ganzes Gesetzeskorpus mit fühlbaren Zumutungen ausgeübt hatte. Und wie betont, schreibt es bloß bindend vor, was bislang unbefragter Brauch gewesen war, aber nun Gefahr lief, seine Selbstverständlichkeit zu verlieren. Das lässt seinen Anspruch noch milder erscheinen. Vielleicht war es ein neuartiges Ansinnen, die Beschneidung ans Ende der ersten Lebenswoche vorzuziehen – weit weg von Pubertät oder Heirat, wo sie bei den beschnittenen Völkern der Erde ihren angestammten Platz hat.[35] Doch was nach Verschärfung aussieht, konnte in Zeiten schwindender Akzeptanz der Konfliktvermeidung dienen, denn Säuglinge sind außerstande, sich dem Eingriff zu widersetzen.

Eigentümlich ist ferner die Strafsanktion. Wurde im frühesten Säuglingsalter beschnitten, oblag die Aufgabe zwangsläufig dem *pater familias*. Trotzdem wurde im Säumnisfall nicht dieser belangt, sondern

---

35 W. KORNFELD, Art. Beschneidung, NBL I, Zürich 1991, 276–279; L. RUPPERT, Genesis. Ein kritischer und theologischer Kommentar, 2. Teilband: Gen 11,27–25,18 (FzB 98), Würzburg 2002, 352–354.

der Sohn – natürlich nicht als Baby, sondern in reifem Alter. Später würde man also weitersehen. Und was dem Abweichler blühte, lag fernab von allem, was wir im Deuteronomium lesen. Wichtiger noch: Dort ist der Bundesfluch weithin die Umkehr des Bundessegens; die Strafe für den Bundesbruch ist das negative Spiegelbild des Lohnes für die Bundestreue. Nichts davon in Gen 17. Unterbleibt die Beschneidung, droht keineswegs die Rücknahme von Mehrung, Landgabe und Gottsein; vielmehr heißt es bloß: „Ausgemerzt werden soll diese Person aus ihren Stammesgenossen." Die *karet*-Formel mag rabiat klingen; manche haben darin sogar eine Umschreibung der Todesstrafe erblickt.[36] Doch wird diese Sanktion in den Priestergesetzen für allzu viele Delikte verhängt, weswegen man besser der Mehrheit folgen wird, die auf soziale Ächtung erkennt („Exkommunikation").[37] Gewiss ist die gesellschaftliche Isolation in traditionellen Lebensgemeinschaften ein noch viel härteres Los als in modernen, doch der Abstand zu Dtn 28 bleibt eklatant. Und vor allem: Gen 17,14 bedroht nur den Einzelnen, nicht mehr das ganze Volk. Dort stoßen wir freilich auch auf das Kernproblem der alternativen Deutung, die die Abraham-בְּרִית als reine Verheißung begreift. Denn wenn der nächste Satz erklärt: „Meine בְּרִית hat er gebrochen", verlangt die Frage nach einer Antwort: Wie bricht man einen Gnadenbund? Überführt der Satz die optimistische Interpretation nicht doch als Wunschdenken? Hier ist ein Seitenblick vonnöten, was das heißt: „eine בְּרִית brechen".

Das AT kennt verschiedene Ausdrücke, um Verstöße gegen בְּרִית-Verpflichtungen zu benennen. Man kann sich an einem Bund „schuldig machen" (רשׁע-H Dan 11,32), man kann ihn „entweihen" (חלל-D Mal 2,10; Ps 55,21), „verwerfen" (מאס 2 Kön 17,15), „übertreten" (עבר Jos 7,11.15; 23,16 u. ö.), „verlassen" (עזב Dtn 29,24; 1 Kön 19,10.14), „verderben" (שׁחת-D Mal 2,8), „vergessen" (שׁכח Dtn 4,23) oder daran „treulos handeln" (שׁקר-D Ps 44,18). Wenn der priesterliche Autor jedoch vom „Bund brechen" redet, hat er einen besonders starken Ausdruck gewählt. Denn „einen Bund brechen" (פרר בְּרִית-H) ist in der profanen Sphäre der Terminus technicus für „die einseitige Aufhebung eines Vertragsverhältnisses"[38], wie namentlich 1 Kön 15,19 belegt. Der Vers gehört zu einem Bericht, wie der judäische König Asa den aramäischen

---

36 Für G. F. HASEL, Art. כָּרַת *kārat*, ThWAT IV, Stuttgart 1984, 355–367, 363, repräsentiert die Wendung eine Sanktion, deren Ziel „der vorzeitige Tod des Übeltäters" darstellt; ähnlich SCHARBERT, Genesis 12–50 (Anm. 23), 145f.

37 Vgl. z. B. C. WESTERMANN, Genesis. 2. Teilband: Genesis 12–36 (BK I/2), Neukirchen-Vluyn 1981, 321; SEEBASS, Genesis II/1 (Anm. 26), 107.

38 W. THIEL, *Hēfēr berît*. Zum Bundbrechen im Alten Testament, VT 20 (1970) 214–229, 215.

Herrscher Ben-Hadad zum Bundesgenossen im Kampf gegen seinen israelitischen Kollegen Bascha zu gewinnen trachtet. Er schickt ihm ein teures Präsent, um folgender Bitte Nachdruck zu verleihen: „Auf, brich deine בְּרִית mit Bascha, dem König von Israel, damit[39] er von mir ablässt!" Ben-Hadad soll also einen bestehenden Pakt mit Bascha beenden. Dass בְּרִית פרר‎-H die Annullierung eines Vertrages meint, bestätigt Ez 17,15–19. Der Passus beklagt, dass König Zidkija seinen Vasalleneid gegenüber Nebukadnezzar gebrochen hat, indem er beim Pharao militärischen Beistand gegen die Babylonier suchte. Die Aufkündigung des Vasallenvertrags heißt dort vier Mal בְּרִית פרר‎-H bzw. בְּרִית פור‎-H (Vv. 15.16.18.19).

Auch wo es um die בְּרִית JHWHs mit Israel geht, bezeichnet die Wortverbindung wiederholt das Ende des Bundesverhältnisses.[40] So wenn Jer 14,21 an JHWH appelliert: „Gedenke deiner בְּרִית mit uns, brich sie nicht!" In Ri 2,1 wird der Schwur JHWHs an die Väter mit den Worten zitiert: „Ich werde meine בְּרִית mit euch in Ewigkeit nicht brechen." In den nachexilischen Trostworten Lev 26,44 versichert JHWH, sein Volk nicht einmal durch die Verschleppung auszutilgen, wobei die Ausrottung bedeute, „meinen Bund mit ihnen zu brechen". In Jer 33,20–21 beteuert JHWH, seine בְּרִית mit David und den levitischen Priestern könne ebenso wenig gebrochen werden wie seine בְּרִית mit Tag und Nacht, „sodass es nicht mehr Tag und Nacht würde zu ihrer Zeit". Der Bruch des Bundes mit Tag und Nacht wäre das Ende des normalen Wechsels von Licht und Finsternis. Ähnlich gewisse Stellen, die vom Bundesbruch des Volkes reden. In Jer 31,32 ist der Bundesbruch für JHWH das Motiv, die gebrochene בְּרִית durch eine verheißene neue בְּרִית abzulösen.[41] Wie jedoch für lebendige Sprachverwendung

39   וְיַעֲלֶה realisiert die in Prosa seltene Formation w=Präfixkonjugation Langform. Es handelt sich wohl um ein Beispiel jüngerer Orthographie, bei dem eine Langform an die Stelle einer ehemaligen Kurzform trat, wie es in den folgenden Kapiteln häufig geschieht. Demnach ist eine Kurzform als Ausdruck eines finalen Verhältnisses zum Vordersatz wiederherzustellen. Vgl. H.-J. STIPP, Narrativ-Langformen 2. und 3. Person von zweiradikaligen Basen nach qalY im biblischen Hebräisch. Eine Untersuchung zu morphologischen Abweichungen in den Büchern Jeremia und Könige, JNWSL 13 (1987) 109–149, 138f.

40   Vgl. GROß, Zukunft (Anm. 6), 122f. Dort auch zu Sach 11,10f.

41   Vgl. W. GROß, Neuer Bund oder Erneuerter Bund. Jer 31,31–34 in der jüngsten Diskussion, in: B. J. Hilberath – D. Sattler (Hg.), Vorgeschmack. Ökumenische Bemühungen um die Eucharistie (FS Th. Schneider), Mainz 1995, 89–114, 100; DERS., Erneuerter oder Neuer Bund (Anm. 7), 52; DERS., Zukunft (Anm. 6), 150–152. Vgl. ferner Ez 16,59–60 und dazu einerseits H.-W. JÜNGLING, Eid und Bund in Ez 16–17, in: E. Zenger (Hg.), Der Neue Bund im Alten (Anm. 1), 113–148, 138–148, und andererseits GROß, Zukunft 123 Anm. 41.

typisch, gibt es auch einen weniger strengen Gebrauch von פרר-H בְּרִית. Was dann Bundesbruch heißt, ist lediglich ein Verstoß dagegen, der die dauerhafte Geltung noch nicht in Frage stellt.[42] Wenn also Gen 17 von Bundesbruch spricht, belegt es die Unbeschnittenheit mit dem Fachausdruck für die Liquidation einer בְּרִית. Die Redeweise kann freilich auch für bloße Verletzung der Bundespflichten eintreten. Was meint Gen 17? Zur Antwort führt ein Vergleich der Adressaten der Zusagen und Lasten, die hier בְּרִית heißen.

Die göttliche Gabe der Mehrung gilt in den Vv. 4–6 Abraham. Die Landgabe und die Gewährung des Gottseins gilt in V. 7f. Abraham sowie seinen Nachkommen, also dem Volk Israel.[43] Die menschliche Pflicht der Beschneidung obliegt nach den Vv. 9–14 Abraham und seinen Nachkommen, die sie auf ihre männlichen Sklaven auszudehnen haben. Das Beschneidungsgebot bindet also wiederum das Volk. Insoweit folgt die Priesterschrift der Tradition, wonach der Empfänger der בְּרִית JHWHs samt des בְּרִית-Segens eine kollektive Größe, eben das Volk ist. Sie beschreitet allerdings eigene Wege, wo es um den Bundesbruch und seine Folgen geht. Bei der Horeb-בְּרִית war es ebenfalls das Volk, dem bei Treuebruch die Bundesflüche drohten. Anders in Gen 17. Dem Kapitel eignet eine unauffällige Besonderheit: Nur hier wird im Alten Testament erklärt, dass ein einzelner Mensch die בְּרִית JHWHs brechen könne.[44] Strafen für einzelne wegen der Verletzung von בְּרִית-Vorschriften finden sich auch andernorts, etwa in Dtn 13, wo die Sanktionen für den Kult fremder Götter bestimmt werden. Als Täter erwägt das Kapitel Einzelne sowie auch ganze Städte, gegen die es die schärfsten Waffen des israelitischen Strafrechts aufbietet: Todesstrafe, Steinigung, Bann. Es regelt also die drakonische Sühne der Schändung des

---

42 In Ez 44,7 beklagt JHWH, dass die Israeliten unbeschnittenen Fremden Zugang zum Tempel eingeräumt haben, und bewertet dies ausdrücklich als Bundesbruch. Hier wäre das Verständnis als definitiver Schlusspunkt des בְּרִית-Verhältnisses kaum mit dem Kontext zu vereinbaren. Weniger klar ist Jes 33,8. Jes 24,5 erhebt gegen die Bewohner der Erde den Vorwurf: „Sie haben die ewige בְּרִית gebrochen" (הֵפֵרוּ בְּרִית עוֹלָם). Es gibt jedoch keine überzeugende Antwort auf die Frage, welche בְּרִית damit gemeint sein soll, weil aus den im AT belegten בְּרִית-Verhältnissen nach dem Adressatenkreis nur der Noachbund in Frage kommt, der aber von menschlicher Seite gar nicht gebrochen werden kann. Der Satz steht parallel zu den Ausdrücken: „Sie haben die Weisungen übertreten, das Gesetz umgangen." Hier ist בְּרִית wohl in seiner Grundbedeutung „Verpflichtung" gebraucht.

43 GROß, Zukunft (Anm. 6), 52ff., unterscheidet deshalb in Gen 17 zwei בְּרִית-Schlüsse mit Abraham (Vv. 2–6) sowie mit Abraham und seinen Nachkommen (Vv. 7–14). Eine dritte בְּרִית mit Isaak wird angekündigt (Vv. 19.21).

44 THIEL, Hēfēr berît (Anm. 38), 227.

Hauptgebots des Horebbundes, der Alleinverehrung JHWHs.[45] Trotzdem wird die Rede vom Bundesbruch vermieden, sondern die Logik
angewandt: Wie Israel den Bund als Volk empfangen hat, so kann es
ihn auch nur als Volk zunichte machen und die Konsequenzen tragen.
Nicht so Gen 17: Empfänger der בְּרִית als Zusage und Gebot sind alle
Israeliten; Subjekt des Bundesbruches und Objekt seiner Folgen ist der
einzelne israelitische Mann. Jüdinnen können diese בְּרִית überhaupt
nicht brechen.

Damit verschiebt die Priesterschrift den Bundesbruch samt seiner
Folgen in die individuelle Sphäre, während auf kollektiver Ebene keine
Katastrophe des Gottesverhältnisses mehr ins Auge gefasst wird. Das
kann nur bedeuten, dass der Bundesbruch hier unter der Hand etwas
anderes geworden ist. Als Angelegenheit des Einzelnen kann er das
Gottesverhältnis Israels nicht mehr gefährden. Eine rationalistische Optik mag den totalen Bundesbruch als Summe der Vergehen aller weiterhin für möglich halten, doch in dieser Systematik ist er einfach nicht
mehr vorgesehen. Durch die Individualisierung des Bundesbruchs hat
die priesterliche Theologie sichergestellt, dass der Bundesbruch nur
noch Delikte einzelner meinen *kann*. Das hat ihm seine ultimative
Bedrohlichkeit genommen. Aus der Warte der älteren Bundestheologie
muss man bilanzieren: Dieser Bundesbruch ist keiner mehr, er heißt
nur noch so.

So lässt sich genauer beschreiben, wie der priesterliche Autor mit
der traditionellen Bundeskonzeption verfuhr. Er strich den konditionierten Sinai- bzw. Horebbund, um stattdessen die Abraham-בְּרִית zur
Magna Charta des Gottesbezuges Israels zu erheben. Analog dem Bund
vom Gottesberg gab er eine menschliche Bundespflicht bei und belegte
ihre Nichtbeachtung sogar mit dem Ausdruck für das Ende einer בְּרִית.
Ergebnis war jedoch kein klassischer zweiseitiger Bund. Das verhinder-
ten die fundamentalen Asymmetrien: von Empfängern der בְּרִית und
ihren Beschädigern, von Verheißung und Sanktion. Partner der Bun-
desgaben war weiterhin Israel, der Bundesbruch hingegen glitt in die
Sphäre des Einzelnen. So hart die Strafe auch klingen mochte, die
Heilszusagen stellte sie nicht mehr in Frage. Das Heil galt Israel, das
Unheil dem (männlichen) Israeliten. So konnte das Volk aus der se-
gensreichen JHWH-בְּרִית nur noch theoretisch herausfallen, in der Praxis
gar nicht mehr. Die Individualisierung des Bundesbruchs erlaubte es
der priesterlichen Theologie, ein traditionelles Konzept, das die endgültige Annullierbarkeit des Gottesverhältnisses Israels vorsah, so zu

---

45 Vgl. auch Dtn 29,15–20; Jos 7,15.

resemantisieren, dass es sich mit dem Glauben an die unaufhebbare Treue JHWHs versöhnen ließ.[46]

Diese Überlegungen bestätigen jene, die Gen 17 als reinen Gnadenbund begreifen – und zwar unter Einschluss der Beschneidungsordnung. Denn das Gebot ist auf eine Weise formuliert, dass es nur dem offenbar kalkulierten Anschein nach in die Fußstapfen herkömmlicher Bundespflichten tritt. Auch der sonst post-priesterschriftliche Sprachgebrauch ist hier einleuchtend motivierbar. Sofern man einräumt, dass die originale Priesterschrift mitunter gesetzliche Vorschriften enthalten konnte, kann die *karet*-Formel in V. 14 nicht erstaunen. Denn selbst wenn die übrigen Belege erst später in den Pentateuch eindrangen, ist die Annahme nicht abwegig, dass unser Autor längst mit derlei geprägten Wendungen vertraut war. Angesichts des natürlichen Konservatismus von Kult und Jurisprudenz dürfte der Ursprung priesterlicher Rechtsvorstellungen samt Sprachgewand ihrer Aufnahme in den Pentateuch deutlich vorausliegen.[47] So gilt: Wenn man überhaupt mit gesetzlichen Materialien in der Priesterschrift rechnet, muss man auch einschlägige Terminologie akzeptieren.

Ebenso plausibel sind die deuteronomistischen Anleihen. Wenn die Bundestheologie effektiv neu konzipiert werden sollte, war es nur zweckdienlich, traditionelle Schlüsselbegriffe aufzugreifen, um sie durch die Art ihrer Verwendung mit neuem Sinn zu füllen.[48] Genau das geschieht hier: „die בְּרִית bewahren" in V. 9–10 ist eben nicht mehr die Observanz eines stattlichen Gesetzeskorpus, sondern die Weiterpflege alten Brauchtums, das jetzt ein Zeichen setzt.[49] Der בְּרִית-Bruch in V. 14 ist kein Schlusspunkt mehr. Das mag man durchaus eine subversive

---

46 Wie sehr das Thema kollektiver und individueller göttlicher Ahndung die israelitische Theologie in exilisch-frühnachexilischer Zeit bewegte, illustrieren beispielsweise auch Jer 31,29–30 und Ez 18.

47 So z. B. ZENGER – FREVEL, Das priester(schrift)liche Werk (Anm. 10), 203.

48 Diese Position ist auch angedeutet bei SCHMID, Erzväter (Anm. 14), 255 Anm. 474.

49 Die nähere Funktionsweise der Beschneidung als Zeichen muss hier ausgeklammert bleiben. Was die beliebte Interpretation angeht, die Setzung des Zeichens sei eine Art aktiver individueller Inkraftsetzung des Bundes, so ist an die Tatsache zu erinnern, dass auch in israelitischen Haushalten die Zahl der Beschnittenen die Zahl der Bundespartner übertrifft (V. 20f.!). I. FISCHER, Die Erzeltern Israels. Feministisch-theologische Studien zu Genesis 12–36 (BZAW 222), Berlin 1994, 298, behauptet zwar, dass Abraham Ismael „durch die Beschneidung in seinen Bund hineinnimmt" (mit Zustimmung von ZIEMER, Abram [Anm. 8], 309). Dem widerstreitet jedoch der durch Erstposition des Objekts in 21a ausgeübte Kontrastfokus, der trotz Beschneidung Ismaels das בְּרִית-Verhältnis nachdrücklich für Isaak reserviert; vgl. W. GROß, Die Satzteilfolge im Verbalsatz alttestamentlicher Prosa. Untersucht an den Büchern Dtn, Ri und 2 Kön (FAT 17), Tübingen 1996, 141.

Rezeption deuteronomischer Bundestheologie nennen.[50] Wenn heute nicht wenige Exegeten aus diesen sprachlichen Querbezügen einen zweiseitigen Bund herauslesen, darf der priesterliche Theologe auf seine Weise einen späten Triumph verbuchen – denn eben diesen Eindruck hatte er befördern wollen. Das Konzept sollte traditionell klingen, damit die Innovation unbehelligt auf leisen Sohlen Einzug halten konnte. Der Autor verneigte sich terminologisch vor der Überlieferung, um sie insgeheim zu revolutionieren.

Er hat damit der Theologie etwas vorgemacht, ohne das sie nicht auskommen wird. Normalerweise sind wir ständig auf der Suche nach den angemessenen Worten, die dem Sachgehalt der Überlieferung Gerechtigkeit zu tun imstande sind. Doch wenn die Tradition sich hoffnungslos verrannt hat, dann mag der größte Ehrerweis darin bestehen, ihr sprachlich Respekt zu bezeugen, während die Interpretation zu neuen Ufern aufbricht. Wer dergleichen tut, hat den priesterlichen Theologen an seiner Seite, dem in der Not der Blick nach vorne wichtiger war als der Blick zurück.

---

50 So in Aufnahme einer griffigen Prägung von Eckart Otto, die sich auf das Verhältnis des Ur-Dtn zu den assyrischen Loyalitätseiden Assarhaddons bezieht; vgl. z. B. E. OTTO, Das Deuteronomium. Politische Theologie und Rechtsreform in Juda und Assyrien (BZAW 284), Berlin 1999, 364.

II.

Deuteronomistisches Geschichtswerk

Simson, der Nasiräer

Was sollen wir von Simson halten? Was haben die Autoren der biblischen Simsongeschichten von ihrem Helden gehalten? Diese Frage ist ein Zentralproblem der Auslegung von Ri 13–16. Wir finden den Simsonzyklus im Deuteronomistischen Geschichtswerk mit seinem prägnanten geschichtstheologischen Konzept; Simson amtiert dort als Richter und Retter, mithin als einer jener Vorsteher, die die Israeliten in vorköniglicher Zeit durch charismatisch geführte Kriege vor ihren Bedrängern erretteten. Doch Simson passt so gar nicht in das dtr Richterschema. „Einzige Richtschnur seines Lebens scheint sein Wille, einzige Verpflichtung seine private Rache zu sein. Seine Kriege sind Privatfehden, und seine Siege retten bestenfalls den eigenen Kopf. Darüber hinaus scheint sich der Heros ausschließlich für (philistäische) Frauen zu interessieren." So fasst K. F. D. Römheld den zwiespältigen Eindruck zusammen, den der danitische Kraftprotz bei vielen heutigen Exegeten hinterlässt.[1] Doch war dies auch die Sicht der biblischen Autoren? Darauf hat die Exegese ganz gegensätzliche Antworten gegeben. Um an unser Problem heranzuführen, blicken wir daher zuerst zurück.

1. Das Bild Simsons in der Exegese

Bis über die Mitte des 20. Jahrhunderts hinaus sahen die Ausleger keinen Anlass, im literarischen Profil Simsons kritische Untertöne wahrzunehmen. A. Calmet hatte im 18. Jahrhundert noch keine Mühe, in den Simsongeschichten die typologische Vorabschattung des Schicksals Jesu wiederzuerkennen.[2] Für H. Ewald war Simson „das rechte bild des auch in der dauernden unterdrückung an geist und leib ungebeugt

---

1 K. F. D. RÖMHELD, Von den Quellen der Kraft (Jdc 13), ZAW 104 (1992) 28–52, 28.

2 A. CALMET, Commentarius literalis in librum Judicum, latinis literis traditus a J. D. Mansi, Wirceburgi 1790, 465f. Überblicke zur vorkritischen Exegese der Simsonerzählungen bieten A. G. VAN DAALEN, Simson. Een onderzoek naar de plaats, de opbouw en de funktie van het Simsonverhaal in het kader van de Oudtestamentische geschiedschrijving (SSN 8), Assen 1966, 1ff.; J. L. CRENSHAW, Samson. A Secret Betrayed, a Vow Ignored, Atlanta 1978, 137–148.

bleibenden volkes",[3] und C. F. Keil fand in Simson rundweg „die Blüte und Spitze des Richtertums".[4] Noch 1954 resümierte H. W. Hertzberg: „Die Simsongeschichte ist keine moralische Geschichte." „Es wird einfach berichtet, nicht bewertet. Dem Simson wird kein Vorwurf daraus gemacht, daß er leichtsinnig ist, sich zu einer philistäischen Hure begibt, daß er lügt, tötet, ausplaudert. ... Es wird offen alles beschrieben, wie es ist, in großartiger Unbefangenheit."[5] Die Simsonerzählungen galten als Erzeugnisse einer populären Erzählkultur, die sich unbeschwert an derben Späßen erheitert. In der Erinnerung an die Philisternot freut sie sich diebisch an allen Streichen, die auf Kosten der überlegenen Widersacher gehen.[6] Niemandem kam es in den Sinn, daran die Maßstäbe der anderen, stärker deuteronomistisch durchgestalteten Richtererzählungen anzulegen.[7]

Einen nachhaltigen Wandel im theologischen Verständnis des Simsonzyklus haben um 1960 J. Blenkinsopp und G. von Rad eingeleitet. Ohne den volkstümlich-amoralischen Charakter der alten Simsonüberlieferungen zu leugnen, lenkten sie den Blick auf Kap. 13, das schon seit Beginn der kritischen Exegese als ein jüngerer Vorspann erkannt ist,[8] und stellten deutlicher als zuvor die Frage nach dessen Funktion. Ihre

---

3   H. EWALD, Geschichte des Volkes Israel, Bd. 2, 3. Ausg., Göttingen, 1865, 559–576, Zitat 565.

4   C. F. KEIL, Biblischer Commentar über die prophetischen Geschichtsbücher des Alten Testaments. 1. Bd.: Josua, Richter und Ruth (BC 1), 2., verb. Aufl., Leipzig 1874, 325.

5   H. W. HERTZBERG, Die Bücher Josua, Richter, Ruth (ATD 9), Göttingen 1954, 234.224.

6   Besonders prägnant: H. GUNKEL, Simson, in: DERS., Reden und Aufsätze, Göttingen 1913, 38–64, 39–43. An neueren Behandlungen dieses Themas vgl. J. KEGLER, Simson – Widerstandskämpfer und Volksheld, CV 28 (1985) 97–117; S. NIDITCH, Samson as Culture Hero, Trickster, and Bandit: The Empowerment of the Weak, CBQ 52 (1992) 608–624.

7   Vgl. beispielsweise die Kommentierung der Simsonerzählungen in folgenden Werken: F. BLEEK, Einleitung in das Alte Testament, 4. Aufl. ..., bearb. v. J. Wellhausen, Berlin 1878; J. WELLHAUSEN, Die Composition des Hexateuchs und der historischen Bücher des Alten Testaments, Berlin ³1899, 225; E. BERTHEAU, Das Buch der Richter und Ruth, Leipzig ²1883; S. OETTLI, Das Deuteronomium und die Bücher Josua und Richter, München 1893; K. BUDDE, Das Buch der Richter (KHC 7), Freiburg u. a. 1897; W. NOWACK, Richter, Ruth und Bücher Samuelis, Göttingen 1902; V. ZAPLETAL, Der biblische Samson, Freiburg Schweiz 1906; DERS., Das Buch der Richter, Münster 1923; H. GUNKEL, Simson (Anm. 6); H. GRESSMANN, Die Anfänge Israels (Von 2. Mose bis Richter und Ruth), 2., verb. Aufl. Göttingen 1922; J. DE FRAINE, Rechters uit de grondtekst vertaald en uitgelegd, Roermond – Maaseik 1955.

8   Abweichende Stimmen sind in der Minderheit; so z. B. VAN DAALEN, Simson (Anm. 2), 39; CRENSHAW, Samson (Anm. 2), 135; R. BARTELMUS, Heroentum in Israel und seiner Umwelt (AThANT 65), Zürich 1979, 82f.; J. KIM, The Structure of the Samson Cycle, Kampen 1993, 425.

These: Durch das Voranschicken der Ankündigungsszene hätten späte-re, theologisch reflektierende Bearbeiter die Simsongestalt einer durch-greifenden Umwertung unterzogen. Für von Rad stilisierte Ri 13 den Protagonisten um zum warnenden Beispiel eines mutwillig verschleu-derten Charismas:

> „Durch die wie ein Portal vorausgestellte Berufungsgeschichte bekommt jetzt alles eine besondere Note: Die Berufung und Aussonderung zum Nasiräer, zu einem sonderlichen Werkzeug, dessen sich Jahwe bedienen will, ist stärkstens betont. Diese Vorgeschichte des Lebens Simsons bei Gott stellt dem Leser das eigentliche Problem der Simsonerzählung; denn wer von der frommen Berufungsgeschichte herkommt ..., der muß sich über den Wirbel von sehr ungeistlichen Abenteuern wundern, in denen sich Simson verliert. ... Seine Gotteskraft verzettelt sich immer mehr in wir-kungslosem Schabernack, und Simson geht in dem großen Konflikt zwi-schen Eros und Charisma schließlich unter. So zeigen also ... die Simson-geschichten das Scheitern eines Charismatikers und das Bild einer vertanen Gotteskraft."[9]

Im angelsächsischen Raum hat namentlich das Urteil von J. Blenkin-sopp Wirkung gezeigt, wonach Ri 13 den gesamten Erzählkranz unter das Thema des Gebrochenen Gelübdes gestellt habe.[10] Während von Rad zufolge Simson vor allem seine Mission als Werkzeug JHWHs ge-gen die Philister verraten hatte, rückte Blenkinsopp das Nasiräertum in den Mittelpunkt: Es war die Schuld Simsons, die Gebote seines Status als Geweihter Gottes vernachlässigt zu haben. Ähnlich hat nach J. A. Wharton die Neuinterpretation Simsons als Nasiräer seinen tragischen Tod „as the consequence of his own infidelity" erklärt.[11] J. L. Crenshaw verschmolz beide Aspekte. Er sah in Ri 13–16 sowohl „a tale about squandered potential" als auch ein Exempel des „failure to keep the Nazirite vow".[12] Ihm ist J. A. Soggin in seinem Kommentar gefolgt.[13] E. L. Greenstein fand in Simsons Umgang mit seinen Nasiräerpflichten

---

9   G. VON RAD, Theologie des Alten Testaments, Bd. I: Die Theologie der geschicht-lichen Überlieferungen Israels, München ⁶1969, 346. Vgl. schon DERS., Die Geschichte von Simson (1953), in: DERS., Gottes Wirken in Israel, Neukirchen-Vluyn 1974, 49–52.

10   J. BLENKINSOPP, Some Notes on the Saga of Samson and the Heroic Milieu, Scripture 11 (1959), 81–89, 84; DERS., Structure and Style in Judges 13–16, JBL 82 (1963) 65–76, 65.

11   J. A. WHARTON, The Secret of Yahweh. Story and Affirmation in Judges 13–16, Int 27 (1973) 48–66, 62.

12   J. L. CRENSHAW, Art. Samson, ABD V 950–954, Zit. 950. Vgl. die ausführliche Darle-gung in DERS., Samson (Anm. 2).

13   J. A. SOGGIN, Judges. A Commentary (OTL), London ²1987, 229.236f. Vgl. auch R. G. BOLING, Judges (AB 6A), Garden City 1975, 30, der Ri 16 unter die Überschrift des „wasted charisma" stellt.

gar eine Art Allegorie des bundesbrüchigen Israel;[14] ähnlich argumentierte auch J. Kim.[15] L. R. Klein bewertete die Ankündigungsszene als zentrales Instrument der angeblich durchgehend ironischen Schilderung Simsons: „The annunciation type-scene arouses expectations which are diametrically opposed to the reality. The reader is set up for incongruity, for irony."[16] Laut K. F. D. Römheld verlieh die Vorschaltung der Nasiräatsobliegenheiten der menschlichen Schwäche Simsons schuldhafte Qualität, und sein Schicksal wurde als göttlich verhängte Strafe für seine Pflichtvergessenheit ausgedeutet.[17]

Diese neueren Exegesen erkennen in Ri 13 übereinstimmend einen hermeneutischen Generalschlüssel, der Simson von einem populären Volkshelden in eine höchst zwiespältige Figur umgewertet habe. Mehrheitlich erkennen sie gerade in der Berufung zum Nasiräer den zentralen Gesichtspunkt für die Frage nach dem Bild des Helden im vollendeten Erzählzyklus, denn dadurch hätten sich Simsons Taten in eine Geschichte fortgesetzter Verstöße gegen seine Standespflichten verwandelt.

Als Maßstab dient in der Regel das priesterliche Nasiräergesetz in Num 6,1–21, das in V. 3–7 die den Nasiräern auferlegten Tabus aufzählt. Danach ist das Nasiräat ein befristetes Gelübde, das die Beachtung dreier Verbote verlangt:

1. das Verbot des Genusses von Alkohol (vgl. Am 2,12) und jeglicher Produkte des Weinstocks (V. 3–4);

2. das Scherverbot (V. 5);

3. das Verbot der Verunreinigung durch Leichen (V. 6–7). Es ist besonders streng definiert, insofern Nasiräer im Unterschied zu Priestern (Lev 21,1–4; Ez 44,25), aber ebenso wie der Hohepriester (Lev 21,11) sogar den Kontakt mit den Leichen ihrer Eltern meiden müssen. Ein plötzlicher Todesfall in der Nähe eines Nasiräers macht die bereits abgelaufene Zeit des Gelübdes ungültig (Num 6,9.12).

Exegeten haben zu jeder dieser Vorschriften in den Simsongeschichten Zuwiderhandlungen entdeckt:[18]

14 E. L. GREENSTEIN, The Riddle of Samson, Prooftexts 1 (1981) 237–260, 254.
15 KIM, Structure of the Samson Cycle (Anm. 8), 433. Vgl. auch L. R. KLEIN, The Triumph of Irony in the Book of Judges (JSOT.S 68), Sheffield 1988, 117.
16 L. R. KLEIN, Triumph of Irony, 134.
17 RÖMHELD, Quellen der Kraft (Anm. 1), 51f.
18 Hinzu kommen jene Autoren, die von Widersprüchen ausgehen, ohne konkrete Fälle zu identifizieren, wie z. B. J. CH. EXUM, The Centre Cannot Hold: Thematic and Textual Instabilities in Judges, CBQ 52 (1990) 410–431, 412.424; RÖMHELD, Quellen der Kraft (Anm. 1), 50.

1. Regelmäßig wird das Hochzeitsgelage Ri 14,10–19 als Verletzung des Alkoholverbots angeführt.[19]

2. Als schuldhafte Missachtung des Scherverbots gilt häufig die Weise, wie Simson in der Delilaepisode sein Haar verliert (16,4–22).[20]

3. Regelmäßig werden auch Simsons Kontakte mit Leichenteilen von Tieren – nämlich seine Honigmahlzeit aus dem Löwenkadaver (14,8–9)[21] und der Gebrauch einer Eselskinnbacke als Waffe (15,15–17)[22] – als unvereinbar mit dem Nasiräat hingestellt. K.-H. Bernhardt bewertete obendrein Simsons Gemetzel unter den Philistern (14,19; 15,8.15–16) als unzulässige Leichenkontakte: „Die Verunreinigung durch Tote scheut er im blutigen Streite mit den Philistern nicht."[23]

Diese Auslegungen sind nicht unwidersprochen geblieben. Man hat beispielsweise hervorgehoben, dass Simson nirgends ausdrücklich getadelt wird und dass wiederholt gerade da, wo Exegeten ein besonders fragwürdiges Gebaren zu entdecken meinen, der Beistand des Geistes JHWHs oder der Einklang mit den Plänen Gottes hervorgehoben wird[24] (14,4.19; 15,14).[25] Man hat geltend gemacht, dass in 14,10–15,17 immer den Philistern die Eskalation des Konflikts zugeschrieben werde, während Simson lediglich im Rahmen des geltenden Rechts reagie-

---

19 Z. B. GUNKEL, Simson (Anm. 6), 60; GREßMANN, Anfänge Israels (Anm. 7), 240; BLENKINSOPP, Saga of Samson (Anm. 10), 84; DERS., Judges 13–16 (Anm. 10), 66; CRENSHAW, Samson (Anm. 2), 129; GREENSTEIN, Riddle of Samson (Anm. 14), 251; H. GESE, Die ältere Simsonüberlieferung (Richter c. 14–15), ZThK 82 (1985) 261–280, 263 (= DERS., Alttestamentliche Studien, Tübingen 1991, 52–71); SOGGIN, Judges (Anm. 13), 236; M. GÖRG, Richter, Würzburg 1993, 76; K.-H. BERNHARDT, Art. Nasiräer, TRE 24 (1994) 10–12, 10.

20 Für J. BLENKINSOPP, Saga of Samson (Anm. 10), 84, ist Simsons Offenlegung seiner Kraftquelle „the most fatal (violation of the vow)". Vgl. auch DERS., Judges 13–16 (Anm. 10), 67. In dieselbe Richtung scheint WHARTON (Anm. 11), 61, zu denken. Ferner GREENSTEIN ebd.; CRENSHAW ebd.; BARTELMUS (Anm. 8), 87; SOGGIN ebd.; CRENSHAW, Art. Samson (Anm. 12), 952, formuliert wie folgt: „He toyed with cutting his hair until it became reality."

21 So die in Anm. 19 genannten Autoren sowie NOWACK (Anm. 7); BARTELMUS (Anm. 8), 87f.; B. G. WEBB, The Book of Judges. An Integrated Reading (JSOT.S 46), Sheffield 1987, 169; KLEIN, Triumph of Irony (Anm. 15), 129.

22 So GUNKEL, GREßMANN, CRENSHAW, SOGGIN, WEBB, KLEIN, BERNHARDT.

23 BERNHARDT ebd.

24 Vgl. J. CH. EXUM, The Theological Dimension of the Samson Saga, VT 33 (1983) 30–45; DIES., Tragedy and Biblical Narrative. Arrows of the Almighty, Cambrigde 1992, 21.30f. Ferner auch DIES., The Centre Cannot Hold (Anm. 18).

25 Manchmal werden die betreffenden Passagen sämtlich als (nicht nur traditionsgeschichtlich, sondern auch) literarisch sekundär beurteilt, so z. B. bei A. VAN DOORNINCK, De Simsonsagen. Kritische studiën over Richt. 14–15, ThT 28 (1894) 14–32; BARTELMUS, Heroentum, 103–11. Sollte dies zutreffen, sind sie jedenfalls älter als Ri 13, das in dem überleitenden V. 25 die Geistbegabung Simsons voraussetzt.

re.[26] Freilich fällt auf, dass die Argumente für ein affirmatives Simsonbild nahezu ausschließlich den Kapiteln 14–16 entstammen. Es erscheint zweifelhaft, ob man damit die Argumente für eine tiefgreifende
Neubewertung Simsons durch Ri 13 entkräften kann, denn das freundliche Simsonbild der übrigen Kapitel stellen sie ja gar nicht in Abrede,
sondern setzen es voraus: Eben dieses Porträt soll der Vorspann korrigiert haben. Hat die Vorschaltung des Geburtsorakels nicht doch den
gesamten Erzählkranz in ein neues Licht gerückt? Diese Frage lässt sich
nicht einfach durch den Rekurs auf Ri 14–16 verneinen.

Indessen steht der Annahme einer grundlegenden Reinterpretation
der Simsongestalt wenigstens eine Besonderheit von Ri 13 im Wege:
Der Bote JHWHs kündigt in V. 5 lediglich an, der Held werde mit der
Befreiung von den Philistern „beginnen". Wenn der Autor unseren
Blick auf das Missverhältnis von Berufung und Lebenswandel zu len-
ken plante, warum redete er dann so zurückhaltend, als wollte er Widersprüche zu den älteren Simsongeschichten gerade vermeiden? Hätte
jemand so formuliert, der, um Simson zum „Bild einer vertanen Gottes-
kraft" umzuformen, an der Diskrepanz zwischen Auftrag und Erfüllung interessiert war? Ferner fällt auf, dass der Ergänzer, etwa im Unterschied zum Saulszyklus, versäumt haben müsste, auch den übrigen
Erzählungen seine Kritik an dem Haupthelden einzupflanzen.

Es erscheint daher zweifelhaft, ob die Weise, wie diese Thesen die
verständnisleitende Funktion von Ri 13 beschreiben, dem Text gerecht
wird. Deshalb soll hier der Beitrag der Ankündigungsszene zum Bild
Simsons erneut erörtert werden, begrenzt auf ein wichtiges Teilpro-
blem: die Frage, wie es um Simsons Treue zu seinem Nasiräat bestellt
ist. Im Folgenden soll gezeigt werden, dass Ri 13 keineswegs dazu bestimmt war, Simson als pflichtvergessenen, disziplinlosen Verschwen-
der seines Charismas zu brandmarken. Die wunderbaren Umstände
seiner Geburt und seine Berufung zum Nasiräer „vom Mutterleib an"

26　H. GESE, Die ältere Simsonüberlieferung (Anm. 19), 265–268. GESE fordert darüber
　　hinaus eine grundlegende Neubesinnung der Exegese im Hinblick auf das Bild
　　Simsons in Ri 14–15, einem der „großen Texte[]" der Weltliteratur" (280): Durch die
　　Entdeckung des Honigs im Löwenkadaver werde Simson in das „Mysterium der
　　Entstehung des Lebens" eingeweiht; in seiner Verwüstung philistäischer Getreide-
　　felder durch fackeltragende Füchse habe man einen „dagonitischen Kultbrauch" als
　　törichte Imitation Simsons hingestellt, und der Gebrauch eines Eselskinnbackens als
　　Waffe sei ein ironischer Kommentar auf das philistäische Krummschwert (278). In
　　alldem dokumentiere sich eine typisch jahwistische „religiöse Souveränität gegen-
　　über den Philistern" (279). Diese hochspekulativen Thesen, auf die hier nicht näher
　　eingegangen werden kann, haben m. W. bislang keine Nachfolge gefunden. Vgl. die
　　Stellungnahme von R. BARTELMUS, Forschung am Richterbuch seit Martin Noth, ThR
　　56 (1991) 221–259, 249.

sollten ihn aufwerten und nicht herabsetzen. Dazu waren allerdings gewisse literarische Kunstgriffe vonnöten.

Bevor der Simson des Richterbuches am Nasiräergesetz in Num 6 gemessen werden kann, ist auf das Problem der Vergleichbarkeit der beiden Texte einzugehen. Die Simsonüberlieferungen sind teilweise sehr alt, denn sie spiegeln den philistäischen Druck auf ein Israel, wo man vom Beistand einer Zentralinstanz (Königtum) nichts weiß. Das Nasiräergesetz jedoch konzipiert das in Am 2,11–12 noch mit dem Prophetismus parallelisierte, also ehemals wohl charismatische Nasiräertum als eine Frömmigkeitsübung, die jedem Mann offen steht; außerdem erscheint das Nasiräat als eine Form der Reinheitsobservanz, die dem Priestertum nahekommt,[27] während von Funktionen, die über die Privatsphäre hinausreichen, keine Rede ist. Deswegen und aufgrund seiner Position unter jüngerem legislativem Material priesterlicher Herkunft (Ps) ist unbestritten, dass das Gesetz nachexilische Verhältnisse repräsentiert.[28] Allerdings ist das Nasiräat Simsons auch nur in Ri 13 verankert, das anerkanntermaßen einen jüngeren Vorbau bildet. Damit stellt sich das Problem der Vergleichbarkeit als Frage nach dem Alter von Ri 13. Auch inhaltlich sind das Simson auferlegte und das in Num 6 geregelte Nasiräertum nicht deckungsgleich. Der Bote bestimmt Simson zum Nasiräer vom Mutterleib an (13,5; vgl. 7); die Frau spricht in ihrer Darstellung von einem Nasiräat auf Lebenszeit (V. 7). Mit Simsons Stand werden sogar Speisevorschriften für die Mutter begründet (V. 4.7.14); obendrein ist er mit einer Retteraufgabe verknüpft. Dagegen kennt Num 6 nur das freiwillige, zeitweilige und rein private Nasiräat. Es ist demnach unumgänglich, der literarischen Eigenart von Ri 13 noch nähere Aufmerksamkeit zu widmen.

2. Ri 13: Zu Datierung und Intention

Der Vergleich von Ri 13 mit dem Nasiräergesetz Num 6,1–21 erscheint durchaus berechtigt, wie Überlegungen zum Alter der Ankündigungs-

---

27 Vgl. Lev 10,6.8; 21,1–12; Ez 44,20–21.25; näherer Vergleich bei PH. P. JENSON, Graded Holiness. A Key to the Priestly Conception of the World (JSOT.S 106), Sheffield 1992, 50f.
28 Vgl. z. B. G. MAYER, Art. נֵזֶר nezær, נָזִיר nāzîr, ThWAT V (1986) 329–334, 333; K.-H. BERNHARDT, Art. Nasiräer (Anm. 19), 11. Überlegungen zur Vorgeschichte von Num 6,1–21 werden angestellt von D. KELLERMANN, Die Priesterschrift von Numeri 1,1 bis 10,10 literarkritisch und traditionsgeschichtlich untersucht (BZAW 120), Berlin 1970, 83–95; E. ZUCKSCHWERDT, Zur literarischen Vorgeschichte des priesterlichen Nazir-Gesetzes, ZAW 88 (1976) 191–205.

szene ergeben, die aus vorstufenkritischen Gesichtspunkten resultieren. Es erscheint fraglich, ob der Simsonzyklus von Anfang an dem Deuteronomistischen Geschichtswerk angehört hat. Gewichtige Zweifel hat M. Noth vorgetragen.[29] Den Simsongeschichten fehlt eine dtr Bearbeitung, darunter eine effektive Umstilisierung zum gesamtisraelitischen Retter. Von den Retter- und Richterschemata sind nur spärliche Elemente vorhanden (13,1.5e; 15,20; 16,31e),[30] die auch jemand hervorbringen konnte, der lediglich allgemein mit den literarischen Eigenarten des Kontextes vertraut war.[31] In Samuels Rückblick auf die Richterzeit 1 Sam 12,9–11 bleibt Simson unerwähnt.[32] Auffällig ist die doppelte Richterformel vor und nach Kap. 16 (15,20; 16,31e). Sie wirft die Frage auf, ob der Simsonzyklus in zwei Schüben in das DtrG einging. War dem so, musste Kap. 13 zum zweiten Schub gehören, da es die Delilageschichte bereits voraussetzt, denn nur dort besitzt die Deutung Simsons als Nasiräer überhaupt einen Anhalt (16,17–22).

Was die innere Analyse des Kapitels betrifft, so ist die Nähe von V. 1 zum dtr Rahmengerüst des Richterbuches unbestritten, kenntlich an der typischen Terminologie und der gesamtisraelitischen Perspektive.[33] V. 2 bildet mit einem Nominalsatz der Form וַיְהִי + Subjekt אִישׁ + Herkunftsangabe einen typischen selbstständigen Erzählanfang.[34] Mit V. 1 zusammen hängt die Berufung des Knaben zum Retter in 5e וְהוּא יָחֵל לְהוֹשִׁיעַ אֶת־יִשְׂרָאֵל מִיַּד פְּלִשְׁתִּים, der einzigen weiteren Erwähnung der

---

29   M. NOTH, Überlieferungsgeschichtliche Studien. I. Die sammelnden und bearbeitenden Geschichtswerke im Alten Testament, Halle 1943, 61.

30   Vgl. die Gegenüberstellung bei U. BECKER, Richterzeit und Königtum. Redaktionsgeschichtliche Studien zum Richterbuch (BZAW 192), Berlin 1990, 83. – Die Zitation nach hebräischen Sätzen folgt W. RICHTER, Biblia Hebraica transcripta. 4. Josua, Richter (ATSAT 33.4), St. Ottilien 1991, außer dass Relativsätze als separate Sätze gezählt werden.

31   W. RICHTER, Die Bearbeitungen des „Retterbuches" in der deuteronomischen Epoche (BBB 21), Bonn 1964, 129.139f., plädiert wegen der Terminologie des Rahmens für die Inkorporation des Zyklus durch den Schöpfer des DtrG.

32   So mit MT; wie immer man das Element בְּדָן in 1 Sam 12,11 beurteilt, gibt es jedenfalls keinen haltbaren Grund, es auf Simson zu beziehen. Zur Bewertung abweichender antiker Zeugen vgl. D. BARTHÉLEMY, Critique textuelle de l'Ancien Testament. 1. Josué, Juges, Ruth, Samuel, Rois, Chroniques, Esdras, Néhémie, Esther (OBO 50.1), Fribourg – Göttingen 1982, 173f.; H. GESE, Ältere Simsonüberlieferung (Anm. 19), 261 Anm. 1; H. JACOBSON, The Judge Bedan (1 Samuel 12,11), VT 42 (1992) 123f.

33   Vgl. Ri 2,11.14; 3,7–8; 4,1–2; 6,1; 10,6–7.

34   Vgl. W. GROß, Syntaktische Erscheinungen am Anfang althebräischer Erzählungen: Hintergrund und Vordergrund, in: J. A. EMERTON (ed.), Congress Volume Vienna 1980 (VT.S 32), Leiden 1981, 131–145, 134. Weitere Beispiele: Ri 17,1; 1 Sam 1,1; 9,1; vgl. Ri 17,7; 19,1c.

Philister in Ri 13. Sie steht in verdächtigem Verhältnis zu 5d כִּי־נְזִיר אֱלֹהִים יִהְיֶה הַנַּעַר מִן־הַבָּטֶן, denn die vorfindliche Abfolge kumuliert in sonst nicht belegter Weise die Status des Retters und des Nasiräers. In den Reprisen der Botenrede in V. 7 und 13–14 kehrt die Retterberufung nicht wieder. Auch der abschließende V. 25 wird allgemein einer redaktionellen Hand zugeschrieben: Nach dem Eintreffen der Geburtsverheißung beginnt der Einfluss des Geistes JHWHs auf Simson, wovon nur die Kap. 14–15, nicht aber die Geburtsankündigung wissen. Zugleich scheint 13,25 im Unterschied zu den beiden folgenden Kapiteln das Wirken des Geistes nicht als fallweisen Beistand, sondern als dauerhaftes Charisma aufzufassen. Die Ortsnamen Zora und Eschtaol nehmen bereits den letzten Vers des Zyklus mit der Bestattung Simsons in demselben Gebiet in den Blick (16,31).

Als Zusatz wird meist auch 5a–c beurteilt. Das Orakel des JHWH-Boten an die Frau Manoachs sagt die Schwangerschaft doppelt an: zunächst in 3ef in weִ=qatal-Formationen, gefolgt von den Anweisungen an die Frau, sich des Alkohols und unreiner Speisen zu enthalten; dann nochmals in 5ab in partizipialer Formulierung, woran sich das Scherverbot für den Knaben, begründet mit seinem Nasiräerstatus, und seine Bestimmung zum anfänglichen Retter Israels vor den Philistern anschließt. In V. 7 berichtet die Frau ihrem Gatten von der Verheißung, übergeht aber neben der Bestimmung zum Retter auch das Scherverbot. Gleiches tut die neuerliche Wiederholung des Orakels durch den JHWH-Boten vor Manoach in V. 13–14. Hieraus wird nahezu einhellig geschlossen, dass die zweite Geburtsankündigung samt dem Scherverbot 5a–c einen Zusatz zur Vorbereitung von Kap. 16 darstellt (13,5c ‖ 16,17c).

Die These ist elegant, weil sie die Doppelung behebt und durch die Sequenz 4.5d die Ankündigung des Nasiräertums „vom Mutterleib an" ebenso wie in V. 7 unmittelbar mit den Nahrungsvorschriften für die Mutter verbindet, denn nur im Blick auf die Weihe des Knaben vom Mutterleib an erscheinen diese Speiseverbote überhaupt sinnvoll. Ferner schließt 5d glatt an 4c an, zumal der Satz den „Knaben" (הַנַּעַר) renominalisiert. Dieses Urteil über 5a–c kann allerdings bloß besagen, dass die Verbindung zwischen Ri 13 und 16 nachträglich weiter verstärkt wurde, denn die Deutung Simsons als Nasiräer ist in Kap. 13 unlösbar verankert, aber (ebenso wie V. 25) nur in Kenntnis von Kap. 16 verständlich.

Wenn Ri 13 die übrigen Simsonerzählungen voraussetzt, kann es nur eine abhängige Schöpfung bilden. Wurde es bereits außerhalb des DtrG den Kap. 14–16 vorangestellt? Sofern die verfrühte Richterformel in 15,30 tatsächlich aus einem sukzessiven Einbau des Zyklus herrührt (erst 14–15, dann 16 sowie/samt 13), kann die Ankündigungsszene nur im Prozess ihrer Eintragung ins DtrG ihre vorfindliche Gestalt angenommen haben. Nun wird man der doppelten Richterformel nicht zu viel Beweislast aufbürden. Es gibt allerdings einen anderen Grund, demzufolge Ri 13 nicht separat vom DtrG existiert haben kann: Wie sogleich näher zu zeigen ist, hat man in diesem Kapitel zu Recht eine literarische Adaption der Berufung Gideons in Ri 6,11–24 erkannt.[35] Wenn es jedoch eine Erzählung des DtrG nachahmt, dort aber selbst einen Nachtrag darstellt – also auch keiner Vorstufe des Ri angehört hat –, muss Ri 13 in das DtrG hineinverfasst worden sein.

Die Abhängigkeit von Ri 6,11–24 belegen folgende Züge.[36] Der zweite Auftritt des JHWH-Boten führt zu einem Opfer und Manoachs Einsicht in die Natur des Besuchers. Die Funktion dieses Teils für das Gesamt der Erzählung bleibt diffus, da die Erkenntnis des JHWH-Boten keine Folgen zeitigt; es scheint nur darum zu gehen, die Dignität der Sohnesverheißung überhaupt zu steigern. Die Sequenz von Ankündigung eines zum Nasiräer und Retter bestimmten Sohnes und folgenloser Erkenntnis des Offenbarers erklärt sich indessen leicht als Anleihe aus Ri 6,11–24, wo Gideons Erkenntnis des Numens in die Stiftung und Benennung eines Altars mündet. Diese Erzählung wird einmütig als eine Altarätiologie betrachtet, die eine dtr Hand sekundär zu einer Berufungsgeschichte ausgebaut hat.[37] Der alte Hieros logos führte die Kultstätte von Ofra auf Gideons gastfreundliche Aufnahme eines Numens zurück, das durch sein geheimnisvolles Verschwinden nach der wunderbaren Verwandlung des Gastmahls in ein Opfer seine Natur zu erkennen gab. Indem ein Deuteronomist die Altarätiologie zum Zei-

---

35   Diese These ist wiederholt vertreten worden. Vgl. z. B. R. KITTEL, Studien zur hebräischen Archäologie und Religionsgeschichte, Leipzig 1908, 106; GRESSMANN, Anfänge Israels (Anm. 7), 240; P. KÜBEL, Epiphanie und Altarbau, ZAW 83 (1971) 225–231; Y. ZAKOVITCH, The Sacrifice of Gideon (Jud. 6:11–24) and the Sacrifice of Manoach (Jud. 13), Shnaton 1 (1975) 151–154 (Ivrit).

36   Vgl. vor allem die Zusammenstellung der Gemeinsamkeiten bei BARTELMUS, Heroentum, 92. Beachtet werden hier nur jene Eigenarten, die nicht aus der Gattungstypik ableitbar sind und daher auf direkte literarische Abhängigkeit hindeuten.

37   In der Regel findet man die Altarätiologie ungefähr in V. 11a–d.18–24, während V. 12–17 dtr Händen zugewiesen werden. Vgl. E. KUTSCH, Gideons Berufung und Altarbau Jdc 6,11–24, ThLZ 81 (1956) 75–84; W. RICHTER, Traditionsgeschichtliche Untersuchungen zum Richterbuch (BBB 18), Bonn ²1966, 122–155; L. SCHMIDT, Menschlicher Erfolg und Jahwes Initiative. Studien zu Tradition, Interpretation und Historie in Überlieferungen von Gideon, Saul und David (WMANT 38), Neukirchen-Vluyn 1970, 22–53; T. VEIJOLA, Das Klagegebet in Literatur und Leben der Exilsgeneration am Beispiel einiger Prosatexte, in: J. A. EMERTON (ed.), Congress Volume Salamanca 1983 (VT.S 36), Leiden 1985, 286–307, 292–297; U. BECKER, Richterzeit und Königtum (Anm. 30), 145–151; M. GÖRG, Richter (NEB.AT 31), Würzburg 1993, 36.

chen im Rahmen des Berufungsschemas umwidmete (vgl. V. 17), entstand die künstliche Kombination der Gattungen der Retterberufung
und der Kultstiftungstheophanie. Die noch künstlichere Einheit von
Geburtsverheißung eines Retters und Opfer mit folgenloser Erkenntnis
des Boten in Ri 13 erklärt sich als Imitation dieser Vorlage, wobei im
Falle Manoachs keine Kultätiologie zur Verfügung stand oder das
Interesse daran geschwunden war.[38]

Noch weitere Details bezeugen die Abhängigkeit. Wo sonst im AT
Geburtsverheißung und Theoxenia zusammen auftreten, ist im Einklang mit einem Standarderzählmotiv der Antike die Verheißung Folge
der Theoxenia (Gen 18; 2 Kön 4,8–17). Weil hier dagegen Manoach nach
dem Vorbild Gideons den JHWH-Boten bewirten möchte, erscheint in
einer außergewöhnlichen Konstruktion die Theoxenia als Folge der
Sohnesgabe. An lexikalischen Gemeinsamkeiten fallen auf: die bittende
Anrede אֲדוֹנָי \ בִּי אֲדֹנִי (6,13.15; 13,8);[39] die Zubereitung eines Ziegen-
böckchens (גְּדִי עִזִּים) zur Bewirtung des Gastes bzw. als Opfer (6,19;
13,15.19; in Gen 18 serviert Abraham ein „Kalb": בֶּן־בָּקָר V. 7–8). Das
Opfer wird in beiden Fällen auf einem „Felsen" (הַצּוּר) dargebracht, der
bei 6,21 zuvor eingeführt (V. 20), in 13,19 dagegen wie eine bekannte
Größe behandelt wird. Auch der Sprung von der üblichen Bezeichnung
des Boten als מַלְאַךְ יְהוָה zu מַלְאַךְ הָאֱלֹהִים in V. 6.9 hat ein Vorbild in
Ri 6.[40] Überdies fällt auf, dass V. 1 im Formelmaterial des Buches seine
engste Parallele in der Einleitung des Gideonzyklus besitzt (6,1).[41]

Folglich kann Ri 13 frühestens mit der Komposition des DtrG kurz
vor dem Exil[42] entstanden sein. Wenn der Simsonzyklus später einge-
baut wurde und/oder die Kap. 13 und 16 nochmals später hinzutraten,
gelangt man bereits in exilisch-nachexilische Phasen.[43] Die auf die

---

38 In der Replik des Boten, sein Name sei „wunderbar" (פֶּלְאִי V. 18), und der syntak-
    tisch desintegrierten Bezeichnung JHWHs als „Wundertäter" (מַפְלִא לַעֲשׂוֹת V. 19)
    kann ein ehemaliger Name einer Kultstätte nachklingen; vgl. GREßMANN, Anfänge
    Israels (Anm. 7), 245; D. GRIMM, Der Name des Gottesboten in Richter 13, Bib. 62
    (1981) 92–98. Vielleicht sind diese Elemente aber einfach nur aus Ri 6,13 (נִפְלְאֹתָיו)
    herausgesponnen; so BARTELMUS, Heroentum (Anm. 8), 92.

39 Sonst Gen 43,20; 44,18; Ex 4,10.13; Num 12,11; Jos 7,8; 1 Sam 1,26; 1 Kön 3,17.26.

40 מַלְאַךְ יְהוָה: Ri 6,11.12.21(2x).22(2x); מַלְאַךְ הָאֱלֹהִים: V. 20.

41 Vgl. zum Kontrast die übrigen in Anm. 33 genannten Stellen.

42 Ich folge der These von F. M. CROSS, dass es eine vorexilische Ausgabe des DtrG aus
    der Zeit Joschijas gegeben hat. Vgl. H.-J. STIPP, Ende bei Joschija, in diesem Band S.
    391–439.

43 Zur Vorschaltung von Ri 13 gehören auch 14,1–4 sowie kleinere Anpassungen in V.
    5 und 10 (vgl. BHS), die die Eltern Simsons sekundär in die Erzählung von Simson
    und der Timniterin einführten; vgl. VAN DOORNINCK, Simsonsagen (Anm. 25), und
    die Kommentare. Die Erläuterung 4d „In jener Zeit herrschten die Philister über

Delilageschichte zielende religiöse Deutung von Simsons langem Haar hat Ri 13 von Anfang an innegewohnt, doch möglicherweise ist der Konnex mit Kap. 16 noch nachträglich durch den Einschub von 5a–c verstärkt worden. Von diesem Bild der Entstehung der Ankündigungsszene ergeben sich allerdings ungewohnte Konsequenzen für die meist als redaktionell bewerteten Verse 1.5e.25. Sofern Ri 13 später als Kap. 14–15 ins DtrG eingegangen ist, dürfte V. 1 nicht jünger, sondern älter sein als die Geburtsverheißung. Was 5e.25 angeht, fragt man sich, warum man hier mit einer weiteren Stufe redaktioneller Glossierung rechnen sollte, anstatt auch diese Passagen dem Autor von Kap. 13 zuzugestehen, der dabei aus seiner Kenntnis des Kontextes schöpfte. Wurde der Simsonzyklus in einem Zug eingefügt, ergibt sich dieselbe Frage für V. 1. Weil dieser Vers ohnehin ebenso wie der Rest des Kapitels Ri 6 nachempfunden zu sein scheint, ergibt sich als plausibelste Alternative, dass Ri 13 in einem Zug entstanden ist (außer 5a–c?), um beim Einbau des Zyklus in ein bereits vorliegendes DtrG* für diesen eine Einleitung zu schaffen.

Für weitere Kohärenzstörungen in Ri 13 sind bislang keine überzeugenden diachronen Herleitungen gefunden worden. Das Orakel des JHWH-Boten tritt in Ri 13 in drei verschiedenen Fassungen auf. Die erste Rede des Boten V. 3–5 kündigt die Geburt an und erteilt drei Anweisungen: erstens, die Frau solle sich berauschender Getränke enthalten; zweitens, sie solle auf unreine Speisen verzichten; und drittens, das Haar des Knaben dürfe nicht geschoren werden. Ferner wird bestimmt, dass das Nasiräertum des Knaben vom Mutterleib an gelten und er mit der Rettung Israels aus der Gewalt der Philister beginnen soll. Das Nasiräat vom Mutterleib an ist nach verbreiteter Ansicht der Grund für die Enthaltsamkeitsforderungen an die Mutter, von denen meist angenommen wird, dass sie nur für die Schwangerschaft gelten sollen. Merkwürdig berührt das Verbot unreiner Nahrung, da es ohnehin allgemeingültig ist. In ihrer Wiedergabe der Geburtsverheißung an Manoach in V. 7 wiederholt die Frau die ihr selbst auferlegten Verbote von Alkohol und unreinen Speisen, übergeht aber das für den Knaben gültige Scherverbot. Sie nennt die Berufung zum Nasiräer ab dem Mutterleib, wobei sie selbstständig die Worte „bis zum Tag seines Todes" hinzufügt. Die Bestimmung zum Retter bleibt unerwähnt.

Der neuerliche Botenbesuch kommt ausdrücklich auf Bitten Manoachs zustande, der wissen möchte, „was wir mit dem Knaben machen sollen, der geboren werden wird". Im Gespräch mit dem Boten formu-

---

Israel" veranschaulicht den zeitlichen Abstand, der Ri 13–14,4 von der israelitischen Frühzeit trennt.

liert Manoach seine Frage nochmals präziser: „Was wird die Lebensordnung[44] (מִשְׁפָּט) des Knaben und seine Tätigkeit (מַעֲשֵׂהוּ) sein?" (12c)
Die Antwort in V. 13–14 fällt äußerst merkwürdig aus. Der Bote verweist auf seine zuvor schon der Frau erteilten Vorschriften, wiederholt
die Verbote des Genusses von Alkohol und Unreinem und erweitert sie
auf sämtliche Produkte des Weinstocks. Das Scherverbot sowie die
Berufungen des Knaben zum Nasiräer und Retter kommen nicht mehr
zur Sprache. Obwohl die Auskunft mit keinem Wort auf den Knaben
eingeht und daher anscheinend mit Manoachs Frage gar nichts zu tun
hat, stellt Manoach keine Rückfragen, sondern wechselt das Thema
und spricht die Einladung aus, die dann zum Opfer und zur Erkenntnis
des JHWH-Boten führen wird.

Man hat gelegentlich angenommen, anstelle der femininen Morpheme in 13b–14 hätten ehemals maskuline gestanden, sodass die Vorschriften ursprünglich Simson gegolten hätten.[45] So ist es auch in den
Septuaginta-Handschriften B* und A, aber weil die griechischen
Verbalformen nicht das Genus des Subjekts markieren, ist der Bezug
auf Simson einzig in dem das Objekt bezeichnenden Pronomen in 14f
verankert (צִוִּיתִיהָ: αυτω statt αυτη). Die femininen Formen sind jedoch,
obwohl sie völlig der Erwartung widersprechen, mit fünf Verben und
einem enklitischen Personalpronomen so ausgezeichnet belegt und die
Stützen für das Maskulinum so schmal, dass letztere dem Verdikt der
sekundären Erleichterung kaum entgehen können.[46] Selbst wenn man
vermutete, die maskulinen Varianten hätten auf dem Weg der Glättung
eine ältere Fassung wiederhergestellt, wäre doch der Manipulations-
aufwand für die Umwidmung des Passus von Simson auf seine Mutter
derart groß, dass der Wandel nicht unabsichtlich eingetreten sein kann,
und es bliebe die Aufgabe, die Triebkräfte hinter diesem seltsamen
Eingriff zu bestimmen.

In derselben textlichen Umgebung ist auch eine erhebliche terminologische Inkonsistenz hinsichtlich JHWHs und seines Boten zu beobachten. Zehnmal bezeichnet der Erzähler den numinosen Besucher, wie

---

44 Vgl. HAL 616a s. v. מִשְׁפָּט 4.: „Lebensweise, Art". H. NIEHR, Herrschen und Richten.
Die Wurzel שׁפט im Alten Orient und im Alten Testament (FzB 54), Würzburg 1986,
180, sieht in מִשְׁפָּט Ri 13,12 mit Verweis auf die ugaritische Parallele KTU 1.124,3
(wyšal mṯpz yld) „die Entscheidung über den Knaben, was dann metonymisch sein
Geschick bezeichnet". Einen Überblick über neuere Übersetzungsvorschläge bietet
KIM, Samson Cycle (Anm. 8), 201f.

45 So z. B. GREßMANN (Anm. 7); ZAPLETAL, Richter (Anm. 7); A. VINCENT, Le livre des
Juges, le livre de Ruth, 2ᵉ éd. revue, Paris 1958.

46 Anders H. GESE, Art. Simson, RGG³ VI (1962) 43; A. PENNA, Giudici e Rut, Torino –
Roma 1963, 188.

üblich, als מַלְאַךְ יְהוָה.[47] Die Frau vergleicht den Offenbarer in 6d
dagegen mit dem מַלְאַךְ הָאֱלֹהִים, und in 9b folgt der Erzähler ihrem
Sprachgebrauch.[48] Dieser Wechsel dürfte, wie weiter oben gezeigt, von
derselben Erscheinung in dem literarischen Vorbild Ri 6,11–24 veranlasst sein. Den Besucher selbst nennt die Frau אִישׁ הָאֱלֹהִים[49] (6c),
und Manoach übernimmt in seinem Gebet diesen Titel (8c). Wenn die
Frau jedoch das zweite Erscheinen des Boten meldet, redet sie von ihm
einfach als הָאִישׁ (10e). Ebenso führt der Erzähler Manoach zu הָאִישׁ
(11c) und legt ihm diese Anrede in den Mund (11e). Weiterhin richtet
sich das Gebet Manoachs laut 8a an JHWH, doch die Erhörung kommt
in 9a von הָאֱלֹהִים. Konsistentere Varianten in der Textüberlieferung
sind schwach belegt (vgl. BHS) und unterliegen wieder dem Verdacht
der Glättung. Die Erscheinungsterminologie ist ebenfalls uneinheitlich:
Ohne erkennbares Prinzip „erscheint" oder „kommt" der Bote sowohl
in Handlung als auch in Rede.[50] Eine literargeschichtliche Herleitung
der terminologischen Spannungen gelingt nicht.[51] Offenbar sind die
Schwankungen im Sprachgebrauch originäre Kennzeichen dieses Textes.[52] Dass die Frau und Manoach in V. 10–11 ihren bereits erreichten
Kenntnisstand über den numinosen Charakter des Besuchers vergessen
zu haben scheinen (vgl. auch 16fg), ist Ausdruck ungeschickter Imitation von Ri 6: Weil nach diesem Vorbild das Opfer in die Erkenntnis
des Besuchers münden soll, müssen die beiden nunmehr ahnungslos
erscheinen. Weitere Auffälligkeiten, wie die Doppelung der Notiz von
der Augenzeugenschaft Manoachs und seiner Frau in V. 20–21, sind
ebenso wenig in einleuchtender Weise diachron herleitbar.

---

47   3a.13a.15a.16ag.17a.18a.20b.21ac.

48   R. FICKER, Art. מַלְאַךְ mal'āk Bote, THAT I (1971) 900–908, zählt im AT 58 Belege von
      מַלְאַךְ (הָ)אֱלֹהִים und 11 von מַלְאַךְ יְהוָה.

49   Der Artikel erscheint bei אִישׁ אֱלֹהִים mitunter auch dann, wenn indeterminierter
      Gebrauch zu erwarten ist. Vgl. 2 Kön 1,12; 2 Chr 25,7 und dazu H. J. STIPP, Elischa –
      Propheten – Gottesmänner. Die Kompositionsgeschichte des Elischazyklus und ver-
      wandter Texte, rekonstruiert auf der Basis von Text- und Literarkritik zu 1 Kön 20.22
      und 2 Kön 2–7 (ATSAT 24), St. Ottilien 1987, 250 Anm. 40.

50   Handlung (Erzählerrede): רָאָה 3a; בוֹא 9b. – Figurenrede: רָאָה 10e; בוֹא 6c.8c.10f.
      Vgl. auch 11f דִּבֶּרֶת. Aus der Streuung der Verben entnimmt RÖMHELD, Quellen der
      Kraft (Anm. 1), 38, „daß Manoach – anders als seine Frau – erst sehr spät die beson-
      dere Natur seines Gastes wahrnimmt". Das ist jedoch mit V. 8 (אֲשֶׁר שָׁלַחְתָּ > V. 6)
      schwer zu vereinbaren.

51   RÖMHELD, ebd. 39f., weist aus terminologischen Gründen V. 9 und 11c–12 einer
      Bearbeitung zu. Doch erzeugt dies weder einen glatteren Textverlauf, noch kann
      RÖMHELD plausible Gründe für die mutmaßlichen Zusätze nennen. Dasselbe gilt für
      seine Vorschläge zu V. 14 (ebd., 41f.).

52   Zu dem Ausdruck נְזִיר אֱלֹהִים V. 5.7 vgl. RÖMHELD, ebd. 48f.

Deshalb stellt sich das Kapitel als einheitlich heraus, u. U. mit Ausnahme von V. 1, der älter, und 5a–c, die jünger sein könnten. Es erscheint daher nicht unsachgemäß, den folgenden Überlegungen das gesamte Kapitel zugrundezulegen, das im 6. oder 5. Jahrhundert seine heutige Gestalt angenommen hat, also zu einer Zeit, die den von Num 6 repräsentierten Verhältnissen nahesteht.[53]

Die Neigung, in Ri 13 eine theologische Leseanweisung für den gesamten Simsonzyklus zu erkennen, wird durch Untersuchungen zur Erzählweise und zum Ziel der Episode als textgemäß erwiesen. Das Kapitel trägt im Unterschied zu den übrigen Simsongeschichten einen hochgradig konstruierten Charakter; an die Stelle unterhaltsamen, detailfreudigen Erzählens tritt die Abstraktion und der ausgeprägte Deutewille. Wie namentlich W. Richter[54] dargelegt und J. Ch. Exum[55] untermauert hat, ist Ri 13 unter Verwendung einer bemerkenswerten Fülle traditioneller Motive gestaltet, die allerdings durchweg in auffällig abstrahierter und literarisierter Manier verwendet sind. Das Motiv der kinderlosen Frau, die auf wunderbare Weise einen Sohn gebiert, entbehrt im Unterschied zu seinen übrigen Verwendungen im AT nahezu aller illustrierenden Details. Wir erfahren von der Gattin Manoachs lediglich, dass sie unfruchtbar war, und das zweimal in kaum variierten Worten (V. 2–3). Weder wird die Kinderlosigkeit mit einem erschwerenden Zusatzproblem verknüpft wie dem vorgerückten Alter des Ehepaars wie bei Abraham und Sara (Gen 18,11–13) oder dem Alter des Gatten wie bei der Schunemiterin (2 Kön 4,14); noch wird dramatisierend vom Leiden der Frau an ihrer Kinderlosigkeit berichtet wie bei Sara (Gen 16,4–5), Rahel (Gen 30,1) und Hanna (1 Sam 1,1–18). Ebenso wenig erfahren wir von Initiativen, den schmerzlichen Makel zu überwinden, wie der stellvertretenden Mutterschaft der Mägde bei Sara und Rahel (Gen 16,3; 30,3–4), Rahels Gebrauch von Aphrodisiaka (Gen 30,14–16.20–24),[56] Isaaks Gebet für Rebekka (Gen 25,21) oder Hannas Gebet und Gelübde (1 Sam 1,10–13). Auch teilt der Text keine Reaktion der Frau Manoachs mit wie das Lachen und die Ungläubigkeit Abrahams und Saras (Gen 17,17–18; 18,12–13), die Skepsis der Schunemite-

---

53 Vgl. dagegen an neueren Vorstufenrekonstruktionen zu Ri 13 z. B. Bartelmus, Heroentum (Anm. 8), 102; zu Römheld vgl. oben Anm. 51. W. Bader, Simson bei Delila. Computerlinguistische Interpretation des Textes Ri 13–16, Tübingen 1991, 75–88.120, postuliert als Grundschicht V. 2–4.5d.6–8.21a.

54 W. Richter, Traditionsgeschichtliche Untersuchungen (Anm. 37), 140–143.

55 J. Ch. Exum, Promise and Fulfillment: Narrative Art in Judges 13, JBL 99 (1980) 43–59, 47f.

56 So die meistvertretene Auslegung. Vgl. z. B. C. Westermann, Genesis. 2. Teilband: Genesis 12–36 (BK 1.2), Neukirchen-Vluyn 1981, 580.

rin (2 Kön 4,16) oder Hannas Überwindung ihrer Traurigkeit (1 Sam
1,19). Ebenso fehlt eine Notiz vom ehelichen Verkehr der Gatten und
der Empfängnis wie bei Hanna (1 Sam 1,19–20).

Im Unterschied zu den Sohnesverheißungen in Gen 18 und 2 Kön 4
ist das Orakel auch keine Dankesgabe für die Theoxenia, sondern wie
erwähnt, folgt umgekehrt die Theoxenia der Sohnesverheißung.[57] Eine
Motivation der Geburtsverheißung aus Tugenden der Eltern fehlt in Ri
13. Anders als beim Besuch des JHWH-Boten bei Gideon fehlt hier auch
eine ausschmückende Angabe über den Aufenthaltsort und die Tätigkeit der angesprochenen Frau (vgl. V. 3 mit Ri 6,11); erst bei der zweiten Audienz wird mehr Aufwand getrieben (V. 9). Die Motive der müt-
terlichen Unfruchtbarkeit und der Sohnesverheißung sind nahezu auf
ihre nackten Grundgerüste reduziert.[58]

Die Theoxenia ist ausgestaltet mit dem Motiv der ausgeschlagenen
Einladung des Gottesboten; vgl. 1 Kön 13,7–9(16–19).[59] Wie in Ri 6,20–
21 tritt an die Stelle der Bewirtung des unerkannten Gastes ein Opfer.
Während dort aber der JHWH-Bote die aufgetragenen Speisen durch
eine magische Geste ohne Zutun Gideons in ein Opfer verwandelt,
schlägt er hier, wiederum in abgeleitet-rationalisierender Manier, die
ersatzweise Darbringung eines Opfers durch Manoach vor (V. 16). Und
während Gideon infolgedessen einen Altar errichtet und benennt, ist
hier der Altar bereits vorhanden. Während Gideon den JHWH-Boten an
seinem Verschwinden im Gefolge des Opfers erkennt (6,21–22), werden
Manoach und seine Frau sogar Zeugen, wie der מַלְאָךְ in der Flamme
des Opfers zum Himmel aufsteigt, und vollziehen die Prostratio (V.
20). Als Grund von Manoachs Erkenntnis der Natur des wunderhaften
Gastes wird jedoch dessen ausbleibende Wiederkehr genannt, abermals
ein rationalistischer Zug (V. 21). Gideon und Manoach stürzt ihre
Einsicht in numinose Furcht, die bei Gideon durch einen vollmächtigen
Zuspruch JHWHs, bei Manoach dagegen durch ein Vernunftargument
seiner Gattin besänftigt wird. Die abschließende Namensgebung durch

---

57 In Gen 19 ist die Gabe (Rettung) ebenfalls die Folge der Theoxenia.

58 Auch die gestufte Offenbarung zuerst an die Mutter und dann an den Vater könnte
auf einem traditionellen Motiv beruhen. In einem Märchen von Si-Osire wird erst
der Mutter im Traum die Empfängnis angekündigt; später werden dem Vater im
Traum der Name des Sohnes mitgeteilt und dem Knaben eine große Zukunft verheißen. Vgl. E. BRUNNER-TRAUT, Altägyptische Märchen, 6., verb. Aufl. Köln 1983,
192f.; R. W. NEFF, The Announcement in Old Testament Birth Stories, Ph. D. diss.
Yale 1969, 136–145 (mir nicht zugänglich; vgl. EXUM, Promise and Fulfillment [Anm.
55], 51 Anm. 22). Hier ist die gestufte Offenbarung freilich auf eine rationale Ebene
erhoben, insofern der Vater die zweite Theophanie ausdrücklich erbittet, um
Auskunft über Verhaltensmaßregeln zu erhalten.

59 Vgl. im weiteren Sinne auch 2 Kön 4,29.

die Mutter verzichtet auf eine Namenserklärung und bestätigt nochmals die abstraktive Tendenz im Motivgebrauch der Erzählung.

Typisch für Ri 13 ist demnach der abstraktive und rationalistische Gebrauch traditioneller Erzählbausteine. Der Autor hat namentlich im Zusammenhang von Unfruchtbarkeit der Mutter, Sohnesverheißung und Geburt die im AT bezeugten Ausgestaltungsmöglichkeiten nur äußerst sparsam genutzt und insgesamt sein Material nicht in erzählerisch-unmittelbarer, sondern distanziert-reflektierender Weise verwendet. Der künstliche Charakter wird noch gesteigert durch die Imitation von Ri 6,11–24, weil das Ausblenden der Kultstiftung bedingt, dass die Erkenntnis des JHWH-Boten nunmehr funktionslos dasteht, wobei lediglich die beruhigenden Worte der Frau in V. 23 noch einen losen Zusammenhang zur Geburtsverheißung herstellen. Ri 13 ist das Konstrukt eines Schriftstellers, der, allenfalls auf nicht mehr erkennbare mündliche Vorstufen gestützt, eine Einleitung zum Simsonzyklus geschaffen hat, um diesen in ein bestimmtes theologisches Licht zu rücken. Gesichtspunkte der Vorstufenrekonstruktion und der Formkritik bestätigen das Urteil, dass die Deutung Simsons als Nasiräer ein traditionsgeschichtlicher Spätling ist.[60]

Diese Vorüberlegungen zu Datierung und Intention des Kapitels rechtfertigen die Neigung der Exegeten, Ri 13 als theologischen Generalschlüssel zum Simsonzyklus in einem historischen Rahmen zu lesen, in dem Vorstellungen und Praktiken des Nasiräats in Geltung waren, wie sie Num 6 widerspiegelt.[61] Wenn man Simson in einem solchen Kontext zum Nasiräer gestempelt hat, wie muss er dann im vollendeten Erzählkranz dastehen?

3. Simson und die Pflichten der Nasiräer

Nun sind die von Exegeten diagnostizierten Verstöße Simsons gegen sein Nasiräertum im Einzelnen zu prüfen. Begonnen sei mit dem einfachsten Fall:

1. Das Scherverbot. Es ist nicht Simson, der in Ri 16,19 Hand an sein Haar legt. Die These, dass der Simsonzyklus gleichwohl dem Helden

---

60 Umgekehrt EXUM, Theological Dimension (Anm. 24), 45: Das Nasiräat Simsons sei „part of an early stage of the Samson tradition", die der Erzähler von Ri 13–16 benutzt, aber nicht weiterentwickelt habe.

61 Anders RÖMHELD, Quellen der Kraft (Anm. 1), 43–47, der zeigen möchte, dass das Nasiräertum ursprünglich nur das Alkoholverbot eingeschlossen habe, während das Scherverbot (Num 6,5) zu den Nachwirkungen der Interpolationen Ri 13,5a–c und 16,17d gehöre.

die schuldhafte Verletzung des Scherverbots zur Last lege, dürfte leicht als eine anachronistische und textfremde Leseweise zu überführen sein. Die Delilageschichte ist bekanntermaßen extrem unrealistisch und mit märchentypischen Erzähltechniken gestaltet. Ihr liegt das populäre 3+1-Erzählschema zugrunde, worin nach drei parallelen, klimaktischen Szenen die teilparallele vierte Szene den Umschwung herbeiführt.[62] Delila kann zweimal den offenkundig wachen Simson fesseln und ihn beim dritten Mal im Schlaf an den Webstuhl ketten, und zwar immer auf Weisen, die ihm nach seinen vorherigen (falschen) Auskünften seine Kraft rauben müssten. Trotzdem scheint er nie Verdacht zu schöpfen. Die Szenen 1 bis 3 enden mit gravierenden Leerstellen: Wir erfahren nicht, welchen Reim sich Simson auf Delilas seltsame Warnungen vor Philisterüberfällen machte noch was aus dem „in der Kammer" (בַּחֶדֶר) lauernden „Hinterhalt" (אֹרֵב) geworden ist (V. 9.12). Das ist sachlich wie psychologisch bar jedes Realismus; Simson agiert hier nach Art von Märchenfiguren, die nicht in der Lage sind zu lernen.[63] Im Rahmen der Darstellungsform lässt sich Simsons Gebaren keineswegs als Ausdruck von Leichtfertigkeit hinstellen, und es ist nicht zu sehen, inwiefern der Vorbau von Kap. 13 daran etwas ändert. Die Annahme, der vollendete Erzählkranz bezichtige Simson der Verletzung des Scherverbots, muss daher als unbewiesen gelten.

2. Wie verhalten sich Simsons Berührungen mit dem Löwenkadaver und dem Eselskinnbacken zum Verbot der Verunreinigung durch Leichen? Das Nasiräergesetz nennt die zu meidenden Leichen (מֵת) נֶפֶשׁ (Num 6,6.11). Wenn allerdings im AT das Substantiv נֶפֶשׁ auf Tiere angewandt wird, bezieht es sich offenkundig ausschließlich auf lebende Exemplare. Wo im AT tote Körper נֶפֶשׁ heißen, stellen meistens Angaben im Kontext klar, dass es sich um menschliche Leichen handelt, während in keinen einzigen Beispiel נֶפֶשׁ mit Wahrscheinlichkeit einen Tierkadaver meint (d. h. ein Tier, das nicht durch Schlachtung zu Tode gekommen ist). Da das Nasiräergesetz in einer priesterlichen Fassung vorliegt, ist zusätzlich der Tatbestand bedeutsam, dass in priesterlicher Sprache für Tierkadaver das Wort נְבֵלָה reserviert ist.[64]

Ich zähle im AT außer Num 6,6.11 elf Belege, in denen נֶפֶשׁ einen Leichnam bezeichnet. In vier Fällen expliziert die Konstruktusverbindung נֶפֶשׁ אָדָם, dass von menschlichen Leichen die Rede ist (Num 9,6.

---

62   Weitere Beispiele bei BLENKINSOPP, Judges 13–16 (Anm. 10), 74f.

63   M. LÜTHI, Das europäische Volksmärchen. Form und Wesen (1947), München ⁷1981, 38.

64   Vgl. Lev 5,2 (3x); 7,24; 11 (13x); 17,15; 22,8; Ez 4,14; 44,31. Außerhalb des priesterlichen Umfelds hat man נְבֵלָה auch für menschliche Leichname verwendet; vgl. Dtn 28,26; Jos 8,29; 1 Kön 13 passim; 2 Kön 9,37; Jes 5,25; usw.

7; 19,11.13). In Num 9,10 kann sich נֶפֶשׁ wegen seines Sachzusammenhangs mit V. 6–7 bloß auf menschliche Verstorbene beziehen. Für Lev 19,28, wo Einritzungen am Körper als Trauerbrauch לְנֶפֶשׁ untersagt werden, gilt dasselbe. Lev 21,1 verbietet den Priestern, sich an נֶפֶשׁ zu verunreinigen, lässt aber für eine Reihe enger Verwandter Ausnahmen zu (V. 2–4). Dass נֶפֶשׁ hier nur menschliche Leichname meint, zeigt die parallele Vorschrift in Ez 44,25, die von מֵת אָדָם spricht. Ferner ist Lev 22,8 aussagekräftig, wo den Priestern zusätzlich der Verzehr von Aas und gerissenen Tieren (נְבֵלָה וּטְרֵפָה) vorenthalten wird. Diese Speisevorschrift ist nur dann erforderlich, wenn die zuvor verbotene Verunreinigung durch Tote ausschließlich menschliche Leichen betrifft. Ist das richtig, wird man dasselbe für den Beleg in Lev 21,11 schlussfolgern müssen. Das Gesetz für den Hohenpriester Lev 21,10–15 erklärt in V. 11 als Beispiel erhöhter Reinheitsanforderungen für unzulässig, dass der Hohepriester mit כָּל־נַפְשֹׁת מֵת in Kontakt gerät. Dies schließt sogar die verstorbenen Eltern ein, wie eine in explikativer Asyndese angeschlossene Erläuterung festlegt (לְאָבִיו וּלְאִמּוֹ לֹא יִטַּמָּא). Die den Priestern in 21,2–4 zugestandenen Ausnahmen bleiben ihm versagt. Wollte man die verschärften Bestimmungen jedoch auch auf Tierkadaver beziehen, müsste man ohne ausdrücklichen Anhalt im Text für נֶפֶשׁ in der parallelen Vorschrift 21,1 eine abweichende Bedeutung postulieren. Die Verbindung נַפְשֹׁת מֵת gibt ebenfalls kein Recht, semantische Differenzen anzunehmen, denn נֶפֶשׁ und נַפְשֹׁת מֵת werden in Num 6,6.11 ohne erkennbaren Bedeutungsunterschied nebeneinander gebraucht.

Bei einem weiteren Beleg des Wortes ist es zumindest kaum wahrscheinlich, dass neben menschlichen Leichen auch an Tierkadaver gedacht ist. Num 5,2 ordnet an, dass, wer sich an einem Leichnam verunreinigt hat (טָמֵא לָנֶפֶשׁ), des Lagers verwiesen werden müsse – ebenso wie solche, die an Aussatz und Ausfluss leiden (זָב, צָרוּעַ).[65] Diese Vorschriften gelten für alle und sind keineswegs auf speziell geheiligte Stände wie Priester oder Nasiräer beschränkt. Der Ausdruck טָמֵא לָנֶפֶשׁ begegnet in Num 9,10 in einem Kontext, wo er nur einen verstorbenen Menschen bezeichnen kann (vgl. oben). Im Rahmen atl. Gesetzgebung ist ferner zu bezweifeln, ob man solch drastische Maßnahmen auch bei Kontakten mit Tierkadavern gefordert hätte. Zieht man jene Gesetze zum Vergleich heran, die die Folgen der Kontakte mit toten Menschen oder Tieren regeln und terminologisch eindeutig differenzieren, springt das unterschiedliche Gewicht ins Auge, das das priesterliche Rechts-

---

65 Zur unausgesprochenen Befristung der Maßnahme vgl. M. NOTH, Das vierte Buch Mose. Numeri (ATD 7), Göttingen 1966, 42.

wesen diesen beiden Formen der Verunreinigung zugemessen hat.[66] Notiert wurde bereits, dass den Priestern bei menschlichen Leichen jegliche Kontakte, bei Kadavern aber nur der Verzehr untersagt waren (Lev 21,1 par Ez 44,25; Lev 22,8). Nach dem Gesetz über reine und unreine Tiere Lev 11 verursacht Aas lediglich Unreinheit bis zum Abend; in den Fällen, wo Maßnahmen zu ihrer Behebung verlangt werden, reichen sie über Waschungen nicht hinaus. Für den Kontakt mit menschlichen Verstorbenen verfügt Num 19,10–22 dagegen mehrstufige, eine volle Woche beanspruchende Riten, um die resultierende Unreinheit rückgängig zu machen.[67] Ez 44,26–27 bezeugt entsprechende Vorschriften für Priester. Num 9,11 sieht einen Ersatztermin für das Paschafest für solche Personen vor, die durch Verunreinigung an menschlichen Leichen (נֶפֶשׁ אָדָם V. 6–7) an der ordnungsgemäßen Feier gehindert waren. Folglich wird man auch נֶפֶשׁ in Num 5,2 ausschließlich auf menschliche Leichname beziehen müssen.

In den verbleibenden zwei Fällen könnte נֶפֶשׁ theoretisch auch Tierkadaver bezeichnen. Laut Lev 22,4 macht die Berührung (נגע) von etwas, das „durch eine Leiche unrein geworden ist" (טְמֵא־נֶפֶשׁ), – also der nur mittelbare Kontakt mit der Todessphäre – einen Priester zeitweise kultunfähig. Aber auch hier lässt die unterschiedliche Gewichtung menschlicher und tierischer toter Körper in Lev 21,1; 22,8 die exklusive Geltung für menschliche Leichname plausibler erscheinen. Dasselbe gilt für Hag 2,13, wonach ein טְמֵא־נֶפֶשׁ Nahrungsmittel unrein macht.

Das Verbot der Leichenberührung in Num 6,6–7 auch auf Tierkadaver zu beziehen, ist also erstens terminologisch ungerechtfertigt, weil es hieße, eine ungewöhnliche Bedeutung von נֶפֶשׁ vorauszusetzen, und zweitens sachlich unwahrscheinlich, weil in den atl. Kultordnungen Kontakte mit Kadavern gegenüber solchen mit menschlichen Leichnamen als weitaus weniger gravierend gelten. Eine gleichartige Tabuisierung von Tierkadavern dürfte in einer agrarischen Gesellschaft auch höchst unpraktikabel gewesen sein. Dass das Nasiräergesetz die Berührung von toten Tieren verbiete, ist lediglich eine moderne Eisegese. Die obigen Beobachtungen erfordern allerdings den Schluss, dass der priesterliche Sprachgebrauch für Tiere Asymmetrien aufwies: נֶפֶשׁ (הַ)חַיָּה konnte Lebewesen unter Einschluss lebender Tiere bezeichnen,[68] aber נֶפֶשׁ מֵת (Lev 21,11; Num 6,6) war nicht auf tote Tiere anwendbar.

66　Vgl. JENSON, Graded Holiness (Anm. 27), 166–168.225f.
67　Der Sprachgebrauch stellt unmissverständlich die alleinige Geltung für menschliche Leichen klar. Vgl. V. 11: מֵת בְּנֶפֶשׁ אָדָם; V. 13: מֵת בְּנֶפֶשׁ הָאָדָם; V. 14: אָדָם לְכָל־נֶפֶשׁ מֵת; V. 16: כִּי־יָמוּת בָּאֹהֶל, חֲלַל־חֶרֶב, מֵת, עֶצֶם אָדָם, קֶבֶר.
68　Gen 1,20.21.24.30; 2,7.19; 9,10.12.15.16; Lev 11,10.46; Ez 47,9. Vgl. auch נֶפֶשׁ־בְּהֵמָה Lev 24,18.

Dass natürlich auch der Kontakt mit Kadavern die kultische Reinheit beeinträchtigte, ist kein Gegenargument. Es wäre ein Missverständnis alttestamentlicher Konzepte von Reinheit und Unreinheit wie auch eine Fehlinterpretation des Nasiräergesetzes, wollte man annehmen, den Nasiräern sei einfach jegliche Minderung ihrer Reinheit untersagt gewesen. Unreinheit ist bekanntlich eine kultische und erst allenfalls sekundär eine moralische Kategorie; das Unreine ist kultuntauglich oder im Kontakt mit Kultischem geradezu gefährlich. Unreinheit kann gar nicht generell verboten werden, da sie in vielen Fällen – wie der Menstruation (Lev 15,19–33) und dem nächtlichen Samenerguss (Lev 15,16–18) – unvermeidlich ist und in anderen – wie der Geburt (Lev 12) – als automatische Folge einer selbstverständlich erwünschten Aktivität eintritt. Unreinheit kann sogar Konsequenz von Kultakten sein, die JHWH selbst angeordnet hat. Die vorschriftsmäßige Gewinnung der Asche einer roten Kuh zur Zubereitung des Reinigungswassers verunreinigt die Ausführenden einschließlich des präsidierenden Priesters (Lev 19,1–10). Wer später das Reinigungswasser für die vorgesehenen Zwecke verwendet, muss zwar rein sein, verliert aber seine Reinheit infolge der Prozedur und bedarf ihrer rituellen Wiederherstellung (V. 18–21).[69]

Was Simsons Umgang mit dem Eselskinnbacken angeht, so sind die Bestimmungen über reine und unreine Tiere in Lev 11 einschlägig. Der Esel (V. 3) war ein unreines Tier. Die Berührung des Kadavers erzeugte Unreinheit bis zum Abend; nur wenn jemand das Aas transportierte, wurde die Waschung der Kleider erforderlich. Es galten damit dieselben Regeln wie für das Aas essbarer Tiere (V. 39–40; vgl. 17,15–16), außer dass das Verzehrverbot natürlich auch für die Kadaver in Kraft blieb. Bei der bloßen Berührung wurde nicht einmal ausdrücklich die Ablution verlangt. Deshalb hat es den Anschein, als ob die Verunreinigung nach priesterlicher Ansicht so geringfügig war, dass sie bis zum Abend von selbst verflog. Die Waschung könnte freilich als Selbstverständlichkeit ungenannt geblieben sein.[70] Jedenfalls ordnet Lev 5,1–13 Schuldopfer an für den Fall, dass jemand unwissentlich Aas unreiner Tiere berührt (V. 2), die erforderlichen Reinigungsriten versäumt

---

69 Vgl. J. MILGROM, The Paradox of the Red Cow (Num. xix), VT 31 (1981) 62–72. Zu Num 31,2.19 (Unreinheit aufgrund des von JHWH befohlenen Midianiterkriegs) siehe weiter unten.

70 Nach K. ELLIGER, Leviticus (HAT 1.4), Tübingen 1966, 152, ist mit der Entbehrlichkeit der Waschung für frühere Epochen zu rechnen, während auf der Ebene der nachexilischen priesterlichen Ordnungen die Waschung eine „selbstverständliche Voraussetzung zur Wiedererlangung der Reinheit" darstellt.

und später auf sein Versehen aufmerksam wird.[71] Nach diesem Gesetz wurde auch bei einfacher Berührung von Aas die rituelle Purifikation erwartet. Gleichwohl bleibt der deutliche Abstand zu den Folgen des Kontaktes mit menschlichen Leichen erhalten. Die Nasiräer unterlagen folglich nach Kontakten mit Aas denselben kultischen Schutzmaßnahmen wie alle anderen Israeliten, doch verboten waren ihnen solche Kontakte so wenig wie ihren Stammesgenossen.

Von anderem Kaliber ist allerdings Simsons Honigmahlzeit aus dem Löwenkadaver, weil der Held hier nicht nur mit dem Aas eines unreinen Tieres in Berührung kommt (vgl. Lev 11,27–28), sondern eine Speise zu sich nimmt, die einer solchen Quelle der Unreinheit entstammt. Lev 11 bestimmt für die Verunreinigung von Esswaren durch Kadaver unreiner Tiere: „[33] Für jedes irdene Gefäß, in das (eines) von ihnen hineinfällt, gilt: Alles, was darin ist, wird unrein, und es (das Gefäß) sollt ihr zerbrechen. [34] Jedwede Speise, an die Wasser kommt, wird unrein. Jedwedes Getränk wird durch jedes (infizierte) Gefäß unrein." Laut V. 33 sind Speisen und ihre Behälter durch den Kontakt mit dem Aas unreiner Tiere für den Gebrauch unrettbar verloren. V. 34 ist leider unklar. Zumeist wird hier eine jüngere Einschränkung angenommen; nach K. Elliger hat sie die Aufbewahrung trockener Nahrungsmittel in früher einmal verunreinigten Gefäßen gestattet, während sie nach E. S. Gerstenberger in Analogie zu V. 37–38 (Verunreinigung von Saatgut) festlegte, dass nur Flüssigkeiten durch hineingefallene unreine tote Tiere ungenießbar werden.[72]

Was diese Alternativen jeweils für Honig aus einem Bienenstock bedeuten, der in einem Löwenkadaver angesiedelt war, könnte Gegenstand ausgedehnter Debatten sein. Ein Verstoß gegen die priesterliche Reinheitstora ist jedenfalls der näherliegende Schluss. Ist dies richtig, muss man folgern, dass Simson bei seiner Honigmahlzeit zwar, formalistisch gesprochen, keine Untat qua Nasiräer begeht, sein Verhalten jedoch im Licht der allgemeingültigen priesterlichen Reinheitstora höchst angreifbar erscheint. Auf das Problem ist weiter unten zurückzukommen.

K.-H. Bernhardt hat Simsons Metzeleien unter den Philistern (14,19; 15,8.15–16) als Verletzung der Nasiräerpflichten bewertet. Laut Num 6,6 dürfen die Nasiräer zu keinem Verstorbenen „kommen" (לֹא יָבֹא), was nach Anleitung von Num 19,14 (Aufenthalt in einem Zelt, in dem

---

71 Vgl. ELLIGER, ebd. 74; R. RENDTTORFF, Leviticus. 1. Teilband: Leviticus 1,1 – 10,20 (BK 3.1), Neukirchen-Vluyn 2004, 191.

72 ELLIGER, ebd. 153; E. S. GERSTENBERGER, Das dritte Buch Mose. Leviticus (ATD 6), Göttingen 1993, 131.

ein Toter liegt) bedeuten muss, dass schon die Nähe von Leichen strikt zu meiden ist. Dem konnte Simson bei seinen Kämpfen mit den Philistern kaum entsprochen haben, zuallerletzt bei der Ausplünderung der dreißig erschlagenen Aschkeloniten (14,19). Allerdings wird man fragen müssen, wann man jemals die Kontakte mit Leichen von Kriegsgegnern aus anderen Völkern nach denselben Maßstäben behandelt hat wie Berührungen von Verstorbenen unter normalen Umständen. Bekanntlich war der Krieg im Alten Orient grundsätzlich eine sakrale Angelegenheit; deshalb gehören auch im AT kriegerische Verrichtungen und kultische Vollzüge gerade zusammen:[73] Man „heiligt" (קדשׁ-D) rituell den Krieg (Jer 6,4; Joël 4,9; Mi 3,5) bzw. die Streitkräfte (Jer 51,27. 28); das Kriegslager (Dtn 23,15) und die Waffen (1 Sam 21,6) gelten als „heilig", und kriegerische Unternehmungen gehen mit kultischen Akten wie Opfern (Ri 20,26; 1 Sam 7,9; 13,9–12), Fasten (Ri 20,26; 1 Sam 14,24) und sexueller Enthaltsamkeit (1 Sam 21,6; vgl. 2 Sam 11,11) einher. Das deuteronomische Gesetz fordert zur Reinerhaltung des Heerlagers bloß die eintägige Quarantäne außerhalb des Lagers im Fall der nächtlichen Ejakulation sowie die Verrichtung der Notdurft außerhalb des Lagers (Dtn 13,10–15), sagt aber nichts über Konsequenzen der Tötung von Feinden.

Ein kultisches Problem entdeckte man im kriegerischen Blutvergießen anscheinend erst in spätnachexilischen Epochen, als die Reflexion über Kriegshandlungen für Judäer nur noch theoretischen Wert besaß. Num 31 bietet eine Erzählung aus priesterlicher Feder, die die Vorschriften zur Behebung der Unreinheit aus Leichenkontakten auf den Kriegsfall überträgt. Auf Geheiß JHWHs (V. 2) ziehen die Israeliten zu Felde, um sämtliche männlichen Midianiter niederzumetzeln (V. 7–8). Den rückkehrenden Kriegern befiehlt Mose, sich der in Num 19,10–22 vorgeschriebenen siebentägigen Reinigung mit den Entsündigungsriten am dritten und siebten Tag zu unterziehen, und zwar entsprechend Num 5,1–4 in Form einer Quarantäne außerhalb des Lagers (V. 19–20). Weil Num 19,10 die rituelle Purifikation auch den nichtisraelitischen Schutzbürgern (גֵּר) auferlegt, dehnt Num 31,19 die siebentägige Reinigung sogar auf die midianitischen Kriegsgefangenen aus. V. 20 schließlich verlangt obendrein die Entsündigung von Kleidung und Ausrüstungsgegenständen. Der Priester Eleasar gibt in V. 21–24 weitere Ausführungsbestimmungen.

---

73 Vgl. G. VON RAD, Der heilige Krieg im alten Israel, Zürich 1951, bes. 6–14; G. H. JONES, The Concept of Holy War, in: R. E. CLEMENTS (ed.), The World of Ancient Israel. Sociological, Anthropological and Political Perspectives, Cambridge 1989, 299–321; S.-M. KANG, Divine War in the Old Testament and in the Ancient Near East (BZAW 177), Berlin 1989.

Num 31 wird zu den jüngsten Bestandteilen des Pentateuchs gezählt; nach M. Noth handelt es sich um einen „Nachtrag zum Gesamt-
pentateuch", wobei die Verse (13.)19–20 nochmals jüngere Zusätze bilden sollen.[74] Hier erreichen wir demnach die spätesten Schichten priesterlicher Traditionsbildung innerhalb des Pentateuchs. J. Scharbert bemerkt zur Ausdehnung der Purifikation auf Gefangene, Kleidung und
Ausrüstungsgegenstände treffend: „Das dürfte nur am Schreibtisch
ausgedacht sein."[75] Doch schon betreffs der umständlichen Reinigung
der heimkehrenden Krieger wird man fragen können, ob sie jemals einer aktuellen Praxis entsprach und, wenn ja, wann. Ohnehin bleibt das
Bild inkonsequent: Laut V. 6 nimmt auch der Priester Pinhas, der Sohn
des Hohenpriesters, am Feldzug teil und führt die „heiligen Geräte"
(כְּלֵי הַקֹּדֶשׁ) mit.

Ähnlich spannungsvolle Vorstellungen bieten Chr und Makk. Die
Chronik begründet einerseits mit Davids Kriegen, warum der Dynastiegründer nicht den Tempel bauen darf (1 Chr 22,8; 28,3), andererseits
marschieren Priester (2 Chr 13,12.14) und Tempelsänger (2 Chr 20,21–
21) selbstverständlich bei kriegerischen Expeditionen mit.[76] Allerdings
werden ihnen nirgends unmittelbare Kampfhandlungen zugeschrieben. In 1 Makk erschlägt der Priester Mattatias eigenhändig einen
Kultfrevler (2,24) und bildet mit seinen Söhnen eine Guerillatruppe
(2,28). An möglichen kultischen Verunreinigungen durch die blutigen
Schlachten zeigt das Buch kein Interesse,[77] missbilligt aber die Teilnahme von Priestern an den Kämpfen (5,67). Zugleich macht das Ideal
des fürstlichen Hohenpriesters diesen auch für militärische Angelegen-
heiten zuständig; ab Jonatan führen die Hohenpriester regelmäßig
Kriege (Kap. 10ff.) und greifen bei Bedarf eigenhändig in die Kämpfe
ein (11,70–72). Der Mischna-Traktak Nazir (I 2bc) sieht einen Typ des
Nasiräats „wie Simson" vor, dessen Vovent wie der lebenslängliche
Nasiräer sein Haar nie scheren darf, aber im Unterschied zu jenem bei
Verunreinigung durch einen Toten das sonst fällige Opfer nicht darzubringen braucht, und zwar nach Maimonides deswegen, weil einem

---

74 M. Noth, Numeri 198–200. Vgl. schon DERS., Überlieferungsgeschichte des Penta-
    teuch, Stuttgart 1948, 19f. Anm. 62.
75 J. SCHARBERT, Numeri (NEB.AT 27), Würzburg 1992, 123. S. NIDITCH, War, Women,
    and Defilement in Numbers 31, in: C. V. Camp, C. R. Fontaine (eds.), Women, War,
    and Metaphor: Language and Society in the Study of the Hebrew Bible (Semeia 61),
    Atlanta 1993, 39–57, stellt Überlegungen zu den Beweggründen solcher Anschau-
    ungen an und vermutet Zweifel an der Legitimität der Bannungspraxis.
76 Laut 2 Chr 23,7–10 beschützen Leviten König Joasch im Tempel mit der Waffe in der
    Hand.
77 Vgl. z. B. 1 Makk 5,51–54.

solchen Nasiräer die Verunreinigung durch Leichen gestattet sei.[78] Dies spiegelt die in rabbinischer Literatur belegte Auffassung, dass Simson sich an Toten verunreinigt habe.[79]

Was die Entstehungszeit von Ri 13 angeht, erscheinen Zweifel angebracht, ob derlei Vorstellungen von den kultischen Folgen der Tötung von Feinden damals im Blick gewesen sind. Wenn aber doch, besteht der Widerspruch nicht erst zwischen Simsons Berufung zum Nasiräer in Ri 13 und seinen Taten in den folgenden Kapiteln, sondern bereits innerhalb der Geburtsankündigung selbst, denn V. 5 spricht in einem Atemzug die Bestimmung zum Nasiräer und zum Retter aus. Seinen Aufgaben als Retter aber konnte Simson gar nicht ohne blutige Kriegstaten gerecht werden. Wenn einem Nasiräer in der fraglichen Epoche kriegerische Aktivitäten verwehrt waren, dann wird dies in Ri 13,5 vom Boten JHWHs selbst ignoriert. Sollte die Retterberufung in 5e Zusatz sein – und daran sind, wie gezeigt, schwerwiegende Zweifel angebracht –, kann es zumindest auf der Ebene des vollendeten Textes nicht die Aufgabe des Kapitels sein, Simson aufgrund von Vergehen gegen das Verbot der Leichenberührung in ein kritisches Licht zu rücken.[80]

3. Simsons siebentägiges Hochzeitsfest wird in 14,10 vorgestellt als ein „Trinkgelage, wie es die jungen Leute zu machen pflegen". Da möchte man sich die Veranstaltung beim besten Willen nicht ohne flagrante Verstöße gegen das nasiräische Alkoholtabu ausmalen. Doch hier scheint der Schöpfer der vorliegenden Form der Geburtsverheißung Rat gewusst zu haben. Unter der Frage nach der Beleuchtung Simsons durch den hermeneutischen Generalschlüssel Ri 13 werden nun die eigenartigen Vorschriften für die Mutter des Helden interessant. In der Rede des Boten V. 3–5 wird über Simson das Scherverbot verfügt und die Mutter angewiesen, sich berauschender Getränke und unreiner Nahrung zu enthalten. Die Gebote an die Adresse der Mutter wieder-

---

78 M. BOERTIEN, Die Mischna. III. Seder: Naschim. 4. Traktat: Nazir. Text, Übersetzung und Erklärung nebst einem textkritischen Anhang, Berlin 1971, 46f.

79 Ebd. 50.

80 Gelegentlich wird eine kriegerische Wurzel des Nasiräats im Kontext der JHWH-Kriege vermutet; so z. B. W. EICHRODT, Theologie des Alten Testaments, Bd. I, Stuttgart – Göttingen ⁸1968, 200–202; R. DE VAUX, Das Alte Testament und seine Lebensordnungen, Bd. II, Freiburg – Basel – Wien 1962, 320f.; BOERTIEN, Nazir (Anm. 78), 18–21; J. GRAY, Joshua, Judges, Ruth (NCBC), Grand Rapids – Basingstoke 1986, 325 mit Anm. 263. Weil diese Vorschläge sich jedoch wesentlich auf Ri 13–16 stützen und eine hinreichende traditionsgeschichtliche Differenzierung vermissen lassen, können sie hier auf sich beruhen bleiben. In der durch Num 6 repräsentierten Epoche spielte eine solche mögliche Abkunft jedenfalls keine Rolle. BERNHARDT, Art. Nasiräer (Anm. 19), erwähnt diese Hypothese nicht mehr.

holt die Frau Manoachs in ihrem Bericht V. 7. Weil in beiden Fällen die
Erläuterung, der Knabe sei vom Mutterleib an zum Nasiräer bestimmt,
entweder alsbald (V. 5) oder im unmittelbaren Anschluss (V. 7) folgt,
lässt sich so weit die übliche Auskunft aufrechterhalten, die Mutter
werde für die Zeit der Schwangerschaft ebenfalls dem Alkoholverbot
unterworfen, um seine Einhaltung durch den Knaben bereits im Mutterleib sicherzustellen.

Mit V. 8 aber nimmt die Erzählung eine andere Wendung. Manoach erbittet eine zweite Erscheinung des JHWH-Boten, um zu erfahren,
wie die Eltern mit dem Jungen umzugehen hätten, als ob dessen Berufung zum Nasiräer ihm keine hinreichenden Aufschlüsse böte. Sein Gebet wird erhört, als ob sein Anliegen berechtigt sei. Im direkten Gegenüber mit dem Boten fragt Manoach dann ganz präzis: „Was wird die
Lebensordnung des Knaben und seine Tätigkeit sein?" Die Frage wird
von dem numinosen Offenbarer keineswegs als überflüssig abgewiesen, sondern eindeutig, aber überraschend beantwortet: *Die Mutter* soll
sich – in Verschärfung der Auskunft aus V. 4 (∥ 7) – aller Erzeugnisse
des Weinstocks enthalten; dazu, wie zuvor schon erklärt, berauschender Getränke und unreiner Speisen (V. 13–14). Der Verweis auf Simsons Nasiräat vom Mutterleib an unterbleibt. Liest man die Antwort
auf die Frage nach der Lebensordnung Simsons im Wortsinn, so wird
das Alkoholverbot ausschließlich der Mutter auferlegt, wobei der Wortlaut durch die Ausdehnung auf sämtliche Produkte des Weinstocks
und die Ausdrucksweise מִגֶּפֶן הַיַּיִן לֹא תֹאכַל deutlich dem Nasiräergesetz angenähert ist (vgl. Num 6,4: מִכֹּל אֲשֶׁר יֵעָשֶׂה מִגֶּפֶן הַיַּיִן ... לֹא
יֹאכֵל). Und wie um diese Klarstellung jedem Missverständnis zu
entziehen, schließt die Antwort des Boten in explikativer Asyndese mit
der Zusammenfassung: „(Das heißt:) Alles, was ich *ihr* aufgetragen
habe, soll *sie* beachten."

Ist diese Herleitung der auffälligen Instruktionen des JHWH-Boten
richtig, hat der Schöpfer der vorliegenden Fassung der betreffenden
Passagen für den Nasiräer Simson indirekt eine Ausnahme erlassen.
Weil auch bei der Wiederholung der Befehle im Mund des Boten auf
prägnante Nachfrage zu den Pflichten des Knaben hin das Alkoholtabu
ausdrücklich der Mutter auferlegt wird, muss der Eindruck entstehen,
dass es für Simson selber nicht gelte.[81] Gegen die Anweisungen aus
Kap. 13 hat der Held in Kap. 14 jedenfalls nicht verstoßen. Der Autor

---

81 Ähnliche Erklärungen des Wortlauts von V. 12–14 finden sich beispielsweise schon
bei BARTELMUS, Heroentum (Anm. 8), 86f. (die von ihm postulierte Abhängigkeit
von 1 Sam 1,13–15 ist unwahrscheinlich); L. JONKER, Samson in Double Vision:
Judges 13–16 from Historical-Critical and Narrative Perspectives, JNWSL 18 (1992)
49–66, 55; vgl. auch WEBB, Book of Judges (Anm. 21), 168.

hat sich diesen Ausweg eröffnet, indem er – wohl in Anlehnung an literarische Zeugnisse von Prophetenberufungen[82] – das Konstrukt eines Nasiräats „vom Mutterleib an" (מִבֶּטֶן) schuf, was ihm die Möglichkeit bot, eine Nasiräatsverpflichtung auf die Mutter zu verschieben.

Man hat allerdings der eigenartigen Sequenz in V. 12–14 auch einen ganz anderen Sinn zugeschrieben: Der Verweis auf die bereits ergangenen Anweisungen an die Frau belehre Manoach und die Leser, dass die Frau die wahre Hauptfigur des Geschehens darstelle.[83] Dies gehöre zusammen mit weiteren literarischen Zügen des Kapitels, die die Frau – teilweise auf Kosten ihres Gatten – als die zentrale Gestalt profilierten: Der Bote erscheint zweimal der Frau; beim ersten Mal würdigt er sie der ausführlichsten Rede, und beim zweiten Mal tritt er wiederum ihr entgegen, obwohl es Manoach war, der um eine Audienz gebeten hatte; außerdem erinnert er den Fragesteller lediglich an das, was ihm seine Frau bereits mitgeteilt hat. Die Frau gilt in dieser Interpretation wegen ihrer Deutung des Besuchers als „Gottesmann" (V. 6) und ihrer Zerstreuung von Manoachs numinoser Furcht (V. 23) als die klarsichtigere, überlegene Protagonistin,[84] während Manoach mit Prädikaten wie „etwas begriffsstutzig"[85] oder „timid, incomprehending fool ... insecure, unsure, and not believing or fully understanding"[86] bedacht wird. „Whereas Manoah seems inept and overanxious, the woman is portrayed as a worthy recipient of divine favor."[87]

Solche Annahmen beruhen jedoch auf einer unvollständigen Kenntnisnahme der Weise, wie Ri 13 die beiden menschlichen Hauptakteure behandelt. Manoach wird durch eine Anzahl von Stilmitteln als Hauptfigur herausmodelliert. Nur er trägt einen Namen, seine Frau

---

82 Vgl. Jes 49,1.5; Jer 1,5.

83 Vgl. J. CH. EXUM, Promise and Fulfillment (Anm. 55), 53: „The appearance of the messenger to the woman alone in 5,9 and the answer to his question in vv 13–14 are gentle reminders to Manoah that he is not the center of attention."

84 Vgl. EXUM, Promise and Fulfillment; E. FUCHS, The Literary Characterization of Mothers and Sexual Politics in the Hebrew Bible, in: A. Y. Collins (ed.), Feminist Perspectives on Biblical Scholarship, Chico CA 1985, 117–136, 123–125; KLEIN, Triumph of Irony (Anm. 15), 118–123; NIDITCH, Samson As Culture Hero (Anm. 6), 611f.; U. SIMON, Minor Characters in Biblical Narrative, JSOT 46 (1990) 11–19, 17; A. REINHARTZ, Samson's Mother: An Unnamed Protagonist, JSOT 55 (1992) 25–37; J. CH. EXUM, Fragmented Women. Feminist (Sub)versions of Biblical Narratives (JSOT.S 163), Sheffield 1993, 63–65; besonders phantasievoll: D. M. GUNN – D. N. FEWELL, Narrative in the Hebrew Bible, Oxford 1993, 63–68.

85 RÖMHELD, Quellen der Kraft, 50.

86 NIDITCH, Samson As Culture Hero (Anm. 6), 610f.

87 EXUM, Fragmented Women, 65.

hingegen nicht;[88] er wird in V. 2 mit Name und Herkunft vorgestellt, während seine Frau durch ihr Verhältnis zu ihm definiert ist. Die zweite, Manoach gewährte Audienz ist erheblich länger, aufwendiger eingeleitet (V. 9) und mit Befragung, Einladung und Opfer vielgestaltiger als die erste. Bei seiner Gattin dagegen hat der Vergleich mit anderen Variationen des Themas der unfruchtbaren Frau ergeben, dass der Autor praktisch alle Möglichkeiten zur dramatischen Profilierung der Person und ihres Schicksals ausgelassen hat. Und obwohl beide Gatten Zeugen des Opfers und des wunderbaren Verschwindens ihres Besuchers sind (19d.20c), wird nur Manoach ausdrücklich bescheinigt, die Natur des Boten durchschaut zu haben (V. 21).

Entgegen beliebten Behauptungen räumt die Erzählung der Frau keinen Vorsprung an Einsicht und Glauben ein. Wenn die Frau den Offenbarer in V. 6 als „Gottesmann" deutet, folgt Manoach in V. 8 exakt ihrem Beispiel; ja, er weiß über die Auskunft seiner Frau hinaus sogar zu sagen, dass der Gottesmann von JHWH gesandt worden war. So wenig wie von Unglaube zeugt sein Gebet von Begriffsstutzigkeit, denn Manoach bezweifelt die Angaben seiner Frau mit keinem Wort, sondern er erbittet lediglich nähere Informationen, wie mit dem angekündigten, in ein besonderes Gottesverhältnis gestellten Knaben korrekt zu verfahren sei. Sein Anliegen passt zur Verknappung der Informationen im Bericht der Frau V. 7 gegenüber V. 3–5; anstatt ihn als beschränkt zu ironisieren, hat der Verfasser vielmehr Sorge getragen, Manoachs Frage als vernünftig erscheinen zu lassen. Auch die Formulierung von V. 12 gibt kein Recht zu der Annahme, Manoach gebe sich als Zweifler zu erkennen.

Gewiss scheint Manoach gegenüber dem Boten seine frühere Einsicht in dessen Besonderheit (V. 8) vergessen zu haben: Er nennt ihn einfach הָאִישׁ (V. 11), lädt ihn zum Essen ein (V. 15) und meint, ihm nach Eintreffen seiner Worte Dank abstatten zu können (V. 17); der Erzähler attestiert ihm obendrein, den Boten JHWHs nicht erkannt zu haben (V. 16). Trotzdem konstituiert dies keinen Unterschied zu seiner

---

88   A. REINHARTZ, Samson's Mother (Anm. 84), möchte zeigen, dass im Falle der Gattin Manoachs die Anonymität vielmehr ihre Position als Hauptfigur unterstreiche, weil sie die Namenlosigkeit mit dem ebenfalls zentralen Gottesboten gemeinsam habe. Beim מַלְאַךְ יְהוָה gehört das anonyme Auftreten jedoch zu seinem Wesen (vgl. V. 18), und den eigenständigen Überhang מוֹתוֹ עַד־יוֹם in 7f wird man kaum als Teilhabe der Frau am Amt des Boten durch prophetischen Vorausblick auf das Ende Simsons werten können. Außerdem ist die Erzählung gegen REINHARTZ und KLEIN, Triumph of Irony (Anm. 15), 114, frei von Anspielungen auf sexuellen Verkehr des Boten mit der Frau. Dies gilt auch für das Verb בוא, denn die Frau hätte sich kaum freimütig zu solchen Kontakten bekannt (vgl. 6c.10f), und der Wunsch Manoachs 8c אִישׁ הָאֱלֹהִים ... יָבוֹא־נָא עוֹד אֵלֵינוּ wäre kurios.

Frau, denn in V. 10 nennt sie den Offenbarer ebenfalls הָאִישׁ, obwohl sie
ihn expressis verbis mit jenem Besucher identifiziert, den sie zuvor als
Gottesmann von furchteinflößendem Äußeren beschrieben hatte (V. 6).
Das gleichartige Verhalten der Frau entgeht lediglich leicht der
Aufmerksamkeit, weil sie bei der zweiten Audienz weitgehend hinter
Manoach in den Hintergrund tritt. In 11c bezeichnet sogar der Erzähler
den Boten als הָאִישׁ. Sich selbst wollte er wohl kaum als „etwas begriffs-
stutzig" entlarven.

Der implausible Gedächtnisverlust *beider* Gatten erklärt sich
zwanglos aus der nachlässigen Imitation der Berufung Gideons: Weil
nach diesem Vorbild der zweite Besuch in die Erkenntnis des Boten
münden sollte, müssen Manoach und seine Frau hier als ahnungslos
geschildert werden, ein Erzählzwang, den der Autor in V. 6–8 zu
berücksichtigen versäumt hat. Diese Inkonsequenz ist Bestandteil des
geringen Augenmerks, den der Verfasser den erzählerischen Qualitäten
der Ankündigungsszene gewidmet hat. So wenig, wie er die gestalteri-
schen Möglichkeiten der verwendeten Motive ausgeschöpft hat, so wenig hat er auf in sich schlüssige Profile seiner Figuren Wert gelegt. Sie
agieren, wie er es im Moment gerade braucht. In diesem Licht ist auch
die Rede zu sehen, mit der die Frau in V. 23 Manoachs numinosen
Schrecken als unnötig erweist. Entsprechend der dominanten Rolle
Manoachs hat der Verfasser in V. 21 erklärt, dass jener den JHWH-Boten
erkannt habe. Folgerichtig kann nur Manoach die aus der literarischen
Vorlage entlehnte Angst zufallen (vgl. Ri 6,22). Die Zerstreuung der
Furcht der Stimme JHWHs anzuvertrauen wie Ri 6,23, ließ, nach dem
Gesamtcharakter des Kapitels zu schließen, der Reflexionsstand des
Autors nicht zu; so blieb mangels Alternative die Frau. Dabei nutzte
der Verfasser die Chance, nun endlich eine notdürftige Klammer zwi-
schen der Erkenntnis des Boten und der Geburtsankündigung herzustellen.[89]

Die Ansicht, die Sequenz V. 12–14 diene der Hervorhebung der
Mutter, kann sich nach alldem nur auf eine ungerechtfertigte Beschreibung der Rolle der Frau Manoachs im Kontext berufen. Als Gebärerin
war sie bei einer Geburtsgeschichte nun einmal schwer vermeidbar,
doch ihr Figurenprofil ist kaum über das unabdingbare Maß hinaus
entwickelt. Ohnedies ließe sich so allenfalls der Wortlaut der Verse 13–
14 erklären, nicht aber, warum der Autor ihnen eine solch spezifische
Frage wie 12c vorangeschickt hat.

Ist also hinter der merkwürdigen Abfolge V. 12–14 korrekt die Absicht erkannt worden, das Alkoholverbot auf die Mutter zu verlagern,

---

89 Vgl. BARTELMUS, Heroentum (Anm. 8), 93.

lässt sich nach dem gleichen Muster ein Motiv für die anscheinend überflüssige Vorschrift an die Mutter erschließen, den Verzehr unreiner Speisen zu unterlassen, die neben dem Alkoholtabu das einzige konstante Element aller drei Fassungen der Botenrede bildet (4c.7e.14d). Liest man die Verse 12–14 wieder im Wortsinn, waren Simsons Mutter unreine Nahrungsmittel untersagt – was mit Simson ist, steht auf einem anderen Blatt. Damit erscheint seine Honigmahlzeit aus dem Löwenkadaver in einem neuen Licht. Folglich hat auch in dieser Hinsicht der verantwortliche Autor wieder indirekt eine Ausnahmeregelung verfügt – hier nicht von den Obliegenheiten des Nasiräers, sondern von den allgemeinverbindlichen Ordnungen für die Zulässigkeit von Esswaren.

Für die Frage nach der theologischen Bewertung Simsons durch den vollendeten Simsonzyklus innerhalb des DtrG sei nach alldem folgender Vorschlag zur Debatte gestellt: Die beliebte Annahme, Simson werde durch seine Interpretation als Nasiräer der mangelnden Übereinstimmung von Aufgabe und Lebensführung bezichtigt, erscheint unbegründet. Sein Gebrauch eines Tierknochens als Waffe ist kein Verstoß gegen das nasiräische Verbot der Leichenberührung, und seine blutigen Philisterkämpfe werden von Ri 13 nicht als solche Zuwiderhandlungen bewertet. Noch weniger besteht Recht, das Abschneiden seiner Haare durch Delila seiner Verantwortung anzulasten. Vom Alkoholverbot wird Simson einfach dispensiert, und mit Rücksicht auf seine Honigmahlzeit aus dem Löwenkadaver wird er sogar von Reinheitsgeboten für Speisen ausgenommen.

Simson wurde in Ri 13 aus Gründen des literarischen Rahmens als Retter sowie wegen der Rolle seines Haares in der Delilaepisode als Nasiräer gezeichnet. Durch die Erhebung zum Nasiräer hat man seine übermenschliche Kraft von ihrer vormals magischen Ursache gelöst und in einen jahwistischen Deuterahmen eingebunden. Nun war es in einer nicht näher spezifizierten Weise Jhwh selbst, der sich in Simsons Krafttaten manifestierte. Da mit einem Scherverbot gekoppelt, war das Nasiräertum eine naheliegende Wahl bei der Suche nach einem geeigneten theologischen Interpretament.[90] Dieser religiöse Sonderstatus sollte ihn ebenso wie seine Berufung zum Retter auf- und nicht abwerten. Dazu waren allerdings nicht unerhebliche Modifikationen seiner Obliegenheiten als Retter und Nasiräer erforderlich. Mit Rücksicht auf

---

90 Nach ähnlichen Gesichtspunkten hat man inner- und außeralttestamentlich auch noch weitere atl. Gestalten zu Nasiräern gestempelt: Samuel, Josef und Absalom. Das Belegmaterial ist zusammengestellt bei VAN DAALEN, Simson (Anm. 2), 69 Anm. 1–3.

die vorliegenden Erzählstoffe hat man seine Retteraufgabe auf den Beginn der Befreiung von den Philistern reduziert, wobei zustatten kam, dass es laut 1 Sam 7,2–14 Samuel gelang, die Vorherrschaft der Philister zu brechen. Die Nasiräatsverpflichtungen hat man für Simson in einem souveränen Akt auf das Scherverbot und das Verbot der Leichenberührung (unter normalen Umständen) reduziert.[91] Das Nasiräat *à la Simson* veranschaulicht die Großzügigkeit, die die alttestamentlichen Tradenten dem danitischen Haudrauf entgegenbrachten. Auch moderne Leser sollten sie ihm nicht verweigern.

---

91 Das Verbot der Leichenberührung unter normalen Umständen kommt in Ri 13 nicht zur Sprache, weil keine problematischen Erzählstoffe dazu Anlass boten.

Richter 19: Schriftgestützte politische Propaganda im davidischen Israel

1. Schriftgebrauch und Staatlichkeit

In den vergangenen Jahrzehnten hat die alttestamentliche Wissenschaft eine markante Verschiebung ihrer literaturgeschichtlichen Prämissen erlebt. Die Datierungsansätze verlagerten sich insgesamt fühlbar nach unten; im Durchschnitt gilt die alttestamentliche Literatur heute – großenteils fraglos zu Recht – als erheblich jünger als noch vor einem halben Jahrhundert. Damals wurde kaum bestritten, dass umfangreiche und literarisch hoch kultivierte Werke wie der „Jahwist" oder die Erzählungen vom Aufstieg und der Thronnachfolge Davids aus den Anfängen der israelitischen Staatenbildung stammten, die man im 10. und 9. Jahrhundert v. Chr. suchte. Von diesem Einvernehmen ist mittlerweile wenig verblieben. War der Trend zur Spätdatierung zunächst aus Textbeobachtungen gespeist, stützt man sich jetzt vermehrt auch auf externe, archäologische Befunde. Die Ausgrabungen und Oberflächenuntersuchungen in Palästina und im Ostjordanland liefern ein immer dichteres Bild der materiellen Lebensverhältnisse in der Eisenzeit. Auf dieser Grundlage wird zunehmend nicht nur die Faktizität, sondern mehr noch die Möglichkeit größerer literarischer Aktivitäten in der israelitischen Frühzeit bezweifelt. Leitend ist dabei die von verschiedenen wissenschaftlichen Disziplinen geförderte Einsicht in „den kulturgeschichtlichen Zusammenhang der Entwicklung von Schrift/ Schreiben und Zentralisation von Herrschaft und Administration"[1]. Der proportionale Konnex zwischen beiden Bereichen ermögliche, aus archäologischen Indikatoren zur Intensität und Reichweite zentralisierter Verwaltung Rückschlüsse zu ziehen auf Ausmaß und Verbreitung des Schriftgebrauchs.

Der Wandel der Betrachtungsweisen wurde maßgeblich vorangetrieben durch D. W. Jamieson-Drake, der eine viel beachtete Sichtung der relevanten Funde auf dem Stand von etwa 1990 vorgelegt hat.[2]

---

1   H. M. NIEMANN, Herrschaft, 267 Anm. 98 (Lit.).
2   D. W. JAMIESON-DRAKE, Scribes.

Seine Zwischenbilanz gelangte zu dem Ergebnis, dass der Ertrag an einschlägigen Fingerzeigen für das 10./9. Jh. und insbesondere für Juda, dem die oben genannten Literaturwerke zugerechnet wurden, als dürftig einzuschätzen sei. Angesichts des geringen Umfangs von Bevölkerung und Produktion in jener Phase erscheine die Anwendung des Terminus „Staat" auf die politische Organisation Judas erst ab dem 8. Jh. angemessen.[3] Zuvor könne man allenfalls von einem „chiefdom" reden,[4] und die Wahrscheinlichkeit eines organisierten Schulwesens mit Schreibunterricht sei dementsprechend gering.[5] Daher werden heute nur noch wenige das Fazit von W. Zwickel bestreiten: „Literalität gab es …, wenn man darunter die Fähigkeit zum Abfassen längerer Texte und somit mehr als ein bloßes Kennen von Buchstaben versteht, in der breiten Bevölkerung in vorexilischer Zeit offenbar nicht."[6]

Was aber bedeutet dies für die Frage, ob Bausteine des Alten Testaments bis in frühkönigliche Zeit oder gar noch weiter zurückreichen können? Um bei den obigen Beispielen zu bleiben: Die Davidserzählungen spiegeln ein höfisches Milieu; auch die Verschriftung der traditionell dem „Jahwisten" zugeordneten Stücke wird man schwerlich in der „breiten Bevölkerung" verorten; und wo die Untergrenze „längerer Texte" liegt, wird kaum abschließend zu definieren sein. Zwickel selbst geht weiterhin von der Verlässlichkeit jener biblischen Nachrichten aus, die schon ab David und Salomo am Jerusalemer Hof Schreiber an der Arbeit sehen.[7] Aus innerliterarischer Warte resümiert D. Carr sogar: „We have widespread evidence for literary specialists and literate officials in early Israel, particularly in the monarchy early and in the temple later."[8] Diese Stimmen stehen nicht allein, denn nach wie vor sind Historiker überzeugt, für die Darstellung der frühen Königszeit aus den Büchern Ri, Sam und 1 Kön bei kritischer Lektüre verwertbare Informationen über politische Strukturen, Machtkonstellationen und Ereignisgeschichte in Palästina um die Wende vom 2. zum 1. Jahrtausend v. Chr. schöpfen zu können.[9] Sogar regelrechte David-Biografien

---

3   Ebd. 138f.
4   Ebd. 139.144.
5   Ebd. 149–157.
6   W. Zwickel, Kommunikation, 123.
7   2 Sam 8,17; 20,25; 1 Kön 4,3 (usw.) und dazu W. Zwickel, Kommunikation, 119; H. M. Niemann, Herrschaft, 8–13.
8   D. Carr, Writing, 119.
9   Vgl. beispielsweise H. M. Niemann, Herrschaft; V. Fritz, Entstehung Israels; W. Dietrich, Königszeit.

erleben eine bemerkenswerte Konjunktur,[10] und selbst von Saul werden historische Skizzen entworfen.[11] Ein solches Zutrauen in die Quellen setzt voraus, dass relativ viele einschlägige Texte zeitnah aus der Feder wohlinformierter Autoren geflossen sind.[12] Neben einigen weiteren Erzählstücken wird namentlich die Thronfolgeerzählung nach wie vor vielfach aus der Ära Salomos hergeleitet,[13] m. E. zu Recht, da sie mit ihrem Bestreben, Legitimitätsdefizite Salomos zu kompensieren, Konflikte und Interessenlagen widerspiegelt, die schwerlich aus späteren Perioden herleitbar sind. Vom Deboralied (Ri 5) hält sich trotz auch hier versuchter Spätdatierungen zäh der Eindruck, dass es im Wesentlichen aus der vor- oder frühköniglichen Epoche stammen müsse;[14] eine folgenreiche Ansicht, weil sie impliziert, dass schon damals literarische Texte ohne Nutzwert für unmittelbare Lebensbedürfnisse wie Wirtschaft oder Verwaltung schriftlich festgehalten wurden.

Dem stehen die Extrempositionen der sog. Minimalisten gegenüber, für die das AT keinen Blick hinter die hellenistische Zeit zurück erlaubt, also jene Ära, in der es seine endgültige Gestalt annahm, getönt von deren Konflikten und Interessen. In ihren geschichtlichen Partien entfalte die Büchersammlung durchweg rein fiktive Stoffe; deswegen verrate es ein gravierendes Missverständnis der Eigenart biblischer Literatur, wollte man historische Fragen an sie richten, die nicht ihren Entstehungs-, sondern ihren vorgeblichen Berichtszeitraum betreffen. Das gilt dann natürlich erst recht für die vermeintliche Frühzeit. Folgt man den Minimalisten, fehlt für Gestalten wie Saul, David und Salomo jeder stichhaltige Beweis, und die vereinigte Monarchie ist nichts wei-

---

10 ST. L. MCKENZIE, King David; B. HALPERN, Demons. Für einen breiteren Leserkreis bestimmt: ST. A. NITSCHE, König David.

11 G. HENTSCHEL, Saul, 20–25.

12 Inkonsequent erscheint das Vorgehen von E. A. KNAUF, Queen's Story (keine Seitenzählung): „The origin myth of the Beth-David" sei erst nach der Entstehung des judäischen Zentralstaats im 8.–7. Jh. niedergeschrieben worden (unter Einschluss nicht spezifizierter Kerne, die bis ins 9. Jh. zurückreichen); trotzdem könnten dem heutigen Textbestand detaillierte Informationen über um Jahrhunderte ältere und spezielle Belange wie etwa Batsebas Sicht der Vorgänge am Jerusalemer Hof entnommen werden. Mittlerweile betont auch W. DIETRICH, König David, 5, „dass nur sehr wenige Zeugnisse als zeitgenössisch mit dem David des 10. Jahrhunderts v. u. Z. gelten können".

13 So auch O. KEEL, Geschichte I, 152f.158f. (§ 166.172), und die dort genannte Literatur.

14 So A. SCHERER, Überlieferungen, 161: „Auf den Grundbestand der Dichtung entfällt der bei weitem umfangreichste Anteil, der vermutlich ins letzte Drittel oder Viertel des 11. Jh.s v. Chr. zu datieren ist."

ter als ein spätes ideologisches Konstrukt zur Rechtfertigung Jerusalemer Dominanzansprüche über den Norden.[15]

Ein Beispiel der Rezeption solcher Standpunkte ist der Entwurf der Geschichte Israels, den die Palästina-Archäologen Israel Finkelstein und Neil Asher Silberman unterbreitet haben mit dem erklärten Grundsatz, nur solche literarischen Nachrichten zu akzeptieren, die durch archäologische Quellen bestätigt werden.[16] Zwar sei nach dem Fund der Tel-Dan-Inschrift[17] die Existenz Davids gegen den Einspruch der Minimalisten nicht mehr anzufechten,[18] doch müssten die biblischen Auskünfte über die frühe Königszeit als junge Erzeugnisse auf sich beruhen bleiben. Der agrarische Charakter Judas und das Fehlen jeder Spur von literarischen Aktivitäten in jener Epoche machten die Schaffung größerer Schriftwerke äußerst unwahrscheinlich;[19] damit sei nach materiellen Indizien nicht vor dem 7. Jh. zu rechnen.[20] Ohnehin werde der Anspruch, Israel und Juda hätten zeitweilig gemeinsam der Herrschaft Jerusalems unterstanden, durch das Bevölkerungsübergewicht von etwa 9 : 1 zugunsten des Nordens als uneinlösbar entlarvt.[21] Die panisraelitische Idee sei ein Kind des späten 7. Jahrhunderts, geboren aus dem Wunsch, Joschijas Expansionspolitik zu legitimieren.[22]

Diese Argumentation hat einen Schönheitsfehler, den insbesondere N. Na'aman[23] hervorgehoben hat und den auch Finkelstein und Silberman beim Namen nennen, ohne ihn als solchen anzuerkennen: die Amarna-Korrespondenz und ihre Implikationen. Die in jenem Archiv geborgenen sechs auf Akkadisch abgefassten Briefe des Jerusalemer Herrschers Abdi-Ḫepa[24] „verraten, daß sein Königreich eine dünn besiedelte Bergregion war, die lose von der Königszitadelle in Jerusalem

---

15   Repräsentative neuere Beispiele: N. P. LEMCHE, Israelites; DERS., Hellenistic Book; TH. L. THOMPSON, Early History; DERS., Mythic Past; G. GARBINI, Myth; aus innerliterarischer Warte: S. ISSER, Sword. Als Kontrapunkte vgl. etwa W. G. DEVER, Biblical Writers; DERS., Early Israelites; J. B. KOFOED, Text and History.

16   I. FINKELSTEIN – N. A. SILBERMAN, Posaunen.

17   Vgl. *bytdwd* in Fragment A, Zeile 9; Erstveröffentlichung: A. BIRAN – J. NAVEH, Aramaic Stele; DIES., Tel Dan Inscription; aus der reichen Literatur vgl. z. B. G. ATHAS, Tel Dan Inscription; N. P. LEMCHE, House of David; H. HAGELIA, Tel Dan Stele; I. KOTTSIEPER, Tel Dan Inscription; S. HASEGAWA, Aram and Israel, 35–46; J. M. ROBKER, Jehu Revolution, 240–274.

18   I. FINKELSTEIN – N. A. SILBERMAN, Posaunen, 145f.

19   Ebd. 160.255.

20   Ebd. 302.

21   Ebd. 160.258.

22   Ebd. 57.161f.186f.304f.

23   N. NA'AMAN, Amarna Letters.

24   EA 285–290: J. A KNUDTZON, El-Amarna-Tafeln I, 857–679.

Schriftgebrauch und Staatlichkeit

überwacht wurde". Dieses Bild decke sich mit archäologisch ermittelten Schätzwerten, wonach sich die sesshafte Bevölkerung auf ganze 1500 Menschen belief, neben einer unbestimmten Zahl von Wanderhirten. Abdi-Ḫepas Unterschlupf sei nicht mehr gewesen als „eine kleine Festung im Bergland, am südöstlichen Rand des alten Jerusalem gelegen, das später als die Davidsstadt bekannt werden sollte. Dort hat man keine monumentalen Gebäude oder Befestigungen aus dem 14. Jahrhundert v. Chr. gefunden."[25] Damit räumen Finkelstein und Silberman offen ein, dass nach ihrem archäologischen Kenntnisstand das spätbronzezeitliche Jerusalem keine der Bedingungen erfüllte, die laut ihren eigenen Prämissen unverzichtbar sind, um „anspruchsvolle schriftliche Zeugnisse" zu ermöglichen – nämlich Staatsbildung mit Machtkonzentration in Monarchie und Kult, Monumentalarchitektur, Spezialisierung der Wirtschaft und strukturelle Vernetzung einer hinreichenden Anzahl von Siedlungen verschiedener Größe.[26] Trotzdem belegt ein isolierter archäologischer Fund, dass in der unscheinbaren Bergfeste – ebenso wie in den städtischen Zentren des größeren geographischen Raums – Schreiber tätig waren, die sich auskannten mit dem Abfassen redseliger Briefe, der zeitgenössischen *lingua franca* und den diplomatischen Floskeln im Umgang mit den Weltmächten. Nähmen Finkelstein und Silberman ihre eigenen Voraussetzungen beim Wort, müssten sie die Schreibstube Abdi-Ḫepas für ebenso undenkbar erklären, wie sie das mit nennenswerten literarischen Aktivitäten in der frühen Eisenzeit II tun. Nur die unbestreitbare Existenz der Jerusalemer Amarna-Briefe hindert daran. Diese Tatsache führt jedoch keineswegs dazu, dass die Prämissen relativiert würden; der Widerspruch bleibt einfach unaufgelöst stehen. Erweitert man den Blick etwas über Israel hinaus, ist hervorzuheben, dass Mescha von Moab es schon in der Mitte des 9. Jhs. für sinnvoll hielt, an einem Ort, der ähnlich peripher wie Jerusalem gelegen war, eine Stele zu errichten, die eine umfangreiche Bauinschrift in einer lokalen Sprache enthielt, während leichter dechiffrierbare ikonographische Elemente gänzlich fehlten. Dafür muss Mescha geeignete Spezialisten besessen und ein kompetentes Publikum erwartet haben. Umso schwerer fällt es zu glauben, dass es an den betroffenen Herrschersitzen an Fachleuten gefehlt habe, die in der Lage waren, sich ungleich verbreiteterer Gattungen wie Erzählungen in ihrer Muttersprache zu bedienen. Die Beispiele führen vor Augen, welche Vorsicht zu walten hat bei der Applikation von Kriterien zu Möglichkeit und Ausmaß von Literalität, die aus anderen Bereichen verallge-

---

25 Beide Zitate: I. FINKELSTEIN – N. A. SILBERMAN, Posaunen, 259.
26 Ebd. 34.

meinert sind. In Palästina kann eine einzige archäologische Trouvaille das Bild einer Epoche immer noch nachhaltig verschieben. Schon das sollte vor vorschnellen Festlegungen warnen. So steht etwa nach der Entdeckung des Abecedariums vom Tel Zayit[27] und insbesondere des Ostrakons von der *Ḫirbet Qiyāfa*[28] zu erwarten, dass das Ausmaß des Schriftgebrauchs in der frühen judäischen Königszeit künftig wieder günstiger eingeschätzt werden wird.[29] Gegenwärtig erscheint folgendes Fazit von Othmar Keel realistisch: „In Jerusalem ist im 10. Jh.a[nte Christum] mit einem Patrimonialkönigtum zu rechnen, das keiner großen Bürokratie bedurfte, dem aber Schreiber zur Verfügung standen, die in der Lage waren, nebst Briefen auch Annalen, Inschriften, Listen zu verfassen oder Lieder, Geschichten und Erzählungen aufzuzeichnen."[30]

Wegen der begrenzten Treffsicherheit archäologischer Indizien können Exegeten mit Recht darauf beharren, dass zur Klärung der Frage, wann man in Israel wie viel und zu welchen Zwecken geschrieben hat, nach wie vor auch innerliterarische Gesichtspunkte heranzuziehen sind. Dazu müssen allerdings Texte datiert werden, was eher noch schwieriger ist als die zeitliche Fixierung von Grabungsbefunden. Denn der Analysegegenstand muss normalerweise zuvor literarkritisch aus einem gegebenen Rahmen gelöst werden, was oft schon genug Kontroversen schürt. Erst danach kann der Datierungsversuch beginnen, der primär auf innere Gründe angewiesen ist, vor allem die vorausgesetzten zeitgeschichtlichen Kenntnisse; dazu tritt der Bezug auf andere Texte, die selbst bereits datiert sein müssen, sollen sie für die aktuelle Aufgabe von Hilfe sein. Die zeitliche Verankerung eines Einzeltextes ist

---

27   Erstedition: R. E. TAPPY – P. K. MCCARTER – M. J. LUNDBERG – B. ZUCKERMAN, Abecedary.

28   Erstedition: H. MISGAV – Y. GARFINKEL – S. GANOR, Ostracon.

29   Zum Abecedarium vom Tel Zayit vgl. die Beiträge in dem Sammelband von R. E. TAPPY – P. K. MCCARTER (ed.), Literate Culture, insbesondere die Arbeiten von S. E. SANDERS und D. CARR. Nach derzeitigem Eindruck dürfte der Fund eine Neubestimmung des Verhältnisses von Staatlichkeit und Schriftgebrauch einleiten: „The view required by the evidence … is not that an Israelite state established writing but that writing was recruited by an Israelite state to establish itself, in order to argue publicly that it existed"; so S. E. SANDERS, Writing, 107. Zum Ostrakon von der *Ḫirbet Qiyāfa* vgl. die Schlussfolgerungen von É. PUECH, L'Ostracon, hinsichtlich des Aufkommens der Staatlichkeit in Israel–Juda. Das bedeutet nicht das Ende der Kontroverse; dies illustrieren beispielsweise die gegensätzlichen Stellungnahmen von I. FINKELSTEIN, United Monarchy, 16–19, und A. MAZAR, Archaeology, 49f.

30   O. KEEL, Geschichte I, 163 (§ 178), als Zusammenfassung der Einzelargumentation S. 153–163 (§ 167–178). In dieselbe Richtung tendiert J. M. HUTTON, Transjordanian Palimpsest, 168–175.

durchweg getragenes und tragendes Glied eines Gerüsts von Datierungen, das jeweils mehr oder minder große Umbauten erfordert, wenn sich die Einordnung eines Elements verschiebt. Wie weit die Folgen reichen können, ist in der Exegesegeschichte zu besichtigen. Die Probleme wachsen, je weiter der postulierte Ursprung zurückliegt, weil dann die Zahl der akzeptierten Referenztexte rapide schwindet, die der These Halt zu geben vermögen. Und gerade aus jenen Literaturbereichen, die die traditionellen Kandidaten für hohes Alter umfassen, sind mittlerweile so viele Passagen herausgeschlagen worden, dass der anschwellende Sog die verbliebenen Reste lawinenartig mit sich reißt, bis die oben skizzierte Sicht der Literalität in Israel und damit der Frühgeschichte Israels im Allgemeinen erreicht ist.

Demgegenüber soll hier ein Text in Erinnerung gerufen werden, der, obwohl er kein Wort über David verliert, schon in der Pionierzeit der historisch-kritischen Exegese als ein Widerhall der Verhältnisse unter dem Dynastiegründer durchschaut wurde, aber in der Diskussion um die Frühgeschichte Israels bisher allenfalls eine Nebenrolle spielt. Es handelt sich um Ri 19*, die Erzählung von der Schandtat in Gibea, in der M. Güdemann 1869 eine prodavidische Kampfschrift erkannte.[31] Wie mir scheint, lässt sich hier die Abfassung noch zu Lebzeiten Davids besonders solide begründen. Wird der Beweis als gelungen akzeptiert, sind die Konsequenzen erheblich, weil das Dokument bestimmte Nachrichten in Erzählungen der Samuelbücher über fundamentale politische Koordinaten jener Epoche indirekt, aber wirkungsvoll untermauert.

2. Rekonstruktion der Grundschicht

Eine Frühdatierung kommt nur für eine vorausliegende Grundschicht von Ri 19 in Betracht, die hierzu literarkritisch wiederhergestellt werden muss.[32] Das Kapitel ist Teil der redaktionellen Komposition Ri 17–21, die zusammengehalten wird durch die Besonderheit, dass streckenweise Leviten Hauptrollen besetzen;[33] dazu tritt der sog. königsfreundliche bzw. promonarchische Kehrvers oder Tendenzrefrain,[34] ein ostinater Erzählerkommentar, der die Missstände der vorköniglichen Zeit

---

31 M. GÜDEMANN, Tendenz. Seine Auslegung bezog sich noch auf die als Einheit betrachteten Kapitel 19–21.
32 Literaturüberblicke zu Ri bieten K. M. CRAIG, Judges; G. HENTSCHEL, Richter.
33 Ri 17,7.9–13; 18,3.15; 19,1; 20,4.
34 H.-W. JÜNGLING, Plädoyer, 59.

beklagt und so die Schlusskapitel des Buches zu einer Werbeschrift für das Königtum bündelt. Seine Vollform präsentieren der erste Beleg 17,6 und das abschließende Resümee in 21,25: *In jenen Tagen gab es keinen König in Israel; ein jeder pflegte zu tun, was recht war in seinen Augen.* 18,1 wiederholt daraus den ersten Satz, der in variierter Gestalt auch das Kap. 19 eröffnet, wo er mit geringen Erweiterungen in zwei Sätze aufgespalten ist: *Es war in jenen Tagen, und es gab keinen König in Israel.* Die Streuung über fünf Kapitel unterschiedlicher Eigenart belegt, dass hier ein Redaktor strukturierend eingegriffen hat.

Das dritte Exemplar des Kehrverses in 19,1ab sowie der komplette Austausch von Szenerie und Figuren markieren einen Neueinsatz. Wie mehrere Beobachtungen erweisen, beginnt hier ein separater redaktioneller Baustein. Die Frage, wie sich der Tendenzrefrain in 1ab dazu verhält, ist einstweilen aufzuschieben, bis weitere Probleme geklärt sind.[35] Die knappe Exposition 1c *Ein levitischer Mann wohnte als Fremder im entlegensten Teil des Gebirges Efraim* bezeichnet zwar den anonymen Protagonisten ebenso wie eine Hauptfigur der vorausgehenden Erzähleinheit als Levit, doch das ist fraglos eine sekundäre Nachinterpretation. Denn anders als zuvor spielt diese Qualifikation im gesamten Kapitel keine Rolle mehr und kehrt nur noch einmal in 20,4 wieder, d. h. im Rahmen einer separaten Episode, von der noch darzulegen ist, warum darin viele zu Recht eine jüngere Fortschreibung erkennen. Auffälligerweise wird das Adjektiv לֵוִי in den ausgedehnten Dialogen nie genutzt, um den Helden von seinen ebenfalls männlichen und anonymen Gesprächspartnern zu unterscheiden. In der Betlehem-Episode (Vv. 3–8) kann der Autor noch Verwandtschaftsterminologie zu Hilfe nehmen, die er hauptsächlich beim Brautvater (*ihr Vater* 3d, *der Vater der jungen Frau* 3e.4a.5d.6d.8b.9b, *sein Schwiegervater* 4a.7b.9b) und mitunter bei dem Besucher einsetzt (*ihr Mann* 3a, *sein Schwiegersohn* 5d), aber überwiegend heißt der Reisende schlicht *der Mann* (6d.7a.9a.10a). Von seinem Knecht wird er als *sein Herr* abgehoben (11c.12a). Besondere Aussagekraft besitzt das Fehlen des Adjektivs in den Vv. 16–25, die die Hauptfigur mit dem namenlosen Wirt in Gibea zusammenführen. Dort weiß der Verfasser Gastgeber und Gast nur recht umständlich auseinanderzuhalten: *der Wandersmann* (17b), *der alte Mann* (17c.20a), *der alte Mann, der Hausherr* (22c), *der Mann, der Hausherr* (23a), *dieser Mann* (so der Wirt über seinen Besucher: 23d). Warum erleichterte der Erzähler nicht den Überblick, indem er den Fremden einfach als Leviten bezeichnete? Wenn das nicht geschieht, dann offenbar deswegen, weil hier der Erstautor spricht, für den der Hauptakteur noch kein

---

35   S. u. S. 190.

Levit gewesen ist. Folglich ist das Adjektiv in V. 1 redaktionell nachgetragen.[36]

Dasselbe wird auf das attribuierte Partizip גֵּר zutreffen, das aus 17,7 entlehnt sein dürfte, wo der levitische Protagonist der vorangehenden Erzählfolge eingeführt wird. Die beiden Passagen sind neben Dtn 18,6 die einzigen im AT, die das Verb גור *als Fremder und Schutzbürger weilen* (HAL) mit dem Subjekt *Levit* verbinden. Angesichts der landlosen Existenzweise der Leviten ist eine solche Auskunft natürlich; ist dagegen diese Stammeszugehörigkeit als sekundär ausgeklammert, lässt der ältere Textbestand für das Partizip keine narrative Motivation mehr erkennen. Im Gegenteil: Wenn die Hauptfigur dem Gastgeber in Gibea die Mitteilung über das Reiseziel *entlegenster Teil des Gebirges Efraim* mit dem Zusatz erläutert מִשָּׁם אָנֹכִי *von dort bin ich* (18c; statt beispielsweise: מִשָּׁם* אָנֹכִי בָּא *von dort komme ich*), wird der Wohnort als angestammte Heimat hingestellt, was sich mit einem Fremdenstatus schwer verträgt. So ist zu schließen: Im Grundtext war der Held ein efraimitischer Vollbürger, und Ri 19* geht auf eine andere Hand zurück als Kap. 17f.

Das schwere Verbrechen in Gibea entfacht in den Kap. 20f. einen blutigen israelitischen Bruderkrieg. Diese Episoden tragen sprachliche und konzeptionelle Eigenarten, die zweifelsfrei einen späten Ursprung anzeigen, weswegen die Frühdatierung von Kap. 19* zwingend eine literarische Schichtengrenze zwischen den beiden Komplexen verlangt. Die Fortsetzung ist in der neueren kritischen Exegese auch vielfach jüngeren Händen zugewiesen worden. Indes hat Walter Groß unlängst in seinem magistralen Kommentar zum Richterbuch eine solche Zäsur bestritten und seine Sicht des Beobachtungsstandes wie folgt resümiert: „Ein überzeugendes literarkritisches Kriterium für die Abtrennung von Kap 20 gibt es nicht."[37] Diese Position sollte jedoch nochmals überdacht werden. Denn wie im Folgenden gezeigt werden soll, ist bislang noch nicht in vollem Ausmaß deutlich geworden, wie sehr sich Ri 19* und 20f.* durch divergente Horizonte und gravierende Kohärenzstörungen voneinander abheben.

Der Grad literarischer Spannungen zwischen Ri 19* und 20f.* hängt allerdings wesentlich davon ab, wie man die Grundschicht der Kriegserzählung absteckt. Im Folgenden setze ich für Ri 20f. die Vorstufenrekonstruktion von Walter Groß voraus, laut der die Orakelanfragen in Bet-El (20,18.23.26–27a.28b–f; 21,2–5) und die abschließende Rahmung

---

36 Dies ist weitgehend anerkannt; so z. B. auch H.-W. JÜNGLING, Plädoyer, 76; T. VEIJOLA, Königtum, 20f.; U. BECKER, Richterzeit, 259.

37 W. GROß, Richter, 821.

durch den königsfreundlichen Refrain (21,25; vgl. oben) redaktionelle Zusätze darstellen; dazu treten einige Einschübe im Umfang von Wortgruppen, die hier vernachlässigt werden können, da sie aufgrund ihrer Geringfügigkeit die Verhältnisbestimmung zu Kap. 19 nicht beeinflussen.[38] Daneben wurden verschiedene andere literarkritische Modelle zu Ri 20f. entwickelt, so namentlich die Hypothese, dass ein heterogenes Stratum in jenen Stücken fassbar sei, die den Sieg der Stämmekoalition am dritten Tag der Kämpfe auf eine Kriegslist in Gestalt eines Hinterhalts zurückführen und dabei an Jos 7f. angelehnt sind; außerdem nenne diese Schicht die israelitische Koalition אִישׁ־יִשְׂרָאֵל, während sonst die Bezeichnung בְּנֵי־יִשְׂרָאֵל dominiert. Der Kern dieser separaten Textebene wird in 20,36c–46 gesucht, wozu einige Satelliten im Kontext träten.[39] Es überstiege indes die Möglichkeiten dieses Aufsatzes, die Diskussion nach sämtlichen bisher vorgeschlagenen Schichtungen zu differenzieren. Vorsicht gegenüber weiterreichenden Annahmen erscheint insbesondere deshalb geboten, weil die Kriterienlage zwar den Verdacht zusätzlicher Uneinheitlichkeit der Kriegserzählung schürt, es aber nicht gelingen will, die Indizien in ein befriedigendes Wachstumsmodell zu überführen.[40] Es ist nicht einmal zu klären, ob die fraglichen Passagen, wenn von anderer Hand, jüngere Zutaten oder vielmehr eine ältere, von Anfang an eingeschmolzene Vorlage repräsentieren.[41] Betont sei allerdings, dass sich unter abweichenden literarkritischen Voraussetzungen auf Seiten von Kap. 20f. auch andere Konsequenzen für das Verhältnis zu Ri 19* ergeben. Freilich können unter anderen Prämissen die Spannungen zwischen den Textblöcken eher zunehmen, denn wenn man etwa die oben genannten Orakelszenen – m. E. zu Unrecht – beim originalen Bestand der Kap. 20f. belässt, steigt der Anteil an religiös konnotierten Passagen in der Grundschicht und somit auch der Gegensatz zur rein profanen Basis von Kap. 19 (dazu sogleich). Mit der Vorstufenrekonstruktion von Walter Groß zu Ri 20f.

---

38 W. Groß, Richter, 822–826. Zusätzlich wird hier angenommen, dass die Qualifikation des Gatten der getöteten Frau als הָאִישׁ הַלֵּוִי in 20,4a eine Glosse von derselben Hand darstellt, die in 19,1c die Worte לֵוִי גֵּר eingefügt hat. Der redaktionelle Charakter ist bei Groß nicht eigens hergeleitet, aber in seiner Auslegung vorausgesetzt (vgl. ebd. 851f.) und eine Konsequenz seiner Argumentation zu 19,1 (ebd. 813).

39 So z. B. U. Becker, Richterzeit, 272–287, der die fraglichen Passagen einer Bearbeitung zuschreibt, während G. Hentschel – C. Nießen, Bruderkrieg, 36, an ein vorexilisches Traditionsstück denken.

40 So auch G. Hentschel – C. Nießen, Bruderkrieg, 36: „Es handelt sich offenbar um einen komplizierten Prozess, der nicht mehr restlos entschlüsselt werden kann."

41 S. Anm. 39.

wird folglich eine Vorgabe akzeptiert, die das Erreichen des gesetzten Beweisziels eher erschwert.

Den nachexilischen Ursprung der Kriegserzählung Ri 20f.* erweisen schon die idealisierten Vorstellungen über die Eigenart und Solidarität des vorköniglichen Zwölfstämmevolkes. Ferner ist die Kriegserzählung von einem priesterlichen Horizont geprägt. Die Zusammenkünfte der Israeliten heißen mehrfach in typisch priesterlicher Sprache עֵדָה *Gemeinde*[42] und קָהָל *Versammlung*[43]; dazu passt die Vorliebe für kultische Themen: Breit wird geschildert, wie die Krieger Trauerriten vollziehen, Opfer darbringen und Orakel einholen. Wenn ferner 21,11–12 betont, dass beim Frauenraub in Jabesch-Gilead nur Jungfrauen als Bräute für die überlebenden Benjaminiter in Betracht kommen, wird das ausschlaggebende Kriterium mit der Wendung (Negation +) יֹדַע + מִשְׁכַּב זָכָר umschrieben, die sonst nur in dem sehr späten und praxisfernen priesterlichen Bericht vom Midianiterfeldzug Num 31 (Vv. 17. 18.35) wiederkehrt.[44] Die Wendung בער-D (20,13) מִיִּשְׂרָאֵל (הָ)רָע(ה) ist dtr Herkunft.[45]

Die priesterlichen und deuteronomistischen Elemente in Ri 20f.* liefern nicht nur ein grobes Präjudiz für die Datierung der Grundschicht dieser Kapitel, sondern stiften auch einen Gegensatz zur Originalfassung von Ri 19, wo solche Einflüsse fehlen (abgesehen von dem Adjektiv לֵוִי in V. 1, das schon aus anderen Gründen als sekundär zu beurteilen war). Mehr noch: Ri 19* bietet im Unterschied zu Kap. 20f.* einen rein profanen Text.[46] Dagegen ist die Darstellung sogleich mit Beginn von Ri 20 religiös aufgeladen: „Die Gemeinde (עֵדָה) versammelte sich ... zu JHWH nach Mizpa" (V. 1), wo sie sich als „Versammlung (קָהָל) des Volkes Gottes (עַם הָאֱלֹהִים)" konstituiert habe (V. 2). Auf 20,1 greift 21,8 zurück, wo die Israeliten daran erinnern, dass sich jene Zusammenkunft „zu JHWH in Mizpa" einfand. Wie 21,7 unterstreicht, haben die Israeliten den Schwur, ihre Töchter nicht den Benjaminitern zu Ehefrauen zu geben, „bei JHWH" geleistet. Zudem macht Ri 20f.* wiederholt die Regie JHWHs hinter dem Geschehen namhaft: Laut 20,35 „schlug JHWH Benjamin vor Israel", und 21,15 führt das Mitgefühl der

---

42 Ri 20,1; 21,10.13.16.

43 Ri 20,2; 21,5.8.

44 Exklusives Bindeglied ist allein schon die Konstruktusverbindung מִשְׁכַּב זָכָר. Eine weitere Gemeinsamkeit der beiden Kriegserzählungen sind Auftritte des Aaronsenkels Pinchas (Num 31,6; Ri 20,28), in Ri allerdings erst aufgrund einer klar markierten und daher unstrittigen Interpolation; vgl. U. BECKER, Richterzeit, 276 mit den in Anm. 190 genannten Vorgängern; W. GROSS, Richter, 824.826.

45 Dtn 17,12; 22,22; mit מִקִּרְבֶּךָ 13,6; 17,7; 19,19; 21,21; 22,21.24; 24,7.

46 Zu וְאֶת־בֵּית יְהוָה אֲנִי הֹלֵךְ V. 18 s. u. S. 194.194

übrigen Stämme für Benjamin auf den Umstand zurück, dass „JHWH eine Lücke in die Stämme Israels gerissen hatte".

Nun könnte man einwenden, dass die Fabel von Ri 19 weniger Anlässe zur Thematisierung religiös konnotierter Gegenstände bot. Das ist schwer zu entscheiden. Hervorzuheben ist allerdings eine Reihe von terminologischen Parallelen zwischen den beiden Textblöcken, wobei den Formulierungen in Kap. 19 jeweils deutlich stärker konzeptionell befrachtete Korrespondenzglieder in Kap. 20f. gegenübertreten. Laut 19,29 schickt der Efraimiter die Leichenteile seiner Nebenfrau בְּכֹל גְּבוּל יִשְׂרָאֵל, mithin zu einer territorial definierten Größe, während sein Bericht in 20,6 dafür בְּכָל־שְׂדֵה נַחֲלַת יִשְׂרָאֵל einsetzt, also das Stichwort נַחֲלָה aufruft, das mit landtheologischen Konnotationen angereichert ist.[47] Ferner begegnet die Formel מִדָּן וְעַד־בְּאֵר שֶׁבַע[48] in 20,1, nicht aber in 19,29. Die Zwölfzahl der Leichenteile hätte zudem einen Anlass geboten, die Adressaten als (כֹּל) שִׁבְטֵי יִשְׂרָאֵל zu umschreiben, womit die Kap. 20f. die Israeliten mehrfach als Solidargemeinschaft charakterisieren,[49] doch auch dies unterbleibt. In 19,23 beschwört der Gastgeber die Gibeaniter, sie sollten sich nicht zu הַנְּבָלָה הַזֹּאת hinreißen lassen; in V. 24 wiederholt er seinen Appell mit der Variante דְּבַר הַנְּבָלָה הַזֹּאת. Dagegen qualifizieren die Rückblicke in Kap. 20 das Verbrechen als נְבָלָה בְּיִשְׂרָאֵל (V. 6; variiert in V. 10), was der Tat ein nochmals spürbar höheres Gewicht beimisst, insofern sie als Anschlag auf die Identität Israels gewertet wird. Zudem stellen die Empfänger der Leichenteile in 19,30 lediglich fest: לֹא־נִהְיְתָה וְלֹא־נִרְאֲתָה כָּזֹאת, während in Kap. 20 wiederholt mit dem wertenden Substantiv רָעָה auf das Symbol bzw. das Symbolisierte Bezug genommen wird: Laut 20,3 wollen die in Mizpa versammelten Israeliten erfahren: אֵיכָה נִהְיְתָה הָרָעָה הַזֹּאת, und in 20,12 richten sie an die Benjaminiter die Frage: מָה הָרָעָה הַזֹּאת אֲשֶׁר נִהְיְתָה בָּכֶם. Und folgerichtig begründen sie ihren Antrag auf Auslieferung der Schuldigen zwecks Hinrichtung mit dem Satz וּנְבַעֲרָה רָעָה מִיִּשְׂרָאֵל (V. 13). Wer daher Ri 19* und 20f.* demselben Verfasser zuschreibt, müsste erklären, warum der Erzähler derart widersprüchlich vorgegangen sein sollte, indem er in Ri 19* buchstäblich jede Gelegenheit zur theologischen Aufladung seiner Geschichte verstreichen ließ. Ein markantes Beispiel ist die Exodusreminiszenz in 30d, die über

---

47   Vgl. E. LIPIŃSKI, נַחַל נַחֲלָה.

48   1 Sam 3,20; 2 Sam 3,10; 17,11; 24,2,15; 1 Kön 5,5; in umgekehrter Reihenfolge: 1 Chr 21,2; 2 Chr 30,5.

49   Vgl. 20,2.10.12; 21,8.15 (sekundär 21,5) sowie weitere Kombinationen von שֶׁבֶט und יִשְׂרָאֵל in 21,6.17 (sekundär 21,3).

JHWH schweigt.[50] Zwar wird sich alsbald ergeben, dass die Grundschicht von Ri 20f. bereits mit 19,30e–k nach dem aus *G** rekonstruierten alexandrinischen Wortlaut des Verses einsetzt, der die neutrale
Ausdrucksweise übernimmt,[51] aber dies erklärt sich als direkte literarische Anknüpfung, während im Übrigen sogleich der andersartige Stil
des Ergänzers zutage tritt.

Ein weiterer terminologischer Unterschied betrifft die Bezeichnung
der Benjaminiter. Die Kap. 19–21 benennen Benjamin als Stamm bzw.
politisch-territoriale Größe sowie – davon nicht immer eindeutig unterscheidbar – die Stammesangehörigen teilweise allein mit dem Eigen-
namen בִּנְיָמִן (19,14 sowie häufig in 20f.*[52]). Daneben belegt 19,16 die
Stammesangehörigen mit dem Ausdruck בְּנֵי יְמִינִי, den die Kap. 20f.
konsequent vermeiden. Stattdessen firmieren die Benjaminiter dort
häufig als בְּנֵי בִנְיָמִן,[53] wobei die Differenzierung zwischen den Alternativen בִּנְיָמִן und בְּנֵי בִנְיָמִן in der Textüberlieferung schwankt;[54] außerdem begegnet einmal אִישׁ בִּנְיָמִן.[55] Der gegensätzliche Sprachgebrauch
ist nicht durch die Indetermination der Wortgruppe in 19,16 (וְאַנְשֵׁי
הַמָּקוֹם בְּנֵי יְמִינִי) erzwungen, denn der Autor hätte auch die Verbindung מִבְּנֵי בִנְיָמִן wählen können.[56] Angesichts der Fülle an Gelegenheiten, die Variante בְּנֵי יְמִינִי in den Kap. 20f. aufzugreifen, stellt ihr völli-
ger Ausfall eine gravierende terminologische Spannung zu Ri 19 dar.

---

50 W. GROß, Herausführungsformel, 440f., klassifiziert 19,30d לְמִיּוֹם עֲלוֹת בְּנֵי־יִשְׂרָאֵל
מֵאֶרֶץ מִצְרַיִם עַד הַיּוֹם הַזֶּה in seiner Systematik der Varianten der Herausführungsformel als „Formel 7" mit der (durch weitere Elemente auffüllbaren) Struktur:
יצא G/H bzw. עלה G/H + הַיּוֹם הַזֶּה + עַד. Ri 19,30 und 2 Sam 7,6 wird
höheres Alter zugesprochen; „die übrigen Stellen entstammen dtn. und dtr. Händen
oder von diesem Schrifttum abhängigen Texten. Alle Belege mit *jṣ'* sind spät." (440)
Belege: Dtn 9,7; 1 Sam 8,8; 1 Kön 8,16; 2 Kön 21,15; Jer 7,25; 11,7; 1 Chr 17,5; 2 Chr 6,5.
W. GROß, Richter, 847, revidiert dieses Urteil mit dem Ergebnis, die Formel erweise
sich „in allen übrigen Belegen (einschließlich 2 Sam 7,6) als dtn, dtr oder noch jünger". Deshalb gebe es „keinen Grund", für Ri 19,30d „höheres Alter zu postulieren".
Es ist jedoch zu beachten, dass der gegebene Fall den einzigen Beleg dieser Kategorie darstellt, der das Verb עלה im Grundstamm verwendet und daher darauf verzichtet, JHWH zu involvieren (mit עלה-H: 1 Sam 8,8; 2 Sam 7,6; Jer 11,7; 1 Chr 17,5).
Eine ähnliche Formulierung mit יום bietet immerhin Hos 2,17. Diese Beleglage dürfte kaum Kriterien für das Alter von Ri 19,30d liefern.

51 S. u. S. 187.

52 20,4.10.12.17.20(BHS!).25.35.35.36.39.40.43.44.46; 21,1.6.14.15.16.17.18.21.

53 20,3.13Q(BHS!).14.15.21.24(BHS!).30.31.32.36.48; 21,13.20.23; sekundär: 20,18.23(BHS!).
28(BHS!).

54 Vgl. Anm. 52 und 53.

55 20,41.

56 2 Sam 4,2; Neh 11,4; 1 Chr 8,40; 9,3.7; 12,17.30.

Dies stützt ebenfalls die literarkritische Sonderung der beiden Text-
komplexe.

Der terminologischen Differenz entsprechen konträre Haltungen zu
den Benjaminitern. Wie noch im Einzelnen zu illustrieren ist, schlägt
den nördlichen Nachbarn der Judäer in Kap. 19 blanke Wut entgegen:
Der Erzähler setzt alles daran, sein Publikum mit Abscheu vor diesem
Stamm zu erfüllen. Ganz anders die Kriegserzählung, die von früh an
eine konziliante Tonart gegenüber Benjamin anstimmt und auf seine
Reintegration hinsteuert: Den Renegaten wird vor Ausbruch der
Kämpfe ein Angebot zur Güte unterbreitet mit dem Ziel, den Waffen-
gang zu vermeiden (20,12–13). Zwei Mal beschreibt die Grundschicht
das Verhältnis zwischen den Benjaminitern und den übrigen Israeliten
mit dem Substantiv אָח *Bruder* (20,13; 21,6).[57] Die existenzgefährdenden
Verluste der Unterlegenen rühren die Sieger zu anhaltendem Mitleid
(21,6–7.15); den in eine hoffnungslose Lage geratenen Verlierern wird
durch eine Friedensbotschaft der Weg zur Versöhnung geebnet (21,13);
und in Kap. 21* richtet sich alles Sinnen und Trachten darauf, dem
dahingeschmolzenen Rest des Stammes den Fortbestand zu sichern. So
zeichnen die beiden Komplexe grundverschiedene Benjamin-Bilder: In
Ri 19 sind die Benjaminiter verhasste Widersacher, die es moralisch zu
vernichten gilt; in Ri 20f. sind sie vom Untergang bedrohte Brüder,
denen umgekehrt die Hand zur Rettung zu reichen ist. Die Frage
erscheint angebracht, ob ein Autor, der ein Exempel der Reintegration
eines gefallenen Bruderstammes entwerfen wollte, derart alle Register
gezogen hätte, um die Sünder zu dämonisieren, wie es in Kap. 19* geschieht.

Neben den Differenzen im Sprachgebrauch trennen Ri 19* und 20f.*
auch syntaktische Eigenarten, näherhin das Repertoire an verwendeten
Satztypen. Wählt man die Literarkritik von Walter Groß zur Basis,[58]
betrachtet aber Ri 19* und 20f.* separat, ergibt sich folgender Befund: Ri
19* enthält 147 Sätze, wovon 49 auf Figurenrede entfallen; Ri 20f.* umfasst 195 Sätze, davon 64 in Figurenrede. Beide Stücke verlegen somit
ein exaktes bzw. rundes Drittel ihrer Sätze in den Mund von Akteuren
in der Erzählung. Der nahezu identische Anteil an Redesätzen erleich-

---

57 Sekundär: 20,23.28.

58 Zwecks Vereinfachung lege ich im gegebenen Fall auch für Ri 19 die Literarkritik
von Walter Groß zugrunde. Infolgedessen sehe ich von V. 24 ab, den Groß zur Gänze für sekundär hält (W. GROSS, Richter, 819f.; vgl. dazu u. S. 194). Bei V. 30 gehe ich
hier vom masoretischen Text aus (W. GROSS, Richter, 807), während dort m. E. nach
G* eine alte Dublette wiederherzustellen ist (s. u. S. 187). Die resultierenden Abweichungen von meiner Rekonstruktion der Grundschicht von Kap. 19 sind zu gering,
um das Gesamtergebnis beeinträchtigen zu können.

tert den Vergleich, da Reden in althebräischen Erzählungen normalerweise eine deutlich höhere Vielfalt an syntaktischen Ausdrucksmitteln aufbieten als Handlung bzw. Erzählerrede. Im Folgenden werden nur solche Satztypen berücksichtigt, die leicht diagnostizierbar sind und ein hinreichendes Maß an Signifikanz besitzen. Dies sind Konjunktionalsätze und konjunktionslose Finalsätze, die durch die Verbalformation $w\dot{}=yiqtul$ nach Aufforderung markiert sind; hinzu kommt eine weitere Satzart, die sogleich unter Ri 19* erläutert wird. Dagegen bleiben sonstige konjunktionslose Sätze unbeachtet (ו zählt in diesem Zusammenhang nicht als Konjunktion).[59]

Für Ri 19* gilt: Innerhalb der 147 Sätze finden sich 4 אֲשֶׁר-Sätze (2 in Handlung: 14d.26c; 2 in Figurenrede: 12c.22e).[60] Dazu treten ein Temporalsatz mit der zusammengesetzten Konjunktion אַחֲרֵי אֲשֶׁר (Rede: 23d) sowie 5 asyndetische Finalsätze der soeben genannten Art (immer Rede: 6g.9g.11f.22f.28c). Eine Besonderheit von Kap. 19* bilden zwei temporale Vordersätze, die durch asyndetische selbstständige Personalpronomina in Subjektsrolle eröffnet werden (jeweils Handlung: 11a הֵם עִם־יְבוּס; 22a הֵמָּה מֵיטִיבִים אֶת־לִבָּם). Diese Bildeweise ist selten und dürfte auch die Frage der Datierung berühren, da sie sich in vorexilischen Texten zu häufen scheint,[61] während sie in den Büchern Ex–Jos, Jon, Rut, Est, Dan, Esr, Neh, Chr sowie der Prosa aus Jer und Ez völlig ausfällt.[62] Im Ergebnis benutzt die Grundschicht keine einzige Konjunktion außer אֲשֶׁר (die mit einer Präposition kombiniert sein kann: 23d). Ein ganz anderes Bild bieten die 195 Sätze von Ri 20f.*: Dort begegnen 17 אֲשֶׁר-Sätze (9 in Handlung,[63] 8 in Rede[64]) sowie 15 weitere Konjunktionalsätze, 14 davon mit כִּי (9 in Handlung,[65] 5 in Rede[66]) sowie einer mit אִם (Rede: 21,21b). Ferner zähle ich 3 Finalsätze des Typs $w\dot{}=yiqtul$ nach Aufforderung (immer Rede: 20,13cd.32e).

---

59 Ausgeklammert bleiben somit auch die mit *qatal*-Formationen eröffneten Sätze 20,43a–c, wo schon die Konzentration in einer geschlossenen Serie die Beurteilung erschwert. Zu diesem seltenen Satztyp vgl. W. GROß, Satzteilfolge, 96 mit Anm. 41, der als zusätzliche Beispiele Ri 18,17bc und 2 Kön 20,5deg nennt.

60 Im Unterschied zur Praxis bei W. GROß, Richter, werden hier Relativsätze mit eigenen Satznummern bedacht.

61 An weiteren Beispielen sind mir bekannt: Gen 38,25; 44,4; Ri 15,14; 18,3.22; 1 Sam 9,5. 11.14.27; 2 Sam 20,8; 1 Kön 14,17; 2 Kön 10,12. Selbstverständlich muss hier davon abgesehen werden, das Alter der Belege Fall für Fall zu bestimmen. Zu formalen Varianten vgl. F. KUHR, Konjunktionslose Hypotaxe, 28f. (§ 6f.).

62 Ein syndetisches Beispiel aus später Literatur ist Dan 10,20.

63 20,22c.31d.36e.42c; 21,12bd.13c.14c.23c.

64 20,4d.9b.10b.12c.13b; 21,8c.11b.19c.

65 20,3b.34d.36bd.39c.41cd; 21,15b.18b.

66 20,6d; 21,16c.22bef.

Die beiden Textblöcke unterscheiden sich somit signifikant durch ihre weit divergierenden Anteile an Konjunktionalsätzen: Aus den 147 Sätzen von Ri 19* fallen bloß 5 in diese Rubrik (ca. 3,4 %), die zudem sämtlich mit אֲשֶׁר angeschlossen sind. Hingegen tragen in Ri 20f.* aus 195 Sätzen 32 eine Konjunktion (ca. 16,4 %), wobei die knappe Hälfte mit כִּי und אִם beginnt. Die Kriegserzählung erreicht somit gegenüber Ri 19* annähernd den fünffachen Wert und realisiert auch eine größere Vielfalt, vor allem indem sie reichlich die gängige Konjunktion כִּי gebraucht, die in der Geschichte von der Schandtat der Gibeaniter kein einziges Mal auftritt. Überdies hebt sich Ri 19* durch die beiden asyndetischen Temporalsätze der oben charakterisierten Art ab (11a.22a). Diese Differenzen sind deshalb besonders aussagekräftig, weil sie stilistische Merkmale betreffen, die primär der Steuerung durch spontane individuelle Vorlieben unterliegen und themenunabhängig sind. Der Umschwung erfolgt nicht an beliebiger Stelle, sondern zwischen Ri 19 und 20f. Das Inventar der bevorzugten Satztypen spricht also ebenfalls für einen Verfasserwechsel an jener Zäsur, wo auch die religiöse Aufladung der Geschichte beginnt und das Bild Benjamins umschlägt.[67]

Eine sachliche Spannung trennt Kap. 19 von dem Bericht des Leviten in 20,5c–e, wo er seine traumatischen Erlebnisse in einer Weise schildert, die mit dem Vortext nur begrenzt übereinstimmt: *Mich planten sie umzubringen, und meine Nebenfrau vergewaltigten sie, und sie starb.* Die parallele Erstposition der Objekte אוֹתִי und וְאֶת־פִּילַגְשִׁי vor ihren verbalen Prädikaten erzeugt neben satzinterner Emphase[68] zusätzlich einen Kontrastfokus,[69] der den *Bürgern von Gibea* (5a) genau differenzierte Absichten hinsichtlich des Reisenden und seiner Frau unterstellt, die aus Ri 19 so nicht hervorgehen.

Weiterhin versieht Ri 19* aus der Größe Israel (Vv. 12.29.30) drei Stämme durch starke Kontrastierung mit einem ausgeprägten Profil: Efraim, Juda und Benjamin. Das Stichwort שֵׁבֶט *Stamm* fällt nicht. Ri 20f.* dagegen gebraucht das Lexem häufig,[70] und obwohl die efraimitische Herkunft des Reisenden und seines Gastgebers zuvor so nachdrücklich betont worden war (19,1.16.18), ist Efraim jetzt keiner Erwäh-

---

67   Vgl. auch die Statistiken von T. STADLER-SUTSKOVER, Leading Word, 302f. Danach unterscheiden sich Ri 19 und Kap. 20f. quantitativ signifikant in „the noun–verb rate", „arguments in main clauses" und „the rate of embedded clauses". Verglichen mit Messungen zum Sprachwandel des Hebräischen von F. POLAK entsprächen die Werte von Ri 19 eher dem „classical stratum of biblical Hebrew", während Ri 20–21 dem „exilic and postexilic stratum of biblical Hebrew" näher stünden.

68   Vgl. W. GROß, Satzteilfolge, 171 Anm. 182; 290.

69   Ebd. 201: „Einerseits-andererseits-Verhältnis".

70   S. o. Anm. 49.

nung mehr wert, was insbesondere bei dem Auftritt des Protagonisten in 20,4–7 auffällt. Während ferner Juda in Kap. 19 durch fünf Nennungen (V. 1.2.18) und die Szenen in Betlehem (V. 3–10) als positive Folie zu Benjamin herausmodelliert wird (dazu unter 4.2), ist der Name erst sekundär durch 20,18 in die Fortsetzung eingedrungen. Die ursprüngliche Einheit von Ri *19–21 wäre plausibler, wenn die Sonderrollen von Efraim und Juda in Kap. 19 Gegenstücke in Ri 20f.* besäßen.

Ein zusätzlicher Widerspruch ist allein in der alexandrinischen Textüberlieferung (*AlT*) von 19,30 in vollem Ausmaß erhalten geblieben, während er in *MT* durch einen Textausfall per Parablepsis verblasste. Die Spannung bestätigt nicht nur die Separation der Kap. 20f., sondern trägt auch zur Klärung bei, wo genau die Naht zwischen den beiden Komplexen verläuft. Der hebräische Wortlaut der alexandrinischen Fassung ist aus *G** problemlos wiederherstellbar.[71] Nachstehend folgt die Rekonstruktion der *G**-Vorlage;[72] ihre Überschüsse sind durch <spitze Klammern> markiert, und die Satznummern sind doppelt angegeben: links nach *MT*, rechts nach *AlT*.

MT			AlT	
וְהָיָה	a	a		Und es geschah (regelmäßig):
כָּל־הָרֹאֶה	bP	bP		Jeder, der (es) sah,
וְאָמַר	b	b		pflegte zu sagen:
לֹא־נִהְיְתָה	c	c		„Nicht ist geschehen
וְלֹא־נִרְאֲתָה כָּזֹאת	d	d		noch wurde gesehen (etwas) wie das
לְמִיּוֹם עֲלוֹת בְּנֵי־יִשְׂרָאֵל				von dem Tag an, als die Söhne Israels
מֵאֶרֶץ מִצְרַיִם				aus dem Land Ägypten heraufzogen,
עַד הַיּוֹם הַזֶּה				bis zu diesem Tag."
<וַיְצַו הָאֲנָשִׁים	e1			<Er befahl den Männern,
אֲשֶׁר שָׁלַח	f			die er schickte,[73]
לֵאמֹר	e2			sagend:
כֹּה תֹאמְרוּ לְכָל־אִישׁ יִשְׂרָאֵל		g		„So sollt ihr zu allen Männern Israels sagen:
הֲנִהְיְתָה כַּדָּבָר הַזֶּה		h		‚Ist (etwas) wie diese Sache geschehen

---

71 G* wird vertreten durch den Codex Alexandrinus, Minuskeln und Tochterübersetzungen, während ein Teil der griechischen Textüberlieferung nach MT korrigiert wurde oder selbst ein Homoioteleuton erlitt (ταύτης → ταύτης).
72 Mit BHS und den kritischen Kommentaren.
73 Im Endtext: *geschickt hatte.*

לְמִיּוֹם עֲלוֹת בְּנֵי־יִשְׂרָאֵל			*von dem Tag an, als die Söhne Israels*
מֵאֶרֶץ מִצְרַיִם			*aus dem Land Ägypten heraufzogen,*
‹עַד הַיּוֹם הַזֶּה›			*bis zu diesem Tag?›*
שִׂימוּ־לָכֶם עָלֶיהָ	e	i	*Richtet (euer Herz) darauf,*
עֻצוּ	f	j	*beratet*
וְדַבֵּרוּ	g	k	*und redet!'"*

Der konstatierende erste Teil der Rede der Empfänger der zerstückelten Nebenfrau (30cd *MT* = *AlT*) wird in der alexandrinischen Textfassung wiederholt, allerdings durch eine neue Einleitung (*AlT* e–g) als Redeauftrag des Efraimiters an seine Boten ausgewiesen und als Frage formuliert (*AlT* h). Infolgedessen zählt auch der auffordernde zweite Teil (*MT* e–g = *AlT* i–k) zur Botenrede. Der alexandrinische Wortlaut ist hochgradig spannungsvoll, denn der nur dort bezeugte Botenauftrag e–k durchbricht ohne ersichtliches Motiv die sequenzielle Erzählweise, insofern er erst nach der Reaktion der Adressaten mitgeteilt wird, die er überdies verdoppelt. Die Einleitung zur Rede des Efraimiters ist mit dem Narrativ וַיְצַו e1 *AlT* auch als Progress gekennzeichnet und nicht etwa durch eine x-*qatal*-Formation als Rückblende in die Vorvergangenheit.[74] Man hat den alexandrinischen Überschuss als Glättung gewertet, die einen vermissten Botenauftrag ergänzen sollte.[75] Das ist aber schwer glaubhaft, sollte sich der Eingriff auf den Nachtrag des Botenbefehls beschränkt haben, weil dann kein Grund erkennbar ist, warum er nicht an seinem erwartungsgemäßen Platz *vor* V. 30 eingefügt wurde. Der dyschronologische Ort ist jedoch begreiflicher, wenn der Nachtrag des Botenbefehls eine längere Fortschreibung eröffnete, logischerweise den Anbau der Kap. *20–21 insgesamt. Nimmt man noch den Tatbestand hinzu, dass in *AlT* die Sätze d und h weitgehend übereinstimmen und vor allem identisch auslauten, bestätigt sich eine schon vielfach vertretene Erklärung der Sachlage: *AlT* repräsentiert die ältere Textentwicklungsstufe mit einem spannungsvollen Wortlaut, der den

---

74   R. H. O'CONNELL, Rhetoric, 484, will das Problem der dyschronologischen Erzählfolge beheben, indem er καὶ ἐνετείλατο (e1) mit וַיְצַוֶּה* rückübersetzt, was er wie folgt erläutert: „The consecution with the preceding frequentative verbs may have been explicative – ‚for he would command the men ...'" Freilich wäre für frequentatives וַיְצַוֶּה* das Imperfekt *καὶ ἐνετέλλετο zu erwarten; vgl. וַאֹמַר = ἔλεγεν 30b. Die Äquivalenz וְהָיָה = καὶ ἐγένετο 30a, mit der O'Connell seine Rekonstruktion von e1 rechtfertigt, fußt hingegen auf einer Sonderregel für היה und lässt keine Schlüsse auf andere Verben zu; vgl. M. JOHANNESSOHN, καὶ ἐγένετο, 163; H.-J. STIPP, *w*=hayā, 529.

75   So H.-W. JÜNGLING, Plädoyer, 246–251, gefolgt von U. BECKER, Richterzeit, 161f. W. GROß, Richter, 847, rechnet mit innergriechischer Glättung.

jüngeren Ursprung der Kap. 20–21 weiter untermauert und zusätzlich anzeigt, dass Ri 19* ehemals mit 30d schloss. In der masoretischen Text-tradition ist der alexandrinische Überhang 30e–h durch Homoioteleu-ton עד היום הזה ← עד היום הזה entfallen.[76]

Ist dies richtig, gipfelte die älteste Gestalt von Ri 19 in einem offe-nen Schluss. Dagegen ist eingewandt worden, eine solche Rekonstruk-tion sei unabgerundet und daher implausibel.[77] Das Buch Jona beweist jedoch, dass die Technik des offenen Schlusses in Israel zu Gebote stand:[78] Die finale Frage Gottes in Jon 4,11 soll nach dem angewandten literarischen Verfahren primär nicht vom Adressaten *im* Buch, sondern von den Adressaten *des* Buches beantwortet werden. Wie noch näher darzulegen ist, funktionierte Ri 19* analog: Dort oblag es den Adres-saten des Schriftstücks, aus dem Erzählten die vom Autor insinuierten Konsequenzen zu ziehen. Es überrascht allerdings nicht, dass zu einem späteren Zeitpunkt, nachdem die erwünschte außertextliche Abrun-dung – nämlich durch politische Parteinahme zugunsten Davids – längst nicht mehr aktuell und in Vergessenheit geraten war, eine litera-rische Form der Abrundung nachgetragen wurde. – Daneben kennt das AT etwa auch Erzählschlüsse mit rhetorischen Fragen; so beispielswei-se in Gen 34,31; Num 17,28; 2 Kön 2,18; Jer 26,19[79].

---

76 So z. B. O. EIßFELDT, Quellen, 100f., und viele Kommentare.

77 So H.-W. JÜNGLING, Plädoyer, 276f.; W. GROß, Richter, 820f.; J. P. FOKKELMAN, Re-marks, 42, behauptet kategorisch: „V. 30 cannot possibly function as an ending."

78 Wenn daher FOKKELMAN meint, der literarkritische Schnitt hinter 30d verrate „a lack of narratological knowledge and training" (ebd.), gibt es gute Gründe, dies genau gegenteilig zu sehen.

79 Dies gilt für die auf Jeremia bezogene Episode der Grundschicht von Jer 26. Zur lite-rargeschichtlichen Analyse vgl. H.-J. STIPP, Parteienstreit, 17–33; C. MAIER, Jeremia, 142–146; anders zuletzt H. KNOBLOCH, Prophetentheorie, 19–72. – Neuerdings hat H. PFEIFFER, Sodomie, die Hypothese eines offenen Schlusses von Ri 19* übernommen, ihr aber eine besonders fragwürdige Form verliehen. Schon die (ähnlich wie hier ab-gegrenzte) Grundschicht des Kapitels habe niemals selbstständig existiert, sondern sei „von vornherein auf einen größeren Kontext hin entworfen worden" (285) und zwar zu dem Zweck, „als die mutmaßlich älteste Brücke" den Übergang „von der heilvollen Volks- ([Gen–]Ex–Jos) in die unheilvolle Königtumsgeschichte (Sam–Reg)" (286) herzustellen. Als Gelenk zwischen beiden Komplexen „ergäbe die Erzäh-lung jedenfalls einen guten Sinn. Im Vorfeld der Entstehung des Königtums weckt sie die allerschlimmsten Erwartungen für die spätere Residenz Sauls, verleiht den Orten der Königsalbung und Residenz Davids aber ein durchweg positives Image." (285) Vom zweifelhaften Recht dieser Kontrastierung von vorköniglicher und mon-archischer Epoche einmal abgesehen: Dass der Autor das mit solcher Drastik an-geprangerte Verbrechen in einem literarischen, also nicht situativen Kontext einfach ungesühnt und unsühnbar hätte stehenlassen, ist unglaubhaft. Ferner bleibt bei Pfeiffer – wie so oft in der Auslegung von Ri 19* – unbeachtet, dass der Erzähler die Bosheit der Gibeaniter mit vollem Nachdruck als exemplarisch für den gesamten

Bei der Frage nach dem originalen Ausklang von Ri 19 ist allerdings noch ein Zusatzproblem zu erörtern; zudem ist der Erzählbeginn in die Betrachtung einzubeziehen, über den oben noch nicht abschließend entschieden worden war. Das Teilstück des Tendenzrefrains in 1ab, wie immer mit der globalen Datierung *in jenen Tagen* (בַּיָּמִים הָהֵם) versehen, erscheint als typisches Beispiel redaktionellen Kitts, der ein älteres Stück Literatur in einen kompositionellen Rahmen einbettet. Hans-Winfried Jüngling hat indes den Standpunkt vertreten, die königsfreundlichen Kehrverse in 19,1ab und 21,25 bildeten den ursprünglichen Anfang und Schluss der in sich gerundeten Grundschicht; dort lägen also die Originale vor, von denen die übrigen Belege abgeleitet sind.[80] Seine These ist ein Beispiel dafür, wie gerade bei der Verhältnisbestimmung von promonarchischem Refrain und Korpus des Kapitels folgenschwere Weichen gestellt werden. Denn nur aufgrund dieser seiner Vorstufenrekonstruktion kann Jüngling den Grundtext von Ri 19 „ein Plädoyer für das Königtum" nennen – so im Titel seines Buches –, da das Stichwort מֶלֶךְ im Rest des Kapitels fehlt. 1ab sei von der Fortsetzung nicht zu trennen, da nur der Kehrvers die unabdingbare Verumständung nach Epoche und Problemlage vollziehe; allein 1ab „gibt in Ri 19,1 die Perspektive: die Zeit, in der sich die folgende Geschichte zutrug, ist betont als Zeit ohne König gekennzeichnet".[81] Zugleich zählt Jüngling zu jenen Exegeten, die den Abbruch mit 30d für unglaubwürdig halten.[82] Ehemals sei die Einheit mit 21,25 ausgeklungen, wovon die anerkannte Tatsache zeuge, dass der finale Refrain der Kriegserzählung in Kap. 20f. widerspricht, die in 20,1.11 (*wie ein Mann*) die ungetrübte Solidarität der Stämme preist. Denn wenn mitnichten das Chaos, sondern reibungslose Kooperation regiert, wird „nicht die Notwendigkeit, sondern die Überflüssigkeit des Königtums" erwiesen.[83] Versetzte man den abgesprengten Erzählschluss zurück an seinen alten Standort

---

Stamm Benjamin hinstellt – obwohl Pfeiffer diese Tatsache seinerseits als Einwand gegen U. Becker vorbringt (ebd. 277). Ferner fragt man sich, warum der Verfasser als Vorblick auf den Saulszyklus ausgerechnet eine Tat Sauls karikiert haben sollte (vgl. 19,29 mit 1 Sam 11,7), die dort als uneingeschränkt positive Leistung gilt. Auch dieser Bezug bewirkt ganz unterschiedliche Effekte, je nach dem ob er auf eine Situation oder auf einen literarischen Kontext verweist. – Auf S. 276 findet sich ein Zitat aus H.-J. STIPP, Richter 19, 142, das durch eine minimale und gewiss versehentliche Modifikation in höchst unerfreulicher Weise entstellt ist. Der Fehler sollte nicht durch Zitation des Passus aus zweiter Hand perpetuiert werden.

80 H.-W. JÜNGLING, Plädoyer, 66f.275–280.

81 Ebd. 277.

82 S. o. Anm. 77.

83 Ebd. 276 mit Berufung auf A. KUENEN, Einleitung, 34; J. WELLHAUSEN, Prolegomena, 233; M. GÜDEMANN, Tendenz, 361.

hinter 19,30d, erhielte die Grundschicht ihren ursprünglichen Rahmen wieder, der die Absicht des Autors klarstellt: Werbung für das Königtum.

Nun sind sich kritische Exegeten einig, dass 21,25 keinen originalen Bestandteil der Kap. 20f. bildet.[84] Allerdings steht der Kehrvers zu Ri 19 nicht weniger in Spannung, denn auch diese Erzählung schildert keine generelle Rechtlosigkeit, sondern ist darauf bedacht, die Misere als ein Spezialproblem Gibeas und der Benjaminiter hinzustellen und den Kontrast zum judäischen Betlehem hervorzukehren, wo vorbildliche Umgangsformen herrschen (s. u. 4.2). Zudem stimmt die Geschichte, wie schon oft beobachtet wurde und noch näher zu belegen ist, keineswegs das Lob der Monarchie schlechthin an, sondern votiert für ein ganz bestimmtes Königtum – in gehässiger Opposition zu einem anderen. Obendrein nimmt der Vorschlag eine gewagte syntaktische Deutung von 1ab in Kauf. Jüngling muss plausibel machen, dass der Auftakt וַיְהִי בַּיָּמִים הָהֵם gegen den Augenschein auf keinen Vortext zurückschaut, sondern zum absoluten Textanfang taugt. Zwar bestätigt sein Blick auf die Parallelen, dass die Wendung sonst der redaktionellen Verknüpfung heterogener Vorlagen dient,[85] doch glaubt er sich für den gegebenen Fall auf eine andere Analogie berufen zu können: die Phrase וַיְהִי בִּימֵי, die in Rut 1,1 und Est 1,1 ganze Bücher eröffnet.[86] Für Jüngling stützt sie den Schluss, dass in Ri 19,1 „‚jene Tage' durch den syndetischen Nominalsatz in Ri 19,1a [hier: 1b] determiniert werden". Seine Analyse mündet in den Übersetzungsvorschlag: „In jenen Tagen, als es keinen König in Israel gab …" Damit wird dem Demonstrativpronomen die anaphorische Deixis, die einen Vortext verlangt, bestritten zugunsten einer kataphorischen Referenz auf den Nominalsatz 1b, der „die Funktion eines Temporalsatzes erhält".[87] Abgesehen von der Frage, was die letztere Formulierung syntaktisch präzis bedeuten mag, bleibt zu konstatieren, dass die Grammatiken keine vergleichbaren Konstruktionen kennen.[88] Hält man sich an den belegten Sprachgebrauch, wäre bei einer satzförmigen temporalen Präzisierung zu בַּיָּמִים הָהֵם mit Joël 4,1 ein relativer Anschluss durch אֲשֶׁר zu erwarten.

---

84 Anders U. BECKER, Richterzeit, 258f.292–297, der den promonarchischen Kehrvers dem „Verfasser des Grundbestandes von Ri (19)20–21*" (294) zuschreibt.

85 וַיְהִי בַּיָּמִים הָהֵם Ex 2,11.23; 1 Sam 28,1; וַיְהִי בָּעֵת הַהִוא Gen 21,22; 38,1; 1 Kön 11,29; und dazu H.-W. JÜNGLING, Plädoyer, 59–63.

86 Vgl. sonst Gen 14,1; Jes 7,1; und dazu ebd. 63f.

87 Alle Zitate ebd. 64.

88 Vgl. z. B. B. K. WALTKE – M. O'CONNOR, Syntax, § 38.7; P. JOÜON – T. MURAOKA, Grammar, § 166.

Bietet also Ri 19,1ab keinen glaubwürdigen Erzähleinstieg, so gilt das Gegenteil für 1c. Der Abzug des königsfreundlichen Kehrverses erzeugt einen perfekten selbstständigen Textbeginn in Gestalt einer Erzählungseröffnungsformel[89]: וַיְהִי אִישׁ בִּירַכְּתֵי הַר־אֶפְרַיִם *Es war ein Mann am äußersten Ende des Gebirges Efraim.* Teilweise gleichlautende Textanfänge treten auf in Ri 13,2; 17,1 und 1 Sam 1,1; eine identische Struktur eignet 1 Sam 9,1. Alle diese Beobachtungen untermauern die verbreitete Ansicht, dass 19,1ab und 21,25 wie die übrigen Belege des Tendenzrefrains redaktionellen Händen zuzuschreiben sind.[90] Sowohl der Erzähleinstieg mit 1c als auch der Abbruch mit 30d werden weiter unten für die Frage der Datierung bedeutsam werden (s. u. 5.).

Damit hat sich 19,1c–30d als Grundschicht herausgeschält.[91] Innerhalb dieses Bestandes stellen sich noch vorstufenkritische Fragen minderen Ranges, von denen ausgewählte Fälle anzuschneiden sind, weil sie das Gesamtergebnis beeinflussen können. Als reines Interpretationsproblem eigentlich nicht hierher gehörig ist וַתִּזְנֶה עָלָיו[92] 2a, dem in G* καὶ ὠργίσθη αὐτῷ korrespondiert, was statt des gängigen Verbs זנה I *buhlen, huren* ein Hapax legomenon זנה II *Abneigung empfinden* voraussetzt (HAL; vgl. akkadisch *zēnû(m) zornig sein*). Doch weil die Sachlage häufig dergestalt verzeichnet wird, es läge eine textkritische Vari-

---

89   Vgl. W. RICHTER, Richterbuch, 12f.; W. GROß, Anfang althebräischer Erzählungen, 134.

90   So viele Kommentare; dazu Beispiele aus neueren monographischen Arbeiten: T. VEIJOLA, Königtum, 16f.; S. S. BROOKS, Concubine, 31; A. D. H. MAYES, Royal Ideology, 255–258; Y. AMIT, Judges, 342. Wegen Dtn 12,8 bzw. generell der Wendung „das Rechte (/Böse) in den Augen jmds. tun" (Belege: H.-J. STIPP, Konkordanz, 109) sehen manche Autoren hinter dem promonarchischen Refrain eine dtr Hand; diese Frage kann hier auf sich beruhen bleiben.

91   Hingewiesen sei noch auf divergente Anschauungen hinsichtlich der Lage von Gibea/Geba, die W. GROß, Richter, 814–819, in Ri 19–21 erkennt. Danach sei das Dorf laut 19,10–14 beim *Tell el-Fūl* (Koord. 1720.1369) zu suchen, der ca. 5,5 km nord-nordwestlich von Jerusalem liegt und traditionell mit dem „Gibea Sauls" identifiziert wird, während die Kriegserzählung eher an Geba/Gibea (Koord. 1749.1405) ca. 9 km nord-nordöstlich von Jerusalem denke. Trifft dies zu, war dem Ergänzer von Kap. *20–21 der Ort von Sauls Residenz ungewiss geworden. Die Präzision der topographischen Angaben in Ri 19–21 reicht indes kaum hin für eine vorstufenkritische Auswertung. Ohnedies wäre die Frage neu aufzurollen, sollte I. FINKELSTEIN, Tel el-Ful, Recht behalten, dass die Gleichsetzung des *Tell el-Fūl* mit dem „Gibea Sauls" aufzugeben ist, da in der Eisen-I-Zeit dort keine hinreichend große Festung bestanden habe.

92   Die irreguläre Narrativ-Langform ist wohl eine sekundäre Bildung, gefördert durch den Anlaut des folgenden Wortes mit Laryngal: H.-J. STIPP, Narrativ-Langformen.

ante vor,[93] sei sie hier erörtert. *G** spiegelt keine abweichende Lesart, sondern bezieht lediglich den *MT* auf eine zu זנה I homophone Wurzel, die im Hebräischen sonst nicht belegt ist. Diese Deutung war lange Zeit anerkannte Grundlage der Exegese von Ri 19.[94] Neuerdings gewinnt jedoch die Derivation von זנה I an Popularität, und zwar mit der Zusatzannahme, dass der Autor das Verb im übertragenen Sinne verwende, insofern er damit den eigenmächtigen Abschied der Nebenfrau[95] als sexuellen Tabubruch verurteile, gleichgültig ob außerehelicher Verkehr stattgefunden habe oder nicht.[96] Dann müsste der Präpositionalausdruck עָלָיו jene Partei bezeichnen, deren Interessen durch das Verhalten der Frau beeinträchtigt werden, also den Ehemann. Das Verb regiert jedoch bei aussagekräftiger Beleglage[97] nur zweimal Präpositionalgruppen mit עַל. Der erste Fall ist lokal (Ez 16,16); der zweite markiert mit עַל die Ausgangssituation, die das sexuelle Fehlverhalten ermöglicht (Ez 16,15 וַתִּזְנִי עַל־שְׁמֵךְ *du treibst Hurerei auf der Basis deines Rufs*, d. h. *aufgrund / unter Ausnutzung deiner Reputation*). Tatsächlich erklären mehrere Passagen, dass der durch זנה I bezeichnete Akt die Rechte eines Dritten verletzt bzw. die Distanzierung von ihm vollzieht, aber dann trägt der Geschädigte die Präposition מִן (Ps 73,27) oder Zusammensetzungen: מֵאַחֲרֵי (Hos 1,2), מֵעַל (Hos 9,1), מִתַּחַת (Hos 4,12), ferner auch תַּחַת allein (Ez 23,5). Läge also tatsächlich זנה I in der genannten Gebrauchsweise vor, wäre eine solche Konstruktion zu erwarten. Dagegen bezeichnen Verben des Zürnens die Zielscheibe der Emotion regelmäßig mit עַל, so זעף und קצף; dasselbe gilt für das Substantiv קֶצֶף (vgl. HAL). Syntaktische Gesichtspunkte bestätigen also, dass der *G**-Übersetzer korrekt informiert war, als er in Ri 19,2a die Wurzel זנה II erkannte. Wie sich zeigen wird, steht dies voll im Einklang mit

---

93 So z. B. R. G. BOLING, Judges, 273f.; PH. TRIBLE, Mein Gott, 101; C. EXUM, Richterbuch, 57f.; K. STONE, Gender, 90f.; E. SEIFERT, Tochter, 111; T. J. SCHNEIDER, Judges, 250; V. H. MATTHEWS, Judges, 181.

94 Vgl. viele ältere Kommentare und Übersetzungen sowie etwa J. A. SOGGIN, Judges, 284.

95 Wiedergabe mit HAL. Über die Bedeutung von פִּילֶגֶשׁ (V. 1.2.9.10.24.25.27.29) lässt sich nicht mehr ausmachen, als dass es sich um eine Gattin niederen Rechtsstatus handelt, denn ansonsten folgt der Sprachgebrauch der bei einer Ehe erwartbaren Verwandtschaftsterminologie: Ihr Vater ist der חֹתֵן Schwiegervater des Gatten (V. 4.7.9), der ihm seinerseits als חָתָן Schwiegersohn gegenübertritt (V. 5); vgl. T. J. SCHNEIDER, Judges, 247–251; ferner unten Anm. 129.

96 So z. B. R. G. BOLING, Judges, 274; D. BARTHÉLEMY, Critique textuelle, 116; C. EXUM, Richterbuch, 57f.; G. YEE, Ideological criticism, 162f.; I. MÜLLNER, Differenzen, 93f.; K. STONE, Gender, 90f.; T. J. SCHNEIDER, Judges, 250f.

97 זנה I ist 93-mal bezeugt, davon 35-mal als Partizip G fem זֹנָה – זֹנוֹת, das zur Substantivierung neigt (*Dirne*).

dem Konzept des Erzählers, dem nicht daran gelegen sein konnte, das
Handeln der Frau der Kritik auszusetzen.

In 18e beantwortet der Ehemann die Frage des Alten in Gibea nach
dem Ziel seiner Reise mit den Worten הֹלֵךְ אֲנִי יְהוָה אֶת־בֵּית וְ. Das
Aufsuchen eines JHWH-Heiligtums kann bei einem Leviten nicht
überraschen. Freilich wurde weiter oben diese Stammesangehörigkeit
der Hauptfigur einem Ergänzer zugeschrieben; außerdem ist der Satz
ungrammatisch, weswegen aus der Präpositionalgruppe zumeist mit G
(καὶ εἰς τὸν οἶκόν μου) eine ältere Fassung וְאֶל־בֵּיתִי* rekonstruiert wird.[98]
Dominique Barthélemy beharrt indes auf der Korrektheit der Konstruktion; mit Spr 13,20 sei für הלך mit direktem Objekt die Bedeutung
fréquenter anzunehmen, während G eine Assimilation an 29a אֶל־בֵּיתוֹ
וַיָּבֹא darstelle.[99] Das ist abwegig. Schon Spr 13,20 הֹלֵךְ אֶת־חֲכָמִים[100]
enthält keinen Patiens-Weiser[101] und somit kein Objekt, sondern die in
nichtsuffigierten Formen gleichlautende Präposition der Bedeutung
mit.[102] Warum sollte G ferner den Satz an V. 29 angeglichen haben?
JHWH-Tempel außerhalb Jerusalems waren nach dem Geschichtsbild
des DtrG[103] in der vorköniglichen Zeit normal, und hätte sich der Übersetzer an der mangelnden Grammatizität gestört, wäre das Problem
viel ökonomischer auszuräumen gewesen, hätte er את als Verschreibung aus אל interpretiert.[104] Der masoretische Wortlaut von 18e vermag also die Elimination von לֵוִי גֵּר aus 1c nicht zu erschüttern.

Wenn in V. 24 der Hausherr den enthemmten Gibeanitern nicht nur
seine Tochter, sondern auch die Nebenfrau seines Besuchers anbietet,
enttäuscht er eklatant die Erwartungen, die seine bisher untadelige
Gastfreundschaft geweckt hat. Hinzu kommt eine Auffälligkeit des
Sprachgebrauchs: Die Bildung וּפִילַגְשֵׁהוּ opponiert nicht weniger als
sechs Gegenbeispielen, die das Substantiv mit der üblichen, kontrahier-
ten Form des enklitischen Personalpronomens versehen.[105] Und das

---

98 Vgl. BHS; O'CONNELL, Rhetoric, 483, mit den dort aufgeführten Autoren und Über-
    setzungen.

99 D. BARTHÉLEMY, Critique textuelle, 119.

100 K הָלֹךְ, Q הֹלֵךְ.

101 Ich bevorzuge diesen Terminus für die traditionell *nota accusativi* genannte Präposi-
    tion, weil das Hebräische keine Kasussprache ist und das Element neben meist
    determinierten direkten Objekten auch determinierte Subjekte passivischer Verben
    markiert.

102 Vgl. nur O. PLÖGER, Sprüche Salomos, 156.

103 An dem, wie ich meine, gegen neuere Zweifel festzuhalten ist; so etwa mit G. BRAU-
    LIK, DtrG.

104 Dies gilt auch gegen U. BECKER, Richterzeit, 263, der אֶת־בֵּית יְהוָה für eine redaktio-
    nelle Glosse und die G-Lesart für eine Glättung hält.

105 Vgl. dagegen פִּילַנְשׁוֹ V. 2.9.10.25.27.29.

widerliche Gebaren der Randalierer tut sich obendrein durch sprung-
hafte Logik hervor: Die Offerte zweier Opfer schlagen sie aus, um sich
schließlich mit der Hälfte abzufinden. Deshalb sehen viele Exegeten in
V. 24 Glossierung am Werk, die die Nebenfrau erst nachträglich in die
Rede des Alten eingetragen hat. Beseitigt man וּפִילַגְשֵׁהוּ und die respek-
tiven Pluralformen, gewinnt der Hergang in der Tat an Stringenz: Die
Gibeaniter verlangen die Herausgabe des Besuchers; die Tochter des
Hausherrn als Ersatz lehnen sie ab; als der Reisende seine Gattin ausliefert, geben sie sich damit zufrieden, weil sie so ihr Ziel, den Ankömm-
ling zu erniedrigen, immerhin auf einem Umweg erreichen.[106] In dieser
Rekonstruktion streben die Männer der Stadt geradlinig danach, den
Fremden zu demütigen, und akzeptieren nichts, was sie vorher verworfen haben. Obwohl die wünschenswerte Sicherheit unerreichbar bleibt,
ist die These nicht von der Hand zu weisen, dass V. 24 durch Ausbau
der Offerte sekundär an Gen 19,8 angenähert wurde, wo Lot der Meute
seine beiden Töchter zu opfern bereit ist.[107] Das Urteil hat Folgen für
die Verhältnisbestimmung zur Parallelerzählung Gen 19, die uns weiter unten beschäftigen wird (s. u. 6.).

Zu erörtern bleibt noch 29d, wo die Worte לִשְׁנַיִם עָשָׂר נְתָחִים häufig
ausgeschieden werden aufgrund ihrer Disgruenz mit dem Enklitikon in
וַיְשַׁלְּחֶהָ 29e.[108] Hier überwiegen allerdings die Zweifel. Literarkritische
Operationen sind untauglich, wenn sie das Ausgangsproblem nicht
beheben. Das Objektspronomen kongruiert ebenso wenig mit לַעֲצָמֶיהָ
29d; bei Referenz auf פִּילַגְשׁוֹ 29c kann der Schnitt lediglich die Verweis-
distanz verkürzen. Aber nicht jedes ungewohnte Phänomen rechtfertigt
das literarkritische Messer. Man wird daher den Text mangels hinreichender Beweise besser nicht antasten.

Dies muss genügen, um die Grundschicht abzustecken, der sich die
weitere Untersuchung widmet. Realistischerweise kann es sich nur um
eine auswertbare Annäherung an den ursprünglichen Wortlaut handeln, denn gerade bei dem hohen Alter, das im Folgenden begründet

---

106 Zu den rechtlichen Voraussetzungen vgl. V. H. MATTHEWS, Judges, 187: „Women
are legal extensions of their husbands ... any action taken against the wife would
dishonor the husband." Zum ethnologischen Hintergrund vgl. K. STONE, Gender;
DERS., Sex, 69–84; sowie die Replik von M. CARDEN, Homophobia.

107 BHS und etwa H.-W. JÜNGLING, Plädoyer, 211; U. BECKER, Richterzeit, 261 (mit vielen Vorgängern). W. GROß, Richter, 819f., beurteilt den gesamten Vers als Nachtrag.

108 H.-W. JÜNGLING, Plädoyer, 234–236 mit den ebd. 235 Anm. 716 genannten Vorläu-
fern; U. BECKER, Richterzeit, 261. Die dort zusätzlich angeführten Argumente sind
von besonders fraglichem Wert. Wenn der Passus als Apposition fungiert, eignet
ihm eine normale syntaktische Rolle, die literarkritisch rein gar nichts besagt; und
dass die Anzahl der Gliedmaßen sich nicht auf zwölf beläuft, dürfte antike Leser
nicht gestört haben (anders Becker).

werden soll, und dem entsprechend langen Überlieferungsweg muss
der Text auch bei konservativer Behandlung diverse kleinere Modifikationen erlitten haben. Sie rückgängig machen zu wollen, würde die
Trennschärfe unserer Rekonstruktionsinstrumente überfordern. Wie es
scheint, hat der herausoperierte Bestand einen Gesamtcharakter bewahrt, der als original gelten darf, weil er nicht glaubwürdig auf jüngere Entwicklungen rückführbar ist. Selbst wenn in Einzelfällen uner-
kannte späte Retuschen Irrtümer im Detail bedingen, dürfte sich doch
die Gefahr für das Gesamtergebnis in vertretbaren Grenzen halten.

3. Die Abzweckung von Ri 19*

1869 nannte M. Güdemann Ri 19–21 „eine Art Flugschrift"[109], die die
Herrschaftsambitionen Davids gegenüber einem konkurrierenden Anspruch von saulidischer Seite vertrat. Selbst wenn seine Analyse in vielen Einzelheiten zu präzisieren und vor allem auf den Grundtext von
Kap. 19 zu beschränken ist, hat sie im Kern das Richtige getroffen: Ri
19* ist ein politisches Pamphlet, das den Kampf Davids um die Macht
über den israelitischen Norden mit den Mitteln schriftlicher Propaganda vorantrieb. Der Autor versuchte, einen historischen Erzählstoff zu
verbreiten, der den Stamm Juda und insbesondere Betlehem als Heimat
der Davididen in ein attraktives Licht rückte, während er im Kontrast
den Stamm Benjamin und namentlich seine politischen Exponenten aus
Gibea kompromittierte. An die führenden Kräfte der Nordstämme gerichtet, sollte die Kurzgeschichte ihr Auditorium für David und gegen
seine benjaminitischen Widersacher einnehmen. Um die Adressaten zu
erreichen, musste ihnen der Wortlaut zugestellt und rezitiert oder, sofern sie dazu imstande waren, von ihnen selbst gelesen werden. Denkbar ist, dass der Text im Interesse optimaler Wirkung in mehreren Ex-
emplaren in Umlauf gebracht wurde. Dagegen ist das Dokument kaum
nur eine Mustervorlage für beauftragte Propagandisten gewesen, die
die Erzählung mündlich ausstreuen sollten, denn man fragt sich, wieso
man dafür angesichts des mäßigen Umfangs die Schriftform für nötig
erachtet haben mochte. Man kann spekulieren, ob die Urheber sich von
der schriftlichen Weitergabe erhofften, die Quelle und damit den Charakter der Aktion als politische Verleumdungskampagne zu kaschieren.

Diese Hypothese vermag zahlreiche Einzelzüge der Erzählung zu
erklären. Die Geschichte wuchert mit dem krassen Gegensatz zwischen

---

109 M. GÜDEMANN, Tendenz, 368.

den Antipoden Betlehem und Gibea, die, wie massive Ausdrucksmittel unterstreichen, als typisch für die Stämme Juda und Benjamin gelten sollen. Den Stilregeln der Kampfschrift getreu, zeigt der Autor keine Furcht, dick aufzutragen. Penetrant wird eingehämmert, dass Betlehem in Juda liegt und Gibea in Benjamin, damit auch der Beschränkteste die Lektion kapiert. Viermal fällt der Name *Betlehem*, ohne Ausnahme mit der Apposition *Juda* versehen, in der Auskunft der Hauptfigur an den Alten in Gibea sogar doppelt kurz hintereinander (1d.2b.18b.18d), als sei den Hörern völlig neu, wo die Ortschaft zu suchen ist; nach dieser Erzählung dürften sie es jedenfalls nie mehr vergessen. Fünfmal wird *Gibea* genannt (12d.13d.14c.15a.16c), und nachdem der Erzähler mitgeteilt hat, dass es zu Benjamin gehört (14d), wartet er wenig später mit der verblüffenden Neuigkeit auf, dass dort Benjaminiter hausen (16d). Die Erfahrungen, die der reisende Efraimiter mit den Bürgern der beiden Städte macht, könnten gegensätzlicher kaum ausfallen. Die Gastfreundschaft, geheiligtes Ethos des Orients, steht in Betlehem in voller Blüte, während sie in Gibea mit Füßen getreten wird. Wann konnte jemand den Wunsch verspürt haben, die beiden Orte derart gegeneinander auszuspielen? Das biblische Geschichtsbild kennt genau eine kurze Phase, in der Betlehem und Gibea die Pole eines tödlichen Konflikts markierten: die Zeit Davids, als der Aufsteiger aus Betlehem mit der Sippe Sauls aus Gibea um die Krone rang. Unter solchen Umständen lenkte eine Erzählung wie Ri 19 das Wasser auf die Mühlen Davids. Wen die Polemik im Visier hat, verrät auch das Finale (V. 29–30d), wo der Gatte mit seiner Frau in einer sarkastischen Travestie der Saulsüberlieferung ganz ähnlich verfährt wie der erste König Israels mit seinem Rindergespann angesichts der Bedrängnis von Jabesch in Gilead, als er seine Zugtiere *zerstückelte und ins ganze Gebiet Israels schickte* (1 Sam 11,7bc ‖ Ri 19,29de). Saul habe damit die Israeliten zur Heeresfolge gerufen; ein Zerrbild der spektakulären Aktion soll die Israeliten in Ri 19 genau umgekehrt gegen die Heimat ihres Urhebers mobilisieren.

Demnach haben wir im Grundtext von Ri 19 kein Plädoyer für das Königtum als solches vor uns, sondern ein politisches Pamphlet, das im Interesse Davids die saulidische Konkurrenz diffamierte, indem es Rufmord an ihrem Stammsitz beging. Dazu schlachtete es wohl eine umlaufende Erinnerung an ein aufsehenerregendes Verbrechen aus, die an Gibea haftete. Nach Andeutungen in Hos 9,9 und 10,9 scheint eine solche Affäre in Israel zu sprichwörtlichem Rang aufgestiegen zu sein, sodass man sie einfach durch den Namen des Schauplatzes zitieren konnte, ohne sich näher erklären zu müssen. Zwar ist nicht auszuschließen, dass Hosea eine Legende reproduziert, die unser Text erst in die Welt gesetzt hat; doch das ist wenig wahrscheinlich, denn normalerweise wird der Pamphletist im Interesse seiner Glaubwürdigkeit auf Nachrichten gesetzt haben, die seinem Auditorium im Kern vertraut waren, sodass er sich darauf beschränken konnte, sie in seinem Sinne zu manipulieren.[110] Dafür spricht auch die Anonymität aller Akteure, die zu erwarten ist, wenn weder ein fiktionaler noch ein legendenhafter Erzählstoff vorliegt, sondern eine Anekdote, wo die Namen der Beteiligten mangels Bedeutsamkeit der Vergessenheit anheim gefallen waren.[111] Jedenfalls zog die Schmähschrift alle Register, um die Heimat der Sauliden als so verabscheuungswürdig wie nur irgend möglich hinzustellen. Ihre Bewohner, vom Autor von vornherein als *Taugenicht-se* abgetan (אַנְשֵׁי בְנֵי־בְלִיַּעַל 22b), enthüllen ihren Charakter bereits, als sie die Reisegruppe ohne Obdach auf dem Marktplatz sitzen lassen, obwohl sie sich ihrer Pflichten sogar äußerst billig hätten entledigen können, da die Gäste ja ihren kompletten Proviant im Gepäck tragen (V. 19). Durch (ausnahmsweise) dezente Hinweise insinuiert der Autor, dass eine erhebliche Wartezeit verstrich, bevor die Wanderer Hilfe fanden: Man muss sich niederlassen (15c), bis endlich *am Abend* (16a) der alte Efraimiter des Weges kommt, eine angesichts des schon in V. 14 erwähnten Sonnenuntergangs redundante Zeitangabe. Und nicht von ungefähr führen sich die Männer von Gibea auf wie weiland die Sodomiter. Obwohl der Hausherr ihr Ansinnen nachdrücklich als *Böses tun* (רעע-H 23c) und *Schandtat* (נְבָלָה 23c.24c) verurteilt, lassen sie sich nicht beirren. Die parallelen Passagen in Gen 19,4–11 und Ri 19,22–25 operieren mit einem Vorstellungskomplex äußerster Perversion, der geeignet war, das Ansehen der Beschuldigten unrettbar zu ruinieren. Die Trias von Bruch des Gastrechts, Homosexualität[112] und Gruppenverge-

---

110 Vgl. ferner unten Anm. 204.

111 Hypothesen zur Funktion der Anonymität auf der Ebene des Endtextes finden sich bei D. M. HUDSON, Epithets; J. MARAIS, Representation, 139.

112 Thema ist hier lediglich die Bewertung der (männlichen) Homosexualität in der Textwelt mit ihren implizierten Adressaten. Einige neuere Autoren meinen, Ri 19 und sein Gegenstück in Gen 19 erblickten das sexuelle Delikt nur in der intendierten bzw. vollzogenen Vergewaltigung, während konsensueller gleichgeschlechtlicher Verkehr in Israel toleriert wurde; so etwa K. STONE, Safer Texts, 79f. (Lit.: 14 Anm. 7); M. CARDEN, Sodomy, 14–41. Diese Arbeiten haben plausibel dargelegt, dass die Abwehr der Homosexualität häufig motiviert ist durch den Vollzug von Statusdifferenz, der dem Sexualakt zugeschrieben wird. Die gesetzlichen Bestimmungen in Lev 18,22; 20,13 lassen indes nicht erkennen, dass daraus nur eine bedingte statt einer generellen Verwerfung männlicher Homosexualität abgeleitet wurde. Insofern bleibt es bei dem Resümee von E. OTTO, Homosexualität, 327: „Gleichgeschlechtlicher Umgang unter Männern ist ein todeswürdiges Verbrechen und als solches Blutschuld und Greuel." Vgl. auch M. NISSINEN, Homoeroticism, 124: „Quite possibly no biblical author approved of homoeroticism in any form they knew." Demnach kommt in Gen 19 und Ri 19 der homosexuelle Charakter zur beabsichtigten Vergewaltigung

waltigung mit Todesfolge gehörte wohl zum Ärgsten, was die schwüle Phantasie vor dreitausend Jahren an gerade noch öffentlichkeitsfähigem *sex and crime* aufzubieten hatte. Wie die Sodom-Parallele bestätigt, kam dieses Paket besonders dann zustatten, wenn die Reputation von Städten zerstört werden sollte, weil es eine Vielzahl von Tätern und gruppenexterne Opfer voraussetzt. Die freie Übertragbarkeit der Bezichtigung und das greifbare Bestreben, die Grenzen des Kommunizierbaren auszuschöpfen, rücken die in Ri 19 erhobenen konkreten Vorwürfe allerdings in ein schräges Licht, denn sie schüren den Verdacht, dass der Autor auf seine Zielscheibe ein vorgefertigtes Schema appliziert hat. Das Lernziel der Hasstirade liegt auf der Hand: Ein anständiger König kommt aus Juda, doch die Benjaminiter sind Schweine.

Wen sollte das Machwerk überzeugen? Das verrät zunächst der Hauptheld, der im Grundtext ein vollgültiger Efraimiter (1c*.18c) gewesen ist. Er wird den Hörern als Identifikationsfigur dargeboten, damit sie sich mit seinen Augen im Israel der erzählten Welt umschauen und ihr Urteil bilden, wer eher ihr Vertrauen verdient: Juda oder Benjamin. Deshalb wird er mit einem sympathischen Charakter ausgestattet: Vor seiner im Zorn entlaufenen Frau pocht er nicht auf seine Rechte, sondern lässt ihr erst vier Monate Zeit,[113] um es dann mit sanfter Diplomatie zu versuchen (V. 3). Er teilt die Mentalität des Publikums, wenn sein Stolz als Israelit ihm gebietet, sich zu den Seinen zu scharen, während er zu Fremden – wie er meint, klugen – Abstand hält (V. 12). Von den Gibeanitern schäbig auf dem Dorfplatz allein gelassen, klagt er nicht mehr als nötig, um dem fragenden Alten seine Lage zu erklären (18f). Zu seinen weniger gewinnenden Zügen weiter unten! Die implizierten Leser sind somit in den Nordstämmen zu suchen. Daher ist der Protagonist mit Bedacht auch nicht an einem namentlich identifizierten Ort zu Hause, sondern im *entlegensten Teil*[114] *des Gebirges Efraim* (1c.18b), also von seinem Reiseziel Juda aus am weitesten Punkt. Die Formulierung ist strategisch gewählt, denn sie verkörpert die Totalität des davidischen Machtanspruchs über Nordisrael, für das *Efraim* – wie häufig – als *pars maior pro toto* einsteht: Der Name vertritt alles, was zwischen dem fernen Wohnort des Helden und Juda liegt. Und weil

---

des Gastes erschwerend hinzu. In Ri 19 hätten die Täter immerhin von vornherein die Herausgabe der Frau verlangen können. – Lediglich die deuteronomische Gesetzgebung hat anscheinend den homosexuellen Verkehr mit nichtisraelitischen männlichen Prostituierten hingenommen; vgl. H.-J. STIPP, Qedešen, 373f.

113 Anders T. SCHNEIDER, Judges, 253: Der Mann wollte die erforderliche Frist abwarten, in der sich klären würde, ob die Frau durch einen Ehebruch schwanger geworden war. Diese These setzt die Herleitung von וַתִּזְנֶה 2a von זנה I voraus.

114 HAL 419b.

der Verfasser die Nordstämme umwirbt, darf auch der mustergültige Hausherr, der zum Schutz seines Gastes zu äußersten Opfern bereit ist,[115] in Gibea bloß Gastbürgerstatus genießen, während er ganz wie sein Besucher vom *Gebirge Efraim* stammt (16bc). Wenn am Ende auf der grausamen Post in der erzählten Welt der Adressenaufkleber *ins ganze Gebiet Israels* (29e) prangt, gibt er zugleich die Empfänger der (auf ihre Weise nicht weniger grausamen) Post in der wirklichen Welt preis, eben der Schmähschrift selbst. Ihr zentrales Identifikationsangebot unterbreitet sie wirkungsvoll an ihrem Höhepunkt, dem Chorschluss in 30a–d, wo sämtliche Zeugen einmütig bekennen, dass das monströse Verbrechen der Gibeaniter seit den Anfängen Israels einzigartig dasteht. Die Sprecher sind lokal und ethnisch die innertextlichen Stellvertreter der realweltlichen Adressaten, die eingeladen werden, in das Urteil einzustimmen – mit allen politischen Folgen.[116] So offenbart der Autor auf Schritt und Tritt, dass er nicht Juda gegen Benjamin oder den Norden stellt, sondern Juda gemeinsam mit den übrigen Stämmen gegen Benjamin.

Die Hypothese eines antisaulidischen Pamphlets erklärt auch eklatante Implausibilitäten und Inkonsequenzen des Erzählten. Etwa der offene Schluss: Weil die entscheidenden Konsequenzen aus dem Hergang nicht inner-, sondern außertextlich gezogen werden sollen, kann der Verfasser mit dem gemeinschaftlichen Aufschrei über die Uner-

---

115 Für das Angebot der jungfräulichen Tochter des Gastgebers (V. 24; sowie im Endtext der Nebenfrau des Reisenden) bzw. die parallele Offerte Lots in Gen 19,8 hat nun S. MORSCHAUSER, Hospitality, 474–482, eine ungewöhnlich abwegige Erklärung unterbreitet. Das Anerbieten diene nicht dem Schutz der Gäste, sondern solle legitime Besorgnisse der Mitbürger beschwichtigen, indem ihnen für die Dauer des Aufenthalts potenziell gefährlicher Fremder besonders wertvolle Geiseln als Sicherheitsgarantien zur Verfügung gestellt würden. „The women – technically, legal detainees/captives – are to be held safely overnight, and are to be released, unharmed, when the … visitors vacate the premises." (ebd. 477) Deshalb konstituiere erst die Misshandlung der Bürgen ein Delikt. Dem widerspreche auch nicht das offen eingeräumte Recht zur Vergewaltigung in Ri 19,24cd: „The extreme imagery employed makes it clear that the dire allusions contained therein – ‚humiliation' – is precisely what should not occur." (ebd. 481f.) MORSCHAUSERs Belege für einen solchen angeblich gängigen Brauch erscheinen allerdings untauglich, und es ist auch schwer zu sehen, wie man sich in der realen Welt davon etwa Schutz vor Spionage versprochen haben sollte.

116 Natürlich schließen die Angabe בְּכֹל גְּבוּל יִשְׂרָאֵל in 29e sowie die Subjekte von 30b streng genommen auch Juda (und Benjamin) ein. Das ist jedoch der Erzählfiktion geschuldet, die den wahren Zweck des Schriftstücks im Interesse seiner Wirksamkeit verschleiern musste. Es ist nichts davon bekannt, dass David seinen Herrschaftsanspruch in Juda ähnlich gegen saulidische Konkurrenz sichern musste wie im Norden. Während der Autor in Juda offene Türen eingerannt haben dürfte, wird er bei den Benjaminitern wenig Applaus erhofft haben.

hörtheit des Vergehens abbrechen (30a–d). Oder die seltsame Planung
der Heimreise: Um seinen Helden in Gibea stranden zu lassen, nutzte
der Autor die schwülstig überzeichnete Gastfreundschaft des Schwiegervaters, um der absurden, aber vom Plot erzwungenen Idee etwas
Glaubwürdigkeit einzuflößen, die Reisenden seien wider alle Vernunft
ausgerechnet gegen Abend (9c) zum Aufbruch geschritten. Der Kniff
verschaffte noch einen zweiten Gewinn: So erhielt der Knecht Gelegenheit, bei der Suche nach einem Nachtquartier die Stadt Jerusalem ins
Spiel zu bringen, die der Erzähler mit dem wahrscheinlich konstruierten[117] Namen *Jebus* belegt (10d.11a), der vorsichtshalber eigens erklärt
wird (10e), während der Diener noch direkter von der *Jebusiterstadt*
redet (11e). Nachdem so der nichtisraelitische Charakter des Ortes klar
genug herausgestrichen ist, weist der Hauptheld den Vorschlag mit
den aufschlussreichen Worten zurück: *Wir kehren nicht in einer Stadt von
Ausländern ein, die nicht von den Söhnen Israels sind*[118] (V. 12). Die Szene
erhält einen prägnanten Sinn vor der Kulisse von Davids Hauptstadt-
politik, wie biblische Quellen sie dokumentieren. Der ungewöhnliche,
auf die Fremdartigkeit abhebende Name und die kategorische Distanz-
nahme des Mannes sind lesbar als Echo zeitgenössischer Ressentiments
gegen den neu erworbenen Königssitz Davids. Es entspricht nur der
Erwartung, wenn weite Kreise in Israel alles andere als erbaut waren
über eine Residenz, die man als Fremdkörper empfand und deren arg-
wöhnisch beäugte bis bekämpfte Bewohner man von heute auf morgen
als privilegierte Herrenschicht akzeptieren sollte. Die im AT naturgemäß nur in verkappter Form wie hier gespiegelten Antipathien scheinen selbst in Juda lange nachgewirkt zu haben, denn immerhin bewies
die Künstlichkeit des Bundes von *Juda und Jerusalem*[119] im Sprachgebrauch äußerste Zählebigkeit, und noch Ezechiel hielt der Stadt ihre
unfeine Kinderstube vor (Ez 16,3.45). Der Fortgang von Ri 19 sucht
diese Aversionen zu unterlaufen, indem er insinuiert, sie hätten dem
Helden die rettende Chance geraubt: Bei den Jebusitern wäre es ihm
niemals so schlimm ergangen wie im benjaminitischen Gibea. Der Autor macht sich das literarische Verfahren zu eigen, von unerwünschten
Standpunkten abzuschrecken, indem man sie literarischen Figuren in
den Mund legt, die anschließend schmerzhafte Folgen erdulden müssen. Ähnlich geht die priesterliche Kundschaftererzählung vor, wenn
sie die Späher mit ihrer *üblen Nachrede über das Land* (דִּבַּת הָאָרֶץ) Num

---

117 M. KÜCHLER, Jerusalem, 294; M. Görg, Richter, 97; vgl. W. SCHOTTROFF, Jebus; ferner
    U. HÜBNER, Jerusalem, und dazu unten S. 226–229.
118 Vgl. BHS.
119 Vgl. H.-J. STIPP, Konkordanz, 56–58.

13,32) zitiert (V. 32–33), um die Abweichler dann der göttlichen Strafe auszuliefern (Num 14,36–37). Der Kunstgriff bekämpft wohl abträgliche Reden über Israel in frühnachexilischer Zeit, mit denen sich zahlreiche Judäer der Rückkehr aus der Verbannung bzw. dem Wiederaufbau zu entziehen suchten.[120] Ebenso macht der reisende Efraimiter im Hinblick auf Jerusalem stellvertretend jene Erfahrungen, aus denen die Adressaten lernen sollen. Was immer man zu Davids Feste denken mag, gegenüber dem Saulidennnest ist sie die ungleich bessere Wahl.

Demnach präsentiert der Erzähler den Ehemann durchgehend als Identifikationsfigur, was eine positive emotionale Besetzung verlangt, und doch fasziniert neuere Ausleger an dem Haupthelden vor allem sein seltsam zwiespältiges Porträt. Namentlich sein sprunghafter Umgang mit der Nebenfrau kann moderne Leser geradezu abstoßen – wie auch die Behandlung, die der Autor dem zu Tode geschändeten Opfer angedeihen lässt. Darüber hinaus gehen insbesondere bei den Gastszenen in Betlehem und Gibea die Werturteile auseinander. Speziellen methodischen Reiz erhalten diese Kontroversen durch den Umstand, dass hier in außerordentlichem Maß kulturbedingte Bewertungen von Erzählzügen auf dem Spiele stehen, denn die emotionale Reaktion moderner Leser braucht sich mit dem Empfinden antiker Auditorien keineswegs zu decken. Ein begründetes Urteil über die ursprüngliche Abzweckung des Dokuments kommt daher nicht umhin, sich mit den vorgebrachten Argumenten auseinanderzusetzen.

4. Bewertungsfragen

4.1 Der reisende Efraimiter und seine Nebenfrau

Ri 19* hebt einigermaßen idyllisch an; obwohl ein Ehestreit den Auslöser abgibt, wird uns der verlassene Efraimiter als sensibler Mustergatte präsentiert, der behutsam abwartet, bevor er aufbricht, um seine Gemahlin zärtlich umzustimmen.[121] In Betlehem stehen die Zeichen auf Versöhnung, denn die Frau selbst geleitet ihn zu ihrem Vater (3d), der ihm freudig entgegeneilt (3e), um ihn fürstlich zu bewirten. Aber bereits hier stellt sich heraus, dass die Details oft schwierig zu bewerten sind. Denn die in 3d berichtete Geste des Mädchens ist nur in *MT* bezeugt, während die von *G** repräsentierte Fassung davon nichts weiß (וַיְבִאֵ֫הוּ*); sollte sie den Urtext bewahren, bedachte der Erzähler die Frau

---

120 So z. B. H. SEEBASS, Numeri II, 100.
121 Vgl. PH. TRIBLE, Mein Gott, 102.

schon früher mit Schweigen, das nun lange anhalten wird. Neuere Exegeten stellen häufig bestürzt fest, dass der Vater zu den Tafelrunden (Vv. 4–8) bloß seinen Schwiegersohn bittet: Die Einladungen, es sich wohlsein zu lassen, ergehen stets im maskulinen Singular (5e.6g.8c.9g), und gibt der Text den Blick frei auf die Teilnehmer an den Gelagen, nennt er nur *sie beide* (6b.8e).[122] Nach einschlägigen Notizen über zeitgenössische Etikette wäre die Anwesenheit der Frau indes auch eher ungewöhnlich gewesen. Beim Besuch der drei Männer bei Abraham hilft Sara, das Essen zuzubereiten, doch nur Abraham wartet den speisenden Gästen auf, und als jene zum Dank ihre Sohnesverheißung erteilen, kann Sara lediglich vom Eingang des Zeltes aus mithören (Gen 18,7–15). Zu Jakobs Hochzeit versammelt Laban *alle Männer des Ortes*; wenn dann der Erzähler fortfährt: *Es geschah am Abend, da nahm er seine Tochter Lea und brachte sie zu ihm* (Jakob), gibt er wenig Anlass, sich auszumalen, die Braut habe der Feier beigewohnt (Gen 29,22–23).[123] Den Autor des Esterbuches schließlich scheint es nicht zu erstaunen, dass am persischen Hof getrennte Mähler für den König und seine Gäste einerseits sowie die Königin und die Frauen des königlichen Haushalts andererseits stattfinden (Est 1,1–12).[124] Insofern spiegelt Ri 19,4–8 bloß die landesüblichen Sitten. Ohnehin hätte es nicht in der Befugnis des Gatten, sondern des Gastgebers gestanden, die Frau zu den Tafelrunden hinzuzuladen. Dies bedeutet allerdings, dass der Verfasser bei der Idealisierung der Verhältnisse in Betlehem nicht mehr geneigt war, nach dem Muster von V. 2–3 die Grenzen der Konvention zumindest weit auszulegen. Erzählerisch bleibt die Gattin in dieser Episode nur präsent über die Identifikation ihres Vaters (*der Vater der jungen Frau* Vv. 4.5.6.8), aber sie selbst rückt erst wieder auf dem Heimweg ins Blickfeld (9a), wo sie allerdings sogar erst nach den Packeseln aufgezählt wird (10e), die die Fabel verlangt zum späteren Abtransport ihres leblosen Körpers (V. 28). Wenn bei der Suche nach einer Unterkunft ihre Meinung nicht gefragt ist (Vv. 11–15) und der Alte in Gibea allein ihren Mann der Anrede würdigt (Vv. 17–20), zeigt der Autor ebenso wenig Bereitschaft, aus den Bahnen des Althergebrachten auszuscheren.

Hat sich damit die literarische Verklärung des Efraimiters zum vorbildlichen Gatten als kurzlebig erwiesen, verblüfft trotzdem die Um-

---

122 Ebd. 103f., und seither oft zitiert.
123 Vgl. auch Gen 24,54; 31,54.
124 Allerdings kann auch die Königin als Gastgeberin auftreten und dabei Männer einladen: Est 5–7. Von Ijob 1,4.18 ist hier abzusehen, weil bei den Festessen keine fremden Besucher erwähnt werden.

standslosigkeit, mit der er seine wiedergewonnene Frau eigenhändig ihren Schindern ausliefert (25bc). Hier ist der Frage nicht mehr auszuweichen, wie sich sein Gehabe mit jenen Erzählzügen verträgt, die ihn zum Brennpunkt positiver Identifikation aufbauen, während alle Schuld doch bei den Gibeanitern liegen soll. Und so sehr der Verfasser bemüht ist, die Männer von Gibea als Ungeheuer zu perhorreszieren, verzichtet er auf die Möglichkeit, sie weiter anzuschwärzen, indem er etwa Hinweise einstreute, wie das gequälte Opfer seine Schändung erlitt. Damit lässt er eine ergiebige Ressource der Kritik ungenutzt, was sein Desinteresse am Innenleben der Frau deutlich offenbart, das er folgerichtig nicht weiter als für den Plot unabdingbar ausgestaltet (2a).

Das Finale der Geschichte ist für moderne Leser um nichts erfreulicher. Erst zeigt der Autor das Opfer, das, von seinen Peinigern im Morgengrauen endlich ziehen gelassen, vor dem Haus des Gastgebers zusammenbricht (V. 26). Dann sehen wir *ihren Herrn* (27a; so auch 26c), wie er auf die Straße tritt, *um seines Weges zu gehen* (27c). In diesem Moment schaltet der Erzähler durch die Partikel הִנֵּה in die Figurenperspektive des Gatten, damit die Hörer mit seinen Augen die dramatische Szene vor der Tür gewahren: Die Frau liegt am Boden hingestreckt, ihre Hände auf der Schwelle (27de); tragischerweise versagten ihre Kräfte unmittelbar vor der Grenze, wo sie hätte Beistand finden können. Doch trotz des subjektiven Blickwinkels setzt der Verfasser keine Signale, die eine Gefühlsregung verrieten, so wenig er davon zu berichten hatte, dass der Mann seine Frau gesucht, sie abgewartet oder bloß Erkundigungen eingezogen hätte. Der Efraimiter scheint sich einfach nach Plan auf den Weg zu machen, als sei nichts vorgefallen; und wäre er nicht über sie gestolpert, er wäre glatt ohne sie abgereist.[125] Dazu passt, dass er, ohne eine Hand zu reichen, sie aufruft, sich zu erheben: *Steh auf, wir wollen gehen* (28bc). Als die Reaktion ausbleibt, packt er sie auf den Esel und zieht von dannen (28d–g). Für eine angemessene Bewertung wäre indes auch hier vorweg zu klären, welches Verhalten das implizierte Publikum in einer solchen Extremsituation von dem Ehemann erwartete. Von David wird berichtet, er habe seinen von Abschalom demonstrativ beschlafenen Konkubinen auf Lebenszeit den ehelichen Verkehr verweigert (2 Sam 16,21–22; 20,3). Ein Herrscher mochte dafür seine speziellen Gründe haben, die sein Prestige und folglich seinen Machterhalt berührten, aber im Übrigen ist die Verstoßung von Missbrauchsopfern bekanntlich bis heute eine erschreckend oft geübte Praxis. Insofern konnte der Efraimiter durchaus den moralischen Standards der Adressaten genügen. Freilich gilt dann umso mehr: Die Frau war ihm

---

125 PH. TRIBLE, Mein Gott, 115.

selbst nach ihrem furchtbaren Schicksal keinen Bruch der Konventionen wert. Von der Liebe, die den Mann anfänglich zu treiben schien, sind alle Spuren verweht. Am Ende liest er seine Gattin im Vorübergehen auf wie einen beinahe vergessenen Regenschirm. Und zu Recht hat man den Finger auf die Tatsache gelegt, dass die Ehe der beiden einen geradezu gespenstischen Ausgang nimmt: Die Textoberfläche lässt offen, ob die Frau, als ihr Mann das Messer zückte (29b), tatsächlich schon tot war. So, wie die Geschichte erzählt ist, könnte ihr Gatte auch ihr Mörder geworden sein.[126] Aber damit immer noch nicht genug: Indem der Efraimiter die Leiche zerstückelt, bringt er die Judäerin um eine ordnungsgemäße Bestattung und beraubt sie so zu allem Überfluss sogar noch ihrer Totenruhe. „Ein ordentliches Begräbnis zu verweigern, war wohl das Schlimmste, was man einem Menschen antun konnte."[127] Welches auktoriale Konzept hat diese widersprüchliche Figur hervorgebracht?

Nun besagt die Wertigkeit eines bestimmten Verhaltens in der realen Welt noch nicht, dass in der Textwelt dieselbe Elle angelegt wird. Faktisch liefert der gesamte Komplex Ri 19–21 aufschlussreiches Illustrationsmaterial für die Kluft zwischen den moralischen Maßstäben in der empirischen und der fiktiven Welt, eine Differenz, die die Frage nach den innertextlichen Urteilen zusätzlich verkompliziert.[128] Der Abstand zwischen dem realen und dem innerliterarischen Wertgefüge tritt besonders eklatant bei dem letztgenannten Zug zutage: der Zerstückelung der Nebenfrau. Für die wirkliche Welt wird man mit Fug und Recht annehmen dürfen, dass der Ehemann sich damit an seiner Gattin in einer Weise vergangen hätte, die sogar das Verbrechen der Gibeaniter in den Schatten stellte. Für die innerliterarische Einschätzung ist gleichwohl zu beachten, dass sich der Efraimiter in 20,6 vor den versammelten Israeliten offen zu seiner Tat bekennt, und wie die Fortsetzung demonstriert, vermögen seine Zuhörer in Kenntnis der Vorgeschichte (20,4–5) einen Bedarf an Sühne einzig auf Seiten der Benjaminiter zu erkennen, während der Efraimiter ungeschoren aus der Erzählperspektive ausscheidet. Dies kann nur bedeuten: Bevor der promonarchische Refrain die gesamte Ereigniskette mit einem ausschließlich negativen moralischen Vorzeichen versah, galt der Mann in der Textwelt als untadelig. Dabei kann doch auch dort seine schauerliche Methode,

126 R. POLZIN, Moses, 200–202; PH. TRIBLE, Mein Gott, 116. Die Anstößigkeit wurde bereits in der Antike wahrgenommen, wie die durch G* vertretene Texttradition erweist, die hinter 28d den Zustand der Frau präzisierte (ὅτι ἦν νεκρά).

127 W. GROß, Richter, 845.

128 Vgl. zum Problem auch H.-J. STIPP, Simson, der Nasiräer, in diesem Band S. 139–169.

die dem Opfer zum Schluss selbst die Totenruhe hätte vorenthalten müssen, nicht die einzige Möglichkeit gewesen sein, die Israeliten zum Selbstaufgebot zu bewegen. Der Befund verlangt den Schluss, dass die Autoren von Ri 19–21 die Vollmacht beanspruchten, für die Sphäre ihrer Fiktion im Dienste bestimmter Erzählziele eine in der realen Welt weithin geteilte Überzeugung, nämlich die Abhängigkeit der Totenruhe vom Begräbnis, samt der daran gekoppelten ethischen Maxime souverän außer Kraft zu setzen. Die Frage der Totenruhe der Gattin wurde schlicht ausgeblendet. Für den Schöpfer der Grundschicht von Ri 19* entging der Akt des Efraimiters als Travestie von Sauls berühmtem Ruf zu den Waffen dem moralischen Stigma. Damit konnte der Verfasser bei seinem Publikum durchaus auf Einverständnis rechnen, wie seine Nachfolger bestätigen: Der Ergänzer von Ri *20–21 hatte, nach seinem Umgang mit dem Thema in 20,6ff. zu schließen, am Verhalten des Gatten nichts auszusetzen, und noch jener Redaktor, der den Mann zu einem Leviten adelte, kann dies nicht anders gesehen haben – bevor der Autor des königsfreundlichen Kehrverses schließlich Einspruch erhob.

Neben den Differenzen zwischen den inner- und außertextlichen Wertwelten ist auch der pamphletistische Charakter des Schriftstücks zu beachten, wenn es gilt, die Risse im Bild des Ehemanns zu erklären. Der Autor wollte kein literarisches Kunstwerk fabrizieren, sondern die Benjaminiter verunglimpfen; deshalb legte er keinen Wert auf stimmige Psychologien, und seine Akteure handeln immer so, wie es ihm gerade zweckdienlich erschien. Daher wäre es der Gattung unangemessen, im Gebaren der Rollenträger nach einer konsistenten Logik zu fahnden, und deren Unerwartbarkeit tritt bei dem Protagonisten nur am deutlichsten zutage, weil er die größten Anteile an der Handlung einnimmt. Um eingangs das Publikum emotional für die zentrale Identifikationsfigur zu vereinnahmen, hielt der Erzähler eine Prise Hollywood für opportun, weswegen er das Verhältnis des Efraimiters zu seiner Nebenfrau mit einem Schuss Romantik versetzte.[129] Die taktische Natur des Unterthemas Gattenliebe verrät sich daran, wie rasch es aus dem Gesichtskreis entschwindet. Was die Übergabe des Mädchens an seine Vergewaltiger betrifft, so verlangte die Plotkonstruktion, dass die Gibeaniter ein Opfer bekämen, um daran ihre Niedertracht vor aller Welt kundzutun. Dieses Erfordernis bestimmte die Wahlmöglichkeiten des Verfassers. Theoretisch hätte er seine Geschichte auch so anlegen

---

129 Vielleicht liegt hier die Antwort auf die Frage, warum der Verfasser die Gattin nicht als vollgültige Ehefrau stilisiert, sondern mit einem minderen Status (פִּלֶגֶשׁ) ausgestattet hat. Möglicherweise versprach er sich davon, dass die Zuneigung des Mannes noch rührender erschiene.

können, dass der Efraimiter von benjaminitischen Händen starb. Aber die Einführung einer judäischen Ehefrau als Mordopfer hatte zwei entscheidende Vorteile: Erstens konnte der Autor so die Imitation von Sauls berühmtem Ruf zu den Waffen ohne weitere Verwicklungen einem Nordisraeliten übertragen – zumal einem solchen, den er zuvor zum Sympathieträger aufgebaut hatte –, sodass der symbolische Schrei nach Vergeltung an Suggestivkraft gewann, indem er mitten aus jener Gruppe erscholl, die er mobilisieren sollte. Zweitens insinuierte der Tod des Mädchens, dass die benjaminitische Bosheit nicht nur den Efraimitern – also den Nordisraeliten – Schaden zufügte, sondern sie mit den Judäern zu einer Leidensgemeinschaft vereinte. Israeliten aus Nord und Süd sind gleichermaßen Opfer der Benjaminiter und daher zur solidarischen Gegenwehr berufen – das ist die Botschaft.

Folglich musste ein Weg gefunden werden, wie die junge Frau in die Klauen ihrer Peiniger geriet. Welche Alternativen boten sich an? Hätte der Alte das Mädchen ausgeliefert, hätte auch er das Gastrecht gebrochen; das kam nicht in Frage, denn über sein makelloses Porträt wollte der Autor sein efraimitisches Publikum umschmeicheln. Zweite Möglichkeit: Die Gibeaniter hätten sich gewaltsam Zutritt verschaffen können, wie es ihre Vorbilder, die Sodomiter, vergeblich versuchten (Gen 19,9). Doch trotz ihrer Übermacht und Skrupellosigkeit respektieren die Gibeaniter die Tür des Gastgebers. Das tun sie nicht etwa deswegen, weil ihnen ein Rest an Anstand verblieben wäre, sondern weil der Verfasser die Komplikationen vermied, die er sich mit dieser Plotvariante eingehandelt hätte. Denn dann wäre auch sein Held in die Hände der Bösewichter gefallen, und es hätte einer erzählerischen Motivation bedurft, warum der Mann trotzdem dem Schlimmsten entging. Anders als in Sodom (Gen 19,11) konnten die Angreifer nicht unschädlich gemacht werden und durften es im Interesse des Beweisziels auch gar nicht, denn sie sollten ja hernach ungebremst ihre Bestialität austoben. Also mussten sie den Sturm auf das Haus eben unterlassen, wofür einen Grund zu nennen der Autor keinen Grund erkannte.

Entfielen der Gastgeber und die Gibeaniter für die Auslieferung der Judäerin, blieb nur der Ehemann – einfach mangels Alternative. Die Mühe, den flagranten Widerspruch zum Auftakt der Geschichte abzufedern, schenkte sich der Verfasser. Bei dem feigen Verrat des Gatten führte somit blanker Erzählzwang Regie. Deswegen hieße es, die literarische Raffinesse der Schmähschrift zu überschätzen, wollte man im erratischen Gebaren des Mannes eine Einladung des Autors entdecken, dahinter nachvollziehbare Motive zu ergründen. Ein analoger Fall mag dies illustrieren: Ganz ähnlich gingen die Redaktoren vor, die in 1 Sam 8 die Replik JHWHs auf das Begehren der Israeliten nach einem König beschrieben.[130] In V. 7 verurteilt JHWH das Ansinnen, weil das irdische Königtum in Konkurrenz zu seinem eigenen trete; in V. 8 setzt er es gar mit Götzendienst gleich. Doch ohne ein Wort der Erklärung erteilt er schon im nächsten Vers an Samuel den Auftrag, dem Wunsch des Volkes zu willfahren; denselben Befehl schärft er in V. 22 nochmals ebenso unerläutert ein. Dies ist ein notdürftiger Kompromiss mit der Tatsache, dass das Aufkommen des Königtums in Israel nun einmal nicht zu leugnen war. So wenig die Autoren von 1 Sam 8 versuchten, den Sinneswandel JHWHs einsichtig zu machen, so wenig tat es der Schöpfer von Ri 19* mit dem bizarren Verhalten seiner Figuren.

Denn wie schon der Verzicht auf die Erstürmung des Hauses zeigt, ist es in Ri 19 keine Spezialität des reisenden Efraimiters, unlogisch und psychologisch implausibel aufzutreten; dasselbe tun die Gibeaniter, bloß weniger auffällig. Sie fahren damit am folgenden Morgen fort, wenn der Efraimiter vor die Tür treten kann, ohne dass ihm die kriminelle Meute den Weg abschneidet (Vv. 27–28). Waren die Schurken nach der allnächtlichen Orgie allesamt in Tiefschlaf versunken? Auch dieser Schluss würde den Realismus der Erzählung überschätzen. Der Plot forderte, dass der Protagonist heimkehrte, ohne am eigenen Leibe Schaden zu erleiden, und auf dieses Ziel steuerte der Autor hin, ohne sich weiter um die Plausibilität seiner Fabel zu scheren.[131] Erneut gaben nicht realweltliche Wahrscheinlichkeit und psychologische Stringenz den Ausschlag, sondern Erzählzwänge und Fahrlässigkeit im Detail. Diese Achtlosigkeit ist schließlich auch der Grund, warum Ri 19 den Eindruck zulässt, der Ehemann der Judäerin sei auch ihr Mörder gewesen: Die Zerstückelung der Frau war vom Vorbild Sauls diktiert; dass das Opfer vorher schon tot war, hat der Verfasser schlicht zu klären versäumt.

Die Gleichgültigkeit des Pamphletisten gegenüber seinen Figuren führt gerade bei der jungen Frau zu weiteren erschreckenden Resultaten. Erzähltechnisch kommen ihr zwei Funktionen zu: Erst soll sie ihren efraimitischen Gatten nach Betlehem lotsen, damit er dort eine Kostprobe judäischer Menschenfreundlichkeit erhält; dann soll sie ein Schwerverbrechen an ihrem Mann ermöglichen, das gleichwohl so indirekt erfolgt, dass ihm selber kein Haar gekrümmt wird. Obwohl man sich daher ihr Schicksal nur als entsetzlich ausmalen kann, speist sie der Autor mit einer Nebenrolle ab, die bloß im unabdingbaren Mindestmaß entfaltet wird. Daran ist seine durch und durch patriarchale

---

130 Zur diachronen Analyse von 1 Sam 8 vgl. den Bericht von W. DIETRICH, 1 Samuel, 349–355.

131 Analog verfährt die Parallele Gen 19,15–22.

Wertwelt mit Händen zu greifen. Die Geschichte ist total vom Mann
her erzählt: Das Blickfeld bleibt konstant auf ihn geheftet. Ihre
Anonymität hat die Frau zwar mit den anderen Akteuren gemein, doch
anders als jenen wird ihr kein einziger Redebeitrag gegönnt, und über
längere Zeit scheidet sie sogar vollends aus dem Gesichtskreis aus. Ihre
Erniedrigung interessiert nur als Schmach ihres Gatten. Auch dies ist
Teil der Erzählkonstruktion, wo die tödliche Gruppenvergewaltigung
einer Judäerin eingesetzt wird, um Nordisraeliten zu empören. Das
Verfahren ist nur begreiflich, wenn das eigentliche Verbrechensopfer
im Sinne des Textes der efraimitische Mann ist – und der Autor unterstellte, dass die relevante Hörerschaft seinen patriarchalen Denkrahmen teilte. Wie die Frau selber ihre Schändung erlebte, ist folgerichtig
kein Thema. Sie bleibt reduziert auf ihre Rolle als rechtliche Exklave
ihres Mannes, die den Übeltätern jenen exakt dosierten Zugriff auf ihn
einräumt, den der Plot verlangt.[132]

Um den narrativen Umgang mit den Eheleuten zu verstehen, muss
man die generelle Haltung dieses Schriftstellers zu seinem Stoff in
Rechnung stellen. Er treibt zwar enormen Aufwand, um die Ungeheu-
erlichkeit der den Gibeanitern angelasteten Schandtat anzuprangern.
Doch das ist durchsichtige Pose, denn in Wahrheit reibt er sich die
Hände, da er den Frevel für seine politischen Ziele ausbeuten kann.
Deshalb lassen ihn Implikationen seiner Geschichte wie das subjektive
Erleben der Akteure kalt; mit Nebensachen wie dem Leiden der Frau
oder der Trauer des Mannes hält er sich nicht auf. Die Figurenzeich-
nung in der dramatischen Endphase des Geschehens bringt die zyni-
sche Einstellung des Pamphletisten zu seinem Gegenstand nur besonders eindringlich ans Licht.

4.2 Die Gastszene in Betlehem

Die Widersprüche im Charakterprofil der Hauptfigur werden hier auf
die kunstlose, ja nachlässige Erzählweise zurückgeführt, die in der Gattung der Grundschicht ihre Wurzeln hat. Dies ist mit neueren Analysen
zu vergleichen, die im Endtext (!) das Bestreben ausmachen, nicht nur
die Gibeaniter, sondern ebenso den – wie es angesichts der Textgrundlage jetzt heißen muss – Leviten und sogar seine beiden Gastgeber in
Betlehem und Gibea als Schurken zu entlarven. Stuart Lasine hat zu
zeigen unternommen, dass Ri 19 (samt Fortsetzung) das gesamte Figu-
reninventar dazu nutze, die chaotischen Zustände in der „verkehrten

---

132 Vgl. oben Anm. 106.

Welt" der vorköniglichen Ära zu geißeln.[133] Der Protagonist verrate seine Verkommenheit keineswegs nur bei der eigenhändigen Auslieferung seiner Ehefrau: „The Levite is portrayed as absurdly callous, self-contradictory, and oblivious."[134] Namentlich die intertextuellen Verweise würden planvoll eingesetzt, um sein ohnehin infames Gebaren noch entschiedener zu verdammen. Während Saul in 1 Sam 11,6–7 mit seiner schrillen Aktion unter Einfluss des Gottesgeistes die Israeliten zum Einschreiten aufruft, sehe man den Leviten ungerührt seine vermeintlich geliebte Gattin zerschneiden, und er findet es nicht einmal nötig, den Empfängern der Leichenteile den Sinn seines Handelns zu eröffnen.[135] Die intertextuellen Bezüge schlügen auch zum Nachteil des Gastgebers in Gibea aus: Wenn Lot in Gen 19,8 den Sodomiten seine beiden Töchter anbiete, mache er sich schon einer stupiden Übererfüllung seiner Gastgeberpflichten schuldig. Diese würden jedoch endgültig ins Absurde getrieben und in ihr Gegenteil pervertiert, wenn der Hausherr in Gibea sogar seine Besucherin herauszugeben bereit sei (V. 24). In dumpfer Treue zu einem Schematismus, der nach dem Vorbild Lots angeblich die Offerte zweier Frauen verlangt, nehme er sogar massiven Schaden für seine Schützlinge in Kauf.[136] Lasines These scheidet aus für die Grundschicht von Ri 19, die jedenfalls nicht das Königtum schlechthin propagiert, und sein Umgang mit V. 24 veranschaulicht, in welchem Maß die Interpretation von der gewählten Textbasis abhängt. Darüber hinaus fällt freilich auf, dass noch die Endfassung von Ri 19 prominente Merkmale trägt, die Lasine gar nicht erst in seine Leseweise zu integrieren versucht. Nirgends schneidet er das Problem an, wieso die Gastszene in Gibea einer früheren gegenübergestellt wird. Sofern die Absicht leitend war, das vorkönigliche Israel als Hort der Zügellosigkeit abzustempeln, müsste dasselbe Verdikt auch die Vorgänge in Betlehem einschließen. Aber warum sollen dann die Figuren penibel unterschiedenen Stämmen angehören, wenn sie doch die Bosheit vereint? So bestimmt der Wortlaut diese Züge akzentuiert, Lasine geht einfach schweigend darüber hinweg. Derlei blinde Flecken untermauern indirekt das Recht, an biblische Texte diachrone Fragen zu stellen. Seine Erwägungen machen indes darauf aufmerksam, dass die schon in der Grundschicht vorhandenen (ungewollten) Ambivalenzen der Hauptfigur eine Schlüsselrolle einnahmen für das Fortleben der Schmähschrift. Denn sie bildeten das Einfallstor für ihre Reinterpretation und Refunk-

---

133 S. LASINE, Guest and Host.
134 Ebd. 48.
135 Ebd. 42.
136 Ebd. 39.

tionalisierung, die der promonarchische Kehrvers exemplarisch repräsentiert. Ohne solche Relektüre hätte die seltsame Geschichte kaum den Weg in die Bibel gefunden. Der Preis besteht allerdings in einem Endtext, der von Anstößen wimmelt und sich einer glatten Deutung entzieht.

Bei Victor H. Matthews[137] geben die beiden Efraimiter eine noch schlechtere Figur ab, und die von Lasine vernachlässigte Gastszene in Betlehem wird berücksichtigt, indem nun auch der judäische Schwiegervater dem Urteil moralischen Versagens anheimfällt. Matthews klassifiziert Ri 19 wie Gen 19 als Vertreter der „story of the inappropriate host",[138] die Fallstricke des Gastfreundschaftsethos reflektiere anhand von Szenen, wo Gastgeber und Gast unter der Maske von Ehrerbietung und Generosität männliche Dominanzkämpfe in der Form eines fatalen „contest of courtesy"[139] austrügen, angetrieben durch das Machtgefälle, das eine Beherbergung notwendig erzeuge.[140] Wie die Rüpel von Gibea verletzten auch der Reisende und seine Wirte mehrfach den Kodex des Gastrechts; ihre barocken Höflichkeiten dienten in Wahrheit der getarnten Kränkung und deren Abwehr. Das anhaltende Drängen des Schwiegervaters zum Bleiben loteten seine Macht über den Besucher aus, und wenn der Alte in Gibea in sein Haus einlade, maße er sich eine Befugnis an, die ihm als Bürger minderen Rechts an seinem Wohnort gar nicht zustehe. Erscheint das als Verkennung der narrativen Funktion dieser Züge, die die Kontrastfolie zu den Gibeanitern liefern, begibt sich Matthews mit folgendem Argument vollends auf Abwege: Wenn der Ehemann seine Nebenfrau vor dem Hausherrn als *deine Magd* (אֲמָתֶךָ 19b) bezeichne, dann mit Phyllis Trible deshalb, weil er mit dem „Köder"[141] ihrer sexuellen Verfügbarkeit ein Obdach erkaufen wolle, ein Angebot, von dem der Alte später indirekt Gebrauch mache, wenn er den Randalierern mit seiner Tochter auch die Nebenfrau andient. Wenn das gemeint war, erführe man gern, wieso Hanna gegenüber JHWH (1 Sam 1,11) und Eli (1 Sam 1,16) dasselbe Wort wählt, ebenso wie die kluge Frau von Tekoa vor David (2 Sam 14,15.16) und jene aus Abel-Bet-Maacha zu Joab (2 Sam 20,17). Und warum wohl nennt der Beter vor JHWH seine Mutter *deine Magd* (Ps 86,16; 116,16)?[142] Ein Blick in die Konkordanz hätte davor bewahrt, einer gän-

---

137 V. H. MATTHEWS, Judges, 180–190; vgl. schon DERS., Hospitality.
138 V. H. MATTHEWS, Judges, 190.
139 Ebd. 186.
140 Ähnlich G. YEE, Ideological Criticism, 163.
141 PH. TRIBLE, Mein Gott, 108.
142 Wenn Abigajil vor David denselben Sprachgebrauch benutzt (1 Sam 25,24.25.28.31.
     41), mag ein erotischer Hintersinn einfließen, der dann allerdings durch den Kontext

gigen althebräischen Höflichkeitsfloskel, „die nicht viel besagt",[143] einen völlig fern liegenden Sinn zu unterschieben. Wenn Matthews seine Deutung durch Verweis auf ethnologische Feldforschung zu stützen sucht, pointiert dies nur sein pseudorealistisches Missverständnis. Und wie bei Lasine spielt die Opposition zwischen Benjamin und den übrigen Stämmen für seine Auslegung keine Rolle.

Wie die zitierten Voten demonstrieren, hängt die Interpretation von Ri 19* als antisaulidisches Pamphlet maßgeblich an der Frage, was der Verfasser mit der Betlehem-Szenenfolge (Vv. 3–10) bezweckte. Dass der Passus nicht nur der Ausschmückung dient, sondern der Autor damit Absichten verfolgte, denen er erhebliche Bedeutung beimaß, zeigt schon das relative Gewicht der Episode, denn immerhin entfällt darauf ein rundes Viertel der Einheit. Ferner ist die Zwischenstation in Betlehem für die Schilderung des Verbrechens in Gibea überflüssig. Wäre es dem Verfasser bloß um die Schandtat der Gibeaniter gegangen, hätte er seinen Helden nur aus beliebigem Grund auf Wanderschaft schicken und abends den Raum Gibea erreichen lassen müssen. Mit dem breit geschilderten Besuch beim Schwiegervater muss er daher mehr gewollt haben als eine pittoreske und austauschbare Verumständung. Wie wichtig der Seitenpfad dem Autor gewesen ist, unterstreicht die Tatsache, dass er dafür sogar seinem üblichen Hang widerstand, Komplikationen zu vermeiden, und stattdessen die Erschwernis in Kauf nahm, die seltsame Reiseplanung des Helden beim Aufbruch von Betlehem motivieren zu müssen: warum nämlich die erste Tagesetappe bereits in Gibea endete, wo sie doch nur eine kurze Strecke weiter südlich begonnen hatte (Vv. 8–10).

Die Abhängigkeit der Interpretation von kulturell determinierten Maßstäben zeitigt bei der Betlehem-Episode besonders tief reichende Konsequenzen, weil die Ausleger zu Deutungen gelangen, die sich diametral widersprechen. Für die einen sind die Szenen in Betlehem und Gibea auf einen scharfen Kontrast hin zugespitzt: In Juda erfahre der reisende Efraimiter ein Musterbeispiel der Gastfreundschaft, im benjaminitischen Gibea erlebe er das radikale Gegenteil. Für die anderen sollen die Episoden genau umgekehrt einander komplementieren: Der Gastgeber in Betlehem versage auf seine Weise ebenso wie die Gibeaniter und sogar der alte Mann, der den Reisenden Unterschlupf bietet.[144]

---

induziert wird. Vgl. ferner 1 Kön 1,13.17 (Batseba zu David); 3,20 (Dirne zum König); Rut 3,9 (Rut zu Boas).

143 I. LANDE, Umgangssprache, 72.

144 Vgl. neben S. LASINE, Guest and Host, und V. H. MATTHEWS, Judges, 180–190, beispielsweise – mit verschiedenen Akzentuierungen im Detail – M. LIVERANI, Messages, 182f.; C. LANOIR, Femmes fatales, 188f.; R. JOST, Gender, 303; P. T. REIS, Concu-

Wenn moderne Leser bei der Gastszene in Betlehem das Gebaren des Schwiegervaters als Machtdemonstration und Nötigung verurteilen, ist dies nachvollziehbar. Aber erwartete der Autor von seinem intendierten Publikum dasselbe Verdikt? Für die innertextliche Wertung des Passus findet sich ein Prüfstein in Gen 18. Die Geschichte übermittelt ein uneingeschränkt positives Exempel der Gastfreundschaft, wie der göttliche Dank in Gestalt der Sohnesverheißung für Abraham erweist. Dort offeriert der Patriarch seinen drei Besuchern – wie der Schwiegervater in Betlehem – „einen Bissen Brot" (פַּת־לֶחֶם V. 5 = Ri 19,5), eine Portion, die Sara aus drei Sea Weizengries zuzubereiten hat (V. 6). Mit einem Sea pro Gast entfällt auf jeden Esser ein Volumen, das mit etwa 6 bis 7 Litern gleichgesetzt wird[145] – wobei es hier natürlich nur auf die grobe Größenordnung ankommt. Zu addieren sind der Anteil an einem Kalb sowie besonders nährstoffreiche Zutaten (V. 8). Der Versuch, diese Menge im Zuge einer Mahlzeit zu vertilgen, würde tödlich enden. Trotzdem wollte der Autor damit Abraham selbstredend keines Mordanschlags bezichtigen. Die Erzählung veranschaulicht bloß in voller Drastik, welches Maß an Übertreibung in biblischer Literatur bei der Präsentation eines Beispiels vorbildlicher Gastfreundschaft als angängig galt. Wie überdies noch näher zu belegen ist, zeigen die literarischen Verweise von Ri 19 auf Gen 18f., dass der Schöpfer von Ri 19* bemüht war, eine doppelte Korrespondenz zwischen seinem Werk und dem Abraham-Lot-Erzählkranz herzustellen: Während der Schwiegervater in Betlehem nichts weniger tut, als Abrahams exemplarischer Gastfreundschaft nachzueifern, treiben es die Gibeaniter im Stile Sodoms. Die Imitation jenes Vorbilds und somit die Parallelisierung des Brautvaters mit dem Patriarchen bestätigen, dass der Autor der Grundschicht das Verhalten des Gastgebers in Betlehem positiv und nicht als Freiheitsberaubung bewertet wissen wollte. Gewiss erzeugt die Großmut des Schwiegervaters über den verspäteten Aufbruch der Besucher die entscheidende Voraussetzung für das Verbrechen der Gibeaniter. Der Autor plante indes kaum, den Betlehemiter an die Seite Abrahams zu stellen und ihm trotzdem eine Mitschuld an dem tragischen Ausgang zu unterschieben. Vielmehr vermied er bloß wieder eine Komplikation des Erzählfadens, nämlich jene, die er hätte hinnehmen müssen, hätte er sich eine andere Verzögerung der Reise als Grund für die abendliche Ankunft in Gibea ausgedacht.

---

bine; M. AVIOZ, Jebus; A. H.-S. NG, Judges 19; F. M. YAMADA, Configurations of Rape, 73–79.

145 Vgl. K. JAROŠ, Art. Maße und Gewichte, 732f.; R. KLETTER, Art. Weights and Measures, 838f.

Für die Frage, in welches Licht der Verfasser den Schwiegervater zu rücken wünschte, ist ferner nochmals an den Nachdruck zu erinnern, mit dem er die unterschiedliche Stammeszugehörigkeit seiner Figuren betont. Eines der elementaren Instrumente zur Erzeugung von Emphase ist die Wiederholung, und davon macht der Autor im gegebenen Zusammenhang ausgiebig Gebrauch. Nachdem bereits die Vorstellung des Helden am Erzählbeginn seine Herkunft aus dem „Gebirge Efraim" konstatiert hatte (V. 1), ist seine Antwort auf die Frage des Alten in Gibea nach dem Wohin und Woher so angelegt, dass er dieses Gebiet nicht nur als Reiseziel angibt (הַר־ יַרְכְּתֵי עַד־ ... אֲנַחְנוּ עֹבְרִים אֶפְרַיִם), sondern zusätzlich als seine Heimat identifiziert: אָנֹכִי מִשָּׁם (V. 18), obwohl nicht recht klar wird, wozu sein Gesprächspartner das wissen sollte. Die Redundanz der Zusatzerläuterung verdeutlicht: Die Leser sind es, die nicht vergessen sollen, dass sie einen Efraimiter vor sich haben. Dasselbe gilt für den Alten, bei dem der Autor ebensolchen Wert darauf legt, dass er vom „Gebirge Efraim" stammt (V. 16) und nicht etwa, wie sein Wohnort erwarten ließe, zu den Benjaminitern zählt. Bei der Ortschaft Gibea macht der Autor anlässlich der ersten Erwähnung in der Erzählerstimme aktenkundig, dass der Flecken in Benjamin liegt (V. 14; vgl. zuvor in Figurenrede Vv. 12–13), um dann nach der Vorstellung des Alten nochmals die Selbstverständlichkeit ins Gedächtnis zu rufen, dass dessen Mitbürger Benjaminiter waren (V. 16). Die Redundanz erreicht ihren Höhepunkt, wo Betlehem zur Sprache kommt: Wann immer der Ortsname fällt, ist er um die Apposition יְהוּדָה erweitert, und das nicht weniger als vier Mal (V. 1.2.18.18). Die Überdeutlichkeit kann nur der Absicht entspringen, das Gebaren des Schwiegervaters als typisch für Juda und jenes der Gibeaniter als typisch für Benjamin hinzustellen. Um jeden Zweifel auszuräumen, dass die Verhaltensmuster sich nach Stämmen unterscheiden, wird der Gastgeber in Gibea explizit mit einer separaten ethnischen Identität ausgestattet. Die geschilderten Verhaltensweisen sind also im Sinne des Textes nicht generell kennzeichnend für Israel, und die Szenen in Betlehem und Gibea sind folglich nicht komplementär, sondern kontrastiv angelegt. Dieser Schluss wird indirekt bestätigt durch die Vertreter der komplementären Deutung, die den Nachdruck auf den unterschiedlichen Stammeszugehörigkeiten, obwohl mit unübersehbarem Aufwand betrieben, einfach ignorieren und damit fundamentale Regeln der Interpretation missachten. Ebenso wird der Wortwechsel zu Jerusalem (Vv. 10–14) mit Schweigen übergangen.[146] Dies kommt dem Eingeständnis gleich, dass prominente literarische Schlüsselmerkmale der Er-

---

146 S. Anm. 144.

zählung sich der Vereinbarkeit mit ihrer Leseweise widersetzen. So ergibt sich: Gewiss rückt der königsfreundliche Kehrvers das Verhalten aller Figuren ins Zwielicht. Doch auch im Endtext wirkt noch die Tendenz der Grundschicht nach, in der erzählten Welt ein abstraktes Ideal der Gastfreundschaft durch positive und negative Extrembeispiele zu exemplifizieren, denen mit realweltlichen Maßstäben nicht beizukommen ist. Gesucht ist daher eine Deutung von Ri 19*, die dem prägnant herausmodellierten Gegensatz zwischen Betlehem und Gibea wie auch dem auffälligen Interesse an Jerusalem gerecht wird, verbunden mit einer lokalen und zeitlichen Verortung, aus der sich derartige Akzente plausibel herleiten lassen.[147]

5. Datierung

Die bisherigen Ausführungen brachten mehrere Indizien zur Sprache, die auf ein ziemlich schmales Zeitfenster für den Ursprung des Pamphlets deuten. Die Fabel kreist um die Pole Betlehem und Gibea; dazu kommt die Anspielung auf den Ruf Sauls zur Heeresfolge, wie in 1 Sam 11,7 beschrieben. Dies lässt den Hintergrund im Machtkampf Davids mit den Sauliden suchen. Zugleich ist das Dokument bemüht, Vorbehalte gegen Jerusalem zu zerstreuen, was voraussetzt, dass David seine neue Residenz bereits bezogen hat.[148] Laut dem biblischen Geschichtsbild hat der Judäer zu diesem Datum (2 Sam 5,6–9) die saulidische Konkurrenz zwar restlos ausgeschaltet: Saul (1 Sam 31) und Ischbaal (2 Sam 4) sind tot; der minder gefährliche, da behinderte Merib-Baal ist unter Kontrolle (2 Sam 9). Aber dies ist leicht als jüngere Konstruktion

---

147 Besonders schwach im Text verankert ist die Leseweise von C. Exum, Richterbuch, 63, für die das Erzählstück vor allem eine sublime Warnung an die Adresse der Frauen erteilt, indem es zwar den Schuldspruch über die Männer von Gibea demonstrativ zur Schau trage, unterschwellig aber ganz andere Signale aussende. Mit drohendem Unterton werde das grauenhafte Schicksal der Nebenfrau insgeheim als Strafe für ihre Selbstbestimmtheit deklariert, weil sie durch ihren eigenmächtigen Weggang der patriarchalen Ordnung trotzte: „Der Inhalt der verschlüsselten Botschaft ... an die Frauen lautet ...: jeglicher Anspruch auf sexuelle Selbstbestimmung ... wird entsetzliche Folgen haben." Die Deutung fußt auf selektiver Kenntnisnahme der Fabel. In deren Logik hätte die Frau nämlich überlebt, wäre sie in Betlehem bei ihrem Trennungswunsch geblieben, hätte sie also nicht weniger, sondern mehr Eigensinn bewiesen. So, wie die Geschichte dasteht, kann man sie als genau gegenteiliges Exempel lesen: Weibliche Souveränität muss durchgehalten werden; alle Halbheiten führen in den Abgrund.

148 Daran scheitert die Datierung M. Güdemanns, Tendenz, 364f., die Erzählung sei noch während der Regentschaft Davids in Hebron verfasst worden.

zu durchschauen: Im Konzept des DtrG soll Davids Herrschaft, als er das Königtum über ganz Israel antritt (2 Sam 5,1–3) und Jerusalem erobert, im Inneren unangefochten sein, während die äußeren Gegner hernach an die Reihe kommen (2 Sam 5,17–25; 8; 10). Der Wahrheit näher dürfte 2 Sam 21,1–14 kommen, wo auch noch von späteren Aktionen gegen die Sippe Sauls berichtet wird. Für die Frühdatierung von Ri 19* spricht schon die Tatsache, dass der Text auf eine aus anderen biblischen Quellen erschließbare, ziemlich kurzlebige politische Konstellation beziehbar ist, ohne dass diese Situation jemals offen als solche zur Sprache käme. Andernfalls müsste man die passgenaue Entsprechung dem Zufall anlasten.

Als Adressaten von Ri 19* sind die Nordstämme kenntlich, die gegen Benjamin und für Juda mobilisiert werden sollen. Darin meldet sich ein judäischer Herrschaftsanspruch über Gesamtisrael zu Wort, der nicht gefestigt, in den Augen der Hintermänner des Autors aber auch nicht chancenlos ist. Zu beachten ist die Rolle Benjamins: Die Stadt Gibea wird nicht für sich allein befehdet, sondern als Exponentin eines Stammes ausgewiesen. Vor der Szenerie der biblischen Nachrichten bedeutet dies: Spätere Absetzversuche der Nordstämme unter benjaminitischer, aber nichtsaulidischer Führung wie jener Schebas (2 Sam 20) bleiben zwar wegen der spezifisch antisaulidischen Polemik als Abfassungskontext weniger überzeugend, doch immerhin boten sie Gelegenheiten, das alte Propagandamaterial wieder zu entstauben.

So ergibt sich als wahrscheinlichster Zeitrahmen der Niederschrift die Regentschaft Davids in Jerusalem,[149] wo ihm noch saulidische Opposition zu schaffen machte, selbst wenn die Bibel sie aus konzeptionellen Gründen vertuscht. Nun wird damit eine Frühdatierung verfochten, die heutigen Trends zuwiderläuft, und natürlich hat man auch bei Ri 19* versucht, den Ursprung viel später anzusetzen. Die bisherige Argumentationsbasis soll daher noch verbreitert werden, bevor auf alternative Vorschläge eingegangen wird.

Für ein hohes Alter des Grundtexts plädiert der Erzählanfang. Wird Ri 19* als ehemals unabhängige literarische Einheit akzeptiert und das Exzerpt aus dem promonarchischen Refrain 19,1ab als jüngere Zutat ausgeklammert, stellt die Geschichte zwar eingangs ihre Hauptfigur vor (1c), macht aber keine Angaben zum zeitlichen oder situativen Rahmen, beginnt also ohne temporale Orientierung im historischen Irgend-

---

149 Ähnlich in neuerer Zeit etwa F. CRÜSEMANN, Widerstand, 161: „salomonische Epoche" (allerdings für einen vermeintlich zusammengehörigen Grundbestand Ri *17–21); H.-W. JÜNGLING, Plädoyer, 294: „in den Tagen Davids und vielleicht Salomons"; J. E. TOLLINGTON, Judges, 194: „early origins ... the story may be associated with the struggle for supremacy between Saul and David".

wann. Erst bei einem weit fortgeschrittenen Stand des Erzählfadens wird deutlich, dass die Fabel durchaus sehr spezifische historisch-politische Verhältnisse voraussetzt, und zwar solche, die im Rahmen dessen, was das AT als Geschichte Israels präsentiert, nur für jene begrenzte Phase galten, als die Israeliten zwar ihr Land erobert, aber Jerusalem ihrem Territorium noch nicht einverleibt hatten. Diese Prämisse ist für das Funktionieren des Plots unabdingbar, denn für den Helden wird sie sich als fatal erweisen; trotzdem wird sie nirgends formell eingeführt, sondern stellt sich beiläufig im Zuge einer Figurenrede heraus (V. 11). Eine solche Erzählweise ist nur angemessen, wenn sie auf implizierte Adressaten zielt, denen die vorausgesetzten historischen Umstände entweder als Gegenwart oder als erst jüngst abgeschlossene und somit lebhaft erinnerte Vergangenheit vor Augen standen, sodass sie (noch) keiner einleitenden Klärung bedurften. Wie man bei wachsendem zeitlichem Abstand dem Informationsbedarf des Publikums am Erzählanfang Rechnung tragen musste, veranschaulicht beispielhaft Rut 1,1: ... וַיְהִי בִּימֵי שְׁפֹט הַשֹּׁפְטִים. Die situative Orientierung der Leser von Ri 19 wird heute an sich allein schon durch die Einbettung in das Richterbuch geleistet, doch die mangelnde Tauglichkeit des Erzählauftakts mit 1c für ein nachdavidisches Publikum wird bestätigt, wenn der Ergänzer von 1ab dem Kontext und der vorgefundenen Exposition nicht recht getraut und daher in redundanter Weise nochmals klargestellt hat, dass auch die folgende Episode in der vorköniglichen Epoche angesiedelt ist.[150] Charakteristischerweise wird nur die datierende, nicht die bewertende Hälfte des promonarchischen Refrains zitiert.

Ri 19* konfrontiert nicht Juda und die Nordstämme, sondern stellt beide gegen Benjamin, was nur dem Ziel gedient haben kann, ein von dort ausgehendes Dominanzstreben zu vereiteln. Das ist doppelt bemerkenswert, weil nichts davon bekannt ist, dass Angehörige dieses Stammes jemals wieder nach der Führung Israels gegriffen hätten, während umgekehrt das benjaminitische Territorium von früh an zunehmend in die Machtsphäre Judas abdriftete. Der erste Nordreichkönig, Jerobeam I., gilt im AT als Efraimiter (1 Kön 11,26), und seine Burgen Sichem und Penuël wählte er in der Heimat des Bet Josef (1 Kön 12,25). Als südliches Reichsheiligtum diente Bet-El (1 Kön 12,26–

---

150 Ein Vergleichsfall zu Ri 19,1c ist 1 Sam 1,1. Die Erzählung beginnt mit der Vorstellung einer Hauptfigur, die lokal, aber nicht zeitlich situiert wird. Bei einem weit fortgeschrittenen Stand der Handlung ergibt sich dann ebenso wie bei Ri 19, dass der Stoff in einem bestimmten Moment der Frühgeschichte Israels verankert ist, insofern er auf die Geburt Samuels hinausläuft (oder ursprünglich in der Geburt Sauls gipfelte: V. 20; vgl. 27f.?). Wie mir scheint, verlangt der Textanfang von 1 Sam 1 ebenfalls eine Abfassung nahe an der Lebenszeit des darin glorifizierten Helden.

33), laut der Stämmegeographie des Josuabuches in Benjamin an der Grenze zu Efraim gelegen (Jos 16,1f.; 18,12f.22). Der nächste Dynastie- gründer, Bascha aus Issachar (1 Kön 15,27), verschob seine Residenz noch weiter nördlich nach Tirza (1 Kön 15,21.33; 16,6.8f.), bis Omri, wie die übrigen israelitischen Könige außer Menachem (aus Tirza: 2 Kön 15,14) von unbekannter Herkunft, etwas westlich davon die endgültige Hauptstadt Samaria ins Leben rief (1 Kön 16,23f.). Benjamin hat in der politischen Geschichte des Nordstaats kaum Spuren hinterlassen, was gut zu verstehen ist. War das Königtum Sauls wesentlich durch die Nähe der Philistergefahr gefördert, geriet Benjamin später strategisch an die Peripherie, da sich die außenpolitischen Herausforderungen un- ter aramäischem und assyrischem Druck in die entgegengesetzte Rich- tung, nach Nordosten, verlagerten.

Dazu kam die zunehmende Integration in die judäische Einfluss- sphäre. Jos 18,11–28 bietet eine Definition des benjaminitischen Land- besitzes, wobei entweder sehr frühe oder rein theoretische Verhältnisse vorausgesetzt sind;[151] danach liegt Jerusalem auf benjaminitischem Bo- den an dessen Südrand (Jos 15,8; 18,16), mit dem nur 5 Kilometer ent- fernten Gibea (*Tell el-Fūl*) direkt vor der Haustür.[152] Unter solchen Um- ständen muss es für die Davididen ab der Sezession der Nordstämme lebenswichtig gewesen sein, die Grenze Israels nach Norden zurückzu- drängen und vor ihrer Residenz einen Sicherheitsgürtel einzurichten, wenn sich dies durch die Nähe der Hauptstadt nicht ohnehin von selbst ergab. Ihr Ausgriff auf benjaminitische Gebiete ist laut der bibli- schen Darstellung auch recht erfolgreich verlaufen. 1 Kön 15,16–22 berichtet von anhaltenden Gefechten zwischen Bascha von Israel und Asa von Juda um die Wende vom 10. zum 9. Jh., im Zuge derer Bascha zunächst Rama als Grenzfeste ausgebaut habe (V. 17); folglich muss es Juda schon vorher gelungen sein, seine Macht über Gibea hinaus nach Norden auszudehnen, wie es 2 Chr 13,19 für Abija, den Sohn Rehabe- ams und Vater Asas, auch explizit behauptet.[153] Seither scheint Gibea nie mehr für längere Dauer dem judäischen Zepter entglitten zu sein. Asa soll dann seinen Gegenspieler noch hinter die Linie Mizpa – Geba zurückgeworfen haben (V. 22), womit sich nahezu der gesamte benja- minitische Raum nördlich von Jerusalem in judäischer Hand befand.

---

151 Vgl. z. B. K.-D. Schunck, Benjamin, 139–153; V. Fritz, Josua, 158. Eine kartographi- sche Umsetzung bietet W. Zwickel, Bibelatlas, 16f. (Karte 4).

152 Vgl. aber oben Anm. 91.

153 V. Fritz, Josua, 164, entnimmt diesen Notizen, dass Abija „das Territorium Benja- mins dem Reich Juda einverleibt" habe.

Auf die Verhältnisse im 8. Jh. fällt ein Licht von Hos 5,8, der Beginn eines Spruches aus dem syro-efraimitischen Krieg: *Stoßt ins Widderhorn in Gibea, in die Trompete in Rama!* Der Appell spiegelt nach verbreiteter Lesart die judäische Konteroffensive nach der gescheiterten Belagerung Jerusalems durch die aramäisch-israelitische Koalition unter Rezin und Pekach (2 Kön 16,5). Entweder warnt er die beiden Städte vor dem Gegenangriff, weil sie im Zuge des Annexionsversuchs kurzfristig an das Nordreich gefallen sind,[154] oder er ruft sie zur Waffenhilfe beim Vergeltungsschlag, der bereits so weit vorgedrungen ist, dass sie schon wieder judäischem Kommando unterstehen.[155] Wie dem auch sei, damals gehörte Benjamin offenbar nach wie vor überwiegend zu Juda. Für das Reich Joschijas nennt 2 Kön 23,8 Geba als nördlichen Grenzort, und nach der Zerstörung Jerusalems erhoben die Babylonier Mizpa zu ihrem Verwaltungszentrum (Jer 40f.; 2 Kön 25,22–25). Dazu passt, dass Albrecht Alt die Städteliste Benjamins in Jos 18,21–28 als abgesprengtes Bruchstück der Städteliste Judas in Jos 15,*21–62 erkannt hat,[156] somit einer Quelle, die den klassischen Siedlungsraum Benjamins zum Gebiet des Staates Juda rechnete. Die Rekonstruktion des Dokuments ist seither nur in Einzelheiten strittig,[157] während seine Kompilation in einem weiten Rahmen vom 7.[158] bis hinauf zum 9. Jh. gesucht wird.[159] Jedenfalls bekräftigt es das aus anderen Indizien gewonnene Bild. So überrascht es nicht, dass sich schließlich die Idee durchsetzte, Benjamin sei schon bei der Reichsteilung auf die Seite Judas getreten, wie der späte Einschub 1 Kön 12,21–24 bezeugt.[160] Die Konsequenzen für Ri 19* sind eindeutig: Die biblischen Nachrichten lassen nach David keinerlei Raum mehr für eine politische Konstellation, wo Juda der theoretisch nie aufgegebene Führungsanspruch über Israel[161] ausgerechnet von benjaminitischer Seite streitig gemacht worden wäre. Welche Gründe sollte es dann gegeben haben, Munition für einen solchen Konflikt zu erdichten? Auch aus dieser Warte wird die oben begründete Datierung bekräftigt.

Für Datierungsfragen sind weiterhin Merkmale zu beachten, die schon im Rahmen der Literarkritik hervorgehoben wurden: In 19,16

---

154 So W. Rudolph, Hosea, 125f. (mit Berufung auf A. Alt).

155 So J. Jeremias, Hosea, 81. Anders H.-W. Wolff, Hosea, 143.

156 A. Alt, Judas Gaue.

157 Vgl. die Synopse bei V. Fritz, Josua, 164.

158 So A. Alt, Judas Gaue; E. A. Knauf, Josua, 145f.

159 So Fritz ebd.; dort sind weitere Datierungsvorschläge zitiert.

160 Der späte Charakter des Stücks ist unbestritten; vgl. nur E. Würthwein, 1 Könige 1–16, 160f.; G. Hentschel, 1 Könige, 83; V. Fritz, 1 Könige, 136.

161 Vgl. Jes 7,17 und zur Datierung H.-J. Stipp, Heil.

werden die Benjaminiter als בְּנֵי יְמִינִי bezeichnet, eine Konstruktusverbindung mit dem Adjektiv יְמִינִי, die in den Kapiteln 20f. trotz zahlrei-
cher Gelegenheiten nicht wiederkehrt. Das Gentilizium ist im Plural
sonst nur noch in 1 Sam 22,7 bezeugt, wo Saul sein Gefolge als יְמִינִי בְּנֵי
anredet. Daneben begegnen die singularischen Formen בֶּן־יְמִינִי (1 Sam
9,21; Ps 7,1; 1 Chr 27,12 [BHS]), bzw. mit Artikel בֶּן־הַיְמִינִי (Ri 3,15; 2
Sam 16,11; 19,17; 1 Kön 2,8); ferner die Kombinationen אִישׁ יְמִינִי (2 Sam
20,1; Est 2,5), בֶּן־אִישׁ יְמִינִי (1 Sam 9,1 [BHS]) und אֶרֶץ־יְמִינִי (1 Sam 9,4).
Die Fälle konzentrieren sich in den Saul- und Davidserzählungen, die
m. E. überwiegend zu den Frühschriften des AT zählen, aber die Verteilung ist einfach darauf rückführbar, dass dort besonders häufig von
einzelnen Benjaminitern die Rede ist. Alternative Ausdrucksweisen mit
nennenswerten Belegzahlen liegen nicht vor. Stellt man diese Faktoren
in Rechnung, gibt es keine Handhabe zu bezweifeln, dass Verbindungen mit dem Adjektiv יְמִינִי über die gesamte Literaturgeschichte des
AT hinweg die gängige Bezeichnung für den einzelnen Benjaminiter
blieben. Den Plural hingegen kennt neben Ri 19,16 nur die Aufstiegserzählung (1 Sam 22,7), während die weit überwiegende Mehrheit der
einschlägigen Fälle den Ausdruck בְּנֵי בִנְיָמִן bevorzugt (44 Belege).
Letzteres gilt allerdings nicht für die Samuelbücher, wo er bei 22
Belegen von בִנְיָמִן nur drei Mal vorkommt (2 Sam 2,25; 4,2; 23,29). Dies
deutet darauf hin, dass pluralisches בְּנֵי יְמִינִי ein altertümlicher Name
für die Benjaminiter gewesen ist, was bei Ri 19,16 zu dem signifikanten
terminologischen Kontrast gegenüber der anschließenden Kriegserzählung passt. Der Befund ist der Frühdatierung von Ri 19* zumindest
günstig. Dasselbe lässt sich feststellen im Hinblick auf die temporalen
Vordersätze in 11a.22a.

Von weiteren Versuchen, die Abfassung von Ri 19* auf der Basis
sprachlicher Eigenarten zeitlich einzugrenzen, wird abgesehen. Um die
Möglichkeiten der Datierung alttestamentlicher Texte über sprachliche
Merkmale ist in den vergangenen Jahren eine heftige Debatte entbrannt,[162] die schon die fundamentale Frage problematisiert, was Differenzen in Lexikon, Syntax und Stil überhaupt besagen: ob sie auf chro-
nologische, lokale, soziale oder individuelle Herkunftsunterschiede
weisen, mithin ob sie divergente Entstehungsperioden oder vielmehr
(nur) verschiedene Ursprungsorte (Dialekte), soziale Milieus (Sozio-
lekte) oder Individualstile (Idiolekte) anzeigen. Zusätzlich werden die
Komplikationen verschärft wahrgenommen, denen linguistisch orien-

---

162 Vgl. exemplarisch die Beiträge von Z. ZEVIT u. a., Symposium; den Sammelband von
ST. E. FASSBERG – A. HURVITZ (ed.), Biblical Hebrew, und die umfassende Studie von
I. YOUNG – R. REZETKO (– M. EHRENSVÄRD), Linguistic Dating (Lit.!).

tierte Datierungsverfahren unterliegen durch die innere, meist schon äußerst kontroverse Schichtung der Korpora sowie durch die kaum abzuschätzenden nivellierenden Einflüsse der Textüberlieferung, wie sie die handschriftlichen Zeugen illustrieren. Im Extremfall wird aus solchen Erwägungen die Möglichkeit der Datierung aufgrund sprachlicher Merkmale vollends in Abrede gestellt. Auch wenn diese radikale Skepsis kaum die Oberhand behalten wird, erscheint es im vorliegenden Kontext nicht sinnvoll, nach weiteren linguistischen Indizien der Abfassungszeit zu fahnden. Davor warnt schon der offene Diskussionsstand; darüber hinaus ist die Trennschärfe von derlei Studien bislang äußerst begrenzt, denn selbst wo die Möglichkeit der Datierung mittels sprachlicher Kriterien bejaht wird, enden die erreichbaren Resultate zumeist bei der Rubrizierung in einer von zwei Entwicklungsphasen des Hebräischen. Zwar wird deren Grenze bemerkenswert einhellig im Bereich des 6. Jahrhunderts bzw. der Exilsepoche gesucht, doch bleibt diese Differenzierung zu grob, um für den gegebenen Zusammenhang einen Erkenntnisgewinn zu versprechen. Ohnehin tragen Schriften, die der jüngeren Periode zugerechnet werden, normalerweise weitaus klarere Kennzeichen als ältere Literatur, wie auch Ri 20f. illustriert.

Dass Ri 19 prodavidische Polemik betreibt, findet bei historisch-kritischen Exegeten nach wie vor Einverständnis,[163] auch wenn manche Autoren Festlegungen zum Alter des Stückes vermeiden. Einen Versuch, die (ähnlich wie hier umschriebene) Grundschicht von Ri 19 erheblich nach David anzusetzen, hat Uwe Becker unternommen.[164] Antisaulidische Tendenzen seien in jüngeren Schichten des AT verbreitet;[165] wenn dann Ri 19* „die ideellen Ansprüche der davidischen Dynastie auf das Territorium des Nordreiches und dessen Königtum" verfechte, komme dafür „die mittlere Königszeit, wohl noch vor dem Untergang des Nordreiches"[166] in Betracht. Dem widerspricht der Erzählanfang, und man wüsste gern, warum das Jerusalemer Herrscherhaus den Nordstaat vor den Ambitionen eines Stammes hätte warnen wollen, der dort mindestens marginalisiert war, wenn er nicht ohnehin längst überwiegend dem judäischen Zepter unterstand. Die Intention des Schriftstücks bestimmt Becker wie folgt: „Das saulidische und nordisraelitische Königtum ist von der Wurzel her Sünde, Abfall von Jahwe. …

---

163 Vgl. die oben Anm. 149 genannten Autoren sowie beispielsweise M. A. SWEENEY, Davidic Polemics, 526; A. D. H. MAYES, Royal ideology, 254; G. HENTSCHEL, Richter, 221.

164 U. BECKER, Richterzeit.

165 Ebd. 263.

166 Ebd. 265.

Auf die Diskreditierung der Anfänge unter Saul kommt es an."[167] Will man dieser Position folgen, muss man zunächst darüber hinwegsehen, dass Ri 19* ein profaner Text ist, der Tat und Täter in keiner Weise religiös qualifiziert, obwohl dazu reichlich Gelegenheit bestanden hätte, wie zumal die Exodusreminiszenz in V. 30 zeigt. Ferner muss man der im AT kodifizierten Tradition jede Zeugniskraft für judäische Geschichtskonzepte vor 722 absprechen, denn das alttestamentliche Geschichtsbild präsentiert die Regierung Sauls als Beginn der legitimen Monarchie in Gesamtisrael,[168] weswegen ihr gerade keine Kontinuität zum Nordreichkönigtum zugebilligt wird, das vielmehr erst mit der Sezession Jerobeams I. als ein Novum die Bühne betritt. Selbst wenn man das alles für unerheblich hält, steht Beckers Leseweise entgegen, dass Ri 19* ausgerechnet bei seinen Helden, also dem reisenden Gatten (V. 1.18) und seinem Gastgeber in Gibea (V. 16), die Herkunft vom „Gebirge Efraim" betont. Das israelitische Königtum hat jedoch nach allen Anzeichen insgesamt einen efraimitischen Stempel getragen, wie die Lage der Residenzen,[169] die Größe des efraimitischen Siedlungsraums und der verbreitete Gebrauch von „Efraim" als Synonym für das Nordreich belegen; auch die Josefsgeschichte hat ein Echo der efraimitischen Hegemonie bewahrt. Ein judäischer Autor, der dem Nordreichkönigtum das Lebensrecht bestreiten wollte, hätte daher niemals Efraimitern eine solche Vorzugsbehandlung zugebilligt. Ri 19* bekämpft konkurrierende Dominanzansprüche aus Benjamin, nicht aus Efraim, während die natürliche Vormacht unter den Nordstämmen im Gegenteil umschmeichelt wird. Anlässe dazu gab es angesichts antijerusalemer Emanzipationsversuche unter benjaminitischer Ägide zur Zeit der davidischen Personalunion.

Ebenso wenig lässt sich der Text auf vermutete judäisch-benjaminitische Streitigkeiten in der exilischen und/oder frühpersischen Ära zurückführen. Yaira Amit spekuliert, Ri *19–21 habe benjaminitischen Freiheitsdrang zur Zeit Gedaljas zügeln sollen,[170] während Philippe Guillaume die Erzählfolge in frühpersischer Zeit verortet, wo sie dazu bestimmt gewesen sei, benjaminitischen Widerstand gegen die Restauration judäischer Obrigkeit zu bekämpfen.[171] Für solche Konflikte gibt

---

167 U. BECKER, Richterzeit, 266.
168 Vgl. 1 Sam 9,16f.20; 10,1.20–25; 11,14f.; 12; 13,1f.13 usw.
169 Vgl. oben S. 217.
170 Y. AMIT, Hidden Polemics, 185f.; ähnlich DIES., Saul Polemic.
171 PH. GUILLAUME, Josiah, 204–226. Ähnlich D. EDELMAN, Saulide-Davidic Rivalry; J. BLENKINSOPP, Benjamin Traditions.

es keinen belastbaren Nachweis;[172] sie werden vielmehr aus Ri 19–21 selbst erschlossen, allein angeregt durch den archäologischen Befund, dass der benjaminitische Raum von den babylonischen Zerstörungen im frühen 6. Jh. weitgehend verschont blieb.[173] Doch laut Jer 6,1 muss der Prophet aus Anatot angesichts des babylonischen Vormarschs eigens einen Appell an seine Stammesgenossen richten, Jerusalem zu verlassen. Wozu das, wenn sie nicht zuvor Gründe zur Flucht aus ihrer Heimat gesehen und die judäische Hauptstadt für den geeigneten Unterschlupf gehalten hätten? Das zeitnah verfasste Jischmael-Dossier (Jer 40,13–14; 41,*1–15) kann in seinem Bericht vom Tod Gedaljas nur mit Mühe die Tatsache kaschieren, dass die mitgeteilten Vorgänge bloß verständlich sind, sofern die Sympathien der Bevölkerung im benjaminitischen Mizpa keineswegs dem Mordopfer, sondern dem Attentäter galten, einem Spross der Davidsdynastie.[174]

Sollten sich im 6./5. Jh. indes tatsächlich heftige Spannungen zwischen Juda und Benjamin aufgebaut haben, passt der Literaturkomplex nicht auf derlei Konstellationen. Bei Ri 19 wäre zu erklären, warum der Autor gerade Efraimitern positive Rollen zuwies bzw. warum er die Bewohner der alten Nordreichterritorien gegen Benjamin aufzubringen suchte. Hätte er das Kapitel auf einen internen Konflikt zwischen Juda und Benjamin gemünzt, wäre ein judäischer Protagonist zu erwarten gewesen. Doch ohnehin fragt man sich, wen die Geschichte in einer solchen Lage wozu hätte überreden sollen. Gewiss ist nicht auszuschließen, dass Benjamin einmal die Jerusalemer Bevormundung abschütteln oder gar die Machtverhältnisse umkehren wollte, aber dann hätte es auf judäischer Seite keiner derartigen Überzeugungsarbeit bedurft. Erwartungsgemäß ist Ri 19 darauf auch nicht zugeschnitten: Wie der Chorschluss anzeigt, soll das Dokument nicht den Kampfeswillen von Gegnern Benjamins stählen, sondern es soll bestimmte Adressaten in Gegner Benjamins verwandeln, die das bislang noch nicht sind. Schon gar nicht brauchte man Judäer über die einzigartige judäische Menschenfreundlichkeit zu belehren; stattdessen sollen Dritte davon überzeugt werden, dass Juda etwas zu bieten hat, was Benjamin in bedrohlichem Maße abgeht. Wer diese Dritten sind, verraten der Protagonist

---

172   Das bestätigt auf seine Weise die Geringfügigkeit des von J. BLENKINSOPP, Benjamin Traditions, gesammelten Materials, das „Benjaminite-Judean hostility during the first century of Persian rule" (645) dokumentieren soll. Besonders hypothesenfreudig: E. A. KNAUF, Bethel, v. a. 326–329. Aber selbst dort kommt keine judäisch-benjaminitische Konkurrenz um die politische Führung Gesamtisraels in frühpersischer Zeit heraus.

173   Vgl. O. LIPSCHITS, Fall and Rise of Jerusalem, 237–258.

174   H.-J. STIPP, Gedalja.

und die Adressatenangabe in 29e: Nordisraeliten. Worum es ging, verraten die Imitation Sauls und der Verweis auf Jerusalem: Herrschaft. Die komparative Propaganda ergab nur Sinn, wenn sich das Pamphlet an Dritte wandte, um deren Loyalität Juda und Benjamin wetteiferten.

Taugte Ri 19* nicht als Munition für bilaterale Konflikte zwischen den beiden Nachbarstämmen, eigneten sich die Kap. 20f. überhaupt nicht als ideologische Waffe gegen Benjamin, denn sie bringen ihm eine viel zu versöhnliche Haltung entgegen. Hier geht es nicht wie in Ri 19 um die Ausschaltung eines verhassten Rivalen, dem man enorme Gefährlichkeit zutraut, sondern um die Reintegration eines gefallenen Bruders, der bis an die Grenze zur Auslöschung geschlagen ist und gerettet werden muss. Obendrein steht einer solchen Interpretation der Geschichte entgegen, dass Juda in der Grundschicht von 20f. gar nicht vorkommt, und auch der Nachtrag 20,18 gibt dafür zu wenig her.[175] Die Kriegserzählung ist ein rein theoretisches schriftgelehrtes Exerzitium über die gelingende innerisraelitische Rechtspflege bei situationsadaptierter Anwendung von Dtn 13,13–19.[176] Das Benjamin-Bild der beiden Kapitel bewegt sich im Rahmen der übrigen nachexilischen Literatur, die wenig Ressentiments gegen diesen Stamm zu erkennen gibt. Für die chronistische Literatur zählt die Eintracht von „Juda und Benjamin" zu den fixen Koordinaten ihres Geschichtsbilds.[177] Ri 19* entstand als antibenjaminitische Kampfschrift, doch die Kap. 20–21 waren dies nie. So wird man resümieren müssen: Die exilisch-nachexilischen Ansetzungen von Ri 19(*) leiden daran, dass sie die relevanten Textmerkmale stets nur in Auswahl berücksichtigen.[178]

Allerdings hat Ulrich Hübner Thesen zu den Jebusitern vertreten, die, sollten sie sich bewähren, angesichts von Ri 19,10–11 eine Frühdatierung des Kapitels definitiv unterbinden. Glaubhaft ist zunächst seine Feststellung: „Tatsächlich hat Jerusalem niemals – außer an eini-

---

175 Gegen Y. AMIT, Saul Polemic, 647f.; J. BLENKINSOPP, Benjamin Traditions, 638–645.

176 Vgl. W. GROß, Richter, 881–883.

177 Die Verbindung ist typisch für die chronistische Literatur: Esr 1,5; 4,1; 10,9; Neh 11,4. 36; 1 Chr 9,3; 2 Chr 11,10.12.23; 15,2.8.9; 25,5; 31,1; 34,9; vgl. Neh 12,34. Sonst ist die Junktur nur belegt in Ri 10,9; 1 Kön 12,21.23 ≈ 2 Chr 11,1.3; Ez 48,22. Die doppelten Genealogien, mit denen Benjamin (1 Chr 7,6–12; 8,1–28) und Saul (1 Chr 8,29–40; 9,35–44) bedacht werden, unterstreichen die Sonderrolle dieses Stammes als Bundesgenosse Judas. Wenn Chr die Saulüberlieferungen weitgehend übergangen hat, entspricht dies dem generellen Muster des Umgangs von Chr mit Nordreichtraditionen. Vgl. – etwas anders akzentuiert – L. JONKER, Jebus, Jerusalem and Benjamin.

178 Dies gilt erst recht für M. BRETTLER, Literature as Politics, 413–415, der aus 1 Chr 8,33–40, Est 2,5 und rabbinischen Quellen ableiten will, es seien allen Ernstes noch in spätnachexilischer Zeit Reibereien zwischen Davididen und Sauliden aufgeflammt, in denen Ri 19–21 als Munition diente (vgl. auch DERS., Judges, 89).

gen Stellen des Alten Testaments – «Yᵉbūs» geheißen."[179] Das entspricht
dem Befund in V. 10, wo der Name יְבוּס[180] bei seinem ersten Auftreten
eigens erklärt wird: הִיא יְרוּשָׁלָם *das ist Jerusalem*. Demnach schrieb der
Autor für ein Publikum, bei dem er sich nicht sicher war, ob es diese
Identifikation selber vollziehen könnte. *Jebus* war folglich kein geläu-
figer Zweitname für Jerusalem, sondern eine künstliche Bildung zu
dem Zweck, die Geringschätzung des reisenden Efraimiters für das
vorisraelitische Jerusalem zum Ausdruck zu bringen.[181] Hübner geht
jedoch erheblich weiter, indem er die soziale Größe namens „Jebusiter"
insgesamt ins Reich der Legende verweist: „Ebensowenig waren in
Jerusalem jemals eine Bevölkerung oder eine Bevölkerungsgruppe
namens «Jebusiter» ansässig."[182] Nun bezeichnet aber V. 11 Jerusalem
gerade nach seinen Bewohnern als *die Jebusiterstadt* (עִיר־הַיְבוּסִי). Hätte
Hübner recht, müsste Ri 19 einer fortgeschrittenen Phase alttestamentlicher Literaturwerdung entstammen, nachdem das Konzept einer ganz
andersartigen vorisraelitischen Bevölkerung hatte Fuß fassen können.

Die Jebusiter gehören bekanntlich zum Repertoire der klischierten
Listen vorisraelitischer Völkerschaften in Palästina,[183] wo einerseits re-
alhistorischen Ethnien total faktenferne Rollen übertragen werden (wie
den Hetitern und Amoritern), andererseits notwendig fiktive Größen
auftreten (wie die Rafaïter).[184] Allerdings besagt dies noch nicht, dass es
die Jebusiter nicht gegeben hat, denn unbestrittenermaßen enthalten
diese Reihen ja Völker und Stämme, die tatsächlich existierten; und für
sonst nicht bezeugte Sozialverbände lässt sich die Existenz nicht ausschließen, zumal wenn bei geringer Bedeutung und Lebensspanne gar
nicht mit weiteren Belegen zu rechnen ist. Vor allem erwähnt das AT
die Jebusiter mehrfach in Zusammenhängen, denen die historische
Zeugniskraft nicht leicht abgesprochen werden kann. So nennt sie der
Bericht von der Einnahme Jerusalems durch David 2 Sam 5,6–8 (Vv.
6.8), der trotz seiner schweren Textschäden als diskutable historische
Quelle gilt.[185] Ferner wird der legendarische Vorbesitzer des Tempel-
bauplatzes als Jebusiter identifiziert (2 Sam 24,16.18), dessen wahr-

179 U. HÜBNER, Jerusalem, 31.
180 Vgl. zum Thema auch O. KEEL, Geschichte I, 63–65 (§ 70f.).
181 Eine besonders eigenwillige Erklärung des Gebrauchs von Jebus in Ri 19 offeriert M.
     AVIOZ, Jebus.
182 U. HÜBNER, Jerusalem, 37.
183 Gen 15,21; Ex 3,8.17; 13,5; 23,23; 33,2; 34,11; Num 13,29; Dtn 7,1; 20,17; Jos 3,10; 9,1;
     11,3; 12,8; 24,11; Ri 3,5; 1 Kön 9,20; Esr 9,1; Neh 9,8; 2 Chr 8,7; vgl. Jdt 5,18.
184 U. HÜBNER, Jerusalem, 35.
185 Vgl. z. B. W. DIETRICH, Frühe Königszeit, 162f.; O. KEEL, Geschichte I, 171–175 (§
     190–198).

scheinlich nicht-semitischer (hurritisch-hetitischer?) Name „Arauna"
o. ä.[186] auf die außerisraelitischen Wurzeln der Überlieferung deutet;
nach plausibler Lehrmeinung liegt ja in 2 Sam 24 (∥ 1 Chr 21) die nostri-
fizierte Fassung eines vorisraelitischen Jerusalemer Kultstiftungsmy-
thos vor.[187] Man hätte sich von Hübner nähere Auskünfte gewünscht,
wie diese Fälle historisch einzuschätzen sind.

Außerdem ist auf die Ortslage כֶּתֶף הַיְבוּסִי Jos 15,8; 18,16 hinzuweisen, der Hübner allerdings den Zeugniswert für eine jebusitische
Besiedlung im Raum Jerusalem bestreiten will: „Einzig das Toponym
Ketef ha-Yᵉbūsī könnte einen älteren lokalen Haftpunkt in unmittelbarer
Nähe Jerusalems gehabt haben, den die alttestamentlichen Verfasser
sekundär auf ganz Jerusalem übertragen haben. Wahrscheinlicher ist
aber die umgekehrte, historiographisch bedingte Reihenfolge von dem
fiktiven Ortsnamen *Yᵉbūs* für Jerusalem zur Kennzeichnung einer topographischen Besonderheit, der «Schulter Jerusalems» zur «Schulter des
Jebusiters», nachdem sich der fiktive Ortsname im kollektiven Gedächtnis Judas etabliert hatte."[188] Man fragt sich schon, wer einen solchen
Namenswechsel zu welchem Zweck gewünscht und betrieben haben
sollte; ferner erführe man gern, welche Erfolgsaussichten das Unterfangen bei dem typischen Beharrungsvermögen von Ortsnamen gehabt
haben mochte. Wichtiger noch ist der Umstand, dass das AT klar dem
Schluss widerrät, der Name *Jebus* habe einen festen Platz „im kollektiven Gedächtnis Judas" gefunden. Die bloß vier gesicherten Belege
treten in zwei Paaren auf, bei denen die Verfasser jedesmal Erklärungsbedarf erkannten: Das erste Paar steht in unserem Text Ri 19 (Vv.
10.11), wo der Erzähler den ersten Fall eigens mit dem Vermerk יְרוּשָׁלַ͏ם
הִיא erläuterte. Das zweite Paar (1 Chr 11,4.5) ist die chronistische Parallele zum Bericht von der israelitischen Einnahme Jerusalems in 2 Sam 5;
dort musste der Autor seinem Publikum zunächst darlegen, dass Jerusalem einst *Jebus* geheißen habe, indem er die Identifikation הִיא יְבוּס
einflocht, bevor er von den *Jebusitern* sprechen (Vv. 4.6) und die Stadt-
bewohner יֹשְׁבֵי יְבוּס nennen konnte (V. 5). Einem weiteren Fall, wo
וְהַיְבוּסִי wahrscheinlich in וַיְבוּס* zu emendieren ist (Jos 18,28; vgl. BHS),
hat man ebenfalls die Parenthese הִיא יְרוּשָׁלַ͏ם beigegeben. Selbst beim
ersten Beleg von כֶּתֶף הַיְבוּסִי (Jos 15,8) hielt man denselben Zusatz für
angebracht. Das AT rechnet jedenfalls nicht mit einem Publikum, dem

---

186 Zu den Schreibvarianten des Namens und seiner Etymologie s. U. HÜBNER, Jerusa-
     lem, 31f., wobei nichtsemitische Ableitungen erheblich größere Plausibilität besitzen
     als semitische; vgl. O. KEEL, Geschichte I, 222 (§ 259).
187 Vgl. O. KEEL, Geschichte I, 222–224 (§ 259–262).
188 U. HÜBNER, Jerusalem, 34.

die Gleichung Jerusalem = Jebus vertraut war; die Häufigkeit der erklä-
renden Zusätze belegt das Gegenteil. Wenn Hübner sich schließlich darauf beruft, dass das AT das Gentiliz auf die vorisraelitische Phase Jerusalems beschränkt und nur einen einzigen Jebusiter namentlich identifiziert (Arauna), so ist anzumerken: Aus späterer Warte konnte kein
Interesse mehr daran bestehen, die Einwohner der judäischen Königs-
residenz mit einer stigmatisierten, da als nichtjudäisch disqualifizierten
Ethnie zu assoziieren. Die geringe Zahl historisch auswertbarer Belege
entspricht daher nur der Erwartung. So folgt: Die Zweifel an der Existenz einer mit dem früheisenzeitlichen Jerusalem assoziierten Gruppe
namens יְבוּסִי sind ungerechtfertigt. Die Umbenennung der Stadt in
Jebus ist allerdings ein literarisches Stilmittel im Dienste bestimmter
Wirkabsichten. Dieses Instrument hat der Autor von Ri 19* eingesetzt –
wann immer das gewesen sein mag. Zur Frage des Alters der Grundschicht folgt daraus nichts.

6. Die intertextuellen Querbezüge

Abschließend ist dieser Ansatz mit den intertextuellen Querbezügen
des Kapitels zu vereinbaren. Die Tragweite von Ri 19,29 ist nur in
Kenntnis von *1 Sam 11,7* zu ermessen, da der Zweck der blutrünstigen
Aktion in der Grundschicht gar nicht erläutert wird, der Autor also für
implizierte Hörer schrieb, deren Weltwissen die Antwort vorrätig hielt.
Der Verweis bereitet der Frühdatierung kein Problem, denn „es kann
als allgemeiner Konsens gelten, dass 1Sam 11,1–11 eine alte Sage ist, ja
sogar auf ein historisches Ereignis zurückgeht".[189] Neuere Analysen der
Perikope beharren darauf, dass ihr maßgeblicher Grundbestand nahe
am erzählten Ereignis entsprang.[190] Der Pamphletist konnte daher mit
Sicherheit aus dem betreffenden Erzählgut schöpfen, wenn nicht gar
aus der schriftlichen Fassung, wie es angesichts der Übereinstimmung
1 Sam 11,7bc ‖ Ri 19,29de wahrscheinlicher ist.

Ri 19,23.25 stimmt mehrfach mit einer anderen Vergewaltigungs-
geschichte überein: der Erzählung von Amnon und Tamar in *2 Sam*

---

189 J. KLEIN, David, 173, mit zahlreichen Gewährsleuten (Anm. 356).

190 Aktuelle Beispiele: P. MOMMER, Samuel, 118, sieht den Abschnitt „recht bald" nach
dem beschriebenen Vorfall entstanden. Ähnlich erkennt B. LEHNART, Prophet, eine
„alte und ehemals eigenständige Überlieferung" (59), die in eine „ehemals selbstän-
dige Einzelerzählung" (64) gegossen wurde. Nicht näher datiert, ging jene bereits in
der ersten Hälfte des 9. Jhs. in einer größeren Komposition von Saulserzählungen
auf (165).

13,1–22.[191] Die Parallelen sind so spezifisch, dass sie auf literarischer Abhängigkeit beruhen müssen:

Ri 19,23	אֶל־אֶחַי ... אַל־תַּעֲשׂוּ אֶת־הַנְּבָלָה הַזֹּאת
2 Sam 13,12	אַל־אָחִי ... אַל־תְּעַנֵּה אֶת־הַנְּבָלָה הַזֹּאת
Ri 19,25a	וְלֹא־אָבוּ הָאֲנָשִׁים לִשְׁמֹעַ לוֹ
2 Sam 13,14	וְלֹא אָבָה לִשְׁמֹעַ בְּקוֹלָהּ
Ri 19,25c	וַיֵּצֵא אֲלֵיהֶם הַחוּץ
2 Sam 13,18	וַיֵּצֵא אוֹתָהּ מְשָׁרְתוֹ הַחוּץ

Die Geschichte von Amnon und Tamar gehört der Erzählung von der Thronnachfolge Davids an. Die Gemeinsamkeiten sind leicht zu erklären, sofern man, wie mir geboten erscheint, an der Herleitung der Thronfolgeerzählung aus der Ära Salomos festhält.[192] Bei dem minimalen Alphabetisierungsgrad, der für jene Epoche zu veranschlagen ist, dürfte der Kreis der zur Niederschrift größerer Texte befähigten Menschen wenig über die in den Kabinettslisten Davids und Salomos erwähnten Schreiber hinausgereicht haben.[193] Das bedeutet: Die Kandidaten für die Verfasserschaft der Aufstiegs- und der Thronfolgeerzählung wie auch von Ri 19* sind genau in diesem kleinen Zirkel zu suchen, wo man seinen Beruf zumeist als Familiengewerbe vererbte,[194] jedenfalls in einem engen Zunftverhältnis verbunden war und sich mit dem Œuvre der Vorgänger auskannte. Auf diese Weise erklären sich zwanglos die Berührungen zwischen den beiden genannten Erzählwerken untereinander wie auch jene mit Ri 19*. Freilich spielte dann Ri 19* nicht ursprünglich auf 2 Sam 13 an, sondern der Autor der Thronfolgeerzählung wiederholte zur Zeit Salomos einige Wendungen aus der Geschichte vom Verbrechen der Gibeaniter, die in seiner Kanzlei bereitlag, um klarzustellen, was er vom Benehmen Amnons hielt.

Die engsten Gemeinsamkeiten verbinden Ri 19 mit *Gen 19,2–8*. Mit der Sodomerzählung teilt das Kapitel mehrere wörtliche Parallelen, die nur bei literarischer Abhängigkeit erklärbar sind.[195] Die Meinungen über die Einflussrichtung sind gespalten. Überraschend einig sind sich die Exegeten bloß in der Neigung, den jeweils untersuchten Text für den jüngeren zu halten; demgemäß befürworten Genesis-Ausleger den Vorrang von Ri 19, während die Forschung am Richterbuch meist

---

191 H. W. JÜNGLING, Plädoyer, 212.
192 Vgl. oben S. 173.
193 2 Sam 8,17; 20,25; 1 Kön 4,3.
194 Vgl. 1 Kön 4,3 mit 2 Sam 20,25 (BHS).
195 Detaillierte Synopsen der parallelen Passagen bieten D. I. BLOCK, Echo, 326–333; R. H. O'CONNELL, Rhetoric, 250–252; vgl. ferner R. DE HOOP, Saul, 21f.

umgekehrt optiert. Die Vertreter der Ri-Priorität stellen heraus, dass der Verstoß gegen das Gastrecht dort unverzichtbarer Baustein der Erzählung ist,[196] weil nur er die Niedertracht der Gibeaniter offenbart. Dagegen ist in Gen 19 das Vernichtungsurteil wegen anhaltender Klage über die Rechtlosigkeit längst gefallen (V. 13; vgl. 18,20), weswegen der Frevel der Sodomiter ihre notorische Verkommenheit nur noch illustriert. Die traditionsgeschichtliche Heterogenität der Szene bestätigt der Umstand, dass man die Vv. 4–11 narbenfrei aus ihrem Kontext lösen kann.[197] Bei der Gegenpartei, die die Fassung in Gen 19 für älter hält,[198] hat Stuart Lasine viel Beifall geerntet mit dem Hinweis, dass in Gen 19,8 das Ersatzangebot zweier Frauen durch die beiden Töchter Lots fest verankert ist; wenn hingegen der Hausherr in Ri 19,24 seine parallele Offerte unsinnigerweise auf die Gattin seines Gastes ausdehnt, sei dies nur als Abklatsch von Gen 19 begreiflich.[199] Das klingt plausibel, aber Lasine wiederholt damit bloß das bekannte Argument, mit dem traditionell die Bezüge auf die Nebenfrau aus V. 24 ausgeschieden werden, wie es auch oben geschehen ist. Trifft die literarkritische Rekonstruktion zu, entfällt der Gesichtspunkt für die Suche nach der Abhängigkeitsrichtung. Mitunter rekurriert man auf den unterschiedlichen Grad der Ausgestaltung: Gen 19 erzählt straffer und lässt das Signalwort נְבָלָה vermissen (vgl. namentlich Gen 19,8 אַל־תַּעֲשׂוּ דָבָר mit Ri 19,24 לֹא תַעֲשׂוּ דְּבַר הַנְּבָלָה הַזֹּאת). Da diese Differenzen jedoch für den Primat beider Parallelen ins Feld geführt werden,[200] wird man ihre Beweiskraft besser skeptisch einschätzen.

Ein klares Urteil ergibt sich, wenn man wahrnimmt, dass Ri 19* nicht nur mit Gen 19, sondern dem Erzählkomplex Gen *18–19 parallel geht, wie die folgende, oben bereits zitierte Übereinstimmung mit *Gen 18,5* erweist:[201]

Ri 19,5   סְעָד לִבְּךָ פַּת־לֶחֶם וְאַחַר תֵּלֵכוּ

Gen 18,5   וְאֶקְחָה פַת־לֶחֶם וְסַעֲדוּ לִבְּכֶם אַחַר תַּעֲבֹרוּ

Dass der Zusammenhang literarischer Art ist, wird weiter untermauert durch die identischen Sätze וַיִּשָּׂא עֵינָיו וַיַּרְא in Ri 19,17 und Gen 18,2.

196 C. WESTERMANN, Genesis II, 366; L. RUPPERT, Genesis II, 405.412.

197 H. SEEBASS, Genesis II, 150; L. RUPPERT, Genesis II, 404f.

198 Z. B. U. BECKER, Richterzeit, 262, mit der in Anm. 139 genannten älteren Literatur; D. I. BLOCK, Echo, 333–337; M. BRETTLER, Judges, 86; V. H. MATTHEWS, Judges, 186.

199 S. LASINE, Guest and Host, 38f.

200 Für die Priorität von Ri 19: S. NIDITCH, Sodomite Theme, 376f., mit Zustimmung von PH. GUILLAUME, Josiah, 226; umgekehrt: M. BRETTLER, Judges, 87.

201 Vgl. oben S. 213. Die Parallele findet sich aufgelistet bei H. W. JÜNGLING, Plädoyer, 129.

Selbst wenn dieselbe Sequenz noch drei weitere Male im AT vorkommt,[202] ist ihr Auftreten im Verbund mit der zusätzlichen Parallele kaum zufällig. Diese Gemeinsamkeiten stellen erstens klar, dass das Gegenstück zu Ri 19 in Gen nicht allein Kap. 19, sondern eine Vorstufe des heutigen Abraham-Lot-Erzählkranzes darstellt. Zweitens entscheiden die Übereinstimmungen die Prioritätsfrage eindeutig zugunsten von Gen *18–19. Denn es ist zwar denkbar, dass der Autor von Ri 19* sich auch an Gen 18* anlehnte, indem er den gastgebenden Schwiegervater in Betlehem nach dem Ideal des verehrten Stammvaters Abraham modellierte; aber bei der Niederschrift einer Verheißungserzählung wie Gen 18* hätte man sich niemals Ri 19 zum Vorbild ausersehen. Die literarischen Brücken zu den Abrahamsgeschichten verklammern das Kapitel nun nicht von ungefähr gerade mit Gen 18f.*, verkörpert der Abraham-Lot-Erzählkranz Gen *13 + 18f. doch mit guten Gründen den „kompositionellen Nukleus der Abrahamsgeschichte",[203] ihren ältesten Kern.[204] Die literarischen Verweise auf die Thronfolgeerzählung und den Abraham-Lot-Erzählkranz zeigen jedenfalls, dass die Frühdatierung der Geschichte von der Schandtat der Gibeaniter zusätzlich gleichartige Postulate gerade für solche Texteinheiten verlangt, für die schon vielfach hohes Alter beansprucht worden ist und weithin auch heute noch reklamiert wird.[205]

Als Konsequenz dieser Hypothese muss der Grundbestand des Abraham-Lot-Erzählkranzes freilich nicht nur vage „alt" sein, sondern sogar noch der Entstehung von Ri 19* vorausliegen, eine Annahme, die im gegebenen Rahmen nicht mehr gerechtfertigt werden kann. Hier lassen sich nur noch wenige Gesichtspunkte zu Gen 18 nennen, die mir prüfenswert erscheinen und eine Richtung vorschlagen, in der die Antwort auf die Frage nach dem Verhältnis der beiden Texte zu finden sein könnte. Gen 18 bietet die Kultstiftungslegende für das Baumheiligtum von Mamre bei Hebron anscheinend in einer doppelt manipulierten Form. Erstens präsentiert sie den örtlichen Gegenstand der Verehrung derart, dass sie drei männliche Numina mit JHWH verschmilzt. Weil auch in der Antike drei nicht gleich eins gewesen ist, fragt man sich,

---

202 Gen 24,63; 43,29; Jos 5,13.

203 E. BLUM, Vätergeschichte 273–289, Zit. 273.

204 J. UNTERMAN, Influence, sieht Ri 19 zusätzlich durch Gen 22 geprägt; dagegen überzeugend M. BRETTLER, Judges, 88. Laut U. BECKER, Richterzeit, 263, „könnte" Ri 19 von Hos 9,9; 10,9 abhängen, doch nennt er keine Gründe. Ich sehe keine Anzeichen einer direkten Dependenz dieser Texte.

205 Dass die Streuung intertextueller Querverweise über den gesamten Komplex Ri 19–21 keine Einheitlichkeit beweist, zeigt schon der unstrittige Einschub 20,27b.28b, der den älteren Text um eine weitere Brücke zu Num 31 bereichert; vgl. oben Anm. 44.

wie JHWH in gelebter Religion mit drei Figuren identifiziert werden bzw. für eine nennenswerte Dauer mit ihnen koexistieren konnte. Die extreme Künstlichkeit der Gleichung legt den Schluss nahe, dass die Erzählung nicht die bereits angebahnte, aber noch unvollendete Jahwisierung des Kultorts widerspiegelt, sondern diese erstmals auf recht brachiale Weise durchzusetzen sucht. Zweitens führt die Geschichte den Namen des angekündigten Sohnes auf verdächtige Weise ein. Der Name „Isaak" wird weder von der offenbarenden Instanz im Zuge der Verheißung mitgeteilt[206] noch nach der Geburt frei von der Mutter vergeben,[207] sondern durch einen der Verheißungsrede (V. 10) angeschlossenen, ziemlich unheroischen Wortwechsel angedeutet, der sich später als Ätiologie herausstellt (Vv. 11–15 in Verbindung mit Gen 21,6), die somit einen aufgesetzten, konstruierten Anstrich trägt. Daher besitzt die Hypothese Plausibilität, dass die Ätiologie samt Namen sekundär ist und der Text einen anderen Sohnesnamen durch „Isaak" ersetzt hat.[208] Die Geburtszusage ist ferner zwar durch ihre singularische Form als Rede JHWHs ausgewiesen (V. 10), aber, wie ihre Einleitung (V. 9) bestätigt, in der Tradition natürlich ein Geschnk der drei Männer gewesen, während sich die Namensätiologie im Zuge von Handlungen JHWHs ergibt (Vv. 10–15). Die Namen JHWH und Isaak sind also traditionsgeschichtlich aneinander gekoppelt und gehen beide auf Innovationen des ältesten erreichbaren Wortlauts von Gen 18 zurück. Diese Fassung pflanzte der Kultstiftungslegende von Mamre eine Genealogie ein, die einen Stammvater der Nordstämme einem Exponenten Judas unterstellte. Ist dies korrekt erschlossen, besteht die Pointe von Gen 18 darin, die Jahwisierung des Heiligtums von Hebron mit der hierarchischen Vorordnung Judas gegenüber den Nordstämmen zu verknüpfen. Dies gibt Anlass zur Frage, wer wann ein Interesse an diesem Junktim hatte. Das biblische Geschichtsbild hält eine Antwort parat: König David in Hebron, der dort zunächst nur über Juda regierte (2 Sam 2,1–11), aber schließlich seine Macht in den Norden auszudehnen verstand (2 Sam 5,1–5). Demonstrative JHWH-Verehrung sollte seine Attraktivität für die Nordstämme steigern. Ist das alles richtig, dokumentiert Gen 18, dass für David die Nordexpansion durchaus eine Messe wert gewesen ist. Die weltgeschichtlichen Konsequenzen seiner machtpolitischen Instrumentalisierung von Religion konnte er freilich nicht erahnen.

---

206 So in Gen 16,11; 17,19; Jes 7,14; Mt 1,21; Lk 1,13.31.
207 So in Ri 13,24; 1 Sam 1,20.
208 Mit K. SCHMID, Literaturgeschichte, 92.

7. Ergebnisse

Ri 19, die grauenvolle Geschichte von der Perversion der Sexualität zur Waffe, war ursprünglich selbst eine Waffe: Sie geht zurück auf ein krudes Pamphlet, mit dem David die immer noch virulente Konkurrenz der Sauliden bekämpfte, indem er sie abgrundtief zu diskreditieren trachtete. Die Frühdatierung bezieht ihr Recht aus der Tatsache, dass die Grundschicht wie ein Schlüssel in das Schloss bestimmter politischer Konstellationen zur Zeit Davids passt, wie sie uns die Samuelbücher übermitteln, während die Quellen in späteren Phasen nie mehr Raum für ein geeignetes Szenario belassen. Denn die Geschichte bekämpft nicht einfach die Benjaminiter, sondern sie tut dies, indem sie die Nordisraeliten vor den Benjaminitern warnt. Es ist aber nichts davon bekannt, dass Juda und Benjamin jemals wieder um die Herrschaft über die Nordstämme konkurriert hätten; im Gegenteil kristallisierte sich im nachexilischen Juda ein Geschichtsbild heraus, laut dem Benjamin schon immer auf der eigenen Seite gestanden hatte. Ri 19* ist daher ein Beispiel für das „Benjamin-Paradox", wonach ausgerechnet der einzige Stamm, der zur Zeit der Staatlichkeit im Wesentlichen zur Gefolgschaft Judas zählte, genealogisch dem Bet Josef, also der Hegemonialmacht des Nordstaats zugeordnet (Rachelstämme: Gen 30,22–24; 35,16–18) und wiederholt mit einem frühen rivalisierenden Führungsanspruch über Israel verknüpft wird (Saul, Scheba). Weil solche Traditionen nicht aus späteren politischen Kräfteverhältnissen herleitbar sind, können sie nicht auf jüngerer Dichtung beruhen, sondern müssen alt sein.[209]

Damit untermauert Ri 19* die Glaubwürdigkeit bestimmter biblischer Nachrichten zumindest auf der Ebene der Strukturen und großen Linien: Saul und David hat es wirklich gegeben; David hat Jerusalem zu seiner Residenz erhoben und von dort Herrschaft über Gesamtisrael auszuüben versucht. Mitunter können frühe biblische Überlieferungen sogar bis in Einzelzüge wie den spektakulären Ruf Sauls zur Heeresfolge zuverlässig sein. Der Beweiswert von Ri 19* ist deshalb besonders hoch, weil die Erzählung ihren aktuellen Bezug gerade zu verschleiern strebt und daher mit keiner Silbe von zeitgenössischen Bewandtnissen spricht, sondern deren Kenntnis beim implizierten Publikum als gemeinsames Weltwissen voraussetzt.

Das Erzählstück erlaubt noch weitere Schlussfolgerungen. Der Grad des Umgangs mit Texten in dieser Frühphase darf nicht unter-

---

209 Hierin folge ich Y. LEVIN, Benjamin conundrum.

schätzt werden; sogar in der politischen Propaganda gelangten sie bereits zum Einsatz. Historische Kurzgeschichten, die ihr Auditorium für politische oder religiöse Überzeugungen gewinnen sollten, sind sonst aus dem Umfeld des Exils bekannt,[210] doch wie Ri 19* bezeugt, wusste man dieses Medium schon bald ein halbes Jahrtausend zuvor einzusetzen. Ohnehin gilt dies wahrscheinlich auch für die Aufstiegserzählung (die Apologie Davids) und die Thronfolgegeschichte (die Apologie Salomos). Folglich muss es auch in Juda frühzeitig Instanzen gegeben haben, die solche Materialien aufbewahrten. Und wenn man den Zusammenhalt durch Appell an einen verbindenden Ursprungsmythos stärken wollte, galt die Exodustradition bei einem nordisraelitischen Publikum schon zu Beginn der Königszeit als die richtige Wahl. Dies erstaunt nicht, konnte doch Jerobeam I. dasselbe Thema schon wenige Jahrzehnte später als Gründungsmythos des Nordstaats nutzen (vgl. 1 Kön 12,28).[211] Wenn V. 30 die Exodusreminiszenz bemerkenswerterweise in einer rein profanen Version zitiert, kommt dies einer Frühdatierung zumindest entgegen, denn die zunehmende religiöse Aufladung ist plausibler als das Gegenteil. Nach alldem bleibt es dabei, dass biblische Texte primär aus inneren Kriterien zu datieren sind, und es ist methodisch berechtigt, sie als historische Quellen nicht nur für ihre Entstehungs-, sondern auch für ihre Berichtszeit kritisch auszuwerten.

Obwohl Ri 19 hier primär als historisches Dokument beleuchtet wurde, hat sich erneut der Eindruck gefestigt, dass das Kapitel einen der anstößigsten „texts of terror"[212] des AT bewahrt hat. Dann bedarf es der Erklärung, wie ein solches Stück in unsere Bibel gelangen konnte und welchen Funktionswandel es dazu durchlaufen musste. So sehr diese Probleme freilich auf den Nägeln brennen mögen, sie stellen vor ein anderes Thema, dem hier nicht mehr nachgegangen werden kann.

Zitierte Literatur

ALT, A., Judas Gaue unter Josia (1925), in: Ders., Kleine Schriften zur Geschichte des Volkes Israel, Bd. II, München ²1953, 176–288.

AMIT, Y., The Book of Judges. The Art of Editing (BI Ser. 38), Leiden 1999.

---

210 Vgl. N. LOHFINK, Historische Kurzgeschichte; C. HARDMEIER, Prophetie; H.-J. STIPP, Parteienstreit.

211 Vgl. O. KEEL, Geschichte Jerusalems I, 210f. (§ 243), 348–350 (§ 398f.).

212 So die griffige Prägung von PH. TRIBLE, Texts of Terror (dt.: Mein Gott).

— Hidden Polemics in Biblical Narrative (BI Ser. 25), Leiden 2000.

— The Saul Polemic in the Persian Period, in: O. Lipschits – M. Oeming (ed.), Judah and the Judeans in the Persian Period, Winona Lake IN 2006, 647–661.

ATHAS, G., The Tel Dan Inscription. A Reappraisal and a New Interpretation (JSOT.S 360 = Copenhagen International Seminar 12), Sheffield 2003.

AVIOZ, M., The Role and Significance of Jebus in Judges 19, BZ 51 (2007) 249–256.

BARTHÉLEMY, D., Critique textuelle de l'Ancien Testament. 1. Josué, Juges, Ruth, Samuel, Rois, Chroniques, Esdras, Néhémie, Esther. Rapport final du Comité pour l'analyse textuelle de l'Ancien Testament hébreu institué par l'Alliance Biblique Universelle (OBO 50/1), Fribourg – Göttingen 1982.

BECKER, U., Richterzeit und Königtum. Redaktionsgeschichtliche Studien zum Richterbuch (BZAW 192), Berlin 1990.

BIRAN, A. – NAVEH, J., An Aramaic Stele Fragment from Tel Dan, IEJ 43 (1993) 81–98.

— The Tel Dan Inscription. A New Fragment, IEJ 45 (1995) 1–18.

BLENKINSOPP, J., Benjamin Traditions Read in the Early Persian Period, in: O. Lipschits – M. Oeming (ed.), Judah and the Judeans in the Persian Period, Winona Lake IN 2006, 629–645.

BLOCK, D. I., Echo Narrative Technique in Hebrew Literature: A Study in Judges 19, WThJ 52 (1990) 325–341.

BLUM, E., Die Komposition der Vätergeschichte (WMANT 57), Neukirchen-Vluyn 1984.

BOLING, R. G., Judges. Introduction, Translation, and Commentary (AB 6A), Garden City NY 1975.

BRAULIK, G., Theorien über das Deuteronomistische Geschichtswerk (DtrG) im Wandel der Forschung, in: E. Zenger u. a., Einleitung in das Alte Testament (KStTh 1.1), 8., vollständig überarb. u. erw. Aufl. hg. von C. Frevel, Stuttgart 2012, 237–256.

BRETTLER, M., The Book of Judges: Literature as Politics, JBL 108 (1989) 395–418.

— The Book of Judges (Old Testament Readings), London 2002.

BROOKS, S. S., Was there a Concubine at Gibeah?, Bulletin of the Anglo-Israel Archaeological Society 15 (1996/97) 31–40.

CARDEN, M., Homophobia and Rape in Sodom and Gibeah: A Response to Ken Stone, JSOT 82 (1999) 83–96.

– Sodomy. A History of a Christian Biblical Myth (BibleWorld), London 2004.

CARR, D. M., Writing on the Tablet of the Heart. Origins of Scripture and Literature, Oxford 2005.

– The Tel Zayit Abecedary in (Social) Context, in: R. E. Tappy – P. K. McCarter (ed.), Literate Culture and Tenth-Century Canaan: The Tel Zayit Abecedary in Context, Winona Lake IN 2008, 113–129.

CRAIG, K. M., Judges in Recent Research, Currents in Biblical Research 1.2 (2003) 159–185.

CRÜSEMANN, F., Der Widerstand gegen das Königtum. Die antiköniglichen Texte des Alten Testamentes und der Kampf um den frühen israelitischen Staat (WMANT 49), Neukirchen-Vluyn 1978.

DE HOOP, R., Saul the Sodomite: Genesis 18–19 as the Opening Panel of a Polemic Triptych on King Saul, in: E. Noort – E. Tigchelaar (ed.), Sodom's Sin. Genesis 18–19 and its Interpretations (Themes in Biblical Narrative 7), Leiden 2004, 17–26.

DEVER, W. G., What Did the Biblical Writers Know and when Did They Know it? What Archaeology Can Tell Us about the Reality of Ancient Israel, Grand Rapids 2001.

– Who Were the Early Israelites, and where Did They Come from? Grand Rapids 2003.

DIETRICH, W., Die frühe Königszeit in Israel. 10. Jahrhundert v. Chr. (BE 3), Stuttgart 1997.

– König David – biblisches Bild eines Herrschers im altorientalischen Kontext, in: W. Dietrich – H. Herkommer (Hg.), König David – biblische Schlüsselfigur und europäische Leitgestalt, Fribourg – Stuttgart 2003, 3–31.

– Samuel. 1. Teilbd.: 1 Samuel 1–12 (BK 8.1), Neukirchen-Vluyn 2010.

EDELMAN, D., Did Saulide-Davidic Rivalry Resurface in Early Persian Yehud?, in: J. A. Dearman – M. P. Graham (ed.), The Land that I Will Show You (FS J. M. Miller; JSOT.S 343), Sheffield 2001, 69–91.

EIẞFELDT, O., Die Quellen des Richterbuches, Leipzig 1925.

EXUM, C., Was sagt das Richterbuch den Frauen? (SBS 169), Stuttgart 1997.

FASSBERG, ST. E. – HURVITZ, A., Biblical Hebrew in Its Northwest Semitic Setting. Typological and Historical Perspectives (Publication of the

Institute for Advanced Studies 1), Winona Lake IN – Jerusalem 2006.

FINKELSTEIN, I., A Great United Monarchy? Archaeological and Historical Perspectives, in: R. G. Kratz – H. Spieckermann (ed.), One God – One Cult – One Nation. Archaeological and Biblical Perspectives (BZAW 405), Berlin 2010, 3–28.

— Tell el-Ful Revisited. The Assyrian and Hellenistic Periods (with a New Identification), PEQ 143 (2011) 106–118.

FINKELSTEIN, I. – SILBERMAN, N. A., Keine Posaunen vor Jericho. Die archäologische Wahrheit über die Bibel, München ⁴2003; dt. Übers. von: The Bible Unearthed. Archaeology's New Vision of Ancient Israel and the Origin of Its Sacred Texts, New York 2001.

FOKKELMAN, J. P., Structural Remarks on Judges 9 and 19, in: M. Fishbane – E. Tov (ed.), "Sha'arei Talmon". Studies in the Bible, Qumran, and the Ancient Near East (FS Sh. Talmon), Winona Lake IN 1992, 33–45.

FRITZ, V., Das Buch Josua (HAT I.7), Tübingen 1994.

— Die Entstehung Israels im 12. und 11. Jahrhundert v. Chr. (BE 2), Stuttgart 1996.

— Das erste Buch der Könige (ZBK.AT 10.1), Zürich 1996.

GARBINI, G., Myth and History in the Bible (JSOT.S 362), London 2003.

GÖRG, M., Richter (NEB.AT), Würzburg: Echter 1993.

GROß, W., Die Herausführungsformel – Zum Verhältnis von Formel und Syntax, ZAW 86 (1974) 425–453.

— Syntaktische Erscheinungen am Anfang althebräischer Erzählungen: Hintergrund und Vordergrund, in: J. A. Emerton (ed.), Congress Volume Vienna 1980 (VT.S 32), Leiden 1981, 131–145.

— Die Satzteilfolge im Verbalsatz alttestamentlicher Prosa. Untersucht an den Büchern Dtn, Ri und 2Kön (FAT 17), Tübingen 1996.

— Richter (HThKAT), Freiburg u. a. 2009.

GÜDEMANN, M., Tendenz und Abfassungszeit der letzten Kapitel des Buches der Richter, MGWJ 18 (1869) 357–368.

GUILLAUME, PH., Waiting for Josiah. The Judges (JSOT.S 385), London 2004.

HAGELIA, H., How Important is the Tel Dan Stele, except for Its Relation to the Bible?, SEÅ 69 (2004) 155–166.

HALPERN, B., David's Secret Demons. Messiah, Murderer, Traitor, King, Grand Rapids 2001.

HARDMEIER, C., Prophetie im Streit vor dem Untergang Judas. Erzähl-kommunikative Studien zur Entstehungssituation der Jesaja- und Jeremiaerzählungen in II Reg 18–20 und Jer 37–40 (BZAW 187), Berlin 1990.

HASEGAWA, S., Aram and Israel during the Jehuite Dynasty (BZAW 434), Berlin 2012.

HENTSCHEL, G., 1 Könige (NEB.AT), Würzburg 1984.

— Saul. Schuld, Reue und Tragik eines Gesalbten (Biblische Gestalten 7), Leipzig 2003.

— Das Buch der Richter, in: E. Zenger u. a., Einleitung in das Alte Testament (KStTh 1.1), 8., vollständig überarb. u. erw. Aufl. hg. von C. Frevel, Stuttgart 2012, 269–279.

HENTSCHEL, G. – NIEßEN, C., Der Bruderkrieg zwischen Israel und Benjamin (Ri 20), Bib. 89 (2008) 17–38.

HÜBNER, U., Jerusalem und die Jebusiter, in: U. Hübner – E. A. Knauf (Hg.), Kein Land für sich allein. Studien zum Kulturkontakt in Kanaan, Israel/Palästina und Ebirnâri (FS M. Weippert; OBO 186), Fribourg – Göttingen 2002, 31–42.

HUDSON, D. M., Living in a Land of Epithets. Anonymity in Judges 19–21, JSOT 62 (1994) 49–66.

HUTTON, J. M., The Transjordanian Palimpsest. The Overwritten Texts of Personal Exile and Transformation in the Deuteronomistic History (BZAW 396), Berlin – New York 2009.

ISSER, S., The Sword of Goliath. David in Heroic Literature (SBL Studies in Biblical Literature 6), Leiden 2003.

JAMIESON-DRAKE, D. W., Scribes and Schools in Monarchic Judah. A Socio-archeological Approach (JSOT.S 109 / SWBA 9), Sheffield 1991.

JAROŠ, K., Art. Maße und Gewichte: NBL II, Zürich 1995, 731–735.

JEREMIAS, J., Der Prophet Hosea (ATD 14.1), Göttingen 1983.

JOHANNESSOHN, M., Das biblische καὶ ἐγένετο und seine Geschichte, Zeitschrift für die vergleichende Sprachforschung auf dem Gebiete der indogermanischen Sprachen 53 (1925) 161–212.

JONKER, L., Of Jebus, Jerusalem and Benjamin: The Chronicler's Sondergut in 1 Chronicles 21 against the Background of the Late Persian Era in Yehud, in: T. F. Williams – P. Evans (ed.), The Book of Chronicles and Early Second Temple Historiography, Winona Lake IN (im Druck).

JOST, R., Gender, Sexualität und Macht in der Anthropologie des Richterbuches (BWANT 164), Stuttgart 2006.

JOÜON, P. – MURAOKA, T., A Grammar of Biblical Hebrew. Second Reprint of the Second Edition, with Corrections (SubBi 27), Roma 2009.

JÜNGLING, H.-W., Richter 19 – Ein Plädoyer für das Königtum. Stilistische Analyse der Tendenzerzählung Ri 19,1–30a; 21,25 (AnBib 84), Rom 1981.

KEEL, O., Die Geschichte Jerusalems und die Entstehung des Monotheismus, Teil 1 (OLB IV.1), Göttingen 2007.

KLEIN, J., David versus Saul. Ein Beitrag zum Erzählsystem der Samuelbücher (BWANT 158), Stuttgart 2002.

KLETTER, R., Art. Weights and Measures: NIB 5, Nashville 2009, 831b–841a.

KNAUF, E. A., The Queen's Story. Bathsheba, Maacah, Athaliah and the 'Historia of Early Kings' (Lectio difficilior 2/2002; Internet: http://www.lectio.unibe.ch/02_2/axel.htm; keine Seitenzählung).

— Bethel: The Israelite Impact on Judean Language and Literature, in: O. Lipschits – M. Oeming (ed.), Judah and the Judeans in the Persian Period, Winona Lake IN 2006, 291–349.

— Josua (ZBK.AT 6), Zürich 2008.

KNOBLOCH, H., Die nachexilische Prophetentheorie des Jeremiabuches (BZAR 12), Wiesbaden 2009.

KNUDTZON, J. A., Die El-Amarna-Tafeln (Vorderasiatische Bibliothek), 2 Bde., Leipzig 1915.

KOFOED, J. B., Text and History. Historiography and the Study of the Biblical Text, Winona Lake IN 2005.

KOTTSIEPER, I., The Tel Dan Inscription (KAI 310) and the Political Relations between Aram-Damascus and Israel in the First Half of the First Millennium BCE, in: L. L. Grabbe (ed.), Ahab Agonistes. The Rise and Fall of the Omri Dynasty (LHB.OTS 421), London 2007, 104–134.

KÜCHLER, M., Art. Jerusalem, in: NBL II, Zürich 1995, 294–314.

KUENEN, A., Historisch-kritische Einleitung in die Bücher des alten Testaments hinsichtlich ihrer Entstehung und Sammlung. Erster Teil, Zweites Stück, Leipzig 1890.

KUHR, E., Die Ausdrucksmittel der konjunktionslosen Hypotaxe in der ältesten hebräischen Prosa. Ein Beitrag zur historischen Syntax des

Hebräischen (Beiträge zur semitischen Philologie und Linguistik 7), Leipzig 1929.

LANDE, I., Formelhafte Wendungen der Umgangssprache im Alten Testament, Leiden 1949.

LANOIR, C., Femmes fatales, filles rebelles. Figures féminines dans le livre des Juges (Actes et recherches), Genève 2005.

LASINE, S., Guest and Host in Judges 19. Lot's Hospitality in an Inverted World, JSOT 29 (1984) 37–59.

LEHNART, B., Prophet und König im Nordreich Israel. Studien zur sogenannten vorklassischen Prophetie im Nordreich Israel anhand der Samuel-, Elija- und Elischa-Überlieferungen (VT.S 96), Leiden 2003.

LEMCHE, N. P., The Israelites in History and Tradition (Library of Ancient Israel), London – Louisville 1998.

— The Old Testament – A Hellenistic Book?, in: L. L. Grabbe (ed.), Did Moses Speak Attic? Jewish Historiography and Scripture in the Hellenistic Period (JSOT.S 317 = European Seminar in Historical Methodology 3), Sheffield 2001, 287–318.

— 'House of David'. The Tel Dan Inscription(s), in: Th. L. Thompson (ed.), Jerusalem in Ancient History and Tradition (JSOT.S 381 = Copenhagen International Seminar 13), London 2003, 46–67.

LEVIN, Y., Joseph, Judah and the »Benjamin conundrum«, ZAW 116 (2004) 223–241.

LIPIŃSKI, E., Art. נַחַל נַחֲלָה: ThWAT V, Stuttgart u. a. 1986, 342–360.

LIPSCHITS, O., The Fall and Rise of Jerusalem: Judah under Babylonian Rule, Winona Lake, IN 2005.

LIVERANI, M., Messages, Women, and Hospitality: Inter-Tribal Communication in Judges 19–21, in: Ders., Myth and Politics in Ancient Near Eastern Historiography, ed. and introduced by Z. Bahrani and Marc van de Mieroop: Studies in Egyptology and the Ancient Near East, London 2004, 160–192. (Original: Messaggi, donne, ospitalità. Comunicazione intertribale in Giud. 19–21, SSRel 3 [1979] 303–341.)

LOHFINK, N., Die Gattung der »Historischen Kurzgeschichte« in den letzten Jahren von Juda und in der Zeit des Babylonischen Exils, ZAW 90 (1978) 319–347 = ders., Studien zum Deuteronomium und zur deuteronomistischen Literatur II (SBAB.AT 20), Stuttgart 1991, 55–86.

MCKENZIE, ST. L., King David. A Biography, Oxford 2000 (dt.: König David. Eine Biographie, Berlin 2002).

MAIER, C., Jeremia als Lehrer der Tora. Soziale Gebote des Deuteronomiums in Fortschreibungen des Jeremiabuches (FRLANT 196), Göttingen 2002.

MARAIS, J., Representation in Old Testament Narrative Texts (BI Ser. 36), Leiden 1998.

MATTHEWS, V. H., Hospitality and Hostility in Genesis 19 and Judges 19, BThB 22 (1992) 3–11.

— Judges and Ruth (NCBC), Cambridge 2004.

MAYES, A. D. H., Deuteronomistic Royal Ideology in Judges 17–21, BI 9 (2001) 241–258.

MAZAR, A., Archaeology and the Biblical Narrative: the Case of the United Monarchy, in: R. G. Kratz – H. Spieckermann (ed.), One God – One Cult – One Nation. Archaeological and Biblical Perspectives (BZAW 405), Berlin 2010, 29–58.

MISGAV, H. – GARFINKEL, Y. – GANOR, S., The Ostracon, in: Y. Garfinkel – S. Ganor, Khirbet Qeiyafa. Vol. 1: Excavation Report 2007–2008, Jerusalem: Israel Exploration Society 2009, 243–257.

MOMMER, P., Samuel. Geschichte und Überlieferung (WMANT 65), Neukirchen-Vluyn 1991.

MORSCHAUSER, S., ,Hospitality', Hostiles and Hostages: On the Legal Background to Genesis 19.1–9, JSOT 27 (2003) 461–485.

MÜLLNER, I., Tödliche Differenzen. Sexuelle Gewalt als Gewalt gegen Andere in Ri 19, in: L. Schottroff – M.-Th. Wacker (Hg.), Von der Wurzel getragen. Christlich-feministische Exegese in Auseinandersetzung mit Antijudaismus (BI Ser. 17), Leiden 1996, 81–100.

NA'AMAN, N., The Contribution of the Amarna Letters to the Debate on Jerusalem's Political Position in the Tenth Century B.C.E., BASOR 304 (1996) 17–27.

NG, A. H.-S., Revisiting Judges 19: A Gothic Perspective, JSOT 32 (2007) 199–215.

NIDITCH, S., The "Sodomite" Theme in Judges 19–20: Family, Community, and Social Disintegration, CBQ 44 (1982) 365–378.

NIEMANN, H. M., Herrschaft, Königtum und Staat. Skizzen zur soziokulturellen Entwicklung im monarchischen Israel (FAT 6), Tübingen 1993.

NISSINEN, M., Homoeroticism in the Biblical World. A Historical Perspective, Minneapolis 1998.

NITSCHE, ST. A., König David. Sein Leben – seine Zeit – seine Welt, Gütersloh 2002.

O'CONNELL, R. H., The Rhetoric of the Book of Judges (VT.S 63), Leiden 1996.

OTTO, E., Homosexualität im Alten Orient und im Alten Testament, in: ders., Kontinuum und Proprium. Studien zur Sozial- und Rechtsgeschichte des Alten Orients und des Alten Testaments (Orientalia Biblica et Christiana 8), Wiesbaden 1996, 322–330.

PFEIFFER, H., Sodomie in Gibea. Der kompositionsgeschichtliche Ort von Jdc 19, in: A. C. Hagedorn – H. Pfeiffer (Hg.), Die Erzväter in der biblischen Tradition (FS M. Köckert; BZAW 400), Berlin – New York 2009, 267–289.

PLÖGER, O., Sprüche Salomos (Proverbia) (BK 17), Neukirchen-Vluyn 1984.

POLZIN, R. M., Moses and the Deuteronomist. A Literary Study of the Deuteronomic History, Part One: Deuteronomy, Joshua, Judges, New York 1980.

PUECH, É., L'Ostracon de Khirbet Qeyafa et les debuts de la royauté en Israel, RB 117 (2010) 162–184.

REIS, P. T., The Levite's Concubine: New Light on a Dark Story, JSOT 20 (2006) 125–146.

RICHTER, W., Traditionsgeschichtliche Untersuchungen zum Richterbuch (BBB 18), Bonn ²1966.

ROBKER, J. M., The Jehu Revolution. A Royal Tradition of the Northern Kingdom and Its Ramifications (BZAW 435), Berlin 2012.

RUDOLPH, W., Hosea (KAT 13/1), Gütersloh 1966.

RUPPERT, L., Genesis. Ein kritischer und theologischer Kommentar. 2. Teilband: Gen 11,27 – 25,18 (FzB 98), Würzburg 2002.

SANDERS, S. L., Writing and Early Iron Age Israel: Before National Scripts, Beyond Nations and States, in: R. E. Tappy – P. K. McCarter (ed.), Literate Culture and Tenth-Century Canaan: The Tel Zayit Abecedary in Context, Winona Lake IN 2008, 97–112.

SCHERER, A., Überlieferungen von Religion und Krieg. Exegetische und religionsgeschichtliche Untersuchungen zu Richter 3–8 und verwandten Texten (WMANT 105), Neukirchen-Vluyn 2005.

SCHMID, K., Literaturgeschichte des Alten Testaments. Eine Einführung, Darmstadt 2008.

SCHNEIDER, T. J., Judges (Berit Olam), Collegeville 2000.

SCHOTTROFF, W., Art. Jebus: NBL II, Zürich 1995, 280.

SCHUNCK, K.-D., Benjamin. Untersuchungen zur Entstehung und Geschichte eines israelitischen Stammes (BZAW 86), Berlin 1963.

SEEBASS, H., Genesis II. Vätergeschichte I (11,27–22,24), Neukirchen-Vluyn 1997.

— Numeri. 2. Teilband: Numeri 10,11–22,1 (BK 4.2), Neukirchen-Vluyn 2003.

SEIFERT, E., Tochter und Vater im Alten Testament. Eine ideologiekritische Untersuchung zur Verfügungsgewalt von Vätern über ihre Töchter (Neukirchener Theologische Dissertationen und Habilitationen 9), Neukirchen-Vluyn 1997.

SOGGIN, J. A., Judges. A Commentary (OTL), London ²1987.

STADLER-SUTSKOVER, T., The Leading Word and its Roles in Judges 19–21, in: J. Cook (ed.), Bible and Computer. The Stellenbosch AIBI-6 Conference. Proceedings of the Association Internationale Bible et Informatique „From Alpha to Byte", University of Stellenbosch, 17–21 July, 2000, Boston 2002, 295–307.

STIPP, H.-J., Narrativ-Langformen 2. und 3. Person von zweiradikaligen Basen nach *qalY* im biblischen Hebräisch. Eine Untersuchung zu morphologischen Abweichungen in den Büchern Jeremia und Könige, JNWSL 13 (1987) 109–149.

— *w°=hayā* für nichtiterative Vergangenheit? Zu syntaktischen Modernisierungen im masoretischen Jeremiabuch, in: W. Groß – H. Irsigler – Th. Seidl (Hg.), Text, Methode und Grammatik (FS W. Richter), St. Ottilien 1991, 521–547.

— Jeremia im Parteienstreit. Studien zur Textentwicklung von Jer 26, 36–43 und 45 als Beitrag zur Geschichte Jeremias, seines Buches und judäischer Parteien im 6. Jahrhundert (BBB 82), Frankfurt a. M. 1992.

— Deuterojeremianische Konkordanz (ATSAT 63), St. Ottilien 1998.

— Gedalja und die Kolonie von Mizpa, ZAR 6 (2000) 155–171.

— Richter 19 – ein frühes Beispiel schriftgestützter politischer Propaganda in Israel, in: S. Gillmayr-Bucher – A. Giercke – C. Nießen (Hg.), Ein Herz so weit wie der Sand am Ufer des Meeres (FS G. Hentschel; EThSt 90), Würzburg 2006, 127–164.

— Vom Heil zum Gericht. Die Selbstinterpretation Jesajas in der Denkschrift, in diesem Band S. 455–485.

STONE, K., Gender and Homosexuality in Judges 19: Subject – Honor, Object – Shame?, JSOT 67 (1995) 87–107.

— Sex, Honor, and Power in the Deuteronomistic History (JSOT.S 234), Sheffield 1996.

— Practicing Safer Texts. Food, Sex and Bible in Queer Perspective (Queering Theology Series), London 2005.

SWEENEY, M. A., Davidic Polemics in the Book of Judges, VT 47 (1997) 517–529.

TAPPY, R. E. – MCCARTER, P. K. – LUNDBERG, M. J. – ZUCKERMAN, B., An Abecedary of the Mid-Tenth Century B.C.E. from the Judaean Shephelah, BASOR 344 (2006) 5–46.

TAPPY, R. E. – MCCARTER, P. K. (ed.), Literate Culture and Tenth-Century Canaan: The Tel Zayit Abecedary in Context, Winona Lake IN 2008.

THOMPSON, TH. L., Early History of the Israelite People. From the Written and Archaeological Sources (Studies in the History of the Ancient Near East 4), Leiden 1992.

— The Mythic Past. Biblical Archaeology and the Myth of Israel, London 1999.

TOLLINGTON, J. E., The Book of Judges: The Result of Post-exilic Exegesis?, in: J. C. de Moor (ed.), Intertextuality in Ugarit and Israel (OTS 40), Leiden 1998, 186–196.

TRIBLE, PH., Mein Gott, warum hast du mich vergessen! Frauenschicksale im Alten Testament (Gütersloher Taschenbücher Siebenstern 491), Gütersloh 1987; dt. Übers. von: Texts of Terror. Literary-feminist Readings of Biblical Narratives (Overtures to Biblical Theology 13), Philadelphia 1984.

UNTERMAN, J., The Literary Influence of „the Binding of Isaac" (Genesis 22) on „the Outrage at Gibeah" (Judges 19), HAR 4 (1980) 161–166.

VEIJOLA, T., Das Königtum in der Beurteilung der deuteronomistischen Historiographie. Eine redaktionsgeschichtliche Untersuchung (AASF.B 198), Helsinki 1977.

WALTKE, B. K. – O'CONNOR, M., An Introduction to Biblical Hebrew Syntax, Winona Lake IN 1990.

WELLHAUSEN, J., Prolegomena zur Geschichte Israels, Berlin ⁶1905.

WESTERMANN, C., Genesis. 2. Teilband: Genesis 12–36 (BK 1.2), Neukirchen-Vluyn 1981.

WOLFF, H. W., Dodekapropheton 1: Hosea (BK 14.1), 5., verb. Aufl. Neukirchen-Vluyn 1976.

WÜRTHWEIN, E., Das erste Buch der Könige. Kapitel 1–16 (ATD 11/1), 2., durchges. u. überarb. Aufl. Göttingen 1985.

YAMADA, F. M., Configurations of Rape in the Hebrew Bible. A Literary Analysis of Three Rape Narratives (Studies in Biblical Literature 109), New York u. a. 2008.

YEE, G. A., Ideological Criticism: Judges 17–21 and the Dismembered Body, in: Dies. (ed.), Judges and Method. New Approaches in Biblical Studies, Minneapolis 1995, 146–170.

YOUNG, I. – REZETKO, R. (– EHRENSVÄRD, M.), Linguistic Dating of Biblical Texts. Vol. 1: An Introduction to Approaches and Problems, Vol. 2: A Survey of Scholarship, a New Synthesis and a Comprehensive Bibliography, London – Oakville 2008.

ZEVIT, Z. u. a., Symposium: Can Biblical Texts be Dated Linguistically?: HS 46 (2005) 321–384; 47 (2006) 83–210.

ZWICKEL, W., Calwer Bibelatlas, Stuttgart 2000.

— Kommunikation und Kommunikationsmöglichkeiten im alten Israel aufgrund biblischer und außerbiblischer Texte, in: A. Wagner (Hg.), Bote und Brief. Sprachliche Systeme der Informationsübermittlung im Spannungsfeld von Mündlichkeit und Schriftlichkeit (Nordostafrikanisch/Westasiatische Studien 4), Frankfurt a. M. 2003, 113–123.

Die sechste und siebte Fürbitte des Tempelweihegebets (1 Kön 8,44–51) in der Diskussion um das Deuteronomistische Geschichtswerk

VI

44[1]	a	Wenn dein Volk auszieht zum Krieg gegen seine 'Feinde' auf dem Weg,
	b	den du sie schickst,
	c1	und sie zu JHWH beten in Richtung der Stadt,
	d	die du erwählt hast,
	c2	und (in Richtung) des Hauses,
	e	das ich deinem Namen erbaut habe,
45	a	(dann) mögest du im Himmel ihr Gebet und ihren Flehruf hören
	b	und ihre Rechtssache führen.

VII

46	a	Wenn sie sich gegen dich verfehlen
	b	– denn es gibt keinen Menschen,
	c	der sich nicht verfehlte –,
	d	und du ihnen zürnst
	e	und sie vor einem Feind preisgibst,
	f	und ihre Fänger sie in ein fernes oder nahes Land [des Feindes] gefangen wegführen,
47	a	und sie es sich zu Herzen nehmen in dem Land,
	b	wohin sie gefangen weggeführt wurden,
	c	und sie umkehren
	d	und zu dir flehen in dem Land ihrer Fänger mit den Worten:

---

1 Die Satzeinteilung folgt den Prinzipien von Richter (1991), außer dass Relativsätze separat gezählt werden. Die Übersetzung ist angelehnt an Noth (1968) und Fritz (1996). Zu den durch Apostrophen und eckige Klammern gekennzeichneten Abweichungen von *MT* vgl. BHS und die Kommentare. Zusätze in runden Klammern dienen der Verdeutlichung.

	e	Wir haben gefehlt,
	f	[und] wir haben verkehrt gehandelt,
	g	wir haben gefrevelt;
48	a	wenn sie (also) zu dir umkehren aus ihrem ganzen Herzen und aus ihrem ganzen Wesen in dem Land ihrer Feinde,
	b	die sie gefangen weggeführt haben,
	c1	und sie zu dir flehen in Richtung ihres Landes,
	d	das du ihren Vätern gegeben hast,
	c2	(in Richtung) der Stadt,
	e	die du erwählt hast,
	c3	und (in Richtung) des Hauses,
	f	das ich deinem Namen erbaut habe,
49	a	(dann) mögest du im Himmel, dem Ort deines Thrones, hören [ihr Gebet und ihren Flehruf
	b	und ihre Rechtssache führen]
50	a1	und 'ihre Verfehlungen' vergeben,
	b	durch die sie sich gegen dich verfehlt haben,
	a2	und alle ihre Sünden,
	c	durch die sie sich an dir versündigt haben,
	d	und sie vor ihren Fängern zu Gegenständen des Erbarmens machen,
	e	sodass sie sich ihner erbarmen;
51	a	denn sie sind dein Volk und dein Erbbesitz,
	b	das du aus Ägypten herausgeführt hast, mitten heraus aus dem Eisenschmelzofen.

1. Zum Stand der Frage

Der Kern des Tempelweihegebets Salomos (1 Kön 8,22–53) besteht aus sieben Fürbitten, konstruiert als ausholende Konditionalperioden, die in der Protasis Notsituationen beschreiben, in denen Beter sich durch den Tempel an JHWH wenden. In der Apodosis, eröffnet durch den Appell „(dann) mögest du hören" (וְאַתָּה תִּשְׁמַע bzw. וְשָׁמַעְתָּ), erflehen die Fürbitten Gottes gnädiges Gehör für die Hilferufe; sie sind also Fürbittgebete für Bittgebete (V. 31–32; 33–34; 35–36; 37–40; 41–43; 44–45; 46–51; vgl. Gamper 1963; Talstra 1993: 108). Die beiden abschließenden Petitionen, oben in Übersetzung wiedergegeben, spielen in der Debatte um Entstehungszeit und Aussageziel des Deuteronomistischen Geschichtswerks[2] eine wichtige Rolle. Als Martin Noth 1943 seine folgenreiche

---

2   An neueren Überblicken zum Stand der Diskussion vgl. Preuß (1993), McKenzie – Graham (1994), Römer – de Pury (1996), Sicre (1996). Trotz der Einwände von Westermann (1994) und Knauf (1996) meine ich weiterhin, dass das mit der Sigle DtrG

Hypothese vortrug, der Hauptbestand der Bücher Dtn bis 2 Kön gehe auf eine ehemals selbstständige, von deuteronomistischem Geist getragene Geschichtsdarstellung zurück, datierte er das Dokument in die exilische Epoche und bestimmte als seinen Zweck, die babylonische Eroberung Judas als den endgültigen Schlusspunkt der besonderen Gottesbeziehung Israels verständlich zu machen. Der Verfasser habe „in der Geschichte des Volkes Israel einen in sich geschlossenen Vorgang gesehen, der ... mit der Zerstörung von Jerusalem seinen definitiven Abschluß gefunden hat" (Noth 1973: 103). Einen maßgeblichen Beleg der, wie er meinte, rein pessimistischen Zukunftsschau des Werkes lieferte ihm „der letzte Absatz des salomonischen Tempelweihgebets 1. Kön. 8,44–53", wo „die künftige Zerstreuung" Israels antizipiert werde: Kennzeichnenderweise bitte der Salomo des DtrG lediglich „um Vergebung der begangenen Schuld ..., ohne den Gedanken einer künftigen Sammlung und Wiederherstellung auch nur anzudeuten" (Noth 1973: 108). Allerdings hat Noths Interpretation des DtrG weit weniger Gefolgschaft gefunden als seine literarische Rekonstruktion als solche, denn es wollte nicht einleuchten, dass jemand ein solches Riesenopus geschaffen habe, bloß um die Zeitgenossen vom unwiderruflichen Zusammenbruch aller Hoffnungsperspektiven zu überzeugen.

Den eklatanten Widerspruch zwischen Umfang und vermeintlicher Abzweckung des Werkes hat besonders Hans Walter Wolff hervorgehoben (Wolff 1961: 174). Bei der Suche nach plausibleren Erklärungen fiel sein Blick wiederum auf die Schlusspartie des Tempelweihegebets, die er freilich ganz anders las als Noth. Wolff fand dort eine Hauptstütze seiner Auslegung, das DtrG habe, fern jedes Heilspessimismus, „einer dringlichen Einladung zur Umkehr zu dem Gott der Heilsgeschichte" Ausdruck verliehen. Denn in der siebten Fürbitte werde „genau reflektiert auf die nun eingetretene Gerichtssituation und explizit die Frage erörtert, was Israel in dieser Stunde zu tun hätte. ... Das Gebot der Stunde ist ..., umzukehren zu Jahwe von ganzem Herzen und von ganzer Seele." (Wolff 1961: 184, 180) Als Noth wenig später seinen Kommentar zum ersten Königsbuch vorlegte, ließ er zwar vorsichtige Zugeständnisse an Wolffs Leseweise dieses Passus durchblicken, doch hatte dies keine Folgen mehr für seine Interpretation des DtrG. Denn mittlerweile hatte er sich der schon von Thenius (1873: 138–140) vertretenen Meinung angeschlossen, dass der Schluss des Tempelweihegebets (V. 44–53) jüngeren Datums sei (Noth 1968: 188f.),

---

bezeichnete Literaturwerk zu Recht postuliert wird. Die von Auld (1994) versuchte Rekonstruktion einer ganz andersartigen gemeinsamen Vorlage von Sam–Kön und Chr scheint mir an ihrer inneren Unabgerundetheit zu scheitern.

eine Sichtweise, die heute geradezu Allgemeingut geworden ist.[3] Da folglich noch nicht Teil des DtrG, schieden die Verse für dessen Zielbestimmung aus. Allerdings wird die siebte Fürbitte – bei wechselnden literargeschichtlichen Voraussetzungen – bis heute gerne (häufig in Kombination mit Dtn 4,27–31 und 30,1–10) in den Spuren Wolffs als paradigmatischer Ausdruck dtr Umkehrtheologie bzw. dtr Zukunftshoffnungen für die Exilanten interpretiert.[4]

Erneut ins Blickfeld der Debatte um das DtrG trat die Stelle durch den Versuch von Frank Moore Cross, die Plausibilitätsprobleme von Noths Theorie auf literarkritischem Wege auszuräumen. Indem Cross faktisch ältere Vorschläge von Abraham Kuenen (1861: 263–268) zum Wachstum der Königsbücher wiederbelebte und mit Noths Annahme einer durchlaufenden Geschichtsdarstellung verband, erschloss er eine kürzere Urform des DtrG, die bereits im 7. Jahrhundert unter Joschija verfasst wurde zu dem Zweck, die königlichen Reformmaßnahmen propagandistisch zu begleiten (Cross 1973: 274–289). Das Dokument (Dtr1) reichte ehemals nur bis 2 Kön 23,25b; es sei dann im 6. Jh. bis zum Ende von 2 Kön verlängert und mit weiteren Ausbauten angefüllt worden, die sich aufgrund ihrer Kenntnis der judäischen Niederlage als Nachträge eines exilischen Redaktors (Dtr2) verrieten. Zu jenen exilischen Aktualisierungen rechnete Cross auch die siebte Fürbitte (nicht aber die sechste) samt dem Schluss des Tempelweihegebets (1 Kön 8,46–53; Cross 1973: 287). Der fragliche Passus, sonst als isolierter Einschub betrachtet, wandelt sich so zum Glied einer übergreifenden Redaktionsschicht. Cross' „Blockmodell" (Weippert 1985) ist durch seine Schüler in Amerika mittlerweile wohletabliert und findet auch in Europa immer mehr Befürworter, zu denen auch ich mich zähle.[5]

---

3   Z. B. Jepsen (1956: 15f.), Jones (1984: 204), DeVries (1985: 123), Würthwein (1985: 95), Talstra (1993: 254), Fritz (1996: 93), Römer – de Pury (1996: 115). Zu Gray (1977) vgl. unten Anm. 14. Eine Synopse neuerer diachroner Analysen zu 1 Kön 8 hat Römer (1990: 375 Anm. 538) erstellt.

4   Vgl. z. B. Nicholson (1970: 76f., 118f.), Welten (1981: 434f.), Weinfeld (1991: 217–221), McConville (1992).

5   Vgl. z. B. Weippert (1972), Mayes (1983), Vanoni (1985), Lemaire (1986), Lohfink (1990; 1995: 17), Moenikes (1992), Preuß (1993: 385–388), Talstra (1993), Stipp (1995), Römer (1997). Das alternative, von Smend (1971) angestoßene und vor allem von Dietrich (1972) auf die Königsbücher angewandte „Schichtenmodell" soll hier nicht näher diskutiert werden, da es m. E. die grundlegenden Glaubwürdigkeitsprobleme von Noths Verständnis des DtrG nicht behebt (Stipp 1995: 473f.). Nicht lohnend erscheint die Auseinandersetzung mit Extrempositionen wie der von Linville (1997), der die Königsbücher gemäß den Glaubensartikeln der Schulen von Sheffield und Kopenhagen aus spätnachexilischen Phasen herleitet. Vgl. dagegen treffend Deist (1997).

Allerdings ist es gerade Cross' Schülerkreis, aus dem sich Einsprüche gegen die gängige Bewertung von 1 Kön 8,44–53 erhoben. Die Bedenken richten sich einerseits auf literarkritische Belange, andererseits auf die von den Endpassagen des Tempelweihegebets vorausgesetzte Rahmensituation. Die vorgetragenen Gesichtspunkte verdienen nähere Prüfung.

2. Literarkritische Fragen

Während die neuere Literatur zu 1 Kön 8 weit überwiegend ab der sechsten Fürbitte (V. 44ff.) heterogene Zuwächse erkennt,[6] sah Cross die Arbeit von Dtr2 erst bei der siebten Petition einsetzen, anscheinend weil er die sechste nicht mit exilischen Lebensumständen zur Deckung zu bringen vermochte: „Wenn dein Volk auszieht zum Krieg gegen seine 'Feinde' auf dem Weg, den du sie schickst …" (44ab). Man fragt sich in der Tat, was man sich unter solchen judäischen Kampagnen in der Exilsepoche vorstellen sollte. Sofern überdies die siebte Fürbitte die babylonische Okkupation und ihre Folgen *ex eventu* reflektiert, erscheint unglaublich, dass deren Auslöser, die Rebellionen Jojakims und Zidkijas (2 Kön 24,1; 25,1), unter der Chiffre militärischer Unternehmen im Auftrag JHWHs präsentiert worden seien. Rechnet man folglich wie Cross mit einer vorexilischen und einer exilischen Schicht, muss die literarische Trennlinie zwischen V. 45 und 46 verlaufen.

Richard D. Nelson, der eine detaillierte Ausformulierung und Begründung von Cross' Blockmodell unterbreitet hat, entschied sich jedoch angesichts der vorstufenkritischen Indizienlage, der Mehrheitstheorie zu folgen und die sechste Petition mit der siebten in einer Schicht zu vereinigen. Daher diagnostizierte er die Hand von Dtr2 in V. 44–51. Nelson hat den bisher gründlichsten Versuch vorgelegt, den heterogenen Ursprung der Verse 44ff. nachzuweisen (Nelson 1981: 71–73). Seine Argumente sind die folgenden:[7]

1. Die Apodosen der Fürbitten setzen mit einem Höraufruf ein. Dieser lautet bei den Petitionen I bis V וְאַתָּה תִּשְׁמַע (V. 32.34.36.39.43), bei Nr. VI und VII dagegen וְשָׁמַעְתָּ (V. 45.49). Zu beachten ist indes, dass dieser Wechsel zuvor schon innerhalb von V. 30 auftritt: 30a וְשָׁמַעְתָּ, 30c וְאַתָּה תִּשְׁמַע 30d (*MT*) וְשָׁמַעְתָּ.

---

6   Siehe oben Anm. 3.
7   Die meisten Beobachtungen hat erstmals Šanda (1911: 233f.) vorgetragen.

2. Den Fürbitten I bis V zufolge vollziehen die Beter ihre gottesdienstlichen Akte „in diesem Haus" (בַּבַּיִת הַזֶּה V. 31.33) oder hinge-
   wandt „zu diesem Ort" (אֶל־הַמָּקוֹם הַזֶּה V. 35) bzw. „zu diesem
   Haus" (אֶל־הַבַּיִת הַזֶּה V. 38.42). Nach den Petitionen VI und VII tun
   sie dies „in Richtung (...) der Stadt, die du erwählt hast und (in
   Richtung) des Hauses, das ich deinem Namen erbaut habe" (דֶּרֶךְ
   הָעִיר אֲשֶׁר בָּחַרְתָּ (בָּהּ) וְהַבַּיִת אֲשֶׁר־בָּנִתִי לִשְׁמֶךָ) (...) V. 44.48). Es
   ist jedoch nicht zu verstehen, wieso dieser terminologische Wandel
   eine Spannung konstituieren soll, da er bloß die unterschiedlichen
   Situationen widerspiegelt (Knoppers 1995: 237): Den Standort der
   Beter hat man sich nach den Fürbitten I bis V im Tempel bzw. in
   seiner Nähe vorzustellen, laut Nr. VI und VII dagegen fernab von
   Jerusalem im Feindesland.

3. Petition VII ist eine Dublette zu Petition II (V. 33–34), und zwar in
   viel ausführlicherer Form: Zwei Versen in Nr. II stehen sechs in Nr.
   VII gegenüber. Dabei ist die siebte Fürbitte situationell deutlich
   spezifischer als die zweite. Nach Petition VI gelesen, behandelt Fürbitte VII die Lage von Israeliten, die im Auftrag JHWHs mit kriegerischen Mitteln einen legitimen Rechtsanspruch durchzusetzen
   suchen und dabei auf das Terrain des Feindes vordringen (Näheres
   im folgenden Gliederungspunkt). In Gefangenschaft geraten, wenden sie sich mit Schuldbekenntnissen und Bittrufen an JHWH unter
   Observanz der Gebetsrichtung *zum* Tempel. Die zweite Fürbitte
   vermeidet Eingrenzungen zum Anlass der Kämpfe und zum Ort
   der Niederlage. Nur die Bitte um Rückführung „in das Land, das
   du ihren Vätern gegeben hast" (34cd) verrät, dass an die Gefangen-
   nahme der Krieger gedacht ist. Das Flehen um JHWHs Erbarmen
   erfolgt *im* Tempel (בַּבַּיִת הַזֶּה V. 33); die Rede ist also nicht vom
   Gebet der Deportierten, sondern von den Interzessionen, die man
   in der Heimat zu ihren Gunsten vorträgt. Petition VII betrachtet die
   Gefangenschaft aus der Perspektive der Betroffenen, Petition II aus
   dem Blickwinkel der Daheimgebliebenen. Man fragt sich, wie
   dieses Nebeneinander zustande kam. Die sechste Fürbitte doppelt
   zwar nicht die zweite, doch ist schon die getrennte Anordnung auffällig; die Sachlogik verlangt obendrein einen Platz *vor* Petition II.

4. Das Tempelweihegebet bezieht sich auf das Volk wiederholt mit
   dem Namen „Israel" (V. 30.33.34.36.[41].52), und zwar immer in der
   Verbindung „dein Volk Israel". In den beiden letzten Petitionen
   fehlt der Name (vgl. „dein Volk" V. 44).

5. 1 Kön 8 benützt für die Verfehlungen einzig in der siebten Fürbitte neben Derivaten der Wurzel חטא[8] auch die Wurzeln פשע (50a2c) und עוה (47f).

Darüber hinaus lassen sich noch weitere Gründe anführen:

6. Die unter Nr. 2 zitierte Wendung „(das Haus, das) ich deinem Namen erbaut habe" (V. 44.48) begegnet zwar wiederholt in anderen Zeitstufen (und kontextbedingt anderer Personendeixis), aber nur hier wird die Suffixkonjugation des Grundstamms von בנה mit dem Glied לְשֵׁם kombiniert.[9] Diese Junktur ist eine exklusive Besonderheit von 1 Kön 8,44–51. Im Tempelweihegebet heißt es sonst lediglich „(dieses Haus, das) ich erbaut habe" (V. 27.43).

7. Die Protasen der Fürbitten I bis V weisen unregelmäßige Anfänge auf, während VI und VII gleichlautend mit כִּי einsetzen. Diese Konjunktion steht in keiner anderen Petition an erster Stelle. Die strukturellen Gemeinsamkeiten inkludieren auch das zweite Glied, beide Male ein Verb in der Präfixkonjugation (Talstra 1993: 108). Der Beginn von Petition IV (רָעָב כִּי־יִהְיֶה V. 37) kommt dem zwar nahe, entspricht aber nicht genau dem Schema der Anfänge von VI und VII.

Diese Argumente sind von recht unterschiedlichem Gewicht. Ganz unberechtigt erscheint indes nur Nr. 2, weil der Wechsel im Sprachgebrauch auf Sachgründe rückführbar ist. Dem stehen allerdings die Beobachtungen von Gamper (1963) gegenüber, unterstützt von Levenson (1981: 152f.), wonach das Tempelweihegebet Merkmale eines übergreifenden Gestaltungswillens trägt: Die Siebenzahl der Petitionen, einheitlich strukturiert als Konditionalphrasen mit durch Höraufruf eingeleiteter Apodosis, ist kaum zufällig, und obendrein wird darin der Tempel genau sieben Mal erwähnt.[10] Die Anzeichen für die literarische Heterogenität der beiden Schlusspetitionen erscheinen jedoch insgesamt zu erheblich, als dass sie damit völlig von der Hand zu weisen wären. So bleibt ein zwiespältiges Bild: Es ist nicht sicher, aber auch nicht auszuschließen, dass die Verse 44–51 in einem separaten Arbeitsgang entstanden sind; das Bestreben, dem Tempelweihegebet Siebenerstruk-

---

8   V. 31.33.34.35.35.36.46.46.47.50; vgl. ferner רשע V. 32.47.

9   ‖ 2 Chr 6,34.38. Sonst: Grundstamm, Präfixkonjugation: 2 Sam 7,13; 1 Kön 8,19 par 2 Chr 6,9; 1 Chr 22,8.10; 28,3; Narrativ: 1 Kön 8,20 par 2 Chr 6,10; Infinitiv: 1 Kön 5,17.19; 8,17.18; 1 Chr 22,7; 29,16; 2 Chr 1,18; 2 Chr 6,7.8; Partizip: 2 Chr 2,3; N-Stamm, Suffixkonjugation: 1 Kön 3,2; Partizip: 1 Chr 22,19.

10   V. 31.33.38.42.43.44.48. Levenson (1981: 156) verweist zusätzlich auf die singuläre Wendung לִהְיוֹת עֵינֶךָ פְתֻחוֹת, die V. 29 und 52 verbindet. Weitere Siebenerstrukturen nennt Römer (1990: 376).

turen einzupflanzen, wie sie andernorts wiederholt in dtn/dtr Literatur belegt sind,[11] kann ja auch eine zweite Hand geleitet haben. Wichtiger freilich für das Verständnis des Passus ist die Bestätigung, dass mit der überwiegenden Mehrheit der Forscher die sechste Fürbitte als literarisch gleichursprünglich mit der siebten eingestuft werden muss. Dafür spricht nicht nur der Mangel trennender Indizien, sondern auch das Vorliegen verklammernder Elemente (Nr. 1, 6, 7), die die Verse 44–51 als in einem Zug verfasste Größe kennzeichnen. So ergibt sich: Zwischen der fünften und sechsten Petition *kann* eine Schichtengrenze vorliegen,[12] zwischen der sechsten und siebten hingegen nicht. Die beiden Fürbitten sind als kohärente Einheit zu interpretieren. Wie sollen sie dann angesichts von V. 44 aus einem exilischen Rahmen ableitbar sein?

3. Die von 1 Kön 8,44–51 vorausgesetzte Situation

Dass 1 Kön 8,44ff. exilische oder gar nachexilische Lebensumstände widerspiegelt, ist nahezu unumstritten, wie sich mit einer Fülle von Zitaten aus der Literatur belegen lässt.[13] Dazu, wie die sechste Petition in diesen Rahmen passen soll, sucht man überzeugende Antworten indes vergeblich. Noth (1968) und DeVries (1985) schneiden die Frage nicht an. Nelson (1981: 71) versichert: „The military interest of 44–45 need not mean that war was still possible for Judah, for holy war was a theo-

---

11 Vgl. Braulik (1991), Dahmen (1994), Lohfink (1997).

12 Vgl. auch die Beobachtungen, mit denen Knoppers (1995: 232–239) eine siebengliedrige palindrome Struktur von 1 Kön 8 nachzuweisen sucht, worin die vierte (mittlere) Petition (V. 37–40) das Zentrum einnimmt. Es erscheint nicht unberechtigt, wenn er die symmetriebildenden Elemente als Indiz bewertet, dass das Kapitel im Wesentlichen einheitlich komponiert wurde. Darauf sei hier jedoch nur am Rande verwiesen, da sich damit die Sekundarität von V. 44–51 nicht stringent ausschließen lässt, weil die An- oder Abwesenheit dieses Passus die (ohnehin nur ungefähre) Symmetrie bloß in geringem Maß berührt.

13 Vgl. z. B. Montgomery (1951: 194): „definite post-Exilic characteristics"; Steck (1967: 139): „Zerstreuung Israels"; Welten (1981: 435): „Exilssituation"; Hentschel (1984: 62): „Gebet der Exilierten"; Long (1984: 104): „exilic viewpoint"; DeVries (1985: 126): „exilic background"; Würthwein (1985: 95): „exilische Situation"; O'Brien (1989: 284 Anm. 25): „1 Kgs 8:44–45 may … be of pre-exilic origin, but it now provides an introduction to vv 46–51, which clearly addresses the situation of exiles"; Talstra (1993: 218): „petition VII clearly presupposes the captivity"; Miller (1994: 246): „exilic period or later"; Fritz (1996: 96): „Situation des Exils". Levenson (1981) beharrt auf der literarischen Einheitlichkeit von 1 Kön 8,23–53 und rechnet daher das Tempelweihegebet vollständig dem exilischen Dtr2 zu. Für McConville (1992: 76) „1 Kings viii thinks … of Israel's surviving as a community in exile". Albertz (1996: 405; 1997: 335) bewertet 1 Kön 8,48 als Indiz für die Abfassung des DtrG in Babylonien.

logical matter to the Deuteronomists, not merely a practical one." Wenn man die sechste Fürbitte im Kontext der siebten liest und letztere als Reflex der babylonischen Deportationen versteht, erscheinen kriegerische Vorstöße der von V. 44–45 insinuierten Art als deren Auslöser. Es klingt aber schwer glaublich, dass eine Redaktion, die gerade eine feindliche Invasion als von JHWH verhängtes Strafgericht verständlich machen wollte, sich in 1 Kön 8,44–45 völlig über dessen konkrete Umstände hinweggesetzt und die Ursache als göttlich befohlenen judäischen Angriffskrieg stilisiert hätte. Solche Voraussetzungen verlangt jedoch beispielsweise die Erklärung von Fritz (1996: 96): „Neben den Kämpfen mit den Nachbarn könnten aber durchaus die Auseinandersetzungen mit den Großmächten Assyrien und Babylonien ... gemeint sein." Leichter hat es da Würthwein (1985: 100), weil er V. 44–51 in ein *nach*exilisches Ambiente verlegt: „In größere Kämpfe war, soweit wir wissen, das exilisch-nachexilische Volk nicht mehr verwickelt, aber Auseinandersetzungen mit einer feindlichen Umwelt wie mit den Samaritanern nach Neh. 4,1ff. und mit expansionswilligen Nachbarn, die verlassenes judäisches Land okkupierten, sind als Hintergrund sehr wahrscheinlich."

Allerdings gibt es Gegenstimmen, die das exilisch-nachexilische Milieu von V. 44–51 bestreiten. Burney (1903: 113) entnahm der Forderung der Gebetsrichtung zum Tempel (Qibla), die die Vv. 44.48 mit den übrigen Fürbitten teilen, dass an einen funktionierenden Tempel gedacht sei, was einen vorexilischen Ursprung verlange.[14] Seine Sichtweise hat inzwischen im Schülerkreis von F. M. Cross Rückhalt gefunden. Dass 1 Kön 8,44.48 ein intaktes Heiligtum voraussetze, meint auch Friedman (1981a: 21), weswegen er V. 44–53 bei Dtr₁ belässt.[15] Ihm folgen Campbell (1986: 207) und Halpern (1988: 168–171), indem sie das komplette Tempelweihegebet dem vorexilischen Dtr₁ zuschreiben. Zur siebten Petition macht Friedman (1981b: 176 Anm. 23) geltend, dass die Rede von Deportationen allein noch kein exilisches Datum beweise. In den Worten von Halpern (1988: 114): „Exile was a reality in Israel from the mideighth century onward; and the threat of losing the land followed from the story of its gift." Eine vorsichtige Annäherung an diesen Standpunkt scheint Knoppers (1993: 108) zu vollziehen: „The present

---

14 Vgl. auch Gray (1977: 198, 210). Seine Beurteilung ist in sich unausgeglichen: Zunächst folgt er Burney (1903: 113f.) und betrachtet V. 44–53 als integralen Teil des vorexilischen Tempelweihegebets (S. 198), um dann den Passus als „later expansion by the second Deuteronomist" im Rückblick auf das Exil zu deklarieren (S. 210).

15 Vgl. auch Friedman (1981b, 1995: 74 Anm. 12). Sympathie für Friedmans Urteil bekundet McKenzie (1991: 139).

form of this petition is exilic, even though it probably represents the re-working of an older preexilic petition."[16]

In der Tat erscheinen die Argumente für ein vorexilisches Ent-stehungsdatum beachtlich. V. 44 supponiert eine Konfliktsituation, wo die Israeliten mit der Waffe in der Hand die Durchsetzung eines Rechtsanspruchs erstreben, dessen Legitimität ihnen so gewiss ist, dass sie zuversichtlich auf JHWHs Einschreiten an ihrer Seite bauen („du mögest ihre Rechtssache führen").[17] Mehr noch, sie dürfen sich sogar als unter JHWHs Führung handelnd verstehen („auf dem Weg, den du sie schickst"). Die Kriegslage ist ferner derart, dass sie sich gerade nicht übermächtiger Invasoren und Belagerer erwehren müssen. Wenn die sechste Fürbitte ein ganz anderes Bild entwirft, ist dies keine Unschär-fe, die mit Rücksicht auf den fiktiven Sprecherstandort in Kauf genom-men wurde. Der Verteidigungsfall ist vielmehr separat in V. 37 berück-sichtigt. Hier hingegen wird angenommen, dass die Israeliten die Ini-tiative an sich ziehen oder gar als Angreifer auftreten („wenn dein Volk auszieht"). All dies ist wenig plausibel, sofern der Autor im Mund Sa-lomos die Exilssituation antizipieren wollte. Ebenso wenig passt dazu der vorgestellte geographische Rahmen, denn die Rede ist von Schau-plätzen, zu denen die Israeliten Distanzen überwinden müssen („auf dem Weg") und wo sich der Anlass zum Gebetsruf an JHWH fern von Jerusalem ergibt, sodass die Richtung nicht nur zum Tempel, sondern auch zur Stadt nurmehr ungefähr auszumachen ist (... דֶּרֶךְ הָעִיר וְהַבַּיִת). Zweimaliges דֶּרֶךְ (44ac) fördert den Eindruck größerer Weg-strecken zwischen dem Ausgangspunkt und den Stätten, wo sich die Kämpfe zutragen. Zudem wird V. 48 dieselben Worte verwenden, allerdings noch gesteigert durch דֶּרֶךְ אַרְצָם, um den Abstand zwischen den Aufenthaltsorten der Verschleppten und ihrer Heimat anzudeuten. Wenn Israels Ausrücken „gegen seine ‚Feinde'" in solchen Kategorien umrissen wird, ist allem Anschein nach an Situationen gedacht, wo es gelingt, die Gefechte auf gegnerisches Territorium zu tragen (Halpern 1988: 170). Es ist schwer vorstellbar, dass ein Autor so formuliert habe, der seine Worte auf die Unterwerfung durch die Babylonier (oder auch die Assyrer) bezogen wissen wollte.

Angesichts sonstiger Begründungen des Exils oder Warnungen vor derartigen Katastrophen im DtrG fällt auf, dass die siebte Fürbitte das Fehlverhalten, das eine solche Niederlage herbeiführen könnte, so

---

16 Ähnlich schon für das ganze Tempelweihegebet O'Brien (1989: 283f.).

17 Zu עשׂה מִשְׁפָּט mit göttlichem Subjekt als Ausdrucksweise für Situationen, in denen JHWH „dem Bedrückten oder seinem Volk zu seinem Recht [verhilft]", siehe Johnson (1986: 100).

wenig spezifiziert wie die anderen Fürbitten auch, ja es geradezu herunterspielt. Konkrete Beispiele für Sünden, die JHWH zu Sanktionen der hier betroffenen Art treiben könnten, werden nicht genannt. Infolgedessen schweigt der Text im Gegensatz zu vergleichbaren Stellen vor allem über den Götzenkult, der für die periodischen Bedrängnisse Israels in der Richterzeit (Ri 2,11ff. usw.), das Ende des Nordreichs (2 Kön 17,7–23), den Untergang des Südreichs (2 Kön 21; 22,16–17; vgl. 23,26; 24,3–4) oder allgemein das Ende überhaupt (Dtn 29,24–25; 1 Kön 9,6) regelmäßig verantwortlich gemacht wird. Unerwartet bei einem Vorblick auf das Exil ist auch die entschuldigende Parenthese „denn es gibt keinen Menschen, der sich nicht verfehlte" (46bc), die, bezogen auf die Beweggründe JHWHs für sein Strafhandeln von 587, dem ursächlichen Verschulden den exzeptionellen Charakter und das himmelschreiende Ausmaß zu nehmen geeignet ist, indem sie es zum verzeihlichen Ausdruck einer allgemeinmenschlichen Sündigkeit nivelliert. Das wäre eine überraschende Abkehr von der Weise, wie Deuteronomisten sonst das Exil motivieren. Wenn der Autor ferner die Vorstellungen eines von JHWH selbst geleiteten Feldzugs und einer aus Sündigkeit provozierten Niederlage aneinanderreiht, erweckt er den Eindruck, dass in seinem Sinne durchaus beides in derselben militärischen Kampagne eintreten kann. Das aber steht vollauf im Einklang mit der relativierenden Redeweise von den Verfehlungen. Denn es untermauert den Schluss, dass – wie auch in V. 33 – gar nicht an groß dimensionierte kultische Verstrickungen des ganzen Volkes gedacht ist, wie sie das Ende der Staaten Israel und Juda herbeiführten, sondern an Vergehen kleineren Formats, die den im Feld befindlichen Streitkräften unterlaufen und JHWH zum korrigierenden Einschreiten nötigen, bis die Schuld durch Bekenntnis und Bußgebete bereinigt ist (V. 47), ähnlich dem narrativen Exempel von Achans Diebstahl (Jos 7), wo JHWH die Einnahme von Ai so lange verzögert, bis der Frevel gesühnt ist. Derlei Vorkommnisse, wo militärische Rückschläge als göttliche Aufdeckung von Fehlverhalten gedeutet wurden, dürften bei Feldzügen normal gewesen sein. Eine Vorstellung von in solchen Lagen gesprochenen Gebeten vermittelt Ps 60. Dort tragen die geschlagenen Krieger zwar kein ausdrückliches Schuldbekenntnis vor wie in 1 Kön 8,47, doch indem sie eingangs feststellen: זְנַחְתָּנוּ פְרַצְתָּנוּ אָנַפְתָּ „du hast uns verworfen, du hast uns zerbrochen, du hast gezürnt", ohne nach dem Grund dieser Strafmaßnahmen zu fragen, erkennen sie stillschweigend deren Recht und damit ihr eigenes Verschulden an.[18]

---

18 Die gegenteilige Strategie wählt Ps 44, wo die Kämpfer in V. 18–23 eigene Schuld entschieden bestreiten. – Als narrative Belege für derlei Liturgien vgl. ferner z. B. Ri 20,26; 1 Sam 14,48.

Wären es exilierte Judäer gewesen, die durch V. 44 und 48 zum
Gebet in Richtung des Tempels aufgefordert wurden, fragte man sich,
warum der Verfasser seinen Adressaten nicht die geringste Verständ-
nishilfe anbot, was es für die Erfolgsaussichten ihrer Flehrufe bedeu-
tete, wenn das nach dem gesamten Tempelweihegebet für den Kontakt
zu JHWH so wichtige Gebäude nunmehr in Trümmern lag. Schon die
Einleitung der Fürbitten (V. 27–30) streicht ja unmissverständlich das
Generalanliegen des Tempelweihegebets heraus, zu dem die einzelnen
Petitionen nur noch Spezialfälle beisteuern: nämlich JHWHs Gehör zu
versichern für die Gebete, die in Qibla-Formation (אֶל־הַמָּקוֹם הַזֶּה
V. 30) verrichtet werden. Hernach versäumt keine einzige Fürbitte, die
Wichtigkeit der Gebetsrichtung zum Heiligtum zu betonen, unbeschadet der Tatsache, dass, wie immer sogleich anschließend klargestellt
wird, JHWH nicht im Tempel, sondern im Himmel wohnt: Der im Himmel thronende Gott möge die Gebete hören, die durch den Kommunikationskanal des Tempels an ihn gerichtet werden. Hinzu kommen die
Rekurse auf die Erwählung Jerusalems (V. 44.48) und die Landgabe an
die Väter (48). Wenn der Autor den Exilanten Bußgebete als Weg zur
Besserung ihres Schicksals ans Herz legen wollte, musste der unkom-
mentierte Nachdruck auf diesen Heilsgaben, worunter dem Tempel, als
Klimax einer dreischrittigen Steigerung präsentiert ($48c_{1.2.3}$), der Vorrang zukam, seine eigenen Absichten nachgerade torpedieren. Was
mochte es noch lohnen, die Stimme an JHWH zu richten durch ein Medium, von dem er selbst sich distanziert hatte, indem er es den Flam-
men anheimgab? Laut unseren Quellen wurde diese Frage ja explizit
gestellt. Ps 74,1 eröffnet seine Klage über die Schleifung des Heiligtums
mit den Worten: לָמָה אֱלֹהִים זָנַחְתָּ לָנֶצַח „Warum, o Gott, hast du für
immer verworfen?", und ebenso ist es für Klgl 5,18–22 die Verwüstung
des Zion, die die Frage aufgibt, ob die Verwerfung Judas endgültig ist.
Wie Ezechiel als Vertreter der Exilanten die Niederreißung der Kultstätte bewertete, zeigen seine Visionsberichte, nach denen JHWH selbst
die Verunreinigung des Tempels angeordnet hatte (Ez 9,7), um dann
mit seiner Herrlichkeit (כָּבוֹד) diesen Ort zu verlassen (Ez 10,18–22;
11,22–23). Welche Brisanz das Problem nicht zuletzt in dtn/dtr Theologie besaß, dokumentiert Ps 78,59–67, der in einem eigenwilligen literarischen Griff die Zerstörung Schilos und den Raub der Lade zum
Ausweis der Verwerfung Israels erhebt, während gerade der Tempelbau die Erwählung Judas verbürgt. Was also, wenn auch das Jerusalemer Heiligtum in Asche sank? Datiert man 1 Kön 8,44–51 in die exilische Zeit, muss man annehmen, der Verfasser habe diese Frage selbst
provoziert, um sie dann unbeantwortet stehen zu lassen. Ist es wirklich

plausibel, dass er seine Ziele aufs Spiel setzte, indem er mutwillig Zweifel an seinen eigenen Konzepten schürte?[19]

In Abwesenheit einer Antwort auf die unumgängliche Frage, was die Schändung des Tempels für die Wirksamkeit der in seiner Richtung gesprochenen Gebete bedeuten mochte, erscheint der Schluss kaum vermeidbar, dass die sechste und siebte Petition, ganz wie der Rest des Tempelweihegebets, ein intaktes Jerusalemer Heiligtum voraussetzen. Dies muss dann, im Einklang mit den schon bislang gewonnenen Datierungsgesichtspunkten, der vorexilische, Salomo zugeschriebene Tempel gewesen sein. Denn es sind gerade die beiden abschließenden Fürbitten, die besonderen Wert legen auf das Prädikat: „das *ich* erbaut habe" (V. 44.48), eine Präzisierung, die innerhalb der Petitionen sonst nur noch in der fünften vorgenommen wird (V. 43).[20] Dass ein Ergänzer aus der Zeit des zweiten Tempels der salomonischen Urheberschaft solche Emphase verliehen hätte, ist aus offensichtlichen Gründen die weniger wahrscheinliche Alternative. Wenn ferner die siebte Fürbitte einen expliziten Aufruf um Befreiung aus der Gefangenschaft vermissen lässt, ist dies kaum ein Hinweis auf eine späte Epoche, „da die noch im Exil Weilenden sich mit ihrem Schicksal abgefunden und in der Fremde eingerichtet haben" (Würthwein 1985: 100). Denn der Abschnitt schließt mit einem begründenden Verweis auf die Herausführung aus

---

19 Noth (1973: 105) hat die Weise, wie 1 Kön 8 im Zusammenhang mit dem Tempel die Bedeutung des Gebets (statt des Opfers) hervorkehrt, als typischen Ausdruck des exilischen Verfasserstandorts gewertet. Denn daran zeige sich, dass „Dtr … die Situation seiner eigenen Zeit im Auge hatte, in der der Tempel zerstört, ein Opferkult im vollen Umfang daher nicht mehr in Jerusalem durchzuführen war". Es bedarf indes der Erklärung, warum der Autor gerade angesichts eines zerstörten Tempels die Rolle des Bauwerks für ordnungsgemäß verrichtete (und damit aussichtsreiche) Bittgebete betont haben sollte. Auch der Verweis Rehms (1979: 98) auf den fiktiven Sprecherstandort vermag das Problem nicht zu lösen: „Da die Sätze als Worte Salomos bei der Einweihung des Tempels gedacht sind, wird das Exil nur als Möglichkeit bezeichnet und der Tempel als noch bestehend dargestellt." Die literarische Fiktion enthebt nicht der Notwendigkeit, der tatsächlichen Redesituation Rechnung zu tragen. Dies gilt auch gegen Hoffmann (1995: 667). Wenn der Verfasser den Sprecher Salomo die Wallfahrten von Ausländern nach Jerusalem vorsehen ließ (V. 41–42), hätte nichts daran gehindert, ihn die Möglichkeit der Verwüstung des Heiligtums ins Auge fassen zu lassen. Levenson (1981: 157) leugnet jede Schwierigkeit mit der überraschenden Versicherung: „Nothing here implies that the Temple is other than a ruin", da ja die in Jer 41,5 erwähnte, als trauernde Nordreichpilger stilisierte Gruppe bestätige, dass auch an der Trümmerstätte des Tempels Kulthandlungen stattfanden. Das ist nicht zu leugnen, doch hatte der Autor der siebten Fürbitte, wenn er denn während der Exilszeit schrieb, nach den oben genannten Zeugnissen zu gewärtigen, dass er sein Publikum vom Sinn der Bindung an den Standort des verwüsteten Heiligtums erst überzeugen musste. Davon ist im Text nichts zu bemerken.

20 Außerhalb der Petitionen: 8,13.20.27; vgl. V. 19.21.

Ägypten (V. 51), der sich in dieser Nachbarschaft quasi automatisch in einen indirekten Appell zu einer neuen solchen Rettungstat verwandelt. Warum sollte man überhaupt noch die Existenz der Diasporajuden als „Gefangenschaft" (שׁבה, s. u.) und die Gastgebervölker als ihre „Fänger" bzw. „Gefangenhalter" (שׁביהם 50d) stilisieren, wenn den Juden die Heimkehr längst freistand und sie vor allem deshalb in der Fremde blieben, weil sie das Leben dort den Verhältnissen in Juda vorzogen?

Auch sprachliche Argumente lassen sich nicht, wie bisweilen geschehen, gegen die vorexilische Entstehung von V. 44–51 in Anschlag bringen. Da hier Datierungsspielräume zur Debatte stehen, die sich auf die Größenordnung einiger Jahrzehnte beschränken, reicht der uns erkennbare Wandel im geprägten Sprachgebrauch nicht aus, die eine oder andere Alternative auszuschließen. Dies gilt beispielsweise für die Titulierung Ägyptens als „Eisenschmelzofen" (כּוּר הַבַּרְזֶל V. 51), die Fritz (1996: 96) als „späten Bildvergleich" und somit als Anzeichen des niedrigen Alters unseres Passus bewertet.[21] Von den lediglich zwei anderen Belegen entstammt zumindest Jer 11,4 noch der exilischen Epoche (Thiel 1981: 114), während Dtn 4,20 meist als spätexilisch oder frühnachexilisch eingeordnet wird (vgl. z. B. Preuß 1982: 85; Braulik 1986: 38; Weinfeld 1991: 228; Nielsen 1995: 63). Das ist keine Basis, um den Gebrauch des Ausdrucks etwa in der 2. Hälfte des 7. Jahrhunderts als unwahrscheinlich zu verwerfen.

Neben alldem lässt sich noch ein weiteres Argument anführen, dass die siebte Petition keineswegs im Blick auf das babylonische Exil formuliert ist, sondern vorexilische Verhältnisse voraussetzt: die Beschreibung der Deportation von Kriegsgefangenen durch שׁבה. Diesem Sprachgebrauch wendet sich der folgende Abschnitt zu.

4. Die Bezeichnung der Gefangenschaft durch שׁבה

1 Kön 8,46–50 bezieht sich auf die Gefangenschaft der Israeliten durch sechsmaligen Gebrauch des Verbums שָׁבָה (46f.f.47b.d.48b.50d). Als Bezeichnung des Exils ist dies ungewöhnlich im DtrG, denn dort werden für die assyrischen und babylonischen Deportationen sonst regelmäßig und mit aussagekräftiger Häufigkeit (19 Fälle) Derivate der Wurzel גלה verwendet. Von Ri 18,30 abgesehen, stehen sie ausschließlich in dtr Kontexten, wo sich wie im Tempelweihegebet die Schöpfer des Ge-

---

21   Zum Vorstellungshintergrund des Ausdrucks vgl. Vieweger (1993).

schichtswerks selbst zu Wort melden. Die Beleglage gestaltet sich wie folgt:

גלה-G   Ri 18,30; 2 Kön 17,23; 24,14; 25,21
גלה-H   2 Kön 15,29; 16,9; 17,6.11.26.27.28.33; 18,11; 24,14.15; 25,11
גּוֹלָה   2 Kön 24,15.16
גָּלוּת   2 Kön 25,27

Bei der Rede von Kriegsgefangenschaft sind die Wurzeln גלה und שבה nicht uneingeschränkt austauschbar. Mit Derivaten von גלה werden systematische Bevölkerungsdeportationen großen Stils belegt. Dagegen bezeichnen Ableitungen von שבה normalerweise die Wegführung in die Kriegsgefangenschaft bzw. allgemeiner die Aneignung von Kriegsbeute an Menschen, Vieh und Sachgütern (Otzen 1993), wie sie im Kriegswesen des Alten Orients gang und gäbe war. Das Ausmaß solcher Aktionen ist bei שבה nach oben hin offen. Doch kann das Verb auch bloße Entführung oder gar Diebstahl benennen.[22] Das heißt: Die Wurzel שבה kann für das gesamte Spektrum gewaltsamer Aneignung eintreten, während גלה den größeren Dimensionen vorbehalten bleibt. Allerdings scheint das DtrG die Anwendung der Wurzel שבה auf die assyrischen und babylonischen Deportationen zu vermeiden. In seinen dtn/dtr Bestandteilen findet man an einschlägigen Stellen nur noch im Rahmen der deuteronomischen Bundesflüche das Substantiv שְׁבִי in Dtn 28,41: „Söhne und Töchter wirst du zeugen, doch sie werden dir nicht gehören, denn sie werden in die Gefangenschaft gehen" (כִּי יֵלְכוּ בַּשֶּׁבִי). Man wird jetzt aufgrund der Arbeit von Steymans (1995) mit einiger Sicherheit davon ausgehen können, dass dieser Vers zu jenen Stücken des Kapitels gehört, die in Abhängigkeit von den Treueiden zur Thronfolgeregelung Asarhaddons formuliert sind und daher vor dem Sturz des assyrischen Reiches 612 entstanden sein müssen.[23] Ist dies richtig, kann das babylonische Exil bei der Wortwahl keine Rolle gespielt haben. Ein spezifischer Verweis auf die assyrische Verschleppung Israels ist ebenfalls unwahrscheinlich, denn nichts deutet darauf hin, dass der Vers vom generellen Muster des Kontexts abweicht, typische Kriegsnöte und Naturkatastrophen in extremen Formen auszumalen. Daneben verwendet das deuteronomische Gesetz die Lexeme שָׁבָה, שְׁבִי und שִׁבְיָה in Dtn 21,10–14, wo Rechtsfragen der Heirat von im Krieg erbeuteten Frauen geregelt werden. Die Angabe der Umstände, unter denen dieser Fall eintreten kann, eröffnet der Konditionalsatz כִּי־תֵצֵא לַמִּלְחָמָה עַל־אֹיְבֶיךָ „wenn du ausziehst zum Krieg gegen deine

---

22   Entführung von Menschen: Gen 31,26; Jer 41,10.14; Viehdiebstahl: Ex 22,9.
23   Steymans (1995, bes. 300–312.377), unterstützt von Otto (1997: 330f.).

Feinde" (10a), der zusammen mit dem gleichlautenden Satz Dtn 20,1a die nächste Parallele bildet zu 1 Kön 8,44a כִּי־יֵצֵא עַמְּךָ לַמִּלְחָמָה עַל־ אֹיְבוֹ „wenn dein Volk auszieht zum Krieg gegen seine 'Feinde'". Auch hier ist klar, dass lediglich von bewaffneten Konflikten normalen Ausmaßes mit dem üblichen Menschenraub zwecks Versklavung die Rede ist, nicht von Deportationen im Stil altorientalischer Großreiche. Zur selben Kategorie zählen die weiteren Belege der Wurzel in quellenhaften Partien des Korpus (Ri 5,12; 1 Sam 30,2.3.5; 2 Kön 5,2; 6,22). Im weiteren Sinne gehört auch Dtn 32,42 hierher, wo im Zuge einer JHWH-Kriegsschilderung das Nehmen von Gefangenen als Tat Gottes konzipiert wird.[24]

Wie der Blick in die Konkordanz zeigt, werden Derivate von שבה – vor allem שְׁבִי – außerhalb des DtrG großzügiger auf das Exil angewandt. Doch unterscheidet sich davon die Praxis in Dtn – Kön.[25] Wenn dort alternative Ausdrucksweisen auftreten, sind es die Verben der Zerstreuung נדח (Dtn 30,1.4) und פוץ (Dtn 4,27; 28,64; 30,3), die dann auch nicht die Kriegsgegner, sondern JHWH als den handelnden Akteur ausweisen. Die Belege entstammen sämtlich Kontexten, die heute nahezu einhellig als exilisch-nachexilische Fortschreibungen anerkannt sind.[26] Wer 1 Kön 8,44–51 derselben Ebene zuschlägt, muss neben allen schon genannten Problemen einer Datierung nach 587 mit der Tatsache zurechtkommen, dass diese Vergleichsfälle die Urheberschaft der Deportation theologisch ganz anders beschreiben: In den Mosereden ist es JHWH, der die Israeliten versprengt, während die menschlichen Vollstrecker mit Bedacht ignoriert werden. Salomo hingegen benennt ganz unbefangen die Feinde als jene, die Israel gefangen wegführen. Man müsste also hinnehmen, dass die Schlusspetitionen des Tempelweihegebets, obwohl in eine analoge fiktive Redesituation hineinversetzt, auf jene Schutzmaßnahmen zur Wahrung der Souveränität JHWHs verzichteten, die den Vergleichsstellen so wichtig waren. Der Passus wäre insofern unter den exilisch-nachexilischen Aktualisierungen des DtrG ein

---

24 Es kann hier davon abgesehen werden, welche dieser Belege tatsächlich im DtrG* standen. Dtn 32 gilt zumeist als später Einbau (vgl. z. B. Preuß 1982: 165), und auch die Beispiele aus 2 Kön dürften zu sekundären Auffüllungen gehören (Stipp 1995).

25 Mit HAL 1289f. und Willi-Plein (1991) ist hier von der Wendung (שְׁבוּת)שׁוּב שְׁבוּת (in Dtn – Kön: Dtn 30,3) abzusehen, denn שְׁבוּת rührt von der Wurzel שׁוּב her und bildet zum Verb kein direktes, sondern ein inneres Objekt. שְׁבוּת wurde allerdings schon von den antiken Übersetzern und den Masoreten auf שבה bezogen, mit שְׁבִית (Num 21,29) konfundiert und als „Gefangenschaft", folglich als direktes Objekt zu einem transitivierten שׁוּב gedeutet.

26 Für Dtn 4,1–40 und 30,1–10 herrscht darüber praktisch Konsens; zu Dtn 28,64 vgl. Nielsen (1995: 254.256); Steymans (1995: 344–347).

Sonderfall, was den Bedenken gegen die Herleitung aus diesem Zeitrahmen weitere Nahrung liefert. So wird man schlussfolgern müssen:
Wenn die siebte Fürbitte des Tempelweihegebets konstant das Verb
שבה statt גלה, נדח oder פוץ benutzt, werden die Assoziationen auch
hierdurch nicht auf das Exil gelenkt, sondern auf kriegerische Zusam-
menstöße im üblichen Maßstab, wie sie den vorexilischen Alltag durch-
setzten. Der Gebrauch von שבה passt damit nahtlos in die dichte Kette
von Indizien eines vorexilischen Ursprungs.[27]

   Das schließt allerdings nicht aus, dass man nach Eintritt der
Katastrophe die siebte Petition auf das Exil bezog. Wenn der Ge-
schichtspsalm 106 auf die Verschleppung zu sprechen kommt, erklärt
er, JHWH habe den „Klageruf" der Deportierten „gehört" (אֶת־ בְּשָׁמְעוֹ
רִנָּתָם V. 44), eine Junktur von שמע und רִנָּה, die sonst nur im Tempelweihegebet (1 Kön 8,28 ‖ 2 Chr 6,19) sowie Jer 14,12 und Ps 61,2
bezeugt ist. Wenig später wird dann das Ergebnis von JHWHs Zuwendung wie folgt beschrieben: וַיִּתֵּן אוֹתָם לְרַחֲמִים לִפְנֵי כָּל־שׁוֹבֵיהֶם „er
machte sie zu Gegenständen des Erbarmens vor allen ihren Fängern"
(V. 46), eine deutliche Entlehnung aus 1 Kön 8,50d וּנְתַתָּם לְרַחֲמִים
לִפְנֵי שֹׁבֵיהֶם „und mache sie zu Gegenständen des Erbarmens vor ihren
Fängern". Ps 106,46 konstatiert die Erhörung von Salomos siebter, auf
die Exilssituation übertragener Fürbitte. Ein weiteres Echo des Passus
bietet 2 Chr 30,9, wo Hiskija die von den assyrischen Deportationen
verschonten Israeliten einlädt, sich wieder dem Jerusalemer Kult zuzu-
wenden. Als Gewinn stellt er ihnen dafür in Aussicht: כִּי בְשׁוּבְכֶם עַל־
יְהוָה אֲחֵיכֶם וּבְנֵיכֶם לְרַחֲמִים לִפְנֵי שׁוֹבֵיהֶם וְלָשׁוּב לָאָרֶץ הַזֹּאת יִהְיוּ,[28]
„denn wenn ihr zu JHWH umkehrt, 'werden' eure Brüder und eure Söh-
ne zu Gegenständen des Erbarmens 'werden' vor ihren Fängern und zu
diesem Land zurückkehren". Die Anwendung auf die Exilanten des
Nordreichs bestätigt die schon von Ps 106,46 dokumentierte nachexilische Leseweise von 1 Kön 8,50.

---

27   Die Häufigkeit von שבה in V. 46–50 ist sicherlich auch dem Bestreben zu verdanken,
     die Paronomasie mit שוב zu stilistischen Effekten auszunützen (vgl. v.a. Levenson
     1982; Long 1984: 102f.). Daraus lässt sich jedoch nicht ableiten, dies sei der Grund
     gewesen, ausnahmsweise שבה statt גלה zur Bezeichnung des Exils einzusetzen,
     denn der Sprachgebrauch ist in ein Netz weiterer Anzeichen vorexilischer Herkunft
     eingebunden.
28   Vgl. BHS.

5. Ergebnis

Entgegen verbreiteten Urteilen stellen die sechste und siebte Fürbitte des salomonischen Tempelweihegebets keine exilisch-nachexilische Zutat dar. Möglicherweise sind sie den übrigen Petitionen nachträglich angefügt worden, doch ist dies dann bereits vorexilisch erfolgt. Formal kann der Wunsch eine Rolle gespielt haben, den Fürbitten mit der Siebenzahl eine vollkommenere Gestalt zu geben. Konzeptionell kann das Bestreben eingewirkt haben, den Rang des Jerusalemer Heiligtums weiter zu steigern. Nach dem vorläufigen Höhepunkt – der Unterstützung des Gebets von Nichtisraeliten, die aus der Ferne zum Zion gepilgert kommen, in der fünften Petition (V. 41–43) – wird die Rolle des Tempels als effizientem Kommunikationskanal zu JHWH auch noch auf Gebete ausgedehnt, die von ausländischem Boden an ihn gerichtet werden.

Wie immer die diachrone Beziehung der beiden letzten Fürbitten zum Kontext beschaffen sein mag, bilden sie jedenfalls untereinander eine literarische Einheit. Sie spiegeln vorexilische Verhältnisse; das bezeugen die Idee, die Judäer seien zu militärischen Vorstößen auf fremdes Territorium fähig, und die Voraussetzung eines intakten Jerusalemer Sanktuariums. Wie der Gebrauch von שָׁבָה (statt נדח ,גלה oder פוץ) bestätigt, hat die siebte Fürbitte lediglich die Art der Gefangenschaft im Auge, wie sie in bewaffneten Auseinandersetzungen kleineren Maßstabs alltäglich war, nicht aber das Exil, wenngleich der Wortlaut später auf die assyrischen und babylonischen Deportationen übertragbar war. Da der deuteronomistische Charakter von 1 Kön 8,44–51 keinen Zweifel leidet,[29] liefern die Verse eine weitere Stütze für die These, dass das Deuteronomistische Geschichtswerk in vorexilischer Zeit entstanden ist.

Zitierte Literatur

ABUSCH, T. – HUEHNERGARD, J. – STEINKELLER, P. (ed.) 1990. *Lingering over words* (FS W. L. Moran; HSM 37). Atlanta GA: Scholars.

ALBERTZ, R. 1996. Le milieu des Deutéronomistes, in: A. de Pury – Th. Römer – J.-D. Macchi (éd.) 1996, 377–407.

---

29 Vgl. nur die Vorstellung von der Erwählung Jerusalems (V. 44.48), die Wendung „aus ganzem Herzen und aus ganzem Wesen" (V. 48); die Rede von der Landgabe an die Väter (V. 48); die Bezeichnung Ägyptens als „Eisenschmelzofen" (V. 51, s.o.).

— 1997. Wer waren die Deuteronomisten? Das historische Rätsel einer literarischen Hypothese. EvTh 57, 319–338.

AULD, A. G. 1994. *Kings without privilege: David and Moses in the story of the Bible's kings.* Edinburgh: Clark.

BECK, A. B. u. a. 1995. *Fortunate the eyes that see* (FS D. N. Freedman). Grand Rapids MI – Cambridge, U. K.: Eerdmans.

BRAULIK, G. 1986. *Deuteronomium 1–16,17* (NEB). Würzburg: Echter.

— 1991. Die Funktion von Siebenergruppierungen im Endtext des Deuteronomiums, in: F. V. Reiterer (Hg.) 1991, 37–50.

BURNEY, C. F. 1903. *Notes on the Hebrew text of the Books of Kings.* Oxford: Clarendon.

CAMPBELL, A. F. 1986. *Of prophets and kings: a late ninth-century document (1 Samuel 1–2 Kings 10)* (CBQ.MS 17). Washington DC: Catholic Biblical Association of America.

CROSS, F. M. 1973. *Canaanite myth and Hebrew epic: essays in the history of the religion of Israel.* Cambridge MA: Harvard.

DAHMEN, U. 1994. Weitere Fälle von Siebenergruppierungen im Buch Deuteronomium. BN 72, 5–11.

DEIST, F. E. 1997. The Yehud Bible: a belated divine miracle? JNWSL 23/1, 117–142.

DEVRIES, S. J. 1985. *1 Kings* (WBC 12). Waco TX: Word.

DIETRICH, W. 1972. *Prophetie und Geschichte* (FRLANT 108). Göttingen: Vandenhoeck & Ruprecht.

FRIEDMAN, R. E. 1981a. *The exile and Biblical narrative: the formation of the Deuteronomistic and Priestly Works* (HSM 22). Chico CA: Scholars.

— 1981b. From Egypt to Egypt: Dtr1 and Dtr2, in: B. Halpern – J. D. Levenson (ed.) 1981, 167–192.

— 1995. The deuteronomistic school, in: A. B. Beck u. a. (ed.) 1995, 70–80.

FRITZ, V. 1996. *Das erste Buch der Könige* (ZBK.AT 10.1). Zürich: Theologischer Verlag.

GAMPER, A. 1963. Die heilsgeschichtliche Bedeutung des salomonischen Tempelweihegebets. ZKTh 85, 55–61.

GRAY, J. 1977. *I & II Kings: a commentary*[3]. London: SCM.

HALPERN, B. 1988. *The first historians: the Hebrew Bible and history.* San Francisco: Harper & Row.

HALPERN, B. – LEVENSON, J. D. (ed.) 1981. *Traditions in transformation: turning points in Biblical faith* (FS F. M. Cross). Winona Lake IN: Eisenbrauns.

HENTSCHEL, G. 1984. *1 Könige* (NEB). Würzburg: Echter.

HOFFMANN, Y. 1995. The Deuteronomist and the exile, in: D. P. Wright – D. N. Freedman – A. Hurvitz (ed.) 1995, 659–675.

JEPSEN, A. 1956. *Die Quellen des Königsbuches*[2]. Halle: Niemeyer.

JOHNSON, B. 1986. Art. מִשְׁפָּט *mišpaṭ*. ThWAT V, 93–107. Stuttgart u. a.: Kohlhammer.

JONES, G. H. 1984. *1 Kings* (NCBC). Grand Rapids MI: Eerdmans – London: Marshall, Morgan & Scott.

KNAUF, E. A. 1996. L'»historiographie deutéronomiste« (DtrG) existe-t-elle?, in: A. de Pury – Th. Römer – J. D. Macchi (éd.) 1996, 409–418.

KNOPPERS, G. N. 1993. *Two nations under God: The deuteronomistic history of Solomon and the dual monarchies. Vol. I: the reign of Solomon and the rise of Jeroboam* (HSM 52). Atlanta GA: Scholars.

— 1995. Prayer and propaganda: Solomon's dedication of the temple and the Deuteronomist's program. CBQ 57, 229–254.

KUENEN, A. 1861. *Historisch-kritisch onderzoek naar het ontstaan en de verzameling van de boeken des Ouden Verbonds. 1. Het ontstaan van de Historische Boeken des Ouden Verbonds.* Leiden.

LEMAIRE, A. 1986. Vers l'histoire de la rédaction des Livres des Rois. ZAW 98, 221–236.

LEVENSON, J. D. 1981. From temple to synagogue: 1 Kings 8, in: B. Halpern – J. D. Levenson (ed.) 1981, 143–166.

— 1982. The paronomasia of Solomon's seventh petition. HAR 6, 135–138.

LINVILLE, J. 1997. Rethinking the 'exilic' Book of Kings. *JSOT* 75, 21–42.

LOHFINK, N. (Hg.) 1985. *Das Deuteronomium. Entstehung, Gestalt und Botschaft* (BEThL 68). Leuven: Peeters – University Press.

LOHFINK, N. 1990. Welches Orakel gab den Davididen Dauer? Ein Textproblem in 2 Kön 8,19 und das Funktionieren der dynastischen Orakel im deuteronomistischen Geschichtswerk, in: T. Abusch – J. Huehnergard – Pl Steinkeller (ed.) 1990, 349–370.

— 1995a. Deuteronomium und Pentateuch. Zum Stand der Forschung, in: N. Lohfink 1995b, 13–38.

— 1995b. *Studien zum Deuteronomium und zur deuteronomistischen Literatur III* (SBA.AT 20). Stuttgart: Katholisches Bibelwerk.

— 1997. Geschichtstypologisch orientierte Textstrukturen in den Büchern Deuteronomium und Josua, in: M. Vervenne – J. Lust (ed.) 1997, 133–160.

LONG, B. O. 1984. *1 Kings: with an introduction to historical literature* (FOTL 9). Grand Rapids MI: Eerdmans.

MAYES, A. D. H. 1983. *The story of Israel between settlement and exile: a redactional study of the Deuteronomistic History*. London: SCM.

MCCONVILLE, J. G. 1992. 1 Kings viii 46–53 and the deuteronomic hope. *VT* 42, 67–79.

MCKENZIE, S. L. 1991. *The trouble with Kings: the composition of the Book of Kings in the Deuteronomistic History* (VT.S 42). Leiden u. a.: Brill.

MCKENZIE, S. L. – GRAHAM, M. P. (ed.) 1994. *The history of Israel's traditions: the heritage of Martin Noth* (JSOT.S 182). Sheffield: Academic Press.

MILLER, P. D. 1994. *They cried to the Lord: the form and theology of Biblical prayer*. Minneapolis MN: Fortress.

MOENIKES, A. 1992. Zur Redaktionsgeschichte des sogenannten Deuteronomistischen Geschichtswerks. *ZAW* 104, 333–348.

MOMMER, P. – SCHMIDT, W. H. – STRAUß, H. (Hg.) 1993. *Gottes Recht als Lebensraum* (FS H. J. Boecker). Neukirchen-Vluyn: Neukirchener.

MONTGOMERY, J. A. 1951. *A critical and exegetical commentary on the Books of Kings* (ICC). Edinburgh: Clark.

NELSON, R. D. 1981. *The double redaction of the Deuteronomistic History* (JSOT.S 18). Sheffield: JSOT Press.

NICHOLSON, E. W. 1970. *Preaching to the exiles: a study of the prose tradition in the Book of Jeremiah*. Oxford: Blackwell.

NIELSEN, E. 1995. *Deuteronomium* (HAT I.6). Tübingen: Mohr.

NOTH, M. 1968. *Könige, I. Teilband* (BK 9.1). Neukirchen-Vluyn: Neukirchener.

— 1973. *Überlieferungsgeschichtliche Studien: Die sammelnden und bearbeitenden Geschichtswerke im Alten Testament³* (1943). Tübingen: Niemeyer.

O'BRIEN, M. A. 1989. *The Deuteronomistic History hypothesis: a reassessment* (OBO 92). Göttingen: Vandenhoeck & Ruprecht.

OTTO, E. 1997. Das Deuteronomium als archimedischer Punkt der Pentateuchkritik. Auf dem Wege zu einer Neubegründung der de Wette'schen Hypothese, in: M. Vervenne – J. Lust (ed.) 1997, 321–339.

OTZEN, B. 1993. Art. שָׁבָה *šābāh. ThWAT* VII, 950–958. Stuttgart u. a.: Kohlhammer.

PREUß, H. D. 1982. *Deuteronomium* (EdF 164). Darmstadt: Wissenschaftliche Buchgesellschaft.

— 1993. Zum deuteronomistischen Geschichtswerk. *ThR* 58, 229–264, 341–395.

PROVAN, I. W. 1995. *1 and 2 Kings* (NIBC). Peabody MA: Hendrickson.

PURY, A. DE – RÖMER, TH. – MACCHI, J.-D. (éd.) 1996. *Israël construit son histoire: l'historiographie deutéronomiste à la lumière des recherches récentes* (Le monde de la Bible 34). Genève: Labor et fides.

REHM, M. 1979. *Das erste Buch der Könige. Ein Kommentar.* Würzburg: Echter.

REITERER, F. V. (Hg.) 1991. *Ein Gott – eine Offenbarung. Beiträge zur biblischen Exegese, Theologie und Spiritualität* (FS N. Füglister). Würzburg: Echter.

RICHTER, W. 1991. *Biblia Hebraica transcripta: Das ist das ganze Alte Testament transkribiert, mit Satzeinteilungen versehen und durch die Version tiberisch-masoretischer Autoritäten bereichert, auf der sie gründet. 6. 1 und 2 Könige* (ATSAT 33.6). St. Ottilien: EOS.

RÖMER, TH. 1990. *Israels Väter. Untersuchungen zur Väterthematik im Deuteronomium und in der deuteronomistischen Tradition* (OBO 99). Freiburg: Universitätsverlag – Göttingen: Vandenhoeck & Ruprecht.

— 1997. Transformations in deuteronomistic and biblical historiography: on „bookfinding" and other literary strategies. *ZAW* 109, 1–11.

RÖMER, TH. – PURY, A. DE 1996. L'historiographie deutéronomiste (HD): Histoire de la recherche et enjeux du débat, in: A. de Pury – Th. Römer – J.-D. Macchi (éd.) 1996, 9–120.

ŠANDA, A. 1911. *Die Bücher der Könige* (EHAT 9.1), 1. Halbband. Münster: Aschendorff.

SICRE, J. L. 1996. La investigación sobre la Historia Deuteronomista: desde Martin Noth a nuestros días. *EstB* 54, 361–415.

SMEND, R. 1971. Das Gesetz und die Völker. Ein Beitrag zur deuteronomistischen Redaktionsgeschichte, in: H. W. Wolff (Hg.) 1971, 494–509.

STECK, O. H. 1967. *Israel und das gewaltsame Geschick der Propheten: Untersuchungen zur Überlieferung des deuteronomistischen Ge-*

schichtsbildes im Alten Testament, Spätjudentum und Urchristentum (WMANT 23). Neukirchen-Vluyn: Neukirchener.

STEYMANS, H. U. 1995. *Deuteronomium 28 und die adê zur Thronfolgeregelung Asarhaddons. Segen und Fluch im Alten Orient und in Israel* (OBO 145). Freiburg Schweiz: Universitätsverlag – Göttingen: Vandenhoeck & Ruprecht.

STIPP, H.-J. 1995. Ahabs Buße und die Komposition des deuteronomistischen Geschichtswerks. *Bib.* 76, 471–497 (revidierter Neudruck in diesem Band S. 269–292).

TALSTRA, E. 1993. *Solomon's prayer: synchrony and diachrony in the composition of I Kings 8, 14–61* (Contributions to Biblical exegesis and theology 3). Kampen: Kok Pharos.

THENIUS, O. 1873. *Die Bücher der Könige*[2] (KEHAT 9). Leipzig: Hirzel.

THIEL, W. 1981. *Die deuteronomistische Redaktion von Jeremia 26–45. Mit einer Gesamtbeurteilung der deuteronomistischen Redaktion des Buches Jeremia* (WMANT 52). Neukirchen-Vluyn: Neukirchener.

VANONI, G. 1985. Beobachtungen zur deuteronomistischen Terminologie in 2 Kön 23,25–25,30, in: N. Lohfink (Hg.) 1985, 357–362.

VERVENNE, M. – LUST, J. (ed.) 1997. *Deuteronomy and Deuteronomic literature* (FS C. H. W. Brekelmans; BEThL 133). Leuven: University Press – Peeters.

VIEWEGER, D. 1993. »… und führte euch heraus aus dem Eisenschmelzofen, aus Ägypten, …« כור הברזל als Metapher für die Knechtschaft in Ägypten (Dtn 4,20; 1 Kön 8,51 und Jer 11,4), in: P. Mommer – W. H. Schmidt – H. Strauß (Hg.) 1993, 265–276.

WEINFELD, M. 1991. *Deuteronomy 1–11* (AncB 5). New York: Doubleday.

WEIPPERT, H. 1972. Die „deuteronomistischen" Beurteilungen der Könige von Israel und Juda und das Problem der Redaktion der Königsbücher. *Bib.* 53, 301–339.

— 1985. Das deuteronomistische Geschichtswerk. Sein Ziel und Ende in der neueren Forschung. *ThR* 50, 213–249.

WELTEN, P. 1981. Art. Buße. II. Altes Testament. *TRE* 7, 433–439. Berlin – New York: de Gruyter.

WESTERMANN, C. 1994. *Die Geschichtsbücher des Alten Testaments. Gab es ein deuteronomistisches Geschichtswerk?* (ThB 87). Gütersloh: Mohn.

WILLI-PLEIN, I. 1991. ŠWB ŠBWT – eine Wiedererwägung. *ZAH* 4, 55–71.

WOLFF, H. W. 1961. Das Kerygma des deuteronomistischen Geschichtswerks. ZAW 73, 171–186. Wiederabdruck in: H. W Wolff 1964, 308–324.

— 1964. *Gesammelte Studien zum Alten Testament* (ThB 22). München: Kaiser.

WOLFF, H. W. (Hg.) 1971. *Probleme biblischer Theologie* (FS G von Rad). München: Kaiser.

WRIGHT, D. P. – FREEDMAN, D. N. – HURVITZ, A. (ed.) 1995. Pomegranates *and golden bells* (FS J. Milgrom). Winona Lake IN: Eisenbrauns.

WÜRTHWEIN, E. 1985. *Das erste Buch der Könige. Kapitel 1–16.* 2., durchgesehene und überarbeitete Auflage (ATD 11/1). Göttingen – Zürich: Vandenhoeck & Ruprecht.

Ahabs Buße und die Komposition des Deuteronomistischen Geschichtswerks

1943 hat Martin Noth seine Hypothese des Deuteronomistischen Geschichtswerks vorgetragen.[1] Selten hat ein Vorschlag in unserem Fach
eine solche Überzeugungskraft ausgeübt. Es gibt heute kaum mehr eine
Studie zu den Büchern Dtn–Kön, die nicht auf der Grundlage dieses
Theorierahmens argumentiert,[2] obwohl sich Noths Entwurf rasch als
doppelgesichtig herausstellte. So bestechend die formalen Gründe für
die ehemalige Existenz dieses Werkes waren, so schwer fiel es, einen
einleuchtenden Grund für die außerordentliche Mühe seiner Schaffung
zu benennen. Das Werk sollte mit der Zerstörung Jerusalems und
deren Folgen geschlossen haben, was im Licht von Schlüsseltexten wie
Dtn 28 oder 2 Kön 17 als der endgültige Schlussstrich unter die spezielle Bindung JHWHs an Israel erscheinen musste. Deshalb diente das
Werk nach Noth der reinen Gerichtsinterpretation. Sein Autor habe „in
der Geschichte des Volkes Israel einen in sich geschlossenen Vorgang
gesehen, der ... mit der Zerstörung von Jerusalem seinen definitiven
Abschluss gefunden hat".[3]

Diese Auslegung war von vornherein fragwürdig. Das DtrG sollte
nach moderner Zählung ca. 156 Kapitel umfasst haben,[4] die in BHS
grob 350 Seiten füllen – selbst nach heutigen Maßstäben ein Buch von
beachtlicher Größe. Wie viel Arbeit und Geld muss es gekostet haben,
die Vorlagen zu sammeln und zum literarischen Endprodukt zu ver-
einen? Allein die Lektüre des Werkes bzw. seine Rezitation waren zeit-
raubende Tätigkeiten. All das soll sich abgespielt haben im exilischen
Juda, wo man mit einer materiellen Verelendung wird rechnen müssen,

---

1   M. NOTH, Überlieferungsgeschichtliche Studien, Tübingen [3]1973.

2   Vgl. z. B. den Literaturbericht von H. D. PREUß, Zum deuteronomistischen Geschichtswerk, TRu 58 (1993) 229–264.341–395. Die Existenz des DtrG wird bestritten
von C. WESTERMANN, Die Geschichtsbücher des Alten Testaments. Gab es ein deuteronomistisches Geschichtswerk?, Gütersloh 1994.

3   NOTH, Überlieferungsgeschichtliche Studien, 103.

4   Nach der Zählung von A. F. CAMPBELL, Martin Noth and the Deuteronomistic History, in: ST. L. MCKENZIE – M. P. GRAHAM (ed.), The History of Israel's Traditions. The
Heritage of Martin Noth (JSOT.S 182), Sheffield 1994, 38.

die normalerweise andere Prioritäten auferlegte als literarische Inter-
pretationsarbeit großen Stils.[5] Sollte jemand damals eine gewaltige Anstrengung auf sich genommen haben, bloß um die Verzweiflung weiter
auf die Spitze zu treiben?

Versuche dagegen, für Noths DtrG doch noch ein zugkräftiges Programm namhaft zu machen, mussten sich auf bescheidene Andeutungen verlassen. Wenn etwa G. von Rad in 2 Kön 25,27–30 einen leisen
Hinweis auf die ausstehende Erfüllung der Natanverheißung entdeckte, was „die eigentliche Thematik" des DtrG als „eine messianische"
erweise,[6] oder wenn H. W. Wolff Spuren „einer dringlichen Einladung
zur Umkehr zu dem Gott der Heilsgeschichte" erblickte,[7] nahmen die
Belegtexte doch einen recht unscheinbaren Rang ein oder werden mittlerweile kaum mehr als originale Bestandteile des DtrG akzeptiert.

Einem DtrG in voller Größe von Dtn bis 2 Kön ist also kaum ein
Aussageziel zuzuschreiben, das den Aufwand seiner Abfassung unter
den Bedingungen der Exilsepoche erklärt. Das führte zu der Frage, ob
der von Noth unterstellte Umfang eine ausgebaute Form repräsentierte,
in der die ursprüngliche konzeptionelle Klarheit durch die Aufnahme
andersartiger Materialien gelitten hatte. Dann musste deren Abhebung
die originale Architektur wieder freilegen und die Bestimmung der
Triebkräfte hinter seiner Entstehung erleichtern, während Noths DtrG
als ein Mischprodukt erscheint, von dem nur ein begrenztes Maß an
gedanklicher Geschlossenheit erwartet werden kann.

---

5   Die Beschreibungen der materiellen Lebensverhältnisse im exilischen Juda sind
    gespalten. Ein mildes Bild zeichnen z. B. H. DONNER, Geschichte des Volkes Israel
    und seiner Nachbarn in Grundzügen. Teil 2 (ATD Ergänzungsreihe 4/2), Göttingen
    1986, 387–390 (wobei gerade die mutmaßliche Herkunft des DtrG von dort als Beleg
    für erträgliche Verhältnisse dient); H. WEIPPERT, Palästina in vorhellenistischer Zeit
    (Handbuch der Archäologie, Vorderasien 11/1), München 1988, 692; R. ALBERTZ,
    Religionsgeschichte Israels in alttestamentlicher Zeit. Teil 2 (ATD Ergänzungsreihe
    8/2), Göttingen 1992, 377–379. Ein drastisches Panorama des Niedergangs entwirft
    aufgrund archäologischer Daten D. W. JAMIESON-DRAKE, Scribes and Schools in
    Monarchic Judah. A Socio-Archeological Approach (JSOT.S 109), Sheffield 1991; vgl.
    insbes. S. 72–76.145–147 und die Grafiken S. 210–216. Zugleich hebt er den engen
    Zusammenhang zwischen dem Gebrauch der Schreibkunst und ökonomischen Akti-
    vitäten hervor. Derlei Faktoren können bei Fragen der Datierung und Lokalisierung
    von Großkompositionen wie dem DtrG nicht unberücksichtigt bleiben.
6   G. VON RAD, Theologie des Alten Testaments. I. Die Theologie der geschichtlichen
    Überlieferungen Israels, München ²1958, 342.
7   H. W. WOLFF, Das Kerygma des deuteronomistischen Geschichtswerks, ZAW 73
    (1961) 184; später gefolgt von G. VON RAD, Theologie I, München ⁶1969, 358.

Die Antworten auf die Frage nach älteren Gestalten des DtrG[8] lassen sich in zwei Grundtypen ordnen. Nach dem von R. Smend angeregten Schichtenmodell[9] steht am Beginn eine Urfassung (DtrH), die schon bis 2 Kön 25 reichte und durch mehrere, aber immer dtr Bearbeitungsschichten (DtrP, DtrN) zu Noths Endprodukt anschwoll.[10] Die einschlägige Analyse der Königsbücher stammt von W. Dietrich. DtrH aus frühexilischer Zeit habe mit 2 Kön 25,21 eine „Ätiologie des Nullpunkts" abgeschlossen, die eine „rückhaltlose Hinwendung zu Jahwe" bewirken sollte.[11] Freilich bleiben damit trotz einschneidender Literarkritik die Probleme bestehen, die schon die Thesen von M. Noth und H. W. Wolff belasteten. Deshalb und wegen der oft schmalen Indizienbasis ist es mittlerweile um diesen Lösungsweg stiller geworden. Die folgenden Überlegungen werden auch gerade einen wichtigen Baustein dieser Hypothese – den „prophetischen Deuteronomisten" (DtrP) – in Zweifel ziehen.

Nach dem Blockmodell dagegen wurde eine kürzere, vorexilische Urfassung nachträglich auf den Endstand ausgedehnt, wobei auch im älteren Bestand gewisse Anpassungen stattfanden. Solche Hypothesen sind heute meist Varianten der Theorie von F. M. Cross, das DtrG* sei unter Joschija entstanden und habe ehemals von Dtn 1 bis 2 Kön

---

8   Vgl. als jüngste Frucht der Diskussion den Sammelband von MCKENZIE und GRAHAM (Anm. 4).

9   Vgl. H. WEIPPERT, Das deuteronomistische Geschichtswerk. Sein Ziel und Ende in der neueren Forschung, TRu 50 (1985) 213–249.

10 R. SMEND, Das Gesetz und die Völker. Ein Beitrag zur deuteronomistischen Redaktionsgeschichte, in: H. W. WOLFF (ed.), Probleme biblischer Theologie (FS G. VON RAD), München 1971, 494–509 (ND in: DERS., Die Mitte des Alten Testaments. Exegetische Aufsätze, Tübingen 2002, 148–161); dazu die Ausgestaltung der Theorie v. a. durch W. DIETRICH, Prophetie und Geschichte. Eine redaktionsgeschichtliche Untersuchung zum deuteronomistischen Geschichtswerk (FRLANT 109), Göttingen 1972; T. VEIJOLA, Die ewige Dynastie. David und die Entstehung seiner Dynastie nach der deuteronomistisehen Darstellung (AASF.B 193), Helsinki 1975; DERS., Das Königtum in der Beurteilung der deuteronomistischen Historiographie (AASF.B 198), Helsinki 1978; C. LEVIN, Der Sturz der Königin Atalja. Ein Kapitel zur Geschichte Judas im 9. Jahrhundert v. Chr. (SBS 105), Stuttgart 1982; H. SPIECKERMANN, Juda unter Assur in der Sargonidenzeit (FRLANT 129), Göttingen 1982; R. STAHL, Aspekte der Geschichte deuteronomistischer Theologie. Zur Traditionsgeschichte der Terminologie und zur Redaktionsgeschichte der Redekompositionen (Masch. Habilschr.), Jena 1982; E. WÜRTHWEIN, Die Bücher der Könige. Kap. 1–16 (ATD 11/1), Göttingen – Zürich ²1985; 1. Kön. 17–2. Kön. 25 (ATD 11/2), Göttingen 1984; L. CAMP, Hiskija und Hiskijabild. Analyse und Interpretation von 2 Kön 18–20 (MThA 9), Altenberge 1989.

11 DIETRICH, Prophetie und Geschichte, 141. „DtrH" hieß bei Dietrich noch „DtrG".

23,25b¹² (abzüglich jüngerer Zusätze) gereicht.¹³ Dieser Pfad erscheint vielversprechend, weil für eine Schichtengrenze in dieser Umgebung brauchbare Indizien sprechen,¹⁴ viele Züge des Werkes gut zur Zeit Joschijas passen und die Entstehung des DtrG* als propagandistische Begleitung seiner Maßnahmen leicht erklärlich ist.¹⁵

Die erwartungsgemäße konzeptionelle Transparenz wird so durch die Identifikation sekundärer Erweiterungen zu erreichen gesucht. In diese Debatte reiht sich auch die vorliegende Studie ein. Ihr geht es um eine Textgruppe, in der wiederholt jüngere Zuwächse zum DtrG postuliert wurden, nämlich die Prophetenerzählungen¹⁶ in 1 Kön 13 – 2 Kön 13,¹⁷ und näherhin um einen Passus, auf den sich solche Urteile unter

12   Zur Satzsegmentierung des *MT* vgl. W. RICHTER, Biblia Hebraica transcripta. BHᵗ. 6. 1 und 2 Könige (ATSAT 33.6), St. Ottilien 1991. Lediglich werden hier Relativsätze separat markiert (daher 23,25b = 23,25aR bei Richter).
13   F. M. CROSS, Canaanite Myth and Hebrew Epic. Essays in the History of the Religion of Israel, Cambridge Mass. 1973, 274–289. Vgl. schon A. KUENEN, Historisch-kritisch onderzoek naar het ontstaan en de verzameling van de boeken des Ouden Verbonds. 1. Het ontstaan van de Historische Boeken des Ouden Verbonds, Leiden 1861, 263–268.
14   G. VANONI, Beobachtungen zur deuteronomistischen Terminologie in 2 Kön 23,25–25,30, in: N. Lohfink (Hg.), Das Deuteronomium. Entstehung, Gestalt und Botschaft (BEThL 68), Leuven 1985, 357–362. Vgl. nun die Präzisierungen bei H.-J. STIPP, Ende bei Joschija. Zur Frage nach dem ursprünglichen Ende der Königsbücher bzw. des Deuteronomistischen Geschichtswerks, in diesem Band S. 391–439.
15   Vgl. M. A. O'BRIEN, The Deuteronomistic History Hypothesis: A Reassessment (OBO 92), Freiburg Schweiz – Göttingen 1989; B. HALPERN – D. VANDERHOOFT, The Editions of Kings in the 7th–6th Centuries B.C.E., HUCA 62 (1991) 179-244 (ND in: B. HALPERN, From Gods to God. The Dynamics of Iron Age Cosmologies, ed. by M. J. Adams [FAT 63], Tübingen 2009, 228–296); ST. L. MCKENZIE, The Trouble with Kings. The Composition of the Book of Kings in the Deuteronomistic History (VT.S 42), Leiden 1991; A. MOENIKES, Zur Redaktionsgeschichte des sogenannten Deuteronomistischen Geschichtswerks, ZAW 104 (1992) 333–348; G. N. KNOPPERS, Two Nations Under God. The Deuteronomistic History of Solomon and the Dual Monarchies, Vol. 1: The Reign of Solomon and the Rise of Jeroboam (HSM 52), Atlanta Ga. 1993; Vol. 2: The Reign of Jeroboam, the Fall of Israel, and the Reign of Josiah (HSM 53), Atlanta Ga. 1994. Eine Kreuzung aus Block- und Schichtenmodell vertritt E. WÜRTHWEIN, Erwägungen zum sog. deuteronomistischen Geschichtswerk. Eine Skizze; in: Ders., Studien zum Deuteronomistischen Geschichtswerk (BZAW 227), Berlin – New York 1994, 1–11. C. HARDMEIER, Umrisse eines vordeuteronomistischen Annalenwerks der Zidkijazeit. Zu den Möglichkeiten computergestützter Textanalyse, VT 40 (1990) 165–184, bestreitet eine vorexilische Ausgabe des DtrG.
16   Der Terminus wird hier zwecks rascher Verständigung in unscharfer Weise auch auf solche Geschichten angewandt, wo der Protagonist keinen Nabi-Titel trägt.
17   So z. B. H.-C. SCHMITT, Elisa. Traditionsgeschichtliche Untersuchungen zur vorklassischen nordisraelitischen Prophetie, Gütersloh 1972, 131–136; J. VAN SETERS, In Search of History. Historiography in the Ancient World and the Origins of Biblical

anderem stützen: die Notiz von Ahabs Buße und Strafaufschub in 1 Kön 21,27–29. Die Nachfrage gilt ihrer Funktion im geschichtstheologischen Konzept des DtrG und ihrem Zeugniswert für den Werdegang des Werkes.

1. Hinweise auf sekundäre Auffüllung des DtrG durch Prophetenerzählungen in den Königsbüchern

Der genannte Bereich enthält Indizien, wonach bestimmte Prophetenerzählungen erst nachträglich ins DtrG eingegangen sind. Dazu zählt ein oft hervorgehobener Tatbestand allerdings nicht: Die fraglichen Geschichten sind überwiegend frei von dtr Einflüssen. Im Interesse einer soliden Argumentation ist festzuhalten, dass sich Schlüsse auf nachträglichen Einbau nicht auf mangelnde dtr Prägung berufen können. Denn auch sonst haben die Schöpfer des DtrG mitunter die aufgenommenen Materialien nur marginal retuschiert. Das gilt etwa für einen Großteil der Davidserzählungen. Aus unserem Bereich ist 2 Kön 1,1–17b* ein instruktiver Fall. Die Geschichte von der Orakelanfrage Ahasjas beim Baal-Sebub von Ekron propagiert zwar die Alleinverehrung JHWHs, lässt sich aber mangels eindeutiger dtr Züge keinem dtr Ursprung zuschreiben. Gleichwohl ist sie unlösbar mit dem dtr Rahmen verzahnt und muss von Beginn an dem DtrG* angehört haben.[18] Die Todesnotiz 17ab, als Erfüllungsvermerk zu Elijas Gerichtswort in den Vv. 3–6 geformt, ist unentbehrlicher Bestandteil der Erzählung. Folglich entstammt diese Todesnotiz nicht dem dtr Rahmenwerk, sondern der eingearbeiteten Vorlage, der man den Rahmen anpasste. Auch die Abwesenheit der Formel vom „Ruhen mit den Vätern" bezeugt, dass man bei der Auswahl der Schlussformeln für Ahasja von Israel auf eine Quelle Rücksicht nahm, die den „unfriedlichen" Tod des Königs dokumentierte.

History, New Haven – London 1983, 305f.; WÜRTHWEIN, Könige, 205.236.262.366–368; H.-J. STIPP, Elischa – Propheten – Gottesmänner. Die Kompositionsgeschichte des Elischazyklus und verwandter Texte, rekonstruiert auf der Basis von Text- und Literarkritik zu 1 Kön 20.22 und 2 Kön 2–7 (ATSAT 24), St. Ottilien 1987, 361–480; O'BRIEN, Deuteronomistic History Hypothesis, 202.204 Anm. 104; MCKENZIE, Trouble with Kings, 81–100.

18 Vgl. W. THIEL, Deuteronomistische Redaktionsarbeit in den Elia-Erzählungen, in: J. A. Emerton (ed.), Congress Volume Leuven 1989 (VTS 43), Leiden 1991, 148–171, 156–158; ND in: DERS., Gelebte Geschichte. Studien zur Sozialgeschichte und zur frühen prophetischen Geschichtsdeutung Israels, hg. v. P. Mommer u. S. Pottmann, Neukirchen-Vluyn 2000, 139–160.

Das Fehlen dtr Merkmale ist daher kein Argument für einen späteren Einbau ins DtrG. Wer eine solche Behauptung erhebt, muss sich auf andere Tatsachen berufen, was zumeist auch geschieht. Triftig erscheinen beispielsweise folgende Gründe: Die betreffenden Erzählungen enthalten Züge, die die Frage aufwerfen, bis zu welchem Punkt Deuteronomisten bereit waren, den als Gesetzespredigern verstandenen Propheten (2 Kön 17,13) das Privileg einzuräumen, sich über die Grundsätze dtr Theologie hinwegzusetzen. Nachdem in 2 Kön 5 Naaman zum Bekenntnis der Einzigkeit JHWHs gefunden hat (V. 15), gestattet ihm Elischa, in seinem Heimatland auf importierter israelitischer Erde JHWH „Ganz- und Schlachtopfer" darzubringen. Er darf sogar weiter seine amtlichen Funktionen im staatlichen Rimmonkult erfüllen, bis dahin, dass er sich in einem heidnischen Tempel „anbetend niederwirft" (חוה-Št; Vv. 17–19). Ob das noch innerhalb der den Propheten zugestandenen Spielräume lag? Schließlich prangerten die Deuteronomisten die Missachtung der Zentralisationsforderung als die Todsünde des Nordreichs an (1 Kön 12,26–32; 13,34 usw.) und strichen im unmittelbaren Kontext den Götzenkult des Hauses Ahab als den Gipfel der Verkommenheit heraus (1 Kön 21,25f.; ferner 16,31f.; 18,18; 22,53f.; 2 Kön 1; 10,18–28; 11,18; vgl. 3,2). Wiederholt wird gerade die Prostratio (חוה-Št) vor Baal den omridischen Königen vorgeworfen (1 Kön 16,31; 22,54). Konnten Deuteronomisten da einen Text wie 2 Kön 5 ohne die Gefahr von Missverständnissen akzeptieren? Ist ihnen – ausgerechnet in diesem Kontext – die jenem Kapitel innewohnende Unterscheidung von äußerem Akt und innerer Haltung zuzutrauen? Ebenfalls im Widerspruch zu dtr Maximen steht 2 Kön 3,19, wo Elischa in einem als JHWH-Rede verstehbaren Zusammenhang ankündigt: „Jeden guten Baum werdet ihr fällen!" Das ist eine offene Zuwiderhandlung gegen das dtn Kriegsgesetz, das die Schonung des gegnerischen Baumbestandes fordert (Dtn 20,19f.). Was diese Texte auszeichnet, ist nicht bloß der Mangel an dtr Merkmalen, sondern die Kollision mit dtr Vorstellungen. Sollten Deuteronomisten derartige Texte akzeptiert haben, obwohl ihnen nichts mehr am Herzen lag als die Observanz des dtn Gesetzes, zumal das Verbot illegitimer Kultformen? Sollten sie ganz auf Korrekturen verzichtet haben, obgleich sie, wie etwa das unten näher betrachtete Kapitel 1 Kön 21 lehrt, ihre Vorlagen bei Bedarf freizügig umschrieben? Die Schriftpropheten haben sie sogar souverän verschwiegen;[19] im Falle

---

19   Dazu sollen der Fachdiskussion zufolge schon sehr sublime Gründe ausgereicht haben. Vgl. z. B. K.-F. POHLMANN, Erwägungen zum Schlusskapitel des deuteronomistischen Geschichtswerkes. Oder: Warum wird der Prophet Jeremia in 2. Kön 22–25 nicht erwähnt?, in: A. H. J. Gunneweg – O. Kaiser (Hg.), Textgemäß (FS E. Würthwein), Göttingen 1979, 94–109; K. KOCH, Das Profetenschweigen des deuteronomisti-

des einzigen Gegenbeispiels Jesaja haben sie sein Bild durchgreifend umgeformt.

Vielfach aufgefallen sind die Spannungen zwischen einzelnen Prophetenerzählungen und dem dtr Rahmen der Königsbücher. Die Elischaerzählungen in 2 Kön 2 und 13,14–21 sind nicht, wie üblich, sandwichartig in die dtr Königsrahmen eingefügt, sondern stehen außerhalb des Gerüsts. Dass man dies schon in der Antike als Verletzung der Architektur des Werkes empfand, zeigen Korrekturversuche: Die Schlussformeln für Joasch von Israel 2 Kön 13,12f. wurden in 14,15f. wiederholt, um die regelwidrige Desintegration von 13,14–25 zu beheben.[20] Den Vorderteil des Rahmens für Joram von Israel 2 Kön 3,1–3 hat man in der durch LXX repräsentierten Textform am Ende von 2 Kön 1 verdoppelt, um denselben Zweck für 2 Kön 2 zu erreichen.[21] 2 Kön 3 lässt neben Joschafat einen „König von Edom" auftreten (Vv. 9.12.26). Dabei erklärt der Königsrahmen für Joschafat in 1 Kön 22,48 ausdrücklich, damals habe es in Edom keinen König gegeben,[22] und 8,20 berichtet, die Edomiter hätten zur Zeit Jorams von Juda einen König eingesetzt. Dem Rahmengerüst liegt ein System zugrunde, wonach die Edomiter unter Joschafat judäische Vasallen waren und keinen König besaßen, aber schon unter Joram ihre Unabhängigkeit wiedererrangen, was sie in der Königserhebung zum Ausdruck brachten. Diese Angaben erklären, wie Joschafat laut 1 Kön 22,49f. versuchen konnte, von Ezjon-Geber aus eine judäische Handelsschifffahrt aufzubauen. Offenkundig

---

schen Geschichtswerks, in: J. Jeremias – L. Perlitt (Hg.), Die Botschaft und die Boten (FS H. W. Wolff), Neukirchen-Vluyn 1981, 115–128; C. BEGG, A Bible Mystery: The Absence of Jeremiah in the Deuteronomistic History, IBSt 7 (1985) 139–164; DERS., The Non-mention of Ezekiel in Deuteronomistic History, the Book of Jeremiah and the Chronistic History, in: J. Lust (ed.), Ezekiel and his Book. Textual and Literary Criticism and their Interrelation (BEThL 74), Leuven 1986, 341f.; DERS., The Nonmention of Amos, Hosea and Micah in the Deuteronomistic History, BN 32 (1986) 41–53; DERS., The Non-mention of Zephaniah, Nahum and Habakkuk in the Deuteronomistic History, BN 38/39 (1987) 19–25. Erklärt ist wohl einstweilen lediglich die Nichterwähnung Jeremias und Ezechiels, deren Warnungen vor antibabylonischer Politik zur Zeit Zidkijas Konflikte mit heilsprophetisch radikalisierten Deuteronomisten heraufbeschworen; vgl. C. HARDMEIER, Prophetie im Streit vor dem Untergang Judas. Erzählkommunikative Studien zur Entstehungssituation der Jesaja- und Jeremiaerzählungen in 11 Reg 18–20 und Jer 37–40 (BZAW 187), Berlin – New York 1990, bes. 321ff.

20 Bei der Wahl des Ortes für die Dublette nahm man zusätzlich auf 2 Kön 14,8–14 Rücksicht.

21 Diese Differenz ist Teil eines größeren divergierenden Systems der Chronologie und Textanordnung. Einzelheiten: STIPP, Elischa, 63–87, und die dort zitierte Literatur.

22 Die Worte מֶ֣לֶךְ נִצָּ֔ב 48b sind beschädigt und kein Gegenargument; vgl. die Einzeldiskussion ebd. 72–76.

wurden die Notizen ohne Rücksicht auf 2 Kön 3 formuliert. Zwar fußen die Königsrahmen gewiss auf vordtr Quellen wie etwa offiziellen Annalen. Beispiele wie die Schlussformeln der Rahmen für Ahasja und Joram von Israel oder Ahasja von Juda zeigen jedoch, dass die Schöpfer des DtrG* das Rahmenwerk auf die eingeflochtenen Erzählstücke abstimmten. Dies ist im Hinblick auf 2 Kön 3 indes unterblieben.

Wohlbekannt ist der Gegensatz zwischen der Erzählung 1 Kön 22,1–38, wonach Ahab im Kampf gegen die Aramäer fiel, und der Rahmennotiz 1 Kön 22,40, laut der Ahab „mit seinen Vätern ruhte", einer Formel, die sonst nur auf Könige angewandt wird, die unter friedlichen Umständen starben.[23] Damit zusammen hängt 1 Kön 21,27–29, das aufgrund seiner besonderen Probleme eine breitere Behandlung verlangt.

2. Ahabs Buße und die Komposition des DtrG

Die Notiz von Ahabs Buße und Strafaufschub beschließt die Geschichte vom Justizmord an Nabot, die anders als die umgebenden Prophetenerzählungen stark dtr bearbeitet ist. Ohne dass man auf Einzelheiten der vorstufenkritischen Analyse des Kapitels eingehen muss, lässt sich als annähernder Konsens festhalten, dass in den Vv. 20e–22.24–26 Zutaten aus dtr Feder vorliegen, die an Spannungen zum Kontext und typischer Idiomatik kenntlich sind und einen älteren Schluss ersetzt haben.[24] Das dtr Gerichtswort kündigt Ahab in den formelhaften Wendungen des Dynastieworts (vgl. 1 Kön 14,10f.; 16,3f.; 2 Kön 9,8) die Ausrottung seiner Sippe an. In den abschließenden Vv. 27–29 reagiert der Omride auf Elijas Drohungen mit Bußakten, worauf JHWH in einer Rede an Elija erklärt, „das Unheil" erst in den Tagen von Ahabs Sohn „über sein Haus" bringen zu wollen. Die Gottesrede wird in der Regel so verstanden, dass JHWH die Strafe für die Frevel Ahabs in die Zeit Jorams verschiebt, wo sie von Jehu durch die Austilgung der Omridensippe vollzogen wird.

---

23 B. ALFRINK, L'expression שכב עם אבתיו, OTS 2 (1943) 106–118. Seine These ist gelegentlich wegen 2 Kön 14,22 angefochten worden; vgl. dagegen STIPP, Elischa, 199 Anm. 129; HALPERN – VANDERHOOFT, Editions of Kings (Anm. 15), 234–236, zusammenfassend 243: „DtrH furnishes no burial information for northern kings who die by violence (Ahab … excepted)."

24 Überblicke: M. OEMING, Naboth, der Jesreeliter. Untersuchungen zu den theologischen Motiven der Überlieferungsgeschichte von I Reg 21, ZAW 98 (1986) 363f.; R. MARTIN-ACHARD, La vigne de Naboth (1 Rois 21) d'après des études récentes, ETR 66 (1991) 1–16.

Nachdem O. H. Steck die Nachrichten von Ahabs Buße noch in den Beginn der Herrschaft Jehus datiert hatte,[25] meldete A. Jepsen aufgrund geistesgeschichtlicher und terminologischer Erwägungen Bedenken an.[26] Dass Ahab die Liquidation seiner Dynastie nicht mehr erlebte, habe erst dann eigens motiviert werden müssen, nachdem sich in Israel das individuelle Vergeltungsdenken durchgesetzt habe. Dafür gebe es aber erst ab der chronistischen Epoche zufriedenstellende Belege. Auch die Ausdrucksweise von V. 29, mit כנע-N eine „Unterwerfung unter Jahwe" (150) zu bezeichnen, begegne sonst vor allem in 2 Chr. Deshalb seien die Vv. 27–29 als „nachdeuteronomistischer Zusatz" (154) zu beurteilen. Allerdings enthält das DtrG in 2 Kön 22,19 einen weiteren einschlägigen Beleg von כנע-N, und in 2 Kön 14,6 findet sich sogar ein ausdrückliches Bekenntnis zum in Dtn 24,16 niedergelegten Prinzip der Individualhaftung. Wenn man ferner wie Jepsen meint, die Vv. 27–29 seien erst später als 1 Kön 22 in ihren Kontext eingedrungen,[27] stellt sich die Frage, welcher Zweck dem Strafaufschub überhaupt noch zugedacht gewesen sein soll, wo Ahab doch sogleich in der nächsten Erzählung von seinem Schicksal ereilt wird. Wählt man überdies nicht allein das Verb כנע-N, sondern die in 1 Kön 21,29 verwendete Fügung כנע-N מִ\לִפְנֵי als Vergleichsgrundlage, ergibt sich ein Korpus von 9 weiteren Belegen, die ausschließlich aus dtr Passagen und 2 Chr 33–36 stammen.[28] Daher wird man zwar besser von einer Frühdatierung ins 9. Jh. Abstand nehmen, aber es nötigt auch nichts dazu, unter die dtr Ebene herabzugehen. Die Wortereignisformel (V. 28) und die Wendung הֵבִיא רָעָה (V. 29) sind zwar nicht auf die dtr Sphäre beschränkt,[29] waren aber bei dtr Autoren beliebt und sind somit der Herleitung aus dtr Feder günstig.

Es überzeugt deshalb eher, die Notiz von Ahabs Buße und Strafaufschub schon dem originalen Bestand des DtrG zuzuschreiben. Dann stehen 1 Kön 21,27–29 und 22,40 in Einklang: Laut der bei Schaffung

---

25 O. H. STECK, Oberlieferung und Zeitgeschichte in den Elia-Erzählungen (WMANT 26), Neukirchen-Vluyn 1968, 45; so auch M. WHITE, Naboth's Vineyard and Jehu's Coup: The Legitimation of a Dynastic Extermination, VT 44 (1994) 76.

26 A. JEPSEN, Ahabs Buße. Ein kleiner Beitrag zur Methode literarhistorischer Einordnung, in: A. Kuschke – E. Kutsch (ed.), Archäologie und Altes Testament (FS K. Galling), Tübingen 1970, 145–155 = DERS., Der Herr ist Gott, Berlin 1978, 124–131.

27 A. JEPSEN, Die Quellen des Königsbuches, Halle ²1956, 8.78.

28 Dtr: Ri 8,28; 11,33; 2 Kön 22,19 ‖ 2 Chr 34,27 (2x). Sonst 2 Chr 33,12.19.23; 36,12.

29 Vgl. zu הֵבִיא רָעָה die Distributionsanalyse bei H.-J. STIPP, Jeremia im Parteienstreit. Studien zur Textentwicklung von Jer 26,36–43 und 45 als Beitrag zur Geschichte Jeremias, seines Buches und judäischer Parteien im 6. Jahrhundert (BBB 82), Frankfurt a. M. 1992, 119.

des DtrG* federführenden Theorie leistete Ahab nach dem Ergehen des göttlichen Strafworts Buße; daraufhin verschob JHWH das Eintreffen des Gerichts auf die Zeit Jorams, und Ahab verstarb eines natürlichen Todes. Dann kann aber 1 Kön 22,1–38 bei der Abfassung von 21,27–29 und 22,40 noch nicht vorgesehen gewesen sein.

Freilich ist diese Deutung des Strafaufschubs auch als Missverständnis zurückgewiesen worden. Nach D. W. Gooding ist V. 29 wie folgt zu verstehen:

> „The respite granted upon Ahab's contrition was, in fact, concerned altogether and only with the judgment on Ahab's house: „I will not bring the evil in his day; but in his son's days will I bring the evil upon his house" (*MT* 21,19). True to this promise the judgment on Ahab's house was postponed ... But nothing had at any time been said about postponing Ahab's personal doom; and therefore it is not an inconsequence when that doom follows immediately [in 1 Kön 22,1–38] after the promise of the respite."[30]

Demnach verfügt V. 29 eine Streckung des Gerichts in zwei Phasen, sodass unbeschadet Ahabs individueller Züchtigung nur die Dynastie eine Gnadenfrist bis Joram erhält. Ist dies korrekt, ist die Behauptung eines Gegensatzes zu 1 Kön 22,1–38 unberechtigt, und die geläufige Ansicht, die Schöpfer des DtrG hätten das Prädikat שָׁכַב עִם אֲבֹתָיו friedlich verstorbenen Herrschern vorbehalten, muss wegen V. 40 überdacht werden.

Die konträren Interpretationen von 1 Kön 21,29 lassen sich zurückführen auf unterschiedliche Vorstellungen, wie der Ausdruck „über sein Haus" (עַל־בֵּיתוֹ) syntaktisch mit den Worten „ich werde das Unheil kommen lassen" (אָבִיא הָרָעָה) verknüpft ist. Nach der üblichen Deutung ist die Präpositionalverbindung vom Verb abhängig: „In den Tagen seines Sohnes werde ich das Unheil über seine Familie kommen lassen." Danach bricht die Strafe unter Joram herein, und nichts spricht dafür, dass auch Ahab selbst noch das Gericht am eigenen Leibe verspüren wird. Goodings Leseweise setzt dagegen voraus, dass עַל־בֵּיתוֹ eine appositionelle Bestimmung zu הָרָעָה bildet: „In den Tagen seines Sohnes werde ich das *seiner Familie drohende* Unheil kommen lassen." Danach würde unterschieden zwischen den Strafmaßnahmen, die Ahab selbst, und denjenigen, die seine Sippe träfen. So ließe sich erklä-

---

30 D. W. GOODING, Ahab According to the Septuagint, ZAW 76 (1964) 277 (Hervorhebung Goodings). Seiner Deutung von V. 29 (*MT*) stimmt zu: P.-M. BOGAERT, Le repentir d'Achab d'après la Bible hébraïque (1 R 21) et d'après la Septante (3 Règnes 20), in: G. F. Willems (éd.), Élie le prophète. Bible, tradition, iconographie, Leuven 1987, 39–57, 55. Ebenso zu verstehen scheint den Passus J. M. HAMILTON, Caught in the Nets of Prophecy? The Death of King Ahab and the Character of God, CBQ 56 (1994) 649–663, 650f.

ren, warum JHWH zwar nach Ahabs Reuebekundungen einen Strafaufschub verfügt, 22,38 aber trotzdem den Schlachtentod des Königs als Erfüllung von Elijas Gerichtsworten in Kap. 21 deklariert. Die Unterscheidung zwischen zwei Schüben der Strafe mag spitzfindig klingen, doch weitere Gesichtspunkte rücken Goodings Deutung in ein anderes Licht.

Warum legt V. 29 JHWH einen Strafaufschub für Ahab in den Mund? Die Antwort scheint auf der Hand zu liegen: Weil eben die Omridendynastie nicht unter Ahab, sondern erst unter seinem übernächsten Nachfolger stürzte. Doch diese anscheinend selbstverständliche Auskunft stellt nicht zufrieden. Der Gebrauch des Dynastieworts und Rückverweise auf JHWHs Gerichte über die früheren Herrscherhäuser des Nordreichs (16,3; 21,22) verknüpfen die Darstellungen des Sturzes der Familien Jerobeams, Baschas und Omris zu einem System, innerhalb dessen der Strafaufschub für Ahab zu beurteilen ist. Dabei zeigt der Vergleich: Auch Jerobeam und Bascha wird durch das Dynastiewort die Ausrottung ihrer Sippe angekündigt; doch ohne dass sie wie Ahab einen Strafaufschub erhielten, treffen die Prophezeiungen erst unter ihren Söhnen ein, während sie selbst eines natürlichen Todes sterben: עִם־אֲבֹתָיו וַיִּשְׁכַּב 1 Kön 14,20; 16,6. In diesen Fällen gibt es keinen Hinweis, dass der Verzug der Katastrophe als Problem empfunden worden wäre. Das verspätete Ende der Omriden als solches kann folglich nicht der Grund gewesen sein, warum ein dtr Autor den besonderen Gnadenakt JHWHs für erforderlich hielt. Faktisch erzeugt der Strafaufschub für Ahab im vorfindlichen Kontext ein Paradox: Einerseits ist Ahab der einzige Empfänger des Dynastieworts, dessen Strafe verschoben wird; andererseits ist er der einzige, den die Strafe selber trifft.

Die Suche nach den tatsächlichen Motiven für den eigens verfügten Aufschub führt auf Formulierungsdifferenzen in den Strafansagen der Dynastieworte.

> 1 Kön 14,10f.: Deshalb siehe, ich lasse Unheil kommen über das Haus Jerobeams. Ich werde von Jerobeam ausrotten, was an die Wand pisst, unmündig und mündig[31] in Israel. Ich werde hinter dem Haus Jerobeams ausfegen, wie man den Kot hinausfegt, bis es ausgetilgt ist. Wer von Jerobeam in der Stadt stirbt, den werden die Hunde fressen, und wer auf dem Feld stirbt, den werden die Vögel des Himmels fressen.

---

31   Der Sinn der Wendung וְעָזוּב עָצוּר ist umstritten; hier Wiedergabe nach HAL 824. Vgl. die Zusammenstellung der Übersetzungsvorschläge von D. P. WRIGHT – J. MILGROM, Art. עָצַר 'āṣar, ThWANT VI, 335; ferner S. TALMON – W. F. FIELDS, The Collocation וְעָזוּב עָצוּר בְּקִיר מַשְׁתִּין and Its Meaning, ZAW 101 (1989) 85–112, 112: „technical terms designating ranking members of the royal houses in Israel".

1 Kön 16,3f.: Siehe, ich fege aus hinter Bascha und seinem Haus. Ich werde ,sein' Haus dem Haus des Jerobeam ben Nebat gleich machen. Wer von Bascha in der Stadt stirbt, den werden die Hunde fressen, und wer von ihm auf dem Feld stirbt, den werden die Vögel des Himmels fressen.

1 Kön 21,21f.24: Siehe, ich lasse Unheil über dich kommen und werde hinter dir ausfegen. Ich werde von Ahab ausrotten, was an die Wand pisst, unmündig und mündig in Israel. Ich werde dein Haus dem Haus des Jerobeam ben Nebat und dem Haus des Bascha ben Ahija gleich machen. ... Wer von Ahab in der Stadt stirbt, den werden die Hunde fressen, und wer auf dem Feld stirbt, den werden die Vögel des Himmels fressen.

Eine Besonderheit der an Ahab gerichteten Fassung des Dynastieworts ist die auf ihn selbst zugeschnittene Wendung „siehe, ich lasse Unheil über dich kommen" הִנְנִי מֵבִי אֵלֶיךָ רָעָה (21a). Sie kontrastiert mit der Formulierung „siehe, ich lasse Unheil kommen über das Haus Jerobeams" in 1 Kön 14,10 und dem Fehlen eines vergleichbaren Passus in der Strafankündigung an Bascha. Streng beim Wort genommen, soll die bevorstehende Ausrottung demnach auch Ahab persönlich einschließen, während bei Jerobeam und Bascha derlei Festlegungen vermieden werden. Die für Ahab bestimmte Version passt zu dem Umstand, dass Elija zuvor in V. 19gh dem Omriden ein individuelles Drohwort entgegenschleudert: „An dem Ort, wo die Hunde das Blut Nabots leckten, werden die Hunde auch dein Blut lecken!" Diese Differenzen deuten darauf hin, dass die Deuteronomisten, die durch das Dynastiewort die Schicksale der kurzlebigen Herrscherhäuser des Nordreichs in einem kohärenten geschichtstheologischen Schema systematisierten, in der jeweiligen Einzelformulierung durchaus unterschieden, ob lediglich der Untergang der Königsfamilie als solcher prophezeit wurde – so bei Jerobeam und Bascha –, oder ob auch der gerade verurteilte König selbst der Katastrophe zum Opfer fallen sollte, wie allem Anschein nach bei Ahab. Der göttliche Strafaufschub ist demnach in V. 21 durch eine geeignete Adaption des Dynastieworts vorbereitet. Der individuelle Zuschnitt von V. 21 machte überhaupt erst den ausdrücklichen Aufschub notwendig, denn die verzögerte Liquidation der Familie bedurfte dessen, wie gezeigt, nicht.

Der Vergleich mit den anderen Versionen des Dynastieworts ergibt, dass die Strafmilderung nicht in der verspäteten Auslöschung der Omriden bestanden haben kann, und 1 Kön 21,21 (zusammen mit V. 19) bestätigt, dass sie sich auf die einzige denkbare Alternative bezogen haben muss: das persönliche Schicksal Ahabs. Aufgrund von Kontexterwägungen ist also zu erwarten, dass die Modifikation der Vergeltung in 1 Kön 21,27–29 wie folgt funktioniert: Die Gottesrede in den Vv. 19–24 erließ ein Strafmaß, das Ahabs gewaltsamen und unehrenhaften Tod

einschloss. Wegen der Bußakte des Königs wurde es zu demjenigen abgemildert, das auch für Jerobeam und Bascha galt.

Wie verhalten sich diese äußeren Gesichtspunkte zur Frage nach
dem Sinn der Präpositionalverbindung עַל־בֵּיתוֹ in V. 29? Hier ist die
Diskussion nochmals aufzunehmen und durch weitere Aspekte auf
eine breitere Grundlage zu stellen. Zunächst sind syntaktische und stilistische Besonderheiten zu beachten.

29d לֹא־אָבִי הָרָעָה בְּיָמָיו

29e בִּימֵי בְנוֹ אָבִיא הָרָעָה עַל־בֵּיתוֹ

Der unterschiedlich gedeutete Satz 29e ist asyndetisch. Asyndetische
Satzreihung stiftet im Hebräischen zumeist eine engere Bindung als
Syndese mit w˙= und stellt den asyndetischen Satz in der Regel in ein
explikatives Verhältnis zum vorangehenden.[32] Deshalb ist von 29e eine
Präzisierung von 29d zu erwarten. Den Konnex der beiden Sätze
bestimmt ferner, dass sie die Arme eines Chiasmus folgender Struktur
bilden:

29d [verbales Prädikat (negiert) + Objekt] – [Zeitangabe]

29e [Zeitangabe] – [verbales Prädikat + Objekt] – [עַל־בֵּיתוֹ]

Weil Prädikat und Objekt ihre interne Reihenfolge nicht ändern, stehen
sie als zusammengehörige Blöcke den Zeitangaben gegenüber. Dafür
spricht auch, dass Prädikat und Objekt in beiden Sätzen exakt gleich
lauten: אָבִיא הָרָעָה. Was sich wandelt, sind die Zeitangaben, doch nur
durch den Austausch eines enklitischen Personalpronomens gegen ein
Nomen rectum: בְּיָמָיו → בִּימֵי בְנוֹ. Ferner ist 29d negiert, und in 29e
tritt עַל־בֵּיתוֹ hinzu. Die hochgradige Übereinstimmung der beiden
Hälften verleiht dem Chiasmus ein besonders strenges Gepräge und
bewirkt eine starke Hervorhebung der Differenzen. Die Negation in
29d ist auf das Verb bezogen und verneint daher den ganzen Satz, aber
wegen der chiastischen Konfrontation mit dem Folgesatz, wo eine teil-
identische Aussage umgekehrt affirmiert wird, wirkt sie sich ebenfalls
bei den Unterschieden zu jenem aus und erzeugt einen ausgeprägten
Kontrastfokus.

Dass der Chiasmus die Opposition der Zeitangaben – und nicht
עַל־בֵּיתוֹ – unterstreichen soll, ergeben weitere Beobachtungen zu seiner
Form. Die Ausdrücke בְּיָמָיו und בִּימֵי בְנוֹ stehen im Zentrum unmittelbar benachbart, sodass ihre Differenz besonders intensiv betont
erscheint. Außerdem rückt die Zeitangabe in 29e vor das Verb. Die Stellung im „Vorfeld" des Satzes verleiht obliquen Satzgliedern (also sol-

---

32 P. JOÜON – T. MURAOKA, A Grammar of Biblical Hebrew. Vol. II: Syntax (SubBi
    14/II), Roma 1991, 649 (§ 177a).

chen, die nicht Subjekt sind) in der Regel eine ausgeprägte Emphase.[33] Zwar sind bei Zeitangaben Ausnahmen möglich, insofern sie bisweilen ohne Fokussierung vor das Verb treten können,[34] doch machen die anderen Formen der Hervorhebung von בִּימֵי בְנוֹ wahrscheinlich, dass hier auch die Vorfeldposition den Nachdruck verstärkt. Nach stilistischen Gesichtspunkten stellt daher 29de „seine" Tage prononciert den Tagen „seines Sohnes" gegenüber. Die folgende Übersetzung versucht, die stilistischen Effekte der relevanten syntaktischen Merkmale zur Geltung zu bringen:

29d   Ich werde das Unheil nicht in seinen Tagen kommen lassen;

29e   (das heißt: erst) in den Tagen seines Sohnes werde ich das Unheil über sein Haus kommen lassen.

[Oder, nach Gooding:]

(das heißt: erst) in den Tagen seines Sohnes werde ich das seinem Haus drohende Unheil kommen lassen.

Mit dem logischen und stilistischen Profil der beiden Sätze ist das herkömmliche Verständnis, wonach der Passus eine uneingeschränkte Verschiebung der Strafe auf die Jahre Jorams meint, problemlos vereinbar. Dagegen ist der Befund Goodings Interpretation wenig günstig. Ausweislich der Platzierung des Satzakzents in 29e betont der Sprecher nicht die Differenz zwischen zwei sukzessiven Portionen der Strafe, sondern (nur) zwischen zwei Zeiten ihres Eintreffens: nicht zur Zeit Ahabs, sondern zur Zeit Jorams. Wäre Goodings Deutung im Recht, wäre jedoch (auch) ersteres zu erwarten.

Wenn zudem 29e den vorangehenden Satz explikativ erläutert, würde man, sofern der Passus auf eine Staffelung der Strafe im Sinne Goodings zielte, erwarten, dass עַל־בֵּיתוֹ nicht (nur) appositionell an הָרָעָה 29e angeschlossen, sondern bereits dem gleichlautenden Ausdruck in 29d beigegeben wäre. Denn 29d kündigt zunächst eine komplette Verschiebung der Katastrophe an. Mit Gooding müsste man an-

---

33   W. GROß hat unter dem Namen „Vorfeld" ihre grammatischen Regularitäten erschlossen und begonnen, die stilistischen Wirkungen verschiedener Besetzungen des Vorfelds zu beschreiben. Vgl. DERS., Die Position des Subjekts im hebräischen Verbalsatz, untersucht an den asyndetischen ersten Redesätzen in Gen, Ex 1–19, Jos–2 Kön, ZAH 6 (1993) 170–187; DERS., Das Vorfeld als strukturell eigenständiger Bereich des hebräischen Verbalsatzes. Syntaktische Erscheinungen am Satzbeginn, in: H. Irsigler (ed.), Syntax und Text. Beiträge zur 22. Internationalen Ökumenischen Hebräisch-Dozenten-Konferenz 1993 in Bamberg (ATSAT 40), St. Ottilien 1993, 1–24; DERS., Zur syntaktischen Struktur des Vorfeldes im hebräischen Verbalsatz, ZAH 7 (1994) 203–214.

34   GROß, Vorfeld, 20. Hier sind von der Publikation weiterer Ergebnisse Präzisierungen zu erwarten.

nehmen, dass der Autor erst eine missverständliche Formulierung gewählt hätte, um dann durch 29e nicht nur der Dynastie eine Frist zu setzen, sondern vor allem nachträglich klarzustellen, dass von vornherein bloß an eine Aufspaltung des Gerichts in zwei Phasen gedacht war.

Solche Beobachtungen lassen die Auskunft, V. 29 denke in Wahrheit an ein zweistufiges Gericht, an sich sehr bedenklich erscheinen. Gleichwohl könnte Goodings Interpretation ein gewisses Recht besitzen. Dafür spricht ein textkritischer Sachverhalt: Der fraglichen Präpositionalverbindung עַל־בֵּיתוֹ fehlt ein Äquivalent in dem durch die Septuaginta (G*) repräsentierten Textüberlieferungsstrang,[35] sodass dort nichts an eine Einschränkung des Strafaufschubs denken lässt. Nachträgliche Tilgung ist nicht plausibel zu machen.[36] Aus welchem Grund sollte man angesichts von 1 Kön 22,38 gewünscht haben, eine (mögliche) Modifikation des uneingeschränkten Strafaufschubs zu beseitigen? Dagegen lässt sich ein Zusatz in der masoretischen Tradition motivieren, wobei Goodings Verständnis der masoretischen Fassung von 29e einen Fingerzeig liefert.

Während man an den masoretischen Wortlaut von 21,29e immerhin die Frage richten kann, ob er nur die Liquidation der Dynastie verschiebt, Ahabs individuelle Züchtigung aber unangetastet lässt, bietet der Vers in G* dazu keinerlei Anhalt. Diese Tatbestände lassen sich mit folgenden Annahmen herleiten: Die Septuaginta hat in 21,19e einen älteren Textentwicklungsstand konserviert, der im Einklang mit 22,40 einen uneingeschränkten Strafaufschub vollzog. Deshalb ist die Hypothese im Recht, dass 1 Kön 22,1–38 bei Abfassung von 21,27–29 und 22,40 noch nicht vorgesehen war. Als die Erzählung von Ahabs Kriegertod, den V. 38 auch noch expressis verbis als Erfüllung von Elijas Gerichtswort hinstellte, ins DtrG einging, entstand ein offener Widerspruch zur Notiz vom Strafaufschub für Ahab. Der Zusatz von עַל־בֵּיתוֹ könnte dem Wunsch entsprungen sein, die Diskrepanz zu mildern. Hier ist der Deutungsvorschlag Goodings hilfreich. Möglicherweise war bei der Interpolation die Absicht leitend, eine Unterscheidung zwischen zwei Phasen des Gerichts einzuführen: eine für Ahab persönlich und eine für seine Sippe. Ist dieses Motiv korrekt erschlossen, wird es an der sprachlichen Oberfläche allerdings nicht sehr deutlich, weil es sich in 21,29e (MT) dann ja nicht um eine originäre Formulierung handelt, sondern um redaktionelles Flickwerk, das sein Aussageziel mit sparsamen Mitteln gegen die syntaktische und stilistische Physiogno-

---

35 Darauf ging Gooding nicht näher ein. Diese Lücke hat BOGAERT, Repentir d'Achab, 55, gefüllt.

36 Vgl. BOGAERT, ebd.; STIPP, Elischa, 427f.

mie des älteren Wortlauts durchzusetzen sucht. Wegen der Unklarheit des hybriden Endtextes kann diese Erklärung von עַל־בֵּיתוֹ auch nur ein Vorschlag sein, der eine gewisse Plausibilität beanspruchen kann, aber vielleicht einmal einer besseren Herleitung Platz machen muss.

Aus alldem folgt, dass jene im Recht sind, die die Nachrichten von Ahabs Buße und Strafaufschub als ein Zeugnis für die Kompositionsgeschichte des DtrG werten. 1 Kön 21,27–29* ist – ebenso wie 22,40 – mit 22,1–38 unvereinbar und dokumentiert, dass es eine Entwicklungsstufe des Werkes gegeben hat, die wohl 1 Kön 21, nicht aber die Geschichte von Ahabs Feldzug nach Ramot-Gilead enthielt. 21,29 ist kein Gegenbeweis, da man den masoretischen Wortlaut zwar als Versuch der Berücksichtigung von 22,1–38 lesen kann, was dann aber auf einer sehr späten und recht unvollkommenen Anpassungsmaßnahme beruht.

Der älteren Fassung des DtrG lag das Konzept zugrunde, dass JHWH dem frevlerischen König die Strafe in einer Form zumaß, die jenen selbst einschloss (1 Kön 21,19gh.21a). Nach Ahabs Buße wurde das Gericht auf die Zeit Jorams vertagt (21,27–29*), worauf der Mörder Nabots eines natürlichen Todes starb (22,40). Der Charakter der betreffenden Passagen (von 21,19 abgesehen) deutet auf einen dtr Ursprung dieses Systems. Dazu passt, dass die Idee, die verspätete Erfüllung eines (auch) individuell formulierten Gerichtsworts müsse begründet werden, ein fortgeschrittenes Reflexionsniveau widerspiegelt; das andersartige Empfinden früherer Epochen illustriert noch der Vers 2 Kön 9,26, der nichts dabei findet, wenn die Ahab präsentierte Drohung „ich werde dir heimzahlen" erst unter Joram eintrifft. Hinweise auf einen älteren Kern in 21,27–29 sind dementsprechend nicht erkennbar. Der Hauptgrund für die Entstehung der Theorie von Ahabs Buße war nach den vorhandenen Fingerzeigen das dtr Ahabbild, wonach dieser König den Gipfel der Frevel des Nordreichs verkörperte (1 Kön 16,30–33; 21,25f.).[37] Deshalb bedurfte es der Erklärung, warum JHWH die Ahndung seiner Untaten so lange hatte verzögern können.[38] Das Vorliegen

---

37 Freilich gerät man auch hier in das Dickicht der divergierenden literarkritischen Analysen. In den Vv. 25f. wird oft eine jüngere (dtr) Hand erkannt; neueste Vertreter: THIEL, Dtr Redaktionsarbeit (Anm. 18), 160; W. M. SCHNIEDEWIND, History and Interpretation: The Religion of Ahab and Manasseh in the Book of Kings, CBQ 55 (1993) 649–661, 653f.

38 Einen vordtr Kern vermutet THIEL, Dtr Redaktionsarbeit, 163f., denn „die Buße Ahabs widerspricht zu auffällig dem extrem negativen dtr. Urteil über Ahab .... Ist es vorstellbar, dass die Deuteronomisten für den Prototyp des Götzendieners, Ahab, einen Bußakt schufen, der ihn mit Josia in eine Linie stellt ... ?". Dieser Eindruck zerstreut sich rasch bei einem Vergleich mit 2 Kön 22,19f.: Von der für Joschija entfalteten Emphase ist bei Ahab nichts zu spüren. Gerade weil Ahab die Verachtung des

einer individuellen Strafankündigung in 21,19gh war dagegen kaum entscheidend, denn der dtr Bearbeiter der Naboterzählung ging mit seiner Vorlage ohnehin freizügig um und hätte bei Bedarf auch dieses Wort umgestalten können.[39]

3. Schlussfolgerungen zu Werdegang und Funktion des DtrG

Wie wir sahen, verlangt die Bestimmung der Funktion von 1 Kön 21,27–29*, die folgende Erzählung von Ahabs Tod in 1 Kön 22,1–38 dem DtrG* abzusprechen. Dies hat – im Verein mit zusätzlichen Beobachtungen – ausgreifende Konsequenzen für die Entwicklungsgeschichte des DtrG im Bereich von 1 Kön 13 – 2 Kön 13. Sie können hier nur noch knapp umrissen werden.[40] Die Erzählung von Micha ben Jimla ist nach oben und unten mit weiteren Prophetengeschichten literarisch verzahnt. Ihr Anfang (1–2a) bildet einen geschlossenen Zusammenhang mit 1 Kön 20,35–43, einer Erweiterung, die die ehemals voneinander unabhängigen Aramäerkriegserzählungen 1 Kön 20* und 22* zu einem kleinen Zyklus vereinigte, indem sie den Tod des Königs in Kap. 22 als Strafe für die versöhnliche Entlassung Ben-Hadads in 20,34 hinstellte. Diese redaktionelle Klammer verrät allerdings exakt die

---

Ersten Gebots personifizierte, mussten Deuteronomisten einen Grund für seinen friedlichen Tod finden.

39 Sofern es sich überhaupt um eine ältere Bildung handelt, was umstritten ist, weil die Kontexteinbindung von 19gh selbst Fragen aufwirft. In *MT* enthält der Vers eine Doppelung von Redebefehl und prophetischer Botenformel, die allerdings mit dem abweichenden Zeugnis von *G** zu vergleichen ist. Die vorausgehende Erzählung macht im Unterschied zu V. 19 gerade nicht Ahab, sondern Isebel für den Mord an Nabot verantwortlich, und wir hören nichts davon, dass die Hunde Nabots Blut geleckt hätten. Aufgenommen wird das Drohwort nur in 1 Kön 22,38, jedoch in deutlich sekundärer Weise, denn Elija ist nicht genannt, am Teich von Samaria hatten die Hunde gewiss nicht Nabots Blut geleckt, und von den „Huren" schweigt 21,19. Die literargeschichtlichen Einordnungen von 19gh gehen äußerst weit auseinander: Zum ältesten Kern der Erzählung rechnen das Drohwort z. B. STECK, Überlieferung und Zeitgeschichte (Anm. 25), 43; R. BOHLEN, Der Fall Nabot. Form, Hintergrund und Werdegang einer. alttestamentlichen Erzählung (1 Kön 21) (TThSt 35), Trier 1978, 318; G. HENTSCHEL, Die geschichtlichen Wurzeln der Elijatradition, in: J. Reindl (Hg.), Dein Wort beachten. Alttestamentliche Aufsätze, Leipzig 1981, 33–57, 37. Ein (offenbar separat) „überliefertes Prophetenwort" vermutet THIEL, Dtr Redaktionsarbeit (Anm. 18), 162. Mit einem jüngeren Deuteronomisten (DtrP) rechnet W. DIETRICH, Prophetie und Geschichte (Anm. 10), 49f. Einen nachdtr Zusatz postuliert E. WÜRTHWEIN, Könige, 246.

40 Vgl. STIPP, Elischa, 361–480.

Handschrift, in der die Geschichte von dem Gottesmann aus Juda und dem Propheten aus Bet-El in 1 Kön 13 abgefasst ist. Mit jenem Kapitel teilt sie die Vorliebe für die Wendung בִּדְבַר יְהוָה (7-mal in Kap. 13; 20,35) und die Präposition אֵצֶל (5-mal in 13; 20,36); dazu den Löwen als Strafwerkzeug JHWHs, was bis zu wörtlichen Übereinstimmungen reicht (vgl. 20,36 וַיֵּלֶךְ מֵאֶצְלוֹ וַיִּמְצָאֵהוּ הָאַרְיֵה „er ging von ihm weg, und da fand ihn der Löwe" mit 13,24 וַיֵּלֶךְ וַיִּמְצָאֵהוּ אַרְיֵה „er ging weg, und da fand ihn ein Löwe").[41] Die verbindenden Merkmale treten in Bündeln auf, und zwar nur in diesen beiden Texten.[42] Neben einer geprägten Wendung (בִּדְבַר יְהוָה) umfassen sie ganz individuelle Elemente (אֵצֶל; Löwe; 13,24 ‖ 20,36). Entgegen beliebten Annahmen ist auch festzuhalten, dass die Vorverweise auf die joschijanische Reform in 1 Kön 13,2.32 auf literarischer Ebene nicht überzeugend aus ihren Kontexten herauslösbar sind,[43] was bei einem derart von Südreichinteressen überformten Text nicht erstaunen kann. Der individuelle Grundzug der Gemeinsamkeiten, ihre Bündelung und enge Streuung sowie der Charakter von 20,35–43 als redaktionelles Bindeglied belegen, dass wir den Idiolekt eines Redaktors vor uns haben, der in Juda in Kenntnis der joschijanischen Reform arbeitete,[44] wobei er zumindest im Falle von 1 Kön 13 alte Überlieferungen verwertete, ihnen aber seinen persönlichen Stempel aufprägte.

Weil nun die Prophetenerzählungen in 1 Kön 13 und 20 (über den Anhang V. 35–43) das Kap. 22 voraussetzen, müssen auch sie jüngere Zuwächse zum DtrG darstellen. Es ist wohl der Autor von 1 Kön 13 und 20,35–43 gewesen, der Kap. 20* und 22* dem DtrG einverleibte. Die ursprüngliche Aufeinanderfolge der beiden Kriegserzählungen ist in

---

41 Näheres ebd. 375–377.

42 בִּדְבָרֶיךָ in 1 Kön 18,36 wurde erst durch Qere an den in 1 Kön 13 und 20,35 ausschließlich gebrauchten Singular angeglichen und hat kein Äquivalent in G*.

43 Vgl. STIPP, Elischa, 379–403.415–418. Dies gilt auch gegen die neueren Arbeiten von A. H. J. GUNNEWEG, Die Prophetenlegende I Reg 13 – Mißdeutung, Umdeutung, Bedeutung, in: V. Fritz – K.-F. Pohlmann – H.-C. Schmitt (Hg.), Prophet und Prophetenbuch (FS O. Kaiser, BZAW 185), Berlin – New York 1989, 73–81; A. IBAÑEZ ARANA, El ‚Hombre de Dios' y el Profeta de Betel (1 Re 13), Scriptorium Victoriense 36 (1989) 5–76; E. EYNIKEL, Prophecy and Fulfillment in the Deuteronomistic History (l Kgs 13; 2 Kgs 23,16–18), in: C. Brekelmans – J. Lust (ed.), Pentateuchal and Deuteronomistic Studies. Papers Read at the XIIIth IOSOT Congress Leuven 1989 (BEThL 94), Leuven 1990, 227–237.

44 W. THIEL, Sprachliche und thematische Gemeinsamkeiten nordisraelitischer Propheten-Überlieferungen, in: J. Zmijewski (Hg.), Die alttestamentliche Botschaft als Wegweisung (FS H. Reinelt), Stuttgart 1990, 359–376, 361f., beurteilt die (nur zum Teil ausgewerteten) Übereinstimmungen im Sinne der Überschrift seiner Studie (ND in: DERS., Gelebte Geschichte [Anm. 18], 122–138).

*G** noch erhalten. In *MT* hat man Kap. 20 vor Kap. 21 gerückt, weil die militärischen Erfolge und die prophetische Unterstützung, die Ahab dort zuteil werden, nach dem Mord an Nabot zu anstößig erschienen.[45]

Nach unten hängt 1 Kön 22,1–38 durch die Hervorhebung Joschafats und wörtliche Übereinstimmungen eng mit 2 Kön 3,4–27 zusammen, einem Kapitel, das selbst schon wegen seiner Widersprüche zum dtn Kriegsgesetz und den dtr Rahmennotizen in 1 Kön 22,48 und 2 Kön 8,20 als Kandidat für einen nachträglichen Einbau aufgefallen war. In neuerer Zeit haben mehrere literarkritische Studien grundsätzliches Einvernehmen erzielt, dass die Gemeinsamkeiten aus einer Bearbeitung von 1 Kön 22 durch den Autor von 2 Kön 3 herrühren.[46] Dann setzt auch 2 Kön 3,4–27 die Erzählung von Micha ben Jimla bereits voraus, und das vorläufige Urteil, 2 Kön 3 sei erst in einer späteren Phase ins DtrG eingegangen, bestätigt sich.

2 Kön 2, die Erzählung von Elijas Entrückung und Elischas ersten Wundern, ist wegen ihrer mangelnden Integration in das dtr Rahmengerüst kompositionsgeschichtlich verdächtig. Sie endet in V. 25b mit der „Rückkehr" (שוב) Elischas nach Samaria. Die Notiz stößt sich mit 25a, wo Elischa anscheinend folgenlos zum Karmel wandert, und mit dem ganzen Kapitel, weil sich Elischa dort nirgends in Samaria aufhält. Die Sachlage ist leicht zu erklären:[47] 25a verband die Erzählung ehemals mit 2 Kön 4, wo Elischa auf dem Karmel wohnt (4,25.27). Diese Abfolge ist heute durch Kap. 3 unterbrochen, was daran liegen muss,

---

45   GOODING, Ahab (Anm. 30), und BOGAERT, Repentir d'Achab (Anm. 30), führen dagegen die Kapitelfolge in *G** auf Korrektur zurück.

46   Vgl. H. SCHWEIZER, Literarkritischer Versuch zur Erzählung von Micha ben Jimla (1 Kön 22), BZ NF 23 (1979) 1–19; O. H. STECK, Bewahrheitungen des Prophetenworts. Überlieferungsgeschichtliche Skizze zu 1. Könige 22,1–38, in: H.-G. Geyer (u. a., Hg.), „Wenn nicht jetzt, wann dann?" (FS H.-J. Kraus), Neukirchen-Vluyn 1983, 87–96; STIPP, Elischa, 176–229. Bloß an Imitation von 2 Kön 3 denkt H. WEIPPERT, Ahab el campeador? Redaktionsgeschichtliche Untersuchungen zu 1 Kön 22, Bib. 69 (1988) 457–479. A. IBAÑEZ ARANA, Miqueas Ben Yimlá y los cuatrocientos profetas (1 Re 22), Scriptorium Victoriense 36 (1989) 225–277, und H. ROUILLARD, Royauté céleste et royauté terrestre en 1 R 22, in: M. Philonenko (éd.), Le Trône de Dieu (WUNT 69), Tübingen 1993, 100–107, erneuern die andersartige Literarkritik von E. WÜRTHWEIN, Zur Komposition von I Reg 22,1–38, in: F. Maass (Hg.), Das ferne und nahe Wort (FS L. Rost), Berlin 1967, 245–254 = DERS., Studien zum Deuteronomistischen Geschichtswerk, 178–187. Gegenüber jeglichen Vorstufenrekonstruktionen zu 1 Kön 22 skeptisch ist H. J. TERTEL, Text and Transmission. An Empirical Model for the Literary Development of Old Testament Narratives (BZAW 221), Berlin – New York 1994, 182–221.

47   Vgl. SCHMITT, Elisa (Anm. 17), 76f.; G. HENTSCHEL, 2 Könige (NEB), Würzburg 1985, 11. Anders T. R. HOBBS, 2 Kings 1 and 2: Their unity and purpose, SR 13 (1984) 327–334.

dass letzteres bei Aufnahme von 2 Kön 2 + 4 ins DtrG bereits dort vorhanden war. Denn Elijas Entrückung und Elischas Einsetzung zu seinem Nachfolger hatten ihren natürlichen Platz hinter der letzten Elija-
und vor der ersten Elischaeinheit. Die Notwendigkeit zur Aufspaltung
von 2 Kön 2 + 4 ergab sich nur, wenn erstens schon eine eng mit dem
Vorderteil des Königsrahmens für Joram verhaftete Elischageschichte
vorhanden war, wie es auf 2 Kön 3,4–27 zutrifft, und wenn man zweitens so wenig Text wie möglich außerhalb des Rahmenwerks einord-
nen wollte. Den Übergang zu 2 Kön 3 glättete dann die Glosse 2,25b,
die Elischa nach Samaria führte, den Ausgangspunkt des Feldzugs der
drei Könige (3,6). Die Prioritätsverhältnisse erweisen so 2 Kön 2 und 4
ebenfalls als jüngere Einbauten im DtrG, was bestätigt, dass die uner-
wartete Position von 2 Kön 2 in der Tat kompositionskritischen Zeugniswert besitzt.

Damit sind die Konsequenzen aus den obigen Überlegungen noch
nicht erschöpft. 2 Kön 8,1–6 fußt auf der Erzählung von der Schunemiterin in Kap. 4 und kann daher nicht früher ins DtrG eingegangen sein
als jene. Die Verwandtschaft von 2 Kön 6,24–7,20 mit 1 Kön 20 ist eine
wohlbekannte Tatsache.[48] Die Feststellungen zur kompositionsgeschichtlichen Aussagekraft der regelwidrigen Position von 2 Kön 2
können auch für 2 Kön 13,14–25 nicht ohne Folgen bleiben. 2 Kön 5
offenbart Toleranzen gegenüber Götzenkulten, die hinter seine originale Zugehörigkeit zum DtrG ein deutliches Fragezeichen setzen. Dies
wirkt sich aus auf die nächste größere Erzählung 2 Kön 6,8–23, mit der
2 Kön 5 verbunden ist durch den Ansatz eines Rahmens (5,2 „die Aramäer zogen in Streifscharen aus" – 6,23 „die Streifscharen der Aramäer
kamen nicht mehr ins Land Israel"), den Gebrauch des Titels „Prophet"
(statt „Gottesmann") für Elischa,[49] das Stichwort „Prophet in Israel"
(5,8; 6,12; vgl. sonst nur Dtn 34,10) und drei Fälle des im AT nur elf Mal
belegten Ausdrucks אֶרֶץ יִשְׂרָאֵל (5,2.4; 6,23).[50] Dass demnach auch

---

48   J. WELLHAUSEN, Die Composition des Hexateuchs und der historischen Bücher des
     Alten Testaments, 1876/7, Berlin ⁴1963, 285.

49   Vgl. sonst 2 Kön 3,11; 9,1.4. Die Belege von „Gottesmann" in 2 Kön 5 und 6,8–23 sind
     mit G* als sekundär zu beurteilen; vgl. STIPP, Elischa, 6–46; N. C. BAUMGART, Gott,
     Prophet und Israel. Eine synchrone und diachrone Auslegung der Naamanerzäh-
     lung und ihrer Gehasiepisode (2 Kön 5) (EThSt 68), Erfurt 1994, 11–13. Anders A. LE-
     MAIRE, Joas, roi d'Israël, et la première rédaction du cycle d'Élisée, in: C. Brekelmans
     – J. Lust (ed.), Pentateuchal and Deuteronomistic Studies. Papers Read at the XIIIth
     IOSOT Congress Leuven 1989 (BEThL 94), Leuven 1990, 245–254, 253 mit Anm. 37.

50   Sonst nur 1 Sam 13,19; Ez 27,17; 40,2; 47,18; 1 Chr 22,2; 2 Chr 2,16; 30,25; 34,7. Vgl.
     TH. WILLI, Die alttestamentliche Prägung des Begriffs אֶרֶץ יִשְׂרָאֵל, in: H. M. Nie-
     mann – M. Augustin – W. H. Schmidt (Hg.), Nachdenken über Israel, Bibel und The-
     ologie (FS K.-D. Schunck), Frankfurt am Main u. a. 1994, 387–397.

diese Aramäerkriegsgeschichte nicht bereits durch die Schöpfer des DtrG* ihrem Werk inkorporiert wurde, überrascht nicht angesichts der freundschaftlichen Unterstützung, die Elischa hier dem König von Israel gewährt.

Nach alldem erweist sich die Notiz von Ahabs Buße und Strafaufschub als ein Schlüsselindiz für die Kompositionsgeschichte der umgebenden Kapitel in den Königsbüchern. Zusammen mit 22,40 dokumentiert sie den sekundären Status der Erzählung vom Tod Ahabs vor Ramot-Gilead im DtrG. 1 Kön 22* wird jedoch selbst von überraschend vielen anderen Prophetengeschichten vorausgesetzt, und zwar entweder direkt oder mittelbar, d. h. durch Voraussetzung von Texten, die ihrerseits nicht vor 1 Kön 22* ins DtrG eingegangen sein können. Die Untersuchung von 1 Kön 21,27–29 und weitere kompositionsgeschichtlich bedeutsame Beobachtungen konvergieren zu dem Schluss, dass ein großer Teil der Prophetenerzählungen in 1 Kön 13 – 2 Kön 13 erst nachträglich in das DtrG Eingang gefunden hat. Ursprünglich war das Werk in diesem Raum erheblich straffer und umfasste vor allem die Erzählungen, die durch das Dynastiewort ein unverkennbar dtr Gepräge erhalten haben (1 Kön 14; 21; 2 Kön 9ff.) oder unlöslich in das dtr Rahmenwerk eingeschmolzen sind (2 Kön 1). Anhand der raschen Folge kurzlebiger Nordreichdynastien veranschaulichte es die Konsequenzen, die nach Meinung seiner Schöpfer die Missachtung der Kultzentralisationsforderung und – noch schlimmer – des Ersten Gebots zeitigen musste. Die Propheten traten vor allem in Erscheinung, um den pflichtvergessenen Herrschern ihre Strafe anzusagen oder den Sturz einer Dynastie durch die Designation einer anderen in Gang zu setzen (9,1ff.). Weitere prophetische Unterstützung für Nordreichkönige, wie sie jetzt wiederholt belegt ist, gab es nicht.

Diese Ergebnisse liefern einige Gesichtspunkte für die Frage nach dem Zweck des ursprünglichen DtrG*. Zunächst haben sie Folgen für die eingangs skizzierte Alternative zweier Hauptmodelle zu seinem Werdegang, insofern sie auf eine weitere Infragestellung des Schichtenmodells hinauslaufen. Denn die hier als spätere Zuwächse beurteilten Prophetenerzählungen sind frei von dtr Zügen, sodass es im untersuchten Bereich keinen Anlass gibt, jüngere dtr Bearbeitungsschichten größeren Umfangs anzunehmen. Im Vergleich zur Analyse Dietrichs ergibt sich sogar ein nahezu gegenteiliges Bild: Während Dietrich u. a. „die meisten Eliageschichten" und „wahrscheinlich den gesamten Elisa-Zyklus" dem ursprünglichen DtrH zuschrieb, die durch das Dynastiewort zusammengehaltenen Texte dagegen dem jüngeren DtrP,[51] erscheinen hier gerade die Belege des Dynastieworts als zentrale Strukturelemente der Urfassung, und die meisten übrigen Prophetenerzählungen stellen sich als spätere Einbauten heraus. Der Größe DtrP, einer Hauptsäule des Schichtenmodells, entschwindet so die Grundlage.

Dagegen lassen sich unsere Resultate mühelos mit einem Blockmodell in der Gestalt eines joschijanischen DtrG* kombinieren. Die Ausklammerung der als sekundär erkannten Erzähleinheiten bewirkt nämlich eine Konzentration der Darstellung auf die „Sünde Jerobeams", die kultische Apostasie und den Götzendienst des Nordreichs sowie deren Folgen. Dies würde ausgezeichnet passen zu einem Geschichtswerk, das vor allem als eine Werbe- und Warnschrift zur propagandistischen Absicherung der joschijanischen Reformen entworfen worden wäre. Das Beispiel Israels lieferte drastischen Anschauungsunterricht, wohin es führen musste, wenn dem Anspruch JHWHs auf Alleinverehrung an seiner erwählten Kultstätte der Gehorsam versagt blieb. Dafür haben die dtr Redaktoren aus dem zeitgenössischen Angebot an Erzählstoffen jedoch eine erheblich engere Auswahl getroffen, als der heutige Zustand erkennen lässt.

4. Erwägungen zum Buchwesen in alttestamentlicher Zeit

Die vorstehenden Schlussfolgerungen erfordern die Vorstellung, dass das DtrG* gegenüber seinem ursprünglichen Zustand später noch gewachsen ist, was nach der Indizienlage obendrein in mehreren Schüben vonstatten gegangen sein muss. Wenn dies auf die Prophetenerzählungen der Königsbücher zutrifft, muss man naturgemäß in anderen Teilen des Werkes mit ähnlichen Vorgängen rechnen, und derartige Hypothesen gibt es ja genug. Das erscheint jedoch keineswegs abwegig, wenn man sich vergegenwärtigt, dass im Alten Testament nahezu die komplette ältere Erzählliteratur in einer einzigen Großkomposition vereinigt ist, nämlich den Büchern Gen – 2 Kön, also Tetrateuch und Deuteronomistisches Geschichtswerk zusammengenommen. Hat man folglich damals neben diesen beiden Hauptwerken keine Erzählungen mehr geschaffen bzw. erhaltenswert gefunden? Fielen etwa Stoffe, die die Schöpfer von Tetrateuch und DtrG aus Unkenntnis, theologischen Vorbehalten oder welchen Gründen auch immer nicht berücksichtigt hatten, damit automatisch der Vergessenheit anheim? Die radikale

---

51 DIETRICH, Prophetie und Geschichte (Anm. 10), 134–148, Zitat 145. Vgl. auch R. SMEND, Die Entstehung des Alten Testaments, Stuttgart u. a. ⁴1989, 122.

Konzentration der narrativen Memorabilien auf eine einzige Großkomposition muss gegenüber solchen Schlüssen skeptisch stimmen. Die kompositionsgeschichtlichen Indikatoren in den Prophetenerzählungen in 1 Kön 13 – 2 Kön 13 deuten in eine andere Richtung. Anscheinend war das DtrG* zunächst weniger umfangreich, als M. Noth glaubte, nahm aber im Verlauf seines allmählichen Zugewinns an Autorität den Rang eines sicheren Hafens für weitere literarische Materialien an. Wollte man solchen Lesestoffen Dauerhaftigkeit und Öffentlichkeitswirkung verschaffen, war der natürliche Weg, sie dem angesehenen und sorgfältig gepflegten Hauptwerk einzuverleiben. Die Möglichkeit dazu lag in den Händen von Personen, die Zugriff auf das Werk besaßen, es in Ehren hielten, studierten und für seine Erhaltung sorgten. Die aufgrund der gebrauchsbedingten Abnutzung der Schriftrollen von Zeit zu Zeit erforderliche Herstellung einer neuen Kopie bot Gelegenheit, zusätzliche Materialien oder Retuschen einzuflechten. N. Lohfink hat ein bedenkenswertes Panorama dieser Art israelitischen Buchwesens entworfen, wo ein entsprechend gerüsteter und interessierter Kreis ein werdendes biblisches Buch unterhielt und periodisch aktualisierte.[52] So kann man sich einen Reim darauf machen, wie es kommt, dass ein erheblicher Teil des AT auf hochkompliziert geschichtete Großkompositionen wie den Tetrateuch,[53] das DtrG oder die Bücher Jesaja und Jeremia entfällt. Welcher Hypothese zu deren Werdegang auch immer ein kritischer Forscher heute folgen mag, er wird nicht um die Annahme einer komplexen Genese herumkommen.

Solche Überlegungen erlauben es, sich das Zustandekommen der heutigen Befundlage in 1 Kön 13 – 2 Kön 13 auszumalen. Dort wurde eine Anzahl von Erzählungen bzw. Erzählkränzen sukzessiv in den jeweils älteren Bestand eingebettet. Dabei handelt es sich teilweise um Stücke, die keinen Grund bieten zu zweifeln, dass sie schriftlich vorlagen und praktisch unverändert übernommen wurden. In anderen Fällen legen Unselbstständigkeit, Anknüpfung an andere Texte oder die Technik der Einpassung nahe, dass die betreffenden Erzählungen erst beim Hineinschreiben ins DtrG ihre vorfindliche Gestalt erhalten

---

52 N. LOHFINK, Gab es eine deuteronomistische Bewegung?, in: W. GROß (ed.), Jeremia und die »deuteronomistische Bewegung« (BBB 98), Weinheim 1995, 313–382 (ND in: DERS., Studien zum Deuteronomium und zur deuteronomistischen Literatur, Bd. 3 [SBA.AT 20], Stuttgart 1995, 65–142); darin die Abschnitte „IV. Was waren eigentlich, Bücher in biblischer Zeit?" und „V. Gibt es Zusammenhänge zwischen Textgestalt und ‚Bewegungen'?" (335–349).

53 Man vergleiche nur, wieviele späte Zusätze im Pentateuch der zu Recht vielbeachtete Entwurf von E. BLUM annehmen muss: Studien zur Komposition des Pentateuch (BZAW 189), Berlin – New York 1990, 361–382.

haben. Ein Musterbeispiel ist die Kombination 1 Kön 13 + 20,35–43. Dann sind die exilisch-nachexilischen Autoren dieser Fassungen mit ihren schriftlichen Vorlagen freier umgegangen, oder sie haben aus einer noch lebendigen Erzähltradition geschöpft. Mit einer solchen muss man rechnen, gleichgültig, ob man den Einbau vorformulierter Stücke oder Neuformulierungen erklären will. Denn es ist schwer vorstellbar, dass unter damaligen Umständen Geschichten, deren Hintergrund auch noch auf das Nordreich weist, möglicherweise Jahrhunderte rein archivalisch überdauerten, dann aber ins DtrG eingereiht wurden, ohne dass ein entsprechendes Interesse, das sich auch in Erzählpraxis niederschlug, ihre Bewahrung sicherstellte. Allein die Tatsache, dass solche Texte bzw. Stoffe entweder den Redaktoren des DtrG* Ende des 7. Jahrhunderts oder späteren Ergänzern zur Verfügung standen, verlangt die Annahme eines ihren Erhalt sichernden Verwendungszusammenhangs. Was Neuformulierungen angeht, ist daher die Unterscheidung zwischen dem traditionsgeschichtlichen und dem literarischen Alter dieser Stücke unerlässlich.

Traditionsgeschichtliche Beobachtungen zu den Kriegserzählungen der Königsbücher

Die Königsbücher übermitteln in 1 Kön 11 bis 2 Kön 13 eine Sammlung von Erzählungen von Propheten und Gottesmännern, die den Anspruch erheben, uns in die Welt des israelitischen Nordreichs im späten zehnten und im neunten Jahrhundert zu führen. Nur ein Teil liegt in eindeutig deuteronomistischer Fassung oder Bearbeitung vor (vgl. 1 Kön 11,27–40; 14,1–18; 16,1–4; 21; 2 Kön 9–12) und trägt damit sprachlich und theologisch den Stempel der Entstehungszeit des DtrG* im späten 7. Jh.[1] Bei der Mehrheit ist das nicht der Fall, namentlich bei den Elija- und Elischageschichten, die die größten Teilsammlungen ausmachen. So stellt sich die Frage, welche Phase(n) der Theologiegeschichte Israels die von dtr Einflüssen unberührten Geschichten bzw. die vordtr Passagen der dtr edierten Erzählungen widerspiegeln. Häufig ist man geneigt, in diesen Stücken im Wesentlichen Zeugnisse jener Epochen zu erblicken, von denen sie auch berichten, bzw. sie nicht viel später anzusetzen, sodass ihre Abfassung noch im 9. oder im frühen 8. Jh. gesucht wird. Solche Entscheidungen sind folgenreich, weil sie darüber befinden, welche Texte in Betracht kommen als Zeugnisse für jene frühe Phase der JHWH-Religion, in der sich maßgebliche Weichenstellungen auf dem Weg zum normativen Jahwismus abgespielt haben müssen, über die die Quellen allerdings sonst nicht eben reichlich fließen.

Datierungsfragen sind für jede literarische Einheit separat und nach sorgfältiger Rechenschaft über ihre literarischen Eigenarten zu beantworten. Der Tatbestand, dass die betreffenden Geschichten sich selbst in eine bestimmte Epoche hineinstellen, besagt ja für sich genommen so wenig wie bei den Prophetenerzählungen im Sondergut der Chronik. Wie die vorliegende Untersuchung zu zeigen unternimmt, belegen verschiedene Indizien, dass man auch bei den Erzähleinheiten der Königsbücher mit einem recht differenzierten Spektrum von Möglichkeiten

---

1   Ich folge denjenigen Forschern, die mit einer vorexilischen, joschijanischen Ausgabe des DtrG rechnen. Vgl. F. M. CROSS, Canaanite Myth and Hebrew Epic. Essays in the History of the Religion of Israel, Cambridge (Mass.) 1973, 274–289; vgl. H.-J. STIPP, Ende bei Joschija. Zur Frage nach dem ursprünglichen Ende der Königsbücher bzw. des deuteronomistischen Geschichtswerks, in diesem Band S. 391–439.

rechnen muss. Als besonders aussagekräftige Beispiele erscheinen jene Stücke, die kriegerische Ereignisse des 9./8. Jhs. darstellen oder sie als Hintergrund benutzen. Damit räumen sie nämlich die Möglichkeit ein, die historische Kulisse und ihre literarische Verarbeitung zu vergleichen und so Anhaltspunkte für die traditionsgeschichtliche Nähe oder Ferne zu dem Zeitraum zu gewinnen, von dem sie zu berichten beanspruchen. Ihnen soll im folgenden das Augenmerk gelten, und zwar mit dem Schwerpunkt auf traditionsgeschichtlichen Problemen. Was die vorgeordneten Fragen der Textentwicklung betrifft (Text-, Literar-, Redaktions- und Kompositionsgeschichte), so sind häufige Rückgriffe auf bereits andernorts gewonnene Ergebnisse unvermeidlich, die hier nur noch allenfalls summarisch begründet werden können.[2]

1. Vorüberlegungen

Bekanntlich sind bei Datierungsversuchen die traditionsgeschichtlichen, literarischen und redaktions- bzw. kompositionsgeschichtlichen Ebenen zu unterscheiden. Es ist also jeweils separat zu klären, erstens in welche Zeit die in den Texten bezeugten Traditionen verweisen; zweitens wann die vorliegenden Dokumente Schriftform annahmen und wann sie ggf. schriftlichen Bearbeitungen unterzogen wurden; und schließlich drittens wann sie in ihren heutigen Kontext eingingen. Was den letzten Schritt – den Einbau ins DtrG – betrifft, hat die Forschung eine Anzahl von Indizien erhoben, die die Folgerung nahelegen, dass es eine ältere Form des Werkes gegeben hat, die nur einen Teil der heute in Kön vorliegenden Prophetenerzählungen[3] enthielt, während der Rest in späteren Arbeitsgängen eingefügt worden ist. Diese Schlüsse beruhen vor allem auf Spannungen zum Rahmenwerk und den theologischen Konzepten des DtrG sowie auf den Abhängigkeitsverhältnissen der Texte untereinander.[4] Solche Annahmen sagen indessen nur

---

2   H.-J. STIPP, Elischa – Propheten – Gottesmänner. Die Kompositionsgeschichte des Elischazyklus und verwandter Texte, rekonstruiert auf der Basis von Text- und Literarkritik zu 1 Kön 20, 22 und 2 Kön 2–7 (ATSAT 24), St. Ottilien 1987 (= E); dort auch Auseinandersetzung mit der älteren Literatur. Die Zitation des hebräischen Textes nach Sätzen ist im Folgenden modifiziert nach W. RICHTER, Biblia Hebraica transcripta. BH[t]. 6. 1 und 2 Könige (ATSAT 33.6), St. Ottilien 1991, außer dass Relativsätze separat gezählt werden.

3   Der Kürze halber wird hier davon abstrahiert, ob der Protagonist tatsächlich den Nabi-Titel trägt bzw. in einer für Propheten typischen Weise auftritt.

4   Vgl. H.-J. STIPP, Ahabs Buße und die Komposition des deuteronomistischen Geschichtswerks, in diesem Band S. 269–293.

dann etwas über das Alter der Traditionen und ihrer Verschriftung, sofern die Geschichten beim Eintrag ins DtrG ihre vorfindliche Gestalt angenommen haben, wofür es in bestimmten Fällen Anzeichen gibt.[5] Sie besagen jedoch wenig, wenn es sich um den Einbau vorformulierter Stücke handelt. Doch selbst bei letzteren sind die Textmerkmale den Frühdatierungen nicht immer günstig.

Bevor Beispiele erörtert werden, erscheint es sinnvoll, einige Implikationen des Tatbestands darzulegen, dass Erzählungen der hier betroffenen Art ins DtrG eingegangen sind. Wir finden ja in einem Literaturwerk des Südreichs Geschichten, die Gestalten und Ereignisse aus dem Nordreich des 10. und 9. Jhs. behandeln, also aus einer Epoche, die dem Ursprung des DtrG zwei- bis dreihundert Jahre vorausliegt, und aus einem anderen Staat, der bei allen Gemeinsamkeiten über weite Strecken in einem gespannten Verhältnis zu Juda gestanden hatte und obendrein mindestens ein volles Jahrhundert lang nicht mehr existierte. Welche Interessen könnten die Weitervermittlung solcher Traditionen nach Juda begünstigt haben? Die Frage stellt sich umso mehr, als ein Großteil dieser Geschichten Probleme und Milieus in den Vordergrund rückt, von denen zweifelhaft ist, ob ihr Stellenwert im Südreich jenem Rang nahekam, den sie nach dem Zeugnis der Texte in Israel einnahmen, sodass sie als natürliche Transmissionsriemen hätten dienen können. Von der heftig polarisierenden Baalsverehrung, die die Elijaüberlieferungen nachhaltig geprägt hat, hören wir aus Juda wenig.[6] Die „Prophetenjünger" (בְּנֵי הַנְּבִיאִים) genannten Angehörigen religiöser Gruppen mit einem ordensähnlichen Gemeinschaftsleben sind im Südreich nicht belegt, wiewohl es Beachtung verdient, dass Am 7,14 eine Szene entwirft, in der Amos immerhin betonen zu müssen meint, dass er kein Prophetenjünger sei, wonach sich diese Tatsache keineswegs aus seiner dem Amazja bekannten (V. 12) judäischen Herkunft von selbst verstand. Angesichts des zeitlichen und örtlichen Abstands ist es also keine Selbstverständlichkeit, dass derlei Texte oder Stoffe bei Abfassung des DtrG oder später vorlagen. Es ist erst recht bemerkenswert,

---

5   Vgl. die einschlägigen Angaben in E 463–480.
6   Vgl. Zef 1,4. Die übrigen Belege sind durchweg Früchte dtr Theorie. Vgl. 2 Kön 11,18; 21,3; 23,4–5; Jer 7,9; 9,13; 11,13.17; 12,16; 19,5; 32,29.35; und dazu H. SPIEKERMANN, Juda unter Assur in der Sargonidenzeit (FRLANT 129), Göttingen 1982, 200–212; zu Jer J. JEREMIAS, Der Begriff ‚Baal' im Hoseabuch und seine Wirkungsgeschichte, in: W. Dietrich – M. A. Klopfenstein (Hg.), Ein Gott allein? JHWH-Verehrung und biblischer Monotheismus im Kontext der israelitischen und altorientalischen Religionsgeschichte (OBO 139), Freiburg Schweiz – Göttingen 1994, 441–462, 455–457.

wenn man mit einer gewissen Kluft zu den Verhältnissen und Problemen in Juda rechnet.

Es wäre wünschenswert, wir wüssten mehr davon, wie diese Erzählungen den Weg von ihrem Ursprung ins DtrG haben finden können. Meist wird dieser Frage wenig Aufmerksamkeit zuteil, und zwar wohl schon deshalb, weil wenig Möglichkeiten näherer Klärungen zu erkennen sind. Die gängige Annahme lautet, die meist nicht weit von den Lebenszeiten ihrer Protagonisten abgefassten Texte seien später nach Jerusalem verbracht worden, womöglich durch Flüchtlinge im Gefolge der assyrischen Vernichtung des Staates Israel. Es ist ein Implikat dieses Modells, dass die betroffenen Geschichten in Schriftform rund zweihundert Jahre, jedenfalls aber deutlich über ein Jahrhundert überdauert haben müssen, und zwar teilweise in Israel und in Juda. Sie müssen also hinreichend vielen Menschen wichtig genug gewesen sein, dass man sie erhielt und über die Grenzen bzw. das Ende des Nordstaats hinaus verbreitete. Allein die Tatsache, dass solche Erzählungen überhaupt zur Aufnahme ins DtrG zur Verfügung standen, macht angesichts der damaligen politischen, ökonomischen und materialtechnischen Rahmenbedingungen den Schluss unumgänglich, dass sie zuvor auch regelmäßig Verwendung fanden, also Medium einer ungebrochenen Erzähltradition waren, die nicht auf das Umfeld ihrer ältesten traditionsgeschichtlichen Wurzel – der Prophetengilden des Nordreichs – begrenzt war. Anders gesagt: Ihre Bewahrung kann nie rein archivalischer Natur gewesen sein. Denn die Unterweisung in der Schreibkunst, die Materialien für größere schriftliche Dokumente und deren Konservation unter den gegebenen klimatischen Verhältnissen erzeugten Kosten, die man nicht ohne Blick auf den Nutzen der Investition eingegangen sein wird. Andererseits werden die Prophetengilden in den Texten selbst als derart bettelarm beschrieben (2 Kön 4,1–7.38–42; 6,5; vgl. 5,22), dass man sich fragen muss, welche Möglichkeiten dort zur Finanzierung von Alphabetismus, Herstellung und Aufbewahrung von Texten bestanden.[7] Natürlicher Ort für die archivalische Konservation nationaler Denkwürdigkeiten war ferner das Regierungszentrum. Ein Teil der vorliegenden Texte verrät jedoch eine königskritische Einstellung, die sich nicht auf die Polemik gegen eine bestimmte Dynastie beschränkt – was im Interesse späterer Herrscher liegen mochte –, sondern das Nordreichkönigtum generell ins Visier nimmt (1 Kön 13; 22;

---

7   Den engen Zusammenhang zwischen Lebensstandard und Gebrauch der Schreibkunst illustriert D. W. JAMIESON-DRAKE, Scribes and Schools in Monarchic Judah. A Socio-Archeological Approach (JSOT.S 109 / The Social World of Biblical Antiquity Series 9), Sheffield 1991. Nach seinen Ergebnissen ist Alphabetismus in einem Milieu wie dem der Prophetenjünger sehr unwahrscheinlich.

2 Kön 3; 5; 6,24–7,20[8]). Deshalb wird man nicht gerade an den – obendrein nach den Jehuiden äußerst instabilen – israelitischen Königshof als zeitweiligen Garanten ihres Erhalts denken. Was schließlich das Fortleben der Erzählungen in Juda angeht, so hat man gewiss keine Texte nach Jerusalem transportiert, die zuvor lediglich unbenutzt in Archiven ruhten, und ebenso wenig hat man sie später ins DtrG aufgenommen, obwohl sie bis dahin bloß in Ablagen geschlummert hatten.

Der Ausschluss des Gegenteils erfordert nach alldem folgende Konsequenz: Die schriftlichen Fassungen der Prophetenerzählungen in den Königsbüchern waren der literarische Niederschlag einer kontinuierlichen, hinreichend breiten Erzählpraxis und dienten ihrerseits deren Förderung, und zwar vor ihrem Einbau ins DtrG ebenso wie danach. Dass die Inkorporation ins DtrG natürlich nichts anderes bewirkte als eben jene Erzählpraxis wieder rückwirkend zu stimulieren, veranschaulichen ja schon das Echo der Geschichten von Elija und Elischa in Jesus Sirachs Lob der Väter (Sir 48,1–16) und die vielfältigen Anspielungen im Neuen Testament, namentlich im lukanischen Doppelwerk. Das Interesse an diesen Erzählungen beschränkte sich also damals wie heute keineswegs auf den Bannkreis ihres traditionsgeschichtlichen Wurzelbodens. Wäre es anders, gäbe es sie nicht mehr. Um beispielhaft eine konkrete Folgerung beim Namen zu nennen: Von Elija, Elischa und der Aramäernot Israels hat man auch in Juda erzählt, und das nicht erst nach der Schaffung des DtrG.

Diese Feststellungen mögen selbstverständlich klingen, doch hat es den Anschein, dass sie bei Hypothesen über das Alter gegebener Prophetenerzählungen nicht selten außer acht bleiben. Häufig wird allein aus dem Tatbestand, dass die fraglichen Geschichten an Schauplätzen des Nordreichs spielen, auf einen nicht nur traditionsgeschichtlichen, sondern auch literarischen Ursprung im Nordreich geschlossen. Protagonisten wie Elija und Elischa oder die Erwähnung von Prophetenjüngern reichen oft für die Annahme, ein Text rühre aus israelitischen Prophetengruppen her.[9] Nach den vorstehenden Überlegungen erscheint

---

8   Die Erzählung ist in 6,31.32c–33a einer scharf königsfeindlichen Revision unterzogen worden; vgl. H. SCHWEIZER, Elischa in den Kriegen. Literaturwissenschaftliche Untersuchung von 2 Kön 3; 6,8–23; 6,24–7–20 (StANT 37), München 1974, 311–323; E 343–358. Diesen Affekt gegen das israelitische Königtum findet man in der Grundschicht nicht, doch schlägt die dem König in 7,12–14 zugeschriebene irrige Lagebeurteilung auch nicht zu seinem Vorteil aus; vgl. SCHWEIZER ebd. 379.

9   So z.B. W. THIEL, Sprachliche und thematische Gemeinsamkeiten nordisraelitischer Prophetenüberlieferungen, in: J. ZMIJEWSKI (Hg.), Die alttestamentliche Botschaft als Wegweisung (FS H. Reinelt), Stuttgart 1990, 359–376, bes. 359f.; ND in DERS., Gelebte Geschichte. Studien zur Sozialgeschichte und zur frühen prophetischen Geschichtsdeutung Israels, hg. v. P. Mommer u. S. Pottmann, Neukirchen-Vluyn 2000, 122–138.

das keineswegs zwingend. Wenn man aus diesem Milieu stammende Erzählungen auch außerhalb weitergab, warum könnten dann solche Geschichten nicht auch andernorts entstanden oder derart weiterentwickelt worden sein, dass ältere Traditionen völlig von jüngeren Einflüssen überlagert wurden?

Derartige Überlegungen erscheinen erst recht angebracht, wenn man die Prophetenerzählungen der Königsbücher näherem Augenschein unterzieht. Manche von ihnen zeichnen das Milieu ihrer Hauptfiguren so unspezifisch, dass es bloß sehr allgemeiner Kenntnisse bedurfte, um solche Porträts zu entwerfen. Das Problem lässt sich leicht am Elischazyklus veranschaulichen. Mehrere Geschichten setzen lediglich eine Art Standardstaffage der Person Elischas voraus, wonach er im Nordreich lebte, Wunder wirkte, Kontakt mit den Prophetenjüngern unterhielt und von einem Diener umgeben war (4,38–44; 6,15–17), der, sofern er einen Namen trug, Gehasi hieß (4,12–36; 5,20–27; 8,4–5). Dies ist ein begrenztes Sortiment literarischer Charakteristika, das geringe Anforderungen an das Erinnerungsvermögen stellte und auch in Zusammenhängen mühelos verwendbar war, die Elischa schon sehr fern standen. Es ist schwer einzusehen, dass bereits einzelne Elemente aus diesem Inventar einen engen traditionsgeschichtlichen Konnex mit dem historischen Elischa garantieren sollen. Solche Merkmale sind ebenso erklärlich als konventioniertes literarisches Profil, dessen man sich zu sehr verschiedenen Zeiten und Orten bedienen konnte. Es stattete seinen Träger mit einem festen Repertoire typischer Züge aus, dessen Kenntnis zur sprachlichen Kompetenz der Erzählgemeinde zählte und analog den Attributen funktionierte, die auf bildlichen Darstellungen Göttergestalten identifizierten.

Freilich ergibt die Prüfung des traditionsgeschichtlichen Zeugniswerts solcher Merkmale bloß negativ, dass sie über die Entstehung einer gegebenen Einheit wenig aussagen. Sie bürgen nicht für ein hohes Alter, sprechen aber natürlich auch nicht dagegen. Dass indessen tatsächlich in bestimmten Fällen mit einem beträchtlichen Abstand zu jener Epoche zu rechnen ist, von der die Texte berichten, belegen vor allem jene Prophetengeschichten, die sich in irgendeiner Weise auf zeitgenössische Kriege beziehen. Ihnen muss sich nun die nähere Analyse zuwenden.[10]

---

10 Vgl. auch J. ASURMENDI, Las guerras de Eliseo como relatos ficticios, in: J. Carreira das Neves (Hg.), III Simposio bíblico español (Fundación bíblica española), Valencia – Lisboa 1991, 185–201.

2. Die Kriegserzählungen in den Königsbüchern

Die meisten einschlägigen Texte stehen in 1 Kön 20 bis 2 Kön 8 und drehen sich – mit Ausnahme von 2 Kön 3 – um Konflikte mit den Aramäern. Im DtrG sind die Aramäerkriegserzählungen also weit überwiegend der Zeit der Omriden zugeordnet. In der neueren Forschung wird indessen mit guten Gründen die Meinung bevorzugt, dass es im Einklang mit den relativ zuverlässigen Rahmennotizen des DtrG und außerbiblischen Quellen während der Omridenherrschaft – abgesehen von der Endphase unter Joram (2 Kön 8,28–29; 9,14–15) – keine größeren Kämpfe mit den nördlichen Nachbarn gegeben hat. Eher befand sich Israel damals im Bündnis mit Aram zur gemeinsamen Abwehr der assyrischen Expansion, wie Ahab 853 in der Schlacht bei Karkar. Die fraglichen Erzählungen wurzeln vielmehr in Erinnerungen an die Aramäerkriege, die unter Jehu zu empfindlichen territorialen Verlusten führten (2 Kön 10,32–33) und ihren Höhepunkt unter Joahas erreichten (2 Kön 13,3.7.22–25; vgl. V. 4–5). Das Bild enormer Überlegenheit der Aramäer, die nach Belieben in westjordanische Gebiete vordringen und vor israelitischen Städten aufmarschieren, wie es die Texte wiederholt voraussetzen (1 Kön 20; 2 Kön 6,8–23; 6,24–7,20; vgl. 5,1–2), passt am ehesten auf die Jahre des Joahas.[11] Erst unter seinem Nachfolger Joasch besserte sich die Lage wieder zugunsten Israels (2 Kön 13,25; vgl. V. 14–19).

Wichtig für unsere traditionsgeschichtliche Rückfrage ist der Umstand, dass die historisch relativ vertrauenswürdigen Rahmennotizen des DtrG die Aramäerkriege als die bedrohlichste Existenzkrise des Nordstaats nächst seiner Vernichtung durch die Assyrer charakterisieren. Die Frage, ob die erzählerischen Reflexe dieser Kämpfe in Erzählhaltung und Aussageintention etwas von der Not und Demütigung jener Jahre widerspiegeln, dürfte für das Urteil über ihren traditionsgeschichtlichen Status von nicht geringer Bedeutung sein. Legt man einen solchen Maßstab an, widerraten die meisten Textzeugnisse dem Versuch, ihren Ursprung traditionsgeschichtlich oder gar literarisch zu nahe an diese Phase der israelitischen Geschichte heranzurücken. Sie sind nicht nur extrem wunderhaft und unrealistisch, sondern zeichnen auch ein Bild der Aramäer, wo diese bei aller militärischen Dominanz

---

11 Vgl. A. JEPSEN, Israel und Damaskus, AfO 14 (1941–44), 153–172, und die Arbeiten von J. M. MILLER: The Elisha Cycle and the Accounts of the Omride Wars, JBL 85 (1966) 441–454; The Fall of the House of Ahab, VT 17 (1967) 307–324; The Rest of the Acts of Jehoahaz (1 KINGS 20.22,1–38), ZAW 80 (1968) 337–342; und seither oft bestätigt.

erstaunlich harmlos wirken. Je ausgeprägter diese Züge sind, umso schwerer fällt ihre Erklärung, setzt man die noch frische Erinnerung an die von aramäischer Hand erlittenen Schläge oder an die erst jüngst errungene Schwächung des aramäischen Jochs voraus.

Nicht allzu fern von den Ereignissen kann immerhin *1 Kön 20,1–34*[*12] entstanden sein. Dort gelingt es dem israelitischen König[13] auf prophetischen Bescheid hin, die aramäischen Belagerer Samarias durch die nur 232 Mann umfassende Truppe der נַעֲרֵי הַמְּדִינוֹת[14] (eine Spezialeinheit?) in die Flucht zu schlagen. In einem neuerlichen Feldzug muss der aramäische Herrscher Ben-Hadad feststellen, dass die Meinung seiner Ratgeber, JHWH sei ein Berggott, weswegen seine Verehrer bei Gefechten in der Ebene unterlegen seien (V. 23–25), unzutreffend ist: Die Israeliten, obwohl verglichen mit ihren Gegnern nur „zwei Ziegenherden", während jene „das ganze Land füllten" (V. 27), vermögen die Aramäer vernichtend zu schlagen (V. 29f.). Bestätigt wird allerdings die Auffassung von Ben-Hadads Beratern, dass die israelitischen Könige „gnädig" (מַלְכֵי חֶסֶד) seien. Als Ben-Hadad in aussichtsloser Lage beim israelitischen König um Großmut flehen lassen muss, akzeptiert ihn jener als seinen „Bruder", um ihn dann gegen die Rückerstattung geraubter Städte und die Gewährung von Handelskonzessionen freizulassen (V. 31–34).

Die erzählten Begebenheiten tragen im Unterschied zu den anderen Textbeispielen bei aller Wunderhaftigkeit einige realistische Züge. Die Freilassung der überlebenden Aramäer geht – anders als in 2 Kön 6,8–23 – immerhin mit Gegenleistungen einher, was eine darstellerische Bindung an die Funktionsweise realweltlicher politischer Prozesse bezeugt. Die als Inhalt des „Vertrags" (בְּרִית V. 34) angedeutete Zusage Ben-Hadads, die „Städte" (עָרִים) zurückzugeben, die sein Vater dem Vater des Königs von Israel „weggenommen" (לקח) habe, entspricht realweltlich üblichen Abkommen und geht wahrscheinlich auf zutreffende historische Reminiszenzen zurück. Dafür plädiert die Notiz 2 Kön 13,25, wonach es Joasch gelungen sei, einen aramäischen Regenten mit dem gleichen Namen Ben-Hadad dreimal zu schlagen und ihm die „Städte" (עָרִים) wieder zu entreißen, die jener Joaschs Vater Joahas „weggenommen" (לקח) hatte. Die abweichende Situierung dieser Parallele bei den Jehuiden und die Rede von drei Siegen (vgl. auch 13,19),

---

12   Zur text- und literarkritischen Analyse vgl. E 230–267.

13   Dass die Identifikation des Königs mit Ahab in V. 2.13.14 auf sekundären literarischen Vorgängen beruht, ist heute nahezu unbestritten.

14   Das in *MT* hinzugefügte Glied שָׂרֵי beruht auf Glossierung (E 233f.).

während 1 Kön 20 nur von zweien berichtet,[15] sprechen für eine separate Überlieferung, die den Angaben in 1 Kön 20,34 eine unabhängige Bestätigung liefert und zu den Argumenten für die Herkunft des Erzählstoffs aus der Zeit der Jehudynastie zählt. Eine ähnliche Stütze ihrer Historizität erhält die Schlacht bei Afek (V. 26.30) durch 2 Kön 13,17, wo Elischa dem Joasch einen entscheidenden Triumph über die Aramäer bei Afek verheißt. Realistische Züge in der Erzählweise und historisch verankerte Details bieten zwar keine Gewähr für ein hohes Alter, sprechen aber wenigstens nicht dagegen und sind ihm insgesamt eher günstig. Gewiss sind die militärischen Erfolge der Israeliten in 1 Kön 20 wunderhaft gesteigert, doch in einer Weise, die man sich schon recht bald nach der Zurückdrängung der aramäischen Expansion vorstellen kann.

Demgegenüber sind die in *2 Kön 6,8–23* erzählten Vorgänge rein mirakulös und legendarisch. Elischa hat hellseherische Kenntnis von geheimsten gegnerischen Plänen, weswegen die Aramäer eigens eine starke Truppe aussenden, um seiner habhaft zu werden (V. 9.12–15). Doch der Prophet kann durch sein Gebet die Verblendung der Angreifer bewirken, sodass sie sich willenlos mitten in die Stadt Samaria führen lassen (V. 18–20). Auf Geheiß Elischas verzichtet der König von Israel darauf, seine Gefangenen niederzumetzeln, bewirtet sie stattdessen generös und entlässt sie zu ihrem Herrn. Ohne dass er der aramäischen Streitmacht in seiner Hand als Faustpfand bedarf, um seinen Erzfeinden Zugeständnisse abzuhandeln, bewirkt sein Verhalten das Ende der aramäischen Angriffe auf Israel (V. 21–23). Die völlig unrealistische Darstellungsweise schließt auch eine auffällig unbedrohliche Zeichnung der Aramäer ein. Deren Krieg mit Israel beschränkt sich normalerweise auf Überfälle (in dieser Richtung sind wohl die schwer übersetzbaren und textlich umstrittenen Worte תַּחֲנֹתִי und נְחתִים in V. 8f. zu verstehen), ein Problem, das schon entschärft ist, wenn der König von Israel bloß die Orte der aramäischen Hinterhalte vermeidet (V. 10). Durch einen Beweis nobler Großzügigkeit kann er die Bösewichter von ihren Missetaten abbringen. In solch fast märchenhaft-naiver Weise hat man gewiss nicht in frischer Erinnerung an die Aramäernot erzählt. Es wird im Gegenteil geraume Zeit verstrichen sein, bis die Voraussetzungen zu einem derartigen Umgang mit jener schmerzlichen Periode israelitischer Geschichte gegeben waren.

---

15 ST. L. MCKENZIE, The Trouble with Kings. The Composition of the Book of Kings in the Deuteronomistic History (VT.S 42), Leiden 1991, 90, findet den dritten Sieg in 1 Kön 22. Es sollte jedoch nicht übersehen werden, dass das Kapitel von einer israelitischen Niederlage erzählt.

Ähnlich weit erscheint die Kluft zum konkreten Erlebnis der Aramäerkriege in der Geschichte *6,24–7,17d*.[16] Vordergründig eine Kriegserzählung, ist sie literarisch geformt als Legende von der Bewahrheitung von Elischas Ansage des Endes einer Hungersnot. Sie beginnt mit
der Nachricht von einer aramäischen Belagerung Samarias (6,24), um
sogleich als deren Konsequenz eine „große Hungersnot" (רָעָב גָּדוֹל)
mit der extremen Überteuerung sonst wertloser Nahrungsmittel ins
Zentrum zu rücken (6,25). Die folgende Erzählung kreist um die Behebung der Hungersnot, kenntlich an der Rückkehr zu normalen Lebens-
mittelpreisen. Das ist es, was Elischa in seinem Orakel 7,1 verheißt, und
der skeptische Adjutant des Königs bezweifelt die Glaubwürdigkeit
seiner Prophezeiung mit dem Argument, dass selbst „Schleusen am
Himmel" die Not nicht zu brechen vermöchten (7,2), als ob der Mangel
nicht durch die Belagerung, sondern durch eine Dürre verursacht sei.
Charakteristisch für die literarische Machart dieser Geschichte, erwähnen Elischa und der Adjutant den Krieg überhaupt nicht.[17] Dementsprechend erreicht die Erzählung ihr Gleichgewicht durch die Normali-
sierung des Preisniveaus, wie von Elischa angekündigt (7,16). Die
Aussagen über die Zerrüttung und Restabilisierung des Preisgefüges in
6,25; 7,2 und 7,16 verleihen dem Text sein tragendes Gerüst. Bemerkenswerterweise besteht die Problemlösung nicht etwa in einem militärischen Erfolg der Israeliten, und die Frage, welche Folgen die Flucht
der Gegner für die aramäische Bedrohung überhaupt gezeitigt haben
könnte – also beispielsweise ein Ende des Konflikts wie in 1 Kön 20,34
und 2 Kön 6,23 –, liegt jenseits des Horizonts der Erzählung. Dagegen
verwendet sie einen beachtlichen Anteil der Textmenge darauf, mit
üppigen pittoresken Details die Entdeckung des aramäischen Abzugs
durch vier Aussätzige auszumalen (7,3–11), und zwar, wie schon immer zu Recht betont wurde, mit geradezu burlesken Motiven.
    Wir haben also in 2 Kön 6,24–7,17* einen Reflex der Kämpfe mit
den Aramäern vor uns, in der der Krieg literarisch zur Kulisse für die

---

16 In der Einheit 6,24–7,20 stellen die antikönigliche Erweiterung 6,31.32c–33a und die
    Erfüllungsnotiz 7,17e–20 (ab כַּאֲשֶׁר דִּבֶּר אִישׁ הָאֱלֹהִים) sowie vielleicht auch 6,28–
    30 Zusätze dar (E 343–358).

17 Man hat dies als literarkritisches Anzeichen für die spätere Uminterpretation der
    Kriegsnot zu einer Dürre samt der sekundären Eintragung des Adjutanten durch
    Nachtrag von 7,2.17* gedeutet; so H.-C. SCHMITT, Elisa. Traditionsgeschichtliche Un-
    tersuchungen zur vorklassischen nordisraelitischen Prophetie, Gütersloh 1972, 37f.
    mit den in Anm. 22 genannten Vorgängern. Doch ist die Akzentverlagerung auf die
    Hungersnot bei augenfällig geringem Interesse für die ursächliche Kriegssituation
    typisch für die gesamte Erzählung, und die nachträgliche Umdeutung auf eine
    Dürrekatastrophe ist schlechterdings nicht plausibel zu motivieren.

wunderhafte Behebung einer Hungersnot herabgesunken ist. Neben der Mirakulosität (7,6) und der Akzentverschiebung auf die Hungersnot springt besonders die humoristische Weise ins Auge, mit der der Autor nebensächliche Begleiterscheinungen des Krieges lustvoll ausgestalten kann (7,3–11). Die Erzählung baut zwar auf der Erinnerung auf, dass ein verlustreicher Konflikt mit dem Nachbarvolk stattgefunden hat, doch das Interesse an diesem Krieg selbst ist dabei, sich zu verflüchtigen. Dieser Text weckt nicht den Eindruck, auf einen der Tiefpunkte israelitischer Geschichte zurückzuschauen. All das setzt einen erheblichen inneren Abstand zu den historischen Vorgängen voraus. Man wird gut beraten sein, die Abfassung erst geraume Zeit nach dem Ende der Aramäerkriege anzusetzen.

Keine Kriegserzählung, wohl aber eine vor dem Hintergrund der Aramäerkriege entfaltete Geschichte finden wir in der Erzählung von Elischa, Naaman und Gehasi in 2 *Kön* 5.[18] Auch sie ist von Wunderhaftigkeit und extrem unrealistischer Zeichnung der israelitisch-aramäischen Beziehungen zur fraglichen Zeit geprägt. Hinzu kommt die Aufladung mit Motiven und Themen, die mit den Aramäerkriegen nichts zu tun haben. Abermals spricht alles für einen literarischen Ursprung fern von der Epoche der historischen Szenerie. Das ist nicht erstaunlich, trägt die Erzählung doch Anzeichen gemeinsamer Entstehung mit 6,8–23, einem Text, dem bereits eine gleichartige Diagnose zu stellen war. Dass beide Erzählungen in einem Arbeitsgang aus derselben Hand Schriftform angenommen haben, machen folgende Züge wahrscheinlich: 2 Kön 5 erfüllt an seinem Beginn mit einem Nominalsatz der Form X *hyh* mit X als vorzustellender Hauptfigur die Bedingungen eines selbstständigen Textanfangs[19] und enthält in seiner Exposition die Situationsbeschreibung: „Die Aramäer zogen in Streifscharen aus" (V. 2). 6,8–23 schließt dagegen mit dem Satz: „Die Streifscharen der Aramäer kamen nicht mehr ins Land Israel." Da das Wort „Streifscharen" (גְּדוּד) in letzterer Erzählung sonst nicht fällt, schlägt die Notiz eine Brücke

---

18 Das Kapitel ist nicht frei von erzählerischen Unebenheiten, doch haben Versuche zu ihrer diachronen Herleitung auf literarischer Ebene bislang nicht zu überzeugenden Ergebnissen geführt. Ihr Ursprung ist daher in vorliterarischen Prozessen zu suchen, die gesonderte Untersuchungen erfordern. Auf literarischer Ebene ist das Kapitel einheitlich, abgesehen von geringfügigen Einsprengseln in V. 22f. (E 312–319). Daran meine ich auch festhalten zu müssen angesichts der sorgfältigen Studien von N. BAUMGART, Gott, Prophet und Israel. Eine synchrone und diachrone Auslegung der Naamanerzählung und ihrer Gehasiepisode (2 Kön 5) (EthSt 68), Erfurt 1994. Zur Gehasi-Szene in V. 19c–27 vgl. unten Anm. 24.

19 Vgl. W. GROß, Syntaktische Erscheinungen am Anfang althebräischer Erzählungen: Hintergrund und Vordergrund, in: J. A. Emerton (ed.), Congress Volume Vienna 1980 (VT.S 32), Leiden 1981, 131–145, 134.

zum Beginn des vorhergehenden Kapitels. 5,2 und 6,23 bilden den Ansatz eines Rahmens um die beiden Geschichten, die darüber hinaus durch eine Anzahl individueller Besonderheiten zusammengehalten werden. Sie nennen Elischa „Prophet" (5,3.8.13; 6,12; sonst nur 2 Kön 3,11; 9,1[20]) statt, wie im Kontext häufig, „Gottesmann" (die Belege dieses Titels in 5,8.14.15.20; 6,9.10.15 sind mit dem Zeugnis von G* sekundär[21]). Dabei entfällt je ein Beleg auf den Ausdruck „Prophet in Israel" (5,8; 6,12), der sonst lediglich in Dtn 34,10 vorkommt. Dreimal begegnet auch die Wendung „Land Israel" (5,2.4; 6,23), die im AT insgesamt nur elf Mal auftritt.[22] 5,2 und 6,22 benutzen das Verb שׁבה,[23] das mit 47 Belegen nicht selten ist, aber in den Königsbüchern nur hier sowie in einem Bündel von 6 Fällen in 1 Kön 8,46-50 vorkommt. Demzufolge ist in 2 Kön 5 + 6,8–23* eine einheitliche literarische Schöpfung identifizierbar. So entspricht es der Erwartung, dass auch 2 Kön 5 die beträchtliche traditionsgeschichtliche Distanz zu den Aramäerkriegen verrät, die schon in 6,8–23* festzustellen war.

Sie zeigt sich schon daran, dass der Erzähler es für möglich hält, ein erfolgreicher aramäischer Feldherr (V. 1) habe ausgerechnet in dem schwachen Feindesland Israel Genesung von einer schweren Krankheit suchen können. Obendrein soll der Offizier dem Hinweis einer geraubten israelitischen Hausklavin gefolgt sein, die nach den mitfühlenden Worten, die ihr der Autor in den Mund legt, ihrem Herrn in freundlicher Zuneigung gewogen war (אַחֲלֵי V. 3). Der idyllische Blick auf die damaligen Beziehungen zwischen Israel und Aram wie auch die im Fortgang der Erzählung regelmäßig bestätigte Vorliebe für Naaman, der Israel doch schweren Schaden zugefügt haben müsste (V. 1), stellen außer Zweifel, dass für den Verfasser die Jahrzehnte der Aramäerkriege in weite Fernen gerückt sind. Auch Eigenarten, die nichts mit den Aramäerkriegen zu tun haben, warnen vor einer zu frühen Ansetzung: Die Idee, ein Ausländer wende sich nach einem dramatischen Bekehrungserlebnis der JHWH-Verehrung zu, wobei er seinen heimischen

---

20   Vgl. ferner הַנַּעַר הַנַּעַר הַנְּבִיא 9,4. Die Sequenz ist ungrammatisch. Entweder ist bei dem zweiten הַנַּעַר fehlerhaft ein Artikel hinzugesetzt worden, oder הַנְּבִיא ist Apposition dazu, bezeichnet also nicht Elischa. In jedem Fall liegt sehr wahrscheinlich Textverderbnis und/oder sekundäre Glossierung vor. Vgl. die sorgfältige Analyse des Befundes bei M. MULZER, Jehu schlägt Joram. Text-, literar- und strukturkritische Untersuchung zu 2 Kön 8,25–10,36 (ATSAT 37), St. Ottilien 1992, 55–58 (Lit.).

21   Vgl. unten Abschnitt 3.

22   Sonst 1 Sam 13,19; Ez 27,17; 40,2; 47,18; 1 Chr 22,2; 2 Chr 2,16; 30,25; 34,7.

23   Vgl. S. OTTO, Jehu, Elia und Elisa. Die Erzählung von der Jehu-Revolution und die Komposition der Elia-Elisa-Erzählungen (BWANT 152), Stuttgart 2001, 232 Anm. 352.

Kultpraktiken abschwört (V. 17–18), und dazu der partikulare Monotheismus, zu dem sich der Geheilte bekennt („es gibt keinen Gott auf der ganzen Erde außer in Israel" V. 15) – all das wird man aus religionsgeschichtlichen Gründen ebenfalls besser nicht im 9./8. Jahrhundert suchen. Wie schließlich der Autor Naamans Demut und Großzügigkeit mit der Habsucht Gehasis kontrastiert (V. 15–27),[24] illustriert eindrucksvoll die uneingeschränkte Sympathie mit dem gegnerischen General und unterstreicht, dass mittlerweile jegliches Vergeltungsbedürfnis gegenüber den Widersachern verflogen ist, von denen Israel einstmals so empfindliche Schläge hatte hinnehmen müssen.

Wurde aus diesen literarischen Zügen zu Recht geschlossen, dass die Abfassung des vorliegenden Textes mit erheblichem Abstand zu seiner historischen Situierung im 9. Jahrhundert erfolgt sein muss, ergeben sich weitere Konsequenzen für Merkmale, die als Stützen einer Frühdatierung angeführt werden könnten. Es bestätigt sich, dass die Erwähnung von Prophetenjüngern in V. 22 keineswegs die Herkunft aus einem entsprechenden Milieu garantiert. Immerhin spielen sie ja auch keine eigenständige Rolle, sondern ihr Besuch bei Elischa wird bloß von Gehasi als fiktiver Vorwand für seine materiellen Forderungen an Naaman vorgeschoben. Um der Taktik des Betrügers die vorfindliche Gestalt verleihen zu können, musste der Autor lediglich die Vorstellung hegen, dass Elischa mit Prophetenjüngern in Verbindung stand, für die besondere Bedürftigkeit kennzeichnend war. Ein solcher Erzählzug konnte sich auch in einem historischen Rahmen herausbilden, wo sich das Bild dieser Gruppe bereits literarisiert hatte. Ebenso wenig muss die Gehasi-Episode ethische Fragen des Lebensstils der Prophetenjünger reflektieren, denn ihr Zentralproblem – das Verhältnis zu materiellem Besitz (V. 26) – ist von überzeitlichem Rang. Obendrein gibt es hier so wenig Anlass wie sonst im Elischazyklus, Gehasi mit den Prophetenjüngern zu verbinden; 2 Kön 5 ist überhaupt die einzige Erzählung, die beide nebeneinander erwähnt (der Diener in 4,38.42–44 ist auffälligerweise namenlos). Noch weniger muss die drakonische Bestrafung Gehasis einen Widerhall von Streitigkeiten um die Nachfolge

---

24 Es gilt in der Auslegung von 2 Kön 5 nahezu als ausgemacht, dass die Gehasi-Episode 19c–27 nicht nur traditionsgeschichtlich auf eine separate Wurzel zurückgeht, sondern auch literarisch einen jüngeren Nachtrag darstellt (vgl. E 316f.). Literargeschichtliche Hypothesen müssen sich jedoch der Tatsache stellen, dass die Gehasi-Episode zuvor wiederholt durch Passagen vorbereitet wird, die völlig spannungslos in ihren Kontexten sitzen, nämlich die Verweise auf Naamans Geschenke in V. 5.15f., die dann ebenfalls ohne zufriedenstellende Gründe ausscheiden müssen. Auch der als Statist namenlose Bote in V. 10 vermag das Gewicht dieser Satelliten der Gehasi-Szene nicht zu neutralisieren.

Elischas darstellen. Gehasi wird weder hier noch sonst als ein Präten-
dent auf eine Führungsrolle in den Fußstapfen seines Herrn gekennzeichnet.[25] Diese Feststellungen gelten wohlgemerkt für die vorliegende
schriftliche Version der Erzählung. Ob sie auf mündliche oder in
Schriftform nicht mehr greifbare Vorstufen zurückgeht, die solche Konflikte reflektierten, ist eine separate Frage, die allerdings nicht ohne
starke Gründe bejaht werden sollte.

Muss man schon bei 2 Kön 5 wegen seines unrealistischen Bildes
der Verhältnisse zur Zeit der Aramäerkriege stattliche Spannen für die
Datierung veranschlagen, so gilt das erst recht für *2 Kön 8,7–15*. Dort
wird Elischa sogar zugetraut, er habe die Reise nach Damaskus angetreten, wo ihm der erkrankte König Ben-Hadad seinen Untergebenen
Hasaël mit fürstlichen Geschenken entgegensandte, um durch ihn
JHWH nach seinen Genesungschancen zu befragen. Daraufhin habe Elischa Hasaël den aramäischen Thron prophezeit, ähnlich der Weise, wie
sich die Propheten im DtrG regelmäßig als israelitische Königsmacher
betätigen.[26] Die Geschichte fällt zwar insofern aus dem Rahmen der
Kriegserzählungen, als sie ein grauenvolles Bild des Schicksals zeichnet, das Israel von der Hand der Aramäer erlitt (V. 12). Doch die Vorstellung, Elischa sei auf Besuch in Damaskus vom dortigen König um
ein JHWH-Orakel ersucht worden und habe bei einem Umsturz in Aram
die Hand im Spiel gehabt, verkörpert eine legendarische Steigerung
seiner Gestalt, die noch über 2 Kön 5 hinausgeht.

Eine weitere Kriegserzählung, wenngleich nicht bezogen auf die
Konflikte mit den Aramäern, ist *2 Kön 3,4–27*. Sie bietet für die Frage
nach Herkunft, Alter und Geschichte der Prophetenerzählungen in den
Königsbüchern einen besonders bemerkenswerten Testfall. Die Einheit
überliefert einen Feldzug, in dem die Könige Joram von Israel und
Joschafat von Juda, unterstützt von einem anonymen edomitischen
König, vergeblich versucht haben sollen, in gemeinsamer Anstrengung
das abtrünnige Moab wieder in den Schoß israelitischer Oberhoheit
zurückzuzwingen. Das Beispiel verdient Interesse, weil hier eine Erzählung über den im Nordreich beheimateten Elischa in einer Version
vorliegt, die ausdrücklich für einen Südreichherrscher und gegen das
Königtum des Nordreichs Partei ergreift. Als die Mission des Koali-
tionsheeres an Wassermangel zu scheitern droht, ist es Joschafat, der
den gottgefälligen Vorschlag unterbreitet, einen JHWH-Propheten zu

---

25   Für eine andere Sichtweise vgl. P. MOMMER, Der Diener des Propheten. Die Rolle
     Gehasis in der Elisa-Überlieferung, in: Ders. u. a. (Hg.), Gottes Recht als Lebensraum
     (FS H. J. Boecker), Neukirchen-Vluyn 1993, 101–116.

26   Vgl. 1 Sam 10; 16,1–13; 2 Sam 7; 1 Kön 1; 11,29–39; 14,1–18; 16,1–4.12; 21,17–24; 2 Kön
     9,1–13; 15,12.

befragen. Und als ein Offizier auf die Anwesenheit Elischas hinweist, ist es wieder Joschafat, der sein Wort für die Glaubwürdigkeit Elischas in die Waagschale wirft: „Bei ihm ist das Wort JHWHs." (V. 11–12) Als die drei Könige bei Elischa vorsprechen, distanziert sich jener schroff vom König von Israel und verweist ihn sarkastisch an die „Propheten deines Vaters" (V. 13).[27] Er lässt sich zwar trotzdem zu einem rettenden Gotteswort herbei, doch, wie er erklärt, ausschließlich wegen der Hochschätzung, die er dem judäischen König Joschafat entgegenbringt (V. 14). Darin dokumentiert sich die Vorliebe des Autors für Joschafat, die auch in der gegensätzlichen Bezeichnungsweise der beiden Könige zum Ausdruck kommt. Während Joram nur bei seiner ersten Erwähnung mit dem Namen belegt wird (V. 6) und sonst ausschließlich als „König von Israel" figuriert (V. 9.10.11.12.13), tritt Joschafat fast immer unter seinem Namen auf (V. 7.11.12.12.14), dem manchmal die Apposition „König von Juda" angefügt sein kann (V. 7.14). Nur einmal wird er allein mit seinem Titel bezeichnet (V. 9).

Das Kapitel enthält Spuren, die auf eine literarische Vorgeschichte hindeuten. Die Indizienlage ist jedoch recht unklar, sodass die Frage nach dem konkreten Hergang schwer zu beantworten ist. Hier kann nur ein Abriss andernorts näher begründeter Hypothesen geboten werden.[28] Bei der Niederschrift der Erzählung scheinen streckenweise ältere Vorlagen eingeschmolzen worden zu sein. In den Schlussversen 24–27, eventuell auch weniger deutlich schon in V. 20–23 dürfte das Fragment eines älteren Kriegsberichts durchschimmern, der von einer Dreierkoalition nichts wusste, sondern einzig von „Israel" als Gegner der Moabiter erzählte. Dies legen mehrere Beobachtungen nahe. Im Korpus des Kapitels treten immer die drei „Könige" gegen Moab an (V. 9.10.13.23), wobei von ihren militärischen Kontingenten in typisch legendarischer Weise literarisch abstrahiert wird (vgl. lediglich V. 6). In V. 24–27 heißen die Angreifer dagegen konstant „Israel" (3 Belege in V. 24.27), der König von Israel und Joschafat werden nicht mehr erwähnt, und der bedrängte König von Moab sucht „zum König von Edom" (אֶל־מֶלֶךְ אֱדוֹם) durchzubrechen (V. 26), als sei dieser kein Belagerer, sondern einfach der zum Fluchtziel erkorene Nachbarkönig. Auf einen heterogenen Charakter des Abschlusses deutet auch der Umstand, dass die Expedition dort trotz der optimistischen Zusagen Elischas (V. 18–19) ihr Ziel – die Wiederherstellung der Vasallität – verfehlt.

Aufschlussreich ist ferner die Mitteilung von V. 27, der König von Moab habe seinen Thronprinzen auf der Stadtmauer als Menschen-

---

27   וְאֶל־נְבִיאֵי אִמֶּךָ ist mit G* eine von 1 Kön 18,19 inspirierte Glosse (E 27).
28   Vgl. E 63–151.

opfer dargebracht, woraufhin ein „großer Zorn" (קֶצֶף־גָּדוֹל), also eine mythische Schreckensmacht, die Israeliten erfasst und zum Rückzug getrieben habe. Wer als ihr göttlicher Ursprung zu gelten habe – JHWH oder etwa der moabitische Gott Kemosch –, wird kontrovers diskutiert.[29] Vorspiel und Ergebnis, also das Menschenopfer des belagerten Königs und der israelitische Abmarsch, lassen nur an eine moabitische Gottheit denken, was jedoch nicht ausgesprochen wird, für den normierten Jahwismus einen Skandal darstellte und undenkbar erschiene in einer Geschichte, die das Lob eines vorbildlich JHWH-treuen Königs anstimmt. Nach dem engen Kontext im Rahmen von V. 27 müsste der „große Zorn" von Kemosch stammen, was der weitere Kontext der gesamten Erzählung verbietet. Die Frage nach dem Urheber der numinosen Panik ist daher nur überzeugend zu beantworten, wenn man sie diachron differenziert.[30] Der Feldzugsbericht, dem das Finale des Kapitels entstammt, hegte noch die Vorstellung, Kemosch habe auf die Verzweiflungstat seines wichtigsten Verehrers hin die Angreifer durch seinen Gottesschrecken verjagt. Im vorliegenden Wortlaut ist dieser Zug nur oberflächlich durch wenig mehr als das Verschweigen des Gottesnamens übertüncht. Die orthodoxe Korrektur hinterließ eine vieldeutige Formulierung, die für neue, dem offiziellen Jahwismus verträgliche Verständnisweisen des „Zorns" offen ist (etwa: der Zorn JHWHs oder gar – gänzlich säkularisiert – die Emotionen der Israeliten). Das polyvalente Resultat ist indessen nur verständlich unter Annahme einer älteren Fassung, die den israelitischen Rückzug unzweideutig auf die Macht Kemoschs zurückführte.

Dass der Erzählschluss keinen ursprünglichen Zusammenhang mit dem Korpus der Geschichte bildet, stützt schließlich auch der eigentümliche Doppelcharakter, der sowohl Elischas Prophetensprüche als auch das Wasserwunder auszeichnet. Ähnlich wie in 2 Kön 6,24ff. ist die umgebende Szenerie eine Kriegssituation, aber Elischa wird auf den Plan gerufen, um einen gravierenden Versorgungsmangel zu beheben. Doch im Unterschied zu jener Parallele findet die Erzählung ihre Abrundung mit dem Ausgang des Krieges. Elischas Orakel stellt einen Kompromiss zwischen Wassernot und Kriegssituation dar. Nach der Zusage der wunderhaften Beendigung des Wassermangels (V. 16–17) fährt er unverlangt mit der Prophezeiung des Sieges über die Moabiter fort (V. 18–19). Bei Eintreten des Wasserwunders ist dann von seiner

---

29 Für Kemosch plädierte J. B. BURNS, Why Did the Besieging Army Withdraw? (II Reg 3,27), ZAW 102 (1990) 187–194; für JHWH PH. D. STERN, Of Kings and Moabites. History and Theology in 2 Kings 3 and the Mesha Inscription, HUCA 64 (1993) 1–14, 11–14.

30 Vgl. E 134–138.

Rolle für die dürstenden Angreifer keine Rede mehr. Stattdessen verleitet es die Moabiter zu einem fatalen taktischen Fehler. Die Täuschung verschafft den Israeliten einen glanzvollen Triumph, der sich dann freilich als im Sinne des Kriegsziels nicht entscheidend herausstellt und Elischas Ankündigungen kaum einholt. Die Doppelfunktionen von Prophezeiung und Wasserwunder sind schwerlich Erzeugnisse ursprünglichen Erzählens und deuten auf nachträgliche Ausbauten hin. Die obigen Schlussfolgerungen zur Entstehungsgeschichte der Einheit legen folgende Erklärung nahe: Das Wassermirakel dürfte bereits Bestandteil der Vorlage gewesen sein, diente dort aber nur zur Irreführung der Gegner. Der Autor der heutigen Erzählung hat es um seine zusätzliche Aufgabe für die Angreifer bereichert. Die Beobachtungen zu den Funktionsweisen der Prophetensprüche und des Wasserwunders sind geeignet, die aus anderen Gründen wahrscheinliche Heterogenität des Erzählschlusses zu untermauern.

Erwähnung verdient noch, dass die in V. 16–17.19 Elischa in den Mund gelegten Orakel (sowie deren Korrelat in 25a–e) vorgeprägte Sprüche verarbeitet haben dürften, wie der unkriegerische Wortlaut von V. 17 („ihr, eure Herden und euer Vieh") und die rhythmisierte Form von V. 19 nahelegen.[31] Die historische Einleitung in V. 4–5 sticht durch ihre präzisen Angaben an Namen und Daten vom Korpus der Erzählung ab und ist sicher traditionsgeschichtlich, vielleicht auch literarisch heterogen.

Leider sind kaum nähere Aussagen über die erschlossene schriftliche Vorlage der Schlussverse möglich. Ob der Autor von 2 Kön 3* ihr noch weitere Anleihen entnommen hat, ist nicht erkennbar; wenn ja, tat er es nur in geringem Maß. Dass das Dokument die Angreifer „Israel" nannte, spricht für Herkunft aus dem Nordreich. Von Joschafat war darin nicht die Rede, und der König von Edom galt kaum als Bundesgenosse der Israeliten. Dagegen dürfte mit einiger Wahrscheinlichkeit bereits jenes Schriftstück berichtet haben, wie die Moabiter einer Täuschung zum Opfer fielen, bei der Wasserlachen eine Rolle spielten. Ob der geschilderte Feldzug mit der moabitischen Emanzipation unter Mescha in Zusammenhang gebracht wurde, muss offen bleiben. Weil die Israeliten von einem fremden Gott geschlagen wurden und Elischas Auftritt heute ganz vorrangig mit der Wassernot verknüpft ist, erscheint wenig glaubhaft, dass der Prophet auch in der Vorlage erwähnt wurde.

---

31 In diesem Fall bewährt sich die These von W. REISER, Eschatologische Gottessprüche in den Elisa-Legenden, ThZ 9 (1953) 320–338, den Elischaerzählungen lägen ursprünglich selbstständige Orakelsprüche zugrunde, wofür sonst sehr wenig spricht.

Nach diesem Bild der Entstehung von 2 Kön 3,4–27 ist zwar in die Schlussverse und Elischas Orakel vorgefertigtes Textmaterial eingegangen, doch die Erzählung als solche wurde in einem Zug niedergeschrieben (vielleicht mit Ausnahme der historischen Einleitung V. 4–5, die als vorgefundener Aufhänger gedient haben kann). Dann ist es der Schöpfer dieser schriftlichen Fassung – und nicht etwa ein späterer Bearbeiter – gewesen, der seine Verehrung für den judäischen König Joschafat durch eine Geschichte von einem Nordreichpropheten propagierte. Wie namentlich der Vergleich mit der Mescha-Inschrift zeigt, enthält der Text, von der historischen Exposition abgesehen, praktisch keine historisch auswertbaren Informationen[32] und zeigt für solche Belange auch kein Interesse.[33] Man fragt sich, wann und wo ein derartiger Text entstanden sein mag. Bevor die plausiblen Möglichkeiten abgeschätzt werden sollen, ist 1 Kön 22 in die Betrachtung einzubeziehen, weil dieses Kapitel eine literarische Schicht umfasst, die mit 2 Kön 3 in Verbindung steht.

1 Kön 22,1–38 führt in die Sphäre der Aramäerkriege zurück und liefert ein anschauliches Beispiel, dass Texte aus dem untersuchten Fundus eine recht wechselvolle Geschichte durchlaufen konnten. Die Erzählung von Micha ben Jimla und dem Tod des israelitischen Königs Ahab (so der heutige Wortlaut) vor Ramot-Gilead hat, wie in neuerer Zeit mehrere Studien bestätigten, Anzeichen eines sowohl literar- als auch traditionsgeschichtlich ausnehmend komplexen Werdegangs bewahrt.[34] Hier können nur seine Grundzüge skizziert werden. Schon auf dem Gebiet der Textgenese sind mehrere Phasen unterscheidbar. Das Bindeglied zu 2 Kön 3 gehört zu den jüngsten Bestandteilen. Es handelt sich um eine Bearbeitungsschicht, nämlich die Joschafat-Bearbeitung (2b.4.5.7–8.10.18.29*.30a–d.32–33), die sich durch zahlreiche Kohärenzstörungen von ihrem Kontext abhebt und wörtliche Übereinstimmungen mit 2 Kön 3 aufweist. Da nichts die Annahme verschiedener Ursprünge der korrespondierenden Passagen erfordert, ergibt sich der Schluss, dass 1 Kön 22 von jener Hand erweitert wurde, die 2 Kön 3 verfasst hat. Heterogen ist ferner die spannungsvoll inkorporierte Er-

---

32 Vgl. S. Timm, Die Dynastie Omri. Quellen und Untersuchungen zur Geschichte Israels im 9. Jahrhundert vor Christus (FRLANT 124), Göttingen 1982, 171–180.
33 Stern (Anm. 29), 2–11.
34 Vgl. v. a. H. Schweizer, Literarkritischer Versuch zur Erzählung von Micha ben Jimla (1 Kön 22), BZ 23 (1979) 1–19; O. H. Steck, Bewahrheitungen des Prophetenworts. Überlieferungsgeschichtliche Skizze zu 1. Könige 22,1–38, in: H.-G. Geyer u. a. (Hg.), „Wenn nicht jetzt, wann dann?" (FS H.-J. Kraus), Neukirchen-Vluyn 1983, 87–96; E 152–229; H. Weippert, Ahab el campeador? Redaktionsgeschichtliche Untersuchungen zu 1 Kön 22, Bib. 69 (1988) 457–479.

füllungsnotiz V. 35.38, die den Tod des Königs sekundär zur Bewahr-heitung des Gerichtsworts Elijas über Ahab in 1 Kön 21,19 erhebt. Eine frühere Zutat ist der zweite Visionsbericht V. 19–23, der als einziger Textbestandteil den israelitischen König namentlich mit Ahab identifi-ziert (V. 20) und sich auch inhaltlich mit seiner Umgebung stößt. Dass der zweite Visionsbericht älter ist als die Joschafat-Bearbeitung, sieht man an seinem Beginn, wo die fehlende Nennung des Sprechers verrät, dass er ehemals an den ersten Visionsbericht V. 17 anschloss. Der Nachtrag eines Zwischenrufs des Königs von Israel in V. 18 durch die Joschafat-Bearbeitung erzeugte einen Sprecherwechsel, der die Kon-textangemessenheit der Redeeinleitung mit implizitem Subjekt in V. 19 beeinträchtigte. Erzähllogische Unebenheiten werfen ferner die Frage auf, ob bereits jene Passagen, die den prophetischen Wortführer Zidkija ben Kenaana erwähnen, auf eine frühe Erweiterung zurückgehen. Hier gelangt man jedoch an die Grenze des gesichert Aussagbaren.

Die Joschafat-Bearbeitung stimmt sprachlich durch mehrere wört-liche Parallelen mit 2 Kön 3* überein (22,4 // 3,7; 22,7 // 3,11), und wie jene Erzählung folgt sie der Praxis, Joschafat vor allem mit seinem Namen[35] und den König von Israel mit seinem Titel[36] zu belegen. Auch in ihren Aussagezielen stehen die beiden Texte einander nahe. Hier wie dort wird dem judäischen Monarchen das Verdienst zugesprochen, für die Befragung des wahren JHWH-Propheten gesorgt (Micha ben Jimla 22,5.7; Elischa 3,11) und seine Authentizität verteidigt zu haben (22,8; 3,12). Die Joschafat-Schicht in 1 Kön 22 erzählt darüber hinaus die wun-derbare Verschonung ihres Helden vor dem Kriegertod. Der Verklei-dungstrick des Königs von Israel bringt zwar seinen judäischen Kolle-gen in äußerste Gefahr, doch das verhindert nicht, dass Joschafat über-lebt und der König von Israel fällt (V. 30a–d.32–33).

Wann und wo können die Joschafat-Passagen in 1 Kön 22 und die Erzählung 2 Kön 3,4/6–27 geschaffen worden sein? Für die Bestimmung der Tendenzen des Autors ist zu beachten, welche Größen er kontrastiv gegenüberstellt. Auf Seiten des Nordreichs finden wir in beiden Fällen den „König von Israel", also das Amt schlechthin, während das Inter-esse am jeweiligen Inhaber nicht das Maß erreicht, dass sein Name ge-nannt würde. Auf Seiten Judas finden wir dagegen „Joschafat", also nicht das davidische Königtum als solches, sondern einen besonders ehrwürdigen und vorbildlichen Vertreter. Sollte es wirklich im Nord-staat einen Kreis gegeben haben, der nicht nur in scharfer und grund-sätzlicher Opposition zum eigenen Königtum stand, sondern auch die

---

35 V. 2.4.4.5.7.8.8.10.18.29*.30.32.32.
36 V. 2.5.8.10.18.30.32.

Verehrung eines bestimmten Südreichkönigs hochhielt und entsprechendes Erzählgut pflegte? Während prinzipieller und religionspolitisch motivierter Widerstand gegen das Nordreichkönigtum gut belegt ist, dürfte es schwierig sein, für eine Joschafat-Hagiographie geeignete Parallelen oder einen glaubwürdigen Haftpunkt im Nordstaat anzugeben. Dagegen hat es in der Spätzeit des AT in Juda eine ausgeprägte Joschafat-Verehrung gegeben, wie die Chronik bezeugt, wenn sie diesem Herrscher volle vier Kapitel und eine besonders freundliche Berichterstattung widmet (2 Chr 17,1–21,1; vgl. 21,12; 22,9), darunter auch ihre Fassung von 1 Kön 22,1–38 in 2 Chr 18,2–34.[37] Daraus folgt nicht, dass die Joschafat-Bearbeitung und 2 Kön 3* nahe der chronistischen Epoche entstanden, denn ein einzelner datierbarer Beleg eines Phänomens besagt nicht, dass es vergleichbare Erscheinungen nur in seinem engen Umkreis gegeben hat. Es zeigt jedoch, dass die Suche nach Analogien, die als Fingerzeige auf mögliche Ursprünge dienen können, nach Juda führt, und zwar in ziemlich vorgerückte, von den Aramäerkriegen und Elischa weit entfernte Epochen. Was also schon aufgrund vorgängiger Überlegungen zu postulieren war, wird durch diese Textgruppe besonders nachdrücklich bestätigt: Man hat auch in Juda und erheblich später als im 9./8. Jahrhundert dieses Erzählgut gepflegt und daran weitergearbeitet.[38]

Was die älteren Schichten von 1 Kön 22 angeht, so fächern traditionsgeschichtliche Beobachtungen unser Bild vom Entwicklungsgang der Einheit noch weiter auf. Ein wichtiges Indiz ist der Erzählzug, ein israelitischer König habe bei dem Versuch, von den Aramäern die Stadt

---

37 Vgl. K. Strübind, Tradition als Interpretation in der Chronik. König Josaphat als Paradigma chronistischer Hermeneutik und Theologie (BZAW 201), Berlin – New York 1991. Der diesem König in Chr zugestandene Textumfang wird nur von David, Salomo und Hiskija übertroffen und stellt sogar Joschija in den Schatten (111). Trotz kritischer Anmerkungen aufgrund verfehlter Allianzen mit dem Nordreich (19,2; 20,37) porträtiert Chr Joschafat als „herausragenden König, der ... durchaus in einem Atemzug mit Hiskia und Josia genannt zu werden verdient" (132).

38 Thiel, Gemeinsamkeiten nordisraelitischer Prophetenüberlieferungen (Anm. 9), 366–368, untersucht die in 2 Kön 3,15 belegte Wendung אֶל \ עַל יַד־יְהוָה הָיָה und räumt ein, dass sie wegen ihrer Streuung für Frühdatierungen eine Erschwernis darstellt. Sie begegnet außer im Ezechielbuch (Ez 1,3; 3,22; 33,22; 37,1; 40,1) nur noch in 1 Kön 18,46 (vgl. noch Ez 3,13; 8,1). Dort kommt die Hand JHWHs über Elija, um ihn laut dem von G* bezeugten vormasoretischen Text wie Ahab (V. 45) nach Jesreel zu führen. Die Ortsangaben konnten lediglich der redaktionellen Funktion dienen, die ehemals unmittelbar anschließende Naboterzählung 1 Kön 21 vorzubereiten. Erst spät ist in Elijas Itinerar noch עַד־בֹּאֲכָה interpoliert worden (> G*), um ihn mit Rücksicht auf Kap. 19 von Ahab zu trennen (E 432–434). Vgl. weiterhin H.-J. Stipp, Vier Gestalten einer Totenerweckungserzählung, in diesem Band S. 323–355, 339 Anm. 36.

Ramot-Gilead zurückzuerobern, den Schlachtentod erlitten. In der heutigen Fassung heißt der König Ahab, doch ist diese Identifikation in ausdrücklicher Form nur in dem sekundären zweiten Visionsbericht (V. 20) verankert sowie indirekt in der Erfüllungsnotiz (V. 35.38). Bedeutsam für die traditionsgeschichtliche Rückfrage ist die Tatsache, dass aus den als zuverlässig geltenden Annalennotizen des DtrG kein einziger Nordreichkönig bekannt ist, der an Kriegsfolgen verstarb, also weder Ahab (vgl. die geprägte Wendung vom „Ruhen mit den Vätern" 22,40) noch sonst irgendein anderer. Folglich verlangt allein schon dieses inhaltliche Detail einen genügenden zeitlichen Abstand von den Aramäerkriegen, während dessen die historischen Erinnerungen verblassen und legendarische Neuentwicklungen an ihre Stelle treten konnten. Auch wenn es zu riskant wäre, diese allgemeine Feststellung in konkrete Jahreszahlen zu übersetzen, steht doch fest, dass selbst der Erzählkern nicht mehr aus zeitnahen Reminiszenzen an die Aramäerkriege gespeist ist.

Nun besitzen wir allerdings im Falle von 1 Kön 22 eine historische Nachricht, die als gute Kandidatin für den traditionsgeschichtlichen Ausgangspunkt des Erzählzugs vom Tod eines israelitischen Königs vor Ramot-Gilead in Betracht kommt. Bekanntlich teilt das DtrG in historisch vertrauenswürdigen Zusammenhängen mit, Ahabs Sohn *Joram* sei bei der *Verteidigung* Ramot-Gileads gegen die Aramäer *verwundet* worden, bevor er dann dem Putsch Jehus zum Opfer fiel (2 Kön 8,28–29; 9,14–15). Bei allen Unterschieden sind diese Übereinstimmungen zu frappant, als dass man sie zufälligen Konvergenzen anlasten möchte. Die Hypothese, hier sei der früheste Anstoß zu diesem Erzählzug zu suchen, hat deshalb alles für sich. Das betrifft indessen lediglich die älteste Erinnerungsspur und vermag nicht zu beweisen, dass die Geschichte einmal in einer Joram-Fassung umgelaufen sei. Davon, dass zum Ende des Königs auch politische, innerisraelitische Faktoren beitrugen, die überdies die gesamte Dynastie zu Fall brachten, weiß die Erzählung ohnehin nichts. Andere Beobachtungen deuten allerdings darauf hin, dass eine Vorform explizit mit einem König verknüpft war, der weder Ahab noch Joram hieß. Wie seit A. Jepsen praktisch unbestritten ist, spiegelt der vergebliche Versuch eines israelitischen Königs, den Aramäern die Stadt Ramot-Gilead zu entwinden, eine strategische Lage, wie sie weder zur Zeit Ahabs noch in den Tagen Jorams wahrscheinlich ist. Ahab focht noch ausgerechnet in seinem Todesjahr in der Schlacht bei Karkar (853) an der Seite der Aramäer gegen die Assyrer, und zur Zeit des Todes Jorams stand Ramot-Gilead dem DtrG zufolge unter israelitischer Kontrolle. Dagegen passt die von 1 Kön 22 vorausgesetzte Konstellation auf die Regentschaft von Jehus Sohn Joahas, als

Israel den Aramäern deutlich unterlegen war und die Gegner weite Teile des Ostjordanlands fest in ihrer Hand hielten (2 Kön 10,32–33; 13,1–9.22–25).[39]

Dazu gesellt sich noch eine erzählerische Merkwürdigkeit des Kapitels. Innerhalb seiner älteren Bestandteile (die dem Einbau des zweiten Visionsberichts vorausgehen), erteilt der König von Israel in V. 26 folgenden Befehl: „Nimm Micha fest und bringe ihn zu Amon, dem Stadtobersten, und zu Joasch, dem Sohn des Königs!" Narratologisch betrachtet sind Amon und Joasch Statisten; d. h. sie haben Nebenrollen inne, die sich auf eine einzige Funktion im Handlungsgefüge beschränken und jeder näheren Ausgestaltung der Charaktere entbehren.[40] Statisten sind meistens anonym; jedenfalls entspricht ihrem geringen strukturellen Gewicht auch ein bescheidener erzählerischer Aufwand, sodass sie bei der Namengebung normalerweise nicht stärker profiliert werden als die Protagonisten. Zu dieser narratologischen Grundregel liefern Amon und Joasch zwei bemerkenswerte Ausnahmen. Sie stellen durch die Aufmerksamkeit, die ihnen durch die Benamung widerfährt, sogar eine der Hauptfiguren in den Schatten, nämlich den König von Israel, der in seinen zahlreichen Erwähnungen bloß ein einziges Mal einen Namen trägt, und das im zweiten Visionsbericht (V. 20), der literargeschichtlich jünger ist als V. 26. Der Befund ist umso auffälliger, als der strukturelle Stellenwert von Amon und Joasch besonders niedrig ist, insofern sie ausschließlich im Mund des Königs vorkommen. Die beiden waren dem Verfasser nicht wichtig genug, dass er sie – beispielsweise im Rahmen eines Ausführungsberichts – auch nur ein einziges Mal wiedererwähnt hätte.

Die seltsame „Übercharakterisierung" Amons und Joaschs bedarf der Erklärung. Angesichts der oben dargelegten Annahmen zum historischen Hintergrund von 1 Kön 22 bietet sich folgender Pfad an: Die politische Rahmensituation der Geschichte entspricht am ehesten dem, was uns aus der Zeit des Jehuiden Joahas an Nachrichten vorliegt. Joahas' Sohn und Nachfolger Joasch trug nun exakt den Namen, der auch dem „Sohn des Königs"[41] in V. 26 beigelegt wird. Das dürfte schwerlich

---

39   A. Jepsen, „Israel und Damaskus" 155–157, und seither oft bestätigt: E 198 mit Anm. 127 und z.B. G. H. Jones, 1 and 2 Kings. Volume II: 1 Kings 17:1–2 Kings 25:30 (NCBC), Grand Rapids – London 1984, 361.

40   Dies entspricht der Definition des „agent" bei A. Berlin, Poetics and Interpretation of Biblical Narrative (BiLiSe 9), Sheffield 1983, 23.

41   Gelegentlich wird die These vorgetragen, die Filiation בֶּן־הַמֶּלֶךְ bezeichne nicht notwendigerweise einen Prinzen, sondern ein Amt im königlichen Hofstaat, dessen Träger nicht mit dem König verwandt zu sein brauche (Lit.: E 197). Diese Auffassung wurde überzeugend zurückgewiesen von A. Lemaire, Note sur le titre בֶּן־הַמֶּלֶךְ

auf Zufall beruhen. Die augenfällige Konvergenz der beiden Gesichtspunkte legt den Schluss nahe, dass der Prinz namens Joasch in 1 Kön
22,26 in einer früheren Textentwicklungsphase einmal der gleich-
namige Enkel Jehus gewesen ist, weswegen der heute oberflächlich mit
Ahab identifizierte König von Israel ehemals notwendig mit Joahas
gleichgesetzt worden sein muss. Dann ist die weitere Folgerung nur natürlich, dass das Missverhältnis von namentragenden Statisten und fast
anonymer Hauptfigur in 1 Kön 22 aus Textentwicklungsprozessen erwuchs, sprich: dass der König von Israel in jener Vorstufe auch explizit
Joahas hieß. Das Zustandekommen seiner heutigen sparsamen Identifikation mit Ahab ist leicht erklärlich. Das DtrG dokumentiert das unterschiedliche Ansehen, das die Dynastien Omris und Jehus in deuteronomistischen Kreisen genossen, und gewiss nicht nur dort. Zwar ist auch
die Herrschaft der Jehuiden in ein zwiespältiges Licht getaucht (2 Kön
10,30–33; 13,1–7.11.22–25; 14,23–27; 15,9), doch steht dieses Geschlecht
immer noch erheblich besser da als die Omriden und insbesondere
Ahab, der Gipfel der Frevelhaftigkeit des Nordreichs (1 Kön 21,25–26).
Daher ist der Wunsch verständlich, die dem königlichen Protagonisten
so kritisch gesonnene Erzählung einem Omriden zuzuordnen. Man
tilgte deshalb die Belege des Namens Joahas, ohne dass man das auf
omridischer Seite betroffene Individuum durch Gebrauch des Namens
Ahab stark akzentuierte. Amon und Joasch entgingen aus Unachtsam-
keit der Bereinigung.

Für die Traditionsgeschichte der Erzählung folgt daraus: Was das
Schicksal des Königs von Israel betrifft, so lag an der Wurzel die Erinnerung an das Verderben, das Joram ben Ahab bei Ramot-Gilead ereil-
te. Dabei ist gleichgültig, ob er, wie 2 Kön 8,28–9,26 berichtet, im Kampf
verwundet wurde, aber erst im Zuge des Jehu-Putsches ums Leben
kam,[42] oder ob er, wie die Tel-Dan-Inschrift behauptet, direkt aramäischen Waffen zum Opfer fiel.[43] Jedenfalls ist schon dieser Kern in der

---

dans l'ancien Israël, Sem. 29 (1979) 59–65. Vgl. auch G. BARKAY, A Bulla of Ishmael,
the King's Son, BASOR 290–291 (1993) 109–114, mit einem aktualisierten Verzeichnis
von 17 Siegeln bzw. Bullen, deren Besitzer sich בֶּן־הַמֶּלֶךְ nennen. Danach gibt es im
AT (1 Kön 22,26 par 2 Chr 18,25; 2 Kön 15,5 par 2 Chr 26,21; Jer 36,26; 38,6; 2 Chr
28,7) und im Inschriftenmaterial bei zusammen 22 Fällen kein einziges Beispiel, wo
die Apposition בֶּן־הַמֶּלֶךְ mit einer (weiteren) Filiation verbunden ist. Das wäre aber
zu erwarten, wenn der Ausdruck keine Filiation, sondern einen Titel darstellte.

42   Vgl. auch Hos 1,4f.

43   Trotz intensiver Diskussion bleibt das Urteil über diesen Anspruch Hasaëls einst-
      weilen gespalten. Vgl. als neueste Voten einerseits S. HASEGAWA, Aram and Israel
      during the Jehuite Dynasty (BZAW 434), Berlin 2012, 35–46, der mit seinem Lehrer
      N. NA'AMAN (Three Notes on the Aramaic Inscription from Tel Dan, IEJ 50 [2000]
      92–104) der Inschrift Glauben schenkt, und andererseits J. M. ROBKER, The Jehu Re-

ältesten greifbaren schriftlichen Fassung so stark abgewandelt, dass geraume Zeit zwischen dem Ende der Omriden (841) und der Abfassung verstrichen sein muss. Wenn ferner die Konklusion zutrifft, dass eine erschließbare (und vielleicht die älteste) schriftliche Version die königliche Hauptfigur ausdrücklich mit Joahas identifizierte, muss jene Ausgabe auch hinreichend lange nach dessen Tod (797) entstanden sein, um die Übertragung historischer Reminiszenzen von Joram ben Ahab auf Joahas ben Jehu zuzulassen. Für die endgültige Umwidmung auf Ahab und den Einbau der Joschafat-Bearbeitung gilt dies ohnehin.

Ist all das korrekt, haben wir in 1 Kön 22 ein Beispiel vor uns, wie ein das Schicksal eines Omriden (Joram ben Ahab) reflektierender Erinnerungskern auf einen Jehuiden (Joahas ben Jehu) übertragen wurde und von dort zu einem anderen Omriden (Ahab) zurückwanderte. Ferner demonstriert das Kapitel durch die Joschafat-Bearbeitung auch die Mitwirkung judäischer Kräfte an solchen Prozessen. Gewiss macht der inhaltliche Schwerpunkt auf Problemen der Wahr- und Falschprophetie sowie den Beziehungen zwischen dem israelitischen König, den 400 Propheten und dem Einzelgänger Micha ben Jimla wahrscheinlich, dass nordisraelitische Prophetenkreise eine wichtige Rolle bei der Traditionsformung gespielt haben. Doch scheint es ratsam, schon die älteste erkennbare schriftliche Fassung so weit von den Aramäerkriegen abzurücken, dass die Legendenbildung ihr Werk verrichten konnte. Zudem ist auf dem ausgedehnten Weg zum heutigen Wortlaut auch mit anderen, darunter judäischen Einflüssen zu rechnen.

3. Elischa als Gottesmann und Prophet

Abschließend soll noch ein Sachverhalt auf seine traditionsgeschichtliche Aussagekraft befragt werden, der mehrere der oben erörterten Erzählungen übergreift. Es handelt sich um die Titel, die Elischa beigelegt werden, nämlich „Prophet" (נָבִיא) und „Gottesmann" (אִישׁ אֱלֹהִים).[44] Ihre Häufigkeit ist ganz ungleich. „Prophet" heißt Elischa sechsmal,[45] „Gottesmann" dagegen 29-mal.[46] Von den Gottesmann-Titeln fehlen al-

---

volution. A Royal Tradition of the Northern Kingdom and Its Ramifications (BZAW 435), Berlin 2012, 240–274, der die Erklärung bevorzugt, der Aramäer habe Jehu als seinen Handlanger betrachtet (273).

44   Vgl. E 6–46; BAUMGART (Anm. 18) 11–13.
45   2 Kön 3,11; 5,3.8.13; 6,12; 9,1. Zu 9,4 vgl. oben Anm. 20.
46   2 Kön 4,7.9.16.21.22.25bc.27ad.40.42; 5,8.14.15.20; 6,6.9.10.15; 7,2.17.18.19; 8,2.4.7.8.11; 13,19.

lerdings fünfzehn[47] in der ältesten Fassung der griechischen Textüberlieferung zu 2 Kön, wo stattdessen meist der Name „Elischa" steht. Dieser Texttyp – mit dem Codex Vaticanus (B) als seinem wichtigsten Vertreter – ist zwar sicher nicht identisch mit der ursprünglichen griechischen Übersetzung, weil er Merkmale rezensioneller Nacharbeit an sich trägt,[48] kommt ihr aber unter den erhalten gebliebenen Zeugen am nächsten. Seine Distribution der Titel ist beachtenswert, weil sie im Unterschied zum masoretischen Text die Epitheta „Prophet" und „Gottesmann" säuberlich auf verschiedene Einheiten verteilt; d. h. sofern die Geschichten Elischa mit einem Titel bedenken, gebrauchen sie jeweils nur „Prophet" oder „Gottesmann", aber nie beide nebeneinander. Für unseren Zusammenhang ist die Lesartendifferenz von Interesse, weil ihr, wie zu zeigen ist, traditionsgeschichtliche Implikationen eignen. Sie affiziert mehrere der oben erörterten Erzählungen. 2 Kön 5 und 6,8–23, die in *MT* beide Titel mischen, vermeiden im ältesten erreichbaren griechischen Wortlaut den Ausdruck „Gottesmann". Die Kriegserzählung 6,24–7,20 legt dort Elischa überhaupt keinen Titel bei mit Ausnahme von „Gottesmann" in dem sekundären Anhängsel 7,17e–20 (in 17e).

Wie sind die alternativen Verteilungsstrukturen des Gottesmanntitels in 2 Kön zu bewerten? Da die im Griechischen bezeugte Distribution eine Teilmenge der masoretischen ist, müssen beide in einem genetischen Verhältnis stehen, d. h. sie müssen durch Reduktion oder Expansion auseinander hervorgegangen sein. Das Prioritätsurteil hat also darzulegen, welche der möglichen Prozesse die größere innere Wahrscheinlichkeit besitzt. Hier sprechen alle Gesichtspunkte für die nachträgliche Ausweitung des nichtmasoretischen Bestandes auf den masoretischen, wie die Prüfung des Verhältnisses der unterschiedlichen Verteilungsmuster zu den Eigenarten der betroffenen Kontexte ergibt. In *G** zeichnet sich der Trend ab, den Gebrauch des Gottesmanntitels von bestimmten Umgebungsbedingungen abhängig zu machen. Das Epitheton hat mit 9 von 14 Belegen seinen klaren Schwerpunkt in Wundergeschichten, die im Milieu des Volkes und der Prophetenjünger spielen (4,1–7.8–37.38–41.42–44; 6,1–7), unter Einschluss von 8,1–6, wo zwar auch der König von Israel auftritt, aber ein zeitversetztes Nachspiel zur Gottesmann-Geschichte von Elischa und der Schunemiterin in 2 Kön 4,8–37 geboten wird. Vom Gottesmanntitel frei sind dagegen vor

---

47 2 Kön 4,16.25c.27ad; 5,8.14.15.20; 6,9.10.15; 7,2.18.19; 8,2.
48 Die breit akzeptierte Hypothese, dass die vororigenianische Fassung der griechischen Wiedergabe von 2 Kön Ergebnis einer als kaige-Rezension bekannten Überarbeitung ist, stammt von D. BARTHÉLEMY, Les devanciers d'Aquila. Première publication intégrale du texte des fragments du Dodécaphétón trouvés dans le désert de Juda (...) (VT.S 10), Leiden 1963.

allem jene Stücke, die Elischa als prominentes Gegenüber von Königen und hohen Offizieren porträtieren (3,4–27; 5; 6,8–23; 6,24–7,17*; 9,1ff.; 13,14–17). Dafür hat hier der Prophetentitel seinen Ort (3,11; 5,3.8.13; 6,12; 9,1). Danach werden die beiden Epitheta konsequent unterschiedlichen sozialen Milieus zugeordnet. Von dieser signifikanten Differenzierung gibt es nur eine echte Ausnahme, nämlich die Legende von Elischas Eingriff in dynastische Belange des Aramäerreiches 8,7–15 mit drei „Gottesmann"-Belegen. In zwei Fällen bezeugt *G** den Titel auch innerhalb kleinerer literarischer Nachträge zu Erzählungen, deren Milieu er in der Systematik dieses Textüberlieferungsstrangs sonst fremd ist (7,17e in 7,17e–20; 13,19 in 13,18–19[49]).

Die nichtmasoretische Distribution von Gottesmanntiteln zeigt also eine augenfällige Tendenz zu regelhaftem Verhalten gegenüber Kontextmerkmalen: Wo sich Elischa in gewöhnlichem Milieu bewegt, kann er „Gottesmann" heißen, auf höchstem Parkett dagegen nicht. Gottesmann- und Prophetentitel werden nicht in derselben literarischen Einheit gemischt. Von solchen Regularitäten ist im masoretischen Text nichts zu spüren. Dies ist ein starkes Argument zugunsten der Priorität des Verteilungsmusters, das in der ältesten griechischen Überlieferung bezeugt ist. Darüber hinaus lässt sich die sekundäre Expansion der Gottesmanntitel motivieren, nicht aber der umgekehrte Vorgang. Die Ausstattung Elischas mit weiteren ehrenvollen Epitheta ist leicht aus Pietätsgründen ableitbar. Um seinen Status zu steigern, vermehrte man einfach den Titel, der schon im vorgefundenen Textbestand für Elischa besonders typisch war. Die Plausibilität dieser Annahme wird gestützt durch die Renaissance der alten Bezeichnung „Gottesmann" als eines unspezifischen religiösen Hoheitstitels in der Spätzeit des Alten Testaments, wie sie vor allem die chronistische Literatur dokumentiert.[50] Die Maßnahme hat eine Analogie im Jeremiabuch, wo im Zuge der prämasoretischen Revisionen u. a. zahlreiche Prophetentitel eingestreut wurden.[51] Der Hypothese einer unsystematischen Erhöhung der Dignität

---

49   Dass 2 Kön 13,18–19 eine nachträgliche Einschränkung von V. 14–17 darstellt, ist praktisch unumstritten. Vgl. die Kommentare.

50   Als Titel für Mose: 1 Chr 23,14; 2 Chr 30,16; Esr 3,2; vgl. Dtn 33,1; Jos 14,6; Ps 90,1. Für David: 2 Chr 8,14; Neh 12,24.36. Vgl. auch die Gottesmannepisoden 1 Kön 12,21–24; 2 Chr 25,7–9.

51   J. G. JANZEN, Studies in the Text of Jeremiah (HSM 6), Cambridge 1973, 145–158. Zur Priorität der alexandrinischen Textform des Jeremiabuches vgl. P.-M. BOGAERT, Le livre de Jérémie en perspective: Les deux rédactions antiques selon les travaux en cours, RB 101 (1994) 363–406; H.-J. STIPP, Das masoretische und alexandrinische Sondergut des Jeremiabuches. Textgeschichtlicher Rang, Eigenarten, Triebkräfte (OBO 136), Freiburg Schweiz – Göttingen 1994; zu Filiationen und Titeln insbes. S. 87–90. Vgl. auch die prämasoretische Amplifikation des Titels עֶבֶד יְהוָה in Jos 1,1.15; 12,6;

Elischas entspricht auch die Streuung des masoretischen Sonderguts, das kein Prinzip zu erkennen gibt, außer dass es etwas später einsetzt (4,16) als der Gebrauch des Gottesmanntitels für Elischa im gemeinsamen Bestand (4,7), also offenbar seinen Anstoß einfach aus dem Kennzeichnungsprofil der Hauptfigur im vorgefundenen Text bezogen hat. Als Vorboten der späten Expansion des Epithetons kann man sein Vorkommen in literarischen Nachträgen zu Einheiten bewerten, die es sonst typischerweise nicht verwendeten (7,17e; 13,19).

Was sollte dagegen umgekehrt die Beseitigung solcher Ehrenbezeichnungen veranlasst haben? Es ist zu beachten, dass der Verteilung des Gottesmanntitels im alternativen System zwar ein Trend zur Regelhaftigkeit innewohnt, diese Regeln aber nicht die Gründe einer möglichen Reduktion gewesen sein können. Denn einerseits fehlt אִישׁ אֱלֹהִים auch in solchen Einheiten, für die der Titel nach der dortigen Systematik charakteristisch ist (4,16.25c.27ac; 8,2), andererseits finden sich Belege in solchen Einheiten, in denen er nicht zu erwarten wäre (7,17; 8,7.8.11; 13,19). Die Differenzierung nach soziologischen Milieus, der die Distribution von „Gottesmann" und „Prophet" in der ältesten nichtmasoretischen Texttradition tendenziell entspricht, kann nicht das Motiv einer mutmaßlichen Purgation gewesen sein, sondern müsste als zufälliges Nebenprodukt daraus hervorgegangen sein. Das aber darf als ausgeschlossen gelten.

Weil nur die sekundäre Expansion, nicht aber die Tilgung von Gottesmanntiteln in 2 Kön plausibel zu erklären ist, spricht alles für das höhere Alter des nichtmasoretischen Verteilungsmusters. Legt man es der Exegese zugrunde, verbleibt aus den hier untersuchten Erzählungen nur eine, die den Gottesmanntitel auf Elischa anwendet, nämlich 8,7–15, wo allerdings ein untypischer Gebrauch des Epithetons vorliegt. Im Übrigen wird Elischa, wo er einen Titel trägt, „Prophet" genannt. Die betroffenen Einheiten tragen ausnahmslos die Insignien einer fortgeschrittenen Traditionsentwicklung. Wenn dem so ist, wird man die Bezeichnung Elischas als „Prophet" als ein weiteres Merkmal traditionsgeschichtlicher Spätphasen bewerten müssen, das bereits gezogene Schlüsse zum traditionsgeschichtlichen Status der Kontexte bestätigt.[52]

22,4 und dazu K. BIEBERSTEIN, Josua – Jordan – Jericho. Archäologie, Geschichte und Theologie der Landnahmeerzählungen Josua 1–6 (OBO 143), Freiburg Schweiz – Göttingen 1995, 84f.

52 Vgl. auch den verbleibenden Beleg mit dem Prophetentitel für Elischa in 2 Kön 9,1. Irritieren muss die Tatsache, daß die eminent wichtige Aufgabe der Salbung des Usurpators, der die übelsten kultischen Missbräuche der Omriden abstellen wird, nicht in Elischas eigene Hände gelegt, sondern von einem Stellvertreter wahrgenom-

Die sich abzeichnende Aufspaltung der Elischaerzählungen in zwei Gruppen, die ihren Helden divergenten Milieus zuordnen und unterschiedlich titulieren, spricht für getrennte Überlieferungskreise und -perioden. Dabei erscheint jener Typ, der Elischa auf gleichem Fuß mit den Potentaten seiner Zeit präsentiert und ihn „Prophet" nennt, als Frucht weit vorgerückter Epochen. Die Möglichkeit, daraus etwas über den historischen Elischa zu erfahren, dürfte gering sein. Und wenn man Elischa in die Frühgeschichte des israelitischen Prophetentums einreiht, muss man Indizien Rechnung tragen, laut denen ihm erst in traditionsgeschichtlich später Stunde die Bezeichnung נָבִיא beigelegt worden ist. Enger erscheint das Band zum historischen Elischa in den Gottesmanngeschichten, denen jedoch in diesem Rahmen nicht mehr nachgegangen werden kann.

4. Schlussfolgerungen

Unsere Studie erörterte die Frage, wie sich die Prophetengeschichten in den Königsbüchern traditionsgeschichtlich und literarisch zu der Phase israelitischer Geschichte verhalten, aus der sie zu berichten beanspruchen. Als Testfälle dienten Erzählungen, die kriegerische Ereignisse zum Thema haben oder als Hintergrund benutzen. Weil sie mit Ausnahme von 2 Kön 3 die Aramäerkriege des späten 9. Jhs. als Kulisse verwenden, eröffnet der Vergleich des historisch Plausiblen mit dem literarischen Porträt wenigstens ein grobes Kriterium, um über traditionsgeschichtliche Nähe oder Ferne zu dieser Epoche zu befinden.

Nach den obigen Darlegungen wird man den Abstand häufig hoch veranschlagen müssen. Eine zeitnah formulierte israelitische Kriegserzählung ist im untersuchten Beispielmaterial allenfalls in 1 Kön 20,1–34* erhalten geblieben. Bei 1 Kön 22 lässt sich begründetermaßen ein in Prophetenkreisen des Nordreichs verankerter Kern annehmen. Doch schon von seiner ältesten Reminiszenz – der Verwundung Jorams bei Ramot-Gilead und seinem Tod im Zuge des Jehuputsches (841) – trennt ihn eine breite traditionsgeschichtliche Kluft. Überdies wurde die Erzählung literarisch stark erweitert, und zwar auch in Juda. Gemeinsam mit der in Juda verfassten Joschafat-Bearbeitung hat das Schwesterkapitel 2 Kön 3* Gestalt angenommen. In dessen Schlussversen ist das Bruchstück einer Darstellung eines israelitischen Feldzugs gegen Moab

---

men wird. Dies steigert nicht die Vertrauenswürdigkeit der Nachricht, Elischa selbst habe bei der Salbung Jehus Regie geführt.

eingewoben worden. Ihre Reste sind zu unsicher und fragmentarisch, um nähere Aussagen über Alter, Ursprung und Besonderheiten zu gestatten. Herkunft aus dem Nordreich liegt immerhin nahe. Allerdings spricht wegen der Umstände des israelitischen Rückzugs wenig dafür, dass das Schriftstück bereits eine Prophetenerzählung gewesen ist. Die Elischageschichte in 2 Kön 3 ist folglich nach allen Indizien ein judäisches Erzeugnis.

Was die übrigen Kriegserzählungen angeht, so erlaubt ihre Eigenart kaum, über die negative Feststellung hinauszugelangen, dass bei ihrer Niederschrift offenbar alle konkreten Erinnerungen an die Epoche der Aramäerkriege geschwunden waren. Nähere Datierungen sind nicht möglich, denn es handelt sich durchweg um legendarisch und wunderhaft ausgestaltete Geschichten, denen abgesehen von der deutlichen Distanz zu ihrer historischen Szenerie etwas Zeitloses anhaftet. Bindungen an distinkte Sitze im Leben bzw. Milieus sind nicht nachweisbar, ebenso wie es an verwertbaren zeitgeschichtlichen Anspielungen mangelt. Auch ein vages „Lokalkolorit" verbürgt weder hohes Alter noch israelitische Herkunft, denn sollte man etwa in Juda nicht gewusst haben, wo Dotan liegt (2 Kön 6,13) und was man sich unter dem עֹפֶל in Samaria vorzustellen hatte (2 Kön 5,24)?

Angesichts all dessen ergeben sich für die Herausbildung der Traditionen und die Kristallisierung der Texte zeitlich und lokal weite Spielräume. Von Verallgemeinerungen aufgrund besser fixierbarer Fälle ist Abstand zu nehmen. Gegenüber den häufig vertretenen generellen Frühdatierungen wird man daher auf solideren Nachweisen bestehen müssen. Der literarische Befund bestätigt die Vorüberlegung, dass Datierungsversuche einen ausgedehnten Rahmen in Betracht ziehen müssen, weil man solche Erzählstoffe auch Jahrhunderte später gepflegt und fern von ihren historischen Kulissen, darunter in Juda, weiterentwickelt hat.

Vier Gestalten einer Totenerweckungserzählung

(1 Kön 17,17–24; 2 Kön 4,8–37; Apg 9,36–42; Apg 20,7–12)

Texte erwachsen aus auktorialen Intentionen, stimmen aber nicht ohne weiteres mit ihnen überein. Wer einen Text verfasst, hat dafür seine Gründe und wird versuchen, seinen Absichten einen geeigneten Ausdruck zu verleihen. Gleichwohl gibt es schon keine Garantie, dass das Produkt tatsächlich den treibenden Intentionen entspricht. Ein Autor kann sich ungeschickt ausdrücken, sodass ein Rezipient notwendig zu gar nicht gewollten Schlüssen gelangen muss — das Missverständnis ist der ewige Gefährte der Kommunikation. Sobald er ferner seine Schöpfung aus der Hand gibt, entwickelt diese ein Eigenleben, das sich seiner Kontrolle entzieht. Die individuelle Rezeption ist ohnehin ein chaotischer Vorgang, der das resultierende Verständnis einer unbegrenzbaren Fülle subjektiver Faktoren unterwirft, wie etwa der kulturellen Prägung, der Aufmerksamkeit, den Vormeinungen und momentanen Gestimmtheiten der Leser, was eine ebenso unbegrenzbare Fülle von Leseweisen ermöglicht. Doch auch die genaue, also mit gesteigertem Verarbeitungsaufwand betriebene und auf Textangemessenheit bedachte Lektüre kann auf fremde, vom Verfasser gar nicht gemeinte Pfade geraten. Speziell trainierte Ausleger unterliegen ebenso kulturellen Vorprägungen wie andere Leser und können niemals vollständig davon abstrahieren, selbst wenn sie ein explizites Bewusstsein von deren Macht entwickelt haben. Aber auch objektive Faktoren spielen eine Rolle. Schon wenn, wie bei biblischer Literatur besonders häufig, ein Text nachträglich umgearbeitet wird, ändert er seinen Charakter, denn eben dies ist ja meist das Ziel der Maßnahme. Wird ferner ein Stück in einen anderen Zusammenhang verpflanzt, treten notwendig Interferenzen mit seinem neuen Kontext auf, die ihm neue Sinnebenen verleihen oder gar völlig andere Effekte hervorrufen können, als bei seiner Genese angestrebt waren. Die Literaturwissenschaft hat dem durch die Unterscheidung von realem und implizitem Autor Rechnung getragen, wobei der implizite Autor der hypothetische Träger jener Intentionen ist, die ein aufmerksamer Leser einer gegebenen synchronen Textebene (Textentwicklungsstufe) mit Gründen entnehmen kann.

Trotz zunehmender Würdigung gewachsener Textfassungen und leserseitiger Sinnkonstituenten hat die biblische Exegese die Frage nach der auktorialen Intention nicht aufgegeben. Sie wird stimuliert von theologischen und historischen Interessen, denen ihr Recht nicht zu bestreiten ist. Sie erscheint auch nicht ohne Aussicht auf Erfolg, sofern zwei Prämissen legitim sind: Erstens ist zu unterstellen, dass Sprache Intentionen in hinreichender Wiedererkennbarkeit kommunizieren kann, ein Axiom, das bekanntlich nicht ohne performativen Widerspruch bestreitbar ist. Weil jedoch die meisten Schriftstücke, an die sich die Frage nach den Aussagezielen ihrer Verfasser richten lässt, heute in redaktioneller Verschmelzung mit heterogenem Material vorliegen, kommen geeignete Untersuchungen nicht ohne Rekonstruktionen aus. Deshalb ist zweitens vorauszusetzen, dass diachronen Methoden ein brauchbares Maß an Leistungsfähigkeit eignet, eine Annahme, die nach wie vor berechtigt erscheint. Die radikale Skepsis mancher Fachvertreter gegenüber diachronen Hypothesen ist dagegen zu pauschal, weil sie die ganz unterschiedlichen Indizienlagen in den Einzelfällen nivelliert. Wenn ferner gegen diachrone Fragestellungen die angeblich höhere Treffsicherheit und Konsensfähigkeit synchroner Theoriebildungen ausgespielt wird, so ist zu betonen, dass, wie die Durchsicht konkurrierender Interpretationen in der Fachliteratur zeigt, interpretative Methoden keineswegs besser gefeit sind gegen Dissens und Irrtum als solche, die zur Lösung diachroner Probleme bestimmt sind. Indes bleibt neben dem realen Autor das Konstrukt des impliziten Autors unverzichtbar, namentlich bei zusammengesetzten Texten, da sie von den allermeisten Rezipienten nicht als Gefüge separater Textebenen, sondern als einheitliche Größe wahrgenommen werden.

Auf der Suche nach den auktorialen Intentionen erleichtern synoptische Texte die Arbeit, weil sie die Möglichkeit eröffnen, verschiedene Gestaltungen ein und desselben Materials zu vergleichen, wobei die Unterschiede besonders zuverlässige Hinweise auf die Ziele bieten, die die Einzelfassungen hervorbrachten. Das gilt umso mehr, wenn angenommen werden darf, dass den Schöpfern jüngerer Versionen die älteren unmittelbar bekannt waren. Dann muss es Gründe gegeben haben, die Vorlagen in genau jener Weise abzuwandeln, wie es geschah. Reizvolle Beispiele bieten die Totenerweckungserzählungen in 1 Kön 17,17–24; 2 Kön 4,8–37, Apg 9,36–42 und 20,7–12, weil ihr Erzählgerippe besonders vielfältige Ausformungen erfahren hat. Den beiden alttestamentlichen Fassungen sind noch zwei neutestamentliche an die Seite getreten, und wie die Modifikationen bezeugen, haben sich darin recht unterschiedliche theologische Denkwelten Ausdruck verschafft. Den Vergleich begünstigt der Umstand, dass die Vorfragen nach der diachronen Beschaffenheit der betroffenen Perikopen und ihrem Abhängigkeitsverhältnis untereinander aufgrund einer klaren Indizienlage als zufriedenstellend gelöst gelten dürfen.

1. Elischa erweckt den Sohn der Schunemiterin: 2 Kön 4,8–37

Die älteste Version liegt vor in der Elischa-Geschichte in 2 Kön 4. Die Erzählung ist in sich gerundet, aber durch V. 8ab[1] וַיְהִי הַיֹּום וַיַּעֲבֹר אֱלִישָׁע אֶל־שׁוּנֵם „eines Tages kam Elischa nach Schunem" an die vorausgehende Einheit V. 1–7 angeschlossen, die ihrerseits in V. 1a mit der Formation Subjekt + *qatal* einen zur selbstständigen Existenz befähigenden Erzählanfang besitzt.[2] Dieser Komplex hat zweifellos bereits außerhalb des DtrG bestanden.[3] Wie Armin Schmitt überzeugend dargelegt hat,[4] trägt 2 Kön 4,8–37 die Spuren zweier Erweiterungen an sich: Zunächst hat man in einer umfangreicheren Bearbeitung die Vv. 29–30d, 31–32 und 35 nachgetragen, kenntlich u. a. daran, dass die drei Einschübe den Sohn als נַעַר bezeichnen („נַעַר-Schicht"), während das ältere Stratum ihn יֶלֶד nennt. Später wurden noch die Vv. 13–15 zur Vorbereitung von 2 Kön 8,1–6 eingefügt.[5] Will man dem Wortlaut nahe-

---

1   Zur Satzsegmentierung vgl. W. RICHTER, Biblia Hebraica transcripta. BH[t]. 6. 1 und 2 Könige (ATSAT 33.6), St. Ottilien 1991.

2   Vgl. W. GROß, Syntaktische Erscheinungen am Anfang althebräischer Erzählungen: Hintergrund und Vordergrund, in: J. A. Emerton (ed.), Congress Volume Vienna 1980 (VT.S 32), Leiden 1981, 131–45, 134 Anm. 11 (dort nur zur Vorstellung einer unbekannten Person bei der Eröffnung eines Zweitstrangs akzeptiert).

3   Zur näheren Begründung vgl. H.-J. STIPP, Elischa – Propheten – Gottesmänner. Die Kompositionsgeschichte des Elischazyklus und verwandter Texte, rekonstruiert auf der Basis von Text- und Literarkritik zu 1 Kön 20.22 und 2 Kön 2–7 (ATSAT 24), St. Ottilien 1987, 442–451.

4   A. SCHMITT, Die Totenerweckung in 2 Kön 4,8–37. Eine literaturwissenschaftliche Untersuchung, BZ 19 (1975) 1–25, 1–8. An Schmitts Lösung ist lediglich zu modifizieren, dass auch 32a der Bearbeitung zugehört; die Grundschicht fährt in 33a in der von G* bewahrten Form fort: „Elischa kam in das Haus" (dazu sogleich).

5   Unter Exegeten, die diachrone Hypothesen für sinnvoll halten, wurde das textgenetische Modell Schmitts weitgehend rezipiert. Vgl. etwa W. THIEL, Jahwe und Prophet in der Elisa-Tradition, in: J. Hausmann – H.-J. Zobel (Hg.), Alttestamentlicher Glaube und Biblische Theologie (FS H. D. Preuß), Stuttgart 1992, 93–103, 99f.; J. ASURMENDI, Las curaciones de Eliseo y el relato ficticio, in: J. R. Ayaso Martínez u. a. (Hg.), IV Simposio bíblico español (I ibero-americano). Biblia y culturas I, Valencia – Granada 1993, 75–84, 75f.; M. ÁLVAREZ BARREDO, Las narraciones sobre Elías y Eliseo en los libros de los reyes. Formación y teología (Publicaciones instituto teológico franciscano, serie mayor 21), Murcia 1996, 74. Anders P. MOMMER, Der Diener des Propheten.

kommen, den der Autor der jüngeren Fassung in 1 Kön 17 gelesen hat, muss man mit der vororigenianischen griechischen Textüberlieferung den Titel „Gottesmann" in 16d tilgen und in 25c.27ad durch „Elischa" ersetzen.[6] Mit derselben Zeugengruppe ist in 33a die Lesung „Elischa kam in das Haus" (הַבָּיְתָה אֱלִישָׁע וַיָּבֹא* = 32a) wiederherzustellen, die noch eine alte Dublette zu 32a an der Zäsur zwischen Grundschicht und נַעַר-Stratum konserviert.[7]

In der Elischa-Fassung präludiert der Totenerweckung eine Theoxenia-Geschichte (im weiteren Sinne),[8] wo das später wiedererweckte Kind als eine Dankesgabe des Gottesmannes für die ihm erzeigte Gastfreundschaft und der Ort des Wunders als eine Frucht der speziellen Beziehung zwischen dem Urheber und der Empfängerin des Wunders ausgewiesen werden (V. 8–17). Eine wohlhabende Frau aus der Stadt Schunem tut sich durch ihre besondere Bereitwilligkeit hervor, Elischa bei seinen häufigen Durchreisen zu bewirten (V. 8); schließlich geht sie sogar so weit, ihrem regelmäßigen Gast ein eigenes, luxuriös möbliertes Obergemach zu errichten (V. 9–10). Als Elischa den Beweis staunenswerter Großzügigkeit[9] entgegennimmt, indem er die Kammer bezieht, verheißt er seiner Gastgeberin einen Sohn (V. 16). Wie der Einschub V. 13–15 betont, ist das Fehlen eines männlichen Nachkommens für sie eine Notlage, deren Behebung wegen des vorgerückten Alters ihres

---

Die Rolle Gehasis in der Elisa-Überlieferung, in: Ders. u. a. (Hg.), Gottes Recht als Lebensraum (FS H. J. Boecker), Neukirchen-Vluyn 1993, 101–115, 103–106, der alle Erwähnungen Gehasis als redaktionell bewertet. Dem fehlen jedoch die nötigen Indizien. Implausibel erscheinen auch die postulierten redaktionellen Motive. 27c–h dürfte kaum geeignet sein, Gehasi als „Sprachrohr" (S. 105) und „Nachfolger" (S. 114) Elischas zu empfehlen.

6 STIPP, Elischa, 6–46.

7 Ebd. 269, 279, 296f.

8 Elischa ist lediglich ein menschlicher Repräsentant der göttlichen Sphäre, dem die Schunemiterin auch nicht unwissentlich, sondern in voller Einsicht seiner Würde (V. 9) ihre Gastfreundschaft erweist. Zur Verbindung von Theoxenia und Sohnesverheißung im AT (sonst Gen 18,1–15; Ri 13) vgl. H.-J. STIPP, Simson, der Nasiräer, in diesem Band S. 139–169, 151, 156; zu den gattungstypischen Konventionen der Sohnesverheißung R. ALTER, How Convention Helps Us Read: The Case of the Bible's Annunciation Type-Scene, Prooftexts 3 (1983) 115–130; zu den Abwandlungen in 2 Kön 4 Alter ebd. S. 125f.; B. O. LONG, 2 Kings (FOTL), Grand Rapids 1991, 56.60.

9 Anders T. R. HOBBS, Man, Woman, and Hospitality – 2 Kings 4:8–36, Biblical Theology Bulletin 23 (1993) 91–100, 95: „Contrary to most interpretations of the actions of the woman, I suggest that she is doing no more than one would expect of a ‚great woman' of the eastern Mediterranean in antiquity." Der Bau und die verschwenderische Ausstattung eines eigenen Zimmers dürfte auch in der levantinischen Antike über das von begüterten Gastgebern erwartbare Maß an Großzügigkeit hinausgegangen sein.

Gatten normalerweise nicht mehr zu erwarten stünde (V. 14). Das in V.
13 unterbreitete Angebot der Interzession beim König oder beim obers-
ten Militär trägt bei zur Ausstrahlung der Selbstsicherheit, die Elischa
auf dieser Zeithöhe entfaltet und die der Text später gezielt unterlaufen
wird.[10] Die Schunemiterin quittiert die Botschaft mit einer Antwort, die
zuvor aufgebaute Erwartungen enttäuscht. Obwohl ihr der Verhei-
ßungsgeber wohlvertraut ist und sie sich bereits in Wort und Tat dazu
bekannt hat, dass er ein „heiliger Gottesmann" sei (V. 9), vernimmt sie
seine Zusage mit abwehrender Skepsis: „Nein, mein Herr, belüge deine
Magd nicht!" (16d) Ferner entspricht ihr Einwand zwar einem gattungstypischen Zug der Geburtsverheißung, wird aber in bemerkenswerter Weise abgewandelt: Während er sich sonst auf unüberwindlich
erscheinende Hindernisse wie das Greisenalter der Eheleute (Gen 17,17;
18,12; Lk 1,18) oder mangelnden Sexualverkehr (Lk 1,34) gründet, zielt
er hier auf die Integrität des Verheißenden, den die Schunemiterin jetzt
überraschend zur Redlichkeit aufrufen zu müssen meint. Ihr Argwohn
erweist sich indes einstweilen als unbegründet — sie wird schwanger
und gebiert wie angekündigt übers Jahr einen Knaben (V. 17).

Das restaurierte Gleichgewicht ist jedoch von kurzer Dauer. Als das
Kind herangewachsen ist (18a), scheint die Gabe in ihren Händen zu
zerrinnen: Der Junge klagt bei der Ernte über Kopfschmerzen, wird
nach Hause getragen und stirbt auf den Knien seiner Mutter. Damit
wandelt sich die Stimmung der Erzählung. In V. 21–24 werden mehrere
Ausdrucksmittel eingesetzt, um eine Atmosphäre der Dringlichkeit
und Hast zu erzeugen. Handlungen und Dialoge in verschiedenen
Konstellationen wechseln in rascher Folge: Wir sehen die Schunemiterin im Obergemach des Gottesmannes, wo sie ihren toten Sohn auf das
Lager legt, sodann, Anweisungen erteilend, erst bei ihrem Gatten und
dann bei ihrem Diener. Ausdrücklich betont sie den drängenden
Charakter ihrer Mission: Sie wolle zum Gottesmann „laufen" (רוץ 22d),

---

10 Vgl. M. E. SHIELDS, Subverting a Man of God, Elevating a Woman: Role and Power
    Reversals in 2 Kings 4, JSOT 58 (1993) 59–69, 61. – An V. 13–15 lässt sich illustrieren,
    wie sich für diachrone Belange aufgeschlossene und die Autorenintention beachten-
    de Auslegung von reiner Endtextexegese unterscheidet. Die Verse wurden zur Vor-
    bereitung von 2 Kön 8,1–6 eingeschoben; deshalb schaltet Elischa seinen Diener als
    Mittelsmann in die Unterredung mit der Schunemiterin ein (vgl. 8,4–5) und liefert
    mit der Frage „Gibt es (etwas) zu reden für dich zum König oder zum Heerführer?"
    (13e) einen Beweis seines staunenerregenden Vorwissens (vgl. 8,3). Dagegen erkennt
    T. R. HOBBS, 2 Kings (WBC 13), Waco 1985, 47, in Elischas Erkundigung auf der Ebe-
    ne des Endtextes einen blasierten „attempt at influence peddling", den die Schune-
    miterin schon aus Gründen der Selbstachtung zurückweisen muss. Diese Interpreta-
    tion hat mit den Absichten bei der Niederschrift des Passus mit Sicherheit nichts zu
    tun.

bloß um sogleich wieder zurückzukehren (22e); ihren Eselsknecht verpflichtet sie zu höchster Eile und untersagt ihm jede eigenmächtige
Verzögerung der Reise (V. 24). Den Versuch ihres Mannes, mehr über
ihre überraschenden Absichten zu erfahren, erstickt sie im Keim mit
einem beschwichtigenden Einwortsatz: שָׁלוֹם „(schon) gut!" (23f). Im
Sinne des Textes weiß einzig die Schunemiterin vom Tod des Knaben,
und nach ihrem Verhalten ist es für sie entscheidend, ihre Kenntnis mit
allen Mitteln für sich zu behalten. Deswegen gestattet sie sich kein Anzeichen von Trauer, verbirgt die Leiche in Elischas Kammer, verweigert
ihrem Gatten die Auskunft und begibt sich in größter Hast zum Gottesmann, den sich der Erzähler als auf dem Karmel wohnend vorstellt
(V. 25), eine Reise, die selbst bei schnellem Ritt (V. 24) hin und zurück
mehrere Stunden beansprucht. Aus der Heimlichkeit und Ungeduld
sollen die Leser offenbar folgern, dass die Mutter ein Begräbnis verhüten will, bevor sie Elischa hat gegenübertreten können. Dies sind Verfahren, mit denen der Erzähler allein der Schunemiterin einen Bezug
zum Gottesmann vorbehält; von ihrer Umgebung einschließlich ihres
Mannes sollen die Leser nicht erwarten, dass man dort bei Elischa Hilfe
suchen würde. Die Erzählung stellt den Gottesmann keinem Verehrer-
kreis, sondern allein einer paradigmatischen Anhängerin gegenüber. Es
gibt daher auch keinen Anlass, den Ursprung des Textes in eher
peripheren religiösen Gemeinschaften nach Art der „Prophetenjünger"
(בְּנֵי־הַנְּבִיאִים) zu suchen, wie sie sonst regelmäßig die Figur Elischas
umgeben,[11] hier aber nicht vorkommen, während seine Wohltäterin ge-
sellschaftlich in einer gehobenen Schicht verortet wird. Der Komplexi-
tätsgrad des behandelten theologischen Problems und das darauf ver-
wandte Reflexionsniveau werden diesen Schluss bestätigen.

Um das Profil der Schunemiterin herauszumodellieren, wird hier
eine Technik angewandt, die später nochmals bei der Charakterisie-
rung Elischas wiederkehrt: die kontrastive Gegenüberstellung mit einer
polar angelegten Nebenfigur. Die subalterne Rolle des Gatten ist von
Beginn an deutlich, wenn als Gastgeberin des Gottesmannes nur die
„große Frau" (8c) vorgestellt wird und der Mann ausnahmslos durch
seine Beziehung zu anderen Figuren definiert ist („ihr Mann" 9a.14e.
22a; „sein Vater" 18c.19a).[12] Im Spiegel seiner Ahnungslosigkeit und
Untätigkeit stechen die Initiative und Effizienz der Frau als besonders
typisch hervor. Sie ist es, die weiß, wo Hilfe zu finden ist, und die umgehend die erforderlichen Maßnahmen zu treffen vermag. Zum Zweck
der kontrastiven Profilierung wird der Vater mit einer wenig realisti-

---

11 Vgl. 2 Kön 2,3.5.7.15–18; 4,1–7.38–44; 5,22; 6,1–7; 9,1–11.
12 Vgl. SHIELDS, Subverting a Man of God (Anm. 10), 60.

schen Arglosigkeit versehen. So wurde er zwar Zeuge, wie sein Sohn über heftige Schmerzen klagte und derart geschwächt war, dass er den Heimweg nicht mehr aus eigenen Kräften zurücklegen konnte (19d: „Trag ihn zu seiner Mutter!"). Doch zum ebenso unerwarteten (V. 23) wie überstürzten Aufbruch seiner Gattin zum Gottesmann stellt er keine Verbindung her; nicht einmal auf einer Antwort zu seiner Frage will er beharren. Trotz des eklatanten Widerspruchs zwischen der Hast der Frau und ihrer abwiegelnden Auskunft schöpft er keinen Verdacht und lässt sich mühelos abspeisen. Typischerweise ist deshalb bei ihm auch nichts von einem speziellen Bezug zum Gottesmann zu bemerken. Der Bau des Obergemachs geht auf die Initiative der Frau zurück (V. 9–10); entsprechend sieht sich Elischa nur ihr zu Dank verpflichtet (V. 12–16), und der Vater gehört zu jenen, denen die Frau den Tod des Knaben verheimlichen muss. Die untergeordnete, vor allem Kontrast spendende Rolle des Gatten wird durch sein frühzeitiges Ausscheiden aus dem Gesichtskreis bestätigt: Nach der Abreise der Schunemiterin verlautet nichts mehr von ihm, an der Heilung seines Sohnes nimmt er keinen Anteil mehr.

In V. 25 erfolgt ein Szenenwechsel: Die Mutter trifft bei Elischa auf dem Karmel ein. Damit einher geht ein fundamentaler Wandel der Erzählperspektive: Wurde die erste Hälfte der Geschichte ganz von der Schunemiterin her erzählt, wechselt die zweite auf die Seite des Wundertäters. War in V. 21–25b der Blick noch aus der Nähe auf die Frau gerichtet, springt er in 25c mit den Worten „als Elischa sie von ferne sah" zur Warte des Gottesmannes und leitet die Leser an, sich die Besucherin von fern aus dessen Augen vorzustellen. Elischa reagiert auf den Anblick, indem er ihr seinen Diener Gehasi entgegenschickt mit dem Auftrag, ihr in mehreren Varianten eine Frage zu stellen, deren konstanter Kern ihre frühere positive Antwort gegenüber ihrem Gatten nachahmt: הֲשָׁלוֹם — „(Geht es) dir gut? (Geht es) deinem Mann gut? (Geht es) dem Knaben gut?" (26c–e; vgl. 23f). Der Perspektivenwechsel ermöglicht dem Autor, den Informationsvorsprung seines Publikums gegenüber dem Gottesmann als erzählerisches Stimulans einzusetzen. Indem der Verfasser die Leser in eine frühzeitige Reaktion Elischas einweiht, macht er sich die Kluft zunutze, dass sie bereits wissen, warum die Frau zu Elischa kommt, nur Elischa weiß es noch nicht. Das ist ein gängiges spannungssteigerndes Verfahren, weil es die Fragen provoziert: Wird der Unwissende der Situation gewachsen sein, zu deren korrekter Einschätzung ihm entscheidende Kenntnisse fehlen? Was wird er tun, wenn er die Wahrheit erfährt?

Der Autor reizt das Potenzial der Diskrepanz noch weiter aus, indem er Elischas Erkundigung die vorherige irreführende Antwort der

Frau an ihren Gatten nachahmen lässt. Was wird sie erwidern auf die Frage, auf die ihre Replik aus 23f dem Sprachgebrauch, nicht aber den Tatsachen nach schon so genau zugeschnitten war? Hinzu kommt, dass Elischa nicht abwartet, bis er die Frage selber stellen kann, sondern sie seinem abermals eilends (רוּץ 26a) entgegengesandten Diener aufträgt. Auf die Funktion dieses Erzählzugs fällt Licht von einem ähnlichen Vorgang, der wenige Kapitel später beschrieben ist. Laut 2 Kön 9,16 wird dem israelitischen König Joram gemeldet, Reiter seien im Anzug. Die Leser wissen bereits, dass dies der Putschist Jehu mit seinem Anhang ist, aber Joram weiß es noch nicht. Da schickt er dem Trupp Eilboten entgegen, die genau dieselbe Frage stellen sollen wie Gehasi in 2 Kön 4,26: הֲשָׁלוֹם — „(Steht es) gut?" Wie die Parallele nahelegt, ist der Auftrag an den Diener nicht einfach eine Höflichkeitsgeste. Das literarische Verfahren scheint eher dazu bestimmt, an äußeren Akten innere Beunruhigung anzuzeigen:[13] Der Sender gibt zu erkennen, welches Krisenpotenzial er dem überraschenden Besuch zumisst. Elischas Verhalten lässt durchblicken, dass ihn die Reise der Schunemiterin ebenso verblüfft wie den Ehemann; bloß keimt bei ihm eine Besorgnis, die, wie sich sogleich zeigen wird, nicht so leicht hinters Licht zu führen ist. Die letzte seiner drei Fragen erkundigt sich ausdrücklich nach dem Knaben. Was wird Elischa tun, wenn er seine Vorahnung bestätigt findet? Überraschend kommt es jedoch noch nicht zur Schließung des Informationsgefälles, denn die Frau erteilt Gehasi dieselbe Antwort wie zuvor ihrem Mann: שָׁלוֹם (26g = 23f).

Die falsche Auskunft erlaubt dem Autor einen Erzählzug, in dem er abermals einen Protagonisten durch die kontrastive Spiegelung in einer Nebenfigur profiliert, hier Elischa durch den Vergleich mit seinem Begleiter. V. 27ab berichtet: „Sie kam zu ‚Elischa' zum Berg und ergriff seine Füße." In einer besonders dramatischen Gebärde wirft sich die Schunemiterin nicht nur vor dem Gottesmann zu Boden, sondern ergreift sogar seine Füße. Daraufhin „trat Gehasi heran, um sie wegzustoßen" (27c). Abzulesen an seinem groben Dazwischenfahren, hat der Diener die Replik der Schunemiterin für bare Münze genommen und kann mit ihrem Kniefall nichts anfangen, ja er wehrt sie ab, als empfände er das Berühren der (bloßen) Füße seines Herrn als anstößige Grenzverletzung.[14] Der Gottesmann bewertet ihr Verhalten ganz anders. „Lass sie", weist er ihn zurecht, „denn ihre Seele ist ihr bitter

---

13 Vgl. auch 1 Sam 16,4; 1 Kön 2,13.

14 Nach G. KLINGBEIL, ‚Asir los pies' — 2 Reyes 4:27 y el lenguaje idiomatico en el Antiguo Testamento, Theologika 12 (1997) 4–15, 13, „puede argumentarse que la sunamita cometió realmente una afrenta mayor a Eliseo, ya que agarrando sus pies ... ella tocó su piel desnuda y de este modo violó su espacio personal".

geworden, doch JHWH hat (es) vor mir verborgen und mir nicht mitgeteilt." (27e–h) Diese Worte tauchen den Sprecher in ein seltsam zwiespältiges Licht. Wie Elischas Bekenntnis einerseits klarstellt, hat er seinem Diener keinerlei Informationsvorsprung voraus, sodass die identischen Ausgangsbedingungen offenbaren: Gehasi ist irrezuführen, Elischa nicht, weswegen vor der Kontrastfolie des unverständigen Dieners die Klarsicht des Gottesmannes vorteilhaft absticht. Andererseits muss er einräumen: Seine Unkenntnis hat darin ihren Grund, dass JHWH ihm die Ursache des Schreckens verheimlicht hat. Die Aufwertung Elischas wird so im selben Atemzug durch gegenläufige Akzente konterkariert: Zwar ragt er durch seine Sensibilität hervor, doch zugleich hat sich sein Gott ihm verweigert — ein klarer Verstoß gegen die Typik antiker Wundergeschichten.[15] Sein Eingeständnis leitet einen Umschwung ein, der den Gottesmann zusehends in eine Position der Schwäche treibt.

Dieser Trend gewinnt sogleich an Intensität, wenn Elische einen noch empfindlicheren Schlag hinnehmen muss. Die Schunemiterin nennt ihr Leid auch jetzt nicht beim Namen. Zwei rhetorische Fragen zwingen den Gottesmann, sich den Stand der Dinge selbst zusammenzureimen: „Habe ich von meinem Herrn einen Sohn erbeten? Habe ich nicht gesagt: Du sollst mir keine falschen Hoffnungen machen?" (V. 28) Antworten, die man sich selbst erteilen muss, kann man sich schwerer entziehen; dies steigert die Wucht der Kritik. Beachtung verdient, worauf genau der Vorwurf zielt. Indem nämlich die Frau den Tod des Jungen schweigend umgeht, stattdessen auf Elischas unverlangt gewährte Verheißung anspielt und ihren seinerzeitigen Argwohn zitiert, verschiebt sie rhetorisch den Hauptgrund ihres Schmerzes: Die Enttäuschung über die Unzuverlässigkeit des Gottesmannes übersteigt noch die Trauer über den Verlust des einzigen Sohnes. Der Vertrauensbruch wiegt umso schwerer, als das Orakel gegen ihre offenen Zweifel ergangen war, die nun ihre späte Rechtfertigung zu erfahren scheinen. Der Ruin ihres Vertrauensverhältnisses zu Elischa, indem die greifbare Lösung ihres Schlüsselproblems als Illusion dasteht, hat ihre Lage bloß verschlimmert. Das muss den Gottesmann an einem besonders verwundbaren Punkt treffen: Was sind seine Zusagen eigentlich wert?

Das Eingeständnis Elischas, dass sein Gott ihm wichtige Einsichten vorenthalten hat, und die massive Infragestellung seiner Glaubwürdigkeit durch die Schunemiterin eröffnen eine neue Phase in der Erzählung, die das Hauptproblem vom Tod des einzigen Sohnes auf ein Fol-

---

15 Mit L. BIELER, Totenerweckung durch ΣΥΝΑΝΑΧΡΩΣΙΣ. Ein mittelalterlicher Legendentypus und das Wunder des Elisa, ARW 32 (1935) 228–245.

geproblem verlagert: die Glaubwürdigkeit des privilegierten Zugangs Elischas zu JHWH und seiner rettenden Macht. Hat die Schunemiterin sich zu Recht zum „heiligen Gottesmann" (V. 9) bekannt — und wenn ja, was bedeutet das für ihn und jene, die seine Nähe suchen? Entsprechend stilisieren von nun an verschiedene Ausdrucksmittel den Tod des Knaben als Drama mehr noch Elischas denn der Mutter, während das Drama der Schunemiterin, wie schon ihre Rede V. 28 verdeutlicht, in der Erzählwelt primär um ihr Verhältnis zum Gottesmann kreist. Zu den Instrumenten der Akzentverschiebung gehört, dass erst hier die Involviertheit JHWHs im Handeln Elischas zur Sprache kommt. Bislang war der Gottesname noch gar nicht gefallen, und namentlich die Sohnesverheißung hatte Elischa ganz ohne Rekurs auf JHWH vorgetragen (V. 16). Zugleich klärt sich damit die Aufgabe des Vorspanns zur Totenerweckung, der die Elischafassung von ihren Parallelen abhebt: Um das Zentralproblem in der Glaubwürdigkeitskrise des Gottesmannes zu lokalisieren, zeichnet ihn das Vorspiel als souverän agierenden Mantiker, damit der Hauptteil dieses Bild kontraststark unterhöhlen kann. Die Antithese erhält ihre spezielle Note, indem als auslösende Verwicklung der Verlust seiner Dank- und Verheißungsgabe fungiert. Die dienende Hinordnung der Sohnesverheißung auf die spätere Zuspitzung manifestiert sich auch darin, dass der Knabe im Unterschied zu den anderen biblischen Sohnesverheißungen[16] eine Nebenfigur ohne Innenleben und Zukunft verbleibt.

Der offene Angriff der Schunemiterin auf die Vertrauenswürdigkeit Elischas gibt den Lesern Stoff zum Nachdenken, wie dieser Hieb den Gottesmann getroffen haben mochte. Der Autor bleibt jedoch dabei, seine Figuren bloß von außen zu schildern, sodass wir über ihr Innenleben nur erfahren, was aus ihren Taten und Reden hervorgeht. Elischa antwortet auf den Vorwurf nicht. In der ersten Interpolation der נַעַר-Schicht (29–30d) wendet er sich an Gehasi und beauftragt ihn, dem Jungen seinen Stab aufs Gesicht zu legen, um ihn zu heilen (vgl. V. 31). Dazu weist er ihn an, auf dem Weg jeden Grußwechsel zu unterlassen. Die Funktion des Verbots ist nicht eindeutig zu bestimmen. Vielleicht soll es nur die Reise beschleunigen, indem es unnötigen Verzug vermeidet; vielleicht stellt es sich auch den Diener bzw. den Stab als mit magischen Kräften aufgeladen vor, die mit der Zeit bzw. durch Kontakt mit anderen Menschen zum Verströmen neigen. Doch wie dem auch sei, es soll offenbar der Eindruck vermittelt werden, dass der Gottesmann Gehasis Aufgabe für besonders schwierig oder eilig hält, was

---

16   Isaak: Gen 15,1–5; 17,15–21; 18,10–15; Ismael: 16,11–14; Simson: Ri 13,3–5; Samuel: 1 Sam 1,9–20; Johannes der Täufer: Lk 1,11–20; Jesus: Lk 1,26–38.

spezielle Vorkehrungen erforderlich macht. Darin meldet sich die Intention der נַעַר-Schicht, die außerordentliche Schwierigkeit des Wunders hervorzuheben.[17] Noch innerhalb der Erweiterung beteuert die Schunemiterin mit einer aus 2 Kön 2,2.4.6 entlehnten Eidesformulierung,[18] dass sie Elischa „nicht verlassen" werde (30d). Wenn er dann trotz der Sendung Gehasis selbst den Weg nach Schunem antritt, wie es die Grundschicht in 30ef vorgab, tut er es im Sinne dieses Ergänzers deshalb, weil er die Mutter anders nicht mit ihrem Sohn zusammenführen kann. Insofern ist der Schwur der Frau als verhüllte Nötigung zum Aufbruch zu lesen, weil sie den Gottesmann zwingen will, sich persönlich seiner Verantwortung zu stellen.[19] Infolgedessen bleibt ihm nichts anderes übrig, als sich in einem neuerlichen Erweis seiner Schwäche ihrem Druck zu beugen.

Der nächste Einschub des נַעַר-Stratums in V. 31–32 beschreibt, wie Gehasis Mission misslingt: „(Es gab) keinen Laut und kein Aufmerken" hält 31cd fest. Noch auf dem Weg wird Elischa von seinem Diener ins Bild gesetzt: „Da kehrte er (Gehasi) um, ihm entgegen, und teilte ihm mit: Der Bursche ist nicht aufgewacht." Gehasi spricht hier allein zu Elischa, nicht zur Schunemiterin. Auch das Eintreffen im Haus (V. 32–33) wird einzig von Elischa berichtet, nicht von der leidgeprüften Mutter oder Gehasi. Die Erzählweise vergegenwärtigt, dass, was sich jetzt abspielt, zuallererst den Gottesmann selber angeht. Deshalb scheiden die Schunemiterin und der Diener für eine Weile aus dem narrativen Gesichtskreis aus, selbst wenn man sie sich als Elischas Begleiter vorstellen muss. Entsprechend schildert V. 32 die Wahrnehmung des toten Knaben nach der Ankunft allein als Akt des Gottesmannes: „Elischa kam in das Haus, und siehe: der Bursche war tot auf sein (Elischas!) Bett gelegt." (V. 32) Die Verbindung וְהִנֵּה „und siehe" ist in hebräischen Erzählungen ein geläufiges Instrument der Perspektivsteuerung, indem sie anleitet, eine Szenerie mit den Augen des letztgenannten Akteurs zu betrachten.[20] So auch hier: Ähnlich wie bei der Ankunft der Schunemiterin auf dem Karmel werden die Leser angeregt, ein zentrales Detail aus Elischas Blickwinkel zu betrachten. Der Gottesmann sieht jetzt die Leiche, womit er sich selbst vom ersten Fehlschlag überzeugen muss, ein Anblick, der den Ernst des Moments optisch verdichtet.

---

17 Vgl. (der Sache nach) H. GUNKEL, Geschichten von Elisa, Berlin o. J., 26; H.-C. SCHMITT, Elisa. Traditionsgeschichtliche Untersuchungen zur vorklassischen nordisraelitischen Prophetie, Gütersloh 1972, 96.

18 Zu den redaktionsgeschichtlichen Implikationen der Parallele vgl. STIPP, Elischa, 446.

19 Mit LONG, 2 Kings (Anm. 8), 58.

20 Vgl. A. BERLIN, Poetics and Interpretation of Biblical Narrative, Sheffield 1983, 62f.

Sollte er eine Aufgabe lösen können, vor der sein Stab versagt hatte? Zudem gewahrt Elischa den toten Knaben auf seinem eigenen Bett, was den Zusammenhang von Gabe und Dankesgabe, damit auch die Gefahr für seine Vertrauenswürdigkeit plastisch visualisiert.

Die Konzentration auf den Gottesmann eignete bereits der Grundschicht, kenntlich an der Tatsache, dass sie ihn sein Wunder ohne Zuschauer hinter verschlossener Tür verrichten lässt (33b). Wie die Mutter das Obergemach verriegelte, um den Tod des Knaben zu verheimlichen (21c), so sperrt Elischa Augenzeugen vom Geschehen aus. Auch dies ist eine Abkehr von den Konventionen antiker Wundergeschichten, die ihre Helden mit Vorliebe ins Licht der Öffentlichkeit stellen, um durch den Hinweis auf Zeugen die Authentizität der Überlieferung herauszustreichen, aber auch um die Wundertäter als unangefochtene Herren der Lage zu präsentieren.[21] Die Beweggründe, die der Autor in Elischas Gebaren verkörpert wissen wollte, können sich jedoch nunmehr, da der Gottesmann zur Stelle ist, nicht in bloßer Geheimhaltung wie bei der Schunemiterin erschöpfen. Auch geht es kaum um die Sicherung eines besonders qualifizierten Raums für das wunderbare Ereignis, denn dafür bräuchte Elischa die Mutter nicht aus dem Obergemach zu verbannen (vgl. Mk 5,40 par Lk 8,51). Wenn die Art des Verstoßes gegen die Regeln der Gattung einer kongruenten Intention entspringt, dann soll so, wie die Auftritte der Wundertäter vor Zeugen Souveränität suggerieren, umgekehrt der Ausschluss des Publikums das Empfinden mangelnder Kontrolle über die Situation anzeigen. Der Gottesmann wappnet sich für eine Bewährungsprobe von ungewissem Ausgang, der er, angesichts möglichen Scheiterns, geschützt vor fremden Augen entgegentreten will. Hinzukommen mag, dass er — ähnlich wie schon bei Gehasi erwogen — zwecks äußerster Bündelung seiner Kräfte jeder Zerstreuung durch Dritte buchstäblich einen Riegel vorschiebt. Danach schlägt sich auch im Erzählzug der verschlossenen Tür das Bestreben nieder, den Tod des Knaben als Drama des Gottesmannes zu inszenieren, den die Ereignisse an die Grenzen seiner Macht führen.

In einem Gebet, dessen Inhalt den Lesern vorenthalten bleibt, wendet sich Elischa an JHWH (33c). Dann streckt er sich über der Leiche aus zu einem sogenannten Synanachrosis-Ritus, worin ein Heiler sich derart über einen Kranken breitet, dass seine Körperteile genau die entsprechenden Glieder des Leidenden bedecken, eine Technik magischer

---

21   Bei dem ebenfalls hinter verschlossenen Türen eintretenden Mehrungswunder in V. 4–5 ist der Gottesmann nicht zugegen. Hier geben anscheinend praktische Gesichtspunkte den Ausschlag: Elischa gewährt der Frau das Mirakel als außerordentliches Privileg in ihrer Eigenschaft als Witwe eines JHWH-fürchtigen Prophetenjüngers (V. 1), weswegen die Ursache ihres plötzlichen Wohlstands verborgen bleiben soll.

Energieübertragung.[22] Damit einher geht ein גהר genannter Akt, dessen
nähere Natur fraglich ist.[23] Bald zeigen sich erste Erfolge: „Da erwärmte
sich das Fleisch des Knaben." (V. 34) Doch in diesem Moment lässt der
Autor der נַעַר-Schicht in einem neuerlichen Einschub (V. 35) Elischa
sein Tun unterbrechen, und er zeigt den Gottesmann, wie er im Haus
auf- und abschreitet (35ab). In unserer Welt ist Hin- und Hergehen
typischer Ausdruck innerer Aufgewühltheit, und nichts spricht dafür,
dass dies in der Antike anders gewesen sei.[24] Demnach sollen wir einen
Wundertäter sehen, der sein Werk unter innerer Anspannung verrichtet und sich in Geduld üben muss, bis sich endlich der Erfolg einstellt.
Erneut tritt in der Darstellungsweise der Wunsch zutage, dem Vorurteil zu wehren, dass Elischa selbstgewiss Regie führe. Die Erweiterung
hat so einen in der Bibel seltenen Wundertypus hervorgebracht, der in
sukzessiven Schüben zum Gelingen führt.[25] Ein zweites Mal vollzieht
Elischa über dem Jungen den גהר genannten Ritus (35cd), und das Ergebnis macht der Bearbeiter an vielsagenden Details kenntlich: Wie in
einer magischen Besiegelung seiner Rückkehr ins Leben niest der Knabe sieben Mal, dann öffnet er die Augen (35c–f). Das Nachspiel ist straff
geschildert (V. 36–37). Elischa lässt die Schunemiterin herbeirufen, um
nur zwei Worte mit ihr zu wechseln: שְׂאִי בְנֵךְ „Heb deinen Sohn auf!"
Die Mutter wirft sich ihm wortlos zu Füßen, dann geht sie, ihr Kind tra-
gend, hinaus. Damit schließt die Erzählung.
    Was insinuiert das Gebaren der Frau? Ist sie „demütig und dank-
bar",[26] „anerkennt sie … Würde und Macht des Elischa",[27] symbolisiert

---

22 Vgl. BIELER (Anm. 13); O. WEINREICH, Zum Wundertypus der ΣΥΝΑΝΑΧΡΩΣΙΣ,
    ARW 32 (1935) 246–264. Altorientalisches Vergleichsmaterial ist zusammengestellt
    bei S. DAICHES, Zu II. Kön. IV,34 (Elišas Handlung durch babylonische Beschwö-
    rungstextstellen erklärt.), OLZ 11 (1908) 492–493; B. BECKING, Een magisch ritueel in
    jahwistisch perspectief. Literaire structuur en godsdienst-historische achtergronden
    von 2 Koningen 4:31–38 (Utrechtse Theologische Reeks 17), Utrecht 1992, 12–21;
    DERS., „Touch for Health …" Magic in II Reg 4,31–37 with a Remark on the History
    of Yahwism, ZAW 108 (1996) 34–54.
23 HALAT 174b und HAHW 204b: „sich niederbeugen". Dagegen optieren R. MACH –
    J. MARKS, The Head upon the Knees: A Note to 1 Kings 18:42, in: J. Kritzek (Hg.), The
    World of Islam (FS Ph. Hitti), London 1959, 68–73, und LONG, 2 Kings (Anm. 8), 58,
    für „keuchen". Vgl. auch G zu 1 Kön 17,21a und dazu unten Anm. 47.
24 Mit HOBBS, 2 Kings (Anm. 10), 52–53.
25 Vgl. sonst Mk 8,22–25. Dort ist das Motiv des sukzessiven Fortschritts allerdings an-
    ders verwendet; im Kontext deutet nichts auf eine eingeschränkte Souveränität des
    Wundertäters Jesus hin. Dies zeigt, dass gewisse Erzählzüge erst im Rahmen von
    Motivclustern präzise Funktionen annehmen.
26 E. WÜRTHWEIN, Die Bücher der Könige. 1. Kön. 17 – 2. Kön. 25 (ATD 11/2), Göttingen
    1984, 293.
27 A. SCHMITT, Totenerweckung (Anm. 4), 18.

ihr Gestus „gratitude and praise"?[28] Die Gattung der Wundergeschichte fördert die Erwartung einer klaren Schlussdoxologie, die die Leser
zur Zustimmung einlädt. Doch die Schunemiterin bleibt nicht nur
stumm, sie scheidet auch von Elischa. Ist dies ein Finale, das zu bilanzieren erlaubt: „De relatie tussen de vrouw en Elisa is na een crisis weer
hersteld"?[29] Gewiss wirft sie sich auf die Knie, doch dies war schon
zuvor, obwohl von besonders dramatischer Gestik begleitet (27b), eine
mehrdeutige Gebärde, wie die folgende Rede offenbarte (V. 28).
Deshalb vermöchte nur das gesprochene Wort zu klären, welche
Identifikationsofferte nun genau den Lesern unterbreitet wird. Doch es
unterbleibt. So weist die detailfreudige Legende gerade am Ende eine
bemerkenswerte Indetermination auf. Sie gipfelt ohne ersichtlichen Erzählzwang in der Trennung der Schunemiterin von Elischa. Dabei ver-
harrt der Blickpunkt bei Elischa, sodass die Leser in der Erzählillusion
bei ihm im Obergemach verbleiben, der Frau nachschauen und sich die
Frage stellen dürfen: Welche Konsequenzen hat sie nun gezogen?

Mit dem Einzug narratologischer Analysen in die Exegese ist der
neueren Forschung bereits aufgefallen, dass, was in den Kommentaren
noch bis in jüngste Zeit als recht harmlose Legende *ad maiorem gloriam
Elisei* gilt, dem näheren Zusehen hintergründige Zwischentöne offenbart.[30] Die Erzähler beziehen ihre Effekte wiederholt aus Verstößen
gegen die Konventionen der verwendeten Gliedgattungen. Als Elischa
seine Sohnesverheißung verkündet, tut er es mit genretypischer Selbst-
gewissheit. Doch schon der Einwand der Empfängerin nimmt nicht
Hindernisse der Bewahrheitung, sondern die Aufrichtigkeit des Sprechers ins Visier. Nach dem Tod des Knaben entgleitet dem Wundertäter der souveräne Gestus. Er muss offen eingestehen, dass sein Gott
ihm wichtige Einblicke versagt hat — „and that is information con-
sciously given the reader".[31] Dies wird bis zum Ende der einzige Eingriff in die Vorgänge bleiben, der JHWH explizit zugeschrieben wird:
ein für den Gottesmann schmerzlicher Nichteingriff. Elischa muss

---

28 HOBBS, 2 Kings (Anm. 10), 53.
29 BECKING, Magisch ritueel (Anm. 22), 8f. Vgl. auch V. FRITZ, Das zweite Buch der
    Könige (ZBK.AT 10.2), Zürich 1998, 25: „In ... V. 20–31 erscheint die Mutter als uner-
    schütterliche Anhängerin des Propheten." Zu V. 36–37: „Ihr Vertrauen hat den ge-
    wünschten Erfolg, und sie dankt Elischa mit entsprechender Verehrung."
30 Vgl. die sensiblen Kommentierungen von A. ROFÉ, The Prophetical Stories. The Nar-
    ratives about the Prophets in the Hebrew Bible, Their Literary Types and History,
    Jerusalem 1988, 27–32; LONG, 2 Kings (Anm. 8); ferner auch P. J. KISSLING, Reliable
    Characters in the Primary History. Profiles of Moses, Joshua, Elijah and Elisha
    (JSOT.S 224), Sheffield 1996, 196.
31 LONG, 2 Kings, 62.

widerspruchslos hinnehmen, dass ihm die Zweifel an seiner Glaubwürdigkeit als endlich bestätigt vorgehalten werden, ja er muss den Vorwurf erdulden, dass er durch den Vertrauensbruch die Not der Frau bloß verschärft hat. Wider den durch die Gattung geweckten Erwartungshorizont untergraben die Autoren in mehreren Anläufen das Vorurteil, dass dem großen Gottesmann ohnehin alles gelinge. Der erste Versuch mit seinem Stab missrät, der Meister kann der direkten Konfrontation mit seinem Misserfolg nicht entgehen. Noch bevor er den Fehlschlag erfährt, muss er sich dem Druck der Frau fügen und auf die Reise begeben. Wie sehr die Darstellung seine Rolle in den Mittelpunkt rückt, erweist der Umstand, dass zeitweilig alle anderen Figuren außer seiner gefährdeten Dankesgabe aus dem Gesichtskreis entschwinden. Elischa verrichtet unter Spannung und vorsorglichem Ausschluss von Zeugen einen komplizierten Akt, für den er sich erst im Gebet sammeln und dann seine Kräfte anscheinend nochmals bündeln muss. Dieser Wundertäter muss sein Wunder erringen, ein Aspekt, den die jüngere נַעַר-Schicht sogar noch mit kräftigen Strichen nachgezogen hat. Mehr noch als das Drama der Mutter ist dieser Kindstod das Drama Elischas. Hier kämpft ein Gottesmann um seine Glaubwürdigkeit.

Das Drama der Mutter schließlich kreist nicht nur um ihren Sohn, sondern in der erzählerischen Stilisierung mehr noch um den Gottesmann. Das Verhältnis der beiden nimmt von ungetrübter Harmonie seinen Ausgang, wird jedoch bald von Argwohn verdüstert. Seiner Verheißung fällt die Schunemiterin prompt mit Zweifeln ins Wort, die ihn selbst in Frage stellen. Nach dem Tod des Jungen eilt sie unverzüglich zu Elischa, was als Vertrauensbeweis erscheinen mag, doch bei ihm angekommen, stößt sie nur Vorwürfe aus, die wiederum seine Integrität anfechten. Gleichwohl nötigt sie ihn, mit ihr den Heimweg nach Schunem anzutreten. Dieses facettenreiche Porträt wird abgerundet, indem die Frau am Ende schweigend von der Bühne abtritt. Sicherlich steckt der Kniefall die Richtung ihres Wandels ab, doch das emphatische Bekenntnis zum Gottesmann steht bei der Schunemiterin am Anfang (V. 9), während es am Ende unterbleibt. Wenn Ernst Würthwein meint, dass die Geschichte ihr einen „heroischen Glauben" attestiere,[32] wird doch vereindeutigt, was die Erzähler im Ungewissen lassen. Die Komplexität dieser Wundergeschichte und ihrer Akteure tritt noch prägnanter hervor, wenn man sie mit ihren Tochterfassungen konfrontiert.

---

32 G. QUELL, Das Phänomen des Wunders im Alten Testament, in: A. Kuschke (Hg.), Verbannung und Heimkehr (FS W. Rudolph), Tübingen 1961, 253–300, 280; zustimmend zitiert von WÜRTHWEIN, Könige, 294.

2. Elija erweckt den Sohn der Witwe aus Sarepta:
1 Kön 17,17–24

Die Totenerweckungserzählung in 1 Kön 17 wurde, wie heute nahezu einmütig akzeptiert, sekundär von der Elischa-Version auf Elija transferiert.[33] Dieser Vorgang muss sich zu einem vorgerückten Zeitpunkt und in Schriftform abgespielt haben, d. h. der Autor der Elija-Fassung hatte das DtrG auf seinem Schreibtisch und arbeitete darin seine Geschichte unter starker Modifikation des Erzählgerippes der Elischa-Fassung ein. Dies geht nicht nur aus der Art hervor, wie die Elija-Version ihr Vorbild abwandelt, sondern auch aus der Weise ihrer Einbettung in 1 Kön 17–18. Zunächst ist, wie mehrere Beobachtungen belegen, bereits die redaktionelle Dürrekomposition Kap. 17–18* unter Verwendung älterer Traditionen und Textvorlagen zum Einbau ins DtrG geschaffen worden.[34] Ihr Rahmen 17,1 + 18,45–46 ist unselbstständig, näherhin auf eine Vorstufe ihres heutigen Kontexts zugeschnitten. 17,1a knüpft durch Einsatz mit Narrativ an einen Vortext an. An der Vorstellung der Hauptfiguren fällt auf, dass Elija durch die Appositionen „der Tischbiter aus 'Tischbe' in Gilead" charakterisiert wird, Ahab aber nur mit seinem Namen. Der Prophet wird also wie bei einer Erstvorstellung präsentiert, der König dagegen als bekannt vorausgesetzt. Das Kapitel beginnt ferner mit einer Rede Elijas, in der er die Wiederkehr des Regens seinem Gutdünken vorbehält. Die Worte sind an Ahab gerichtet, was nicht ohne besondere Gründe geschehen sein kann, von denen man im ersten Kapitel der Dürrekomposition jedoch nichts erfährt. Man fragt sich daher, ob das Ende der Trockenzeit an Bedingungen seitens des Königs geknüpft ist. JHWHs Geheiß an Elija, sich zu „verstecken" (V. 3), fördert den Eindruck, dem Propheten drohe von Ahab Gefahr. Zu all dem hält die Dürrekomposition in ihren ersten Episoden nähere Auskünfte für entbehrlich; innertextlich klärt sich erst im Zuge des Kap. 18, dass die Wiederkehr des Regens von der Abstellung der (von Ahab zu verantwortenden) kultischen Missbräuche in Israel abhängt und Elija wegen seiner kultpolitischen Opposition auf Ahabs Fahndungsliste steht. Zu beachten ist ferner die Präzisierung „von hier" (מִזֶּה) in JHWHs Befehl zur Flucht V. 3. Sie ist für das Funktionieren der Erzählung entbehrlich; unterstellt man daher, dass der Autor sie mit Absicht wählte und eine konkrete Bedeutung damit verband, bietet sich als geeignete Füllung nur die Angabe „in Samaria" 16,29 an (vgl. auch V. 32). Die am Beginn der Dürrekomposition vorausgesetz-

---

33   Ausführlichere Begründung bei STIPP, Elischa, 454–458.
34   Vgl. schon ebd. 432–434, 458–461.

ten Kenntnisse deuten auf eine Anschlussformulierung an einen Vortext, der den Status Ahabs, die Wurzeln der Feindseligkeit und das lokale Bezugssystem klärte. Genau dies leistet der heutige Vortext 16,29–33(34),[35] der Vorderteil des dtr Rahmens für Ahab. Wie am Anfang, so ist die Dürrekomposition am Ende mit ihrem textlichen Umfeld verkettet. Die Reise Ahabs und Elijas nach Jesreel in 18,45–46* leitete ehemals zur Nabot-Einheit über,[36] ein Textarrangement, dem die Septuaginta mit der Abfolge Kap. 21 – 20 – 22 noch näher steht (vgl. auch den

---

35 Bei V. 34 kann es sich wegen seines Fehlens in G^L um eine sehr späte Intrusion handeln; vgl. C. CONROY, Hiel between Ahab and Elijah–Elisha: 1 Kgs 16,34 in Its Immediate Literary Context, Bib. 77 (1996) 210–218.

36 In 1 Kön 18,46c hat G^* (< עַד־בֹּאֲכָה) eine ältere Fassung konserviert, die Elija nach Jesreel führte; vgl. STIPP, Elischa, 433. – Wenn E. BLUM, Der Prophet und das Verderben Israels: Eine ganzheitliche, historisch-kritische Lektüre von 1 Regum xvii–xix, VT 47 (1997) 277–292 (ND in DERS., Textgestalt und Komposition. Exegetische Beiträge zu Tora und Vordere Propheten, hg. v. W. Oswald [FAT 69], Tübingen 2010, 339–353), die Position vertritt, 1 Kön 17–19 sei in einem Zug entstanden, so wünschte man sich eine Erklärung dieser Tatbestände. Die Kap. 17–18 werden durch ihren Rahmen von Kap. 19 separiert, und die Widersprüche zu Kap. 19 sind auch durch Blums (289f.) Postulate leserseitiger Auffüllung des Dargestellten kaum in eine höhere literarische (!) Einheit aufzuheben (und ein Autor, dem es auf die Kurzlebigkeit der Umkehr des Volkes in 18,39 ankam, hätte wohl deutlichere literarische Signale gesetzt als allein auf die Einsicht der Leser zu bauen). Gleichwohl ist Blums Entwurf ein begrüßenswerter Versuch, die Anzeichen einer kontextabhängigen Abfassung der Dürrekomposition in ein auslegerisches Konzept einzubinden. – Missglückt erscheint die Behandlung der Sachlage in 1 Kön 18,45–46 bei W. THIEL, Könige (BK 9/2), Fasz. 2–3, Neukirchen-Vluyn 2002–2007. Thiel übersetzt 46c: (Elija) „lief vor Ahab her bis nach Jesreel" (84). Keine Textanmerkung erläutert, warum עַד־בֹּאֲכָה übergangen wird; die Lesartendifferenz wird nicht notiert. Faktisch den vormasoretischen Wortlaut erklärend, erkennt Thiel in V. 46 „die Vorstellung, daß Elia mit seinem Lauf in einer Art imitativer Magie den Zug des lange erwarteten Regens vom Westen nach Osten über das Land ... bewirkt" (207). Dies variiert eine These von D. R. AP-THOMAS, Elijah on Mount Carmel, PEQ 92 (1960) 146–155, 155, die indes, wie Thiel feststellt, „in der Forschung nie auf größeren Beifall gestoßen ist" (ebd.). Dabei wird es bleiben müssen. Denn abgesehen davon, dass dem Vorschlag die stützenden Parallelen mangeln, könnte er auch nicht begründen, warum Ahab ebenfalls nach Jesreel gelenkt wird und laut V. 45 sogar die Richtung vorgibt. Ferner ist das Ziel der Reise nach Luftlinie ca. 40 km vom Mittelmeer und ca. 25 km vom Jordan entfernt. Daher fragt man sich, ob es einem antiken Leser in den Sinn gekommen wäre, die Stadt mit dem israelitischen Osten zu assoziieren, zumal für eine Epoche, in der der Nordstaat noch umfangreiche ostjordanische Territorien kontrollierte. War die Erzählgemeinde der Auffassung, dort bräuchte man keinen Regen (vgl. 1 Kön 17,2–7)? Das Schweigen über die Lesartendifferenz in 46c verhindert die Frage nach ihren Ursachen, und von der redaktionsgeschichtlichen Erklärung des Passus berichtet Thiel nicht. W. THIEL, Beobachtungen am Text von 1 Kön 18, in: J. F. Diehl u. a. (Hg.), „Einen Altar von Erde mache mir ..." (FS D. Conrad, KAANT 4/5), Waltrop 2003, 283–291, lässt die Divergenz von MT und G^* ebenso unerwähnt.

Übergang von 20,43 [„nach Samaria"] zu Kap. 22 [V. 10!]). Einen
Anhaltspunkt zur Entstehungszeit liefert V. 46, wo die „Hand JHWHs"
über Elija kommt, eine Vorstellung, die reichlich bei Ezechiel[37] und
sonst nur in der judäischen Elischa-Legende 2 Kön 3,4/6–27 belegt ist.[38]
Sogar im Innern verrät die Dürrekomposition die Abhängigkeit von
ihrer Umgebung. Die unerläuterte Idee der Fortreißung Elijas durch
den „Geist JHWHs", wie von Obadja in 18,12 für möglich gehalten,
supponiert die Kenntnis von 2 Kön 2, wo zudem der רוּחַ יְהוָה in V. 16
ebenfalls maskuline Morpheme regiert. Die singuläre Junktur der Verben „schicken" (שׁלח) – „suchen" (בקשׁ) – „finden" (מצא) in 1 Kön 18,10
und 2 Kön 2,17 bestätigt die literarische Dependenz.[39] Hinzu kommt
die exklusive Gemeinsamkeit von עַבְדְּךָ (הָיָה) יָרֵא אֶת־יהוה „dein
Knecht fürchtete JHWH" in 1 Kön 18,12 und 2 Kön 4,1 (vgl. auch
וְעַבְדְּיָהוּ הָיָה יָרֵא אֶת־יהוה „Obadja fürchtete JHWH" in 1 Kön 18,3).
Weniger beweiskräftig, aber immerhin eine Bestätigung ist der überein-
stimmende Gebrauch von „keine Stimme und kein Aufmerken" (וְאֵין־
קוֹל וְאֵין קָשֶׁב) in 1 Kön 18,29 und 2 Kön 4,31 sowie von גהר in 1 Kön
18,42 und 2 Kön 4,34.35. Gewiss könnten einzelne dieser Korrespon-
denzen auf Zufällen oder sekundären Kontextadaptionen beruhen,
doch nicht alle zugleich.[40]

Dass die Totenerweckungserzählung von einer zweiten Hand in
die Dürrekomposition eingefügt wurde, steht aufgrund einer dichten
Kette von Indizien fest. Nur hier wird Elija in der Dürrekomposition
„Gottesmann" genannt (V. 18.24; vgl. sonst den ebenfalls sekundären
Passus 2 Kön 1,9–16), und das Porträt seiner Gastgeberin, die ein Haus
(בַּעֲלַת הַבַּיִת V. 17) mit möbliertem Obergemach (V. 19) ihr eigen nennt,
setzt sich über das Tableau bitterster Armut hinweg, das das
Mehrungswunder in V. 8–16 entwirft. Weitere Argumente liefert die
Septuaginta, der alle Passagen mangeln, die die Totenerweckungsgeschichte vorbereiten. In V. 9 übergeht sie JHWHs Aufforderung, Elija
solle in Sarepta „wohnen" (וְיָשַׁבְתָּ שָׁם); demnach war zunächst nicht
näher ins Auge gefasst worden, dass Elija dauerhaft bei der Witwe

---

37 Ez 1,3; 3,22; 8,1 AlT; 33,22; 37,1; 40,1; mit נפל 8,1 MT; וַיְהִי־יְהוָה עָלַי חָזְקָה 3,14; vgl.
    Jes 8,11; Jer 15,17.

38 2 Kön 3,15 und hierzu H.-J. STIPP, Traditionsgeschichtliche Beobachtungen zu den
    Kriegserzählungen der Königsbücher, in diesem Band S. 293–321, 306-312.

39 Vgl. A. SCHMITT, Entrückung – Aufnahme – Himmelfahrt. Untersuchungen zu
    einem Vorstellungsbereich im Alten Testament (FzB 10), Stuttgart 1973, 125.

40 Weitere innere Gründe gegen ein hohes Alter der Komposition nennen R. ALBERTZ,
    Religionsgeschichte Israels in alttestamentlicher Zeit, Teil 1 (ATD Ergänzungsreihe
    8/1), Göttingen ²1997, 238–241; F. STOLZ, Einführung in den biblischen Monotheis-
    mus, Darmstadt 1996, 147.

„wohnen" sollte, von einem separaten „Obergemach" ganz zu schweigen (שָׁם יֹשֵׁב אֲשֶׁר־הוּא הָעֲלִיָּה V. 19). Ferner fehlt in G* das Wort יָמִים aus V. 15 („eine Zeit lang"),[41] das rhetorisch Raum schafft für eine neue Episode, wie sie V. 17 einleitet, und mit der Befristung des Wunders in V. 14 konkurriert. Vor allem hat die Witwe in V. 12.13.15 mehrere Söhne, was die Rede des *MT* von nur einem Sohn in V. 12.13 und vom „Haus" in V. 15 als späte Adaption an die Totenerweckungsgeschichte erweist, die bloß einen einzigen Sohn kennt. Dieses kohärente Bündel von Sonderlesarten repräsentiert den Wortlaut des Mehrungswunders vor dem Einbau von V. 17–24 und veranschaulicht den Wert der Septuaginta für das diachrone Studium der Königsbücher. Die nahtlose Konvergenz so vieler Indikatoren enthebt das Ergebnis dem vernünftigen Zweifel.[42] Und wenn schließlich die Witwe in der finalen Akklamation den Erfolg Elijas als Glaubwürdigkeitserweis seiner Übermittlung des „Wortes JHWHs" (24d) wertet, lässt der Autor durchblicken, dass seine Wahrnehmung Elijas gegen Erzählstoff und Kontext und trotz seines Nachdrucks auf dem Titel „Gottesmann" bereits von Erfahrungen mit der klassischen Prophetie getönt ist, was den ermittelten Zeitrahmen untermauert.[43] Unter solchen Umständen kann die Elija-Fassung nur direkt aus der Elischa-Version in 2 Kön 4 abgeleitet worden sein. Das entspricht vollauf der inneren Beschaffenheit der Tochterfas-

---

41 Vgl. HALAT 383a s. v. יוֹם I 5b.

42 Die Feststellung des nachträglichen Einbaus von V. 17–24 folgt einem weitreichenden Konsens; anders BLUM, Der Prophet und das Verderben Israels (Anm. 36), 278–280. Die Gleichursprünglichkeit des Passus mit seinem Kontext verteidigt er mit der Versicherung, die Rede von mehreren Söhnen in G* gehe „auf spätere Einwirkung von 2 Reg. iv zurück" (280 Anm. 8). Hätte man mit Rücksicht auf eine entfernte Parallele einen kapitalen Widerspruch zur direkten Fortsetzung in Kauf genommen? Zudem verzichtet 1 Kön 17,8–15 G* im Gegensatz zu 2 Kön 4,1–7 („zwei") darauf, die Söhne der Witwe zu zählen. Der Zeugniswert der pluralischen Varianten in der Septuaginta klärt sich, wenn sie als Glieder einer zusammenhängenden Gruppe von Sonderlesarten wahrgenommen werden. Wenn Blum betont, der mutmaßliche Schöpfer von 1 Kön 17–19 (dazu schon oben Anm. 35) habe den Titel „Gottesmann" aus Anlass der Elischa-Parallele auf die Totenerweckung beschränkt (280), fragt man sich, weshalb er ihn nicht schon in 17,8–16 benutzt hat (vgl. 2 Kön 4,7). – Zuweilen werden in 17,17–24 vor allem die auf JHWH bezogenen Passagen (V. 20.24d) nochmals jüngeren Händen zugeschrieben. Dafür gibt es nur für V. 20 aufgrund der Abweichungen von G* (s. u.) hinreichenden Anlass.

43 Hierin verdient BLUM, Der Prophet und das Verderben Israels, Zustimmung; vgl. bes. S. 288: „Tatsächlich *sind* die klassischen Propheten doch wohl schon in Sicht, und zwar in der Rückschau." Dass sich die Herleitung der Erzählungen von Elija und Elischa aus dem Nordreich nicht auf sprachliche Gründe stützen kann, betonen W. SCHNIEDEWIND – D. SIVAN, The Elijah – Elisha Narratives: A Test Case for the Northern Dialect of Hebrew, JQR 87 (1997) 303–337.

sung, in der mehrere Erzählzüge einer Motivation entbehren und sich lediglich durch ihre Entlehnung aus der Elischa-Version erklären, wo sie organisch in die Fabel integriert sind; so der kontextwidrige Wohlstand der Frau, das dauerhafte Gastrecht des Gottesmannes in einem Obergemach, die Vorwürfe der Mutter an den Wundertäter und der Schauplatz des Wunders auf Elijas Bett.[44] Dass alle diese Züge trotz des Verlusts ihrer erzählerischen Funktionen erhalten geblieben sind, dokumentiert, wie kurz der Weg von der Vorlage zum Derivat gewesen ist. Schon der für Elija untypische Titel „Gottesmann" hätte kaum eine nennenswerte Periode mündlicher Tradition überlebt. All dies bezeugt die unmittelbare Nachahmung der schriftlichen Elischa-Geschichte, wie wir sie aus 2 Kön 4 kennen.[45]

Der Autor der Elija-Fassung überträgt die Totenerweckungserzählung auf den Propheten aus Tischbe, indem er sie nachhaltig strafft und vereindeutigt. Der vorausgehende Kontext beschrieb, wie Elija die Witwe aus Sarepta samt ihrer Familie durch ein Mehrungswunder vor dem Hungertod errettete. Deshalb sind die Akteure sämtlich bereits zur Stelle; der Knabe braucht nicht erst geboren und der Wundertäter nicht umständlich herbeigeholt zu werden. Die Verse 17–18 durchmessen, was in der Vorlage einen umfangreichen Abschnitt füllt: „Es erkrankte der Sohn der Frau, der Hausherrin. Seine Krankheit war sehr schwer, bis kein Atem mehr in ihm übrigblieb. Da sagte sie zu Elija: Was habe ich mit dir zu tun, Gottesmann? Du bist zu mir gekommen, um meine Schuld bekanntzumachen und meinen Sohn zu töten."

Bei dem Sohn der Schunemiterin schlug der Tod unmotiviert und aus unklarer Ursache zu. Dort zitierte der Autor nur die Wehklage über ein Symptom („mein Kopf, mein Kopf!" 2 Kön 4,19), das den Lesern Spielraum zur Spekulation über seinen Auslöser eröffnet.[46] Hier dagegen definiert der Erzähler sowohl einen Grund als auch ein tieferes Motiv. Der Knabe fällt einer als solcher benannten „Krankheit" (חֳלִי, חלה) zum Opfer, die überdies kein anonymes Verhängnis darstellt, sondern als Bloßstellung und Strafe verborgener Sünden kenntlich gemacht

---

44 Vgl. STIPP, Elischa, 454–456.
45 Mit der Übertragung einer Elischatradition auf Elija noch in der mündlichen Überlieferungsphase rechnen S. M. FISCHBACH, Totenerweckungen. Zur Geschichte einer Gattung (FzB 69), Würzburg 1992, 57–60; W. THIEL, Könige (BK 9/2), Fasz. 1, Neukirchen-Vluyn 2000, 69. Thiel ebd. 67 erklärt sogar: „Eine literarische Abhängigkeit zwischen den Texten ist wegen der vorhandenen Unterschiede ausgeschlossen."
46 Aus den Begleitumständen (Ernte V. 18) wird gern geschlossen, der Autor insinuiere einen Hitzschlag; so etwa G. HENTSCHEL, 2 Könige (NEB), Würzburg 1985, 20. Das ist eine mögliche Leseweise, doch erzähltechnisch ist bedeutsam, dass der Text sich vor Festlegungen hütet.

wird. Infolgedessen hat die Frau keinen Anlass, gegen ihr Unglück aufzubegehren; wenn sie in ihren eigenen Worten vom Bekanntmachen ihrer Schuld spricht, erkennt sie diese ohne Umschweife an. Allerdings interpretiert sie den Gottesmann als jenes Medium, das ihre geheimen Verfehlungen der verdienten Buße zuführt. Durch seine Gegenwart wird jene Kraft ihrer habhaft, die Schuld nicht ungesühnt auf sich beruhen lassen will. Das bestimmt die Art ihres Protestes. Mit der Distanzierungsformel (18b) wirft sie ihrem Gast vor, er habe mit seinem Kommen in Wahrheit die Herbeiführung ihrer Strafe im Schilde geführt, wobei sie redet, als seien Elija ihre Sünden vertraut, und er stellt seinerseits keine Rückfragen. Weil auch der Erzähler keine Aufklärung bietet, bleibt die Art ihrer Vergehen im Dunklen. Statt die Vorgeschichte der Notlage zu erhellen, fährt die Geschichte fort mit Elijas knapper Antwort: „Gib mir deinen Sohn." (19b) Im Obergemach ruft er zu JHWH, wobei die Leser diesmal im Unterschied zu 2 Kön 4,33 Zeugen werden: „Hast du sogar über die Witwe, bei der ich mich als Gast aufhalte, Unheil gebracht, indem du ihren Sohn tötest?" (V. 20) Hier gilt als Tat JHWHs, was im Mund der Witwe als Tat Elijas stilisiert war, denn was die Mutter voraussetzte, nennt Elija beim Namen: Dieses Unheil ist von JHWH verfügt. Dabei bestreitet auch er nicht das Recht der Züchtigung. Wie seine Redestrategie verrät, bleibt ihm nur, will er etwas für die Frau bewirken, ihre Schuld unerwähnt zu umgehen. Dafür hebt er behutsam ihre Verdienste hervor („bei der ich mich als Gast aufhalte"), sodass die Strafe rhetorisch nicht wegen ihrer Schuld, sondern trotz ihrer Meriten ergeht.

Elija vollzieht den Synanachrosis-Ritus sogar einmal mehr als Elischa: „Er streckte sich[47] dreimal über dem Knaben aus." (21a) Gegenüber dem Vorbild wandeln sich Dargestelltes und Darstellung allerdings in konträren Richtungen. Während der Akt ausgeweitet wird, ersetzt ein summarischer Rapport die Retardation, mittels derer die Elischa-Version die Spannung anzieht, ob das Wunder wohl glücken wird. Wie bei Elischa begleitet den Ritus ein Gebet: „Er rief zu JHWH und sagte: JHWH, mein Gott, kehre doch die Seele dieses Knaben in sein Inneres zurück!" (21b–d) Im Unterschied zu seinem Modell wird das Gebet jedoch nicht nur abermals vor den Ohren der Leser rezitiert, sondern tauscht auch seinen Platz mit dem Synanachrosis-Ritus. Der Heilung näher gerückt, unterstreicht es, dass keinesfalls die der Magie entlehnte Handlung, sondern JHWH selbst die Wende bringt. V. 22 stellt

---

47   Oder mit *G**: „Er hauchte" bzw. „keuchte". Der Septuaginta scheint ein Verständnis des Ritus zugrunde zu liegen, wie es gelegentlich für גהר erwogen wird (vgl. oben Anm. 21).

dies vollends klar: „JHWH hörte auf die Stimme Elijas. Die Seele des
Knaben kehrte in sein Inneres zurück, und er wurde lebendig." Während bei Elischa Gebet und magisches Ritual in ungeklärter Interaktion
nebeneinander stehen, erlaubt die Elija-Fassung keinen Zweifel, dass
JHWH das Wunder ins Werk setzt. Vielleicht verdankt sich dieser Grad
der Eindeutigkeit einer nochmals steigernden Retusche, sofern die Septuaginta auch hier den originalen Wortlaut bewahrt hat, wenn sie für
22–23a lediglich liest: „So geschah es, und der Knabe wurde lebendig."[48] Der *MT* und *G** gemeinsame Satz wirft ein weiteres Schlaglicht
auf die unterschiedlichen Darstellungsprinzipien. Während die Elischa-
Fassung den indirekten Weg nahm und mit ausgesuchten Details —
siebenmaliges Niesen, Augenaufschlagen — an die Einbildungskraft
appellierte, geht es hier kurz und kunstlos: „Er wurde lebendig."

Ganz unterschiedlich ferner die Schlüsse. Während Elischa zur
Mutter nur den Satz spricht: „Heb deinen Sohn auf", überlässt dieser
Verfasser nichts dem Zufall. „Schau, dein Sohn lebt" (23ef), sagt Elija,
damit die Witwe — und erst recht die Leserschaft — den springenden
Punkt nicht verfehlt. Am Ende steht auch nicht die stumme Trennung.
Der Gottesmann ruft die Frau nicht herbei, sondern steigt zu ihr herab.
Sie nimmt nicht den Jungen, sondern Elija gibt ihn ihr. Am Ende steht
die Harmonie: Das Schlussbild zeigt beide beieinander. Dazu spricht
die Witwe die Moral im Klartext aus: „Jetzt weiß ich, dass du ein
Gottesmann bist und das Wort JHWHs wahrhaft in deinem Mund ist!"
(24b–d) Und während in der Vorlage das unzweideutige Bekenntnis
zum Gottesmann am Anfang stand (2 Kön 4,9), ist es hier zur finalen
Klimax gewandert.[49]

Allerdings bereitet das Resümee der Witwe gewisse Verständnisprobleme. Auf den ersten Blick verkündet es nur als neue Einsicht
(עַתָּה זֶה יָדַעְתִּי), was die Frau schon in ihrer ersten Rede vorauszusetzen schien: dass Elija ein Gottesmann sei (V. 18). Neu ist indes die Explikation 24d: וּדְבַר־יְהוָה בְּפִיךָ אֱמֶת. Bekanntlich überschreitet dieses
Fazit den konkreten Gehalt der Erzählung, denn laut dem Rekurs auf
das „Wort JHWHs" beglaubigt das Mirakel Elijas Wortverkündigung,
von der gar keine Rede war. Der Wundertäter wird hier durch die
Brille eines an den klassischen Propheten geschulten Prophetenbildes
wahrgenommen, woran sich der historische Standort des Verfassers

---

48 Mit BHS.
49 Vgl. J. SIEBERT-HOMMES, The Widow of Zarephath and the Great Woman of Shunem.
    A Comparative Analysis of Two Stories, in: B. Becking – M. Dijkstra (Hg.), On Reading Prophetic Texts. Gender Specific and Related Studies in Memory of Fokkelien
    van Dijk-Hemmes, Leiden u. a. 1996, 231–250, 250.

verrät.[50] Der Nominalsatz 24d lässt indes zwei verschiedene grammatische Deutungen und entsprechend nuancierte Interpretationen zu. Diese Alternative ist bislang kaum registriert worden; anscheinend wird sie von den Auslegern meist unbewusst auf dem Wege der Übersetzung entschieden, wo keine andere Wahl bleibt, als sich auf eine der beiden Möglichkeiten festzulegen. Nach dem ersten Modell ist בְּפִיךָ das Prädikat des Nominalsatzes und אֱמֶת eine propositionslose modale Angabe („wahrhaft"): „dass das Wort JHWHs wahrhaft in deinem Mund ist". So verstanden, affirmiert 24d die Qualitäten des Gottesmanns: Elija als verlässliches Sprachrohr des Wortes JHWHs (das als solches nicht thematisiert wird) verdient Gefolgschaft.[51] An Vergleichsmaterial sind hierzu zwei Nominalsätze mit אֱמֶת in modaler Rolle zu nennen, wobei das Lexem einmal ohne Präposition auftritt (Jer 10,10 וַיהוָה אֱלֹהִים אֱמֶת „JHWH ist wahrhaft Gott") und einmal mit (Sach 8,8 וַאֲנִי אֶהְיֶה לָהֶם לֵאלֹהִים בֶּאֱמֶת וּבִצְדָקָה „ich werde ihnen zu Gott werden in Wahrheit und Gerechtigkeit").[52] Im letzteren Fall fragt man sich, ob bei der Junktur צְדָקָה + אֱמֶת die Präposition überhaupt entfallen konnte. Nach der häufiger vertretenen Deutung von 24d bildet אֱמֶת das Prädikat, während בְּפִיךָ eine Präpositionalapposition zum דְּבַר־יְהוָה darstellt: „dass das Wort JHWHs in deinem Mund Wahrheit/Zuverlässigkeit ist." Diese auch von der Septuaginta geteilte Leseweise[53] betont die Qualitäten des JHWH-Wortes: Das Wort JHWHs, wie durch Elija vermittelt, ist vertrauenswürdig.[54] Nominalsätze mit dem Prädikat אֱמֶת sind wiederholt belegt (wie מִשְׁפְּטֵי־יְהוָה אֱמֶת „die Urteile JHWHs sind wahr" Ps 19,10), allerdings nirgends mit einer Präpositionalapposition am Subjekt.[55] Das Vergleichsmaterial räumt keiner Alternative den

---

50   Vgl. Anm. 43.

51   Diese Analyse wird beispielsweise vorausgesetzt von der Einheitsübersetzung: „dass das Wort des Herrn wirklich in deinem Mund ist"; S. J. DeVries, 1 Kings (WBC), Waco 1985, 220; Kissling, Reliable Characters (Anm. 30), 116: „truly".

52   Zur Bewertung von Sätzen mit היה als Nominalsätze vgl. W. Richter, Grundlagen einer althebräischen Grammatik. B. Die Beschreibungsebenen. III. Der Satz (Satztheorie) (ATSAT 13), St. Ottilien 1980, 80. In Verbalsätzen (auch solchen mit partizipialem Prädikat) trägt אֱמֶת in modaler Funktion regelmäßig die Präposition בְּ (zahlreiche Beispiele).

53   Καὶ ῥῆμα κυρίου ἐν στόματί σου ἀληθινόν.

54   So z. B. NRSV: „that the word of the LORD in your mouth is truth"; Würthwein, Könige, 206; V. Fritz, Das erste Buch der Könige (ZBK.AT 10.1), Zürich 1996, 163; Blum, Der Prophet und das Verderben Israels (Anm. 36), 282; F. Crüsemann, Elia – die Entdeckung der Einheit Gottes. Eine Lektüre der Erzählungen über Elia und seine Zeit (1Kön 17 – 2Kön 2), München 1997, 38.

55   Sonst Ps 25,10; 119,142.151.160; Dan 8,26; 10,1; 2 Chr 9,5.

Vorzug ein. Der Text ist auf seiner Oberfläche zweideutig. Welche Konstruktion dürfte ehemals gemeint gewesen sein?

Die vorausgehende Einheit fixiert den Ort der Handlung in „Sarepta, das zu Sidon (gehört)" (V. 9), also außerhalb Israels, und wenn die Witwe bei „JHWH, deinem Gott" schwört (V. 12), ist dies als Ausdruck der Vorstellung lesbar, dass JHWH normalerweise nicht Gegenstand ihrer Verehrung ist.[56] Damit beweist das Mehrungswunder, dass der Gott Israels (vgl. V. 14 *MT*) auch fern seines Territoriums über die Geschicke von Menschen verfügt, die nicht zu seiner Gefolgschaft zählen. Die Fortsetzung in Kap. 18 erhebt die Episode zu einer Beleggeschichte, dass JHWH auch in der Domäne seines Gegenspielers Baal unumschränkt über Leben und Tod regiert. In dem Nachtrag V. 17–24 kommt die Ortsangabe „Sarepta" jedoch so wenig wie kanaanäische Gottheiten vor, und in V. 18 klagt die Witwe Elija auf eine Weise an, als trete ihr in ihm das Göttliche als solches entgegen. Hier scheint sich die Frontstellung gegen konkurrierende numinose Mächte erledigt zu haben. Wie die Anrede als „Gottesmann" dokumentiert, steht dieser Status Elijas für sie nicht in Frage; das Problem schaffen die unerwünschten Konsequenzen, die ihr daraus erwachsen. Das heißt: Literarisch wird die Frau nicht von Israeliten unterschieden.[57] Eigenart und Position des Wunders sowie der Nachdruck auf dem Titel „Gottesmann" bestätigen, dass für diesen Autor nicht mehr Baal der Konkurrent JHWHs, sondern Elischa heimlicher Konkurrent Elijas war. Textintern hat daher die erste Deutungsalternative mehr für sich. Wie allerdings zu Recht betont wird, erschließt die Einbettung in einen mit Fremdgötterpolemik befassten Kontext automatisch eine neue Lesemöglichkeit: Was die Erzählung als unbefragte Gewissheit voraussetzt, nämlich JHWHs Hoheit

---

56 Vgl. Ex 8,24; 10,8.16.17; Jos 2,11; 9,9.24; 1 Kön 10,9; Jer 40,2; ferner auch Jes 7,13. Freilich sollte man die Eindeutigkeit der Formulierung nicht überschätzen. Denselben Schwur gebraucht Obadja vor Elija in 18,10, obwohl er gerade als treuer JHWH-Verehrer ausgewiesen werden soll. Wie zahlreiche weitere Beispiele belegen, galt „JHWH, dein/euer Gott" als Form respektvoller Anrede, ohne dass sich die Sprecher damit außerhalb der JHWH-Verehrung stellten; vgl. z. B. Gen 27,20; Dtn 26,3; 1 Sam 12,19; 15,15.21.30; 25,29; 2 Sam 14,11.17; 18,28; 24,3.23; 1 Kön 1,17; 2,3; 13,6.21; 2 Kön 19,4; Jes 7,11; Jer 42,2.3.4.5.13.20.21 u. a.

57 Beachtung verdient, wie Elija in V. 20 als der Erwartung widersprechend hinstellt, dass die Witwe die gleiche Behandlung erfährt wie ihre Zeitgenossen: „Hast du sogar über die Witwe, bei der ich mich als Gast aufhalte, Unheil gebracht?" Nach dem Kontext fügt JHWH den Israeliten aufgrund ihrer kultischen Verfehlungen Unheil zu; was Baalsverehrer auf fremdem Territorium sich Strafwürdiges haben zuschulden kommen lassen, bleibt unklar. Anscheinend zeugt auch diese Frage von der stillschweigenden Verwischung des Unterschieds zwischen inner- und außerisraelitischen Milieus.

über Leben und Tod, erhält nun eine exklusivistische Spitze, weil damit implizit rivalisierende Ansprüche ausländischer Götter zurückgewiesen werden.[58] In diesem Rahmen muss man 24d als Bekenntnis zu JHWH lesen, drängt sich also die zweite Deutungsalternative als kontextgerechte Interpretation auf, selbst wenn sie textgenetisch allem Anschein nach keine Rolle gespielt hat.

Die Frage nach dem angemessenen Verständnis von 24d wird man daher nach textinternen und kontextuellen Lektüren differenzieren müssen.[59] Von seinem Autor war der Satz als Bekenntnis zur Sonderstellung Elijas gedacht: Die Unverzüglichkeit, mit der JHWH, von Elija zu Recht „mein Gott" genannt (V. 20.21), den Bittruf um die Erweckung des Knaben erhört, beglaubigt Elija als prophetisches Mundstück JHWHs. Der Erzählstoff, seine Platzierung und Modifikation sowie der Titel „Gottesmann" belegen, dass die Frage nach dem Status Elijas im Zusammenhang der komparativen Verhältnisbestimmung zu Elischa aufgeworfen wurde. Auf dieser Ebene war אֱמֶת als modale Angabe gemeint. In einen mit der Einschärfung des Ersten Gebots befassten Rahmen eingebettet, verlagert 24d den Ton auf das Bekenntnis zu JHWH: Wie die Wiedererweckung des Knaben beweist, ist JHWH einziger Herr über Leben und Tod. Damit wandelt sich אֱמֶת zum Prädikat des Nominalsatzes.

In der komprimierten Elija-Version trägt die Totenerweckungserzählung also ganz andersartige theologische Akzente. Was hervorsticht, ist ein Bedürfnis nach durchgreifender Entkomplikation und Disambiguierung der Vorlage. Die Ursache der Krise ist des Rätsels entkleidet: Sie kommt von Gott, und zwar mit gutem Grund. Dass sie an keiner besonderen Heilsgabe ansetzt, räumt weitere Verständnishürden aus dem Weg. So werden die Fäden des Geschehens eindeutig von JHWH gezogen, der hart, aber nachvollziehbar handelt. Dazu gehört in diesem von der Verehrung für religiöse Leitfiguren wie Elija geprägten Denkrahmen, dass JHWH sich prompt umstimmen lässt, sobald ihn ein solcher Gottesmann darum ersucht. Ebenso entschieden ist die Heilung als JHWHs Tat ausgewiesen, indem der Autor sie eng an das Gebet Elischas kettet und dessen Gebaren gegen magische Missver-

---

58   So z. B. W. THIEL, Zur Komposition von 1 Könige 18. Versuch einer kontextuellen Auslegung, in: E. Blum u. a. (Hg.), Die Hebräische Bibel und ihre zweifache Nachgeschichte (FS R. Rendtorff), Neukirchen-Vluyn 1990, 215–223, 215f.; CRÜSEMANN, Elia (Anm. 54), 37f.

59   So mit CRÜSEMANN, Elia, 19: „Man wird deshalb prinzipiell immer wieder mit einem mehrdimensionalen Sinn zu rechnen haben, wie er überall da unausweichlich entsteht, wo Texte in verschiedene und verschiedenartige Kontexte eingebunden werden."

ständnisse feit. Dabei ist der Gottesmann stets souveräner Herr der Lage. Die umgehende Erhörung seines Gebets erweist ihn, Mose vergleichbar,[60] als privilegierten Sachwalter JHWHs, der fest auf das Ohr seines Gottes rechnen darf. Den Graben zwischen Gott und Gottesmann, den die Elischa-Fassung sorgsam ausgehoben hatte, nutzt die Elija-Version, um die Überlegenheit ihres Helden zu erweisen, indem sie in seinem Falle die Kluft beflissen wieder schließt. Am Ende steht ein Bekenntnis, das die Leser bei der Hand nimmt und obendrein der Geschichte eine in ihr selbst nicht angelegte Tragweite verleiht.

Der Straffung sind allerdings etliche erzählerische Reize zum Opfer gefallen, was das erzähltechnische Instrumentarium auf ein bescheidenes Maß reduziert. Perspektivenwechsel sucht man vergebens; nur wenige Details retardieren den Erzählfluss und stimulieren die Phantasie. Die Auffächerung in klimaktische Erzählschritte, mit der die Elischa-Version das Wunder gezielt verzögerte, entfällt. Die Charaktere, ihrer inneren Widersprüche entkleidet, erscheinen flach und eindimensional. Der Lebenswirklichkeit entrückt, bieten sie auch weniger Anreiz zu Einfühlungsversuchen. Zwischen Elija und der Witwe wird kein besonderes Vertrauensverhältnis aufgebaut, das Schaden nehmen und einer ungewissen Restitution entgegengehen könnte. Von emotionaler Betroffenheit, wie bei Elischa mehrfach signalisiert, ist bei Elija nichts zu spüren.[61] Die Mutter springt schablonenhaft geradewegs vom Protest zur Doxologie. Entfallen sind die Kontrastfiguren, deren Schatten den Protagonisten Kontur verliehen. Mit den erzählerischen Finessen sind freilich auch die theologischen Tiefen geschwunden: In dieser geordneten Welt gibt es kein rätselhaftes Handeln JHWHs und kein Fragezeichen über der Verlässlichkeit des Gottesmanns.

Der reduktive Charakter der Erzählung tritt beispielhaft in der Behandlung der Schuldfrage zutage. Obwohl allein die Elija-Fassung die Krise auf eine „Schuld" (עָוֹן V. 18) zurückführt, ist es ihr offensichtlich nicht um Reflexionen rundum Sünde, Strafe und Vergebung zu tun. Der Rekurs auf ungenannte Vergehen dient ausschließlich dazu, den Notfall unter der Prämisse nachvollziehbaren Gotteshandelns zu rationalisieren. Deshalb wird die „Schuld" weder erläutert noch verhält sich die Frau in irgendeiner Weise zu ihr, sei es durch Bekenntnis, Umkehr oder Buße; sie ersucht den Gottesmann nicht einmal um seine Interzession. Sie entgeht der Strafe, weil Elija ihr Dankbarkeit bezeigt und aus

---

60 Vgl. A. SCHMITT, Die Totenerweckung in 1 Kön. xvii 17–24, VT 27 (1977) 454–474, 466–470.

61 Vgl. J. L. SKA, Our Fathers Have Told Us. Introduction to the Analysis of Hebrew Narratives (Subsidia biblica 13), Roma 1990, 72: „The prophet seems to lack any emotional life ... Elijah is always the same, imperturbable."

eigenem Antrieb seine Fürbitte in die Waagschale wirft. Damit demonstriert die Geschichte das Ansehen seiner Person vor JHWH, während man Modelle zum Umgang mit Schuld und Strafe vergeblich sucht. Für die Bestimmung der Aussageziele sind die Position, die Art der Abwandlung des Vorbilds und die Aufgipfelung im Schlussbekenntnis besonders aufschlussreich. Diese Elija-Erzählung ahmt eine Elischa-Parallele nach, wobei sie dem Mehrungswunder V. 8–16 folgt, das seinerseits eine Parallele in 2 Kön 4,1–7 besitzt, der Einheit vor der Schunemiterinnen-Erzählung. Sie ist also auch positionell ein Gegenstück zu ihrem Vorbild, was den Wunsch verrät, eine Entsprechungslücke zu schließen.[62] Ihrem Modell entleiht die Elija-Version neben dem Handlungsgerippe Elischas Markenzeichen, den Titel „Gottesmann". Ihre Adaption tilgt alle Züge, die die Souveränität der Hauptfigur mindern. Als kennzeichnend für Elija stellt sich das Gewicht seines Wortes bei JHWH heraus. Den Höhepunkt bildet ein zum Mitvollzug einladendes Bekenntnis, das Elijas Qualität als Gottesmann pathetisch affirmiert, typischerweise in einer Füllung, die den zur Illustration verwendeten Stoff überfordert. Nach alldem erstrebt die Elija-Fassung primär eine Überbietung der Elischa-Parallele, indem sie an einem Wunder gleichen Musters aktenkundig macht, dass Elija von den beiden der Größere ist.[63] Befördert durch die Mehrdeutigkeit der Schlussworte, erweitert der Kontext das Sinnpotenzial allerdings insofern, als die Geschichte nun die Sphären von Leben und Tod gegen die Ansprüche vermeintlicher Rivalen für JHWH reklamiert.

---

62 Zur mehrfachen Parallelisierung Elijas und Elischas vgl. KISSLING, Reliable Characters (Anm. 30), 149ff.

63 So z. B. auch FISCHBACH, Totenerweckungen (Anm. 45), 59. Anders BLUM, Der Prophet und das Verderben Israels (Anm. 36), der die Erzählung als Episode einer literarisch einheitlichen Komposition Kap. 17–19 liest, die eine „Apologie der Gerichtsprophetie" (288) betreibe. Abgesehen von den literargeschichtlichen Problemen (vgl. Anm. 36), stößt sich die Interpretation mit der Detailgestaltung der Perikope. Wenn Elija das Gericht an der Witwe in Gang setzt, so geschieht dies durch seine Anwesenheit und ohne ein Wort aus seinem Mund. Aktiv wird er hingegen, um JHWH zum Verzicht auf die Strafe zu bewegen, wobei er an die Verdienste (!) der Frau erinnert, die überdies für den Gottesmann nicht darin beruhen, dass sie eine „harte Glaubensprobe" bestanden habe (282 zu V. 11–16), sondern in ihrer Gastfreundschaft (V. 20). Die Unverzüglichkeit, mit der Elija den Knaben wiederbelebt, fördert den Eindruck, er habe das Gericht weniger rückgängig gemacht als verhindert (zumal die Geschichte nicht recht klärt, ob der Junge bereits die Todesschwelle überschritten hat). Zu alldem leistet er seine Fürbitte, ohne dass die Frau ihn darum ersucht hätte. In ihrem Auftreten gibt es nichts, was sich als Rat zum Umgang mit Versagen verwerten ließe. Und welcher klassische Prophet hieß „Gottesmann"? Man fragt sich, wie die Leser darin eine Repräsentation der Gerichtsprophetie erkennen sollten.

3. Petrus erweckt Tabita: Apg 9,36–42

Die Stilisierung der Erweckung der Tabita in Apg 9 nach den Parallelen bei Elija und insbesondere Elischa ist unbestritten. Die Übereinstimmungen sprechen eine deutliche Sprache: die Erweckung eines/r Verstorbenen nach Aufbahrung in einem „Obergemach" (ὑπερῷον V. 37.39; vgl. *G* zu 1 Kön 17,19; ferner *G* zu 17,23 und 2 Kön 4,10.11); der Ausschluss von Zeugen (V. 40; vgl. 2 Kön 4,33); das Gebet (V. 40; vgl. 1 Kön 17,20.21 und 2 Kön 4,33) und das Augenaufschlagen (V. 40: ἡ δὲ ἤνοιξεν τοὺς ὀφθαλμοὺς αὐτῆς; vgl. *G* zu 2 Kön 4,35: καὶ ἤνοιξεν τὸ παιδάριον τοὺς ὀφθαλμοὺς αὐτοῦ).[64] Dabei ist der Umfang der Geschichte abermals geschrumpft, und die Reden spielen nur noch eine Nebenrolle. Hatten schon bei Elija Konzentration und Vereindeutigung vorgeherrscht, sind sie hier so weit getrieben, dass Ambiguität, Konflikt und Drama praktisch ausgemerzt sind. Wie der Sohn der Witwe aus Sarepta stirbt Tabita an einer Krankheit, die jedoch anders als dort nicht als Strafe ausgewiesen wird. Ohnehin hat sie ihr Stigma verloren, denn die Interpretation der Krankheit als Sündenstrafe ist überwunden. Besonders markant ist der nächste Schritt: Augenblicklich legt man die Leiche in ein Obergemach. Diese Maßnahme verfolgt keinen praktischen Zweck, sondern setzt für die bibelfesten Leser der Apostelgeschichte ein unmissverständliches literarisches Signal: Dies wird ein gutes Ende nehmen.

Tatsächlich ist der zuverlässige Wundertäter in der Nähe, sodass es keine Mühe kostet, Petrus rasch herbeizuholen. Für Vorwürfe, Fehlschläge und spannungstreibende Verzögerungen bleibt hier kein Raum. Nur wenige pittoreske Einzelheiten hat Lukas zugelassen. Das Wiedererwachen der Toten ist wie schon beim Sohn der Schunemiterin am Augenaufschlagen ablesbar. Wie bei Elischa führt der Erzähler die Leser mit dem Heiler in das Obergemach, zeigt ihnen aber nicht die Leiche, sondern die Witwen der Gemeinde, die die von der Verstorbenen gefertigten Textilien vorführen, anscheinend die Kleider, die die Witwen selber tragen.[65] Aus ihrem karitativen Tun (V. 36) führen Tabitas Webarbeiten besonders anschaulich vor Augen, welche Lücke ihr Tod gerissen hat und ihre Wiedererweckung schließen wird. Folgerichtig sind es „die Heiligen", also die Gemeindeglieder, „und die Witwen", denen Petrus Tabita feierlich zurückgibt (V. 41). An dieser Stelle

---

64   Vgl. M. ÖHLER, Elia im Neuen Testament. Untersuchungen zur Bedeutung der alttestamentlichen Propheten im frühen Christentum (BZNW 88), Berlin – New York 1997, 202f. (mit vielen Vorgängern).

65   So mit den meisten Kommentatoren.

ist die Erweckungsgeschichte gegenüber ihren atl. Vorbildern in einer zentralen Hinsicht umkonstruiert. Das Aktanteninventar der Fassungen in Kön und Apg 9 umfasst neben dem Wundertäter den Gegenstand (der/die Verstorbene) und die Empfängerin des Wunders (die Mutter bzw. die Gemeinde). In den Textwelten sind die Wiedererweckten und die Nutznießer des Wunders keineswegs identisch, denn erstere bleiben Nebenfiguren, die kaum ausgestaltet werden und deren Erleben des Wunders kein Thema ist. Dabei gilt in den bisher besprochenen Versionen jeweils ein Akteur als besonders verdienstvoll. Diese Auszeichnung ist in Apg 9 repositioniert. Im AT haftet das Verdienst an den Begünstigten des Wunders — den Müttern —, deren Gastfreundschaft die Erweckung honoriert. Die ntl. Adaptionen durchbrechen den Konnex von Verdienst und Lohn. Besondere Meriten hat in Apg 9 die Verstorbene erworben, doch die Empfängerin des Wunders ist die Gemeinde, die ihre Wohltäterin als ungeschuldete Gnadengabe zurückerhält. Damit wird der Stoff zugleich aus dem privaten Rahmen herausgehoben und auf die Gemeinschaft hin entgrenzt.

Im Übrigen ist diese Fassung stark schematisiert. Die Verstorbene wird summarisch porträtiert — sie „war voll an guten Werken und Almosen" (V. 36). Am Ende steht als kontextgerechte Vertretung des Chorschlusses die Notiz, dass viele zum Glauben gekommen seien (V. 42). Bei der Heilung selbst (V. 40) werden die atl. Anspielungen durch inner-ntl. Entlehnungen überlagert. Nach seinem stummen Gebet spricht Petrus nur die zwei Worte: Ταβιθά, ἀνάστηθι „Tabita, steh auf!", und sogleich setzt die Tote sich auf (ἀνεκάθισεν). Von einem Akt nach Art des Synanachrosis-Ritus ist keine Rede. Petrus handelt hier wie Jesus, der nach Lk 7,14–15 bei dem Jüngling von Nain mit dem Satz Νεανίσκε, σοὶ λέγω, ἐγέρθητι „Junger Mann, ich sage dir, erwache!" denselben Effekt erzielt (ἀνεκάθισεν 7,15). Überträgt man den Ruf Ταβιθά, ἀνάστηθι zurück ins Aramäische (*Ταβιθά, κουμ), unterscheidet er sich nur um einen Buchstaben von den Worten, mit denen Jesus laut Mk 5,41 die Tochter des Jairus wiederbelebt: Ταλιθα κουμ „Mädchen, steh auf".[66] Für die Imitation jener Perikope spricht auch die Nachricht „Petrus schickte alle hinaus" (ἐκβαλὼν δὲ ἔξω πάντας ὁ Πέτρος), deren engste Parallele in Mk 5,40 von Jesus berichtet: αὐτὸς δὲ ἐκβαλὼν πάντας.

Diese Maßnahmen haben die Totenerweckungsgeschichte den Gestaltungsprinzipien und theologischen Aussagezielen des Lukas eingepasst.[67] Die Wundererzählungen der Apg bezeugen die bleibende Ge-

---

66 Vgl. E. HAENCHEN, Die Apostelgeschichte (KEKNT 3), Göttingen ⁷1977, 286.
67 Da hier die gegebene literarische Gestalt interpretiert werden soll und keine inner-ntl. traditionsgeschichtliche Rekonstruktion beabsichtigt ist, kann die Scheidung von

genwart des auferstandenen Herrn, weswegen sich bei aller Orientierung an Elija und Elischa in Petrus' Auftreten das Modell Jesu vor die
atl. Vorbilder schiebt. So kann der Apostel vollmächtig mit zwei Worten die Verstorbene ins Leben zurückrufen, denn allen Missverständnissen seiner Gebärden haben seine eigenen Worte vor dem Hohen Rat
in Apg 4,10 einen Riegel vorgeschoben:

> Wenn wir heute wegen einer guten Tat an einem kranken Menschen dar-
> über vernommen werden, durch wen er geheilt worden ist, so sollt ihr alle
> und das ganze Volk Israel wissen: im Namen Jesu Christi, des Nazoräers,
> den ihr gekreuzigt habt und den Gott von den Toten auferweckt hat. Durch
> ihn steht dieser Mann gesund vor euch.[68]

Wenn dem so ist, kann es keinen Fehlschlag, kein Bangen um den Erfolg und keinen Missklang zwischen dem Wundertäter und den Empfängern des Wunders geben. In einer neuerlichen Überbietung selbst
Elijas muss daher die Erweckung so widerstandslos ablaufen, wie sie
erzählt ist.

4. Paulus und Eutychus: Apg 20,7–12

Die Kondensation ist noch weiter getrieben in der Paulus-Fassung, wo
sich die Erweckung zu einer Episode im Rahmen einer Eucharistiefeier
wandelt. Religiösem Erklärungsbedarf für den Todesfall kommt diese
Version zuvor, indem sie ihn als schlichten Unfall stilisiert, der eintritt,
weil Paulus in der Nacht vor seiner Abreise jede Minute für seine
Verkündigung an die Gemeinde von Troas nutzen will. Typisch für die
Atmosphäre dieser Fassung, erlaubt sich Lukas sogar einen Anflug von
Komik, wenn er als eines der wenigen Details den Lesern anvertraut,
der Versammlungsort habe über „ziemlich viele Lampen" verfügt (V.
8). Obwohl also der Raum ungewöhnlich hell erleuchtet war,[69] strich
der auf der Fensterbank postierte Eutychus vor den nicht enden wol-
lenden Abschiedsworten schließlich die Segel. Das „Obergemach" (V.
8), steigernd ins dritte Stockwerk verlegt, dürfte dazu eine ähnliche Sig-
nalwirkung ausüben wie in Kap. 9. Und obgleich ausdrücklich der Tod
des Unfallopfers konstatiert wird (ἤρθη νεκρός V. 9), vernimmt man von

---

Überlieferung und lukanischem Anteil auf sich beruhen bleiben. Es wird angenommen, dass die von Lukas akzeptierten Züge seinen Intentionen entsprechen.

68   Vgl. auch Apg 3,12.16; 9,34; 10,26.

69   Gegen die konträre Erklärung dieses Erzählzugs — der junge Mann sei gerade wegen der von den Leuchtern erzeugten Stickluft eingeschlummert — vgl. J. JERVELL,
Die Apostelgeschichte (KEKNT 3), Göttingen 1998, 502f.

der Bestürzung der Zuschauer nur indirekt durch die beschwichtigenden Worte des Apostels, als er den einsetzenden Erfolg des Wunders bekannt gibt: „Beunruhigt euch nicht, denn seine Seele ist in ihm." (V. 10) Zuvor vollzieht er einen dem Synanachrosis-Ritus abgeschauten Akt (ἐπέπεσεν αὐτῷ καὶ συμπεριλαβὼν εἶπεν „er warf sich über ihn, umfasste ihn und sagte"), aber die Abwehr magischer Missverständnisse ist entbehrlich, da sich die Funktion der Geste offenbar von der Heilung zur Diagnose verschoben hat. Paulus heilt Eutychus nicht, sondern er erspürt durch den Körperkontakt die Vorboten der bereits angebahnten Wiederbelebung. Wie die Erzählweise insinuiert, erholt sich der Verunglückte nur allmählich, sodass der Augenschein noch nichts davon verrät und der Apostel die Umstehenden unterrichten muss. Entsprechend wird erst nach seinem Aufbruch am folgenden Morgen die volle Genesung konstatiert (V. 12). Doch obwohl sichtbare Fortschritte einstweilen auf sich warten lassen, ist sich Paulus des glücklichen Ausgangs so gewiss, dass er kein Hindernis sieht, umgehend zur Hauptsache zurückzukehren, indem er die Eucharistiefeier wiederaufnimmt und mit seiner Predigt bis zur Abreise ausdehnt, die er im Morgengrauen ohne jede Nachtruhe antritt (V. 11). So ordnet sich die Totenerweckung als symptomatisches Intermezzo einem denkwürdigen Abendmahl ein. Die dienende Rolle dieser Wundergeschichte schlägt sich auch in einer nur noch schwachen Ausprägung gattungstypischer Züge nieder.[70] Wenn dann die Schlussnotiz resümiert: „sie wurden nicht wenig getröstet" (V. 12), wirkt die Einbettung in Paulus' Abschiedsgottesdienst dem Eindruck entgegen, der Trost sei nur aus dem Wunder geflossen. Die Gewichtsverteilung der Perikope verschiebt den Akzent auf die eucharistische Gemeinschaft und die Verkündigung des Völkerapostels, ein bemerkenswerter Schritt, um der Überschätzung des Wunders als Glaubensbestärkung zu wehren.

In dieser Gestalt der Totenerweckungsgeschichte vermag auch ein tödlicher Unfall nicht die heitere Gelassenheit zu zerstören. Um seine rekordverdächtige Homilie fortzusetzen, braucht Paulus nicht einmal greifbare Effekte des Wunders abzuwarten. Nichts vergällt den Lesern das Schmunzeln über das ehrwürdige Alter und biblische Fundament der Predigtinkubation. Von Verdiensten der Beteiligten ist keine Rede mehr. Die Defunktionalisierung des Heilers zum Diagnostiker markiert die Relokalisierung der heilenden Kraft im Abendmahl. Die umgehende Wiederbelebung wird zum Paradigma des trostvollen Geschehens

---

70 Vgl. den Einzelnachweis bei R. PESCH, Die Apostelgeschichte. 2. Teilband: Apg 13–23 (EKKNT 5/2), Zürich – Neukirchen-Vluyn 1986, 193.

in der Eucharistiefeier überhaupt, das sich in der Aufrichtung der Gemeinde manifestiert.

5. Rückblick

Der Durchgang betrachtete vier Gestalten einer Totenerweckungserzählung; nimmt man hinzu, wie stark die Elischa-Version durch die נַעַר-Schicht und die Elija-Fassung durch die Interaktion mit ihrem Kontext modifiziert werden, sind es sogar noch mehr.[71] Was bewerkstelligen sie mit ihrem gemeinsamen Stoff?

Die *Elischa-Fassung* inszeniert die Totenerweckungserzählung als Vertrauenskrise des Gottesmannes, der ein Drama seiner Anhängerin korrespondiert. Der nur dieser Version eigene Vorspann baut ein Bild von Elischa als souverän handelndem Mantiker auf, das der Hauptteil systematisch unterminieren wird. Der Verlust seiner Heils- und Dankesgabe stellt das Vertrauensverhältnis zu seiner einst so loyalen Verehrerin auf eine harte Probe. Die schon in der Grundschicht angelegte Schwäche des Gottesmanns erschien dem Verfasser der נַעַר-Schicht noch der Steigerung wert. Elischas Ringen um Glaubwürdigkeit endet nicht ohne Ambivalenzen. Zugleich wird das Zutun Gottes zum Geschehen überaus diskret behandelt. Wie sich zeigt, darf sich nicht einmal der Gottesmann seines Gottes völlig sicher sein. Im Ergebnis macht Elischa als einziger der in den parallelen Gestaltungen auftretenden Wundertäter eine Entwicklung durch. Dabei ist die Elischa-Fassung von dem Paradox gezeichnet, den größten Reichtum an Details zu bieten, trotzdem aber gerade an Schlüsselstellen Indeterminationsfelder aufzuweisen. Sie gestaltet die Totenerweckung als subtiles Lehrstück zum Verhältnis von Gott und Mensch, wie es in der berufsmäßigen Mittlergestalt zum Tragen kommt. Zwar steht am Schluss die Rettung, und der Gottesmann wird von JHWH nicht im Stich gelassen, doch er bekommt zu spüren, dass das Handeln Gottes seiner Kontrolle entzogen bleibt. Damit müssen sich die Erwartungen an den Mittler bescheiden. Gewiss ist es nachahmenswert, dem Gottesmann Großzügigkeit zu erweisen, wie es die Schunemiterin vorbildlich tat, doch kann ihn die Generosität nicht in die Abhängigkeit von seinen Wohltätern bringen: Der Mittler gehört JHWH, nicht seinen Anhängern, und was er bei seinem Herrn erreichen kann, unterliegt dessen freier Wahl und nicht menschlicher Steuerung.

---

71 Vgl. zusätzlich die schwächer ausgeprägten Einflüsse der atl. Fassungen auf Lk 7,12–16.

Die *Elija-Version* macht sich die Schwäche Elischas in der Vorlage zunutze und verkehrt sie aus dem Wunsch, den Vorrang Elijas über seinen Nachfolger darzutun, ins Gegenteil. Sie präsentiert insofern das Gegenprogramm zur נַעַר-Schicht. Die reibungslose Effizienz seiner Fürsprache in einem Wunder gleicher Struktur und Anordnung erweist Elija als den größeren Gottesmann. Während somit die Elischa-Fassung ihren Helden innertextlich durch die Kontrastfigur Gehasis profiliert, erstrebt die Elija-Version denselben Effekt durch den intertextuellen Vergleich mit Elischa. Elijas Status vor JHWH ist Teil einer abgezirkelten Welt, der Ambiguität und Rätsel fremd sind. Der JHWH dieser Erzählung handelt rundum berechenbar. In ihrer geradlinigen Theologie bildet das volltönende Schlussbekenntnis den folgerichtigen Höhepunkt. Am Ende ist das Verhältnis zwischen dem Gottesmann und der Witwe ebenso einträchtig wie jenes zwischen ihm und seinem Gott. In ihren Kontext eingepflanzt, transzendiert die Erzählung allerdings ihre internen Ziele und wandelt sich zu einer Beleggeschichte, die JHWHs unumschränkte Macht im Reich seiner vermeintlichen Konkurrenten erhellt und Elijas Autorität als Vorkämpfer der Alleinverehrung festigt.

Die *Petrus-Fassung* kennt keine echte Katastrophe mehr. Die frühe Nennung des Obergemachs stimmt von vornherein zuversichtlich: Dieser Tod wird Episode bleiben, weswegen an Erklärung schon gar kein Bedarf entsteht. Weil der Heiler an Stelle Christi handelt, kann der Erfolg keinem Zweifel unterliegen, und weil die Empfängerin des Wunders die Gemeinde ist, gibt es keinen Missklang zwischen ihr und dem Wundertäter. Mit der theologischen Entkomplikation schreitet der Schwund an erzählerischer Komplexität einher. Die Erweckung der Tabita ist ein Beispiel der unverbrauchten Zuversicht, die die Apostelgeschichte angesichts der frühchristlichen Missionserfolge prägt. Indem das Wunder die Gemeinde aufrichtet, ist der Horizont der Geschichte allerdings nachhaltig erweitert, und der Zusammenhang von Verdienst und Belohnung wird aufgebrochen. Die *Paulus-Fassung* exemplifiziert an der Totenerweckung das heilvolle Geschehen bei der Eucharistiefeier. Dazu übernimmt sie nur noch einzelne Motive ihrer Vorbilder und defunktionalisiert den Heiler zum Diagnostiker.

Wenn der Eindruck nicht trügt, zeigen die verschiedenen Konkretionen ein und desselben Erzählgerüsts deutliche Zusammenhänge zwischen erzählerischer und theologischer Komplexität. Gleichwohl wäre es verfehlt, sie gegeneinander auszuspielen. Sie stehen für unterschiedliche Erfahrungen, und ihr Erhalt ist ein Bekenntnis zu deren Gültigkeit. Diese Pluralität ist wesentliche Voraussetzung, dass die Bibel ihre Rolle als identitätsstiftendes Dokument einer großen Glaubensgemeinschaft erfüllen kann.

Die Qedešen im Alten Testament

1. Der Stand der Frage

Aus den Erzelterngeschichten ragt in Gen 38 eine Episode hervor, die eine Erzmutter mit einem ungewöhnlichen literarischen Profil ausstattet. Wir lesen dort, wie Judas Schwiegertochter Tamar mit Einfallsreichtum, List und Mut ihr Recht auf Nachkommenschaft durchsetzt, wobei sie nicht einmal davor zurückschreckt, kurzfristig in die Maske einer Prostituierten zu schlüpfen. Das Kapitel hat neuerdings viel Aufmerksamkeit gefunden, und zwar nicht nur weil es einen Umgang mit Konventionen porträtiert, den man als Vorwegnahme moderner Haltungen zu lesen geneigt sein mag; vielmehr ist die Erzählung auch unter religionsgeschichtlicher Rücksicht interessant. Auf die vermeintliche Dirne (זוֹנָה V. 15) wird nämlich das Lexem קְדֵשָׁה angewandt (V. 21.21.22), dessen Basis *qdš* eine Affinität zur kultischen Sphäre signalisiert,[1] was der Bezeichnung ein eigentümliches Doppelgesicht aus Prostitution und Kult verleiht. Das seltsame Gespann ist allerdings nicht untypisch für dieses (nur in substantivierter Form bezeugte) Adjektiv. Denn das AT belegt damit wiederholt Frauen und Männer (קָדֵשׁ),[2] wobei solche Personen einerseits gehäuft in kultnahen Zusammenhängen begegnen und andererseits regelmäßig in einem abträglichem Licht erscheinen, wenn sie nicht gar, wie in Gen 38, in den Dunstkreis der Prostitution gerückt werden.

Wenn etwa das dtn Gesetz anordnet, es dürfe keine קְדֵשָׁה „von den Töchtern Israels" und keinen קָדֵשׁ „von den Söhnen Israels" geben (Dtn 23,18), gesteht es so benannten Menschen nur ein begrenztes Existenzrecht zu. Auffälligerweise kommt sogleich der folgende Paragraf auf den Tempel und gottesdienstliche Akte zu sprechen (נֶדֶר, בֵּית יְהוָה V. 19). Außerdem kennt 2 Kön 23,7 בָּתֵּי הַקְּדֵשִׁים im Tempelareal, und Hos

---

1 Vgl. die Definition von KRATZ 2006: 242: „‚Heilig' (hebr. *qdš*) bezeichnet den Gegensatz zu ‚profan' und meint die aus rel. Gründen vollzogene Absonderung und Ausgrenzung bestimmter Bereiche – Räume, Zeiten, Personen und Gegenstände – zu Zwecken der kultischen Verehrung."

2 Maskulinum Singular: Dtn 23,18; 1 Kön 14,24; 22,47; Plural: 1 Kön 15,12; 2 Kön 23,7; Ijob 36,14; Femininum Singular: Gen 38,21.21.22; Dtn 23,18; Plural: Hos 4,14.

4,14 beanstandet die Mitwirkung von קְדֵשׁוֹת an Opferfeiern. Zugleich werden Angehörige dieser Gruppe mehrfach in Nachbarschaft zu Sexarbeitern erwähnt. Nach קְדֵשָׁה und קָדֵשׁ Dtn 23,18 fällt in V. 19 das Stichwort זוֹנָה; Hos 4,14 parallelisiert זֹנוֹת und קְדֵשׁוֹת. Blickt man in die antiken Übersetzungen des AT, findet man dort das substantivierte Adjektiv überwiegend auf Prostitution bzw. ungezügeltes Sexualleben bezogen.[3] Ähnlich die rabbinische Literatur, wo das Lexem für Menschen mit geächtetem Sexualverhalten eintrat: Die feminine Form bezeichnete eine Prostituierte, die maskuline einen (praktizierenden) männlichen Homosexuellen (Jastrow 1903: 1321a).

Deswegen galt lange Zeit als ausgemacht, dass der Ausdruck ursprünglich Prostituierte beiderlei Geschlechts meinte, die ihren Beruf in einem sakral konnotierten Rahmen ausübten, wie auch immer dieser näher beschaffen gewesen sein mochte. HAL 1004 bietet demgemäß neben der etymologisch begründeten Wiedergabe „Geweihte(r)" auch die Bedeutung „Kultprostituierte(r)". Von demselben Verständnis gehen neuere deutsche Übersetzungen aus, nehmen aber zusätzlich an, dass der semantische Gehalt des Wortes sich noch inneralttestamentlich auf die gewöhnliche, rein gewerbliche Prostitution verschob. Die Einheitsübersetzung (1980) benutzt überwiegend kultisch besetzte Äquivalente, nämlich „sakrale Prostitution" (Dtn 23,18) und „Weihedirne" (Hos 4,14); ferner „Hierodule" (Kön), wozu Fußnoten erklären, solche Personen seien „Tempeldirnen" gewesen (zu 2 Kön 23,7) bzw. der Sphäre der „kultische[n] Unzucht im Dienst heidnischer Götter" zuzurechnen (zu 1 Kön 14,24). Ferner wird אֵשֶׁת זְנוּנִים Hos 1,2 mit „Kultdirne" wiedergegeben, mit der Anmerkung, der Ausdruck meine „wohl (vgl. 4,12) ein Mädchen, das an den Sexualriten des Baalskultes teilgenommen hat". Aber auch der „Lustknabe" in Ijob 36,14 sei eine „Anspielung an die sakrale Prostitution im kanaanäischen Kult". In Gen 38 hingegen findet sich die Entsprechung „Dirne", womit offenbar an alltägliche kommerzielle Prostitution gedacht ist. Denselben Bedeutungswandel setzt die revidierte Lutherbibel (1984) voraus, wenn sie überwiegend kultisch konnotierte Äquivalente gebraucht, nämlich „Tempeldirne" (Dtn 23,18; Hos 4,14) und „Tempelhurer" (Dtn 23,18; Kön) bzw. „Hurer im Tempel" (Ijob 36,14), während die Gen-Belege mit „Hure" einem profanen Hintergrund zugeordnet werden.

Was hat man sich unter Kultprostitution bzw. „kultische[r] Unzucht im Dienst heidnischer Götter" oder speziell den „Sexualriten des Baalskultes" vorzustellen? Derlei Erklärungen fußen auf einem Bild nichtjahwistischer Religionen, das in folgender These des Soziologen

---

3   STARK 2006: 110–112.141–146.160–164.178–182.198–202.204.

Max Weber im frühen 20. Jahrhundert einen klassischen Ausdruck gefunden hat:

> „Die Baalkulte, wie die meisten alten Ackerbaukulte, waren und blieben bis zuletzt *orgiastisch*, und zwar insbesondere *alkohol-* und *sexual*orgiastisch. Die rituelle Begattung auf dem Acker als homöopathischer Fruchtbarkeitszauber, die alkoholische und orchestische Orgie mit der unvermeidlich sich anschließenden Sexualpromiskuität, abgemildert später zu Opfermahl, Singtanz und Hierodulenprostitution sind mit voller Sicherheit als ursprüngliche Bestandteile auch der israelitischen Ackerbaukulte nachzuweisen." (WEBER 2005: 504; Hervorhebungen Webers)

Danach offerieren Kultprostituierte im Rahmen orgiastischer Fruchtbarkeitsriten käuflichen Sexualverkehr, dem ein heilsmittlerischer (sakramentaler) Charakter zugeschrieben wird. Grundlage sei eine Weltsicht, die dem Zeugungsakt nach dem geläufigen Muster der imitativen Magie bzw. des Analogiezaubers die Fähigkeit zutraut, eine numinose Fruchtbarkeitspotenz zu stimulieren, die in allen Sektoren der Fertilität wirksam werden kann, also namentlich bei Menschen, Vieh und Ackerbau. Die Ansicht, solche Praktiken seien im Alten Orient verbreitet gewesen, war lange Zeit akzeptiert, gefördert durch antike Nachrichten wie die Reportage Herodots über einen Kult der mit Aphrodite identifizierten „Mylitta" in Babylonien (I 199), Notizen aus den Federn von Lukian (Von der syrischen Göttin § 6) und Augustinus (De civitate Dei IV, 10) sowie nicht zuletzt die Bibel selbst (Bar 6,9.42f.; 2 Makk 6,4) und apokryphe Literatur (TestJud 12,2). Diese Autoren haben den altorientalischen Religionen zeitweilig ein Image eingetragen, das exemplarisch durch die Figur der „Hure Babylon" (Offb 17) verkörpert wird. Die genannten Quellen werden in der Literatur zum Thema eingehend erörtert – mit dem Ergebnis, dass sie für unser Problem auf sich beruhen bleiben können. Denn bei allen Differenzen im Einzelnen konvergieren neuere Voten in der Einschätzung, dass derlei Stimmen sämtlich polemische, aus zweiter und dritter Hand schöpfende Außenperspektiven repräsentieren, die eingefahrene Strategien der Alterisierung des Fremden verfolgen und überdies dem Verdacht unterliegen, voneinander abzuhängen.[4] Dokumente aus der Innenwelt der betroffenen Religionen, die die externen Nachrichten mit ihren pikanten Details bestätigen, sind erwartungsgemäß bis heute ausgeblieben. Sollten die externen Quellen einen Wahrheitskern besitzen, ist er nicht in kontrollierter

---

4   Vgl. u. a. BARSTAD 1984: 22–26; ODEN 1987: 140–147; WILHELM 1990: 505–513; SCHÄFER-LICHTENBERGER 1995: 124–126; ULSHÖFER 1998; STARK 2006: 8–21; BUDIN 2008. Eine günstigere Einschätzung vertritt DAY 2004: 13–16.

Weise aus ihnen selbst erhebbar und liegt jedenfalls fernab der konkreten Mitteilungen.[5]

Die Frage nach der Existenz kultisch verankerter Prostitution ist mithin auf interne Zeugnisse aus den jeweiligen Kulturen verwiesen, wie man sie in den vergangenen Jahren tatsächlich vermehrt herangezogen hat, freilich ohne damit die Kontroverse zu beenden. Bevor darauf eingegangen wird, ist eine Unterscheidung hinsichtlich der Phänomene einzuführen, nach denen unter unserer Problemstellung gesucht wird. Unter *kultischer* bzw. *sakraler Prostitution* wird eine Form käuflicher Sexualität verstanden, der ein heilsmittlerischer bzw. gottesdienstlicher Charakter zugeschrieben wird, mit der Folge, dass die Kunden dem Verkehr mit einem/r solchen Anbieter(in) eine andere Qualität beimessen bzw. davon weiter reichende Effekte erhoffen als bei gewöhnlicher Prostitution. Als *Tempelprostitution* gilt hingegen eine sexuelle Dienstleistung, die in institutioneller Anbindung an eine Kultstätte erbracht wird, mit der Folge, dass das Heiligtum von den Erlösen profitiert. Diese beiden Formen kultnaher Prostitution können, müssen aber nicht in eins fallen; die Definition hält also die Möglichkeit offen, dass Kultstätten als Zweig ihrer Tempelökonomie rein kommerzielle, profane[6] Prostitution betrieben.[7]

Die hierzu mittlerweile befragten Quellen sind allerdings ebenso wenig frei von gravierenden Deutungsproblemen, weswegen ihre Auswertung entsprechend strittig verläuft. Um die methodischen Fallstricke beispielhaft zu verdeutlichen: Bei künstlerischen Artefakten, seien sie literarisch oder ikonographisch, ist schwierig zu ermessen, welche Schlüsse sie auf realweltliche Zustände erlauben, während Listen von Tempelpersonal in der Regel wenig über die konkreten Funktionen der aufgezählten Berufsgruppen verraten. Die Komplexität der Detailfragen hinsichtlich der Lesung und Interpretation der einschlägigen Zeugnisse sowie die hier gezogenen räumlichen Grenzen gestatten nicht, in

---

5   Für einen Versuch, einen historischen Kern der einschlägigen Berichte Herodots zu isolieren, vgl. DA RIVA/FRAHM 1999/2000: 179–181.

6   Selbstverständlich existierte in der Antike keine Trennung religiöser und profaner Lebenssphären jener Art, wie sie die Moderne kennzeichnet, und Prostitution war in Mesopotamien zumindest insofern religiös getönt, als man Prostituierten ein Sonderverhältnis zu Ištar als ihrer zuständigen Ressortgöttin zuschrieb. Das bedeutet jedoch nicht, dass deswegen alle Bereiche kultischer Natur gewesen wären; die priesterliche Reinheitstora im AT basiert gerade auf der konsequenten Separation kultischer und nichtkultischer Domänen. Unter profaner Prostitution wird daher Prostitution unkultischen Charakters verstanden.

7   Vgl. FREVEL 1995: 631–634. Frevel unterscheidet zusätzlich sakrale und kultische Prostitution; letztere ist bei ihm sakrale Prostitution im Dienst eines Heiligtums. Diese Differenzierung bleibt hier als entbehrlich ausgeklammert.

die Einzeldiskussion einzutreten. So bleibt nur der Weg, auf den Stand der altorientalistischen Debatte zu verweisen, wo sich derzeit etwa folgender Trend abzeichnet: Sakrale Prostitution, obwohl nicht mit Sicherheit auszuschließen, wird wegen des Ausbleibens belastbarer Nachweise weithin mit Skepsis betrachtet;[8] dagegen sind nicht wenige Fachvertreter bereit, mit einem gewissen Ausmaß von Tempelprostitution zu rechnen.[9]

Die Quellenlage hat maßgeblich dazu beigetragen, das Meinungsklima zur kultisch konnotierten Prostitution im alttestamentlichen Israel neuerdings tiefgreifend zu verändern, wie sich symptomatisch an den Antworten auf die Frage zeigt, welchen Tätigkeiten die als קָדֵשׁ bzw. קְדֵשָׁה etikettierten Menschen nachgingen. Den Umbruch veranschaulichen zwei Einträge im „Neuen Bibellexikon", die im Abstand einer Dekade aus der Feder derselben Autorin erschienen. Marie-Theres Wacker bekräftigte 1991 unter dem Stichwort „Dirne" uneingeschränkt den alten Konsens: „Unbestreitbar bleibt, daß im Israel der Königszeit zu den am Tempel Angestellten Frauen und Männer, Qedeschen genannt, gehörten, die sexuelle Dienste anboten." (1991: 434) Seither war der bleibenden Unbestreitbarkeit indes nur noch eine kurze Gnadenfrist vergönnt, denn schon zehn Jahre später kreidete Wacker unter dem Lemma „Prostitution" der Forschung an, sie sei dem „Mythos Kultprostitution" aufgesessen. Zur fraglichen Berufsgruppe erklärte sie: „Das Nomen *q᾿dešā* [sollte] nicht mit »Kultprostituierte«, sondern mit »Geweihte« o. ä. wiedergegeben werden. ... Die so bezeichneten Frauen waren nämlich zwar Kultbedienstete, ihre »Dienste« aber fanden im Bereich des Opferwesens (Hos 4,14) oder der Herstellung von gewebten Stoffen für Götter/Göttinnenbilder (2Kön 23,7) statt." Diese

---

8 Vgl. etwa WESTENHOLZ 1995; RUBIO 1999. Katogorisch BUDIN 2008: 1: „Sacred prostitution never existed in the Ancient Near East or Mediterranean." – Ausgeklammert bleibt hierbei die sog. Heilige Hochzeit, die, sofern es sie gegeben hat, jedenfalls „die Kriterien für Prostitution – gewerbsmäßige Ausübung und öffentliches Angebot an eine unterschiedslose Menge von Nachfragern –" nicht erfüllt; so mit SCHÄFER-LICHTENBERGER 1995: 128; BUDIN 2008: 17.

9 Vgl. die aktuelle Bilanz von COOPER 2006: 18f.; sowie die detaillierten Arbeiten von FAUTH 1988; WILHELM 1990 (die polemische Replik von ULSHÖFER 1995 erscheint überzogen); LAMBERT 1992; dazu die Angaben bei TANRET / VAN LERBERGHE 1993: 443; RADNER 2001: 218f.; KEEL 2007: 501f. – Ganz in traditionellen Bahnen liest DAVIDSON 2007: 85–97 das altorientalische Belegmaterial. Für Mesopotamien gelte: „Sex was not only *divinized* in the sexual activities among the gods themselves but also *sacralized* in the cult through ritual sex (in the annual sacred-marriage rite and possibly much more widespread)." (89f., Hervorhebungen Davidsons). Für Kanaan bleibe es gegen neuere Zweifel dabei, dass „there was widespread ritual sexual intercourse involving cult personnel at the heart of Canaanite fertility worship" (94 Anm. 46).

Frauen hätten lediglich ein deviantes Sexualleben geführt, das aber mit Prostitution nicht zu verwechseln sei; „sie gehörten, da vielleicht schon als Mädchen dem Tempel übergeben … in keinen Familienverband und fielen deshalb in ihrer Sexualität nicht unter die patriarchalischen Familienregeln" (2001: 202). Was man sich unter der nicht patriarchal regulierten Sexualität konkret vorstellen darf, bleibt offen. Wacker markierte damit jedoch korrekt den gegenwärtigen Forschungstrend, der nicht nur die Existenz von Kultprostitution in Israel abstreitet, sondern noch weiter geht, indem er für die קָדֵשׁ bzw. קְדֵשָׁה genannten Personen jeden regulären Konnex zur Prostitution leugnet. Mittlerweile hat die Neurevision der Zürcher Bibel (2007) die Konsequenzen gezogen und für das Adjektiv zumeist das Äquivalent „Geweihte(r)" eingesetzt.[10] Um vorschnelle Festlegungen zu vermeiden, wird im Folgenden auf eine Übersetzung des Lexems verzichtet und lediglich von männlichen bzw. weiblichen Qedešen gesprochen.

Wie manche Stimmen zum weiteren Umkreis unseres Gegenstands durchblicken lassen, geht es hier nicht allein um die Klärung eines historischen Detailproblems von allenfalls akademischem Belang, sondern anscheinend steht mehr auf dem Spiel. So meint Joan G. Westenholz, „das Thema ‚Sexuelle Vereinigung' im sakralen Raum" habe „dazu gedient …, die mesopotamische Kultur zu diffamieren" (1995: 43). Speziell für das Alte Testament stellt sich die Frage, inwiefern die von sexuellen Motiven getränkte prophetische Kritik abgelehnter Kultformen von derlei Bräuchen angeregt war. Diese Polemik und ihre Strafansagen, die häufig mit einem Arsenal der sexuellen Erniedrigung arbeiten, haben den Propheten mittlerweile viel Tadel eingetragen, gebündelt im Schlagwort der „prophetischen Pornographie".[11] Gonzalo Rubio sieht in einschlägigen atl. Passagen sogar nichts weniger als „character assassination" am Werk (1999: 144). Eine solche emotional aufgeladene Atmosphäre und die Verquickung mit Gegenwartsinteressen sind der Wahrheitsfindung indes nicht notwendigerweise förderlich.

Es überrascht vor diesem Hintergrund allerdings nicht, wenn kultisch imprägnierte Prostitution im Allgemeinen und die Qedešen im Besonderen in den vergangenen Jahren ein erhebliches Maß wissenschaftlicher Aufmerksamkeit auf sich gezogen haben. Genannt sei zunächst die gründliche Studie von Christian Frevel (1995: 629–737); sodann ist Christa Schäfer-Lichtenberger im Rahmen eines Aufsatzes zu Hos 1–3 dem Thema nachgegangen (1995: 124–140); und neuerdings

---

10 Ausnahme: die Wiedergabe von בַּקְּדֻשִׁים Ijob 36,14; s. unten Anm. 58.
11 Vgl. neben zahlreichen monographischen Arbeiten beispielsweise BRENNER 1993 und 1996; EXUM 1996.

hat Christine Stark (2006) den Qedešen eine komplette Monographie gewidmet. Bei allen Differenzen im Detail sind sich diese Analysen im Kern einig: In Israel gab es keine Kultprostitution, so wenig wie im Alten Orient überhaupt. Qedešen waren keine Prostituierten, sondern eine Gilde kultischer Spezialisten. Als repräsentativ kann das Fazit Frevels gelten, für den „es sich bei den *Geweihten um nichtpriesterliches Tempel- oder Kultpersonal beiderlei Geschlechts* gehandelt hat. … Ein Zusammenhang mit sexuellen Aktivitäten ist sehr unwahrscheinlich."[12] Ins Visier der jahwistischen Orthodoxie gerieten die Qedešen nicht wegen anstößigen Sexualverhaltens, sondern weil sie Riten praktizierten, die im Jahwismus zunehmend als verpönt galten. Das war der Grund, warum diese Kultdienerklasse bekämpft wurde und schließlich verschwand. Am weitesten geht Stark, indem sie die herkömmliche Verhältnisbestimmung von Qedešen und prophetischer Polemik exakt auf den Kopf stellt. Keineswegs habe der Lebensstil der Qedešen die sexuell aufgeladene Rhetorik der Propheten provoziert, sondern umgekehrt habe die prophetische Propaganda ein wirklichkeitsfernes Image der Qedešen geschaffen: Weil die Propheten bestimmte liturgische Formen bildhaft mit Hurerei gleichsetzten, seien deren Funktionäre zu Unrecht in den Verdacht der Unzucht geraten, mit dem Effekt, dass ihre Berufsbezeichnung schließlich auf Prostituierte überging. Im Sinne Starks müsste man feststellen: Wenn die Wissenschaft auch die Qedešen in der Phase vor jenem Bedeutungswandel mit Prostitution verbindet, perpetuiert sie unkritisch ein antikes Missverständnis der prophetischen Metaphorik.

Der Versuch, die vorgebrachten Argumente an den Quellen nachzuvollziehen, gelingt allerdings nur begrenzt. Deshalb sollen hier nochmals die alttestamentlichen Zeugnisse durchmustert werden, und zwar im ständigen Gespräch mit den genannten Autoren.[13] Da über das Alter der betroffenen Passagen kaum mehr Einvernehmen zu erzielen ist, wird im Folgenden entlang der hebräischen Bibel vorgegangen. Ferner gilt: Der Befund für Israel ist aus dem AT zu erheben, da keineswegs klar ist, inwieweit die mesopotamischen *qadištu*-Frauen und die in ugaritischen Quellen erwähnten *qdš*-Männer mit den Personen zu vergleichen sind, die in Israel קָדֵשׁ bzw. קְדֵשָׁה heißen.[14]

---

12 FREVEL 1995: 735 (seine Hervorhebung). Vgl. ferner BIRD 1997, die männliche Kultprostituierte als rein literarisch induzierte Fiktion zu erweisen sucht.

13 DAY 2004 erneuert die Lesart, dass Qedešen Kultprostitution betrieben, definiert „in a broad sense to refer to acts of prostitution undertaken for a religious purpose" (2).

14 Zum Material vgl. zuletzt STARK 2006: 70–75.

2. Die biblischen Belege

Der erste einschlägige Fall kam schon eingangs zur Sprache: *Gen 38,21–22*, wo unser Stichwort gleich dreimal innerhalb der reizvollen Erzählung von Tamars List auftritt. Um ihren Schwiegervater Juda zum Geschlechtsverkehr zu verführen, macht Tamar sich unkenntlich (עלף Dt 14c), indem sie sich mit einem „Umlegtuch" (so HAL für צָעִיף) „bedeckt" (כסה D 14b) bzw. „verhüllt" (כסה Dt; Text korr.[15]), sodass ihr Gesicht verborgen ist (15c); zudem nimmt sie am Eingang der Ortschaft Enajim an einer Überlandstraße Platz (14d). Damit erreicht sie, dass der durchreisende Juda „sie für eine Dirne hielt" (וַיַּחְשְׁבֶהָ לְזוֹנָה 15b) und sie schwängert. Weil er nicht in der Lage ist, ihre Gefälligkeit zu bezahlen, hinterlässt er auf Tamars Wunsch hin drei Pfänder und schickt nach seiner Heimkehr einen Freund namens Hira aus Adullam zum Schauplatz des Treffens, um gegen Übergabe eines Ziegenbocks die Bürgschaft bei „der Frau" auszulösen (הָאִשָּׁה V. 20). Als Hira sie nicht finden kann, erkundigt er sich bei den Ortsbewohnern: „Wo ist die Qedeše – die in Enajim an der Straße?" (אַיֵּה הַקְּדֵשָׁה הִוא בָעֵינַיִם עַל־ הַדָּרֶךְ 21bc), und erhält zur Antwort: „Hier war keine Qedeše." (לֹא־ הָיְתָה בָזֶה קְדֵשָׁה 21e) Daraufhin kehrt Hira zurück und erklärt seinem Auftraggeber die Undurchführbarkeit der Mission, indem er die Auskunft der Bürger von Enajim wörtlich zitiert (22e = 21e). Juda gibt sich damit zufrieden; seine Antwort unterstellt ebenfalls die Identität der gesuchten Qedeše mit der Dirne, der er den Lohn schuldet (V. 23). Laut diesem Autor kann man anscheinend eine זוֹנָה unerläutert als קְדֵשָׁה bezeichnen, ohne Missverständnisse befürchten zu müssen. Daher scheint Gen 38 die Lexeme קְדֵשָׁה und זוֹנָה als Synonyme zu behandeln; mithin war es auf der von diesem Kapitel repräsentierten Entwicklungsstufe des Hebräischen möglich, eine Dirne des normalen Straßenstrichs קְדֵשָׁה zu nennen. Der Erzähler müsste sich daher mit seinen Adressaten einig gefühlt haben, dass weibliche Qedešen regelmäßig der Prostitution nachgingen.

Die neueren Studien zum Thema sehen dies freilich anders. Schäfer-Lichtenberger wertet die Frage Hiras als Vertuschungsversuch: Wenn der Mann mit einem Böckchen an der Leine nach einer Qedeše frage, gebe er sich als Interessent an einem Opfer aus, der fachlichen Beistand durch eine kompetente Kultfunktionärin wünscht. Man erfährt indes nicht, was Hira bei der allgemeinen gesellschaftlichen Akzeptanz des Gebrauchs der Prostitution zu solcher Verschämtheit bewogen haben sollte. Welche Logik müsste sich der Sendbote ferner

---

15   Vgl. BHS.

zurechtgelegt haben, um mit dieser Methode die gesuchte Dirne zu finden? Hierzu versichert Schäfer-Lichtenberger, die Erzählgemeinde von
Gen 38 sei geneigt gewesen, „einer qᵉdešah auch Gelegenheitsprostitu-
tion zuzutrauen" (1995: 139). Diese Auskunft kommt dem Eingeständnis gleich, dass die Geschichte nur auf der Basis eines Weltwissens
funktioniert, laut dem weibliche Qedešen im Regelfall käufliche Sexualität anboten, von welchem Ausmaß auch immer.

Auf ganz anderem Wege stellt Frevel in Abrede, dass Gen 38 einen
Zusammenhang zwischen Qedešentum und Prostitution belegt. Seine
Argumentation setzt an bei Tamars Schleier. (Unter einem Schleier sei
im Folgenden ein Kleidungsstück verstanden, das seine Trägerin hin-
reichend verhüllt, um sie unkenntlich zu machen, im Unterschied zum
Kopftuch.) Es ist nichts davon bekannt, dass Prostituierte in Israel ver-
schleiert gegangen wären.[16] Daher räsonniert Frevel, der Schleier habe
als Standestracht von Qedešen gegolten; dann musste das Gewand
Juda zu dem Fehlschluss verleiten, er habe eine Angehörige dieser
Zunft vor sich (1995: 679). So kann Frevel die Möglichkeit offen halten,
Qedešen seien in Wahrheit Kultdiener gewesen. Die Logik hinter dem
Motiv des Schleiers in Gen 38 wäre somit wie folgt zu explizieren:
Tamar staffierte sich als Qedeše aus, weil deren Tracht die Täuschung
Judas erleichterte; folglich entnahm Juda dem Gewand, er stehe einer
Qedeše gegenüber, während ihn der Sitzplatz an der Hauptstraße (vgl.
Jer 3,2; Ez 16,25) glauben machte, dass diese Standesvertreterin aus-
nahmsweise einem Nebenerwerb als Prostituierte nachging.

Träfe dies zu, bewiese die Geschichte tatsächlich keinen Konnex
zwischen Qedešentum und Prostitution. Die Berufskleidung von Qedešen muss allerdings für Gen 38 eigens postuliert werden; die Quellen
wissen davon nichts. Trotzdem wäre die Kenntnis der Tracht für das
Verständnis des Textes eine unabdingbare Voraussetzung, denn der
Verfasser selbst sieht keinen Grund, einen ausdrücklichen Bezug zwischen Qedešentum und Schleier herzustellen. Wo von der Vermum-
mung Tamars die Rede ist (V. 14–19), fehlt das Wort קְדֵשָׁה. Bei der
Sendung Hiras (V. 20) identifiziert der Autor die Gesuchte lediglich als
„die Frau". Trotzdem weiß der Bote anschließend, dass er eine Qedeše
finden muss. Auch Frevel räumt ein, dass der Erzählzug des Schleiers
ohne Weiteres aus den Erfordernissen des Plots hergeleitet werden

---

16 Die Vv. 14.19 setzen nur voraus, dass ein Schleier kein Bestandteil der Witwentracht
    war. Wenn Schleier im AT einem Stand zugeordnet werden, so allenfalls der Braut-
    schaft: Gen 24,65; 29,21–25 (der Betrug Labans konnte nur gelingen, wenn Bräute vor
    der Hochzeit verschleiert gingen und daher für den Bräutigam nicht zu erkennen
    waren); vgl. Hld 4,1.3; 6,7. Dazu und zum altorientalischen Hintergrund VAN DER
    TOORN 1995.

kann: Tamar darf ja von ihrem Schwiegervater nicht erkannt werden
(1995: 678). Die Interpretation als Standestracht der Qedešen ist eine
jener Zusatzannahmen, wie sie getroffen werden, um eine These, die
ansonsten als bewiesen gilt, auf einen Fall anwendbar zu machen, auf
den sie nicht recht passen will. In Gen 38 nötigt nichts dazu; wenn V. 15
erklärt, Juda habe Tamar für eine Dirne gehalten, weil sie sich verhüllt
hatte (כִּי כִסְּתָה פָנֶיהָ), könnte man das Umlegtuch mit demselben
methodischen Recht als Erkennungssignal von Prostituierten werten.[17]
Das wäre jedoch ebenso unbegründet. Die einfachste Erklärung für den
vorliegenden Wortlaut ist die herkömmliche: Für den Erzähler und sein
Publikum waren die Wörter זוֹנָה und קְדֵשָׁה austauschbar;[18] in ihren
Augen betrieben Qedešen also regelmäßig Prostitution. Frevels Bewertung des Schleiers käme allenfalls dann in Betracht, wenn die übrigen
Quellen zweifelsfrei bewiesen, dass Qedešen im Normalfall mit käuflicher Sexualität nichts zu tun hatten. Davon kann jedoch, wie zu zeigen bleibt, keine Rede sein.

Überzeugender ist daher der Ausgangspunkt Starks, für die זוֹנָה
und קְדֵשָׁה in Gen 38 als Synonyme fungieren (2006: 194). Allerdings
behauptet sie, das Kapitel bilde einen terminologischen Sonderfall, der
die strikte Trennung zwischen Qedešentum und Prostitution nur für
die Spätzeit des AT aufweiche. Im Rahmen ihrer Theorie, die Qedešen
seien erst durch die Kultpolemik der Propheten mit dem Stigma der
Unzucht behaftet worden, soll sich der vorfindliche Sprachgebrauch
wie folgt erklären: Gen 38 verkörpere das Endresultat des durch die
prophetische Rhetorik angestoßenen Bedeutungswandels, denn hier
heiße קְדֵשָׁה tatsächlich „Hure". Für ältere Belege gelte das aber nicht.
Erst als es keine Kultdiener namens Qedešen mehr gab, sei der Ausdruck auf Prostituierte übergegangen; die Träger der Bezeichnung vor
und nach der semantischen Wende hätten ausschließlich den Namen

---

17 Das tut z. B. BRENNER 1985: 82.

18 Man kann allenfalls fragen, ob die beiden Lexeme verschiedene Stilebenen repräsentieren (vgl. BIRD 1989/1997: 207f.; EBACH 2007: 139). Denn nur die Figuren nennen
die Dirne קְדֵשָׁה (V. 21f.); dagegen spricht der Erzähler, wenn er Judas irrigen
Eindruck beim Anblick Tamars mitteilt, von זוֹנָה (V. 15), und wenn er die Sendung
Hiras referiert, benutzt er אִשָּׁה (V. 20). Nicht zu rechtfertigen ist der Vorschlag, Hira
von Adullam und die Leute von Enajim benutzten eine außerisraelitische bzw. kanaanäische Idiomatik (so BOECKER 1997: 57; SCHÄFER-BOSSERT 1997: 83; vgl. GRUBER
1992: 21). Denn Gen 38 enthält keine Rede Judas, die einen Beschreibungsterminus
auf die vermeintliche Prostituierte anwendet; es ist daher nicht erkennbar, wie Juda
nach Meinung des Autors eine Dirne im Dialog bezeichnet hätte. – Für eine besonders fantasievolle Erklärung des Wechsels zwischen זוֹנָה und קְדֵשָׁה vgl. BUDIN
2008: 40–42: „It highlights a motif running through the text starting at Gen. 38:12 –
the contrast between whoring and holiness." (40)

gemein (2006: 195–197). Demnach müsste es dem Prophetismus gelungen sein, in einem Punkt die hebräische Alltagssprache umzumodeln. Man fragt sich, wie das konkret hergegangen sein soll. Immerhin erweckt das AT ja nicht den Eindruck, die Qedešen seien ein Dauerthema der Propheten gewesen; die prophetische Literatur überliefert schließlich nur einen einzigen Beleg (Hos 4,14; dazu weiter unten).

Somit verdient Stark Gefolgschaft, insofern sie die traditionelle Leseweise bekräftigt, für die קְדֵשָׁה in Gen 38 eine Prostituierte bezeichnet. Ob es dagegen in alttestamentlicher Zeit auch Qedešen gab, die nichts mit käuflicher Sexualität zu tun hatten, ist an den übrigen Belegen zu prüfen. Festzuhalten ist ferner, dass קְדֵשָׁה hier für eine Vertreterin des normalen Straßenstrichs eintritt. Jene Art von Dirne, deren Methoden des Kundenfangs Tamar kopiert, lässt keine sakralen Assoziationen erkennen, vom Namen selbst abgesehen. Folglich ist eine Qedeše laut Gen 38 eine Prostituierte, aber keine Kultprostituierte in einem wie immer gearteten Sinn, und somit liefert das Kapitel auch keinen Nachweis für die Existenz von Kultprostitution.

Der nächste Beleg *Dtn 23,18* lässt sich nicht erörtern, ohne auch den folgenden V. 19 heranzuziehen:

23,18   לֹא־תִהְיֶה קְדֵשָׁה מִבְּנוֹת יִשְׂרָאֵל

              וְלֹא־יִהְיֶה קָדֵשׁ מִבְּנֵי יִשְׂרָאֵל

23,19   לֹא־תָבִיא אֶתְנַן זוֹנָה וּמְחִיר כֶּלֶב בֵּית יְהוָה אֱלֹהֶיךָ

              לְכָל־נֶדֶר כִּי תוֹעֲבַת יְהוָה אֱלֹהֶיךָ גַּם־שְׁנֵיהֶם

Die Fortsetzung bedingt, dass hier die Qedešen beiderlei Geschlechts in einem Rahmen begegnen, der Kult und Prostitution verzahnt, denn in V. 19 fällt das Stichwort זוֹנָה neben kultischer Terminologie: בֵּית יְהוָה, נֶדֶר. Nun sind atl. Gesetzeskorpora zwar nur begrenzt systematisch aufgebaut, neigen aber bekanntlich dazu, Vorschriften zu ähnlichen Themen in Gruppen zu bündeln. Es ist daher zu prüfen, ob auch die vorliegende Abfolge einer Sachverwandtschaft der beiden Verbote entspringt und, wenn ja, wie diese beschaffen war. Daraus können sich Gesichtspunkte ergeben, die zu klären helfen, welche Vorstellungen V. 18 mit den Qedešen verbindet. Bevor die Verständnismöglichkeiten von V. 18 ausgelotet werden, sind deshalb die Aussagen von V. 19 zu erhellen.

Dtn 23,19 untersagt, אֶתְנַן זוֹנָה und מְחִיר כֶּלֶב zur Erfüllung von Gelübden im Tempel zu gebrauchen. Während das erste Glied („Hurenlohn") wenig Interpretationsspielraum lässt, wird der „Hundepreis" eingehend diskutiert. Schäfer-Lichtenberger (1995: 136f.) und Elaine Adler Goodfriend (1995) erneuern eine rabbinische Auslegung, der zufolge der Hundepreis genau das meine, was sein Name sagte, nämlich

den Verkaufserlös für einen Hund oder spezifischer: ein im Tausch
gegen einen Hund erstandenes Opfertier.[19] Dies kann jedoch nur eine
jüngere exegetische Eintragung darstellen, wie aus Adler Goodfriends
eigenem Material zwingend hervorgeht, denn die Unmenge bislang
erschlossener altorientalischer Wirtschaftsurkunden hat bislang keinen
einzigen Beleg für Geschäfte mit Hunden zutage gefördert. Die
Nachfrage nach dem Haustier war offenbar zu leicht zu befriedigen, als
dass es zur Handelsware getaugt hätte; eventuelle Ausnahmen blieben
so selten, dass sie keine Spur im Dokumentenbestand hinterließen.[20]
Nichts spricht dafür, dies sei im biblischen Israel anders gewesen. Wer
sich dort einen Hund[21] zulegen wollte,[22] war kaum auf einen Kauf angewiesen, denn nach den atl. Nachrichten bevölkerten solche Tiere israelitische Siedlungen im Überfluss; sie streunten herrenlos umher und
fielen den Menschen zur Last;[23] sie fraßen Abfälle[24] und machten sich
über Kadaver her.[25] Über den Besitzerwechsel von Hunden verlautet
nichts. Umso fragwürdiger erscheint es, wenn Schäfer-Lichtenberger
noch über die rabbinische Interpretation hinausgeht mit der These: Der
Hund war ein unreines Tier; deshalb vertrete er in Dtn 23,19 exemplarisch alle unreinen Tiere, woraus sich ergebe: „Verboten ist, den Kauf-
preis für ein rituell unreines Tier als Gelübdeopfer in den Tempel zu
bringen." (1995: 137) Wäre es jedoch um unreine Tiere schlechthin
gegangen, hätte man allenfalls den Esel oder das Kamel als Beispiel
gewählt, denn diese Arten waren zwar unrein, wurden aber bekanntermaßen wegen ihrer wirtschaftlichen Bedeutung gezüchtet und deshalb
gehandelt, als Abgabe erhoben oder auch geraubt, was im AT ein viel-
fältiges Echo hinterlassen hat.[26]

 Nach Stark hingegen bezieht sich כֶּלֶב in V.19 auf Sklaven, denn deren sozialer Status sei so niedrig gewesen, dass das Dtn die Einnahmen
aus ihrem Verkauf vom Gebrauch für religiöse Zwecke ausschließen
wollte. Dazu will Stark V. 18 als sekundären Einschub erweisen, damit

---

19 M. Temura 6,3; weitere Belege bei ADLER GOODFRIEND 1995: 381 mit Anm. 2 und 3.

20 Der Schadenersatztarif für die Tötung eines Hirtenhundes in den Hethitischen Gesetzen § 87 (VON SCHULER 1985: 110), auf den ADLER GOODFRIEND 1995: 392 verweist,
  steht isoliert und ist von der atl. Sphäre lokal und zeitlich weit entfernt.

21 Vgl. zum Ganzen ADLER GOODFRIEND 1995: 387–390; MAIBERGER 1995.

22 Haltung von Hunden als Nutztieren belegen Ijob 30,1; Tob 5,17; 11,4; vgl. Jes 56,10.

23 Ps 59,7.15–16; Spr 26,17; vgl. Ps 22,17.21; Jdt 11,19.

24 Ex 22,30.

25 1 Kön 14,11; 16,4; 21,19.23.24; 22,38; 2 Kön 9,10.35.36; Jer 15,3.

26 Z. B. Gen 12,16; 32,16; 34,28; 43,18; Ex 20,17; 22,3.8–9; Num 16,15; 31,28.30.34.39.45;
  Dtn 5,21; 22,3; 28,31; Ri 6,4; 1 Sam 8,16; 12,3; 27,9; 2 Sam 16,2; 1Chr 5,21; 2Chr 14,14;
  vgl. Gen 45,23; Ex 21,33–34; 23,4; Jer 49,29.32; Ijob 1,17; 24,3.

sie den Sinn des „Hundepreises" aus der Systematik des Kontexts eingrenzen kann, ohne auf die Qedešen Rücksicht nehmen zu müssen. Dann gelte: „Wird ... der Kontext von Dtn 23,19 ohne V.18 betrachtet, erweist sich die Bedeutung ‚Sklave' für ḵælæb [sic] als plausibel. So beziehen sich die vorhergehenden V.16–17 auf den Umgang mit Sklaven, die nachfolgenden V.20–21 auf soziale Finanzregelungen. Dazwischen behandelt V.19 den Preis oder Ertrag für einen Sklaven." (Stark 2006: 159) Nun kann man Starks Feststellungen zum Kontext nach Abzug von V. 18 folgen, jedenfalls insofern die Vv. 16–17 von Untergebenen sprechen, seien es entlaufene Sklaven oder ausländische Flüchtlinge. Aber dies rechtfertigt nicht ihre These zur Referenz von כֶּלֶב in V. 19. Gewiss hat man im atl. Israel – ebenso wie im Alten Orient generell – mitunter einen Menschen als „Hund" tituliert. Aber nach dem Zeugnis israelitischer Quellen waren dies entweder Selbstbezeichnungen in höfischer Rede gegenüber Respektspersonen[27] oder beleidigende Schimpfwörter für andere.[28] Sklaven und Sklavinnen dagegen werden im AT in Hunderten von Fällen mit den Substantiven עֶבֶד, אָמָה und שִׁפְחָה belegt (so auch der Kontext in Dtn 23,16),[29] während sie nirgends sonst als כֶּלֶב firmieren. Hätte es diesen Sprachgebrauch gegeben, hätten bei so vielen Gelegenheiten zusätzliche Beispiele den Weg ins AT finden müssen. Da dies nicht geschah, muss Starks Interpretation von כֶּלֶב in V. 19 als unhaltbar ausscheiden.

Dtn 23,19 koordiniert den „Hundepreis" mit dem „Hurenlohn". Dies und der Mangel an glaubwürdigen Alternativen plädieren nach wie vor für das traditionelle Verständnis, wonach der „Hundepreis" das Entgelt für männliche Prostituierte bezeichnet, wie auch Frevel zugesteht. Erlaubt V. 19 Rückschlüsse auf V. 18? Die Nachbarschaft von weiblichen und männlichen Qedešen in V. 18 sowie weiblichen und männlichen Prostituierten in V. 19 gibt die Frage auf, ob es sich um eine gewollte Parallele handelt, was voraussetzt, dass der Urheber der Sequenz einen Sachzusammenhang zwischen den Verboten erkannte, etwa deswegen, weil beide Vorschriften Belange der Prostitution regeln. Frevel (1995: 666) bestreitet dem Nebeneinander indes jede Aussagekraft, weil wir eine sekundäre Komposition ehemals unabhängiger Ein-

---

27 1 Sam 24,15; 2 Sam 9,8; 2 Kön 8,13 (vgl. MAIBERGER 1995: 204); Lachisch-Ostraka 2, 5, 6 (RENZ 1995: 412.424.426). Belege aus der Amarna-Korrespondenz nennen ADLER GOODFRIEND 1995: 383 Anm. 8; RENZ 1995: 412 Anm. 1. Zum akkadischen Sprachgebrauch vgl. CAD K 72 s. v. *kalbu* 1j.

28 2 Sam 16,9. Dies gilt für israelitische Verhältnisse, auf die Beobachtungen aus Nachbarkulturen nicht unbesehen übertragen werden dürfen.

29 Belegzahlen: עֶבֶד 800; אָמָה 56; שִׁפְחָה 63. Bei dieser Häufigkeit bedarf es keiner Sichtung nach Fällen, wo die Lexeme tatsächlich Sklaven und Sklavinnen bezeichnen.

zelgesetze vor uns hätten, die daher auch strikt separat gedeutet werden müssten.[30] Die These des getrennten Ursprungs hat gute Gründe für sich, da die beiden Paragrafen formal voneinander abstechen: V. 18 verfügt in 3. Person über die Qedešen, während V. 19 in 2. Person Singular den männlichen Leser anredet. Doch der textgenetische Status der Abfolge ist in Wahrheit für die Interpretation von geringer Relevanz. Gleichgültig, ob die beiden Verbote primär oder sekundär aneinandergereiht wurden, es kommt jeweils dasselbe Motiv in Betracht: Man bezog sie auf ähnlich geartete Gegenstände. So oder so fällt ein Verdacht auf die Qedešen beiderlei Geschlechts, denn der Kontext versetzt sie in die schlechte Gesellschaft der Prostituierten aus V. 19, eine Tatsache, die bei der Analyse von V. 18 nicht unbeachtet bleiben kann. Stark (2006: 164) konzediert einen Parallelismus zwischen קְדֵשָׁה V. 18 und זוֹנָה V. 19, möchte ihn aber wie folgt relativieren: Erst nachdem die feminine Form קְדֵשָׁה ihren originalen Bezug auf eine Kultfunktionärin gegen die Bedeutung „Hure" eingetauscht habe, habe das ältere Qedešenverbot in seinen heutigen Kontext interpoliert werden können. Der vorausgesetzte Vorgang ist völlig unvorstellbar. Welchem Zweck sollte er gedient haben? Wenn zudem das Vokabular von Gesetzen seinen semantischen Gehalt verschiebt, werden die Vorschriften nicht blind auf die neuen Referenzgrößen übertragen, sondern angepasst oder ausgeschieden.

Neben (1) der Nachbarschaft zu V. 19 muss die Erklärung von V. 18 folgende Merkmale integrieren: (2) Das Gesetz erklärt nicht, was Qedešen sind, zielt also auf ein Publikum, das über die gemeinte Sache im Bilde ist. Deshalb und nach dem Grundsatz, dass nicht bekämpft wird, was nicht vorkommt, spiegelt der Passus eine Verfassergegenwart, wo Qedešen eine hinreichend vertraute Erscheinung gewesen sind. (3) Der Paragraf untersagt nicht die Existenz von Qedešen, sondern er verweigert Israeliten die Zugehörigkeit zu diesem Stand bzw. die Ausübung des Berufs. Nach dem Buchstaben der Vorschrift sind derlei Aktivitäten für Nichtisraeliten erlaubt. (4) Das Gesetz erlässt separate, aber strikt parallel formulierte Verbote für beide Geschlechter, wobei wie in V. 19 die weiblichen Betroffenen den männlichen vorangehen. (5) Eine Strafsanktion fehlt.

Was verrät Dtn 23,18 laut der rezenten Literatur über die Qedešen? Auffälligerweise vermeiden die hier befragten Gewährsleute, nach

---

30 Vgl. auch SCHÄFER-LICHTENBERGER 1995: 137, die die Anreihung nach dem Prinzip der Assoziation akzeptiert, aber den gemeinsamen Nenner kultisch bestimmt: „Dtn 23,18 ist eine auf Personen und Dtn 23,19 eine auf Objekte/Opfergegenstände bezogene Kultregelung." Wie im Folgenden zu darzulegen ist, erscheint mir dies für V. 18 unhaltbar.

ihren Analysen der Passage Zwischenergebnisse festzuhalten, die den Erkenntnisgewinn für das Generalthema bündeln. Lediglich soll auch auf diese Stelle ihr einmütig vertretenes Gesamtresultat zutreffen, Qedešen seien Spezialisten für Riten gewesen, die der jahwistischen Orthodoxie ein Dorn im Auge waren.[31] Dass sich das Gesetz gegen unerwünschte Kultbedienstete richtet, kann jedoch ausgeschlossen werden, da es den fraglichen Stand nicht kategorisch verdammt, sondern nur den Israeliten vorenthält, und das auch noch ohne explizite Strafandrohung. Die Besonderheit des Sprachgebrauchs tritt prägnant hervor im Vergleich mit Dtn 18,10–11, wo einer Reihe von Praktikanten verpönter religiöser Zeremonien und divinatorischer Techniken das Existenzrecht in Israel vollständig verweigert wird. Dort ist eine Formulierung gewählt, die an der Totalität des Verbots keinen Zweifel lässt: לֹא־יִמָּצֵא ... בְךָ „Bei dir darf es nicht geben ..." (V. 10).[32] Ebenso eindeutig erklärt Dtn 15,4: לֹא יִהְיֶה־בְּךָ אֶבְיוֹן „Bei dir soll es keinen Armen geben". Hier jedoch geht es um Aktivitäten, die lediglich Israeliten untersagt sind.[33] Diente der Paragraf der Abwehr missbilligter Riten, wäre der sensationelle Befund zu vermelden, dass das Dtn Verstöße gegen das Hauptgebot tolerierte, sofern bloß Ausländer die liturgische Assistenz wahrnahmen. In der Logik deuteronomistischer Theologie – und nicht nur dieser – konnten Ausländer jedoch bekanntlich auf israelitischem Boden überhaupt keinem Kult vorstehen, von heterodoxen Praktiken ganz zu schweigen.

Während für Dtn 23,18 der Kult als Tätigkeitsfeld der Qedešen ausscheidet, deuten mehrere Indizien auf Prostitution. Dafür spricht schon die Nachbarschaft zu V. 19, aber auch die Tatsache, dass ebenso wie dort die weibliche Variante der männlichen vorangeht, obwohl das AT bei Koordination beider Geschlechter sonst nahezu immer die umgekehrte Reihenfolge wählt: Männer werden vor Frauen genannt, Väter vor Müttern, Söhne vor Töchtern, Brüder vor Schwestern, Knechte vor

---

31 Die Karten offen legt GRUBER 1992: 18 Anm. 2, für den die beiden Genera von קָדֵשׁ freilich ganz unterschiedliche Berufe benennen: Das Femininum bezeichne eine Prostituierte, das Maskulinum einen „Canaanite cultic singer".

32 Vgl. auch Ex 12,19.

33 Dieser Tatbestand wird mitunter konstatiert, doch ohne ihn für das Textverständnis auszuwerten. So notiert BIRD 1997: 47, dass V. 18 „proscribes the existence of a ‚professional' class (female and male) within the Israelite population", und laut STARK 2006: 151 erlässt der Vers das „Verbot für Israelit/innen, qedešāh oder qādeš zu sein", aber jeweils ohne Folgen für die Interpretation. Die Erklärung von ROSE 1994: 318, „daß in Israel die Tradition des Dienstes der «Geweihten» untersagt sein soll" (Hervorhebung HJS), ist vom Wortlaut nicht gedeckt.

Mägden, selbst Esel vor Eselinnen.[34] Die ungewohnte Anordnung weist auf eine Gruppe, deren weiblicher Anteil weit bedeutender war als der männliche, wie es bei der Prostitution nachfragebedingt nun einmal der Fall ist. Die Präzedenz des weiblichen Zweigs dürfte somit in V. 18 auf demselben Grund beruhen wie im Folgevers. Warum wird kein Strafmaß für Verstöße festgelegt? Die Lücke bietet keine Handhabe zu dem Schluss, hier könne nicht die für Deuteronomisten besonders sensible Frage der Kultreinheit betroffen sein, denn das dtn Gesetz untersagt auch andernorts missliebige Kultformen, ohne Straftarife zu erlassen.[35] Doch obwohl hier keine Eindeutigkeit zu erzielen ist, entspricht das Verfahren immerhin vollauf der Erwartung bei einer schwer durchsetzbaren Norm, die eher dem Bereich der Ethik angehört als dem des Rechts, wie es aller Erfahrung nach gerade für die käufliche Sexualität gilt.

Ist Dtn 23,18 demnach mit Prostitution befasst, geht es dann genauerhin um eine Sorte, die irgendwie kultisch infiziert war? Immerhin werden die Zunftvertreter ja mit dem sakral befrachteten Namen belegt, und die Fortsetzung führt uns in die Sphäre des Tempels. Allerdings ist nur für die weibliche Sparte ein alternativer Ausdruck gesichert (זוֹנָה). Die Koordination von אֶתְנַן זוֹנָה und כֶּלֶב מְחִיר in V. 19 suggeriert, dass man einen männlichen Prostituierten auch als כֶּלֶב bezeichnen konnte; doch fehlen dafür weitere Belege, weshalb nicht mit Gewissheit zu entscheiden ist, ob das Hebräische für die männliche Sparte ein anderes Wort als קָדֵשׁ bereithielt. Zudem gilt: Wenn man in besonders einprägsamer Form die Gültigkeit des Verbots für beide Geschlechter einschärfen wollte, bot das Adjektiv קָדֵשׁ die Möglichkeit streng paralleler Formulierungen. Die Wortwahl braucht sich somit keinem religiösen Hintergrund zu verdanken, sondern kann auch vom Interesse am bündigen Gleichklang geleitet, also stilistisch motiviert sein. Da ferner beide Geschlechter betroffen sind, stellt sich die Frage, welchem Ziel mythischer Vergegenwärtigung oder Stimulation der homosexuelle Verkehr gedient haben sollte, da die Fruchtbarkeit aus-

---

34   TIGAY 1996: 216; BIRD 1997: 45f. 48. Vgl. aus gesetzlicher Literatur etwa Ex 20,10.12. 17; 21,2–11.15.17.20.26–32; Lev 3,1.6; 10,14; 12,6.7; 13,29.38; 15,33; 18,7.9.10.12–13.17; 20,9.17.27; 21,2.11; 25,6.44; 27,5.6; Num 5,3.6; 6,2.7; 18,11.19; 30,17; Dtn 5,14.16.21; 12,12.18.31; 13,7; 15,12.17; 16,11.14; 17,2.5; 18,10; 21,13.18.19; 22,15; 27,16.22 u. a.; aus anderen Gattungen Gen 1,27; Gen 2 mit Erschaffung des Mannes vor der Frau; Gen 2,24; 5,2.4 usw.; 6,19; 7,2.3.9.16; 11,11 usw.; 12,16; 19,12; 20,14; 24,35; 28,7; 31,28; 32,1.6; 36,6; 37,35; 45,23; 46,7.15; Ex 1,16; 3,22; 10,9; 11,1; 32,2; 35,29; 36,6; Lev 26,29; Num 21,29; Dtn 4,16; 28,32.41.53.56.68; 29,17; 31,12; 32,19; 33,9; Jos 2,13.18; 6,21.23; 7,24; 8,25; Ri 9,49.51; 11,34; 12,9; 14,2–6.9.16; 16,27 u. v. a. Gegenbeispiele sind selten; vgl. etwa Gen 30,43; 31,43; Lev 19,3; 20,19; 21,2.

35   Vgl. neben Dtn 13; 17,2–7 andererseits Dtn 12,29–31; 14,1–2; 16,21–22; 18,9–12.

scheidet.[36] Es ist jedoch die literarische Einbettung, die bei der angezielten Berufsgruppe alle sakralen Assoziationen ausschließt. Das Verständnis der Qedešen als Kultprostituierte ist im Grunde ja nur ein Spezialfall ihrer Interpretation als Kultfunktionäre. So oder so ginge es um professionell betriebene religiöse Aktivitäten, die den Kern der jahwistischen Orthodoxie antasteten, gleichgültig wie sie konkret ausgesehen haben mochten. Daher werden sie auch durch dasselbe Gegenargument als unglaublich erwiesen: Eine wie auch immer geartete kultnahe Verortung der Qedešen muss voraussetzen, die deuteronomisch-deuteronomistischen Theologen seien bereit gewesen, Verstöße gegen ihr Hauptgebot zu dulden, sofern bloß die Regie in ausländischen Händen lag.

Folglich bleibt nur der Weg, Dtn 23,18 auf profane Alltagsprostitution zu beziehen. Dann ist eine Konsequenz zu explizieren, die auch aus V. 19 hervorgeht. V. 18 beschränkt die legale Ausübung des Berufs auf Nichtisraeliten, und V. 19 schließt Prostitutionserlöse von religiösen Verwendungsweisen aus (sofern auch dieses Gesetz exemplarisch aufzufassen ist). Für beide Paragrafen gilt: Wo sie von Prostituierten sprechen, nennen sie beide Geschlechter. Entgegen der pauschalen Verdammung männlicher Homosexualität in priesterlichen Texten[37] wird homosexuelle Prostitution hier also nicht verboten, sondern innerhalb der von V. 18 gezogenen Toleranzgrenzen hingenommen. Der Wortlaut von Dtn 23,18–19 setzt somit eine bedingte Akzeptanz homosexueller Akte voraus, eine Feststellung, die trotz der übrigen atl. Stimmen zum Thema[38] nicht abwegig erscheint. Es ist zu beachten, dass das Dtn im Rahmen seiner immerhin recht detaillierten Vorschriften zu den Themen Geschlechtlichkeit und Ehe[39] zwar verschiedene Sexualtabus aufführt und auch Transvestitentum untersagt,[40] aber ein Verbot der Homosexualität vermissen lässt. Ferner deuten anthropologische Studien darauf hin, dass die Diskriminierung männlicher Homosexualität häufig auf einem bestimmten Maskulinitätskonzept fußt, insofern in einem Denkrahmen, für den die Penetration ein Statusgefälle vollzieht, die subalterne Position ein auf Dominanz zentriertes Männlichkeitsideal verletzt.[41] Es liegt daher in der Logik einer solchen Mentalität, wenn die Übernahme der als unterlegen bzw. erniedrigend betrachteten Rolle

36 Vgl. BIRD 1997: 41; DAY 2004: 16f.
37 Lev 18,22; 20,13.
38 Vgl. auch Gen 19,4–11.13; Ri 19,22–25.
39 Dtn 22,13–23,1; 24,1–4; 27,20–23.
40 Dtn 22,5.
41 Vgl. FREVEL 2003: 47f.; 2006: 368f.

nur für Angehörige der eigenen Gruppe als verwerflich gilt, nicht aber für Fremde. Genau dieses Prinzip wendet das Dtn auf das Kreditwesen an, wenn es Israeliten explizit gegenüber Ausländern bevorrechtigt (15,1–3.12–18; 23,20–21; vgl. 24,7).[42] Aus demselben Grundsatz ist der Umgang mit Homosexualität in Dtn 23,18–19 herleitbar. Wenn also zu entscheiden ist, ob sich hinter den Qedešen in V. 18 heterodoxe Kultspezialisten oder Prostituierte verbergen, gibt die Tatsache den Ausschlag, dass den Deuteronomisten und ihren Erben die Kultreinheit über alles ging, während sie in ihrem Gesetzeskorpus auf einen Bannstrahl gegen die Homosexualität verzichteten.

Nach alldem ist Dtn 23,18 als Versuch zu werten, Israeliten beiderlei Geschlechts vor dem Abstieg in die Prostitution zu bewahren, indem man die Stillung der Nachfrage Fremden vorbehielt. Mit Kultprostitution hat das Gesetz nichts zu tun; es rechnet mit einer Hörerschaft, die das substantivierte Adjektiv קָדֵשׁ in beiden Genera auf gewöhnliche Prostituierte bezieht, ebenso wie dies Gen 38 für das Femininum bezeugt. Wenn V. 19 zusätzlich den kultischen Gebrauch von Prostitutionsgewinnen als תּוֹעֲבַת יְהוָה verurteilt, dürfte hinter dem Berufsverbot für Israeliten eine religiöse Triebfeder aufscheinen: Eine solche Erniedrigung war mit der Stellung Israels vor seinem Gott unvereinbar,[43] was angesichts des Sozialprestiges von Prostituierten nicht überraschen kann.[44] Das Fehlen eines Straftarifs dürfte die Einsicht spiegeln, dass dem Problem allenfalls mit ethischen Normen, aber nicht mit dem Strafrecht beizukommen war. Freilich ging man nicht so weit, auch den Verkehr mit Prostituierten zu bekämpfen – dieses Zugeständnis an die männliche Gebrechlichkeit war wohl schlechterdings unvermeidbar.

Die nächsten Belege bilden ein geschlossenes Bündel. Die kultischen Notizen in den *annalistischen Rahmen der Königsbücher* erwähnen wiederholt Qedešen in Juda, bezeichnet als קָדֵשׁ bzw. קְדֵשִׁים. Die maskulinen Morpheme verweisen auf einen männlichen oder zumindest männlich dominierten Kreis, während der Ort der Nachrichten dokumentiert, dass es kultbezogene Gründe waren, die das Interesse der Redaktoren an der Zunft weckten. Denn im schematischen Aufbau der annalistischen Rahmen folgen die Kultnotizen in der Regel auf die Wertungsformel „er tat das Rechte / Böse in den Augen JHWHs", die

---

42 Vgl. auch die Vorschriften zum Aasverzehr Dtn 14,21 und zur ethnischen Abkunft des Königs 17,15.

43 Vgl. in priesterlicher Gesetzgebung Lev 19,29; 21,7.9.14–15.

44 Vgl. Anm. 43 sowie in Dtn 23,19 den Ausdruck „Hundepreis"; ferner z.B. Gen 34,31; Ri 11,1–2; 1 Kön 12,24b LXX; 22,38; Jes 1,21; 23,16; Ez 16; Hos 2,6–7; Am 7,17; vgl. Neh 5,5. Für das antike Mesopotamien resümiert COOPER 2006: 13: „»Prostitute« … was an insult, and a prostitute's social status was inferior."

die Lebensleistung der Könige allein an der Elle kultischer Orthopraxie misst; den Kultnotizen obliegt dann die Aufgabe, das Urteil zu rechtfertigen (Hoffmann 1980: 35–38). Das Tolerieren der Qedešen begründet eine negative Zensur, ihre Bekämpfung eine positive. Ort und Art der Thematisierung verbinden die Qedešen dieser Beleggruppe in nicht näher erläuterter Weise mit diskreditierten Kultformen.[45]

Das untermauern weitere Kontextmerkmale der Einzelbelege. *1 Kön 14,24* stellt fest, es habe zur Zeit Rehabeams Qedešen „im Land" gegeben; die Notiz folgt einer stereotypen Liste illegitimer Kultrequisiten, die die Judäer damals eingerichtet hätten: „Höhen, Masseben und Ascheren auf jedem hohen Hügel und unter jedem üppigen Baum" (V. 23). Die beschriebenen Verhältnisse werden dann zusammenfassend gewertet als Exempel für die „Gräuel der Völker, die JHWH vor den Israeliten vertrieben hatte" (V. 24). Das Urteil stempelt die Qedešen zu Repräsentanten der vorisraelitischen Religionen in Palästina. Auch dieser Autor verrät kein Bedürfnis zu erklären, was Qedešen waren und was sie trieben; er schien sich mit seinem Publikum einig zu fühlen, dass schon ihr pures Vorhandensein einen Frevel darstellt. Ähnlich verfährt *1 Kön 15,12*, wenn die positive Wertungsformel für Asa (V. 11) mit der unkommentierten Nachricht begründet wird, dass er „הַקְּדֵשִׁים aus dem Land ausrottete (בער H)" und Götzenbilder beseitigte. Erneut erhebt der Kontext den Kampf gegen die Qedešen zum Dienst an der Kultreinheit. Der Eindruck, Asa habe das Qedešen-Problem behoben, wird jedoch bald geschmälert, wenn *1 Kön 22,47* vermerkt, sein Sohn habe die Purgation vollenden müssen. Die politischen Notizen zur Regentschaft Joschafats, eingeleitet als וְיֶתֶר דִּבְרֵי יְהוֹשָׁפָט (V. 46), geben zu Protokoll, dass er „den Rest הַקָּדֵשׁ, die in den Tagen seines Vaters Asa übrig geblieben waren, aus dem Land ausrottete".[46] Abermals verrät der Text nicht mehr über die Qedešen als ihre selbstverständlich vorausgesetzte Unzulässigkeit und ihre Heimat im „Land".

Der letzte Fall dieser Beleggruppe steht im Bericht von der joschijanischen Reform. *2 Kön 23,7* vermeldet: „Er (Joschija) riss die בָּתֵּי קְדֵשִׁים nieder, die im Haus JHWHs waren, wo die Frauen (הַנָּשִׁים) Kleider /

---

45 Dabei ist es gleichgültig, ob die Qedešen-Notizen ursprüngliche Bestandteile ihrer Kontexte bilden oder, wie von BIRD 1997: 51–61 angenommen, teilweise später interpoliert wurden.

46 Wegen der ungewöhnlichen Position und des Widerspruchs zu 1 Kön 15,12 wird der Vers mitunter als Nachtrag beurteilt; so etwa WÜRTHWEIN 1984: 264; BIRD 1997: 60f.; erwogen von FREVEL 1995: 702f. Dabei könnte der Wunsch Pate gestanden haben, Joschafat stärker als vorbildliche Figur zu profilieren; vgl. HOFFMANN 1980: 93–96; BIRD 1997: 61.

Hüllen (? בָּתִּים)⁴⁷ für Aschera webten." Danach verfügten die Qedešen am Jerusalemer Tempel über bauliche Installationen, wo Frauen bis zu den Eingriffen Joschijas nichtjahwistische Kultformen pflegten. Man fragt sich, wie sich diese Nachricht zu den übrigen Gliedern der Stellenserie in 1 Kön verhält. War das Einschreiten Joschafats gegen die Qedešen doch nicht so erfolgreich wie behauptet? Ferner ist zu klären, was die Bezeichnung der Baulichkeiten über deren Nutzerinnen zur Zeit Joschijas besagt. Die namengebenden Qedešen tragen weiterhin maskuline Morpheme; und wenn sie über Einrichtungen am Jerusalemer Tempel verfügten, müssen sie Tätigkeiten sakralen Charakters nachgegangen sein, wie es auch die Kontexte ihrer Erwähnungen in 1 Kön unterstellen. Laut 2 Kön 23,7 wurden die Anlagen bis zur joschijanischen Reform kultisch gebraucht, und zwar als Stätten geächteter Gottesdienstformen, was vollauf zum Nimbus der Qedešen in 1 Kön passt. Allerdings weiß der Vers nur von weiblichen Kultpraktikanten. Ob diese Frauen selbst als Qedešen galten und somit die Gilde im Widerspruch zu den Nachrichten in 1 Kön bis in die Tage Joschijas fortbestanden haben müsste, lässt der Wortlaut offen. Allerdings spricht die Systematik der Kultnotizen und -reformberichte in den Königsbüchern dagegen: Die Deuteronomisten haben auf die Möglichkeit verzichtet, den verhassten Manasse der Wiedereinführung der Qedešen zu beschuldigen; und 2 Kön 23,7 vermerkt, beim Wort genommen, nicht die Beseitigung der Qedešen, sondern die ihrer Gebäude, ein aussagekräftiger Tatbestand angesichts des pedantischen Strebens nach Vollständigkeit, das den Maßnahmenkatalog des Berichts von der joschijanischen Reform kennzeichnet. Demnach verwendeten die Aschera-Verehrerinnen lediglich sekundär Installationen weiter, an denen ein Name haften geblieben war, der an eine frühere Funktion erinnerte.⁴⁸ Wenn die „Häuser der Qedešen" im Zuge der joschijanischen Reform nicht umgewidmet, sondern geschleift wurden, deutet dies darauf hin, dass man sie ausschließlich mit religiösen Abirrungen verband, was nochmals das in 1 Kön suggerierte Urteil über die Qedešen festigt. 2 Kön 23,7 lässt sich folglich widerspruchsfrei mit den einschlägigen Notizen in 1 Kön vereinbaren: Danach waren die Qedešen (zumindest in ihrer Mehrzahl) männliche Repräsentanten heterodoxer Riten in

---

47 Die Form ist vermutlich auf ein Hapax legomenon בַּת III (HAL 159b; Ges¹⁸ 186a) zu beziehen, das als Objekt von ארג Textilien bezeichnen muss, deren nähere Natur ungeklärt ist. Vgl. die ausführliche Erörterung bei FREVEL 1995: 686–699 (Lit.); ferner KEEL 2007: 481f.

48 Mit FREVEL 1995: 683f.; vgl. auch BIRD 1997: 70–72. Mithin kennt das AT auch nicht die „Herstellung von gewebten Stoffen für Götter / Göttinnenbilder" als typischen Dienst von Qedešen; so aber WACKER 2001: 202 (vgl. weiter oben).

Juda, die in wiederholtem Anlauf von Joschafat Mitte des 9. Jhs. endgültig ausgemerzt wurden. Von ihnen ehemals genutzte Baulichkeiten
im Jerusalemer Tempelbezirk trugen noch im 7. Jh. ihren Namen und
waren Schauplätze nichtjahwistischer Kulte, bis Joschija die Einrichtungen zerstörte.

Natürlich kann man nicht davon ausgehen, dass die Auskünfte der
Königsbücher zu unserem Thema zuverlässig und widerspruchsfrei
sind. Doch wie immer sich die Aschera-Dienerinnen im Reformbericht
zu den Qedešen verhielten, letztere werden in Kön konsequent dem
kultischen Sektor zugeordnet. Sollte der Berufsstand auch der Prostitution nachgegangen sein? Dazu können Frevel (1995: 698.703) und Stark
(2006: 146) mit Recht feststellen: Für die Annahme sexueller Aktivitäten
liefert die Stellenserie keine Handhabe.[49] Allerdings ist zu ergänzen: Sie
spricht auch nicht dagegen; wir erfahren dort überhaupt nichts zu konkreten Funktionen.

Die von Gen 38 und Dtn 23,18 bezeugte Affinität von Qedešentum
und Prostitution kehrt wieder in *Hos 4,14*:

לֹא־אֶפְקֹוד עַל־בְּנוֹתֵיכֶם כִּי תִזְנֶינָה וְעַל־כַּלּוֹתֵיכֶם כִּי תְנָאַפְנָה
כִּי־הֵם עִם־הַזֹּנוֹת יְפָרֵדוּ וְעִם־הַקְּדֵשׁוֹת יְזַבֵּחוּ

Der Vers ist in den Kontext V. 12–14[50] eingebettet, der in für Hosea charakteristischer Weise Kultkritik mit Vorwürfen schändlichen Sexualverhaltens verschmilzt. In diesem Rahmen wirft der Passus einen moralischen Schatten auf weibliche Qedešen, indem er sie über einen poetischen Parallelismus „den Huren" zur Seite stellt. Darüber hinaus identifiziert er sie – ähnlich den Belegen in den Königsbüchern – als unerwünschte Kultfunktionäre, indem er in der autoritativen Gottesstimme,
somit aus der Warte jahwistischer Orthodoxie den männlichen Adressaten vorwirft, solche Frauen an Opferfeiern zu beteiligen. Auch Hosea
sieht keinen Anlass, die Qedešen eigens vorzustellen; vielmehr führt er
sie wie „die Huren" mit Artikel als allseits bekannte Berufsgruppe an,
die regelmäßig (x-*yiqtul*-Formation) an Gottesdiensten mitwirkt. Verbindet dieses Arrangement die Qedešen mit Prostitution? Frevel, Schäfer-Lichtenberger und Stark verneinen das entschieden. Der Wortlaut
offenbare wenig über die Lebensweise der Qedešen; vor allem beweise

---

49 MURMELSTEIN 1969: 222–225 hat versucht, eine rabbinische Auslegungstradition zu
erneuern, die die Nachricht über die Webarbeiten der Frauen in 2 Kön 23,7 als Metapher für sexuellen Verkehr versteht. Diese Überlieferung ist jedoch zu spät, um Beweiskraft zu besitzen, und wie gezeigt, lädt der Text nicht dazu ein, die Frauen unter
den Qedešen zu subsumieren.

50 Details der diffizilen Abgrenzung der Einheit können hier ausgespart bleiben. Vgl.
die Kommentare.

er keine sexuellen Aktivitäten. Wenn Hosea die Qedešen in einem
Atemzug mit Dirnen nennt, so nach dem gängigen Muster seiner Kultpolemik, wo er ständig verschmähte Gottesdienstformen metaphorisch
als Unzucht perhorresziert. Im Mund Hoseas brauche der Passus nicht
mehr zu bedeuten, als dass die Qedešen auf Liturgien spezialisiert waren, die der Prophet verabscheute. In den Worten Frevels (1995: 671):
„Eine sexuelle Funktion der *qᵉdešāh* [ist] aus dem Text nicht zu erheben
… . Vielmehr bleibt man auf eine kaum näher bestimmbare kultische
Funktion im (Schlacht-)Opferkult verwiesen. Dieser Opferkult ist
scheinbar nicht konform zu der von Hosea präferierten YHWH-Vereh-
rung." Schäfer-Lichtenberger (1995: 135) ist sich sicher: „Die theologische Disqualifikation [der Qedešen] sagt überhaupt nichts über deren
Lebensweise und Kultriten aus."

Danach verurteilt Hosea bestimmte Riten, die er gegenüber seinem
Auditorium durch die Teilnahme der Qedešen charakterisiert. Warum
hebt er gerade dieses Merkmal hervor? Nicht untypisch für Hosea, lässt
die Einheit in der Schwebe, wem die attackierten Begehungen im Sinne
ihrer Anhänger galten, denn der Kult wird nicht über die ange-
rufene(n) Gottheit(en) identifiziert, sondern über seine Schauplätze
(Berggipfel, Hügel, große Bäume 13ab) und die Attraktionen, die er den
Adoranten bietet (כִּי טוֹב צִלָּהּ 13c). Damit bleibt offen, ob es sich um
explizite Fremdgötterverehrung handelt oder um JHWH-Kult, der nach
den Maßstäben des Propheten depraviert – bzw. mit einem verbreiteten
exegetischen Sprachgebrauch „baalisiert" – ist und sich so effektiv in
Götzendienst verwandelt hat. Die Unbestimmtheitsstelle insinuiert,
dass der Wert religiöser Zeremonien weniger vom konkreten Gegenstand der Devotion als von der Geisteshaltung abhängt. Die Mehrdeutigkeit des Panoramas erstreckt sich nun ebenfalls auf die laut 14e im
Beisein von Qedešen vollzogenen Liturgien, denn der Text schweigt
darüber, ob die Opfer in der Sicht der Beter für JHWH oder (auch) für
andere Gottheiten bestimmt waren. Es ist folglich nicht gesichert, aber
ebenso wenig auszuschließen, dass weibliche Qedešen in der Welt
Hoseas Fremdgötterdienst betrieben.

Warum also hob der Prophet in seiner Kultkritik gerade die Mitwirkung von Qedešen hervor? Hatte er eine Form der JHWH-Verehrung im
Auge, fragt man sich, was ihn an dieser speziellen Spielart empörte.
Handelte es sich um Götzendienst, wüsste man gern, warum Hosea
hier aus einer Palette von Möglichkeiten eben jene Variante herausgriff.
Dies führt uns zurück zu den Fragen, was der Parallelismus mit den
Dirnen in 14d besagt bzw. ob bestimmte religiöse Aktivitäten nur rein
bildhaft mit Unzucht gleichgesetzt werden. Nun ist die sexuell getränkte Polemik Hoseas im Allgemeinen gewiss hochgradig metaphorisch,

aber für das benachbarte Kolon 4,14d עִם־הַזֹּנוֹת יְפָרֵדוּ כִּי־הֵם erscheint dies wenig glaubhaft. Zunächst begegnet hier der Vorwurf der Unzucht in der konkretesten Fassung, die das Buch überhaupt zu bieten hat: Die Freier suchen mit den Liebesdienerinnen diskrete Orte auf.[51] Außerdem läuft das vielsagende Detail nach dem gegebenen Vortext (13d–14c) auf die Rüge hinaus, dass die Familienvorstände damit noch das enthemmte, ehebrecherische Gebaren der jungen Frauen aus ihren eigenen Sippen in den Schatten stellen, das seinerseits zur verdienten Quittung (עַל־כֵּן 13d) für den in V. 12–13c angeprangerten verfehlten Gottesdienst deklariert wird. Der Verweis auf die Ausschweifungen der Frauen musste aber verpuffen, wenn er bloß Akte in ein abträgliches Bild goss, die bei den Vormündern ohnehin erwünscht waren, wie die Teilnahme an bestimmten Gottesdienstformen. Um zu treffen, musste die Kritik handfestes sexuelles Fehlverhalten vorweisen, was dasselbe Verständnis für den überbietenden Vorwurf an die Männer in 14d unterstützt. Wenn also 14e Liturgien brandmarkt, die im Beisein von weiblichen Qedešen gefeiert werden, so geschieht dies in einem Rahmen, der sich gerade durch besonders konkrete Anklagen sexueller Zügellosigkeit auszeichnet. Daher fragt man sich, ob die Gemeinsamkeiten mit dem Lebensstil der Qedešen wirklich ausnahmslos auf metaphorischer Ebene angesiedelt sein sollen.

Hoseas polemische, dazu elliptische, offenbar auf einen informierten Adressatenkreis zielende Diktion beschneidet unsere Möglichkeiten, methodisch gesichert den präzisen Sinn seiner Worte zu erheben. Daran kranken auch Thesen, die die Tätigkeitsfelder der Qedešen definitiv auf liturgische Rollen beschränken. Gewiss liefern die Bauprinzipien hebräischer Verszeilen nur grobe Fingerzeige, wenn es um die Klärung dunkler Passagen geht. Doch erschiene es im gegebenen Fall ungerechtfertigt, kategorisch zu leugnen, dass die Parallelisierung der Qedešen mit Prostituierten den Beigeschmack gleicher Aktivitäten an sich trägt. Die Assoziation der beiden Zünfte wäre nicht beweiskräftig, stünde sie einzigartig da; aber das ist eben nicht der Fall.[52]

Der letzte Fall führt uns in die Spätzeit des AT. Im Rahmen der Elihu-Reden, deren hoher Anteil an Aramaismen auf ein besonders junges Ursprungsdatum deutet, beschreibt *Ijob 36,14* das bedauernswerte Dasein der Ruchlosen (חַנְפֵי־לֵב V. 13) und hebt zur Abschre-

---

51 Vgl. dagegen etwa Hos 1,2; 2,4.6–7.12–15; 3,1–3; 4,12; 5,3–4; 8,9; 9,1; ferner die Juda-Glosse 4,15.

52 Zu Hos 12,1, wo manche Exegeten קְדוֹשִׁים als Verschreibung aus קְדֵשִׁים* deuten, vgl. FREVEL 1995: 667 Anm. 408; STARK 2006: 101–105.

ckung ausgerechnet dessen Gemeinsamkeiten mit dem Leben männlicher Qedešen hervor:

תָּמֹת בַּנֹּעַר נַפְשָׁם וְחַיָּתָם בַּקְּדֵשִׁים

In der Jugend muss[53] ihre Seele sterben, und ihr Leben (ist, verläuft; /stirbt, endet) unter (/nach Art von?) den (männlichen) Qedešen.

Die Botschaft des ersten Satzes 14a liegt auf der Hand: Die Ruchlosen sind zu einem frühen Tod verurteilt. 14b hingegen erschließt sich weniger leicht. Syntaktisch liegt entweder ein Nominalsatz vor, der das Leben der Ruchlosen in der Subjektsrolle auf ein Prädikat bezieht, geformt als Präpositionalgruppe mit dem substantivierten Adjektiv קָדֵשׁ; demzufolge trifft der Passus eine generelle Feststellung über den Charakter bzw. den Verlauf des Lebens der Ruchlosen. Oder es handelt sich um einen Verbalsatz, wo תָּמֹת als kontextgetilgtes Prädikat aus 14a fortwirkt;[54] dann nimmt die Aussage speziell das Ende des Lebens der Ruchlosen ins Visier. Weiterhin ist unklar, welche Aufgabe der Präposition in בַּקְּדֵשִׁים zugedacht ist. Jenni (1992: 278) erkennt eine lokale Deixis und reiht den Fall seiner Kategorie „Lokalisation in einer Menge" (1992: 275–282) ein.[55] Demnach verliefe (Nominalsatz) oder endete (Verbalsatz) das Leben der Ruchlosen in engem Kontakt mit den Qedešen. Diese Analyse gründet auf einer Hauptfunktion der Präposition בְּ und ist daher grammatisch unbedenklich, bereitet aber manchen Exegeten sachliche Schwierigkeiten: Was wäre der konkrete Sinn einer solchen Aussage? Deshalb wird alternativ erwogen, die Präposition bedeute hier „nach Art von, gemäß",[56] was den Fall faktisch dem bei Jenni (148f.) so genannten „Beth normae" subsumiert; dann lieferte die Existenzweise der Qedešen ein Modell für das Leben bzw. den Tod der Ruchlosen. Allerdings rechnet Jenni nur dann mit einem „Beth normae", wenn der Präposition ein Substantiv für „eine bestimmte Maßeinheit oder Norm" folgt wie etwa דֶּרֶךְ in dem Standardbeispiel בְּדֶרֶךְ מִצְרַיִם „nach Art Ägyptens" Jes 10,24.26; denn für Jenni ist „das Beth normae ... nichts anderes als ein Beth instrumenti, bei dem das Mittel einer quantifizierenden Tätigkeit in einem Maßbegriff ... besteht. In einigen nicht sehr zahlreichen Fällen wird bei einer komplexeren

53   Dies ist ein Versuch, den Jussiv wiederzugeben. Sollte er eine Fehlvokalisation der Langform תָּמֹת* darstellen (vgl. BHS und die Komm.), ist die Übersetzung anzupassen.
54   So FOHRER 1989: 471; STRAUß 2000: 258; vgl. EBACH 1996: 112. CLINES 2006: 815 wendet dagegen ein, dass מות nur sehr selten unbelebte Subjekte trägt, doch bei der eigenwilligen Diktion des Buches Ijob hat das Bedenken geringes Gewicht.
55   Ähnlich CLINES 2006: 815.861.
56   STRAUß 2000: 260 mit GK § 119h; vgl. HAL Art. בְּ I 8; Ges¹⁸ Art. בְּ I 3c.

Tätigkeit, namentlich bei Herstellungsverben, auch ein komplexerer Normbegriff (z.B. מַתְכֹּנֶת ‚Rezept') verwendet." (148) Wer daher die Präposition in בַּקְּדֵשִׁים als „Beth normae" deutet, muss elliptische Redeweise mit Ausfall des Normbegriffs annehmen. Als Parallele hierzu ließe sich allenfalls בַּעֲצַת אֲדֹנָי „gemäß (?) dem Ratschluss des Herrn" Esr 10,3 anführen, doch schlägt Jenni die Verbindung jenem Restbestand zu, den er „wegen Textverderbnis oder sonstigen exegetischen Schwierigkeiten als für die lexikographische Untersuchung nicht mehr sicher verwertbar" (48) ausscheidet. Die Interpretation als „Beth normae" mag daher einen unschwer einleuchtenden Sinn ergeben, bedarf aber grammatisch einer heiklen Zusatzannahme. Vergleicht man indessen die auslegerischen Konsequenzen der Wahl zwischen den beiden grammatischen Analysen, erscheinen sie gering. Denn auch für das lokale Verständnis der Präposition gilt: Wenn Leben oder Tod der Ruchlosen bei den Qedešen angesiedelt werden, eignet der Aussage nur dann Bedrohlichkeit, sofern grundlegende Züge des Daseins der Qedešen auf die Ruchlosen abfärben; dabei macht es keinen Unterschied, ob die Nähe der beiden Gruppen buchstäblich oder metaphorisch gemeint ist. Gleichgültig ob man die Präposition in בַּקְּדֵשִׁים lokal oder als „Beth normae" auffasst, so oder so geben die Qedešen eine Analogie für das Ergehen der Ruchlosen ab.

Was verbindet das Schicksal der Ruchlosen mit jenem der Qedešen? Dazu sind Kontextindizien zu befragen. Das erste Kolon 14a stellt als Symptom des Elends der Ruchlosen ihre Kurzlebigkeit heraus. Die von den Regeln hebräischer Poesie geschürte Erwartung, dass die Verszeile mit einer sachverwandten Aussage fortfahren werde, sei sie synonym oder antithetisch, wird vom zweiten Kolon 14b mehrfach erfüllt. Das Substantiv חַיָּה II „Leben" korrespondiert mit נֶפֶשׁ „Seele"; zusammen mit dem Verb מוּת entsteht so ein prägendes Wortfeld; בַּנֹּעַר נַפְשָׁם und וְחַיָּתָם בַּקְּדֵשִׁים konstituieren einen Chiasmus. Die Vernetzung fällt noch stärker aus, wenn die Analyse von 14b als Verbalsatz im Recht ist, weil dann ohnehin das Prädikat תָּמֹת aus 14a fortwirkt. Das zweite Kolon spinnt also offenbar das Thema des ersten weiter. Dies legt den Schluss nahe: Selbst wenn das Bild unscharf bleibt, dienen die Qedešen anscheinend als Paradebeispiel einer erbärmlichen Existenz, die normalerweise mit einem frühen Tod verrinnt. Dafür taugten sie aber nur, wenn sie im spätnachexilischen Juda nach wie vor präsent waren. Der Dichter appelliert bei seinen Adressaten an ein gemeinsames Weltwissen, worin männliche Qedešen als wohlbekannter, keiner Erläuterung bedürftiger Personenkreis gelten, der ein bedauernswertes Leben fristet, oft gezeichnet durch ein vorzeitiges Ende.

Ihr literarisches Porträt in Ijob 36,14 ist allerdings mit rituellen Funktionen jedweder Art unvereinbar. Denn die außerisraelitische Kulisse des Buches Ijob bedingt, dass in den Streitreden typisch jahwistische Probleme wie die Kriterien des rechten Gottesdienstes notwendig ausgeklammert bleiben müssen. Ohnehin fragt man sich, wieso kultische Pflichten das Ableben beschleunigen sollten. Wenn Elihu die Qedešen als warnendes Exempel vor Augen stellt, wird man die Gründe besser nicht in liturgischen Rollen suchen.

Ijob 36,14 verbreitet in neueren Studien zu unserem Thema Ratlosigkeit. Frevel räumt offen ein, dass seine Deutung der Qedešen als niedere Kultfunktionäre hier ausgeschlossen ist. Doch obwohl er keine Alternative anbieten kann, möchte er auch keinen Konnex zur Prostitution zugestehen; vielmehr sei „daran festzuhalten, daß eine Verbindung zur Prostitution auf der Interpretation der Parallelbelege beruht und an dieser Stelle keinesfalls zwingend ist" (1995: 710). Schäfer-Lichtenberger (1995) übergeht den Fall mit Schweigen. Stark (2006) tut den hebräischen Text völlig übertrieben als „rätselhaft" und „unverständlich" ab (109), um dann seine Integrität mit Rekurs auf die keineswegs glaubwürdigere Version der Septuaginta weiter zu untergraben.[57] Zur Erklärung des vorliegenden Wortlauts schreibt sie eine exegetische Tradition fort, die hinter קְדֵשִׁים aufgrund des Parallelismus mit נַעַר 14a ein – von den Tiberern möglicherweise fehlerhaft vokalisiertes – Abstraktum mit einer Bedeutung im Bereich von „Jünglingsalter, Adoleszenz" vermutet;[58] demnach hätte die Wurzel qdš eine semantische Entwicklung durchlaufen, an deren Ende nicht die Prostitution stand, sondern eine bestimmte Altersstufe. Die offene Frage nach den Ursachen des Wandels beantwortet Stark mit einer fantasievollen Spekulation: קְדֵשִׁים „könnte ... eine bestimmte, religiös konnotierte Lebensspanne meinen" (2006: 114), die in der Adoleszenz angesiedelt war und hier das Alter abstecke, in dem die Ruchlosen sterben müssten. Für diese Phase religiöser Weihe fehlt jedoch jeder Nachweis; Stark hat sie frei erfunden, um ihre Generalthese zu retten. Die Argumentation erscheint wesentlich von dem Wunsch getrieben, einen unerwünschten Textbeleg zu relativieren.

---

57 STARK 2006: 109–114. G* Ijob 36,14b ἡ δὲ ζωὴ αὐτῶν τιτρωσκομένη ὑπὸ ἀγγέλων deutet בקדשים als בַּקְּדֵשִׁים* und verlangt ein verbales Prädikat, das in MT ausgefallen sein müsste und sich obendrein Rekonstruktionsversuchen per Rückübersetzung entzieht. Dies und die notorische Freizügigkeit des griechischen Ijobbuches nehmen der zitierten Variante den Beweiswert, zumal die übrigen antiken Wiedergaben die tiberische Vokalisation samt der im Folgenden bestätigten Interpretation stützen; vgl. die Zusammenstellung bei STARK 109–112.

58 So z. B. DHORME 1926: 496; FOHRER 1989: 471; Zürcher Bibel 2007 („Jünglingsalter").

Welche außerkultischen Aktivitäten mögen das wohl gewesen sein, die den im spätnachexilischen Juda vertrauten Qedešen den Ruf eintrugen, unter einer weit unterdurchschnittlichen Lebenserwartung zu leiden? Der Trend der bisherigen Beobachtungen läuft geradewegs auf die traditionelle Antwort zu: Sie waren homoerotische Prostituierte. Denn sexuelle Triebabfuhr gegen Bares war damals wie heute ein überwiegend aus Alternativlosigkeit ergriffener Elendsberuf (Am 7,17), und welche Vorstellungen vom Dasein eines Strichers umliefen, veranschaulicht der Fluch über einen Lustknaben, den das akkadische Epos „Ištars Gang zur Unterwelt" überliefert hat:[59]

> *alka Aṣûšu-namir luzīrka izra rabâ*
> *aklī epinnēt āli lū akalka*
> *ḫabannāt āli lū maltītka*
> *ṣilli dūri lū manzāzūka*
> *askuppātu lū mūšabūka*
> *šakru u ṣamû limḫaṣū lētka*

In der Übersetzung von HAAS (1999: 75)[60]:

> Auf, Aṣûšunamer, ich will dich verfluchen mit einem großen Fluch.
> Die Brote der Saatpflüge der Stadt seien deine Kost,
> aus den Abwasserröhren der Stadt (sollst du) dein Getränk (nehmen),
> im Schatten der Mauer sei dein Aufenthaltsort,
> die Türschwelle sei dein Sitzplatz,
> der Betrunkene und der Durstige mögen deine Wange schlagen!

Der Passus bezeugt, welches Porträt der ordinären Alltagsprostitution in der Antike auf Einverständnis rechnen konnte. Danach blieben die Sexarbeiter,[61] von einem schmalen Edelsegment abgesehen, in einem verwahrlosten Getto gefangen, wo Entbehrung, Schmutz, Alkoholismus und Gewalt die Tagesordnung bestimmten. Von dort aus ist es nur ein kleiner Schritt, sich die erwartungsgemäßen gesundheitlichen Folgen auszumalen. Obwohl das Bild nur transkulturelle Erfahrungen mit Prostitution bekräftigt, ist für unsere Zwecke gleichgültig, ob es eine realitätsnahe Milieuskizze oder ein bloßes literarisches Klischee transportiert. Es genügt, dass der Verfasser der Elihu-Reden – wollte man nicht für Israel völlig andere Verhältnisse behaupten – an einem solchen Image der Prostitution anknüpfen konnte. Wenn also überhaupt eine brauchbare Auskunft zu finden ist, warum man die Qedešen als

---

59   Z. 103–108 der ninivitischen Rezension; Text nach BORGER 1994: 101.342.
60   Vgl. auch LAMBERT 1992: 152.
61   Wie die weibliche Variante in Gilgameš VII 106–123 (HECKER 1997: 707f.; GEORGE 1999: 58; 2003: 638–641) illustriert, schrieb man diesem Porträt Gültigkeit für weite Bereiche der Prostitution zu. Vgl. CLINES 2006: 815, der geneigt ist, den maskulinen Plural קְדֵשִׁים inklusiv auf Prostituierte überhaupt zu beziehen.

Exempel der Kurzlebigkeit apostrophieren konnte, dann in diesen Zeilen. Nach der wahrscheinlichsten Lösung bezeichnet somit das substantivierte Adjektiv קָדֵשׁ in Ijob 36,14 ebenso wie in Dtn 23,18 männliche Prostituierte. Wie dort spricht alles gegen einen kultischen Hintergrund; daher wird man das Lexem, wie am klarsten von Gen 38 bezeugt, als Etikett für Angehörige des normalen Straßenstrichs einstufen müssen, diesmal in der homosexuellen Variante.

3. Schlussfolgerungen

In jüngerer Zeit haben mehrere Arbeiten grundsätzliches Einvernehmen erzielt, dass die im AT wiederholt erwähnten Qedešen als Spezialisten für Riten wirkten, die im orthodoxen Jahwismus in Ungnade fielen. Deshalb sei nicht nur die traditionelle Erklärung der Qedešen als Kultprostituierte abzulehnen; vielmehr habe es überhaupt keinen regulären Konnex von Qedešentum und Prostitution gegeben. Der neuerliche Gang durch das Material schürt Zweifel am Fundament dieses Konsenses. Die vorgebrachten Argumente erwecken bisweilen den Eindruck, dass die rein kultische Interpretation der Qedešen eher über einen strategischen Umweg propagiert wird, nämlich durch das Bestreben, für die verhandelten Alternativen unterschiedliche Beweisanforderungen zu etablieren. Denn während die Annahme, Qedešen hätten Prostitution betrieben, strengsten Maßstäben unterworfen wird, sollen zur Stützung der Gegenthese durchaus recht großzügige Postulate angängig sein; man denke etwa an die Spekulationen, Qedešen hätten als Standestracht einen Schleier getragen (Gen 38) oder eine spezielle, religiös qualifizierte Phase im Leben Heranwachsender repräsentiert (Ijob 36,14); sogar nur mittelbar mit unserem Thema verzahnte Thesen wie die Deutungen des „Hundepreises" (Dtn 23,19) liefern Anschauungsmaterial. Dazu tritt die Bereitwilligkeit, anerkannte Kriterien zu suspendieren, sobald sie unwillkommene Resultate liefern; so wenn die Aussagekraft der benachbarten Anordnung von Paragrafen in einem Gesetzeskorpus (Dtn 23,18 neben V. 19) oder gar der Parallelität von Kola in einem Stichus (Hos 4,14) heruntergespielt wird. Eine solch eigenwillige Gewichtung der Indizien schadet der Glaubwürdigkeit. Folgt man den neueren Studien, müssten an nicht weniger als drei Stellen (Gen 38; Dtn 23,18; Hos 4,14) die Qedešen aus jeweils verschiedenen Gründen auf rein literarischem Wege in die schlechte Gesellschaft von Prostituierten geraten sein. Ob das nicht zu viel des Zufalls ist?

Nach den obigen Ergebnissen ist den Qedešen im AT ihr zwiespältiges Image nicht zu nehmen: Die Standesvertreter beider Geschlechter

zeigen konstant Nähe entweder zum Kult oder zur Prostitution oder zu
beidem. Schon ihr Name trägt religiöse Konnotationen. Am deutlichsten tritt ihre Janusköpfigkeit in Hos 4,14 hervor, wo weibliche Qedešen als Kultfunktionärinnen erscheinen, die der Prophet via Parallelismus mit dem Ruch gewerblicher Unzucht belastet, wobei der Kontext
ein metaphorisches Verständnis nicht ermutigt. Hier ist der Verdacht
nicht auszuräumen, dass kultisch tätige Qedešen der Prostitution
nachgingen. Sollte dies zutreffen, lässt der Text freilich offen, ob man
diesem Sektor ihrer Aktivitäten ebenfalls einen sakralen Charakter
beimaß. Die Königsbücher kennen Qedešen zumindest mehrheitlich
männlichen Geschlechts, die über den Ort ihrer Thematisierung (1 Kön
14,24; 15,12; vgl. 22,47) bzw. ihre Lokalisierung am Jerusalemer Tempel
(2 Kön 23,7) der kultischen Sphäre zugerechnet werden; das Lob für ihre Bekämpfung verurteilt sie zudem als heterodox, doch über sexuelle
Dienstleistungen verlautet nichts. Für Gen 38, Dtn 23,18[62] und Ijob 36,14
sind Qedešen trotz ihres religiös besetzten Namens herkömmliche Prostituierte beiderlei Geschlechts. Gen 38 behandelt die weibliche Variante קְדֵשָׁה als gleichbedeutend mit זוֹנָה, während bei männlichen Prostituierten ungeklärt ist, ob neben קָדֵשׁ überhaupt alternative Ausdrucksweisen wie etwa כֶּלֶב gängig waren.

Der Befund ist kaum anders herzuleiten als mit der Annahme, dass
die Berufsbezeichnung קָדֵשׁ in beiden Genera einen Bedeutungswandel
durchlaufen hat. Laut der Wortwurzel waren bei den Qedešen sakrale
Funktionen primär. Dazu passen die Belege in Hos 4,14 und den
Königsbüchern, die den Stand dem kultischen Sektor zuordnen. Doch
schon die wahrscheinlich älteste Erwähnung in Hos 4,14 spiegelt am
ehesten eine sakral-sexuelle Doppelrolle. Aus dem Text geht allerdings
nicht hervor, ob man die mutmaßlichen sexuellen Dienstleistungen als
Ausschnitt der kultischen Aktivitäten betrachtete oder als separate,
bloß in Personalunion ausgeübte Erwerbstätigkeit. Daneben stehen die
Königsbücher, die die Qedešen als Vertreter heterodoxer Riten verurteilen, aber zur Frage sexueller Angebote schweigen. Ein besonders
skandalöses Spezifikum wie Prostitution könnte indes begründen,
warum gerade diese untergeordnete Kultdienerklasse zur namentlich
identifizierten Zielscheibe atl. Kultpolemik aufstieg, obwohl es dafür
doch prominentere Kandidaten gegeben haben dürfte.[63] Demgegenüber
repräsentieren Gen 38, Dtn 23,18 und Ijob 36,14 eine Sprachstufe des

---

62 Der Vers gehört wie die Belege in Kön zum dtr Literaturbereich, setzt aber im Unter-
    schied zu jenen bereits ein völlig profaniertes Berufsbild der Qedešen voraus. Er
    dürfte daher tatsächlich, wie häufig angenommen, eine jüngere literarische Ebene re-
    präsentieren.

63 Mit DAY 2004: 6.

Hebräischen, in der das substantivierte Adjektiv für rein profane Prostituierte beider Geschlechter eintritt. Diese Tatsache ist nicht ohne Belang für die Frage, mit welchen Tätigkeitsfeldern bei den kultisch assoziierten Qedešen zu rechnen ist. Denn der Übergang des Namens auf herkömmliche Prostitution erklärt sich zwanglos, wenn bereits die liturgisch tätigen Qedešen diesem Gewerbe nachgingen.

Demnach bewährt sich die neuere Bestimmung der Qedešen als Gilde kultischer Spezialisten beiderlei Geschlechts insoweit, als dies die ursprüngliche Referenz des substantivierten Adjektivs gewesen sein dürfte. Nicht bestätigen ließen sich hingegen Thesen, wonach männliche und weibliche Qedešen in Israel verschiedene Funktionen ausübten[64] und der Stand keinen regelmäßigen Konnex zur Prostitution aufwies. Wann und warum die Qedešen solche Aktivitäten ergriffen, ist dem Quellenmaterial nicht zu entnehmen, doch zu dem Zeitpunkt, als sie in den Gesichtskreis atl. Autoren traten, gehörte die käufliche Sexualität wahrscheinlich bereits zu ihrem beruflichen Spektrum. Sie dürften damit im kulturellen Umfeld nicht isoliert dagestanden haben, denn nach vielfach geteiltem Urteil war dort die Prostitution in der Regie von Heiligtümern keine Unbekannte. Offen bleiben muss, ob die sexuellen Angebote der Qedešen in dieser Phase als Bestandteil ihrer sakralen Aufgaben begriffen wurden. In biblischer Zeit und wohl im Gefolge der Durchsetzung des orthodoxen Jahwismus verlor die Zunft ihre gottesdienstlichen Aufgaben und verlegte sich ganz auf die sexuelle Sparte, mit dem Ergebnis, dass ihr Name zu einer Bezeichnung für normale Prostituierte gerann. Trifft dies zu, erscheint die Hypothese weiterhin berechtigt, dass der Lebensstil der Qedešen ein Hauptgrund für die Gegnerschaft seitens des amtlichen Jahwismus gewesen ist. Dass weitere heterodoxe Züge Anstoß erregten, liegt nahe, doch verweigert die Überlieferung hierzu nähere Auskünfte. Die sexuell aufgeladene Kultkritik im AT dürfte somit in den Qedešen eine realweltliche Inspirationsquelle gefunden haben.

Zitierte Literatur

ADLER GOODFRIEND, E. (1995), Could *keleb* in Deuteronomy 23:19 Actually Refer to a Canine?, in: D. P. Wright / D. N. Freedman / A. Hurvitz (ed.), Pomegranates and Golden Bells. Studies in Biblical, Jewish, and Near Eastern Ritual, Law, and Literature in Honor of J. Milgrom, Winona Lake, 381–397.

---

64   Vgl. oben Anm. 31.

BARSTAD, H. M. (1984): The Religious Polemics of Amos (VT.S 34), Leiden.

BIRD, PH. A. (1989/1997): The Harlot as Heroine. Narrative Art and Social Presupposition in Three Old Testament Texts, in: Amihai, M. / Coats, G. W. / Solomon, A. M. (ed.), Narrative Research on the Hebrew Bible (Semeia 46), Chico, 119–139; wiederveröffentlicht in: Dies., Missing Persons and Mistaken Identities. Women and Gender in Ancient Israel, Minneapolis 1997, 197–218 (danach zitiert).

— (1997): The End of the Male Cult Prostitute. A Literary-Historical and Sociological Analysis of Hebrew qādēš-qĕdēšîm, in: Emerton, J. A. (ed.), Congress Volume Cambridge 1995 (VT.S 66), Leiden, 37–80.

BOECKER, H. J. (1997): Überlegungen zur „Geschichte Tamars" (Gen 38), in: Kessler, R. / Ulrich, K. / Schwantes, M. / Stansell, G. (Hg.), „Ihr Völker alle, klatscht in die Hände!" (FS E. S. Gerstenberger; Exegese in unserer Zeit 3), Münster, 49–68.

BORGER, R. (1994): Babylonisch-assyrische Lesestücke (AnOr 54), 2., neubearb. Aufl., Rom.

BRENNER, A. (1985): The Israelite Woman. Social Role and Literary Type in Biblical Narrative (JSOT.SS 21), Sheffield.

— (1993): On ‚Jeremiah' and the Poetics of (Prophetic?) Pornography, in: Brenner, A. / van Dijk-Hemmes, F. (ed.), On Gendering Texts. Female and Male Voices in the Hebrew Bible (Biblical Interpretation Series 1), Leiden, 177–193.

— (1996): Pornoprophetics Revisited: Some Additional Reflections, JSOT 70, 63–86.

BUDIN, S. (2008): The Myth of Sacred Prostitution in Antiquity, Cambridge.

CLINES, D. J. A. (2006): Job 21–37 (WBC 18A), Nashville.

COOPER, J. (2006): Art. Prostitution, RLA 11, Lfg. 1/2, 12–21.

DA RIVA, R. / FRAHM, E. (1999/2000): Šamaš-šumu-ukīn, die Herrin von Ninive und das babylonische Königssiegel, AfO 46/47, 156–182.

DAVIDSON, R. M. (2007): Flame of Yahweh. Sexuality in the Old Testament, Peabody.

DAY, J. (2004): Does the Old Testament Refer to Sacred Prostitution and Did it Actually Exist in Ancient Israel?, in: McCarthy, C. / Healey, J. F. (ed.), Biblical and Near Eastern Essays (FS K. J. Cathcart; JSOT.SS 375), London / New York, 2–21.

DHORME, É. (1926): Le livre de Job (Études bibliques), Paris.

EBACH, J. (1996): Streiten mit Gott. Hiob, Teil 2: Hiob 21–42 (Kleine Biblische Bibliothek), Neukirchen-Vluyn.

— (2007): Genesis 37–50 (HThKAT), Freiburg – Basel – Wien.

EXUM, C. (1996): Prophetic Pornography, in: Dies., Plotted, Shot, and Painted. Cultural Representations of Biblical Women (Gender, Culture, Theory 3), Sheffield, 101–128.

FAUTH, W. (1988): Sakrale Prostitution im Vorderen Orient und im Mittelmeerraum, JAC 31, 24–39.

FOHRER, G. (1989): Das Buch Hiob (KAT 16), Gütersloh.

FREVEL, C. (1995): Aschera und der Ausschließlichkeitsanspruch YHWHs. Beiträge zu literarischen, religionsgeschichtlichen und ikonographischen Aspekten der Ascheradiskussion (BBB 94/1–2), 2 Bde., Weinheim.

— (2003): Altes Testament, in: C. Frevel / O. Wischmeyer, Menschsein (NEB Themen 11), Würzburg, 7–60.

— (2006): Art. Sexualität, in: A. Berlejung / C. Frevel (Hg.), Handbuch theologischer Grundbegriffe zum Alten und Neuen Testament, Darmstadt, 367–370.

GEORGE, A. (1999): The Epic of Gilgamesh. The Babylonian Epic Poem and Other Texts in Akkadian and Sumerian (Penguin Classics), London.

— (2003): The Babylonian Gilgamesh Epic. Introduction, Critical Edition and Cuneiform Texts, Oxford.

GRUBER, M. I. (1992): The Hebrew qedešah and Her Canaanite and Akkadian Cognates, in: Ders., The Motherhood of God and Other Studies (South Florida Studies in the History of Judaism 57), Atlanta (= UF 18 [1986] 133–147).

HAAS, V. (1999): Babylonischer Liebesgarten. Erotik und Sexualität im Alten Orient, München.

HECKER, K. (1997): Das akkadische Gilgamesch-Epos, in: Kaiser, O. (Hg.), Texte aus der Umwelt des Alten Testaments III: Weisheitstexte, Mythen und Epen, Gütersloh, 646–744.

HOFFMANN, H.-D. (1980): Reform und Reformen. Untersuchungen zu einem Grundthema der deuteronomistischen Geschichtsschreibung (AThANT 66), Zürich.

JASTROW, M. (1903): A Dictionary of the Targumim, the Talmud Babli and Yerushalmi, and the Midrashic Literature, 2 Bde., Philadelphia.

JENNI, E. (1992): Die hebräischen Präpositionen. Bd. 1: Die Präposition Beth, Stuttgart.

KEEL, O. (2007): Die Geschichte Jerusalems und die Entstehung des Monotheismus, 2 Bde. (OLB IV.1), Göttingen.

KRATZ, R. G. (2006): Art. Heiligkeit, in: A. Berlejung / C. Frevel (Hg.), Handbuch theologischer Grundbegriffe zum Alten und Neuen Testament, Darmstadt, 242f.

LAMBERT, W. G. (1992): Prostitution, in: Haas, V. (Hg.), Außenseiter und Randgruppen. Beiträge zu einer Sozialgeschichte des Alten Orients (Xenia 32), Konstanz, 127–161.

MAIBERGER, P. (1995): Art. Hund, NBL II, Zürich/Düsseldorf, 203f.

MURMELSTEIN, B. (1969): Spuren altorientalischer Einflüsse im rabbinischen Schrifttum. Die Spinnerinnen des Schicksals, ZAW 81, 215–232.

ODEN, R. A. (1987): The Bible without Theology. The Theological Traditions and Alternatives to it, San Francisco.

RADNER, K. (1997): Die neuassyrischen Privatrechtsurkunden als Quelle für Mensch und Umwelt (State Archives of Assyria Studies 6), Helsinki.

RENZ, J. (1995): Die althebräischen Inschriften. Teil 1: Text und Kommentar = Renz, J. / Röllig, W., Handbuch der althebräischen Epigraphik Bd. I, Darmstadt.

ROSE, M. (1994): 5. Mose, 2 Bde. (ZüBiK.AT 5), Zürich.

RUBIO, G. (1999): ¿Vírgenes o meretrices? La prostitución sagrada en el Oriente antiguo, Gerión 17, 129–148.

SCHÄFER-BOSSERT, S. (1997): Sex and crime in Genesis 38. Eine exegetische Auseinandersetzung mit der „Schuld der Tamar", in: Kessler, R. / Ulrich, K. / Schwantes, M. / Stansell, G. (Hg.), „Ihr Völker alle, klatscht in die Hände!" (FS E. S. Gerstenberger; Exegese in unserer Zeit 3), Münster, 69–94.

SCHÄFER-LICHTENBERGER, C. (1995): JHWH, Hosea und die drei Frauen im Hoseabuch, EvTh 55, 114–140.

SCHULER, E. VON (1985): Hethitische Rechtsbücher, in: KAISER, O. (Hg.), Texte aus der Umwelt des Alten Testaments I: Rechts- und Wirtschaftsurkunden. Historisch-chronologische Texte, Gütersloh, 96–123.

STARK, C. (2006): «Kultprostitution» im Alten Testament? Die *Qedeschen* der Hebräischen Bibel und das Motiv der Hurerei (OBO 221), Fribourg / Göttingen.

STRAUß, H. (2000): Hiob. 2. Teilband: 19,1–42,17 (BK.AT 16/2), Neukirchen-Vluyn.

TANRET, M. / VAN LERBERGHE, K. (1993): Rituals and Profits in the UR-UTU Archive, in: Quaegebeur, J. (ed.), Ritual and Sacrifice in the Ancient Near East (Orientalia Lovaniensa Analecta 55), Leuven, 439–449.

TIGAY, J. H. (1996): Deuteronomy. The Traditional Hebrew Text with the New JPS Translation (The JPS Torah commentary 5), Philadelphia.

ULSHÖFER, A. (1995): Eine mehrfach gekittete Scherbe – und die verführerische Phantasie. Anmerkungen zu Gernot Wilhelm, „Marginalien zu Herodot, Klio 199", WuD 23, 63–70.

— (1998): Bibel, Babel und Herodot. Ein Beispiel für das Überleben alter Vorurteile gegen Fremde, in: Preissler, H. / Stein, H. (Hg.), Annäherung an das Fremde. XXVI. Deutscher Orientalistentag vom 25. bis 29. 9. 1995 in Leipzig (ZDMG.S 9), Stuttgart, 104–112.

VAN DER TOORN, K. (1995): The Significance of the Veil in the Ancient Near East, in: D. P. Wright / D. N. Freedman / A. Hurvitz (ed.), Pomegranates and Golden Bells. Studies in Biblical, Jewish, and Near Eastern Ritual, Law, and Literature in Honor of J. Milgrom, Winona Lake, 327–339.

WACKER, M.-TH. (1991): Art. Dirne, NBL I, 434.

— (2001): Art. Prostitution, NBL III, 201–203.

WEBER, M. (2005): Das antike Judentum, in: Otto, E. (Hg.), Max Weber. Die Wirtschaftsethik der Weltreligionen. Das antike Judentum. Schriften und Reden 1911–1920 (Max Weber Gesamtausgabe I 21/1), Tübingen, 234–606.

WESTENHOLZ, J. G. (1995): Heilige Hochzeit und kultische Prostitution im Alten Mesopotamien. Sexuelle Vereinigung im sakralen Raum?, WuD 23, 43–62.

WILHELM, G. (1990): Marginalien zu Herodot Klio 199, in: Abusch, T. / Huehnergard, J. / Steinkeller, P. (ed.), Lingering over Words (FS W. L. Moran, HSM 37), Atlanta, 505–524.

WÜRTHWEIN, E. (1984): Die Bücher der Könige. 1. Kön. 17 – 2. Kön. 25 (ATD 11/2), Göttingen.

Ende bei Joschija

Zur Frage nach dem ursprünglichen Ende der Königsbücher bzw. des Deuteronomistischen Geschichtswerks

1. Zum Stand der Frage

Die Debatte um das ursprüngliche Ende der Königsbücher bzw. des durch sie abgeschlossenen Literaturwerks[1] reicht bis in die Pionierjahre der historisch-kritischen Forschung am AT zurück. Laut dem rezenten historischen Überblick von Felipe Blanco Wißmann[2] glaubte erstmals Heinrich Ewald 1843 in den Büchern Sam – Kön eine älteste Redaktion zu finden, die er aus der Zeit Joschijas herleitete, weswegen es eine kürzere Vorstufe dieses Komplexes gegeben haben musste.[3] Dann waren es Abraham Kuenen[4] und Julius Wellhausen,[5] die die Abfassung der Königsbücher in die ausgehende vorexilische Epoche datierten, während sie die vorfindliche Reichweite bis zur Statuserhöhung Jojachins im babylonischen Exil 2 Kön 25,27–30 späterer Expansion zuschrieben. Und während Kuenen die Königsbücher in der zweiten Auflage seines Werkes erstmals auf zwei deuteronomistische Redaktionen zurückführte,[6] verband Wellhausen die Originalausgabe von Kön ursächlich mit der joschijanischen Reform. In der Diskussion wird seither ein

---

1   Neuere Literaturberichte zum Thema bieten T. VEIJOLA, Deuteronomismusforschung; C. FREVEL, Geschichtswerk; G. BRAULIK, Theorien; A. SCHERER, Forschungen; J. M. HUTTON, Palimpsest, 79–156. An neueren Synthesen seien genannt: R. G. KRATZ, Komposition, 155–225; R. ALBERTZ, Exilszeit, 210–231; O. LIPSCHITS, Fall and Rise, 272–304; R. NELSON, Case; O. KEEL, Geschichte I, 590–597 (§ 756–768); TH. RÖMER, Dtr History; DERS., Entstehungsphasen; K. SCHMID, Literaturgeschichte, 117–122; J. C. GERTZ, Tora und Vordere Propheten, 285–311.

2   F. BLANCO WIßMANN, Beurteilungskriterien, 3.

3   H. EWALD, Geschichte I, 164–215.

4   A. KUENEN, Onderzoek I, 262–268; dazu P. VAN KEULEN, Manasseh, 22–24.

5   J. WELLHAUSEN, Composition, 294–298; dazu K. SCHMID, Wellhausen.

6   A. KUENEN, Onderzoek I, 2. Aufl., 418–431.

relativ konstanter Satz von Argumenten angeführt bzw. als ungültig abgewehrt, um den vorexilischen Ursprung des ehemals mit 2 Kön endenden Werks entweder zu begründen oder zu bestreiten:

1. Kön wendet die Formel (עַד הַיּוֹם הַזֶּה) „bis zum heutigen Tag" auch auf Verhältnisse an, die ab der Exilszeit nicht mehr galten. Befürworter einer joschijanischen Vorstufe[7] applizieren dieses Urteil auf wechselnde Ausschnitte des vorhandenen Belegkorpus[8] und schließen daraus auf einen vorexilischen Verfasserstandort. Freilich wird man sagen müssen, dass nahezu alle Fälle Sachverhalte beschreiben, die entweder ohnehin von den Umbrüchen der Exilepoche nicht angetastet wurden oder für die sich kaum definitiv ausschließen lässt, dass sie in den Augen antiker Autoren zumindest im weiteren Sinn überdauerten.[9] Wenn beispielsweise 1 Kön 12,19 erklärt וַיִּפְשְׁעוּ יִשְׂרָאֵל בְּבֵית דָּוִד עַד הַיּוֹם הַזֶּה „Israel wurde vom Haus David abtrünnig bis zum heutigen Tag", fragt man sich, was einen Anhänger davidischer Herrschaft gehindert haben sollte, auch nach 587 noch so zu formulieren. Lediglich 1 Kön 8,8 bezieht die Formel auf ein Detail der Aufstellung der Lade im Tempel, also einen Umstand, der mit der Zerstörung des Heiligtums sein unwiderrufliches Ende fand. Indes wird man selbst hier in Betracht ziehen müssen, dass der Passus einer vorexilischen Quelle entstammt, die nicht konsequent aktualisiert wurde.

2. Die Urteile über die Herrscher von Israel und Juda in den Königsrahmen[10] messen die Monarchen einzig an einem Maßstab kultischer Orthopraxie, der von den Maximen der Alleinverehrung JHWHs und der Opferzentralisation am Tempel in Jerusalem bestimmt ist. Die Zensuren fallen bei den israelitischen Königen ausnahmslos negativ

---

7   Vgl. z. B. J. WELLHAUSEN, Composition, 298f.; F. M. CROSS, Themes, 275; J. C. GEO-GHEGAN, Time; K. SCHMID, Literaturgeschichte, 85.

8   1 Kön 8,8; 9,13.21; 10,12; 12,19; 2 Kön 2,22; 8,22; 10,27; 14,7; 16,6; 17,23.34.41; 20,17; 21,15. Wo von einem deuteronomistischen Geschichtswerk ausgegangen wird, erweitert sich das Belegkorpus um weitere Fälle aus Dtn – Sam, je nach vorausgesetztem Umfang; vgl. hierzu jüngst J. C. GEOGHEGAN, Time.

9   Vgl. die Kritik von U. RÜTERSWÖRDEN, Abschluss des DtrG, 194f.; B. BECKING, David to Gedaliah, 12–18.

10 Dieses Thema hat in den vergangenen Jahren besonders intensive Aufmerksamkeit gefunden. Vgl. beispielsweise H. WEIPPERT, Beurteilungen der Könige; H.-D. HOFFMANN, Reform und Reformen; R. D. NELSON, Double Redaction, 29–42; E. WÜRTHWEIN, Könige II, 491–496; G. VANONI, Dtr Terminologie; A. LEMAIRE, L'histoire de la rédaction; I. W. PROVAN, Hezekiah; C. HARDMEIER, Umrisse; B. HALPERN – D. S. VANDERHOOFT, Editions of Kings; E. EYNIKEL, Reform; R. G. KRATZ, Komposition, 161–167; E. AURELIUS, Zukunft, 21–70; K. SCHMID, Wellhausen, 37–43; K.-P. ADAM, Saul, 174–205; L. L. GRABBE, Mighty Oaks; M. KÖHLMOOS, Übrige Geschichte; C. LEVIN, Frömmigkeit der Könige.

aus, weil diese der „Sünde Jerobeams" nacheifern, d. h. der Opferzentralisation zuwiderhandeln.[11] Die Könige von Juda werden teilweise
positiv bewertet, freilich mit dem Vorbehalt, dass sie es versäumten,
durch Beseitigung der Kulthöhen (בָּמוֹת)[12] die Opferzentralisation zu
vollziehen.[13] Nur zwei Südreichkönige erhalten uneingeschränktes Lob:
Hiskija, weil er die Höhenheiligtümer abschaffte (2 Kön 18,3–6); dann
Joschija, weil er die illegitimen Opferstätten – nach ihrer Wiederbelebung durch Manasse – durch Verunreinigung irreversibel profaniert
und damit endgültig ausgemerzt habe (2 Kön 23,8bc). Negativ beurteilten Königen können zusätzlich Verstöße gegen das Erste Gebot angelastet werden.[14] Diese Kriteriologie harmoniert mit weiteren Nachrichten und narrativen Materialien der Königsbücher bzw. – unter der Prämisse eines Deuteronomistischen Geschichtswerks – der Bücherfolge
Dtn–Kön: In diesen Korpora wird das politische Geschick Israels in
hohem Maße an die Befolgung der genannten kultischen Maximen
gekoppelt. In der Richterzeit hängt das Ergehen der Israeliten an ihrer
Treue zum Alleinverehrungsanspruch JHWHs. In den Königsbüchern
ändern sich die Spielregeln, nachdem der Tempelbau den zuvor ge-
nutzten Höhenheiligtümern ihr Existenzrecht entzogen hat (vgl. 1 Kön
3,2). Dabei ragen folgende Entwicklungen heraus: Zunächst wird die
prälapsarische Periode „Salomos in all seiner Pracht" (Mt 6,29 par) als
Goldenes Zeitalter Israels ausgemalt, als vollendete kultische Orthopraxie den Israeliten ideale politische Lebensumstände in Gestalt von
staatlicher Einheit, Frieden, Weltgeltung und Prosperität eintrug (1 Kön
9f.*),[15] bevor Salomos Apostasie den Niedergang einleitete (1 Kön 11),

---

11   1 Kön 15,26.34; 16,19.25–26.30–31; 22,53; 2 Kön 3,2–3; 10,29.31; 13,2; 14,24; 15,9.18.24.
     28; 17,2.

12   In diesem Zusammenhang kann die Frage ausgeklammert bleiben, welche Installa-
     tionen sich konkret hinter diesem Terminus verbargen; dazu jüngst O. KEEL, Ge-
     schichte I, 526f. (§ 646; Lit.). Der Einfachheit halber werden die etymologisch moti-
     vierten Wiedergaben „Kulthöhe" und „Höhenheiligtum" beibehalten.

13   1 Kön 15,11–14; 22,43–44; 2 Kön 12,3–4; 14,3–4; 15,3–4.34–35. Negative Bewertungen:
     1 Kön 14,22 G*; 15,3; 2 Kön 8,18.27; 16,2–4; 21,2–16.20–22; 23,32.37; 24,9.19.

14   2 Kön 16,3; 21,2–16.21; vgl. 8,18.27.

15   Mit G. KNOPPERS, Nations I, 122–134. Anders M. A. SWEENEY, Critique; DERS., Josiah,
     93–109, für den das dtr Porträt der Herrschaft Salomos durchgehend kritisch getönt
     ist, wie v. a. aus dem Kontrast zwischen dem Königsgesetz Dtn 17,14–20 einerseits
     und dem Bild Salomos in 1 Kön sowie aus den angeblich Salomo-kritischen Züge
     der Thronfolgeerzählung andererseits hervorgehe. Diese Sicht unterschätzt jedoch
     m. E. die klare Zweiphasigkeit der Geschichte Salomos und die Flexibilität atl. theo-
     logischer Konzepte, die es erlaubte, an Salomo gesonderte Maßstäbe anzulegen; vgl.
     ferner die zumeist berechtigten Einwände von D. A. GLATT-GILAD, Critique. – Ande-
     re finden das Goldene Zeitalter Israels nach den Vorstellungen des DtrG in der Zeit
     Josuas; so z. B. TH. RÖMER, Transformations, 6f.; DERS., Anfänge, 66. Die Landnahme

der unter seinem Sohn Rehabeam in die Reichsteilung mündete (1 Kön
12). Damals seien auch die Kulthöhen in Juda wieder aufgelebt (1 Kön
14,23). Ebenso wird das Ende des Nordreichs im zugehörigen theologischen Kommentar nicht auf politische, sondern einzig auf religiöse Ursachen zurückgeführt (2 Kön 17,7–23). Nach Hiskijas Kultreform findet
augenblicklich die assyrische Unterjochung ihr Ende (2 Kön 18,3–7[16]).
Diese Erzählzüge knüpfen das politische Wohlergehen Israels konsequent an die Observanz bestimmter kultischer Zentralforderungen,
deren Durchsetzung ebenso konsequent in die Zuständigkeit der Herrscher verlegt wird. Joschija ragt aus der gemischten Königsgeschichte
Israels und Judas heraus, weil er seinen Pflichten als Garant kultischer
Orthopraxie restlos nachkam, indem er den Götzendienst aus Juda beseitigte und die Wiederverwendung der Kulthöhen für immer unterband.

Befürworter einer vorexilischen Abfassung der Königsbücher entnehmen diesem Befund, dass eine Vorstufe in der spätvorexilischen
Ära geschaffen wurde mit der Absicht, eine rechtfertigende Ätiologie
der joschijanischen Reform zu liefern, indem die Eingriffe in das Kultwesen als Akt des Gehorsams gegenüber dem Gotteswillen deklariert
wurden, wie er im glücklich wieder aufgefundenen סֵפֶר הַתּוֹרָה (2 Kön
22,8.11) bzw. סֵפֶר הַבְּרִית (2 Kön 23,2.21) schriftlich niedergelegt war.
סֵפֶר הַתּוֹרָה hatte auch die von Mose hergestellte Niederschrift des am
Horeb offenbarten Gesetzes geheißen (Dtn 28,61; 29,20; 31,26[17]). Obendrein wurden die Maßnahmen als Rückkehr zu Verhältnissen hingestellt, wie sie schon unter Salomo gegolten hätten. Die literarische
Vorgehensweise diente dem Ziel, die Innovation – wie für konservative
Gesellschaften typisch – als Restauration zu verkleiden.[18] Zugleich
entwarf das Porträt Israels unter dem prälapsarischen Salomo ein in-
direktes Heilsversprechen, das andeutete, welche Gewinne Juda von
den Kultreformen erwarten durfte, während das Ergehen der Nordstämme im Gegenzug drohend veranschaulichte, wie die fortdauernde
Missachtung von JHWHs kultischen Normen das Südreich zwangsläufig
ebenso ins Verderben reißen würde. Vertreter einer exilisch-nachexilischen Entstehung halten dem indes entgegen, man habe auch zu späte-

---

schafft jedoch erst die Voraussetzungen für die Existenz auf eigenem Boden, während die Idealisierung des Lebens in Israel nach Erfüllung des Auftrags Dtn 12,4–7
durch Salomo mehrfach über das hinausgeht, was mit der Vollendung der Landnahme erreicht wird.

16 Später modifiziert und illustriert durch den Einschub von 18,13–19,37; vgl. unten S.
    423.
17 Vgl. ferner Dtn 17,18; 28,58; 30,10; 31,9.24.
18 Vgl. A. BERLEJUNG, Geschichte, 145; Innovation, 71–73.

rer Zeit die Kultzentralisation propagieren können, indem man sich auf historische Autoritäten berief.[19] Joschijas Reform wäre dann keine rechtfertigungsbedürftige Größe, sondern zählte bereits zu den rechtfertigenden Vorbildern, wäre also selbst von Anfang an Teil der Ätiologie, was sie laut der Gegenthese erst im Laufe der Zeit geworden wäre, um bestimmten kultischen Verhältnissen am zweiten Tempel bleibende Gültigkeit zu verleihen.

3. Nach dem zusammenfassenden, durch das Reformwerk motivierten Lob für Joschija in 2 Kön 23,25 wandelt sich im Rest von 2 Kön der geprägte Sprachgebrauch signifikant. Gottfried Vanoni stellt fest: „Ab 2 Kön 23,26 fällt die dtr Phraseologie fast ganz aus. … Von der bei H.-D. Hoffmann aufgelisteten «speziellen Kultterminologie» findet man in den Kön-Büchern bis 2 Kön 23,24 rund 30 verschiedene Wendungen, nachher keine einzige."[20] Ferner „fehlt vollständig der «nomistische» Themenkreis", d. h. „neben den verschiedenen Ausdrücken für «Gesetz» alle Wendungen um Gesetzespromulgation und Gesetzesbeobachtung, wozu auch der Vergleich mit dem vorbildlichen David gehört".[21] Weitere, minder auffällige Besonderheiten treten hinzu.[22] Dagegen wird angeführt: Die Reduktion kultischer Terminologie sei sachlich bedingt, weil die Nachfolger Joschijas auf dem Jerusalemer Thron die Maßnahmen des Reformers unangetastet ließen und somit kein Grund bestand, anlässlich ihrer Regentschaft kultische Belange zu thematisieren.[23]

4. Nach der Katastrophe Judas fehlt ein Reflexionstext, der als Pendant zur theologischen Bilanz des Nordreichs 2 Kön 17,7–23 taugte. Demgegenüber ist versichert worden, die Träger der Grundschicht der Königsbücher seien sich über die Ursachen und langfristigen Folgen der frischen Erfahrungen noch nicht schlüssig gewesen,[24] wenn nicht gar der respektive Passus aus 2 Kön 17 selbst zur späteren Zutat erklärt wird.[25]

Daneben wird häufig ein grundsätzlicher Einwand gegen das Postulat einer vorexilischen Edition der Königsbücher vorgebracht: Es

---

19 Vgl. unten Anm. 64.
20 G. VANONI, Dtr Terminologie, 358, mit Verweis auf H.-D. HOFFMANN, Reform und Reformen, 341–366.
21 G. VANONI, ebd. 359.
22 Ebd. 359–361.
23 So z. B. L. CAMP, Hiskija, 19; P. VAN KEULEN, Manasseh, 45–47; H. N. RÖSEL, Josua, 104; E. AURELIUS, Zukunft, 45f.; U. RÜTERSWÖRDEN, Abschluss des DtrG, 197.
24 Vgl. E. WÜRTHWEIN, Erwägungen zum DtrG, 4f.
25 So H. N. RÖSEL, 2 Kings 17; F. BLANCO WIßMANN, Beurteilungskriterien, 155–160. 239f.

gelingt nicht, eine plausible Zäsur zwischen der älteren Ausgabe und ihrer späteren Erweiterung zu benennen. Das Finale der Vorstufe wird meist in 23,25ab gesucht, wo die Lebensleistung Joschijas in Gestalt seiner beispiellosen Umkehr gerühmt wird,[26] während schon der nächste Satz 25c כָּמֹהוּ לֹא־קָם וְאַחֲרָיו auf die Königszeit als abgeschlossene Epoche zurückschaut und darum nicht vor 587 entstanden sein kann. 25c bildet jedoch mit dem Beginn von 25a וְכָמֹהוּ לֹא־הָיָה לְפָנָיו einen Chiasmus und schöpft obendrein aus seinem Wortschatz. Ebenso ist 26a אַךְ לֹא־שָׁב יְהוָה mit 25b שָׁב אֶל־יְהוָה lexikalisch parallelisiert. Die unmittelbare Fortsetzung von 25ab lehnt sich somit gestalterisch eng an ihren Vortext an, was die Annahme einer Schichtengrenze zwischen 25b und c erheblich erschwert.[27]

Ferner verlangt die These einer vorexilischen Ausgabe die literarkritische Elimination weiterer Passagen, die den Untergang Judas voraussetzen, wobei der Kreis der Kandidaten jeweils davon abhängt, wie der Umfang jenes Literaturwerks abgesteckt wird, das ehemals in 2 Kön geendet haben soll. Um nur Beispiele aus den Königsbüchern zu nennen: die Drohung der Zerstreuung 1 Kön 9,6–9, die nach der Reaffirmation der Natansverheißung, wie sie JHWH nach Abschluss des Tempelbaus Salomo zuspricht (V. 1–5), unversehens ein pluralisches Publikum anredet und den hochgestimmten Tenor des Vortexts durch eine abrupte Antiklimax in sein Gegenteil verkehrt; dazu die Ausblicke auf den künftigen Untergang Judas innerhalb der theologischen Bilanz des Nordreichs in 2 Kön 17,7–23; ferner die prophetisch vermittelte Gottesrede 2 Kön 21,10–15 (samt V. 16?), die dem König Manasse die Hauptschuld[28] an der Katastrophe des Südreichs aufbürdet und in Gestalt von 2 Kön 23,26–27 und 24,3–4 Korrespondenzglieder innerhalb jenes Schlussteils besitzt, den Vertreter einer Frühdatierung als späteren Anhang werten. Einen besonders schwierigen Fall konstituiert das Huldaorakel 2 Kön 22,15–20, weil es bei vorexilischem Ursprung im Zuge einer späteren Aktualisierung nicht fort-, sondern einschneidend umgeschrieben worden sein muss, sodass der Verlust älterer Textbe-

---

26 So v. a. F. M. CROSS, Themes, und zahlreiche Nachfolger (vgl. die Zusammenstellung bei E. AURELIUS, Zukunft, 39 Anm. 67).

27 Vgl. z. B. L. CAMP, Hiskija, 21–23; R. ALBERTZ, Exilszeit, 213; E. AURELIUS, Zukunft, 39–56 (Zustimmung von C. LEVIN, Frömmigkeit, 129f. Anm. 2); U. RÜTERSWÖRDEN, Abschluss des DtrG, 195f.; W. THIEL, Rückschau, 73.

28 Nicht die ausschließliche Schuld (V. 15!); so aber K. SCHMID, Manasse; DERS., Deuteronomium, 207. Die Verführung des Volkes durch Manasse (V. 9) exkulpiert die Judäer nicht.

standteile zu postulieren ist.[29] Außerdem kann aus weiter unten zu nennenden Gründen die Hiskija-Jesaja-Erzählung in 2 Kön 18,13–19,37 erst frühestens exilisch in das DtrG eingefügt worden sein, wie es wegen des Vorblicks auf die babylonische Okkupation auch für die Fortsetzung gelten muss (20,12–19). Die Glaubwürdigkeit der Annahme einer vorexilischen Ausgabe hängt zwangsläufig an der Plausibilität solcher literarkritischer Schnitte.

Außerdem ist die Frage nach dem ursprünglichen Ausklang der Königsbücher natürlich untrennbar verquickt mit dem Problem, was das hiermit endende Opus ehemals bezweckt haben soll. Der phänomenale Erfolg von Martin Noths Postulat eines Deuteronomistischen Geschichtswerks[30] hat die Suche nach den Triebkräften hinter der Abfassung der Königsbücher weitgehend auf die Intention dieses hypothetischen Stücks Literatur umgelenkt. Die Debatte entbrannte schon recht bald nach der Publikation von Noths epochemachender These. Denn bekanntlich vermochte Noth mit seiner Bestimmung des Umfangs und seiner Datierung des DtrG erheblich mehr zu überzeugen als mit seinen Annahmen zu dessen Aussageziel. Ihm zufolge ging es ja dem „um die Mitte des 6. Jahrh. v. Chr."[31] tätigen Autor um eine „Belehrung über den echten Sinn der Geschichte Israels", in der sich „das gerecht vergeltende Handeln Gottes" manifestiert.[32] Angesichts der Exilskatastrophe habe der Deuteronomist freilich „in der Geschichte des Volkes Israel einen in sich geschlossenen Vorgang gesehen, der … mit der Zerstörung von Jerusalem seinen definitiven Abschluß gefunden hat".[33] Gerhard von Rad hat dieser trostlosen Diagnose einen konstruktiveren Klang verliehen, indem er das Werk mit einer griffigen Formel als „eine große, aus dem Kultischen ins Literarische transponierte »Gerichtsdoxologie«"[34] beschrieb. So las er Noths DtrG faktisch als eine Theodizeebemühung, die JHWH vom Verdacht der mangelnden Zuverlässigkeit und des Scheiterns befreien sollte, um wenigstens seine künftige Aktions-

---

29 Listen dieser und weiterer Fälle finden sich etwa – für das gesamte DtrG – bei F. M. CROSS, Themes, 285–287; R. D. NELSON, Double Redaction, 43–98; A. F. CAMPBELL – M. A. O'BRIEN, Dtr History. Entgegen verbreiteter Meinung gehört 1 Kön 8,44–51 nicht in diese Reihe, weil die abschließenden Fürbitten des Tempelweihegebets – anders als zumeist angenommen – einen funktionierenden Tempel voraussetzen, wie begründet bei H.-J. STIPP, Fürbitte. – Y. HOFFMAN, Religious Response, 24–27, leitet das Tempelweihegebet nunmehr aus Kreisen der ersten Gola ab.

30 M. NOTH, Überlieferungsgeschichtliche Studien.

31 Ebd. 91.

32 Ebd. 100.

33 Ebd. 103.

34 G. VON RAD, Theologie I, 355.

fähigkeit konzeptionell zu retten – die sich allerdings nach der Deutung Noths nicht mehr zugunsten Israels auswirken konnte. Damit allein wäre das DtrG folglich ein Nachruf auf Israel geblieben, was schon der schiere Umfang des Dokuments[35] ausschloss. Die Fahndung nach dem zwingend vorauszusetzenden konstruktiven Anliegen hat sich allerdings seither als erstaunlich schwierig und kontroversenträchtig herausgestellt.

Zwei maßgebliche Interpretationspfade wurden bereits frühzeitig gebahnt. Weil sie bis heute nachwirken, seien sie kurz resümiert: Der erste Weg, ebenfalls mit dem Namen Gerhard von Rad verbunden, sucht die Zukunftsperspektive des dtr Redaktors bei der Davidsdynastie. Die Coda mit der sog. Rehabilitation Jojachins durch Awīl-Marduk 562 v. Chr. (2 Kön 25,27–30) nähre vor dem Hintergrund der Natansverheißung (2 Sam 7) eine verhaltene Hoffnung auf die Wiederkehr davidischer Herrschaft.[36] Der Vorschlag hat ein sehr gespaltenes Echo ausgelöst,[37] denn die Schlussverse von 2 Kön schlagen keinerlei terminologische Brücke zur Natansverheißung, obwohl dies andere Passagen durchaus tun (1 Kön 2,4; 8,15–20.25; 9,4–5); sie verzichten darauf, eine göttliche Regie hinter dem Vorgang namhaft zu machen und enthalten sich jeglichen theologischen Kommentars – allesamt schwer begreifliche Züge, wenn gerade hier ein Generalschlüssel zum Verständnis des Gesamtwerkes liegen sollte. Obendrein unterstreicht der knappe Rapport gleich doppelt, die Privilegien Jojachins hätten für „alle Tage seines Lebens" gegolten (V. 29.30), was dem Verdacht Vorschub leistet, dass der Exilant, zum Zeitpunkt seiner Entlassung aus dem בֵּית כְּלָא (V. 27, vgl. V. 29) schon über 50 Jahre alt (vgl. 2 Kön 24,8), bei Abfassung der Notiz bereits verstorben war.[38] Dann wöge umso schwerer, dass der Text zu den Söhnen Jojachins schweigt, die die dynasti-

---

35 Schätzungen des Umfangs in Kapiteln nach heutiger Einteilung gelangen zu recht unterschiedlichen Ergebnissen, je nach zugerechnetem Textbestand: A. F. CAMPBELL, Martin Noth and the DtrH, 38, zählt 156 Kapitel; C. FREVEL, Geschichtswerk, 68, kommt auf 181.

36 VON RAD, Geschichtstheologie.

37 Neuere Arbeiten votieren überwiegend negativ bzw. bestreiten die originäre Zusammengehörigkeit des Passus mit dem Grundbestand der Königsbücher bzw. des DtrG; zuletzt M. GERHARDS, Begnadigung; D. R. MURRAY, Years; J. PAKKALA, Zedekiah's Fate; B. BECKING, David to Gedaliah, 174–189; R. E. CLEMENTS, Royal Privilege; TH. RÖMER, Dtr History, 177; D. JANZEN, Ambiguous Ending; TH. POLA, Jojachin; J. WÖHRLE, Rehabilitierung; C. LEVIN, Empty Land, 85–87.

38 Für eine Abfassung noch zu Lebzeiten Jojachins und Awīl-Marduks, also zwischen 562 und 560, plädiert dagegen S. FROLOV, Evil-Merodach.

sche Kontinuität garantieren konnten, obwohl es dem exilierten König nicht an männlichen Nachkommen fehlte.[39]

Einstweilen erfolgreicher ist die zweite Interpretationslinie, inauguriert von Hans-Walter Wolff, der das DtrG mit von Rad als rückschauende Gerichtsdoxologie deutete, aber zusätzlich einen Blick voraus in Gestalt einer Umkehrtheologie entdecken wollte.[40] Allerdings muss diese Leseweise die dtr Zukunftshoffnung aus einem Belegkorpus destillieren, das, gemessen am Umfang des Nothschen DtrG, beunruhigend schmal ausfällt. Die umfangreichste Stellenserie liefert noch das dtr Richterschema, zu dem freilich zu bemerken ist, dass es zwar die Sendung der Retter als Antwort JHWHs auf den Notschrei der Israeliten hinstellt,[41] aber die Abwendung des Volkes von der Ursache der Bedrängnis – dem Tun des „Bösen in den Augen JHWHs" bzw. der Abgötterei[42] – nur teilweise thematisiert und dann nicht notwendig zur Voraussetzung der Rettung erhebt, sondern umgekehrt auch als deren Folge beschreiben kann.[43] Dazu treten ein Passus aus einer Rede Samuels (1 Sam 7,3) und ein Wortwechsel Samuels mit dem Volk (1 Sam 12,19–22), bestimmte Formulierungen des Tempelweihegebets (1 Kön 8,33.35.46–53), das Zitat des vergeblichen prophetischen Umkehrrufs in der theologischen Bilanz des Nordreichs (2 Kön 17,13) und das Lob der einzigartigen Umkehr Joschijas (2 Kön 23,25).[44] Trotz dem – gemessen am Textvolumen – geringen Gewicht der Berufungsinstanzen findet Wolffs Auslegung bis heute Gefolgschaft, und zwar bei Exegeten, die weiterhin Noths Umschreibung des DtrG nahe stehen,[45] wie auch bei

---

39 Vgl. 1 Chr 3,17–24, bestätigt durch babylonische Quellen: Laut den sog. Weidner-Tafeln lebte Jojachin im Jahr 592 mit fünf Söhnen am Hof Nebukadnezzars; vgl. E. F. WEIDNER, Jojachin; TGI²⁻³ 78f. Nr. 46.

40 Laut H. W. WOLFF, Kerygma des DtrG, 184, „dient ... das Werk einer dringlichen Einladung zur Umkehr zu dem Gott der Heilsgeschichte".

41 Ri 2,16[korr.]; 3,9.15; 4,3; 6,6(7); 10,10; vgl. 1 Sam 12,11.

42 Ri 2,11–13; 3,7.12.12; 4,1; 6,1; 10,6; 13,1.

43 Vgl. die unausgeglichenen Vorstellungen in Ri 2,17–18; 10,10–16; 1 Sam 12,10. Fragen literarischer Schichtung müssen hier ausgeklammert bleiben.

44 Die Heilsverheißungen Dtn 4,29–31 und 30,1–10 wies bereits WOLFF, Kerygma des DtrG, 180–183, späteren dtr Händen zu.

45 Z. B. W. THIEL, Rückschau, 80f.: „Umkehr ist das Gebot der Stunde, ungeteilte Zuwendung zu Gott mit Schuldanerkenntnis und neuem Gehorsam." Laut J. BARTON, Historiography, wurde das DtrG für liturgische Bußfeiern geschaffen: „The expression of penitence and contrition would have the aim of leading God to 'repent' himself, that is, to think better of the affliction he had brought on his people." (32) R. ALBERTZ, Exilszeit, 216, verbindet faktisch die Auslegung von Rads mit der Interpretation Wolffs in einer auf die kultische Orthopraxie zugespitzten Variante. Danach war es den Trägerkreisen des DtrG primär darum zu tun, „die furchtbare Katastrophe als gerechtes Gericht JHWHs zu erweisen". Zugleich aber offerierten sie zwei

Vertretern des sog. Göttinger oder Schichtenmodells,[46] die gegen Noth
ein mehrstufiges Wachstum des Werkes annehmen, aber mit Noth die
Anfänge in die Exilszeit verlegen und im exilischen Original (heute
meist repräsentiert durch das Kürzel DtrH) bisweilen die von Wolff
vorgezeichnete Synthese aus Gerichtsdoxologie und Umkehrruf wie-
derfinden.[47]

In eine völlig andere Richtung geht hingegen das sog. Blockmodell,
wie begründet von Frank Moore Cross,[48] das die Argumente zugunsten
eines ehemaligen Abbruchs von 2 Kön mit Joschija auf die Hypothese
vom DtrG anwendet und so auf ein spätvorexilisches DtrG* stößt, das
als Werbe- und Warnschrift zur Rechtfertigung der Kultreformen
Joschijas diente, unter Einschluss seiner Nordexpansion, die im Modus
des Vollzugs der Opferzentralisation geschildert wird (2 Kön 23,4.15–
20). Unter dieser Prämisse bereitet die Frage nach dem konstruktiven
Anliegen des Autors keine Schwierigkeiten. Das Schicksal Judas hängt
auch hier an der kultischen Orthopraxie, wie von Joschija verfochten.

Quellen der Hoffnung auf eine künftige Erneuerung, nämlich „die davidische Dynastie" (mit Verweis auf 2 Kön 25,27–30) und „der von allem Synkretismus gereinig-
te jerusalemer Staatskult" (mit Verweis auf 2 Kön 22f.).

46 Dieser mittlerweile geradezu inflationär ausdifferenzierte Ansatz geht bekanntlich
    zurück auf R. SMEND, Gesetz. Vgl. als jüngstes Resümee W. DIETRICH, Vielfalt und
    Einheit.

47 Die Auskünfte der Vertreter des Schichtenmodells zur Intention von DtrH gehen
    recht weit auseinander. So erklärt W. DIETRICH, Prophetie und Geschichte, 141f.:
    „Rückhaltlose Anerkennung der Unwiderruflichkeit und der Gerechtigkeit des Ge-
    richts und zugleich damit, ja dadurch (und deswegen bei weitem nicht so deutlich
    ausgesprochen): rückhaltlose Hinwendung zu Jahwe – dies beides will DtrG [heute:
    DtrH] mit seinem Werk bewirken"; zustimmend zitiert bei R. SMEND, Entstehung
    des AT, 124. W. DIETRICH, Samuel- und Königsbücher, 17, fasst die Botschaft von 2
    Kön 24f. in die Worte: „Ihm [JHWH] gilt es jetzt, sich zu beugen und künftig zu
    folgen." In den Hintergrund tritt die Umkehrtheologie dagegen bei W. ROTH, Ge-
    schichtswerk, für den der DtrH „eine Apologie der ewigen Gegenwart Jahwes trotz
    Tempelzerstörung und Oberschichtexilierung" (545) entwarf. Laut E. WÜRTHWEIN,
    Könige II, diente die (in Kön sehr knappe) „dtr Grundschrift" vor allem der Identi-
    tätswahrung, denn sie sollte dem „tief erschütterten Volk durch die Erinnerung an
    seine Könige seine Vergangenheit in ihrem Auf und Ab bewußt ... machen und so
    dazu ... verhelfen, daß es seine nationale und religiöse Identität wahrte bzw. zu ihr
    zurückfand" (501). Dagegen gelangte J. NENTEL, Trägerschaft und Intentionen, auf
    dem Boden des Schichtenmodells zu einer Auslegung, die sich für DtrH wieder der
    Interpretation Noths annäherte: DtrH repräsentiere eine „rückwärtsgewandte Theo-
    logie ... d. h. er zeigt nur, wie es zur gegenwärtigen Situation des Exils kam, aber
    zeigt keinen Ausweg und Neuanfang." (300) Ganz anders C. LEVIN, AT, 55–59, für
    den das Werk entschieden den „Fortbestand der Dynastie" verheißt: „Gerade ange-
    sichts der Trümmer, in die der Tempel gefallen war, der nach dem Bauherrn aus
    Davids Geschlecht verlangte, mußte Jahwe die Wende herbeiführen." (59)

48 S. o. Anm. 26.

Würde diesem Gottesgebot der Gehorsam verweigert, drohte der Untergang, wie ihn das Nordreich erlitt. Doch das Thema Umkehr entfällt, weil die Exilskatastrophe noch aussteht und Joschija glücklicherweise bereits ideale kultische Bedingungen hergestellt hat (oder herzustellen im Begriff ist). Als deren Frucht darf der Aufstieg zu politischem Glanz erwartet werden, wie er nach der Tempeleinweihung unter dem prälapsarischen Salomo herrschte. Die verlangten praktischen Konsequenzen beziehen sich daher nicht auf Umkehr, sondern auf die Bewahrung (bzw. Vollendung) der von Joschija geschaffenen Verhältnisse.

Die Antworten auf die Fragen nach den Zukunftserwartungen der Autoren differenzieren sich weiter bei neueren Hypothesen, die mit erheblich kürzeren Vorstufen rechnen, deren Beginn nunmehr zumeist in 1 Sam 1 gesucht wird.[49] Je nach Ähnlichkeit mit den oben besprochenen Rekonstruktionen lassen sich die bisherigen Ausführungen sinngemäß darauf anwenden.

Wie dieser Überblick zeigt, hängt die Entscheidung über das ursprüngliche Ende der Königsbücher bzw. des an ihrem Ursprung liegenden Literaturwerks u. a. an den Fragen, ob und unter welchen Umständen das betreffende Dokument als literarisches Vehikel eines Rufs zur Umkehr taugte. Denn mit einer Umkehrtheologie, die die Exilskatastrophe reflektiert, sind natürlich maßgebliche Würfel für die Datierung gefallen.[50] Hiermit ist die Problematik benannt, der sich der folgende Punkt widmet.

2. Joschijas Umkehr in ihrem Kontext

Das 2. Königsbuch bzw. das hypothetische Dokument, auf das es zurückgeführt wird, präsentiert nahe seinem Schluss ein narratives Exempel unübertroffener, mustergültiger Umkehr: „Wie ihn gab es keinen König vor ihm, der zu JHWH umkehrte mit seinem ganzen Herzen, seiner ganzen Seele und seiner ganzen Kraft nach dem ganzen Gesetz des Mose, und nach ihm erstand keiner wie er" – so preist 23,25 Joschija. Gleichwohl steht für die Leser der Endfassung an dieser Stelle bereits fest, dass der beispiellose Einsatz des Reformers die Entschlossenheit JHWHs zur Verwerfung Judas nicht würde bremsen können. Nachdem

---

49 Diese Position wurde vorgeprägt von E. WÜRTHWEIN, Erwägungen zum DtrG. Seither findet sie sich in verschiedenen Varianten beispielsweise bei R. G. KRATZ, Komposition, 155–161.174f.190–193; E. AURELIUS, Zukunft, 71–95.207; K. SCHMID, Deuteronomium, 209; Literaturgeschichte, 80; F. BLANCO WIßMANN, Beurteilungskriterien, 245f.

50 Zur Umkehrtheologie des Tempelweihegebets in 1 Kön 8 vgl. oben Anm. 29.

bereits im theologischen Kommentar zum Untergang des Nordstaats schwerwiegende Vorwürfe gegen Juda ergangen waren (17,13.19), hatte JHWH durch Jesaja an Hiskija mitteilen lassen, dass eines Tages der gesamte Reichtum des Königshauses nach Babel transportiert würde, wo auch davidische Prinzen als Höflinge dienen müssten (20,17–18). Ferner hatte JHWH in der prophetisch vermittelten Strafrede über Manasse (21,10–15) erklärt, dass er nun auch Juda dem Schicksal Israels ausliefern wollte, weil die Frevel dieses Königs und seiner Untertanen den durch das Schuldkontinuum seit dem Exodus (V. 15) strapazierten Langmut JHWHs endgültig erschöpft hatten: „Ich will an Jerusalem die Messschnur Samarias und die Waage des Hauses Ahab anlegen." (V. 13) Diese Strafansage parallelisiert Jerusalem ausdrücklich mit den Nordstämmen, denen JHWH zuvor laut 2 Kön 17 das unwiderrufliche Ende bereitet hatte: „Da wurde JHWH sehr zornig über Israel und beseitigte sie von seinem Angesicht (וַיְסִרֵם מֵעַל פָּנָיו). Nichts blieb übrig, bloß der Stamm Juda allein." (V. 18) „Da verstieß (וַיִּמְאַס) JHWH den ganzen Samen Israels ... bis er sie von seinem Angesicht fortgeschleudert hatte (הִשְׁלִיכָם מִפָּנָיו)." (V. 20) „Die Söhne Israel wandelten in allen Sünden Jerobeams, die er getan hatte. Sie wichen nicht davon ab, bis JHWH Israel von seinem Angesicht beseitigte (הֵסִיר מֵעַל פָּנָיו), wie er durch alle seine Knechte, die Propheten, geredet hatte. So zog Israel aus seinem Land gefangen fort (וַיִּגֶל יִשְׂרָאֵל מֵעַל אַדְמָתוֹ) nach Assur bis auf den heutigen Tag." (V. 22–23)

Die Gleichsetzung Judas mit dem endgültig eliminierten Israel wird hernach nirgends eingeschränkt. Vielmehr wird sie zunächst im Orakel Huldas der Sache nach, d. h. ohne terminologische Brücke, bekräftigt. Noch bevor Joschija mit der Umsetzung der Forderungen des aufgefundenen Gesetzbuches überhaupt begonnen hat, stellt JHWH klar, dass der König den göttlichen Strafwillen unter keinen Umständen wird stoppen können: „Mein Zorn wird sich gegen diesen Ort entzünden und nicht erlöschen." (22,17) Die Konsequenz: „(Dieser Ort und seine Bewohner) sollen zum Entsetzen und zum Fluch werden." (V. 19) Sollte sich dennoch nach dem hymnischen Lob des Reformers (23,25) Hoffnung auf einen Sinneswandel JHWHs regen, erstickt sie der Fortgang umgehend im Keim, indem er die Unverrückbarkeit des göttlichen Beschlusses einschärft und dabei auch die in 21,13 proklamierte Schicksalsgemeinschaft der beiden Bruderstaaten durch klare sachliche und phraseologische Rückverweise besiegelt: „Doch JHWH kehrte nicht um von der großen Glut seines Zornes, mit der sein Zorn gegen Juda entbrannt war wegen all der Kränkungen, mit denen Manasse ihn gekränkt hatte. JHWH sagte: Auch Juda will ich von meinem Angesicht beseitigen (אָסִיר מֵעַל פָּנַי), wie ich Israel beseitigt habe (הֲסִרֹתִי)." (23,26–

27) Als sei dies noch nicht genug, holt der Berichterstatter angesichts der babylonischen Expansion auf judäisches Territorium nochmals aus: „Ja, nach dem Befehl JHWHs geschah das gegen Juda, um (es) von seinem Angesicht zu beseitigen (לְהָסִיר מֵעַל פָּנָיו) wegen der Sünden Manasses, nach allem, was er getan hatte; auch wegen des unschuldigen Blutes, das er vergossen hatte, sodass er Jerusalem mit unschuldigem Blut angefüllt hatte. (Das) wollte JHWH nicht vergeben (וְלֹא־אָבָה יְהוָה לִסְלֹחַ)." (24,3–4) Und sobald der letzte judäische König Zidkija den Thron bestiegen hat, wird eigens unterstrichen, der Zorn JHWHs über Juda und Jerusalem sei angeschwollen, „bis er sie von seinem Angesicht verwarf (עַד־הִשְׁלִכוֹ אֹתָם מֵעַל פָּנָיו)." (24,20) Zuletzt wird für Juda der Marsch ins Exil mit denselben Worten konstatiert wie die Deportation der Nordstämme, die sich als endgültig erwiesen hatte: „So zog Juda aus seinem Land gefangen fort (וַיִּגֶל יְהוּדָה מֵעַל אַדְמָתוֹ)." (25,21c ‖ 17,23c)[51]

Bemerkenswert ist daran insbesondere die Erzählfolge in 23,25–26, denn danach kehrt Joschija in unerreichter Weise zu JHWH um: שָׁב אֶל־יְהוָה (V. 25), freilich mit dem Erfolg, dass JHWH *nicht* umkehrt; so in betont kontrastierender Stichwortanknüpfung der Folgevers: לֹא־שָׁב יְהוָה. Stattdessen erneuert JHWH bloß seinen Vernichtungsbeschluss in einer Rede, die durch die Progressform ihrer Einleitung (Narrativ וַיֹּאמֶר 27a) als Antwort auf die Taten des Königs und nicht etwa als Zitat einer älteren, irreversiblen Selbstbindung präsentiert wird. Ferner hat zwar das Tempelweihegebet die Vergebung (סלח 1 Kön 8,30.34.36. 39.50) für die Sünden des Volkes erfleht und dabei auch den Fall berücksichtigt, dass JHWH die Schuld durch eine kriegerische Niederlage

---

51 Eine optimistischere Interpretation der „Exilsformel" H-סור מעל פני יהוה \ H-שלך findet sich bei N. LOHFINK, Zorn Gottes. Wie Lohfink korrekt beobachtet, unterscheidet das DtrG bei den Zornerweisen JHWHs zwischen einer Terminologie der Vernichtung (H-שמד), die es bevorzugt auf das göttliche Strafhandeln an Gruppen oder Einzelnen anwendet, und einer solchen der Beseitigung (H-סור, H-שלך), mit der es ab 2 Kön 17 die Deportationen Israels und Judas beschreibt. Daraus folge: Selbst „im Exil, nachdem Gottes Zorn sich voll ausgetobt hat, gibt es immer noch eine Größe, die »Israel« heißt" (151) und die Aussicht auf einen Neubeginn einen Spaltbreit offen hält. Allerdings wird bei den Nordstämmen eigens die Permanenz der Verschleppung betont („bis auf den heutigen Tag" 17,23); wenn zudem die totale Deportation durch einen Bevölkerungsaustausch ergänzt wird (17,24ff.), rückt die künftige Rückkehr der Nordisraeliten in noch weitere Ferne. Die weitgehende Parallelisierung Judas mit Israel (vgl. auch 25,26) arbeitet daher der Hoffnung auf eine Revidierbarkeit des Exils regelrecht entgegen. Man wird deshalb nur sagen können, dass die Terminologie der Beseitigung den konkreten Modus des Untergangs expliziert, wie es auch im Endtext von Dtn 28,63–68 geschieht. Wenn laut Dtn 29,21–27 das Land bis zur Unbewohnbarkeit vergiftet wird (V. 22), erscheint dies ebenfalls wenig geeignet, Heimkehrhoffnungen zu ermutigen.

bis hin zur Deportation ahndet (V. 33–34.37–39.46–50), doch wie eben zitiert, schließt der theologische Kommentar zur babylonischen Eroberung Judas diesen Rettungsweg explizit aus (24,4). Der einzige Effekt, den der Kontext Joschijas exemplarischer Umkehr zugesteht, ist seine persönliche Verschonung vor dem unabwendbaren Untergang Judas durch seinen rechtzeitigen Tod, wie von Hulda angekündigt (22,20). Aber dazu muss ihr Orakel eine Mindestforderung an ein geglücktes Leben – das ordentliche Begräbnis – zu einem Heilsprivileg hochstilisieren, um noch einen Lohn für den heroischen Einsatz des Idealherrschers aufbieten zu können.[52] Denn wie sich bald herausstellt, blieb ihm nicht einmal ein banaler, ruhmloser Tod von Feindeshand erspart: Der Pharao Necho bringt ihn um, ohne dass der Autor seinem Helden auch nur Gegenwehr attestieren wollte (23,29).[53] Die schmallippige Notiz vom Tod des hochgerühmten Reformers fördert den Verdacht, dass die näheren Umstände den Berichterstatter in erhebliche Verlegenheiten stürzten.[54] Mit dem standesgemäßen Begräbnis erringt der mustergültige Davidide bloß ein Heilsgut, das allen seinen Vorfahren auf dem Jerusalemer Königsthron, Gerechten wie Sündern, gleichermaßen vergönnt gewesen war,[55] ganz wie den meisten seiner Kollegen im Nord-

---

52   Hulda prophezeit Joschija in 22,20 keinen friedlichen Tod (so z. B. B. HALPERN, Manasseh, 500f. = 322f.), sondern im Einklang mit 23,30 ein ordentliches Begräbnis (so z. B. B. ALFRINK, L'expression שכב עם אבותיו, 119f.; P. S. F. VAN KEULEN, Meaning). Die Zusage אֶסְפְּךָ עַל־אֲבֹתֶיךָ (vgl. sonst nur Ri 2,10) vermeidet das Verb ישב und die Präposition עִם, die in Kön in Verbindung mit den „Vätern" die einschlägige Chiffre für einen friedlichen Tod bilden (vgl. Anm. 55); und der Modifikator בְּשָׁלוֹם bezieht sich explizit auf das Begräbnis. Damit wird Halperns recht komplexe These zum „ironic fulfillment" (503 = 325 und passim) des Huldaorakels durch 2 Kön 23,29 entbehrlich.

53   B. U. SCHIPPER, Israel und Ägypten, 235, resümiert die Debatte um den Sprachgebrauch des Verses, es sei „nicht ausgeschlossen, daß sich Josia dem Pharao bei Megiddo mit einem Heer entgegenstellte, auch wenn es sicherlich nicht zu Kampfeshandlungen gekommen ist". Für M. AVIOZ, Megiddo, hingegen dokumentiert 2 Kön 23,29 und 2 Chr 35,22–24 den Tod Joschijas in einer Schlacht, durch die sich der König, wie Avioz allzu freizügig spekuliert, mangels vorheriger Konsultation von Propheten versündigt habe: M. AVIOZ, Josiah's Death. M. LEUCHTER, Josiah's Reform, 102–106, glaubt sogar, in Jer 12,5–6 eine ehemals an Joschija adressierte Warnung vor weiteren militärischen Abenteuern im Norden entdeckt zu haben. – Für das literarische Porträt Joschijas in Kön ist entscheidend, dass ihm dort kein militärischer Widerstand zugeschrieben wird, ein Manko, das die Chronik zu beheben versucht hat.

54   Vgl. dazu v. a. S. B. FROST, Death of Josiah, und neuerdings beispielsweise P. R. DAVIES, Josiah, 66. Welche theologischen Probleme der Tod Joschijas bereits in der Antike aufwarf, dokumentieren die Arbeiten von Z. TALSHIR, Three Deaths; S. DELAMARTER, Death of Josiah.

55   Positiv bewertete Könige: David 1 Kön 2,10; Asa 15,24; Joschafat 22,51; Joasch 2 Kön 12,22; Amazja 14,20; Asarja 15,7; Jotam 15,38. Mit negativer Zensur: Rehabeam 14,31;

reich, obwohl sie ausnahmslos „das Böse in den Augen JHWHs" taten bzw. der „Sünde Jerobeams" anhingen.[56] Er darf nicht einmal in Frieden sterben wie sein frevelhafter Großvater Manasse (2 Kön 21,18). Da er obendrein das baldige Ende seines Staates hinnehmen muss, bleiben die Früchte seiner vorbildlichen Umkehr eher noch hinter jenen der Buße Ahabs zurück (1 Kön 21,27–29; 22,40),[57] dessen Regentschaft den Tiefpunkt der Ruchlosigkeit der Nordreichherrscher markierte (1 Kön 21,25–26). Doch so bescheiden der Gewinn von Joschijas Eifer, kommt der König gleichwohl weit besser davon als seine Mitjudäer. Immerhin stellten seine Maßnahmen ja sicher, dass ganz Juda die Forderungen des aufgefundenen Buches erfüllte (vgl. 23,1–3). Zudem werden zwar seine sämtlichen vier Thronnachfolger mit der negativen dtr Wertungsformel bedacht (23,32.37; 24,9.19), aber die Rücknahme der Kultreformen wird weder ihnen noch ihren Untertanen angekreidet. Aber all dies mindert für die Judäer zur Zeit der babylonischen Invasionen in keiner Weise die Brutalität des allseitigen Zusammenbruchs. Von den Verdiensten Joschijas haben sie nichts, und ihnen selbst werden keine zugestanden; mehr noch: die Haltung des Volkes zu den dtr Normen ist nach Joschija gar kein Thema mehr.

Das Vorspiel seit Manasse ist zusätzlich bedeutsam für die Interpretation des Schlussabschnitts mit der Statuserhöhung Jojachins (2 Kön 25,27–30). Denn diese Nachrichten stehen ebenfalls unter dem Vorzeichen der vorweg ergangenen Vernichtungsansagen, die nun keineswegs widerrufen werden; nicht einmal Anspielungen darauf sind zu erkennen. Ebenso wenig wird das Verdikt „Er tat das Böse in den Augen JHWHs" in Jojachins Königsrahmen (2 Kön 24,9) abgemildert.

Abija 15,8; Joram 2 Kön 8,24; Ahasja 9,28; Ahas 16,20; Manasse 21,18; Amon 21,26. Ohne eindeutige Wertung: Salomo 1 Kön 11,43. Hiskija (2 Kön 20,21) und Joschijas Nachfolger Jojakim (24,6) erhalten nur die Notiz וַיִּשְׁכַּב עִם־אֲבֹתָיו, die einen friedlichen Tod signalisiert (vgl. B. ALFRINK, L'expression שכב עם אבותיו), der unvollständig bleibt ohne ein ordnungsgemäßes Begräbnis für andere Erklärungen der Wendung vgl. G. STEUERNAGEL – U. SCHULZE, Aussage שכב עם אבותיו; M. J. SURIANO, Politics, bes. 32–50). Für Jojakim vermerken G^L und 2 ChrG 36,8 zusätzlich die Bestattung, was darauf hindeutet, dass die Notiz wegen Jer 22,19; 36,30 aus MT getilgt wurde. Bei Joahas, Jojachin und Zidkija, die im Exil verstarben, schweigen die Quellen zur Beisetzung (zu Zidkija vgl. noch Jer 34,5).

56 Eine Bestattungsnotiz erhalten folgende Könige (in Klammern ist die zugehörige negative Zensur beigegeben): Bascha 1 Kön 16,6 (15,34); Omri 16,28 (16,25); Jehu 2 Kön 10,35 (10,31); Joahas 13,9 (13,2); Joasch 13.13.16 (13,11). Bei weiteren Nordreichherrschern lässt allein die Nachricht וַיִּשְׁכַּב עִם־אֲבֹתָיו (vgl. Anm. 55) auf eine ordnungsgemäße Beisetzung schließen: Jerobeam I. 1 Kön 14,20 (13,34); Ahab 22,40 (16,30–31); Joasch 2 Kön 13,13 (13,11); Jerobeam II. 14,29 (14,24); Menahem 15,22 (15,18).

57 Vgl. H.-J. STIPP, Ahabs Buße. Zum Vergleich bietet sich auch der erkrankte Sohn Jerobeams I. in 1 Kön 14,13 an.

Während die negativen Vorgaben unverändert gültig bleiben, wird die Verbesserung der Lebensumstände des Davididen in keinen Zusammenhang mit den Leistungen Joschijas gerückt. Von anderen Exilanten oder einer künftigen Schicksalswende ist ohnehin keine Rede. Setzt man die einschlägigen Passagen zueinander ins Verhältnis, ist auch ihr unterschiedlicher Autoritätsanspruch zu beachten: Die Ankündigungen des Untergangs sind Gottesworte; die Schlussnotiz ist Erzählerrede, die zudem JHWH gar nicht involviert, sondern jegliche Initiative dem König von Babylon überlässt.

Sollte dieser Ausklang im Rahmen einer einheitlichen Komposition tatsächlich Zuversicht auf eine künftige Wende zum Besseren stimulieren, fragt man sich, welche literarische Strategie der deuteronomistische Urheber verfolgt haben mochte und was er sich davon versprach. Hätte ein Theologe, der sonst so gern seine Vorliebe für unmissverständliche Kommentare beweist, sein Publikum durch eindringliche Leserlenkung exakt zu jenen fatalistischen Schlüssen verleitet, die Martin Noth dann explizit gezogen hat, um zusätzlich einige gedämpfte Signale andersartiger Tendenz beizumischen und schließlich seine Adressaten mit dem verwirrenden Nebeneinander alleine zu lassen? Dabei wurde doch, wie das AT selbst dokumentiert, nach 587 ausdrücklich die Frage aufgeworfen, ob die Katastrophe als endgültige Verwerfung Judas zu deuten sei. Ps 74,1 eröffnet seine Klage über die Zerstörung des Tempels mit den Worten: לָמָה אֱלֹהִים זָנַחְתָּ לָנֶצַח „Warum, o Gott, hast du für immer verworfen?", und die Klagelieder stellen am Ende die verzweifelten Fragen: לָמָה לָנֶצַח תִּשְׁכָּחֵנוּ תַּעַזְבֵנוּ לְאֹרֶךְ יָמִים „Warum vergisst du uns für immer, verlässt du uns für allzeit?" כִּי אִם־מָאֹס מְאַסְתָּנוּ „Oder hast du uns völlig verstoßen?" (Klgl 5,20.22)[58] Wieso also sollte es dem belehrfreudigen Redaktor gerade im entscheidenden Moment die Sprache verschlagen haben? Sollte er tatsächlich – und sogar mit Recht – erwartet haben, dass sein Auditorium treffsicher den leisen Nebentönen gegenüber den klaren, prägnanten und kategorischen Gottesworten den Vorzug einräumen würde?

Wären also die Königsbücher in einer endtextnahen Form einer Komposition zu verdanken, die ihr Publikum von der rettenden Kraft der Umkehr überzeugen und zur Hoffnung auf die Wiederkehr der Davidsdynastie ermutigen sollte, müsste man ihrem Schöpfer attestieren, dass er seine Ziele höchst ungeschickt verfolgt hätte. Denn die vorfindliche Fassung ist eine groß angelegte Dokumentation dessen, was selbst die radikalste und aufrichtigste Umkehr *nicht* vermag: nämlich den Strafwillen JHWHs zu bremsen. Die Tragik von Joschijas Scheitern wird

---

58   Vgl. auch Ez 33,10.

noch gesteigert durch den Zeitpunkt der Katastrophe: Obwohl das Unheil ursächlich auf die Schandtaten Manasses und seiner Generation zurückgeführt wird, bricht es nicht zeitnah herein, sondern wartet zunächst ab, bis der Idealkönig die Missbräuche restlos ausgemerzt und die durch das Literaturwerk propagierte kultische Orthopraxie endgültig durchgesetzt hat, um dann der Generalbereinigung nahezu unmittelbar auf dem Fuße zu folgen.[59] Es finden sich nicht einmal Anzeichen, dass die Verdienste Joschijas den Nachgeborenen, nachdem das Gericht seinen Lauf genommen hat, den Weg zu einem Neubeginn ebnen würden, was sich als Einladung verstehen ließe, die Mühen eines Kurswechsels anzupacken. Nimmt man den Text beim Wort, hat Israel seine Chancen unwiederbringlich verspielt, und ein Neuaufbruch müsste gegen den erklärten Gotteswillen gewagt werden. Ein mitreißender Aufruf zu Reue und Buße sieht anders aus. Man wirbt nicht für die Umkehr und dtr Ideen von kultischem Rechttun, indem man an einem geschichtlichen Exempel, das obendrein hochgradig idealisiert wird, ihre Vergeblichkeit vor Augen führt. Als Appell zur Observanz deuteronomischer Maßstäbe des korrekten JHWH-Dienstes ist das vorfindliche Arrangement ein katechetisches Unding,[60] und zu keiner Zeit eignete es sich weniger für diesen Zweck als während der Exilsepoche.[61]

Der Verweis auf Momente der Umkehr und Vergebung in den Königsbüchern bzw. im DtrG ist also unvollständig ohne die dezidierte Schlussstrichrhetorik, die das Finale des Werkes auszeichnet: Die Parallelisierung mit dem unwiderruflich erloschenen Nordstaat wird nirgends abgeschwächt; selbst unüberbietbare Umkehr wird als fruchtlos hingestellt; und die Vergebungsbereitschaft JHWHs gilt als ein für allemal erschöpft. Gewiss offeriert die vorfindliche Komposition eine Theodizee, deren Botschaft aber nicht lautet: JHWH handelte gerecht, als er Juda hart bestrafte, sondern: JHWH handelte gerecht, als er Juda endgültig verwarf, wie er es zuvor schon bei Israel praktiziert hatte.

Deshalb wird man als Zwischenergebnis festhalten müssen: Was den Textbestand angeht, den Noth dem DtrG zugeschrieben hat, so erscheint seine eigene pessimistische Interpretation dem Wortlaut erheblich angemessener als alternative Vorschläge, die dem Werk eine konstruktive Zukunftsperspektive entnehmen wollen, dazu aber nachdrückliche Kernaussagen herunterspielen müssen. Dies ändert freilich

---

59 Dieser Gesichtspunkt adaptiert eine Beobachtung von J. JEREMIAS, Zorn Gottes, 76.

60 Diese Bedenken gelten auch für neuere Abwandlungen dieser Hypothese, etwa der Art, dass das DtrG in exilischer Zeit durch die Erzählung vom Buchfund der jüdischen Identität eine neue Begründung auf Literatur habe verleihen sollen, wie vorgeschlagen von TH. RÖMER, Transformations.

61 Für andersartige Sichtweisen vgl. Anm. 64.

nichts daran, dass Noths Deutung einen Widerspruch in sich darstellt und somit schlechterdings unglaublich bleibt: Für eine bloße Bankrotterklärung war das Werk bei weitem zu riesig. Dass die von Noths DtrG repräsentierte Geschichtstheologie ein originäres Erzeugnis sein sollte, führt das Vorstellungsvermögen an seine Grenzen. Dies nötigt zur Konsequenz, dass das ursprüngliche DtrG* – bzw. das an der Wurzel der Königsbücher liegende Literaturwerk – beträchtlich vom heutigen Wortlaut abgewichen sein muss, während uns ein Kompromissprodukt vorliegt, geboren aus Wachstumsprozessen, deren steuernde Motive und Gestaltungszwänge die Exegese zu erhellen hat.[62] Die Problematik des betroffenen Textbereichs bleibt damit in der Zuständigkeit der Vorstufenrekonstruktion.

Nun werden die Schlusskapitel von 2 Kön bzw. das Nothsche DtrG bekanntlich ohnehin kaum mehr als Originalfassung akzeptiert. Vielmehr liefert die Forschung schon seit geraumer Zeit einen ständig anschwellenden Strom von Vorschlägen, welche Passagen als jüngere Zutaten zu gelten hätten. Ihre Einzeldiskussion überstiege bei weitem den Rahmen dieses Aufsatzes und wäre alsbald durch neue Hypothesen überholt; sie ist aber auch entbehrlich, weil hier nur das wahrscheinliche Ende des Originals gesucht wird. Dazu sind nochmals in aller Schärfe die kapitalen Paradoxien herauszustellen, die den Ausklang von 2 Kön beherrschen: Einerseits führt die gegebene Komposition bestimmte kultische Normen auf den erklärten Willen JHWHs zurück und schreibt ihrer Befolgung das Vermögen zu, Israel allseitiges Wohlergehen zu sichern; deshalb müsste der Gebotsgehorsam den Judäern vor allem ein Schicksal ersparen, wie es das Nordreich heimgesucht hatte. Andererseits wird dokumentiert, wie ausgerechnet Joschijas exemplarische Umsetzung dieser Maximen deren Ziel endgültig verfehlte, weil schon vorweg feststand, dass sein Reich das Los des Bruderstaates teilen würde. Die kultische Orthopraxie nach deuteronomischen Maßstäben wird geradezu ins Zwielicht gerückt, denn JHWH beantwortet die Heilung des Kultwesens durch die Zentralisation des Opferbetriebs beim einzigen legitimen Heiligtum umgehend mit der Zerstörung eben dieses Tempels. Zu allem Überfluss schiebt er den Untergang auf, bis die Ursachen seines Zorns restlos behoben sind, um dann alsbald exakt jene Strafe zu vollstrecken, die im Falle des Nordreichs als die Signatur der unwiderruflichen Verwerfung gewertet worden war, nämlich die Entvölkerung des Landes durch Massendeportationen.

---

62   Weitere Differenzen bleiben davon natürlich unberührt, sind aber nicht Gegenstand dieser Erörterung.

Die Kontexteinbettung des Paradebeispiels der Toraobservanz liefert also faktisch den historischen Beleg, dass der Gebotsgehorsam seit Manasse seinen Sinn verloren hat. Demnach sprechen die Königsbücher zwar JHWH vom Verdacht des Versagens oder der Willkür frei, und sie nennen Gründe, warum Joschijas Reformen ihren tieferen Zweck verfehlten. Dies jedoch um einen ungeheuren Preis: Die Fruchtlosigkeit von Joschijas Mühen und der Verzicht auf eine positive Zukunftsperspektive waren kaum dazu angetan, das Publikum vom Segen der Gesetzesfrömmigkeit zu überzeugen. Ja, man konnte die erzählte Ereignisfolge nachgerade als Warnung vor deuteronomistischen Maximen deuten.[63] Wollten zeitgenössische Leser aus dem Werk Hoffnung auf Neubeginn schöpfen, mussten sie es gegen den Strich lesen. Diachrone Annahmen sind darum primär an ihrer Fähigkeit zu messen, den das Ende des Werkes durchdringenden Kernwiderspruch aufzuheben und seine Entstehung zu erklären.

Aus alldem resultieren fundamentale Konsequenzen für das Alter zentraler Textbestandteile. Denn wenn, wie zahlreiche Hypothesen annehmen, das Wachstum des gegebenen Bestandes erst nach dem Zusammenbruch eingesetzt hätte, würde sich der Literarkritik die Aufgabe stellen, eine Fassung zu rekonstruieren, die die Kenntnis des Desasters voraussetzt, aber gleichwohl die joschijanische Reform als Instrument der Heilssicherung vom Stigma des Scheiterns frei hält. Es ist kein Weg zu sehen, wie das bislang gelungen wäre oder auch nur gelingen könnte; denn sobald die Niederlage Judas feststand, war nicht mehr zu leugnen, dass die Reform ihren eigentlichen Sinn verfehlt hatte. Ab diesem Moment hätte auch jeder seine eigenen Absichten torpediert, der Joschija nachträglich zum Helden zu steigern gesucht hätte. So ist zwar durchaus möglich, dass exilisch-nachexilische Hände einen bestehenden Reformbericht um zusätzliche Maßnahmen des Davididen anreicherten, um mit seiner etablierten Autorität weitere Kultpraktiken und -requisiten zu disqualifizieren. Doch die Heroisierung seiner Person und seiner Taten muss, da durch die Katastrophe empfindlich untergraben, bereits vorexilisch weit vorangeschritten gewesen sein. Will man folglich die desperate Prämisse vermeiden, ein Redaktor habe leichtfertig seine eigenen Herzensanliegen aufs Spiel gesetzt,[64] ist der

---

63 Vgl. H.-J. STIPP, Josiah's Reforms.

64 Der Sache nach (!) werden derlei Hypothesen nach wie vor häufig vertreten. Dazu zählen einerseits alle Theorien, für die das DtrG in exilischer Zeit die joschijanische Reform als Exempel für den Ausweg aus der Not propagiert, wie die oben Anm. 45 genannten Arbeiten; andererseits gehören dazu Studien, die den Reformbericht als hochgradige Fiktion im Dienste späterer Interessenlagen bewerten. So meint beispielsweise E. AURELIUS, Zukunft, Idee und Programm der Opferzentralisation seien

Schluss kaum zu umgehen, dass die grundlegende literarische Architektur des Werkes bereits vor 587 entworfen und später aus der Rückschau auf das Desaster um Versuche zu dessen theologischer Rationalisierung erweitert wurde. Das vorexilische Original muss bereits einen ansehnlichen Bericht über die Aktivitäten Joschijas enthalten haben, wie immer dieser präzis abzustecken ist.[65]

Die obigen Feststellungen implizieren notwendig eine Stellungnahme zum Göttinger Modell, da seine mannigfaltigen Varianten in der Annahme konvergieren, dass die Grundstufe des DtrG jedenfalls nicht vorexilisch entstanden ist. Ein skeptisches Urteil zur genannten Basisthese schließt allerdings nicht aus, dass Studien in diesem Rahmen viele wertvolle Einzelergebnisse erzielt haben. Bessere Aussichten, die Anfänge des DtrG zu erklären, bietet das Blockmodell, das herkömmlich eine propagandistische Schrift zur Rechtfertigung der joschijanischen Reform postuliert. Freilich wird die Historizität dieser Maßnahmen neuerdings häufig bezweifelt bzw. ihre Tragweite heruntergespielt. Wären diese Zweifel berechtigt, würde entweder der vorexilischen Da-

---

„in keiner anderen Zeit so gut vorstellbar wie in der Exilszeit" (40). Ähnlich erklärt sich für C. LEVIN, Frömmigkeit der Könige, die dtr Polemik gegen die Höhenheiligtümer am besten aus den Umständen der exilischen Epoche, als „die florierenden Kultstätten Judas das zerstörte Zentralheiligtum zu ersetzen drohten" (165). Dies fordert freilich die Frage heraus, warum der Redaktor berichtete, wie JHWH die Abschaffung der bekämpften Kultstätten mit der Brandschatzung jenes Gotteshauses beantwortete, dem angeblich allein Legitimität zukam. Nach F. BLANCO WIßMANN, Beurteilungskriterien, entwarf Sam–Kön* das „Idealbild … eines Königs, der vorbildliche Fürsorge für den Kult leistet", um damit „in Babylon in spätneubabylonischer/«spätexilischer» (ca. 550–540 v. Chr.) Zeit" (256) für die dynastische Linie Jojachins und gegen die Nachkommen Zidkijas einzutreten. Zu diesem Zweck müsste der Redaktor von einer Kultreform erzählt haben, die das Desaster gerade nicht verhinderte und, da das Werk die Beschuldigung der Manasse-Generation noch nicht enthalten habe, einfach grundlos ihren Zweck verfehlte. Die Parteinahme für Jojachin und seine Nachkommen hätte den Redaktor zudem nicht gehindert, seinen Favoriten ebenso pauschal wie dessen Antipoden Zidkija durch Gleichsetzung mit dem gemeinsamen Vater Jojakim zu verurteilen (24,9.19), während 25,27–30 dem Werk noch nicht angehörte. Was überdies den Ausbau der auf solchen Voraussetzungen postulierten Grundstufen zum Endstand angeht, gelten die oben vorgetragenen Bedenken. Vgl. ferner etwa P. R. DAVIES, Josiah, 76: „The real 'reform' took place nearly two centuries later, and, as often happens, history was rewritten to give that reform the necessary authentication." Für K. L. NOLL, Dtr History, 327–333, fungieren die Nachrichten von der joschijanischen Reform als theologische Rationalisierung der von den Persern aufgezwungenen Kultzentralisation, und laut J. PAKKALA, Cult Reform, seien die Hiskija und Joschija zugeschriebenen Reformen wahrscheinlich „literary inventions and projections of later ideals into the monarchic period" (229).

65 Vgl. an neueren Rekonstruktionsversuchen C. HARDMEIER, Joschija; M. ARNETH, Reform Josias; W. B. BARRICK, Cemeteries.

tierung des fraglichen Literaturwerks der Boden entzogen, oder es müssten andere Triebkräfte hinter seiner Abfassung ermittelt werden. Im folgenden Punkt ist daher in gebotener Kürze auf die Frage des historischen Hintergrundes einzugehen.

3. Zur Historizität der joschijanischen Reform

Hauptquelle zur joschijanischen Reform ist nach wie vor der detailfreudige Rapport in 2 Kön 22f., doch gehen die Ansichten über seinen historischen Zeugniswert in der neueren Historiographie weit auseinander. Der jüngste Forschungsbericht zum Thema, vorgelegt von Michael Pietsch, endet mit einem Fazit, das ähnlich pessimistisch ausfällt wie das Noth'sche DtrG (wie es allerdings bei Resümees über den Stand der Diskussion zu Fragen unseres Faches mittlerweile nachgerade üblich geworden ist):

> „Überblickt man den gegenwärtigen Stand der Forschung zur josianischen Reform, so ist ein Konsens trotz einer Reihe von konvergierenden Einzelbeobachtungen weder in den historischen noch in den literaturgeschichtlichen Grundlinien absehbar. Sowohl die kritische Analyse der biblischen Quellen als auch die historische Auswertung des archäologischen Befundes zeitigt divergierende Ergebnisse, die den neutralen Beobachter ratlos zurücklassen."[66]

Das Meinungsspektrum illustrieren zwei aktuelle Lehrbücher, die sich übereinstimmend auf Christoph Uehlinger berufen, der, gestützt auf die Konfrontation des Reformberichts mit archäologischen Befunden, ziemlich erfolgreich den Standpunkt verteidigt hat, dass ein „begründetes Minimum" der überlieferten Maßnahmen Joschijas realhistorisch Vertrauen verdiene.[67] Das glaubwürdige Substrat beschränkt sich nach Uehlinger indes auf die Sphäre der Kultreinigung und betrifft die Beseitigung gottesdienstlicher Requisiten, die mit den Assyrern assoziiert wurden. Dafür spreche namentlich die judäische Ikonographie, die um die Wende zum 6. Jh. einen Übergang des Symbolsystems zu anikonischer Motivik dokumentiert; überdies passten solche Eingriffe zum Umschlag der politischen Großwetterlage, insofern die Elimination als allogen diskreditierter Kultgegenstände das Ende der Fremdherrschaft symbolisch verbrieft.[68]

---

66   M. PIETSCH, Steine, 60.
67   C. UEHLINGER, Kultreform. Das Zitat ist dem Untertitel entnommen.
68   Vgl. zum globalhistorischen Hintergrund der joschijanischen Reform neuerdings v. a. O. LIPSCHITS, Fall and Rise, 11–29. Danach dürfte Joschija aufgrund günstiger

Christian Frevel folgt im Hinblick auf die Kultreinigung ausdrücklich Uehlinger.[69] Doch auch die Opferzentralisation sei im Wesentlichen bereits vorexilisch umgesetzt worden, und das sogar lange vor Joschija: „*De facto* ist der Opferkult in Juda im 7. Jh. v. Chr. bereits auf Jerusalem zentralisiert. ... Lediglich Kultstätten niederen Ranges wie z. B. Torheiligtümer könnten den Bemühungen des Königs um die Einheit des Kultes zum Opfer gefallen sein."[70] Wird hier Joschija immerhin die Vollendung eines schon länger anhaltenden Trends zur Opferzentralisation[71] zugetraut, spielt die Kulteinheit in der historischen Skizze Angelika Berlejungs keine Rolle. Ebenfalls mit Rekurs auf das „begründete Minimum" Uehlingers werden gewisse monolatrisch orientierte Eingriffe Joschijas als denkbar erachtet, obwohl von archäologischen Belegen keine Rede sein könne: „Einen archäologischen Nachweis dieser Reform gibt es nicht."[72] Ohnehin sei das monolatrische Programm Joschijas, sofern überhaupt historisch, erst „in nachexilischer Zeit durchsetzungsfähig" geworden.[73]

Im Übrigen reichen die Meinungsverschiedenheiten noch beträchtlich tiefer. So findet man nicht wenige Stimmen, die Joschijas Kulteinigung, seine Kultreinigung oder beides ins Reich späterer interessierter Legendenbildung verweisen und den Reformbericht zur Gänze als

---

außenpolitischer Rahmenbedingungen im israelitischen Bergland für einige Jahre einen Handlungsspielraum besessen zu haben, wie ihn Juda lange nicht mehr gekannt hatte. Nachdem das assyrische Imperium um die Mitte des 7. Jhs. den Zenit seiner Macht überschritten hatte, beschleunigte der endgültige Verlust der Herrschaft über Babylonien 626 seinen Niedergang enorm. 623 hat eine interne Revolte offenbar wesentlich dazu beigetragen, dass dem Großreich auch die Kontrolle über seine Provinzen westlich des Eufrat entglitt. Zugleich scheint Ägypten das entstandene Machtvakuum zunächst nur begrenzt gefüllt zu haben. Nicht von ungefähr wird die joschijanische Reform in das folgende Jahr 622 datiert (2 Kön 22,3; 23,23; vgl. LIPSCHITS, ebd. 16 mit Anm. 55). Der erste Vorstoß des Pharaos Psammetich I. in die Levante ist erst für 616 belegt, wobei er die ägyptische Präsenz in der Küstenebene festigte, während er für das strategisch und wirtschaftlich unbedeutende Bergland wenig Interesse aufbrachte (vgl. auch N. NA'AMAN, King Leading Cult Reforms, 165). Dies änderte sich erst mit der Thronbesteigung Nechos II. (610), dem Joschija umgehend zum Opfer fiel (609). Vgl. zur Rolle Ägytens ferner B. U. SCHIPPER, Israel und Ägypten, 228–242.

69   C. FREVEL, Grundriss, 792.
70   FREVEL ebd. Vgl. dazu auch unten Anm. 100.
71   Dazu E. REUTER, Kultzentralisation, 192–212; O. KEEL, Geschichte I, 470 (§ 555), 473 (§ 563), 569 (§ 724).
72   A. BERLEJUNG, Geschichte, 145. Ebenso beispielsweise N. NA'AMAN, King Leading Cult Reforms, 136: „No archeological evidence associated with the reform has ever been unearthed."
73   A. BERLEJUNG, Geschichte, 145.

Rückprojektion zwecks Rechtfertigung deutlich jüngerer Innovationen im judäischen Kultwesen einstufen.[74] Zugleich verstummen aber auch die Voten nicht, die der joschijanischen Reform einen substanziellen historischen Kern bescheinigen, dessen konkrete Gestalt allerdings recht unterschiedlich präzisiert wird.[75] Wie die zitierten Beispiele veranschaulichen, fällt es den Fachvertretern insgesamt leichter, sich über die Faktizität und die Grundzüge der Kultreinigung zu verständigen, weil derlei Maßnahmen in die Zeitumstände passen, da – in den Worten von Othmar Keel – „das dtn./dtr. Sprachspiel und seine Argumentationsfiguren in wichtigen Punkten von den neuassyr. Loyalitätseiden und Verpflichtungspraktiken geprägt sind" und die Kultreinigung „in schriftlichen und archäolog. Zeugnissen einen engen Zusammenhang mit der Auseinandersetzung und Abrechnung mit aram.-assyr. Einflüssen aufweist".[76] Dagegen ist es bedeutend schwieriger, den historischen Wert der Nachrichten zur Opferzentralisation abzuschätzen, weil überzeugende antike Analogien rar sind,[77] die Texte wenig über die Beweggründe verraten und der archäologische Befund die Auskünfte verweigert, was auch durch die Eigenart der betroffenen Kultinstallationen mitbedingt sein dürfte. Aber so sehr sich die Opferzentralisation bislang einer plausiblen Herleitung entzogen hat, wird doch der Vorgang als solcher – ebenso wie bei der Monolatrisierung des Gottesdienstes – durch sein manifestes Resultat dem Zweifel enthoben. Der Klärungsbedarf bezieht sich daher allein auf das Datum. Unsere Frage lautet somit: Hat Joschija eine Kultreinigung durchgeführt und die Opferzentralisation zumindest maßgeblich vorangetrieben, oder wurden ihm die Eingriffe bloß nachträglich unterschoben, um Kultreformprogramme späterer Epochen zu rechtfertigen, um wie üblich Innovation als Restauration zu kaschieren, ganz so, wie es der Reformbericht mit dem Topos des Buchfundes ohnehin tut?

Angesichts der Ausdifferenzierung der Diskussion würde eine umfassende Antwort auf diese Fragen natürlich den Einbezug einer Fülle

---

74 Vgl. die in Anm. 64 zitierten Positionen. – L. K. HANDY, Historical Probability, bestreitet 2 Kön 22,3–23,27 aus gattungskritischen Gründen jeden Quellenwert und stellt daher die joschijanische Reform als völlig unbewiesen hin, macht aber auch keine Angaben, wozu der Reformbericht konzipiert worden sein sollte.

75 Vgl. z. B. E. OTTO, Josia; R. ALBERTZ, Reform like Josiah's; N. NA'AMAN, King Leading Cult Reforms; O. KEEL, Geschichte I, 545–555 (§ 687–702); K. SEYBOLD – J. VON UNGERN-STERNBERG, Josia; besonders hypothesenfreudig: W. B. BARRICK, Cemeteries.

76 O. KEEL, Geschichte I, 579 (§ 739). Vgl. ferner das Fazit von C. FREVEL, Wovon reden die Deuteronomisten, 267: „Ein zur Königszeit vergleichbarer Bezugsrahmen für die deuteronomistischen Fremdgöttertexte ist in der nachexilischen Zeit nicht gegeben."

77 Vgl. R. G. KRATZ, Centralization; H. SCHAUDIG, Centralization.

von Gesichtspunkten verlangen, die den Rahmen dieses Aufsatzes bei
weitem überstiege. Die folgenden Darlegungen sollen lediglich insofern einen Beitrag zur Debatte leisten, als sie einige Indizien textlicher
Art anführen, denen ich Aussagekraft hinsichtlich des Zeitpunkts der
Kultreinigung und der Opferzentralisation zubillige, die aber unter
dieser Rücksicht, soweit ich sehe, noch keine hinreichende Beachtung
gefunden haben. Obendrein verspreche ich mir davon Fingerzeige auf
die Entstehungsumstände und somit auf gewisse Züge der originalen
Gestalt des DtrG, konkret: seinen ursprünglichen Schluss. Zugleich
verfolge ich ein methodisches Interesse, insofern ich die Belege in einer
wissenschaftlichen Landschaft zur Sprache bringe, wo biblischen
Texten immer weniger historischer Zeugniswert zugestanden wird. An
den folgenden Beispielen lässt sich darum auch das Problem durch-
spielen, welche Kriterien über die historische Glaubwürdigkeit antiker
literarischer Quellen entscheiden.

Der erste Blick gilt dem Hauptzeugen, dem ausgiebig analysierten
Bericht von der joschijanischen Reform in *2 Kön 22f.*[78] Die Frage, ob das
Gros der Maßnahmen dem König noch nach dem Umbruch von 587 zugeschrieben werden konnte, um spätere Kultreformen zu rechtfertigen
(oder zur Umkehr aufzurufen u. dgl.), wurde oben bereits entschieden:
Dieser Verwendung stand die Nachgeschichte im Wege; der Text muss
folglich seinen prägenden Charakter schon vor dem Ende des Staates
Juda erhalten haben, während er danach nur noch um Zusätze vervollständigt worden sein kann, denn die im Fortgang offen eingestandene
Vergeblichkeit des exemplarischen Einsatzes Joschijas war kaum geeignet, Skeptiker vom Sinn solcher Rigorismen zu überzeugen. Welcher
Widerstand für die geforderten Traditionsbrüche niederzuringen war,
wird von der drakonischen Strafbewehrung der deuteronomisch/
deuteronomistischen Maximen und den anhaltenden Klagen über
mangelnde Folgsamkeit schon deutlich genug illustriert. Der baldige
Zusammenbruch gab solchen Vorbehalten dann noch zusätzliche Nahrung, wie die zweite hier zu besprechende Quelle veranschaulicht: Laut
Jer 44,17–18 glauben die bekennenden Verehrer der Himmelskönigin
nach ihrer Flucht an den Nil bilanzieren zu können, dass die Kultreinigung, statt Schaden abzuwenden, ihnen umgekehrt nur Bedrängnisse
eingetragen habe. Die Rede impliziert zwei wichtige Voraussetzungen:
(1) Die Sprecher wollen erlebt haben, wie die JHWH-Monolatrie zwischenzeitlich praktiziert wurde; die Kultreinigung hat für sie also vor
nicht allzu langer Zeit stattgefunden. (2) Die Fehlorientierung des
religiösen Kurswechsels lesen sie am geschichtlichen Ergehen Judas ab;

---

78   Neuere Arbeiten sind oben Anm. 65 zusammengestellt.

die Maßnahmen wurden demnach als heilsrelevant verstanden. Das Kernproblem der joschijanischen Reform aus dem Blickwinkel nach der Katastrophe ist somit der Widerspruch von institutionellem Erfolg und soteriologischem Scheitern. Die Kritik der Reform ist in einem dtr Kontext zitiert,[79] obwohl sie dem Autor enorme Schwierigkeiten bereitet haben müsste, da sie sich ja auf historische Erfahrungen beruft, die zudem offen als weithin geteilt hingestellt werden. Wenn sich aber ein dtr Theologe auf derart gefährliche Argumente einließ, muss er sich einem enormen Rechtfertigungsdruck ausgesetzt gesehen haben. Da er gewiss nicht mutwillig Zweifel an seinen eigenen Kernanliegen provozieren wollte, ist zu folgern, dass um 587 und danach derlei Proteste tatsächlich breiten Widerhall fanden. Gab es die Proteste, gab es auch ihren Gegenstand, die Monolatrisierung des judäischen Kultwesens.

Wie Jeremias Streitgespräch mit den Ägyptenemigranten andeutet, hatte die Niederlage den Deuteronomisten, statt sie zu bestätigen, bei vielen Zeitgenossen eine tiefreichende Glaubwürdigkeitskrise beschert. Und ähnlich wie Jeremias Erwiderung in Jer 44,20–23 stellt der Endtext von 2 Kön einen überaus bemühten Versuch dar, den Glaubwürdigkeitsverlust in sein Gegenteil umzumünzen: Die Abwälzung der Hauptschuld auf Manasse und seine Zeitgenossen sollte zeigen, dass der Geschichtsverlauf, der vorderhand die dtr Konzepte von korrekter Kultpraxis zu diskreditieren schien, genau umgekehrt deren Gültigkeit erwies.

Deshalb lässt sich das oben zum Thema „tätige Reue" im DtrG Gesagte auf die dtr Hauptgebote zuspitzen: Wenn dem Autor des Werkes die kultische Orthopraxie derart am Herzen lag, hätte er dafür nicht etwas geschickter eintreten können? Die gravierenden Diskrepanzen zwischen Fabel und Interesse haben indes den historiographischen Vorteil, den Erzählstoff zu beglaubigen: Erstens wurde die Überlieferung von der vorexilischen Kultreform nicht zu dem Zweck ausgebildet, spätere Maßnahmen zu legitimieren, denn dazu taugte sie nicht.

---

79 Ich rechne Jer 44,1–28* der zweiten Stufe der dtr Redaktion des Buches zu (JerDtr II), die in Babylonien das Fundament zu dem Buchteil Kap. 26–45* legte; vgl. H.-J. STIPP, Jeremiabuch. JerDtr II verrät noch keine Kenntnis vom Untergang des babylonischen Reiches und muss darum spätestens bis zur Mitte des 6. Jhs. entstanden sein, jedenfalls bevor Kyros II. 547/6 weite Teile Kleinasiens eroberte und somit zu einer unübersehbaren Gefahr für Babylonien aufstieg; vgl. R. ALBERTZ, Exilszeit, 63; K. R. VEENHOF, Geschichte, 289; E.S. GERSTENBERGER, Perserzeit, 57. Speziell für 44,1–28* gilt, dass der Passus von dem Erweiszeichen gegen die Ägyptendiaspora V. 29–30 vorausgesetzt wird, das als *vaticinium ex eventu* auf den Tod des Pharaos Hofra 570 zurückschaut, aber allem Anschein nach die Eroberung Ägyptens durch Kambyses II. 525 (bzw. 522?) noch nicht kennt; vgl. H.-J. STIPP, Prosaorakel, 321.341; zum historischen Hintergrund: VEENHOF, ebd. 291; GERSTENBERGER, ebd. 56–58.

Das spricht für die Zuverlässigkeit des Erinnerungskerns; folglich wurden die Weichen im judäischen Kultwesen hin zur alttestamentlichen Orthodoxie bereits vorexilisch gestellt. Zweitens hätte man das Verdienst dafür nicht im Nachhinein auf das Konto eines Unglücksraben wie Joschija gebucht, dessen verfrühtes und ruhmloses Ende nur noch das radikale Fragezeichen weiter verschärfte, das schon die baldige Katastrophe über sein Lebenswerk gesetzt hatte.[80] Schon dass Joschija wegen der Umstände seines Todes ein solch unwahrscheinlicher Kanndidat für seine Heldenrolle gewesen ist, spricht gegen eine bloße retrospektive Zuschreibung. Also wurde der entscheidende Wandel unter seiner Regie vollzogen.

Wenn die Königsbücher bzw. das DtrG die Leserschaft für deuteronomische Kultmaximen und Reue gewinnen sollten, rührt der Antagonismus zwischen Beweisziel und Beweismaterial primär aus dem Manasse angelasteten Präjudiz, das dafür sorgt, dass die Würfel schon vor der Reform endgültig gefallen sind.[81] Diese Logik besitzt Implikationen, die einen weiteren Blick verdienen. Deshalb sei nochmals jene Stellenserie betrachtet, die Manasse die Hauptschuld für das Exil und die Fruchtlosigkeit der Umkehr Joschijas aufbürdet (*2 Kön 21,10–15[16?]; 23,26–27; 24,3–4*). Ferner sind hier die *deuteronomistischen Königsrahmen für die Herrscher nach Joschija* von Belang. Dass die verhängnisvolle Schuld *vor* der Reform verortet wird anstatt danach, verleiht dem konzeptionellen Profil des Werkes seinen paradoxen Zug und dem Schicksal Joschijas seinen tragischen Charakter: Einerseits werden die Tugenden des Königs als vorbildlich gepriesen und das heilssichernde Potenzial von kultischer Orthopraxie und Umkehr propagiert, während die Manasse-Passagen diese Anliegen nachgerade sabotieren. Dabei hat es den Anschein, als hätten sich die krassen Dissonanzen spielend leicht vermeiden lassen: Man hätte lediglich unter den Nachfolgern Joschijas einen neuen Sündenbock ausmachen und ihm einen ähnlichen Rückfall zu verabscheuten Bräuchen bescheinigen müssen, wie das bei Manasse geschehen war. Dieser Ausweg lag umso näher, als ja sämtliche vier Könige nach Joschija dem Verdikt der negativen Wertungsformel anheimfielen (2 Kön 23,32.37; 24,9.19). Lässt man Joahas und Jojachin wegen ihrer kurzen Regierungszeiten (und Jojachin auch wegen der Nachrichten in 25,27–30) beiseite, verbleiben Jojakim und Zidkija, denen die alttestamentliche Überlieferung ohnehin wenig sympathische Züge beilegt. Was hinderte daran, sie weiter anzuschwärzen und ihnen die

---

80 Vgl. oben Anm. 54.
81 Eine umfassende Studie zum Bild Manasses im AT und außerbiblischer Literatur hat unlängst F. STAVRAKOPOULOU, King Manasseh, vorgelegt.

Schuld an der Katastrophe aufzuladen?[82] Der einfache Kunstgriff hätte einen ungeheuren Gewinn eingetragen: Die eklatanten Widersprüche, mit denen die Königsbücher ihre eigenen Ansätze zur Hoffnung auf eine Wende zum Besseren untergraben, wären sämtlich ausgeblieben. Warum hat man den offenkundigen und bequemen Rettungsweg nicht beschritten?

Wenn stattdessen Manasse und seine Zeitgenossen die Hauptverantwortung schultern mussten, hängt dies im heutigen Text der Königsbücher mit zwei tragenden Pfeilern ihrer Geschichtskonzeption zusammen. Erstens sah das Geschichtsbild mit Hiskija und Joschija in kurzem Abstand zwei Reformerkönige vor, wobei letzterem die Rolle des Haupthelden zukam. Deswegen musste dazwischen ein Apostat geeignete Missstände anrichten, an denen Joschija seine Vortrefflichkeit beweisen konnte. Man mag sich fragen, ob die vom System verlangte Dämonisierung Manasses die Möglichkeit ausschloss, ihm später einen Wiedergänger an die Seite zu stellen, doch hier ist auf die zweite Säule zu verweisen, die noch folgenreicher war und besagte, dass Joschija sämtliche kultischen Missbräuche mit Stumpf und Stiel ausgerottet habe. Dabei ragen auffällig die Höhenheiligtümer heraus, wird uns doch ausdrücklich versichert, der König habe sie irreversibel dem gottesdienstlichen Gebrauch entzogen (2 Kön 23,8bc), und dies, nachdem zuvor selbst bei positiv bewerteten Herrschern unausgesetzt ihr Fortbestand bemängelt worden war[83] und Hiskija durch ihre Beseitigung seine Glanznote erworben hatte (2 Kön 18,4–5).[84] Aber selbst dies – so möchte man meinen – kann doch nicht verhindert haben, Joschijas Nachfolgern Kultfrevel anzuhängen, und sei es eben anderer Art.

Sollte dieser Entwurf der exilisch-nachexilischen Ära entstammen, müsste man seinem Schöpfer die Frage stellen, ob er gut beraten war, seinen Helden mit einer Totalbereinigung zu schmücken und dabei einer bestimmten Kultinstallation eine solche Sonderrolle zuzumessen, einschließlich ihrer endgültigen Profanation, die die Wiederindienstnahme der Anlagen definitiv unterband. Wenn der Redaktor in Kenntnis der Katastrophe sein Publikum für deuteronomische Maximen der kultischen Orthopraxie gewinnen wollte, hätte er dann seinen Zielen

---

82 Diesen Weg ist G^L (= G^*?) zu 24,4 gegangen, wo der in *MT* auf Manasse bezogene Relativsatz „(Auch das unschuldige Blut,) das er vergoss" das Subjekt „Jojakim" erhielt, offenkundig durch Jer 22,17 angeregt. Vgl. ferner Jer sowie die Chronikbücher und dazu H.-J. STIPP, Reform.

83 Vgl. oben Anm. 13.

84 Die Sonderstellung dieser Heiligtümer wird zudem von der theologischen Bilanz des Nordstaats (2 Kön 17,7–23) bekräftigt, wo die Kulthöhen (V. 9) das erste konkrete Beispiel der angeprangerten חֻקּוֹת הַגּוֹיִם (V. 8) abgeben.

nicht viel besser gedient, hätte er sein Werk in diesen Belangen von vornherein ganz anders angelegt? Wieso hat er nicht beispielsweise die Reform Hiskijas aufgewertet, die Invektiven gegen Juda in 2 Kön 17,13.19 unterlassen und die Taten Joschijas diskret verschwiegen? Ließ sich Hiskija, der Befreier vom assyrischen Joch und siegreiche Feldherr (2 Kön 18,7–8), nicht ohnehin leichter zum Vorbild steigern als sein so unglücklich zu Tode gekommener Urenkel?[85] Die späteren Untaten Manasses hätten die Verdienste Hiskijas niemals in Frage gestellt. Und selbst wenn der Redaktor die joschijanische Reform zum unerlässlichen Bestand rechnete, sind Gestaltungsalternativen denkbar, die die Paradoxien der gegebenen Erzählfolge verhütet hätten. Wenn dem Schöpfer der Königsbücher etwa die irreversible Austilgung der Höhenheiligtümer so viel bedeutete, wäre es dann nicht klüger gewesen, den Kulthöhen eine bescheidenere Rolle zuzuweisen, sodass Joschijas Nachfolger auch mit anderen Delikten den Untergang Judas hätten herbeiführen können? Oder wenn für ihn tatsächlich so viel von diesen Opferstätten abhing, was nötigte ihn dazu, Joschija überhaupt eine Radikalremedur zuzuschreiben statt wie bei Hiskija eine Art der Demontage, die ihre Wiederkehr erlaubte? Und wenn er schließlich weder auf den Vorrang der Kulthöhen noch auf ihre restlose Elimination durch Joschija verzichten wollte, was hielt ihn davon ab, den letzten judäischen Königen einfach den Bau neuer Anlagen auf unkontaminiertem Boden vorzuwerfen, wie es auch bei Salomo geschehen war (1 Kön 11,7–8)? Dem exilisch-nachexilischen Redaktor müssten folglich mehrere Wege offen gestanden haben, die Widersprüche am Schluss von 2 Kön zu vermeiden. Warum hat er stattdessen bis hin zum eigenen Schaden auf seinem Geschichtskonzept beharrt?

Es ist die Kombination aus der Schlüsselrolle der Kulthöhen für das Heil Judas und ihrer unwiderruflichen Ausmerzung durch Joschija, durch die sich ein Redaktor in der exilisch-nachexilischen Ära eigenhändig ohne ersichtlichen Zwang ein gewaltiges Erklärungsproblem aufgeladen haben müsste, weil er sich die Möglichkeit verbaute, einen plausiblen Grund für den Untergang erst nach der Reform anzusiedeln. Dabei hätte sich die restliche Königszeit dafür nachgerade angeboten. Der selbst gelegten Falle war dann nur noch mit knapper Not um den Preis jener Zumutungen zu entrinnen, die oben beschrieben wurden. Wie sich indessen abermals bestätigt, müsste der hypothetische Redaktor dermaßen seinen eigenen Interessen zuwidergehandelt haben, dass erneut der Frage nicht auszuweichen ist, ob das vorfindliche Konzept ein originales Erzeugnis darstellen kann.

---

85   In diese Richtung tendierte später die Chronik; s. dazu E. BEN ZVI, Josiah, 55.

Warum also hat man das offenkundige Schlupfloch nicht genutzt, die Niederlage mit Vergehen zu motivieren, die sich unter den Herrschern nach Joschija abspielten? Der merkwürdige Befund lässt sich mit drei Annahmen herleiten, die sowohl historische als auch literaturgeschichtliche Konsequenzen einschließen:

(1) Die Behandlung der Kulthöhen in Kön repräsentiert den Blickwinkel eines vorexilischen Zeugen, für den Joschija diese Anlagen unwiederbringlich beseitigt hatte; ähnliches gilt für das Thema des Götzendienstes. Ferner hatte in seinen Augen die glücklich durchgesetzte kultische Orthopraxie das Wohlergehen Judas endgültig gesichert und somit gegen ernste Unbill immunisiert. Zumal ein Untergang nach Art des Nordreichs erschien ihm undenkbar, denn ebendies zu verhindern war ja laut seinem Werk ein zentrales und obendrein erreichtes Ziel der königlichen Reformen. In diesem Denkrahmen konnte der Redaktor die Höhenheiligtümer zuversichtlich mit ihrer schicksalhaften Rolle ausstatten. Daraus folgt für die Literaturgeschichte, dass der Kernbestand der Königsbücher bzw. des DtrG bereits vorexilisch verfasst wurde, und historisch, dass Joschija die Opferzentralisation entscheidend vorangetrieben hat.

(2) Die den Königen nach Joschija gewidmeten Passagen von 2 Kön wurden nicht zu lange nach dem Schlüsseldatum 587 verfasst, und zwar für Adressaten, die noch wussten, dass die joschijanische Reform bis zum Ende des Staates Juda mitnichten rückgängig gemacht worden war: Weder war der Höhenkult wieder aufgelebt, noch hatte die Fremdgötterverehrung im offiziellen Gottesdienst einen nennenswerten Stellenwert zurückgewonnen. Bei einem solchen Weltwissen des Zielpublikums lässt sich erklären, warum der Trägerkreis des Werkes lieber die Widersprüche im Gefolge der Bezichtigung Manasses in Kauf nahm als die allseits bekannten Verhältnisse in einer Weise zu verzeichnen, die die eigene Glaubwürdigkeit noch mehr gefährdet hätte.[86] Das den Erklärungsbedürfnissen der Redaktion zuwiderlaufende Bild der postjoschijanischen Königszeit belegt, dass die Neuordnung des Kultwesens nach 609 im Wesentlichen in Kraft blieb und folglich auch vorexilisch stattgefunden haben muss.

(3) Der begrenzten Bereitschaft zum Geschichtsrevisionismus hinsichtlich der kultischen Verhältnisse in der ausgehenden Königszeit entsprach ein bemerkenswert zurückhaltender Umgang mit der ur-

---

86 Der Schwund dtr Terminologie in den Schlussteilen von 2 Kön, die den judäischen Königen nach Joschija gewidmet sind, lässt sich also nicht mit dem Hinweis erklären, es habe dazu keinen Anlass mehr gegeben (vgl. oben S. 325 mit Anm. 23). Vielmehr ist die Frage zu beantworten, warum diesen Herrschern keine Kultfrevel mehr angelastet wurden.

sprünglichen Fassung des Werkes. Wie das Resultat der im Rückblick
auf den Zusammenbruch erfolgten Aktualisierung demonstriert, nahm
der Trägerkreis davon Abstand, seine Geschichtsdarstellung aus dem
Verkehr zu ziehen und ggf. zu ersetzen oder so durchgreifend abzuwandeln, dass Unstimmigkeiten weitgehend vermieden wurden. Das
gegebene Ausmaß der Widersprüchlichkeit fördert vielmehr den Eindruck, dass die Bearbeiter es in der Regel vorzogen, den Grundbestand
zu erweitern, während sie nur sparsam zu Tilgungen und Neuschrei-
bungen griffen, wie es beim Huldaorakel geschah und offenbar auch
beim ursprünglichen Schluss, den man mangels einer klaren Zäsur besser als verloren betrachten wird. Auch im Hinblick auf den Originaltext
sah man also Gründe, bestimmte kapitale Diskrepanzen lieber hinzu-
nehmen als sie durch einschneidende Manipulation der Vorlage aus
der Welt zu schaffen. Allem Anschein nach war das Werk schon so
bekannt, dass die Bearbeiter von weiter gehenden Streichungen bloß
zusätzliche Glaubwürdigkeitsprobleme befürchteten.

So bestätigt also auch das Porträt der letzten vier Könige von Juda
in 2 Kön im Kern die Historizität und Dauerhaftigkeit von Joschijas
Eingriffen in das Kultwesen. Das Überleben seiner Reformen in den
verbleibenden Jahren der Monarchie ist ohnedies historisch plausibel.
Was die Kultreinheit angeht, so waren assyrische Symbolsysteme pas-
sé, und angesichts der gut bezeugten antibabylonischen Neigungen am
Jerusalemer Hof[87] hatte auch die Variante der neuen mesopotamischen
Großmacht schlechte Karten. Ägyptischen Einflüssen waren schon seit
605 wieder Zügel angelegt. Zwar gibt es Klagen über Götzendienst in
jener Phase,[88] die aber historisch schwer auszuwerten sind. Dazu kommen die archäologischen Belege für bleibende Vielfalt in der Privat-
frömmigkeit. Wer indes die letzten Jahre Judas als Hort der Abgötterei
brandmarken wollte, schien es schwer zu haben und musste sie daher
in einem pauschalisierten Gesamtpanorama der Geschichte Israels ein-
ebnen, wie es etwa die redaktionellen Ebenen des Jeremiabuches[89] und
das Ezechielbuch taten.

Noch wahrscheinlicher ist die Zählebigkeit der Opferzentralisation.
Denn wie auch immer die deuteronomischen Vorschriften zum Eigen-

---

87 Vgl. C. HARDMEIER, Prophetie im Streit; H.-J. STIPP, Parteienstreit; O. KEEL, Ge-
    schichte I, 733–755 (§ 974–1012).
88 Vgl. z. B. Ez 8,5–18 (dazu O. KEEL, Geschichte I, 712 [§ 943f.]); 33,25; Zef 1,4–5.9. Die
    vorredaktionellen Bestandteile von Jer 2,4–4,2 sind mit R. ALBERTZ, Frühzeitverkün-
    digung, auf die Nachkommen der Nordstämme zu beziehen.
89 Vgl. H.-J. STIPP, Reform.

verzehr von Zehnt und Erstlingsgaben zu verstehen sind,[90] hatte die Kulteinheit jedenfalls zur Folge, „dass jeder männliche Judäer bzw. Israelit mindestens dreimal jährlich nach Jerusalem zu kommen hatte, und das nicht mit leeren Händen (Dtn 16,16f)". Die Neuregelung „kanalisierte die sakralen Einkünfte und Abgaben nach Jerusalem, was einen Zuwachs zu den bereits beträchtlichen Einkünften bedeutete".[91] Im Licht dieser Umstände gewinnen bestimmte Merkwürdigkeiten des Reformberichts an Aussagekraft: Der Bericht vom Buchfund verknüpft die Wiederentdeckung des Gesetzbuchs mit Restaurierungsarbeiten am Tempel und erklärt den Lesern zusätzlich, dass die Renovation des Heiligtums, nach Lage und Größe bekanntlich eher eine königliche „Palastkirche",[92] nicht aus Mitteln des Herrscherhauses, sondern allein aus Spenden der Pilger bezahlt worden sei (2 Kön 22,4). Beim gegebenen Status des Jerusalemer Tempels wich dieses Finanzierungsmodell offenbar derart von gängiger altorientalischer Praxis ab, dass man ihm in 2 Kön 12,10–16 eigens eine Ätiologie vorausschickte, um ihm den Ritterschlag der altbewährten und daher unangreifbaren Tradition zu erteilen.[93] Gleichwohl verzichtet der Text auf jeden expliziten Hinweis,

---

90 Dtn 12,17–18; 14,22–23; 15,19–20 (vgl. auch den Handel mit Zehntmaterialien 14,24–26). Zwar ist die Interpretation verbreitet, die betreffenden Vorschriften liefen auf eine verklausulierte Abschaffung des Zehnten hinaus, doch ist dies etwas zu schön, um wahr zu sein. Demgegenüber erscheint die Erklärung von T. VEIJOLA, Deuteronomium, realistischer: „Eine so radikale und leichtsinnige Umfunktionierung des Zehnten würde eine utopische Neuregelung darstellen ... Viel näher liegt die Annahme, dass der Gesetzgeber in V. 23a* das Selbstverständliche, nämlich die Abgabe eines Teils an das Staatsheiligtum (vgl. 15,19; 18,3 f) stillschweigend als bekannt voraussetzt" (306, mit Verweisen auf alternative Auslegungen).

91 O. KEEL, Geschichte I, 569f. (§ 725); ebenso schon J. SCHAPER, Priester, 94. Eine Vorstellung von der materiellen Symbiose von Thron und Altar vermittelt anhand eines zeitnahen mesopotamischen Beispiels die Studie von K. KLEBER, Tempel und Palast, bezogen auf den Eanna-Tempel von Uruk in neubabylonischer und frühachämenidischer Zeit.

92 O. KEEL, Geschichte I, 247–250 (§ 294–297), Zitat 248 (§ 296).

93 Vgl. A. BERLEJUNG, Innovation, 91: „In Staaten und Städten, die einen König haben, war es üblich, dass sich dieser um den Tempel des offiziellen Kults kümmerte, dort manchmal auch kultische Aufgaben übernehmen konnte, aber in jedem Fall dafür zahlte." Erst aus der neubabylonischen Epoche, also grob gleichzeitig ist die Praxis belegt, dass Einkünfte aus den Opferstöcken an den Tempeltoren für Renovationsarbeiten benutzt wurden; vgl. A. L. OPPENHEIM, Fiscal Practice, 117f.; CAD 13 Q 308–310, Art. quppu A 3b (ich danke W. Sallaberger für diese Literaturhinweise). Die biblischen Quellen verlegen die Finanzierung des salomonischen Tempels ganz in die Hände des Bauherrn (1 Kön 5,20.25; 9,11), der dafür auch Frondienste beanspruchen kann (5,27–32; vgl. 9,15.20–23), doch von Spenden ist nicht die Rede. In nachexilischer Zeit gingen Bau, Unterhalt und Betrieb des Tempels mangels König zwangsläufig in die finanzielle Verantwortung der Gemeinde über; vgl. Ex 25–40* P; Ez

warum man die Geldquelle der Reparaturen für das Verständnis des Folgenden kennen sollte. Wollte man die Würde des Buches, das den göttlichen Auftrag zu Joschijas Reformen dokumentierte, durch sein Auftauchen im Tempel unterstreichen, hätte es genügt, allein den Fundort mitzuteilen und vielleicht noch die Baumaßnahmen als plausiblen Anlass der Wiederentdeckung zu erwähnen. Wozu jedoch die fiskalischen Details? Der Sachzusammenhang dürfte den ursprünglichen Adressaten des Textes noch klar gewesen sein.[94] Immerhin vergisst ja auch das Zentralisationsgesetz nicht den detaillierten Hinweis: „Ihr sollt dorthin eure Brandopfer, eure Schlachtopfer, eure Zehnten, das Hebopfer eurer Hand, eure Gelübde, eure freiwilligen Gaben und die Erstgeburten eurer Rinder und Schafe bringen." (Dtn 12,6) Doch welche Motive auch immer die deuteronomistische Bewegung veranlasst haben mochten, die Opferzentralisation zu verfechten, die materiellen Vorteile dürften den Königen einen starken Anreiz geboten haben, an dieser kultischen Maxime festzuhalten.

Aus alldem folgt: Joschija hat am judäischen Kultwesen Veränderungen vorgenommen, die als gewichtig genug empfunden wurden, um ein literarisches Echo hervorzurufen. Nach seinem Tod blieben sie in Kraft. Obwohl dies den Erklärungsbedürfnissen der Deuteronomisten nach 587 zuwiderlief, war der Tatbestand nicht zu leugnen, abzulesen an dem gewaltigen Preis, den man dafür entrichtete, indem man von der Anklage des Rückfalls absah und stattdessen der Manasse-Generation die Hauptschuld auflud.[95] Das der Werbung für dtn/dtr Ideale nur bedingt förderliche Geschichtsbild hat neben den historischen auch literarische Konsequenzen: Dem heutigen Textbestand muss ein vorexilisches Original zugrunde liegen, denn wer nach 587 frei gestalten konnte, hätte seine Darstellung von vornherein in fundamentalen Hinsichten anders konzipiert. Wie an separater Stelle darzulegen ist, haben die Deuteronomisten, die das Jeremiabuch edierten und ebenfalls in der exilischen Epoche arbeiteten, die joschijanische Reform in ein völlig anderes Licht getaucht. Dies konnten sie tun, weil sie keine Rücksicht auf eine vorgegebene Beschreibung der Vorgänge zu nehmen brauch-

---

45,13–17; Esr 1,6; 2,68–69. Für Details vgl. R. ROTHENBUSCH, Finanzierung; M. D. KNOWLES, Centrality, 105–120.

94 Zu einer anderen Erklärung der fiskalischen Informationen vgl. O. LIPSCHITS, Cash-Boxes.

95 Für eine alternative und erheblich verwickeltere Erklärung der Bezichtigung Manasse vgl. B. HALPERN, Manasseh. Abwegig erscheint mir die Hypothese von F. STAVRAKOPOULOU, Manasseh, die Beschuldigung von Joschijas Großvater wurzele in dessen Namensgleichheit mit dem dominanten Nordstamm, die ihn zur Verkörperung bekämpfter religiöser Fremdeinflüsse prädestiniert habe (62–68.319).

ten. Ähnlich nutzten auch die Autoren der Chronik den Spielraum, den sie gewannen, indem sie die Samuel- und Königsbücher nicht bearbeiteten, sondern auf dieser Basis ein neues literarisches Werk kreierten.[96] Der andernorts nachzutragende Vergleich mit alternativen Gestaltungen des Stoffes wird also die verbreitete These, dass die Bezichtigung Manasses jüngeren Händen entstammt, weiter erhärten.

Zum Abschluss sei ein Passus aus der „Erzählung von der assyrischen Bedrohung und der Befreiung Jerusalems" (ABBJ-Erzählung) betrachtet, die Christof Hardmeier in 2 Kön 18f.* wiederentdeckt hat.[97] Nach seiner m. E. ausgezeichnet begründeten Hypothese entstand die Grundschicht der beiden Kapitel während der babylonischen Belagerung Jerusalems 588/7 als literarische Replik auf eine Prophezeiung, die Jeremia dem König Zidkija im Gefolge eines amtlichen Fürbittgesuchs erteilt hatte[98] (mit der Konsequenz, dass die Einheit ihrem Kontext nachträglich einverleibt wurde). Über den Vorgang unterrichten uns Jer 37,3–10 und 21,1–10; danach beschied Jeremia den König mit der Auskunft, Widerstand sei zwecklos und die Kapitulation geboten, da JHWH den Babyloniern den Sieg zugesprochen habe. Hierzu präsentiert die ABBJ-Erzählung eine „narrative Gegenprophetie", indem sie von einem analogen Fürbittgesuch Hiskijas bei Jesaja während der assyrischen Belagerung Jerusalems 701 berichtet. Bei demonstrativer Parallelisierung der Situationen legt der Autor dem nach seinen Wünschen stilisierten Jesaja diejenige Antwort in den Mund, die für ihn ein zionstheologisch sattelfester Prophet dem König Zidkija hätte erteilen müssen: nämlich den Aufruf, durchzuhalten und auf eine wunderhafte Rettungstat JHWHs zu hoffen. Das Dokument zielte sichtlich auf Zidkija

---

96 H.-J. STIPP, Reform. Vgl. zudem zum Bild der joschijanischen Reform in der prophetischen Literatur E. BEN ZVI, Josiah.

97 C. HARDMEIER, Prophetie im Streit, und dazu jüngst O. KEEL, Geschichte I, 741–755 (§ 985–1012).

98 Nach HARDMEIER, ebd. 309, spielte sich der Vorgang während einer Belagerungspause ab, nachdem die Babylonier im Gefolge eines drohenden ägyptischen Entsatzangriffs zeitweilig abgezogen waren. Das ist wenig glaubhaft, denn Zidkija hätte kaum die Einkesselung durchgestanden, um dann nach wiedergewonnener Freiheit prophetische Auskunft zu suchen, ob er dem abziehenden Babyloniern seine Kapitulation hinterhersenden solle. Dieser seltsamen Vorstellung leistet allerdings der gewachsene Wortlaut von Jer 37,3–10 Vorschub, wo Zidkijas Anfrage nachträglich in die Belagerungspause verlegt wurde; vgl. H.-J. STIPP, Parteienstreit, 152–161; G. WANKE, Jeremia, 342f. Die Grundschicht 37,3.6.9–10 situierte das Gesuch dagegen während der Belagerung, wie es der historischen Wahrscheinlichkeit entspricht und von Jer 21,1–10 bestätigt wird. Dies untermauert indirekt auch 2 Kön 18f., wo Zidkija um prophetische Fürsprache bittet, während der Feind vor den Mauern steht.

und sollte ihn überzeugen, unbeirrt von Jeremias Defätismus dem ima-
ginierten Vorbild Hiskijas nachzueifern und auszuharren.

Zu den literarischen Kunstgriffen der Erzählung gehört eine Szene,
in der ein feindlicher General, der Rabschake, die Jerusalemer in einer
Propagandarede aufruft, die Waffen zu strecken, wobei dem Assyrer
auffällige Anleihen bei der Prophetie Jeremias unterlaufen. Er warnt
die Belagerten vor dem Vertrauen auf ihren Gott JHWH und flicht dabei
einen erstaunlichen Seitenhieb ein. In 2 Kön 18,22 fragt er höhnisch:
„Und wenn ihr zu mir sagt: »Auf unseren Gott JHWH vertrauen wir« –
ist das nicht der, dessen Kulthöhen und Altäre Hiskija entfernt und zu
Juda und Jerusalem gesagt hat: »Vor diesem Altar sollt ihr euch niederwerfen, in Jerusalem!«?"[99] Der Vers geht mit 2 Kön 18,4 von einer
Opferzentralisation unter Hiskija aus.[100] Warum jedoch brachte der
Verfasser das Thema der Kulteinheit ausgerechnet in diesem Kontext
zur Sprache? Der Rabschake ist in der ABBJ-Erzählung als groteske
Negativfigur gezeichnet. Sein Markenzeichen ist die Blasphemie; er ist
der schlechthinnige Gottesfeind, mit der Folge, dass in seinem Mund
jede Aussage eine gegenteilige Wertigkeit annimmt: Was er unterstützt,
muss böse sein, wie die Prophetie Jeremias; was er schmäht, muss gut
sein. Sein Hohn auf die Opferzentralisation schlägt daher automatisch
in ein auktoriales Bekenntnis zu ihr um. Die merkwürdige Art des Zu-
griffs auf das Thema ist dann erklärlich, wenn der Verfasser, ein Anhänger der Reform, noch mehr als dreißig Jahre nach dem vorgeblichen
Buchfund zähen Widerstand gegen die Kulteinheit bekämpfen musste.
Er diffamierte die Opposition, indem er ihren Standpunkt dem Rab-

---

99 Auf die Zeugniskraft dieses Passus für unseren Zusammenhang hat bereits knapp
    hingewiesen O. KEEL, Geschichte I, 598.744f. (§ 769.992).
100 Die Frage, ob der Trend zur Opferzentralisation bereits unter Hiskija einsetzte, ist
    derzeit wieder offen. Bislang hat die Historiographie zwar mit hiskijanischen
    Eingriffen in das Kultwesen wie z. B. der Beseitigung des Nehuschtan gerechnet,
    doch galt eine Kulteinigung als völlig unwahrscheinlich, wie etwa jüngst betont von
    M. ARNETH, Hiskijareform; O. KEEL, Geschichte I, 422–429 (§ 487–494); D. EDELMAN,
    Centralization. Noch weiter geht J. PAKKALA, Cult Reforms, 213–217, der sogar jegli-
    che kultischen Neuregelungen Hiskijas in das Reich der Legende verweist (vgl. auch
    oben Anm. 64). Möglicherweise sind diese Ansichten aufgrund archäologischer Fun-
    de zu revidieren; vgl. Z. HERZOG, Cult Centralization, der seine Sicht der Indizien-
    lage zur Kultzentralisation wie folgt resümiert: „All the archaeological evidences be-
    long to the 8th century BCE, fitting the time of Hezekiah; no archaeological evidence
    appears for a cultic reform during the 7th century BCE, the time of Josiah." (178) Vgl.
    ferner E. BLUM, Geschichtswerk. – Traditionell hat man 2 Kön 18,22 als anachronisti-
    sche Glosse ausgeschieden, solange man das Schriftstück noch aus dem frühen 7.
    Jahrhundert herleitete; so z. B. E. WÜRTHWEIN, Könige, 406f.411f. Mit der Datierung
    Hardmeiers entfällt dieser Zwang, weil der Verfasser bereits auf die joschijanische
    Reform zurückschaute.

schake unterschob, mit der klaren Botschaft: Die Feinde JHWHs erkennt man an ihrer Gegnerschaft zur Opferzentralisation. Wenn es Anlass gab, gegen solche Stimmen einzuschreiten, muss es auch deren Zielscheibe gegeben haben: die noch vorexilisch durchgesetzte Kulteinheit.

Dass sich breitere Kreise gegen derlei Innovationen sträubten, versteht sich von selbst, auch wenn der Reformbericht erwartungsgemäß nur wenig davon verrät. Die Opferzentralisation lief antiken Instinkten diametral zuwider und griff tief in das Leben, die Gebräuche und Traditionen der Menschen ein, indem sie ihnen die Regelung ihres persönlichen Verhältnisses zu JHWH erheblich verkomplizierte;[101] nicht von ungefähr sind diskutable antike Analogien dünn gesät.[102] Noch weitaus stärker müssen sich die ihrer Ämter beraubten Kultspezialisten auf der Verliererseite wiedergefunden haben. Bestimmte judäische Kultdienerklassen sollen mit Berufsverbot belegt worden sein (2 Kön 23,5.24), andere aus dem Territorium des ehemaligen Nordreichs sogar mit dem Leben gebüßt haben (V. 20). Wie immer diese Nachrichten historisch zu beurteilen sind, mussten die Opfer und ihre Angehörigen jedenfalls schmerzliche Verluste hinnehmen.[103] Nicht ohne Grund hat man für die entwurzelten judäischen „Höhenpriester" (כֹּהֲנֵי הַבָּמוֹת) einen Sozialplan vorgesehen, doch bleibt die Vollzugsnotiz im Reformbericht (2 Kön 23,9) deutlich hinter dem einschlägigen Paragrafen des dtn Gesetzes zurück (Dtn 18,6–8; vgl. 33,10). In der Praxis wurde den Betroffenen „nur ein ähnlicher Status zugestanden wie invaliden Priestern (vgl. Lev 21,16–23). Das muss für die Höhenpriester ziemlich demütigend gewesen sein."[104] Die Regelung hat sicherlich Härten gemildert, aber die degradierten Priester und ihre angestammten Kunden kaum in glühende Apostel der Reform verwandelt.[105] In diesem Zusammenhang lässt sich

---

101 Dasselbe gilt natürlich für die Monolatrie, wie allein schon der polemische Umgang mit dem Thema in der Bibel dokumentiert; vor allem sei nochmals auf Jer 44,15ff. verwiesen.

102 Vgl. oben Anm. 77.

103 Noch drastischer sind die Konsequenzen umrissen bei J. PAKKALA, Cult Reforms, 207: „If one assumes that the cult centralization is a historical event, the abolition of the local cult sites would have meant an economic catastrophe for many towns where there was an important cult center." Selbst wenn dieses Porträt zutrifft, sind damit gegen Pakkala (vgl. oben Anm. 64) derlei Reformen noch keineswegs als unhistorisch erwiesen.

104 O. KEEL, Geschichte I, 524 (§ 641).

105 Nach A. SCHENKER, Reform Joschijas, ist der älteste Wortlaut von 2 Kön 23,1–3 in der Vetus Latina erhalten geblieben. Laut jener Fassung „wurden die Jerusalemer zu diesem Bundesschluss nicht eingeladen, oder sie lehnten ihn ab" (253); vgl. auch DERS., Textgeschichte, 68–71. Wie immer indes die VL-Lesarten zu erklären sind, bleibt festzuhalten: Dass die Zentralisation ausgerechnet gegen den Widerstand der

noch ein weiteres Detail der Rede des Rabschake auswerten: Die ABBJ-
Erzählung repräsentiert in ihren Figuren bestimmte maßgebliche
Akteure im belagerten Jerusalem. In diesem Gefüge nimmt Hiskija die
Position Zidkijas ein. Insofern konnte sich Zidkija in 2 Kön 18,22 als
Kultreformer gepriesen finden. Daran dürfte zumindest so viel wahr
sein, als Zidkija – womöglich gegen beachtliche Widerstände – an der
Opferzentralisation festgehalten hatte, ganz wie es oben schon den Kö-
nigsrahmen nach Joschija und den mutmaßlichen fiskalischen Hinter-
gründen der Maßnahme entnommen worden war.

4. Ergebnis

Der Blick auf die Gegner der joschijanischen Reform führt uns zurück
zur Frage nach dem ursprünglichen Ausklang der Königsbücher bzw.
des DtrG. Die Paradoxien, die die heutigen Schlusskapitel durchziehen,
entfallen bei einem vorexilischen Ursprung und der Aussonderung
jener Passagen, die den Untergang Judas bereits kennen, ganz wie es
auch andere, altbekannte Fingerzeige nahelegen. In den letzten Jahrzehnten der Königszeit, im Umkreis der joschijanischen Reform, hat
das Werk seinen natürlichen Ort. Denn schon die Monolatrisierung des
Gottesdienstes bedeutete einen Traditionsbruch, der auf zähe Gegenwehr gestoßen sein muss, aber wie dargelegt, dürfte sich gegen die
Opferzentralisation sogar beträchtlicher innerjahwistischer Widerstand
aufgelehnt haben. Solche Opponenten galt es zu überzeugen. Hier bestand Bedarf an einer Legitimation der Reform, und diesem Ziel dürfte
das Schriftstück seine Existenz verdanken. Es ist nicht auszuschließen,
dass auch der Wunsch nach Rechtfertigung von Joschijas Nordexpansion eine Rolle spielte, wie von Vertretern der vorexilischen Entstehung
häufig angenommen;[106] doch anders als die kultischen, das Leben der
Judäer direkt tangierenden Aspekte dürften imperiale Ambitionen
kaum auf Vorbehalte im eigenen Lande getroffen sein. Diese Verortung
bietet auch eine einfache Antwort auf die Frage, wer über die Fähigkeiten und Ressourcen verfügte, ein solches Werk zu schaffen: Der natürliche Kandidat ist Joschijas Staatsschreiber Schafan ben Azalja (2 Kön
22,3ff.).

So erscheint zwar Skepsis angebracht, ob sich der genaue Wortlaut
des ursprünglichen Endes noch erheben lassen wird. Gleichwohl sind

---

Hauptstädter durchgesetzt werden musste, hat die geringste Wahrscheinlichkeit für
sich. Allerdings würde sogar ein solcher Hergang die obige These stützen.
106 So schon F. M. CROSS, Themes, mit vielen Nachfolgern.

die Indizien zugunsten einer Abfassung des Originals in der späten Königszeit so geartet, dass die Unterstützung für diese These kaum verstummen wird. Wie der Befund ferner demonstriert, kann das Urteil über den ehemaligen Schluss des fraglichen Literaturwerks nicht allein aufgrund der Distribution geprägter Elemente fallen, sondern muss die Logik des Erzählten ins Auge fassen.

Doch selbst wenn der vorexilische Ursprung korrekt erschlossen wurde, muss irgendwann eine Neuausgabe des DtrG geschaffen worden sein, die dem von Noth vorausgesetzten Textbestand mit seiner überaus düsteren Note nahe kam; die also zwar u. a. die Manasse-Passagen und den heutigen Schluss umfasste, aber noch keine zuversichtlichen Akzente enthielt, wie sie später vor allem durch Dtn 4,29–31 und 30,1–10 gesetzt wurden[107] (wobei diese Retuschen nach Umfang und Position im Gesamtwerk trotzdem eine schwache Stimme gegenüber der kategorischen Schlussstrichrhetorik in 2 Kön blieben). Eine derart pessimistische Sicht der Lage Israels/Judas ist nach dem Ende des Exils kaum mehr denkbar. Demnach müssen die Überlebenden wohl bald nach der Katastrophe eine Phase äußerster Desorientierung durchlitten haben, in der ihnen eine Theodizee als dringendstes Erfordernis über alles ging, sogar um den Preis, sich jeder plausiblen Zukunftsperspektive zu enthalten. Infolgedessen verwandelten die exilischen Ergänzer des DtrG die Ätiologie der Reform in eine Ätiologie der unwiderruflichen Verwerfung Israels. Trotzdem zeigen ja schon die Fortexistenz Israels und die heilstheologische Weiterarbeit an dem Geschichtswerk, dass die durch die Textoberfläche faktisch (!) suggerierte Selbstaufgabe mitnichten vollzogen wurde, und allein die Theodizeebemühung als solche, so hilflos sie klingen mag, ist bereits ein erstes, verzweifeltes Sich-Aufbäumen des Überlebenswilllens. Auch die nach 587 tätigen Editoren des DtrG können nicht wirklich das gemeint haben, was sie der Sache nach sagten. Der aporetische Abbruch ihrer exilischen Neuausgabe vermittelt indes einen Eindruck, wie tief das Trauma der Niederlage die Opfer erschüttert hat.

---

107 Vgl. oben Anm. 44.

Zitierte Literatur

ADAM, K.-P., Saul und David in der judäischen Geschichtsschreibung. Studien zu 1 Samuel 16 – 2 Samuel 5 (FAT 51), Tübingen: Mohr 2007.

ALBERTZ, R., Jer 2–6 und die Frühzeitverkündigung Jeremias, ZAW 94 (1982) 20–47 = ders., Geschichte und Theologie. Studien zur Exegese des Alten Testaments und zur Religionsgeschichte Israels (BZAW 326), Berlin: de Gruyter 2003, 209–238.

— Die Exilszeit. 6. Jahrhundert v. Chr. (BE 7), Stuttgart: Kohlhammer 2001.

— Why a Reform like Josiah's Must Have Happened, in: L. L. Grabbe (Hg.), Good Kings and Bad Kings, 27–46.

ALFRINK, B., L'expression שכב עם אבותיו, OTS 2 (1943) 106–118.

ARNETH, M., Die antiassyrische Reform Josias von Juda. Überlegungen zur Komposition und Intention von 2 Reg 23,4–15, ZAR 7 (2001) 189–216.

— Die Hiskiareform in 2 Reg 18,3–8*, ZAR 12 (2006) 169–215.

AURELIUS, E., Zukunft jenseits des Gerichts. Eine redaktionsgeschichtliche Studie zum Enneateuch (BZAW 319), Berlin: de Gruyter 2003.

AVIOZ, M., Josiah's Death in the Book of Kings: A New Solution to an Old Theological Conundrum, EThL 83 (2007) 359–366.

— What Happened at Megiddo? Josiah's Death as Described in the Book of Kings, BN 142 (2009) 5–11.

BAE, H.-S., Vereinte Suche nach JHWH. Die Hiskianische und Josianische Reform in der Chronik (BZAW 355), Berlin: de Gruyter 2005.

BARRICK, W. B., The King and the Cemeteries. Toward a New Understanding of Josiah's Reform (VT.S 88), Leiden: Brill 2002.

BARTON, J., Historiography and Theodicy in the Old Testament, in: R. Rezetko – T. H. Lim – W. B. Aucker (Hg.), Reflection and Refraction, 27–33.

BECKING, B., From David to Gedaliah. The Book of Kings as Story and History (OBO 228), Fribourg: Academic Press – Göttingen: Vandenhoeck & Ruprecht 2007.

BEN ZVI, E., Josiah and the Prophetic Books. Some Observations, in: L. L. Grabbe (Hg.), Good Kings and Bad Kings, 47–64.

BERLEJUNG, A., Geschichte und Religionsgeschichte des antiken Israel, in: J. C. Gertz (Hg.), Grundinformation Altes Testament, 59–192.

— Innovation als Restauration in Uruk und Jehud. Überlegungen zu Transformationsprozessen in vorderorientalischen Gesellschaften, in: E.-J. Waschke (Hg.), Reformen im Alten Orient und der Antike. Programme, Darstellungen und Deutungen (ORA 2), Tübingen: Mohr Siebeck 2009, 71–111.

BLANCO WIßMANN, F., «Er tat das Rechte ...» Beurteilungskriterien und Deuteronomismus in 1Kön 12 – 2Kön 25 (AThANT 93), Zürich: Theologischer Verlag 2008.

BLUM, E., Das exilische deuteronomistische Geschichtswerk, in: H.-J. Stipp (Hg.), Das deuteronomistische Geschichtswerk (ÖBS 39), Frankfurt a. M. (u. a.): Lang 2011, 269–295.

BRAULIK, G., Theorien über das Deuteronomistische Geschichtswerk (DtrG) im Wandel der Forschung, in: E. Zenger u. a., Einleitung in das Alte Testament, 237–256.

CAMP, L., Hiskija und Hiskijabild. Analyse und Interpretation von 2 Kön 18–20 (MThA 9), Altenberge: Telos 1989.

CAMPBELL, A. F., Martin Noth and the Deuteronomistic History, in: St. L. McKenzie – M. P. Graham (Hg.), The History of Israel's Traditions, 31–62.

CAMPBELL, A. F. – O'BRIEN, M. A., Unfolding the Deuteronomistic History. Origins, Upgrades, Present Text, Minneapolis MN: Augsburg Fortress.

CLEMENTS, R. E., A Royal Privilege: Dining in the Presence of the Great King (2 Kings 25.27–30), in: R. Rezetko – T. H. Lim – W. B. Aucker (Hg.), Reflection and Refraction, 49–66.

CROSS, F. M., The Themes of the Book of Kings and the Structure of the Deuteronomistic History (1968), in: Ders., Canaanite Myth and Hebrew Epic. Essays in the History of the Religion of Israel, Cambridge MA: Harvard 1973, 274–289.

DAVIES, PH. R., Josiah and the Law Book, in: L. L. Grabbe (Hg.), Good Kings and Bad Kings, 65–77.

DELAMARTER, ST., The Death of Josiah in Scripture and Tradition: Wrestling with the Problem of Evil?, VT 54 (2004) 29–60.

DIETRICH, W., Prophetie und Geschichte. Eine redaktionsgeschichtliche Untersuchung zum deuteronomistischen Geschichtswerk (FRLANT 108), Göttingen: Vandenhoeck & Ruprecht 1972.

— Art. Samuel- und Königsbücher, TRE 30 (1999) 5–20.

— Vielfalt und Einheit im deuteronomistischen Geschichtswerk, in: J. Pakkala – M. Nissinen (Hg.), Houses Full of All Good Things, 169–183.

EDELMAN, D., Hezekiah's Alleged Cultic Centralization, JSOT 32 (2008) 395–434.

EWALD, H., Geschichte des Volkes Israel bis Christus, Bd. I, Göttingen: Dieterich 1843.

EYNIKEL, E., The Reform of King Josiah and the Composition of the Deuteronomistic History (OTS 33), Leiden: Brill 1996.

FREVEL, C., Deuteronomistisches Geschichtswerk oder Geschichtswerke? Die These Martin Noths zwischen Tetrateuch, Hexateuch und Enneateuch, in: U. Rüterswörden (Hg.), Martin Noth aus der Sicht der heutigen Forschung (BThS 58), Neukirchen-Vluyn: Neukirchener 2004, 60–95.

— Wovon reden die Deuteronomisten? Anmerkungen zu religionsgeschichtlichem Gehalt, Fiktionalität und literarischen Funktionen deuteronomistischer Kultnotizen, in: M. Witte – K. Schmid – D. Prechel – J. C. Gertz (Hg.), Die deuteronomistischen Geschichtswerke, 249–277.

— Grundriss der Geschichte Israels, in: E. Zenger u. a., Einleitung in das Alte Testament, 701–870.

FROLOV, S., Evil-Merodach and the Deuteronomist. The Sociohistorical Setting of Dtr in the Light of 2 Kgs 25,27–30, Bib. 88 (2007) 174–190.

FROST, ST. B., The Death of Josiah: A Conspiracy of Silence, JBL 87 (1968) 369–382.

GEOGHEGAN, J. C., The Time, Place, and Purpose of the Deuteronomistic History. The Evidence of „Until This Day" (BJSt 347), Providence RI: Brown University 2006.

GERHARDS, M., Die Begnadigung Jojachins – Überlegungen zu 2.Kön. 25,27–30 (mit einem Anhang zu den Nennungen Jojachins auf Zuteilungslisten aus Babylon), BN 94 (1998) 52–67.

GERSTENBERGER, E. S., Israel in der Perserzeit. 5. und 4. Jahrhundert v. Chr. (BE 8), Stuttgart: Kohlhammer 2005.

GERTZ, J. C., Die Literatur des Alten Testaments, I. Tora und Vordere Propheten, in: ders. (Hg.), Grundinformation Altes Testament, 193–311.

GERTZ, J. C. (Hg.), Grundinformation Altes Testament. Eine Einführung in Literatur, Religion und Geschichte des Alten Testaments (UTB

2745), 3., überarb. u. erw. Aufl. Göttingen: Vandenhoeck & Ruprecht 2009.

GLATT-GILAD, D. A., The Deuteronomistic Critique of Salomon: A Response to Marvin A. Sweeney, JBL 116 (1997) 700–703.

GRABBE, L. L., Mighty Oaks from (Genetically Manipulated?) Acorns Grow: The Chronicle of the Kings of Judah as a Source of the Deuteronomistic History, in: R. Rezetko – T. H. Lim – W. B. Aucker (Hg.), Reflection and Refraction, 155–173.

GRABBE, L. L. (Hg.), Good Kings and Bad Kings. The Kingdom of Judah in the Seventh Century bce (T&T Clark Biblical Studies), London: T & T Clark 2007.

HALPERN, B., Why Manasseh is Blamed for the Babylonian Exile. The Evolution of a Biblical Tradition, VT 48 (1998) 473–514 = ders., From Gods to God, 297–335.

— From Gods to God. The Dynamics of Iron Age Cosmologies, ed. by M. J. Adams (FAT 63), Tübingen: Mohr Siebeck 2009.

HALPERN, B. – VANDERHOOFT, D. ST., The Editions of Kings in the 7th–6th Centuries B.C.E., HUCA 62 (1991) 179–244 = B. Halpern, From Gods to God, 228–296.

HANDY, L. K., Historical Probability and the Narrative of Josiah's Reform in 2 Kings, in: S. W. Holloway – L. K. Handy (Hg.), The Pitcher is Broken. Memorial Essays for Gösta W. Ahlström (JSOT.S 190), Sheffield: Academic Press 1995, 252–275.

HARDMEIER, C., Prophetie im Streit vor dem Untergang Judas. Erzählkommunikative Studien zur Entstehungssituation der Jesaja- und Jeremiaerzählungen in II Reg 18–20 und Jer 37–40 (BZAW 187), Berlin: de Gruyter 1990.

— Umrisse eines vordeuteronomistischen Annalenwerks der Zidkijazeit. Zu den Möglichkeiten computergestützter Textanalyse, VT 40 (1990) 165–184.

— König Joschija in der Klimax des DtrG (2Reg 22f.) und das vordtr Dokument einer Kultreform am Residenzort (23,4–15*). Quellenkritik, Vorstufenrekonstruktion und Geschichtstheologie in 2Reg 22f., in: R. Lux (Hg.), Erzählte Geschichte. Beiträge zur narrativen Kultur im alten Israel (BThS 40), Neukirchen-Vluyn: Neukirchener 2000, 81–145.

HERZOG, Z., Perspectives on Southern Israel's Cult Centralization: Arad and Beer-sheba, in: R. G. Kratz – H. Spieckermann (Hg.), One God – One Cult – One Nation, 167–199.

HOFFMAN, Y., Patterns of Religious Response to National Crisis in the Hebrew Bible, and Some Methodological Reflections, in: H. Graf Reventlow – Y. Hoffman (Hg.), Religious Responses to Political Crisis (LHB.OTS 444), New York: T & T Clark 2008, 18–35.

HOFFMANN, H.-D., Reform und Reformen. Untersuchungen zu einem Grundthema der deuteronomistischen Geschichtsschreibung (AThANT 66), Zürich: Theologischer Verlag 1980.

HUTTON, J. M., The Transjordanian Palimpsest. The Overwritten Texts of Personal Exile and Transformation in the Deuteronomistic History (BZAW 396), Berlin: de Gruyter 2009.

JANZEN, D., An Ambiguous Ending: Dynastic Punishment in Kings and the Fate of the Davidides in 2 Kings 25.27–30, JSOT 33 (2008) 39–58.

KEEL, O., Die Geschichte Jerusalems und die Entstehung des Monotheismus, Teil 1 (OLB IV.1), Göttingen: Vandenhoeck & Ruprecht 2007.

JEREMIAS, J., Der Zorn Gottes im Alten Testament. Das biblische Israel zwischen Verwerfung und Erwählung (BThSt 104), Neukirchen-Vluyn: Neukirchener 2009.

KLEBER, K., Tempel und Palast. Die Beziehungen zwischen dem König und dem Eanna-Tempel im spätbabylonischen Uruk (Veröffentlichungen zur Wirtschaftsgeschichte Babyloniens im 1. Jahrtausend v. Chr. Bd. 3; AOAT 358), Münster: Ugarit-Verlag 2008.

KNOPPERS, G. N., Two Nations under God. The Deuteronomistic History of Solomon and the Dual Monarchies, Vol. 1: The Reign of Solomon and the Rise of Jeroboam (HSM 52), Atlanta, GA: Scholars 1993.

KNOWLES, M. D., Centrality Practiced. Jerusalem in the Religious Practice of Yehud and the Diaspora in the Persian Period (SBL Archaeology and Biblical Studies 16), Leiden: Brill 2006.

KÖHLMOOS, M., »Die übrige Geschichte«. Das »Rahmenwerk« als Grunderzählung der Königebücher, in: S. Lubs – L. Jonker – A. Ruwe – U. Weise (Hg.), Behutsames Lesen. Alttestamentliche Exegese im interdisziplinären Methodendiskurs (ABG 28), Leipzig: Evangelische Verlagsanstalt 2007, 216–231.

KRATZ, R. G., Die Komposition der erzählenden Bücher des Alten Testaments. Grundwissen der Bibelkritik (UTB 2157), Göttingen: Vandenhoeck & Ruprecht 2000.

— The Idea of Cultic Centralization and Its Supposed Ancient Analogies, in: Ders. – Spieckermann, Hermann (Hg.), One God – One Cult – One Nation, 121–144.

KRATZ, R. G. – SPIECKERMANN, H. (Hg.), One God – One Cult – One Nation. Archaeological and Biblical Perspectives (BZAW 405), Berlin: de Gruyter 2010.

KUENEN, A., Historisch-kritisch onderzoek naar het ontstaan en de verzameling van de boeken des Ouden Verbonds. I. Het ontstaan van de historische boeken des Ouden Verbonds, Leiden: Engels 1861. Tweede, geheel omgewerkte uitgave, I. De Thora en de historische boeken des Ouden Verbonds, Amsterdam: van Looy 1887.

LEMAIRE, A., Vers l'histoire de la rédaction des Livres des Rois, ZAW 98 (1986) 221–236.

LEUCHTER, M., Josiah's Reform and Jeremiah's Scroll. Historical Calamity and Prophetic Response (HBM 6), Sheffield: Phoenix Press 2006.

LEVIN, C., Das Alte Testament (Beck Wissen), München: Beck ³2006.

– Die Frömmigkeit der Könige von Israel und Juda, in: J. Pakkala – M. Nissinen (Hg.), Houses Full of All Good Things, 129–168.

– The Empty Land in Kings, in: E. Ben Zvi – C. Levin (Hg.), The Concept of Exile in Ancient Israel and its Historical Contexts (BZAW 404), Berlin: de Gruyter 2010, 61–89.

LIPSCHITS, O., The Fall and Rise of Jerusalem. Judah under Babylonian Rule, Winona Lake IN: Eisenbrauns 2005.

– On Cash-Boxes and Finding or Not Finding Books: Jehoash's and Josiah's Decisions to Repair the Temple, in: Y. Amit – E. Ben Zvi – I. Finkelstein – O. Lipschits (Hg.), Essays on Ancient Israel in its Near Eastern Context (FS N. Na'aman), Winona Lake IN: Eisenbrauns 2006, 239–254.

LOHFINK, N., Zorn Gottes und das Exil. Beobachtungen am deuteronomistischen Geschichtswerk, in: ders., Studien zum Deuteronomium und zur deuteronomistischen Literatur V (SBAB.AT 38), Stuttgart: Kath. Bibelwerk 2000, 37–55.

MCKENZIE, ST. L. – GRAHAM, M. P. (Hg.), The History of Israel's Traditions. The Heritage of Martin Noth (JSOT.S 182), Sheffield: Academic Press 1994.

MURRAY, D. F., Of All the Years the Hopes – or Fears? Jehoiachin in Babylon (2 Kings 25:27–30), JBL 120 (2001) 245–265.

NA'AMAN, N., The King Leading Cult Reforms in his Kingdom: Josiah and Other Kings in the Ancient Near East, ZAR 12 (2006) 131–168.

NELSON, R. D., The Double Redaction of the Deuteronomistic History (JSOT.S 18), Sheffield: JSOT Press 1981.

— The Double Redaction of the Deuteronomistic History: The Case is Still Compelling, JSOT 29 (2005) 319–337.

NENTEL, J., Trägerschaft und Intentionen des deuteronomistischen Geschichtswerks. Untersuchungen zu den Reflexionsreden Jos 1; 23; 24; 1 Sam 12 und 1 Kön 8 (BZAW 297), Berlin: de Gruyter 2000.

NOLL, K. L., Deuteronomistic History or Deuteronomic Debate? (A Thought Experiment), JSOT 31 (2007) 311–345.

NOTH, M., Überlieferungsgeschichtliche Studien. Die sammelnden und bearbeitenden Geschichtswerke im Alten Testament (1943), Tübingen: Mohr Siebeck 1957.

OPPENHEIM, A. L., A Fiscal Practice of the Ancient Near East, JNES 6 (1947) 116–120.

OTTO, E., Art. Josia/Josiareform, RGG[4] IV, Tübingen: Mohr 2001, 587–589.

PAKKALA, J., Zedekiah's Fate and the Dynastic Succession, JBL 125 (2006) 443–452.

— Why the Cult Reforms in Judah Probably Did not Happen, in: Kratz, Reinhard G. – Spieckermann, Hermann (Hg.), One God – One Cult – One Nation, 201–235.

PAKKALA, J. – NISSINEN, M. (Hg.), Houses Full of All Good Things. Essays in Memory of Timo Veijola (Schriften der Finnischen Exegetischen Gesellschaft 95), Göttingen: Vandenhoeck & Ruprecht 2008.

PIETSCH, M., Steine – Bilder – Texte. Überlegungen zum Verhältnis von Archäologie und biblischer Exegese für eine Rekonstruktion der Religionsgeschichte Israels am Beispiel der josianischen Reform, VF 53 (2008) 51–62.

POLA, TH., Jojachin, König von Juda. Aspekte einer Herrschergestalt, in: L. Hauser – F. R. Prostmeier (Hg.), Jesus als Bote des Heils. Heilsverkündigung und Heilserfahrung in frühchristlicher Zeit (FS D. Dormeyer; SBS 60), Stuttgart: Kath. Bibelwerk 2008, 12–18.

PROVAN, I. W., Hezekiah and the Books of Kings. A Contribution to the Debate about the Composition of the Deuteronomistic History (BZAW 172), Berlin: de Gruyter 1988.

RAD, G. VON, Die deuteronomistische Geschichtstheologie in den Königebüchern (1947), in: ders., Gesammelte Studien zum Alten Testament (TB 8), München: Kaiser 1958, 189–204.

— Theologie des Alten Testaments. Bd. I: Die Theologie der geschichtlichen Überlieferungen Israels, München: Kaiser 61969.

REUTER, E., Kultzentralisation. Entstehung und Theologie von Dtn 12 (BBB 87), Frankfurt a. M.: Anton Hain 1993.

REZETKO, R. – LIM, T. H. – AUCKER, W. B. (Hg.), Reflection and Refraction. Studies in Biblical Historiography in Honour of A. G. Auld (VT.S 113). Leiden: Brill 2007.

RÖMER, TH., Transformations in Deuteronomistic and Biblical Historiography. On »Book-Finding« and other Literary Strategies, ZAW 109 (1997) 1–11.

— Entstehungsphasen des „deuteronomistischen Geschichtswerkes", in: M. Witte – K. Schmid – D. Prechel – J. C. Gertz (Hg.), Die deuteronomistischen Geschichtswerke, 45–70.

— The So-called Deuteronomistic History. A Sociological, Historical and Literary Introduction, London: T & T Clark 2007.

— Die Anfänge judäischer Geschichtsschreibung im sogenannten Deuteronomistischen Geschichtswerk, in: J. Frey – C. K. Rothschild – J. Schröter (Hg.), Die Apostelgeschichte im Kontext antiker und frühchristlicher Historiographie (BZNW 162), Berlin: de Gruyter 2009, 51–76.

RÖSEL, H. N., Von Josua bis Jojachin. Untersuchungen zu den deuteronomistischen Geschichtsbüchern des Alten Testaments (VT.S 75), Leiden: Brill 1999.

— Why 2 Kings 17 Does Not Constitute a Chapter of Reflection in the "Deuteronomistic History", JBL 128 (2009) 85–90.

ROTH, W., Art. Deuteronomistisches Geschichtswerk/Deuteronomistische Schule, TRE 8 (1981) 543–552.

ROTHENBUSCH, R., Die Finanzierung des Jerusalemer Kultes in nachexilischer Zeit und die Mitgliedschaft in einer religiösen Gruppe, in: C. Diller – M. Mulzer – K. Ólason (Hg.), „Erforsche mich, Gott, und erkenne mein Herz!" Beiträge zur Syntax, Sprechaktanalyse und Metaphorik im Alten Testament (FS H. Irsigler; ATSAT 76), St. Ottilien: Eos 2005, 159–184.

RÜTERSWÖRDEN, U., Erwägungen zum Abschluss des Deuteronomistischen Geschichtswerks, in: S. Gillmayr-Bucher – A. Gierke – C. Nießen (Hg.), Ein Herz so weit wie der Sand am Ufer des Meeres (FS G. Hentschel; EthSt 90), Würzburg: Echter 2006, 193–203.

SCHAPER, J., Priester und Leviten im achämenidischen Juda. Studien zur Kult- und Sozialgeschichte Israels in persischer Zeit (FAT 31), Tübingen: Mohr Siebeck 2000.

SCHAUDIG, H., Cult Centralization in the Ancient Near East? Conceptions of the Ideal Capital in the Ancient Near East, in: R. G. Kratz – H. Spieckermann (Hg.), One God – One Cult – One Nation, 145–168.

SCHENKER, A., Die Textgeschichte der Königsbücher und ihre Konsequenzen für die Textgeschichte der hebräischen Bibel, illustriert am Beispiel von 2 Kön 23,1–3, in: A. Lemaire (Hg.), Congress Volume Leiden 2004 (VT.S 109), Leiden: Brill 2006, 65–79.

— Wer war gegen die Reform Joschijas? Neue historische Daten aus der Textgeschichte zu einem viel besprochenen Text: 2 Kön 23,1–3, in: R. Scoralick (Hg.): Damit sie das Leben haben (Joh 10,10) (FS W. Kirchschläger), Zürich: Theologischer Verlag 2007, 247–254.

SCHERER, A., Neuere Forschungen zu alttestamentlichen Geschichtskonzeptionen am Beispiel des deuteronomistischen Geschichtswerks, VF 53 (2008) 22–40.

SCHIPPER, B. U., Israel und Ägypten in der Königszeit. Die kulturellen Kontakte von Salomo bis zum Fall Jerusalems (OBO 170), Freiburg Schweiz: Universitätsverlag – Göttingen: Vandenhoeck & Ruprecht 1999.

SCHMID, K., Manasse und der Untergang Judas: „Golaorientierte" Theologie in den Königsbüchern?, Bib. 78 (1997) 87–99.

— Das Deuteronomium innerhalb der „deuteronomistischen Geschichtswerke" in Gen – 2 Kön, in: E. Otto – R. Achenbach (Hg.), Das Deuteronomium zwischen Pentateuch und Deuteronomistischem Geschichtswerk (FRLANT 206), Göttingen: Vandenhoeck & Ruprecht 2004, 193–211.

— Hatte Wellhausen Recht? Das Problem der literarhistorischen Anfänge des Deuteronomismus in den Königsbüchern, in: M. Witte – K. Schmid – D. Prechel – J. C. Gertz (Hg.), Die deuteronomistischen Geschichtswerke, 19–43.

— Literaturgeschichte des Alten Testaments. Eine Einführung, Darmstadt: Wissenschaftliche Buchgesellschaft 2008.

SEYBOLD, K. – UNGERN-STERNBERG, J. VON, Josia und Solon. Zwei Reformer, in: L. Burckhardt u. a. (Hg.), Gesetzgebung in antiken Gesellschaften. Israel, Griechenland, Rom (BzA 247), Berlin – New York: de Gruyter 2007, 103–161.

SMEND, R., Das Gesetz und die Völker. Ein Beitrag zur deuteronomistischen Redaktionsgeschichte, in: H. W. Wolff (Hg.), Probleme biblischer Theologie (FS G. v. Rad), München: Kaiser 1971, 494–509 =

ders., Die Mitte des Alten Testaments. Exegetische Aufsätze, Tübingen: Mohr Siebeck 2002, 148–161.

— Die Entstehung des Alten Testaments (ThW 1), 4., durchges. u. durch einen Literaturnachtrag erg. Aufl. Stuttgart: Kohlhammer 1989.

STAVRAKOPOULOU, F., King Manasseh and Child Sacrifice. Biblical Distortions of Historical Realities (BZAW 338), Berlin: de Gruyter 2004.

STEUERNAGEL, G. – SCHULZE, U., Zur Aussage שכב עם אבותיו in den Büchern der Könige sowie in II Chronik, ZAW 120 (2008) 267–275.

STIPP, H.-J., Jeremia im Parteienstreit. Studien zur Textentwicklung von Jer 26, 36–43 und 45 als Beitrag zur Geschichte Jeremias, seines Buches und judäischer Parteien im 6. Jahrhundert (BBB 82), Frankfurt a. M.: Anton Hain 1992.

— Ahabs Buße und die Komposition des deuteronomistischen Geschichtswerks; in diesem Band S. 269–292.

— Die sechste und siebte Fürbitte des Tempelweihegebets (1 Kön 8,44–51) in der Diskussion um das deuteronomistische Geschichtswerk; in diesem Band S. 245–268.

— Das judäische und das babylonische Jeremiabuch, in: A. Lemaire (Hg.), Congress Volume Ljubljana (VT.S 133), Leiden – Boston: Brill 2010, 239–264.

— Die individuellen Prosaorakel des Jeremiabuches, in: C. Diller – M. Mulzer – K. Ólason – R. Rothenbusch (Hg.), Studien zu Psalmen und Propheten (FS H. Irsigler; HBS 64), Freiburg i.Br.: Herder 2010, 309–345.

— Die joschijanische Reform im Jeremiabuch. Mit einem Seitenblick auf das deuteronomistische Geschichtswerk; in diesem Band S. 487–517.

— Remembering Josiah's Reforms in Kings, in: E. Ben Zvi – C. Levin (Hg.), Remembering and Forgetting in Early Second Temple Judah (FAT 85), Tübingen: Mohr Siebeck 2012, 225-238.

SURIANO, M. J., The Politics of Dead Kings. Dynastic Ancestors in the Book of Kings and Ancient Israel (FAT 2/48), Tübingen: Mohr Siebeck 2010.

SWEENEY, M. A., The Critique of Solomon in the Josianic Edition of the Deuteronomistic History, JBL 114 (1995) 607–622.

— King Josiah of Judah. The Lost Messiah of Israel, Oxford: University Press 2001.

TALSHIR, Z., The Three Deaths of Josiah and the Strata of Biblical Historiography (2 Kings XXIII 29–30; 2 Chronicles XXXV 20–5; 1 Esdras I 23–31), VT 46 (1996) 213–236.

THIEL, W., Unabgeschlossene Rückschau. Aspekte alttestamentlicher Wissenschaft im 20. Jahrhundert. Mit einem Anhang: Grundlinien der Erforschung des »Deuteronomistischen Geschichtswerkes« (BThS 80), Neukirchen-Vluyn: Neukirchener 2007.

UEHLINGER, C., Gab es eine joschijanische Kultreform? Plädoyer für ein begründetes Minimum, in: W. Groß (Hg.), Jeremia und die »deuteronomistische Bewegung« (BBB 98), Weinheim: Beltz Athenäum 1995, 57–89.

VAN KEULEN, P. S. F., Manasseh Through the Eyes of the Deuteronomists. The Manasseh Account (2 Kings 21:1–18) and the Final Chapters of the Deuteronomistic History (OTS 38), Leiden: Brill 1996.

— The Meaning of the Phrase *wn'spt 'l-qbrtyk bšlwm* in 2 Kings XXII 20, VT 46 (1996) 257–260.

VANONI, G., Beobachtungen zur deuteronomistischen Terminologie in 2 Kön 23,25–25,30, in: N. Lohfink (Hg.), Das Deuteronomium. Entstehung, Gestalt und Botschaft (BEThL 68), Leuven: University Press 1985, 357–362.

VEENHOF, K. R., Geschichte des Alten Orients bis zur Zeit Alexanders des Großen (GAT 11), Göttingen: Vandenhoeck & Ruprecht 2001.

VEIJOLA, T., Deuteronomismusforschung zwischen Tradition und Innovation I–III, ThR 67 (2002) 273–327, 391–424; 68 (2003) 1–44.

— Das fünfte Buch Mose. Deuteronomium. Kapitel 1,1–16,17 (ATD 8.1), Göttingen: Vandenhoeck & Ruprecht 2004.

WANKE, G., Jeremia. Teilband 2: Jeremia 25,15–52,34 (ZBK.AT 20.2), Zürich: Theologischer Verlag 2003.

WEIDNER, E. F., Jojachin, König von Juda, in babylonischen Keilschrifttexten, in: Mélanges Syriens offerts à Monsieur René Dussaud 2 (BAH 30.2), Paris: Geuthner 1939, 923–935.

WEIPPERT, H., Die „deuteronomistischen" Beurteilungen der Könige von Israel und Juda und das Problem der Redaktion der Königsbücher, Bib. 53 (1972) 301–339 = dies., Unter Olivenbäumen. Studien zur Archäologie Syrien-Palästinas, Kulturgeschichte und Exegese des Alten Testaments. Gesammelte Aufsätze, hg. v. A. Berlejung (AOAT 327), Münster: Ugarit-Verlag 2006, 291–324.

WELLHAUSEN, J., Die Composition des Hexateuchs und der historischen Bücher des Alten Testaments, Berlin: Reimer ³1899.

WITTE, M. – SCHMID, K. – PRECHEL, D. – GERTZ, J. C. (Hg.), Die deutero-nomistischen Geschichtswerke. Redaktions- und religionsgeschicht-liche Perspektiven zur „Deuteronomismus"-Diskussion in Tora und Vorderen Propheten (BZAW 365), Berlin: de Gruyter 2006.

WÖHRLE, J., Die Rehabilitierung Jojachins. Zur Entstehung und Inten-tion von 2 Kön 24,17–25,30, in: I. Kottsieper – R. Schmitt – J. Wöhrle (Hg.), Berührungspunkte. Studien zur Sozial- und Religions-geschichte Israels und seiner Umwelt (FS R. Albertz; AOAT 350), Münster: Ugarit-Verlag 2008, 213–238.

WOLFF, H. W., Das Kerygma des Deuteronomistischen Geschichts-werks, ZAW 73 (1961) 171–186 = ders., Studien zum Alten Testa-ment (TB 22), 2. Aufl. München: Kaiser 1973, 308–324.

WÜRTHWEIN, E., Die Bücher der Könige. 1. Kön. 17 – 2. Kön. 25 (ATD 11.2), Göttingen: Vandenhoeck & Ruprecht 1984.

— Erwägungen zum sog. deuteronomistischen Geschichtswerk. Eine Skizze, in: Ders., Studien zum Deuteronomistischen Geschichts-werk (BZAW 227), Berlin – New York: de Gruyter 1994, 1–11.

ZENGER, E. u. a., Einleitung in das Alte Testament (KStTh 1,1), 8., vollst. überarb. Aufl. hgg. v. C. Frevel, Stuttgart: Kohlhammer 2012.

Rezensionen

Otto, Susanne: Jehu, Elia und Elisa. Die Erzählung von der Jehu-Revolution und die Komposition der Elia-Elisa-Erzählungen (BWANT 152), Stuttgart – Berlin – Köln: Kohlhammer 2001.

Die bei Rainer Albertz erarbeitete und im SS 2000 von der Evangelisch-Theologischen Fakultät der Universität Münster angenommene Dissertation hat sich das Ziel gesetzt, „die Überlieferungs- und Redaktionsgeschichte der Elija- und Elischa-Erzählungen zu rekonstruieren" (27). Nach einem Forschungsüberblick wird auf ca. 90 S. die Erzählung von der Jehu-Revolution analysiert. Es folgen ca. 30 S. über die Elija-Erzählungen in 1 Kön (hinfort: I) 21 und 2 Kön (hinfort: II) 1 sowie nochmals ca. 90 S. über „die nachdeuteronomistischen Erweiterungen der DtrG-Grundschrift", worin der Rest des Elija-Zyklus und der gesamte Elischa-Zyklus (außer II 9) abgehandelt werden. Das Schlusskapitel stellt in einer ausführlichen Synthese die Ergebnisse dar, die aufgrund ihrer Komplexität nur stark verkürzt wiedergegeben werden können.

Die ältesten Traditionen und kurzen Erzählstücke reichen noch in die Lebzeiten Elijas und Elischas im 9. Jh. zurück. Danach verlief das Wachstum der beiden Erzählkränze unterschiedlich. Der Elischa-Zyklus geht vor allem auf drei größere Vorläufer zurück. Wohl in der Spätphase der Jehu-Dynastie gegen Mitte des 8. Jhs. entstand am Hof in Samaria die Erzählung von der Jehu-Revolution als Propagandaschrift zur Legitimation des Herrscherhauses (II *9–10). Wenig später wurden ältere Sammlungen „unpolitischer" (II *2,19–24; 4.1–7.[*8–37].*38–44; 6,1–7) und „politischer" (II *5,1–19; *6,8–23; 13,14–21) Wundergeschichten aus prophetischen Kreisen zur „Elisa-Biographie" verschmolzen (I 19,19–21; II *2,1–25a; *4,1–6,23; 13,14–21). Eine „israelitische Kriegserzählungensammlung" aus der Zeit der Aramäerkriege (I 20,1–34; II *6,24–7,16) wurde in Juda zur „exilischen Kriegserzählungensammlung" ausgeweitet (I 20; *22,1–37; II *3,4–27; *6,24–7,16).

Im Elija-Zyklus spielte sich die Agglomeration der Bestandteile später ab. Als die Deuteronomisten um 560 v. Chr. das DtrG schufen, übernahmen sie für die Epoche der Omriden und Jehuiden an narrativen Stoffen nur die Elija-Einheiten in I 21 und II 1* sowie die Jehu-Erzählung. Bis ins frühe 5. Jh. schwollen dann die Kap. I 16 – II 13 in drei großen Schüben auf den heutigen Umfang an. Zuerst fand die Kriegserzählungensammlung Eingang. Im zweiten Schritt folgte die Elija-

Komposition I *17–18, die eigens zu diesem Zweck verfasst wurde. Dasselbe gilt für I 19,1–18, dessen Autor auch den Einbau der Elischa-Biographie vollzog. Weitere kleine Zusätze vollendeten den vorfindlichen Bestand.

Obwohl Otto ihren Entwurf als Alternative (auch) zu meinem eigenen Lösungsversuch[1] versteht, wobei sie zentrale Positionen von H.-C. Schmitt[2] erneuert, bietet dieses Buch für mich auf weite Strecken eine ermutigende Lektüre. Denn bei allen Unterschieden haben zahlreiche meiner Argumente und Detailthesen die Prüfung bestanden. Dies betrifft vor allem die Ebene der literarkritischen Analyse von Einzeltexten, wo die Differenzen erfreulich gering ausfallen, sowie zentrale Säulen der globalen Sicht (selbst wenn Otto dies nicht gerade überbetont): Bei den Vorstellungen zum DtrG* im fraglichen Raum besteht Einmütigkeit, ebenso wie bei den Annahmen zum nach-dtr Wachstum des Elija-Zyklus: Die Kompositionen I *17–18 und 19* entstanden sukzessiv bei ihrem Einbau ins DtrG; I 18,45f.* leitete ehemals zu I 21 über, was der umgekehrten Abfolge der Kap. I 20 und 21 in LXX den Vorrang zuspricht. Anklänge an dtr Topik in I 17–19 stehen einem nach-dtr Ursprung nicht entgegen, da sie zur gegebenen Zeit ohnehin zu erwarten sind. Geprägte Terminologie im Elija-Elischa-Komplex spiegelt keinen typischen Sprachgebrauch nordisraelitischer Prophetengruppen wider, sondern jenen der (oft erheblich jüngeren) Autoren, die auch gerne Anleihen am Kontext vornahmen. Wiederholt führt Otto meine Ansätze konstruktiv weiter. Ferner bekräftigt sie die ältere These, derzufolge Ahabs Strafaufschub in I 21,29 und sein friedlicher Tod in 22,40 zeigen, dass I 22* nebst damit vernetzter Einheiten erst sekundär ins DtrG eingepasst wurde.

Gleichwohl bleiben die Meinungsverschiedenheiten, die namentlich die „mittlere" Ebene auf Seiten des Elischa-Zyklus betreffen. Da ich im Gegensatz zu H.-C. Schmitt keine größeren vor-dtr Sammlungen von Elischa-Geschichten erkennen konnte, ergab sich mir ein Bild, wo mehrere Kleinsammlungen und Einzeltexte nach und nach ins DtrG eindrangen, wobei gewisse Einzelheiten mangels Kriterien offen bleiben mussten. Otto möchte dieses Szenario vereinfachen, indem sie mit Schmitt die Fusion der Elischa-Erzählungen wieder in außer-dtr Großkomplexen ansiedelt. Ihre „Kriegserzählungensammlung" ist eine revidierte Neuauflage des gleichnamigen Postulats bei Schmitt, und die

---

1 H.-J. Stipp, Elischa – Propheten – Gottesmänner. Die Kompositionsgeschichte des Elischazyklus und verwandter Texte, rekonstruiert auf der Basis von Text- und Literarkritik zu 1 Kön 20.22 und 2 Kön 2–7 (ATSAT 24), St. Ottilien 1987.
2 H.-C. Schmitt, Elisa. Traditionsgeschichtliche Untersuchungen zur vorklassischen nordisraelitischen Prophetie, Gütersloh 1972.

„Elisa-Biographie" ähnelt einer Kollektion, die laut Schmitt vom Autor einer „Gottesmannbearbeitung" eingefügt wurde. Diese Differenzen sind näher zu betrachten.

1. Der erste Unterschied ist bloß scheinbarer Natur. Es kann keine Rede davon sein, dass ich eine „rein literarische[] Entstehungsgeschichte des Elisa-Zyklus" (247) vertreten hätte, wie Ottos erstaunliche Kritik lautet, da sie die Erläuterungen zu meinem Vorgehen am Anfang meiner Studie[3] und die erneuten terminologischen Klarstellungen am Beginn der kompositionsgeschichtlichen Synthese[4] offenbar überlesen hat. Wenn ich begründe, warum ich mich entgegen meiner ursprünglichen Pläne gezwungen sah, eine umfassende traditionsgeschichtliche Analyse aufzuschieben, dann natürlich nicht deswegen, weil ich sie als gegenstandslos erachte, zumal ich den Bereich punktuell ja thematisiere. Auch dass ich meine Untersuchungen mittlerweile programmgemäß auf die traditionsgeschichtliche Sphäre ausgedehnt habe,[5] scheint Otto nicht zu wissen, obwohl sie Literatur bis 1999 verwertet. Wenn sie jetzt Bereichen wie Überlieferung, Sitz im Leben und Herkunftsmilieu das wünschenswerte Augenmerk widmen kann, dann maßgeblich deshalb, weil sie die Lösungen vieler literargeschichtlicher Probleme aus Vorarbeiten übernimmt. Und das ist auch gut so, soll die Exegese ein progredientes Gemeinschaftsunternehmen sein, wo nicht die ewig gleichen Texte mit immer neuen, einander ausschließenden Thesen überhäuft werden, sondern jüngere Arbeiten auf bewährten Fundamenten aufbauen. Die möglichen Schwerpunktbildungen hängen dann jeweils von den wissenschaftsgeschichtlichen Rahmenbedingungen und der Fristenstruktur des Qualifikationswesens ab. Während ich mich etwa in aufwendigen Kontrollprozeduren der damals grassierenden Auswüchse der Neo-Literarkritik erwehren musste, entwirft Otto nur für die Jehu-Erzählung eine eigenständige Vorstufenrekonstruktion. Für den gesamten Rest verfährt sie zunehmend summarisch, wie die obigen Seitenangaben illustrieren, um schließlich bloß noch Schiedssprüche über Vorläufer zu fällen. Außerdem lässt auch Otto Formkritiken vermissen, die diesen Namen verdienen, weswegen ihre Auslegungen mitunter schief und die darauf gegründeten Schlüsse fragwürdig sind. Und nicht zuletzt drückt sie sich um wichtige Probleme herum – dazu unter Nr. 3.

---

3 Stipp, Elischa (Anm. 1), 1–5.
4 Ebd. 463.
5 Traditionsgeschichtliche Beobachtungen zu den Kriegserzählungen der Königsbücher, RB 104 (1997) 481–511; revidierter Neudruck in diesem Band S. 293–321. Vgl. auch: Vier Gestalten einer Totenerweckungserzählung (1 Kön 17,17–24; 2 Kön 4,8–37; Apg 9,36–42; Apg 20,7–12), in diesem Band S. 323–355.

2. Angesichts der schwer überschaubaren Fülle von Wachstums-
schritten, Fusionen und redaktionellen Eingriffen klingt ihr Anspruch,
ein weniger kompliziertes Modell vorzulegen, reichlich hohl. Tatsächlich bestätigt sie, dass die redliche Erklärung der Befunde komplexe
Annahmen unumgänglich macht. Was bei Otto Vereinfachung heißt, ist
faktisch die Verlagerung einiger diachroner Prozesse aus dem DtrG heraus – weniger werden sie dadurch nicht. Wenn ich recht sehe, kommt
dies allerdings einem verbreiteten Geschmack entgegen. Mit welchem
Recht, ist in den folgenden Punkten zu erörtern.

3. Die Achillesferse ihrer „Kriegserzählungensammlung" erwähnt
Otto nie, obwohl sie ihr unmöglich entgangen sein kann (vgl. ihr Referat meiner These S. 22 oben). Die Aramäerkriegserzählungen I *20,1–34
und II *6,24–7,17 sind durch I 20,35–43 + 22,1–2a mit den Joschafat-Ge-
schichten I 22* + II 3* verknüpft. Wie 20,35f. erweist, ist das Bindeglied
von I 13 abhängig. Weil I 13 auf den Bericht von der joschijanischen Reform vorausblickt, muss der Autor *am* DtrG gearbeitet haben. Folglich
ist der Konnex I 20 + 22 erst im DtrG entstanden. Ob man hier auf Ottos
geheimes Einverständnis zählen darf? Wenn Forscher altbekannte Tatsachen gar nicht erst wegzuerklären suchen, sondern gleich ganz verschweigen, hegen sie über die Haltbarkeit ihrer Theorien meist keine
Illusionen. Indem Otto die Brücke zu I 13 ignoriert, erspart sie sich zudem sämtliche Komplikationen, die aus den Querverbindungen dieses
Kapitels in den Königsbüchern erwachsen. Es ist sogar schon zweifelhaft, ob I *20,1–34 und II *6,24–7,17 vor-dtr zusammengehörten. Otto
notiert zwar die Parallelität der Bußakte in I 21,27 und II 6,30 (205 mit
Anm. 246), die jedoch rein zufällig sein soll. Vergleicht man, welch
dürftige Anklänge sonst zum Postulat der literarischen Abhängigkeit
ausreichen (z. B. 190.222f.), erstaunt diese These umso mehr.

4. Wenn Otto die Anzahl der Wachstumsschritte leicht reduziert,
dann aufgrund problematischer Einzelentscheidungen. Schon der mutmaßliche Kristallisationskern der „Elisa-Biographie" II *5,1–19; *6,8–23;
13,14–19 hat gewichtige Argumente gegen sich: Der Idiolekt der
Sequenz II 5 + 6,8–23 (Prophetentitel für Elischa u. a.[6]) fehlt in 13,14–19;
dafür trägt der israelitische König dort einen Namen. 6,23 schließt mit
dem Satz: „Die Streifscharen der Aramäer kamen nicht mehr ins Land
Israel" und bildet so einen Rahmen mit 5,2, während 13,17 dem bangen
König Joasch einen Sieg über Aram bei Afek verheißt, das doch wohl,
womit immer man es identifiziert, im Licht von I 20,26–34 auf israelitischem Boden zu suchen ist. Sieht so eine glaubwürdige Einheit aus?
Die eigentliche „Elisa-Biographie" sei vom Autor der „Nachfolgeerzäh-

---

6   Stipp, Kriegserzählungen (Anm. 5), 304; vgl. Otto 231f. mit Anm. 352.

lungen" erstellt worden, der durch I 19,19–21 (ursprünglicher Beginn weggebrochen) + II 2,1–15 einen eigenen Auftakt schuf. Dieser Mann muss nach recht unsteten Arbeitsprinzipien verfahren sein. In II 2,1–24 begann er, sein Material nach einem palindromischen Itinerar Elischas vom Gilgal (bei Bet-El) zum Ostufer des Jordan und zurück zu ordnen, um dann bei der Heimkehr in 25a (+ 4,1–37) einen unvorbereiteten Abstecher zum Karmel einzuflechten. Wenn er Symmetrie anstrebte, was hinderte ihn daran, Elischa bereits auf dem Hinweg dort Station einlegen zu lassen? Nach Vollendung des Kreislaufs in 4,38a vergaß er seine Vorliebe für Wandernotizen und ließ Elischa übergangslos zwischen dem Gilgal, Samaria (5), einem Ort in Jordannähe (6,1–7), Dotan (6,8ff.) usw. springen. In Wahrheit macht die in II 2 angebahnte Spiegelbildlichkeit nur Sinn, wenn die derart strukturierte Einheit mit 2,24 + 4,38a schloss. Die letzte „unpolitische Wundergeschichte" 6,1–7 habe jener Autor zwischen die ersten beiden „politischen" eingeschoben, um die beiden Vorlagen besser zu verzahnen. Ob diese Methode wohl einem antiken Redaktor eingefallen wäre? Die Elischa-Biographie lässt sich daher nur bei sehr bescheidenen Erwartungen an die Logik redaktionellen Handelns behaupten.

5. Dasselbe ist zu Ottos These zu sagen, die Elischa-Biographie sei durch den Verfasser von I 19,1–18 ins DtrG eingefügt worden. Dieser Ergänzer habe das Verhältnis der beiden frühen Nordreichpropheten so bestimmt, dass Elija die Wortverkündigung repräsentierte und Elischa nach deren Scheitern als Gerichtswerkzeug eintrat. Trotz der Erklärungsversuche Ottos (239.262) müsste der Redaktor ein kapitales Eigentor geschossen haben, wollte er seine Anliegen mit einem Erzählkranz veranschaulichen, wo Elischa väterlich mit Joram kooperiert (II 5) und ihm einen definitiven Triumph über die Aramäer ermöglicht (6,8–23). Ohnehin muss II 2 schon früher ins DtrG eingegangen sein, da I 18,12 auf die Vv. 16–18 anspielt (trotz 241 Anm. 395).

Während Otto also auf Seiten des Elija-Zyklus die Gegenindizien akzeptiert hat, versucht sie beim Elischa-Zyklus die Überzeugung hochzuhalten, dass seine literarische Akkumulation im Wesentlichen außerhalb des DtrG vonstatten ging. Ihre Arbeit zeigt, welche Implausibilitäten dafür in Kauf genommen werden müssen. Sollte der Elischa-Komplex tatsächlich auf größere außer-dtr Sammlungen zurückgehen, sind sie bislang jedenfalls noch nicht wieder aufgefunden worden. Trotzdem ist erfreulich, dass das literarische Wachstum der Einzelüberlieferungen von Elija und Elischa mit wachsendem Einvernehmen beurteilt wird.

Adrian Schenker: Älteste Textgeschichte der Königsbücher. Die hebräische Vorlage der ursprünglichen Septuaginta als älteste Textform der Königsbücher (OBO 199), Fribourg: Academic Press – Göttingen: Vandenhoeck & Ruprecht 2004.

Die These des Buches, erwachsen aus der Tätigkeit des Autors als Herausgeber der Königsbücher in den *Biblia hebraica quinta*, ist im Untertitel gebündelt: In Kön repräsentiere die hebräische Vorlage der ursprünglichen Septuaginta (*G**) eine ältere Textentwicklungsstufe, aus der *MT* (Schenker spricht missverständlich vom „protomassoretischen Text") rezensionell weiterentwickelt worden sei. Schenker dehnt damit seine Thesen zu den textgeschichtlichen Verhältnissen in Kön, entwickelt an den ersten Kapiteln (vgl. v. a.: Septante et texte massorétique dans l'histoire la plus ancienne du texte de 1 Rois 2–14 [CRB 48], Paris: Gabalda 2000), auf den Rest des betroffenen Korpus aus, was zeigt, dass er sich durch die substanziellen Bedenken, wie zuletzt vor allem durch Z. Talshir vorgebracht, nicht hat beeindrucken lassen.

Nun bin ich zwar selbst durch das Plädoyer hervorgetreten, dass die Abweichungen von *G** in Kön aufmerksam zu prüfen seien, weil sie wertvolle Indizien zur Kompositionsgeschichte der Königsbücher bewahren, so etwa die geringere Anzahl der Gottesmanntitel bei Elischa; der Ausfall sämtlicher Merkmale in 1 Kön 17,1–16, die die Totenerweckungserzählung in den Vv. 17–24 vorbereiten, was deren sekundären Einbau bestätigt; oder das Fehlen von עד־באכה aus 1 Kön 18,46, was zusammen mit der umgekehrten Reihenfolge der Kap. 20 und 21 Fingerzeige liefert zur literarischen Genese des Kontextes; der Zusatz von על־ביתו in 1 Kön 21,29 (s. u.) und anderes mehr. Wenn Schenker jedoch *G** bzw. ihrer Vorlage – sie seien hier zusammengefasst als „alexandrinischer Text" (*AlT*) – praktisch pauschal die Priorität zuerkennt, schießt er weit über das Ziel hinaus. *AlT* ist in Kön ein Gemisch aus alten und vielen jungen Elementen, und die Aufgabe lautet, daraus Stück für Stück die textgeschichtlichen Perlen herauszusieben. Die Situation ist also zu unterscheiden vom gern als Parallele angeführten Buch Jeremia, wo nach der Gabelung der Texttraditionen die Modifikationen auf der alexandrinischen Seite geringfügig blieben. Überdies ist *G** ab 1 Kön (3 Bas) 22 nur noch begrenzt erschließbar, weil dort im Hauptzeugen, dem Codex Vaticanus (B), die sog. kaige-Rezension einsetzt, die den Urtext an ein protomasoretisches (also *MT* bereits sehr nahe stehendes) hebräisches Pendant angeglichen hat. Schenker meint zwar, in den kaige-Bereichen stelle die antiochenische bzw. lukianische Edition (*G^L*) „die unrezensierte, d. h. ältere Textgestalt der LXX dar" (7), doch dies bleibt unverständlich, da schon flüchtige Lektüre lehrt, dass *G^L* bloß eine weitere, an *MT* adaptierte Rezension neben kaige bildet. *G* liegt ab 1 Kön 22 lediglich in verschiedenen, mehr oder weniger masoretisch überformten rezensionellen Fassungen vor, was den Ertrag an alten Varianten vermindert. Noch zweifelhafter erscheint, dass die Reste der Vetus Latina die archaischsten Textfassungen konserviert haben sollen.

Wenn hier solch entschiedene Vorbehalte erhoben werden, seien sie wenigstens an ausgewählten Beispielen illustriert. Dann führt aber kein Weg daran vorbei, auf Details einzugehen. Bei 1 Kön 18,29–33 erkennt Schenker erhebliche konzeptionelle Differenzen zwischen den Textformen, die die Priorität der alexandrinischen Fassung belegten (14–27): *AlT* wisse bei der Opferprobe auf dem Karmel nur von einem Altar, der auf Elijas Wunsch eigens errichtet worden sei (V. 25). Diese Opferstätte nutzte Elija ebenso wie die Baalspropheten, nachdem er ihn erst niedergerissen (V. 29) und dann durch zwölf Steine „geheilt", d. h. nach Schenker: renoviert und auf JHWH umgeweiht habe (V. 32). *MT* hingegen rede von zwei vorhandenen Altären, einem für Baal und einem für JHWH, der indes im Einklang mit Dtn 12 zerstört worden war (V. 30) und nur durch Elija auf besonderes Geheiß JHWHs kurzfristig reaktiviert wurde (V. 36), um danach durch das herabfallende Feuer spurlos beseitigt zu werden (V. 38), wovon in *AlT* nichts verlaute; dort bleibe der Altar also erhalten. Wenn *MT* das Opfer mit dem Abendopfer in Jerusalem synchronisiere (V. 29.36) und die Vorstellung vermeide, dass Elija direkt zum Himmel (statt über den Umweg des Jerusalemer Tempels; vgl. 1 Kön 8; Dan 6,11) bete (V. 36), trage er zusätzlich Sorge, die prophetischen Handlungen mit fortgeschrittenen judäischen Kultkonzepten zu versöhnen. Diese Thesen vermögen allenfalls teilweise zu überzeugen. Um sein Beweisziel zu erreichen, ist Schenker gezwungen, über Gebühr Leerstellen des alexandrinischen Textes aufzufüllen. Dort steht weder, dass Elija die Baalspropheten zum Altarbau aufgefordert noch dass er die Opferstätte anschließend demoliert habe. Wenn Schenker ferner meint, in *AlT* habe Elijas Altar fortbestanden, muss er annehmen, dass לחך in V. 38 der alexandrinischen Fassung „ablecken" bedeutete – dort habe das Feuer vom Himmel die Steine und den Sand nur trocken geleckt (22). Doch wozu sollte das erzählt worden sein – zumal auch *G** mit ἐξέλιξεν übersetzt? So erscheint lediglich die sekundäre Judaisierung des *MT* erwägenswert; die übrigen Differenzen haben andere Ursachen und zeugen keineswegs immer für alexandrinische Priorität.

Noch anfechtbarer erscheinen Schenkers Theorien zu den divergierenden Systemen der Chronologie und Textanordnung zur Zeit der Omridendynastie. In *G** kommen die Regierungsperioden der israelitischen Könige ab Ahab bis zum Jehu-Putsch rund vier Jahre später zu liegen als in *MT*, mit der Folge, dass nicht nur die synchronoptischen Daten andere Zahlen nennen, sondern auch einzelne Passagen anders platziert sind. Weil Joschafat in *G** den Thron früher besteigt als Ahab, findet sich sein dtr Königsrahmen hinter 1 Kön 16,28 (3 Bas 16,28a–h; vgl. *MT* 1 Kön 22,41–51). Ferner schließt der Vorderteil des Rahmens für Joram von Israel unmittelbar an den Rahmen seines Vorgängers Ahasja an (4 Bas 1,18a–d; vgl. *MT* 2 Kön 3,1–3). Schenker macht sich die schon häufiger vertretene These zu eigen, dass *G** das originale System bewahrt habe. Seine Präferenz für das alexandrinische System stützt er auf das herkömmliche Hauptargument: Wie *G^L* bezeuge, habe der Südreichkönig in 2 Kön 3 ursprünglich Ahasja geheißen, allerdings zum Missfallen der Leser, da der judäische Protagonist den Respekt des Propheten Elischa genießt (V. 14), während Ahasja denkbar schlechte Zensuren seitens der dtr Redaktoren bezieht (2 Kön 8,26–27). Dies und die Rücksicht auf die Parallelen mit 1 Kön 22 hätten einen Bearbeiter veranlasst, die Chronologie samt dem Textarrangement derart umzubauen, dass die Amtsperiode Joschafats bis in die Jahre Jorams von Israel hineinreichte, sodass 2 Kön 3 jenem angesehenen judäischen König zugeordnet werden konnte.

Leider verliert Schenker kein Wort zu den Einwänden gegen diese These: Der Vorderteil des Rahmens für Joram von Israel folgt in *MT* nicht auf die Nachrichten über seinen Vorgänger, sondern erst in 2 Kön 3,1–3, weswegen Kap. 2 gegen die übliche Praxis außerhalb des Rahmenwerks eingereiht ist. Bei einer sekundären Umstellung auf das masoretische System hätte es freilich keinen Grund gegeben, das Rahmenstück zu verschieben, während umgekehrt der alexandrinische Buchaufbau als Korrektur erklärbar ist, die die regelwidrige Position von 2 Kön 2 beheben sollte. Zusätzlich spricht gegen das alexandrinische Arrangement, dass beide Systeme den Rahmen Jorams von Juda (8,16–24) hinter dem seines Namensvetters aus dem Nordreich einfügen. Das passt nur zur masoretischen Chronologie. Laut den alexandrinischen Daten hingegen regiert Joschafat ebenso wie in *MT* 25 Jahre (3 Bas 16,28a = 1 Kön 22,42), aber Ahasja von Israel beginnt seine zweijährige Herrschaft erst im 24. Jahr Joschafats (3 Bas 22,52 *G^L*), abgelöst durch Joram von Israel im 2. Jahr Jorams von Juda (4 Bas 1,18a *G^L*). Danach war es der judäische Joram, der zuerst, nämlich schon zur Zeit Ahasjas den Thron bestieg. Trotzdem platziert kein einziger Textzeuge den Rahmen Jorams von Juda vor dem Rahmen Jorams von Israel, mit der Folge, dass *G^L* die Kriegserzählung 2 Kön 3,4–27 nicht dem nächsten, sondern sogar dem übernächsten judäischen König zuordnet! Und die Handschrift i steht ganz allein, wenn sie den Regierungsantritt Jorams von Juda immerhin auf das 1. Jahr Jorams von Israel berechnet, während der gesamte Rest einschließlich G^L unsinnigerweise die masoretische Angabe „5. Jahr" reproduziert (2 Kön / 4 Bas 8,16). All das ist kaum geeignet, Vertrauen zur alexandrinischen Version zu wecken. Diese Stolpersteine räumt man nicht aus dem Weg, indem man sie stillschweigend übergeht.

Schenker glaubt indes, noch ein weiteres Indiz für den Vorrang der alexandrinischen Chronologie entdeckt zu haben: Der Schöpfer des vermeintlich sekundären masoretischen Systems habe den Widerspruch mildern wollen, dass die Strafe Ahabs für den Justizmord an Nabot in 1 Kön 21,29 in die „Tage seines Sohnes" verschoben wird, während Ahab im nächsten Kapitel dann doch eines gewaltsamen Todes stirbt. Deshalb habe jener Bearbeiter den Thronfolger Ahasja schon im 17. Jahr Joschafats an die Macht gelangen lassen (1 Kön 22,52), was in Verbindung mit den Daten in 1 Kön 16,29 und 22,41 eine einjährige Koregentschaft mit seinem Vater ergebe, mit der Konsequenz: „So konnte Gott gleichzeitig Achab ‚in seinen Tagen' verschonen und ‚in den Tagen seines Sohnes' mit dem Tode bestrafen." (91) Hätte ein Rezensor tatsächlich erwartet, seine Leser würden nachrechnen und folgern, die Erzählung 1 Kön 22, wo ein als Ahab identifizierter israelitischer König unangefochten herrscht, habe sich erst nach „den Tagen Ahabs" abgespielt? Wenn Schenker einräumt, „eine freilich etwas gezwungene Deutung" (91) vorgelegt zu haben, wird man ihm gern beipflichten. Und gesetzt, dieser kaum wahrnehmbare Taschenspielertrick habe das „17. Jahr" in 22,52 motiviert, hat er doch schwerlich den Umbau des gesamten Systems der Chronologie und Textanordnung hervorgerufen. Ohnehin stünde er in Konkurrenz zum Zusatz von על־ביתו am Ende von 1 Kön 21,29, der, anscheinend als Apposition zu הרעה gemeint, die Diskrepanz auf seine Weise überwand: Nur das für die Sippe bestimmte Unheil, also der Untergang der Dynastie, wurde auf später vertagt.

Viel wahrscheinlicher als Schenkers Lösung bleibt die These, dass das alexandrinische Gerüst auf einem unverstandenen Detail der masoretischen Zählweise beruht. Der *MT* nimmt sich die Freiheit, die zwölfjährige Amtszeit Omris ab seiner Proklamation zum König während der Belagerung von Gibbeton im 27. Jahr Asas zu berechnen, wogegen die Thronbesteigung mit dem Beginn seiner Alleinherrschaft nach Ausschaltung seines Konkurrenten Tibni im 31. Jahr Asas gleichgesetzt wird (vgl. 1 Kön 16,15–16.23.29). In der alexandrinischen Tradition hat ein Rezensor das Zählprinzip verkannt und auf einen Regierungsantritt Omris zum letzteren Datum im 31. Jahr Asas hin vereinheitlicht, was die entsprechende Verspätung der Nordreichkönige heraufbeschwor. Von dieser alternativen Herleitung liest man bei Schenker leider wiede-

rum nichts. Soll man wirklich glauben, ein um die Glättung von Anstößigkeiten bemühter Redaktor habe die widersprüchlichen Angaben zu
den Amtszeiten Omris erst nachträglich geschaffen? In Wahrheit kann
man zwar die alexandrinische Chronologie gut auf einen Versuch zurückführen, die Probleme des masoretischen Systems zu beheben, doch
die masoretische Chronologie ist nicht als Versuch deutbar, die Schwierigkeiten des alexandrinischen Arrangements zu beseitigen.

Für Schenker sind die vorgeblichen Revisionen im masoretischen
Textüberlieferungsstrang Bestandteil umfassenderer „Änderungen ...
im Dienste einer Neu- und Uminterpretation der Erzählungen von König Achab" (107), die sich auch in 1 Kön 21 (3 Bas 20) niedergeschlagen
hätten. In *AIT* tritt die Reue Ahabs schon vor dem Erhalt des göttlichen
Strafworts ein, nämlich nachdem der König vom Tod Nabots erfahren
hat, was ihn allerdings nicht hindert, trotzdem aus dem beklagten Verbrechen Nutzen zu ziehen (3 Bas 20,16). V. 27 ist dann kontextgerecht
umformuliert: Die Buße des Sünders wird nicht berichtet, sondern nur
in Erinnerung gerufen. Dass dies der ursprüngliche Wortlaut sei, entnimmt Schenker u. a. einem antiochenischen Überschuss am Ende von
V. 27: ἐν τῇ ἡμέρᾳ ᾗ ἐπάταξεν Ναβουθαι τὸν Ιεζραηλίτην <καὶ τὸν υἱὸν αὐτοῦ>.
Die Originalität der Variante in G^L sei durch den fehlerhaften Bezug auf
2 Kön 9,26 verbürgt, wo von mehreren Söhnen Nabots die Rede ist, was
die Lücke in den übrigen Textzeugen als Glättung erweise. Das darf als
ausgeschlossen gelten, denn der Makel hätte sich mit dem geringsten
nur denkbaren Aufwand ausbügeln lassen: dem bloßen Zusatz eines י
(בנו ⇐ בניו). Das Beispiel mahnt zu einer realistischeren Einschätzung
sowohl der antiochenischen Septuaginta als auch der populären lectio-
difficilior-Regel. Im Übrigen ist die erzählerische Implausibilität der
alexandrinischen Fassung zu bedenken: Die frühzeitige, wenngleich total inkonsequente Buße hat Ahabs Schuld gemildert, was für die Strenge des prophetischen Urteils freilich keinen Unterschied macht. Anschließend schaltet sich JHWH ohne neue Veranlassung nochmals in das
Geschehen ein, um allein Elija – also das Publikum – wissen zu lassen,
dass Ahabs Reue trotz ihrer Kurzlebigkeit bei Gott nicht folgenlos bleiben wird. Man mag darin mit Schenker eine tiefgründige theologische
Reflexion über Gottes Respekt für selbst die dürftigsten Ansätze zur
Umkehr erkennen, aber kaum eine ältere Textform als die masoretische, wo das private Gotteswort an Elija immerhin durch neue Tatbestände angeregt ist.

Als Exempel für Schenkers Umgang mit der Vetus latina (VL) seien
die Erzählungen von Krankheit und Tod Elischas (2 Kön 13,14–21)
angeführt, die in der einzigen erhaltenen Handschrift (Palimpsestus
Vindobonensis) nicht Joasch von Israel, sondern Jehu zugeordnet und

daher hinter 2 Kön 10,30 eingereiht sind. Für Schenker ist dies ihr originaler Ort, der in der gesamten übrigen Textüberlieferung korrigiert
wurde, weil der in V. 19 verheißene Sieg über Aram laut 2 Kön 13,25
unter Joasch eingetreten sein soll. Das Argument wäre indes nur stich-
haltig, wenn die Erfüllungsnotiz in VL bewahrt geblieben wäre. Der
fragliche Kontext ist jedoch verloren; deswegen ist nicht auszuschließen, dass in VL die Heilszusage wegen der schlechten dtr Zensuren für
Joasch (2 Kön 13,11) dem milder beurteilten Jehu zugeschlagen und
auch der Erfüllungsbericht entsprechend manipuliert wurde (etwa
durch Verschiebung in die Schlussformeln für Jehu, deren VL-Fassung
ebenfalls verschollen ist). Bedenkenswert erscheint, ob VL die älteste
Version der Wundergeschichte in V. 20f. konserviert hat, wo der wiedererweckte Tote von den moabitischen Räuberscharen bestattet wird.

Die Beispiele ließen sich vermehren, aber sie müssen genügen, um
die textgeschichtliche Argumentationslage in den Königsbüchern zu
charakterisieren. Das Schlusskapitel fasst den Standpunkt Schenkers
zusammen: „Die ursprüngliche LXX spiegelt in griechischer Sprache
die älteste erreichbare Textform der Königsbücher wider" (173), die
den direkten Vorläufer von *MT* bilde, der wohl in der 2. Hälfte des
2. Jhs. v. Chr. im Rahmen einer Neuausgabe mehrerer biblischer Bücher
in einem einzigen Arbeitsschritt daraus hervorgegangen sei. Wie die
Wörtlichkeit von *G** bezeuge, habe ihre Vorlage bereits kanonische
Unantastbarkeit besessen in dem Sinne, dass nur noch „ermächtigte
Herausgeber" (175) sie umgestalten konnten. Ein Anhang reproduziert
wichtige Fragmente der VL; Synopsen zentraler Texte wären ebenfalls
willkommen gewesen.

Schenker hat das Verdienst, in ausgreifender und systematischer
Weise dem deutschsprachigen Publikum ein Material nahe gebracht zu
haben, das zuvor weitgehend eine Domäne von Autoren englischer
und spanischer Zunge geblieben war. Dazu unterbreitet er eine mei-
nungsfreudige These, an der man sich abarbeiten kann, um zu einem
nüchternen Urteil zu gelangen, das den sachgemäßen Weg zwischen
Über- wie Unterschätzung der griechischen Königsbücher zu finden
weiß.

III.

Prophetie

Vom Heil zum Gericht

Die Selbstinterpretation Jesajas in der Denkschrift

Zu den weithin anerkannten Säulen der Jesaja-Exegese gehört die These, dass in den Kap. 6–8 eine literarische Einheit herausragt, die nicht nur textintern an formaler Kohärenz, sondern auch kontextuell an ihrer kompositionellen Einbettung mittels mehrfacher Rahmung kenntlich ist.[1] Weil sie den Anspruch verrät, in autobiographischem Stil bestimmte Schlüsselmomente der prophetischen Laufbahn Jesajas für die Nachwelt zu dokumentieren und theologisch zu reflektieren, hat sich mit einer eingängigen Prägung Karl Buddes[2] der Name „Denkschrift Jesajas" eingebürgert.[3] Die folgende Studie soll die Antwort auf die Frage präzisieren, zu welchem Zweck das Schriftstück ursprünglich bestimmt war. Die Befassung mit der Denkschrift betritt indes ein reich bestelltes Feld, wo die Ansichten mitunter extrem weit auseinander klaffen. Es würde daher eine Monographie im Buchformat erfordern, wollte man sämtliche Bausteine der zu entwickelnden Hypothese von Grund auf rechtfertigen. So bleibt kein anderer Weg, als einer auslegerischen Hauptrichtung zu folgen, deren Optionen als Basis dienen und nur in besonderen Fällen begründet werden können. Eingangs sind deshalb (1.) maßgebliche Prämissen zu entfalten, auf denen meine Erwägungen aufbauen. Dazu gehört zumal die Annahme, dass die Denkschrift, wo

---

1 Zur Kontexteinbettung der Denkschrift vgl. A. H. Bartelt, The Book around Immanuel: Style and Structure in Isaiah 2–12 (Biblical and Judaic Studies from the University of California, San Diego, 4), Winona Lake, IN 1996; E. Blum, Jesajas prophetisches Testament. Beobachtungen zu Jes 1–11, Teil 1, ZAW 108 (1996) 547–568; Teil 2, ZAW 109 (1997) 12–29; J. Barthel, Prophetenwort und Geschichte. Die Jesajaüberlieferung in Jes 6–8 und 28–31 (FAT 19), Tübingen 1997, 43–56; U. Berges, Das Buch Jesaja. Komposition und Endgestalt (HBS 16), Freiburg u. a. 1998, 87–91. – Literaturberichte zur Jesaja-Forschung liegen vor bei M. E. Tate, The Book of Isaiah in Recent Study, in: J. W. Watts/P. R. House, Forming Prophetic Literature (FS John D. W. Watts, JSOT.S 235), Sheffield 1996, 22–56; Berges, ebd. 11–49; U. Becker, Jesajaforschung (Jes 1–39), ThR 64 (1999) 1–37.117–152; zur Denkschrift: Barthel, ebd. 37–43.

2 Vgl. die Angaben bei Barthel, ebd. 38 Anm. 4.

3 Für die Bestreitung der Denkschrifthypothese vgl. etwa H. G. M. Williamson, Variations on a Theme. King, Messiah and Servant in the Book of Isaiah (The Didsbury Lectures 1997), Carlisle 1998, 73–101.

sie öffentliche Akte Jesajas berichtet, einen nicht-fiktiven Kern besitzt. Doch damit kontrastiert (2.) eine bemerkenswerte Fülle an unrealistischen Zügen. Das Bedenken dieser Diskrepanz führt (3.) zu Schlussfolgerungen, die, wie ich hoffe, unser Verständnis der Denkschrift und der theologischen Entwicklung des ältesten „großen" Schriftpropheten fördern werden.

1. Die Voraussetzungen

Wie die teilweise autobiographische Präsentation und (im Fortgang zu explizierende) Anzeichen eines zeitnahen Verfasserstandorts nahe legen, ist die Denkschrift ein authentisches Werk Jesajas. Es schildert in mehreren Szenen u. a. eine Vision des himmlischen Thronrats sowie zeichenhafte Akte und Wortempfänge Jesajas. Sie sind durch Jahresangaben und zeitgeschichtliche Bezüge um den syro-efraimitischen Krieg 734 v. Chr. gruppiert, in dem die verbündeten Könige Rezin von Aram und Pekach von Israel versuchten, das widerstrebende Juda in eine Koalition levantinischer Kleinstaaten gegen das dynamisch expandierende assyrische Reich unter Tiglat-Pileser III. zu zwingen. Der Plan, den Davididen Ahas durch eine willfährige Marionette namens Ben-Tab'el zu ersetzen (Jes 7,1–9), wurde allerdings umgehend durch assyrische Gegenschläge zu Fall gebracht (vgl. 2 Kön 16,5–9).[4] Die Datierung in 6,1

---

4   Die Nachricht in 2 Kön 16,9, Tiglat-Pileser III. sei auf Ersuchen Ahas' gegen Rezin (und seine Bundesgenossen) eingeschritten, ist bei der Geschichtswissenschaft zu Recht auf Skepsis gestoßen, da die Unterwerfung der Levante damals ohnehin auf der assyrischen Tagesordnung stand. Zu weit geht jedoch die These, es habe überhaupt keinen Hilferuf Ahas' an die Assyrer gegeben, wie z. B. vertreten von S. A. Irvine, Isaiah, Ahaz, and the Syro-Ephraimitic Crisis (SBL.DS 123), Atlanta, GA 1990, 107–109; U. Becker, Jesaja – von der Botschaft zum Buch (FRLANT 178), Göttingen 1996, 45f. Es gibt keinen Anlass zu bezweifeln, dass Ahas sich den Assyrern unterwarf, sei es mit der Hoffnung auf Waffenhilfe oder auch nur mit dem Ziel, bei assyrischen Gegenmaßnahmen nicht Opfer von Kollateralschäden zu werden. Noch weniger zu rechtfertigen ist der Versuch, den syro-efraimitischen Krieg gleich ganz „in den Bereich später Legenden" zu verweisen; so W. Mayer, Politik und Kriegskunst der Assyrer (ALASPM 9), Münster 1995, 308; mit Zustimmung von Berges, Buch Jesaja (Anm. 1), 91f. Wenn moderne Analyse das Unternehmen als „selbstmörderischen Krieg" betrachtet (Mayer ebd.), bedeutet dies noch lange nicht, dass die damaligen Akteure dies ebenso sahen. Die Belege des syro-efraimitischen Krieges in Jes 7f. und Hos 5,8–9,9 (vgl. z. B. J. Jeremias, Der Prophet Hosea [ATD 24/1], Göttingen 1983, 17) scheint Mayer nicht wahrgenommen zu haben. – R. Tomes, The Reason for the Syro-Ephraimite War, JSOT 59 (1993) 55–71, hält den Zusammenhang des Krieges mit der assyrischen Expansion für unbewiesen und sieht eher „local causes" (70) am Werk.

ergibt das Jahr 739 v. Chr. für die Thronvision mit dem Verblendungsauftrag[5] in 6,1–11. Jes 7 mit der Begegnung von Prophet und König an
der Walkerfeldstraße sowie die zeichenhaften Vollzüge in Jes 8,1–4
führen uns unmittelbar in die Aufmarschphase des syro-efraimitischen
Krieges fünf Jahre später.

Einen Blick auf den Zweck der Denkschrift eröffnet ihr Kolophon in
8,16–18. Danach hat Jesaja die vorangehenden Episoden deshalb
schriftlich niedergelegt und der Obhut eines Schülerkreises anvertraut,
weil „JHWH ... sein Gesicht vor dem Haus Jakob verbirgt" (17a). Laut
der Darstellungsfolge ist Letzteres auch der Grund, warum der Prophet
sich einstweilen damit begnügen muss, samt seinen Söhnen als „Zeichen und Mahnmale in Israel" zu fungieren (V. 18). Wie nach verbreiteter Ansicht die weitere Analyse des Dokuments ergibt, wird der
Selbstentzug JHWHs für Jesaja fassbar in dem Misserfolg, den er mit seiner Prophetie im Zusammenhang des syro-efraimitischen Krieges erlitt.

Daraus lässt sich das Ziel der Denkschrift wie folgt ableiten: Sie
sollte Jesajas prophetisches Debakel theologisch motivieren, dadurch
als bloß scheinbarer Art überführen und den wahrhaften Erfolg der
hintergründigen Strategie JHWHs beispielhaft illustrieren. Gerade im
vermeintlichen Scheitern seines Sendboten erweist sich JHWH als souveräner Herr des Geschehens. Die Schriftform diente dem Zweck, die
derzeit verkannte Botschaft für die Zukunft zu konservieren, wenn die
angekündigten Folgen der Verblendung einträfen. Sie sollte dann bei
neuer, aus schmerzvoller Züchtigung geborener Hörbereitschaft die
theologischen Wurzeln des Unheils bloßlegen und den Echtheitsbeweis
von Jesajas Prophetie antreten, indem sie zum Vergleich von Ansage
und Erfüllung einlud. Die einstweilen fehlende Resonanz und Jesajas
Rechtfertigungsbedürfnis erwuchsen maßgeblich aus mittlerweile ein-
getretenen politischen Entwicklungen, die seiner Prophetie zu widersprechen schienen und daher weithin als deren Falsifikation begriffen
wurden.

---

5   Eingebürgert hat sich der Name „Verstockungsauftrag", doch hat A. Schenker über-
     zeugend auf die Differenzen zur mit Recht so genannten Verstockung des Pharao in
     Ex 4–14 hingewiesen: „In Jes 6.9f ... handelt es sich ... nicht um Verstockung,
     sondern um Verblendung, d. h. eben um Desinformation. Verstockung ist Fixierung
     des Wollens in einer verkehrten Wahl, Verblendung ist Fixierung des Verstehens im
     Irrtum." Der Pharao widersetzt sich dem ihm bekannten Gotteswillen, die Judäer
     sollen diesen Willen gar nicht erst erkennen. So A. Schenker, Gerichtsverkündigung
     und Verblendung bei den vorexilischen Propheten, RB 93–94 (1986) 563–580, Zit. 570
     = ders., Text und Sinn im Alten Testament. Textgeschichtliche und bibeltheologische
     Studien (OBO 103), Freiburg Schweiz/Göttingen 1991, 217–234, Zit. 224.

Diese Funktionsbestimmung bezieht sich nicht auf den gegebenen Bestand der Kap. 6–8, sondern auf eine vorausliegende Grundschicht, von der angenommen wird, dass sie in hinreichender Näherung wiederherstellbar ist. Denn Jes 6–8 gilt einhellig als literarisch zusammengesetzt. Insbesondere wenn man mit einem ereignisnahen Kern rechnet, ist das Postulat mehr oder weniger umfangreicher Nachträge unumgänglich. Was vorstufenkritische Belange betrifft, gehe ich davon aus, dass ein textliches Substrat aus dem Umkreis Jesajas nur erreichbar ist, sofern spätere Fortschreibungen in dem relativ bescheidenen Rahmen blieben, den noch heute viele Ausleger unterstellen.

Daneben werden neuerdings auch Wachstumsmodelle von beachtlicher Komplexität vertreten. Sollten diese Sichtweisen insofern korrekt sein, als die Kap. 6–8 tatsächlich vielfach und/oder einschneidend reformuliert wurden, muss, wie ich meine, die wie auch immer geartete Grundschicht als endgültig verloren gelten. Denn solch verwickelte Entstehungsprozesse, wie sie manche Hypothesen postulieren, überfordern die Trennschärfe unserer methodischen Werkzeuge bei weitem. Außerdem setzen sie stillschweigend die fragwürdige Prämisse voraus, zahlreiche Bearbeiter hätten den vorgefundenen literarischen Bestand im Wesentlichen intakt gelassen und lediglich ausgeweitet, sodass sich sämtliche Modifikationen Schicht um Schicht wieder abtragen ließen, eine Voraussetzung, die der Kontrolle an empirisch beobachtbaren Textentwicklungsprozessen nicht standhält.[6] Selbst wenn einer jener Entwürfe zufällig das Richtige träfe, hälfe das wenig, weil es keine Möglichkeit gibt, darüber Gewissheit zu erzielen.

Welche Komplexität die vorstufenkritische Problematik von Jes 6–8 bereits vor zehn Jahren erreicht hatte, wurde eindrucksvoll von J. Werlitz demonstriert, der 1992 schon mehr als 150 Seiten benötigte, um die bis dahin allein zu 7,1–17 vorgetragenen Beobachtungen und Lösungsvorschläge aufzuarbeiten.[7] Dabei schließen die meisten Hypothesen einander gegenseitig aus; sofern sie vereinbar sind, liefert ihre Kumulation Texttorsi, wo schon die Unglaubwürdigkeit der Resultate die Angemessenheit der Methodik in Zweifel zieht. Diese Sachlage kann nur bedeuten, dass mit den angewandten Verfahren prinzipiell etwas nicht stimmt. Entweder werden bloß Scheinprobleme diagnostiziert; oder die Erwartungen an die logische Folgerichtigkeit literarisch einheitlicher

---

6   Vgl. die interessanten methodenkritischen Überlegungen von A. Laato, History and Ideology in the Old Testament Prophetic Literature. A Semiotic Approach to the Reconstruction of the Proclamation of the Historical Prophets (CB.OT 41), Stockholm 1996, 62–147.

7   J. Werlitz, Studien zur literarkritischen Methode. Gericht und Heil in Jesaja 7,1–17 und 29,1–8 (BZAW 204), Berlin/New York 1992, 95–250.

altorientalischer Texte sind in unrealistische Höhen geschossen; oder die Textgenese ist auf eine Weise verlaufen, die die Schichtengrenzen unwiederbringlich verwischt hat, sodass sich die Analyse mit einer Beschreibung der Probleme und allenfalls unscharfen Annäherungen zufrieden geben muss. Überdies ist auch die zu wenig beachtete Möglichkeit einzukalkulieren, dass bereits bei der Erstverschriftung Stoffe verarbeitet wurden, die sich mit ihrer textlichen Einbettung nur bedingt vertrugen, sodass schon das Original Kohärenzstörungen aufwies. Immerhin darf nicht in Vergessenheit geraten, dass einheitliche Texte keineswegs notwendig spannungsfrei sind. Die Herleitung solcher Befunde, erkennbar nicht zuletzt am Scheitern der methodischen Instrumente der Textentwicklung (die die schriftlichen Phasen der Textgenese rekonstruiert[8]), obliegt dann den für die vorliterarischen Prozesse zuständigen Zweigen, also der Traditions- bzw. Überlieferungskritik.

Trotz der Vielfalt an literarkritischen Hypothesen zu Jes 6–8, die zudem neuerdings voller Vertrauen in die Reichweite unseres analytischen Apparats den vorfindlichen Bestand radikal beschneiden,[9] scheint mir die Indizienlage nach wie vor jene Auslegungsrichtung zu stützen, die für ein recht einfaches Textwachstum plädiert. Wie ferner weiter unten zu erläutern sein wird, sind gerade bei der Denkschrift die Quellen von Kohärenzstörungen auf der vorliterarischen Ebene zu suchen. Deshalb wird im Folgenden von einer zurückhaltenden Rekonstruktion ausgegangen, die wenigstens bei gemäßigten Literarkritikern auf Beifall wird hoffen dürfen. Eine verantwortbare Annäherung an das mutmaßliche Original sehe ich in Jes *6,1–8,18 nach Abzug der jüngeren Aktualisierungen 6,12–13; 7,8c.15.18–25 und 8,9–10[10]. Auszu-

---

8 Vgl. H.-J. Stipp, Textkritik – Literarkritik – Textentwicklung. Überlegungen zur exegetischen Aspektsystematik, EThL 66 (1990) 143–159.

9 Neueste Beispiele: Becker, Jesaja (Anm. 4), zur Denkschrift: S. 21–123; Berges, Jesaja (Anm. 1), 94–117; E. A. Knauf, Vom Prophetinnenwort zum Prophetenbuch: Jesaja 8,3f im Kontext von Jesaja 6,1–8,16, Lectio difficilior (Internet) 2/2000 (keine Seitenzählung).

10 Dem Blick in die Literatur ist leicht zu entnehmen, dass über die Sekundarität dieser Stücke in der kritischen Exegese Konsens herrscht; vgl. R. E. Clements, The Prophet as an Author: The Case of the Isaiah Memoir, in: E. Ben Zvi/M. H. Floyd (eds.), Writings and Speech in Israelite and Ancient Near Eastern Prophecy (SBL.SS 10), Atlanta 2000, 89–101, hier 90–93 (mit einer nahezu identischen Rekonstruktion des Grundtexts). Normalerweise wird auch 8,8c וְהָיָה מֻטּוֹת כְּנָפָיו מְלֹא רֹחַב־אַרְצְךָ עִמָּנוּ אֵל dem Einschub Vv. 9–10 zugerechnet. Der Satz führt jedoch durch כְּנָפָיו die pronominalen Rückverweise in 7bc auf den „Strom" in 7a fort. Wie sich im Folgenden ergeben wird, entspricht die drohende Anrede Immanuels durchaus dem Duktus der Denkschrift. Die Zuordnung von 8,8c ist allerdings für die hier verfolgten Ziele ohne

scheiden sind ferner die Glossen der so genannten historisierenden Redaktion, deren Umfang nahezu einmütig bestimmt wird.[11] Im Übrigen
toleriert die folgende These gewisse Spielräume bei der Absteckung der
Ausgangsbasis. Das Risiko indes, dass die Textgrundlage durch nicht
mehr hinreichend erkennbare Prozesse in Wahrheit weit vom Urtext
abgerückt ist, muss als unausweichlich in Kauf genommen werden.

Einen näheren Kommentar verlangt die Tatsache, dass die Kap. 6
und 8 von Jesaja in der ersten Person sprechen, Kap. 7 hingegen in der
dritten, wenngleich einzig aufgrund der Namensnennung in 7,3a
(וַיֹּאמֶר 13a führt das Subjekt JHWH aus V. 10 fort). Der Mittelteil bietet
deshalb ein Paradox: Einerseits widerspricht er durch den Deixiswechsel seiner Umrahmung, andererseits erfüllt er darin als Illustration der
Effekte des Verblendungsbefehls eine kontextgerechte Aufgabe. Freilich liegen altorientalische Analogien vor, wonach solche Deixisver-
schiebungen gar nicht als störend empfunden wurden.[12] An inneratl.
Parallelen lässt sich auf das Buch Tobit verweisen[13] sowie auf die Prosa-
relationen des Jeremiabuches, die auch dann zwischen Ich- und Er-
Berichten pendeln, wenn andere Merkmale auf identische Verfasserschaft deuten.[14] In Jes 6–8 wird der Deixiswechsel häufig auf diachrone
Prozesse zurückgeführt. Bisweilen wird erwogen, Jes 7 sei erst durch
Nachtrag des Eigennamens in einen Er-Bericht verwandelt worden,
etwa weil man originales אֵלַי* 3a versehentlich als אֶל יְשַׁעְיָהוּ auflöste.

Konsequenzen. Einen anregenden Versuch, die Einheitlichkeit des Grundbestandes
von 7,1–17 positiv aufzuweisen, bietet H. Irsigler, Der Aufstieg des Immanuel. Jes
7,1–17 und die Rezeption des Immanuelworts in Jes 7–11, in: ders., Vom Adamssohn
zum Immanuel. Gastvorträge Pretoria 1996 (ATSAT 58), St. Ottilien 1997, 101–152,
hier 104–120.

11 Einschübe dieser Redaktion werden nur in den Kap. 7 und 8 gesucht. Vgl. z. B. H.
Wildberger, Jesaja. 1. Teilband: Jesaja 1–12 (BK X/1), Neukirchen-Vluyn 1972, 264.
321; P. Höffken, Grundfragen von Jesaja 7,1–17 im Spiegel neuerer Literatur, BZ 33
(1989) 25–42, hier 31–34. – A. Michel, Theologie aus der Peripherie. Die gespaltene
Koordination im Biblischen Hebräisch (BZAW 257), Berlin/New York 1997, hier 141–
144, beharrt gegen den Haupttrend der Forschung auf der Grammatizität des abge-
spaltenen Subjekts von 7,5 אֶפְרַיִם וּבֶן־רְמַלְיָהוּ, das u. a. aus Stellungsgründen der
„historisierenden Redaktion" zugerechnet wird. Sollte er Recht behalten, läuft dies
indes noch nicht auf die Falsifikation der Hypothese hinaus.
12 Vgl. die Beispielsammlung bei S. Mowinckel, Studien zu dem Buche Ezra-Nehemia.
Bd. 3: Die Ezrageschichte und das Gesetz Moses (Skrifter. Norske Videnskaps-Aka-
demi, Hist.-Filos. Kl., N. S. 7), Oslo 1965, hier 81–88, auf die Blum, Prophetisches Testament I (Anm. 1), 553f. Anm. 22, hingewiesen hat.
13 Mit Blum, ebd.
14 Vgl. zur literarischen Zusammengehörigkeit von Jer 35 (1. ps) und 36 (3. ps) H.-J.
Stipp, Jeremia, der Tempel und die Aristokratie. Die patrizische (schafanidische)
Redaktion des Jeremiabuches (KAANT 1), Waltrop 2000, 19–38.

Überwiegend wird angenommen, Kap. 7* repräsentiere eine separate Schicht. Nach der selteneren Spielart bildet Jes 7* einen älteren Kern, um den die Kap. 6* + 8* nachträglich herumgelegt wurden; zumeist jedoch wertet man den Mittelteil als jüngeren Zusatz, wobei die Datierungen bis in nachexilische Zeit reichen.

Das Urteil über das literarische Verhältnis von Jes 7* zu seinem Kontext muss die Querbezüge berücksichtigen, die das Kapitel mit seinen unmittelbaren Nachbarn verbinden. Mit Jes 8* ist es durch mehrere gemeinsame Formulierungen und Stichwortaufnahmen verkoppelt: die singulären Wendungen יֹסֶף דַּבֵּר אֶל ... לֵאמֹר in 7,10 und 8,5, אוֹת(וֹת) מֵעִם יְהוָה in 7,11 und 8,18[15] sowie כִּי בְּטֶרֶם יֵדַע הַנַּעַר in 7,16a und 8,4a; dazu die typisch jesajanische Eröffnung des Schuldaufweises im prophetischen Gerichtswort durch כִּי יַעַן in 7,5 und 8,6a;[16] ferner die Warnungen vor falscher Furcht in 7,4 und 8,12 samt der Stichwortkorrespondenz von אַל־תִּירָא 7,4d und לֹא־תִירְאוּ 8,12c. Wer Jes 7* einer anderen Hand zuschreibt, muss daher bevorzugte Imitation gerade unauffälliger Passagen anstatt konzeptionell tragender Wendungen annehmen.[17] Wenn man das Kapitel obendrein für jünger einstuft, müsste dem Plural „Kinder" in 8,18 zunächst einzig Maher-Šalal-Ḥaš-Baz in 8,1 entsprochen haben, während erst später 7,3 mit Še'ar-Yašub eine Motivation für die Mehrzahl nachreichte. Außerdem wird so ein Originalbestand postuliert, wo die beispielhaften Illustrationen der Verblendung recht mager ausfielen. Und schließlich bleibt der Übergang von Kap. 6* zu Kap. 8* selbst dann schwierig, wenn man 7,1a* וַיְהִי בִּימֵי אָחָז der Grundschicht belässt, weil Jes 8* so zwar korrekt der Regierungszeit Ahas' zugeordnet wird, die spezielle Rahmensituation des syro-efraimitischen Krieges jedoch allenfalls mit detaillierten Geschichtskenntnissen aus der Gottesrede V. 4 erschlossen werden kann.

Laut 7,1a* muss die Denkschrift jedenfalls nach dem Ende der Herrschaft des Ahas formuliert worden sein. Rückt man den Ursprung von Jes 7* merklich von diesem Zeitpunkt ab, muss man zu alldem die Aussagekraft bestimmter Eigenarten leugnen, die auf eine ereignisnahe Retrospektive hindeuten. Dazu gehören unerläuterte Züge wie die Erwähnung Še'ar-Yašubs, der Schauplatz an der Walkerfeldstraße und die mangelnde Vorstellung der עַלְמָה (s. u.); ferner der paradoxe Charakter des Immanuelzeichens, der, wie weiter unten darzulegen ist, sich am besten erklärt aus der Rücksicht auf Vorkenntnisse des Publikums,

---

15 Sonst nur אוֹת מֵאֵת יְהוָה 2 Kön 20,9 ‖ Jes 38,7, ebenfalls in einem auf Jesaja bezogenen Text.

16 Vgl. 3,16; 29,13 (authentisch) sowie sonst 1 Kön 13,21.

17 Dies tut freilich Becker, Jesaja (Anm. 4), 27f.

die Jesaja nicht ignorieren konnte. Geht man gar in exilisch-nachexilische Epochen hinab, muss man bedenkliche Konsequenzen zum Abhängigkeitsverhältnis der Lokalisierungen an der Walkerfeldstraße in Jes 7* einerseits und C. Hardmeiers ABBJ-Erzählung[18] andererseits hinnehmen. Denn die Ortsangabe ist in Jes 7,3 als Niederschlag aktueller Erinnerung und Hinweis auf von Jesaja auch sonst kritisierte defensive Maßnahmen (vgl. 22,8–11) aus sich heraus verständlich. Dagegen würde sie in 2 Kön 18,17 par, sofern nicht Anspielung auf Jes 7,3 als Reverenzerweis für das hoch geschätzte Prophetenbuch, bloß ein im Übrigen funktionsloses pittoreskes Detail darstellen.[19] Mit fortschreitender Zeit der nachexilischen Ära wird überdies fundamentale Kritik an der Davidsdynastie, wie sie Jes 7* prägt, zunehmend unwahrscheinlich.[20]

Angesichts der Deixiswechsel und weiterer Indizien ist nicht auszuschließen, dass die zum Ausgangspunkt gewählte Textbasis auf eine literarische Vorgeschichte zurückschaut.[21] Die methodische Vorsicht

---

18 Ich gehe davon aus, dass die Grundschicht von 2 Kön 18f. (18,17–19,9b.36c–37) während der Belagerung Jerusalems 587/6 entstanden ist; so in kritischer Aufnahme von C. Hardmeier, Prophetie im Streit vor dem Untergang Judas. Erzählkommunikative Studien zur Entstehungssituation der Jesaja- und Jeremiaerzählungen in II Reg 18–20 und Jer 37–40 (BZAW 187), Berlin – New York 1990. Hardmeier verbindet die Grundschicht mit der in Jer 37,5–8 erwähnten Belagerungspause; vgl. dagegen Jer 21,1–7 und H.-J. Stipp, Jeremia im Parteienstreit. Studien zur Textentwicklung von Jer 26, 36–43 und 45 als Beitrag zur Geschichte Jeremias, seines Buches und judäischer Parteien im 6. Jahrhundert (BBB 82), Frankfurt a. M. 1992, 221.

19 Speziell zu den Versuchen von O. Kaiser, Das Buch des Propheten Jesaja, Kap. 1–12 (ATD 17), 5., völlig neubearb. Aufl. Göttingen 1981, 137ff., und Werlitz, Studien (Anm. 7), 213ff., ihre rekonstruierten Grundschichten von Jes 7 in einem exilisch-nachexilischen Ambiente zu plausibilisieren, vgl. die triftigen Gegenargumente von Blum, Prophetisches Testament I (Anm. 1), 554f.

20 Vertreter einer Spätdatierung berufen sich gern auf die Korrespondenz von אמן 9cd und 2 Sam 7,16: Jes 7 setze die spätvorexilisch (bzw. bei Ablehnung eines joschijanischen DtrG*: exilisch) formulierte Natansweissagung voraus. Freilich markiert der Ursprung des DtrG lediglich den *terminus ad quem* der Idee einer Dynastieverheißung für das Davidsgeschlecht. Dass Datierungen auf dem Wege des Sprachvergleichs ohnehin fast ausnahmslos in der exilisch-nachexilischen Periode enden, läuft auf eine Infragestellung dieser Methode hinaus, deren Konsequenzen noch nicht hinreichend bedacht worden sind.

21 So bezweifelt etwa Blum, Prophetisches Testament II (Anm. 1), 22ff., die originale Zugehörigkeit von Jes 6* zur Denkschrift (vgl. auch schon Lescow, Denkschrift [s. u. Anm. 75], 315), gestützt auf komplexe Erwägungen zur Datierung ihrer weiteren Bestandteile, zu ihrer Wechselwirkung mit dem Kontext und zur plausiblen Verankerung des Verblendungsbefehls in der Laufbahn Jesajas. Die These hängt daher stark an der Gültigkeit ihrer Prämissen und ist überdies aufzuwiegen gegen die Rückbezüge von Jes 8* auf Jes 6*, die Blum daher ebenfalls als Nachträge einzustufen geneigt ist: Prophetisches Testament I (Anm. 1), 555 Anm. 28. Vgl. die Aufstellungen bei K. Nielsen, Is 6:1–8:18 as Dramatic Writing, StTh 40 (1986) 1–16, hier 2–5, und H.

und die offene Diskussionslage warnen indes vor Festlegungen, zumal ältere Wachstumsschübe ohnehin in die Regie Jesajas fielen, bevor noch unter seinen Händen ungefähr der oben definierte Umfang erreicht wurde. Diese Größe ist Thema meiner Studie. Für Rückgriffe hinter den mutmaßlichen Endstand sind die folgenden Thesen entsprechend zu adaptieren.

Zu den weithin anerkannten Eckdaten der Denkschrift-Exegese gehört die Rückprojektionshypothese, wonach der Verblendungsauftrag aus Jes 6,9–11 eine retrospektive Umdeutung von Jesajas ursprünglicher prophetischer Mission darstellt.[22] Erst angesichts des Misserfolgs seiner Verkündigung habe es Jesaja als seinen Auftrag begriffen, die mangelnde Hörbereitschaft seines Publikums eigens hervorzurufen, damit JHWHs Strafwille unbehindert von möglicher Umkehr seinen Lauf nehmen konnte. In gewissem Grade ist die Rückprojektionshypothese seither auf die übrigen Bestandteile der Denkschrift ausgedehnt worden durch die Erkenntnis, dass auch dort das Bild der Begebenheiten von späteren Erfahrungen eingefärbt ist. Diese Einsicht, der vor allem O. H. Steck Anklang verschafft hat,[23] ist im Folgenden zu prä-

---

Rechenmacher, Jes 8,16–18 als Abschluß der Jesaja-Denkschrift, BZ 43 (1999) 26–48, hier 45f.: כְּחֶזְקַת הַיָּד 8,11 „markiert das Gepacktwerden im Berufungsgeschehen" (Rechenmacher 46); הַזֶּה הָעָם 8,6.11.12 korrespondiert mit 6,9.10 (ebd.); יְהוָה צְבָאוֹת הַשֹּׁכֵן בְּהַר צִיּוֹן 8,18 „schlägt den Bogen zurück auf die Begegnung mit Jahwe Zebaot in 6,1" (ebd. 45); die Wurzel קדשׁ in 6,3; 8,13f. (Nielsen 3f.).

22 Laut J.-P. Sonnet, Le motif de l'endurcissement (Is 6,9–10) et la lecture d'« Isaïe », Bib. 73 (1992) 208–239, hier 219 Anm. 31, wurde die Rückprojektionshypothese erstmals 1867 von Caspari vertreten. Vgl. repräsentativ für die weit reichende Zustimmung J. Joosten, La prosopopée, les pseudo-citations et la vocation d'Isaïe (Is 6,9–10), Bib. 82 (2001) 232–243, hier 241: „Le discours ne restitue pas ce qui avait été révélé au prophète lors de sa vocation, mais ce qu'il a discerné de l'intention divine à travers un long ministère infructueux."

23 Vgl. seine Arbeiten: Bemerkungen zu Jesaja 6, BZ 16 (1972) 188–206 = ders., Wahrnehmungen Gottes im Alten Testament. Gesammelte Studien (ThB 70), München 1982, 149–170; Rettung und Verstockung. Exegetische Bemerkungen zu Jesaja 7,3–9, EvTh 33 (1973) 77–90 = Wahrnehmungen Gottes, 171–186; Beiträge zum Verständnis von Jesaja 7,10–17 und 8,1–4, ThZ 29 (1973) 161–178 = Wahrnehmungen Gottes, 187–203. P. Höffken, Grundfragen von Jes 7,1–17 im Spiegel neuerer Literatur, BZ 33 (1989) 25–42, hier 41, verbuchte schon als stabiles Resultat der Diskussion bis 1987 „das Bewußtsein, daß Jes 7 Literatur ist und von späterer Erfahrung her gestaltet wurde". Vgl. zuletzt O. H. Steck in seinem Lebensbericht, veröffentlicht unter dem Titel: Lehrstuhl für Alttestamentliche Wissenschaft und Spätisraelitische Religionsgeschichte an der Theologischen Fakultät der Universität Zürich, ThZ 57 (2001) 199–209, hier 203: „Die Auftritte und mündlichen Worte des Propheten sind in der Überlieferung durch Verschriftung gebrochen; die Verschriftung berücksichtigt auch schon die Erfahrung mit dem mündlichen Wirken; darum ist der Bericht Jes 7 ... so, wie er ist." Vgl. ferner zum Verhältnis von mündlicher Prophetie und schriftlichem

zisieren. Es gilt zu zeigen, dass das Porträt der Zeichenhandlungen in
Jes 7 und 8 nicht nur faktisch vom Erlebnis ihrer Nachgeschichte über-
formt ist, sondern dem gezielten Wunsch nach Präzisierung und Interpretation aus späterer Warte entsprang. Es ist demgemäß zu fragen,
welche Triebkräfte es waren, die Jesaja (oder allenfalls seine Schüler)
veranlassten, durch eine schriftliche Dokumentation den Ereignissen
jene Lesart beizulegen, die wir in der Denkschrift vorfinden.

Die Schlüsselrolle zeichenhafter Akte in Jes 7 und 8 verlangt, einige
Vorklärungen zur Theorie solcher Handlungen zu treffen. Sofern zeichenhafte Vollzüge im Hebräischen als solche benannt werden, heißen
sie אוֹת oder מוֹפֵת.[24] Wie die Kombinier- und Austauschbarkeit dieser
Lexeme bei Zeichenakten erweist, entspricht der sprachlichen Dualität
keine sachliche Differenzierung.[25] Trotzdem werden die Belege in der
Denkschrift zwei unterschiedlichen Zeichensorten zugeordnet, die allerdings nicht aus terminologischen, sondern aus typologischen Gründen separiert werden: die prophetische Symbolhandlung, die auf non-
verbalen Wegen eine Botschaft übermittelt, und das Erweiswunder, das
die formale Authentizität eines Gottesworts beglaubigt. Die Lexeme
אוֹת und מוֹפֵת bezeichnen zumeist Erweiswunder, doch findet man sie
auch bei prophetischen Symbolhandlungen.[26] Wie diese Distribution
bestätigt, ist die Sonderung zweier Zeichenarten Ergebnis moderner
Analyse, die einteilt, wo antike Zeitgenossen wenig Bedarf zur Unterscheidung erkannten. Diese Tatsache wird weiter unten Folgen haben,
insofern die mögliche, aber im alten Israel nicht begrifflich umgesetzte

---

Niederschlag die bei Blum, Prophetisches Testament I (Anm. 1), 550 Anm. 15 zusam-
mengestellte Literatur.

24   מָשָׁל Ez 14,8 kann hier als singulärer Fall ausgeklammert bleiben.

25   Vgl. F. J. Helfmeyer, Art. אוֹת, ThWAT I (1973) 182–205; S. Wagner, Art. מוֹפֵת *môpet,*
ThWAT IV (1984) 750–759. Zur semantischen Überlappung von אוֹת und מוֹפֵת vgl.
die zahlreichen Belege des Wortpaars, zusammengestellt bei H.-J. Stipp, Deuterojeremianische Konkordanz (ATSAT 63), St. Ottilien 1998, 45 (aus der Denkschrift: 8,18),
sowie 2 Chr 32,24, wo das Lexem אוֹת aus der Vorlage (2 Kön 20,8f. ‖ Jes 38,7.22)
durch מוֹפֵת ersetzt wird. – Auf anderen Gebieten sind die beiden Wörter nicht
austauschbar: „*môpēt* is used to describe people and events only, whereas *'ōt* is used
for objects as well … *môpēt* usually means something extraordinary and *'ōt* can often
mean something mundane": D. Stacey, Prophetic Drama in the Old Testament, London 1990, 17.

26   Beispiele für Erweiswunder: אוֹת Ex 3,12; 4,8.9.17.28.30; 8,19; 10,1.2; Num 14,11.22;
Dtn 11,3; Ri 6,17; 1 Sam 2,34; מוֹפֵת Ex 4,21; 7,9; 11,9.10; 1 Kön 13,3.5; אוֹת + מוֹפֵת Ex
7,3; Dtn 4,34; 13,2.3; Dtn 29,2 (usw.). Die Liste muss unvollständig bleiben, weil
Erweiswunder nicht immer abgrenzbar sind von „gewöhnlichen" Wundern, denen
kein ausdrücklicher Erkenntniswert zugeschrieben wird. Prophetische Symbolhandlungen heißen אוֹת in Ez 4,3; מוֹפֵת in Ez 12,6.11; 24,24.27; אוֹת + מוֹפֵת in Jes 8,18;
20,3.

Klassifikation einen Schlüssel zum Verständnis der gegenwärtigen Gestalt des Immanuelzeichens bereitstellen kann.

Die beiden Zeichensorten lassen sich wie folgt voneinander abgrenzen. Die *prophetische Symbolhandlung*, auch Zeichenhandlung[27] genannt, nimmt nonverbale Ausdrucksmittel in den Dienst prophetischer Verkündigung. Dazu inszeniert der Prophet ein Geschehen, das zeichenhaft eine Botschaft visualisiert, etwa wenn Jesaja „nackt und barfuß" einhergeht, um die Deportation der Ägypter und Kuschiter anzukündigen (Jes 20), oder wenn Jeremia ein Jochgeschirr auf dem Nacken trägt, um die Rebellion gegen die babylonische Herrschaft als aussichtslos zu verurteilen (Jer 27), oder wenn Hosea eine hurerische Frau ehelicht, um die Defekte des Gottesverhältnisses Israels anzuprangern (Hos 1). Prophetische Symbolhandlungen dienen der Effektsteigerung herkömmlicher verbaler Prophetie, betreiben also intensivierte Fortsetzung mündlicher Kommunikation mit anderen Mitteln. Wie ähnlich schon die Wortverkündigung, stehen sie in einem komplexen, oft „sakramental" genannten Verhältnis der Repräsentation, Realisation und Modifikation zur bezeichneten Wirklichkeit.[28]

Obligatorisches Merkmal prophetischer Symbolhandlungen ist ein Mindestmaß an Ikonizität, also Ähnlichkeit zum Bezeichneten, soll der Verweis eines szenischen Akts auf eine Referenzgröße erkennbar bleiben. Dagegen haben solche Vollzüge nichts Wunderhaftes an sich. Man kann davon ausgehen, dass die einschlägigen atl. Berichte eine verbreitete realweltliche Praxis reflektieren,[29] und zwar schon deshalb, weil die zahlreichen Belege breit gestreut sind und prophetische Zeichen-

27 Vgl. B. Lang, Art. Zeichenhandlung, NBL 3 (2001) 1189f. (Lit.), der auch nichtprophetische Zeichenakte behandelt.

28 Die klassische Analyse von G. Fohrer, Die symbolischen Handlungen der Propheten (AThANT 54), Zürich ²1968, beschrieb die prophetischen Symbolhandlungen vor dem Hintergrund zeitgenössischer Frontstellungen vor allem als Transformation magischer Vorstellungen zu einem „sakramentalen" (115) Verständnis (v. a. 91ff.). Die Fortschritte der Ethnologie haben diese Dichotomie zwar nicht aufgehoben, aber stark differenziert; vgl. die abgewogenen Darlegungen bei Stacey, Prophetic Drama (Anm. 25), 234–282. Im Bewusstsein, dass prophetische Symbolhandlungen keineswegs nur in die Zukunft weisen, bestimmt Stacey die Funktion der bei ihm „prophetic drama" genannten Akte wie folgt: „The drama presents, focusses, interprets and mediates the reality. It also modifies the reality, because, in so far as the attitude of the people is a significant element in the total event, response to the drama contributes something to the reality." (282) Auch er hält die christliche Sakramententheologie für die nächste Sachparallele (ebd.).

29 Mit Fohrer, ebd. 74–85; K. G. Friebel, Jeremiah's and Ezekiel's Sign-Acts (JSOT.S 283), Sheffield 1999, 20–34. Dies bleibt gültig, auch wenn der Anteil fiktiver Berichte in der prophetischen Literatur m. E. höher zu veranschlagen ist, als diese Autoren es tun. Sehr vorsichtig: Stacey, Prophetic Drama (Anm. 25), 225–233.

akte keine übernatürlichen Fähigkeiten verlangen. Zudem legen antike[30] und moderne Analogien nahe, dass Propheten damit Techniken nonverbaler Kommunikation im Dienste öffentlicher Einflussnahme variierten, wie sie auch andernorts üblich waren. Aus der atl. Sphäre ist etwa die demonstrative Verbrennung der Schriftrolle durch Jojakim (Jer 36,23) zu nennen oder die Vorstellung, man habe durch das Verschicken von Leichenteilen an Verbündete die Bereitschaft zur Waffenhilfe fördern können (Ri 19,29f.; 1 Sam 11,7). Als modernes Äquivalent kann man die kameragerechte Verbrennung von Flaggen und Politikerpuppen anführen.[31]

Wie nicht anders zu erwarten, begegnen auch Grenz- und Mischfälle sowie Beispiele von Literarisierung. So kommt es einer prophetischen Symbolhandlung nahe, wenn Jeremia im Töpfergleichnis auf Geheiß JHWHs ein fremdes Tun beobachtet, das ihm als Analogie einer theologischen Gesetzmäßigkeit ausgelegt wird (Jer 18,1–17). Sein Auftritt mit den Rechabitern (Jer 35) führt ein Vorbild der Gebotsobservanz vor Augen, dem sich zwar exemplarische, aber keine symbolische Qualität zuschreiben lässt.[32] Literarisierung liegt zweifelsfrei dann vor, wenn der zentrale Akt schlechterdings undurchführbar ist, wie bei Jeremias Überreichung des Zornbechers an die Völker (Jer 25,15–29) oder Ezechiels Verzehr einer Schriftrolle (Ez 2,8–3,3). Solche Zeichen funktionieren einzig im Modus des Berichts über sie.

Von prophetischen Symbolhandlungen unterscheidbar sind *Erweiswunder*, auch Beglaubigungswunder, Erweis-, Beglaubigungs-, Bestätigungs- oder Wunderzeichen genannt. Erweiswunder verbürgen numinose Ansagen, Berufungen oder Ansprüche, indem sie einen einstweilen nicht verifizierbaren Bescheid durch ein Wunder plausibilisieren. Ihr Arbeitsprinzip ist die stellvertretende Evidenz: Eine sichtbare Realität garantiert eine verborgene. Weil ihre Überzeugungskraft an ihrer

---

30   Zu außeratl. antiken Beispielen vgl. Friebel, Sign-Acts (Anm. 29), hier 56f.61–69; Lang, Art. Zeichenhandlung (Anm. 27).

31   Eine andere Kategorie bilden die Symbolhandlungen des sozialen, religiösen und juristischen Lebens, da sie regelmäßig nach konventionalisierten Mustern vollzogen werden. Vgl. für den Alten Orient und das AT beispielsweise M. I. Gruber, Aspects of Nonverbal Communication in the Ancient Near East (StP 12), Rome 1976; M. Malul, Studies in Mesopotamian Legal Symbolism (AOAT 221), Kevelaer 1988; Å. Viberg, Symbols of Law. A Contextual Analysis of Legal Symbolic Scts in the Old Testament (CB.OT 34), Stockholm 1992. Überblick: Stacey, Prophetic Drama (Anm. 25), 23–48.

32   Vgl. auch Hag 2,11–14. Deshalb wären Bezeichnungen wie „prophetische Demonstration" oder „prophetisches Drama" (vgl. Anm. 28) sachgemäßer, doch im Interesse der Wiedererkennbarkeit soll auf die Einführung eines neuen Terminus verzichtet werden.

Unwahrscheinlichkeit hängt, sind sie notwendig mirakulös (wobei dieser Charakter auch in der korrekten Vorhersage an sich nicht notwendig wunderhafter Ereignisse beruhen kann, wie etwa bei 1 Sam 10,2–7; Jer 44,29f.). Da Erweiszeichen primär die formale Zuverlässigkeit einer Botschaft bestätigen, bedürfen sie keiner Ähnlichkeit mit dem Bezeichneten und sind deshalb häufig anikonisch. Da nicht auf Ikonizität angewiesen, können Beglaubigungswunder verlangt[33] und zur Auswahl gestellt[34] werden.

Die Mirakulosität der Erweiszeichen bedingt weitere Unterschiede gegenüber prophetischen Symbolhandlungen. Bei Letzteren erscheint das Adjektiv „prophetisch" insofern angebracht, als die meisten solchen Akte im AT von Propheten verrichtet werden. Die Erweiswunder hingegen sind keine prophetische Besonderheit, da nur zum geringen Teil prophetisch vermittelt.[35] Entsprechend dem wunderhaften Charakter ist dort häufig Gott allein bzw. sein Bote der Urheber. Er wirkt die Zeichen bei den Berufungen Moses (Ex 3,12) und Gideons (Ri 6,17–22.36–40), und ein Psalmist kann von JHWH eine אוֹת erbitten, die seine Gegner beschämt, indem sie die Gunst Gottes für den Beter bezeugt (Ps 86,17). Namentlich die dtr und davon abhängige Literatur stilisiert die Taten JHWHs aus der Zeit von Exodus und Wüstenwanderung als Beglaubigungswunder, die seine Macht und Einzigkeit dartun.[36]

Wo Menschen an Erweiswundern mitwirken, wird häufig hervorgehoben, dass Gott nicht nur – wie bei prophetischen Symbolhandlungen – den Auftrag erteilt, sondern als eigentlicher Wundertäter agiert, neben dem die Menschen als bloße Vermittler zurücktreten. Dies illustrieren mit besonderer Dichte und Vielfalt Mose (und Aaron) in Ägypten, wenn sie ihre göttliche Sendung attestieren[37] und die Plagen in Gang setzen, die regelmäßig als Beglaubigungswunder zum Ziel der JHWH-Erkenntnis präsentiert werden.[38] Im gleichen Sinne ist laut Dtn 34,10–12 der Vorrang Moses als Erzprophet ablesbar an „allen Zeichen und Wundern, die *JHWH* ihn zu tun gesandt hat" (V. 11). Die Urheberschaft Gottes kann auf verschiedene Weise betont werden: JHWH gibt

---

33 Ex 7,9; Ri 6,17.36–40; 2 Kön 20,8; Ps 86,17.

34 2 Kön 20,9; Jes 7,10f. (dazu weiter unten).

35 Häretische Propheten und Traumseher: Dtn 13,2–3; anonyme Gottesmänner: 1 Sam 2,34; 1 Kön 13,3.5; Samuel: 1 Sam 10,1–10; Jesaja: 2 Kön 19,29; 20,8–11; Jes 7,10–17* (dazu weiter unten); Jeremia: Jer 44,29–30.

36 Vgl. z. B. Num 14,11.22; Dtn 4,34–35; 11,2–7; 29,1–3; Jos 24,16–17; Neh 9,10; vgl. Ps 65,9.

37 Ex 4,1–9.30; 7,8–10.

38 Ex 7,3–5.14–18; 8,6–10.15–20; 9,27.29.33; 10,1–2; 11,9–10; 14,4.17–18; vgl. 14,31.

die Anweisungen zum Vollzug der Wunderzeichen,[39] oder er kündigt sie mit eigenem Mund an.[40] Die menschlichen Akteure fungieren als Sprecher prophetischer Gottesreden, die die Erweiswunder als Tat JHWHs ansagen,[41] oder sie müssen die betreffenden Zeichen eigens von Gott erbitten.[42] Wenn in 1 Kön 13 das Zerbersten des Altars von Bet-El zum Erweiswunder für das Orakel der Profanierungsakte Joschijas erhoben wird, gilt es als „מוֹפֵת, den JHWH geredet hat" (V. 3; vgl. V. 5). Selbst bei den häretischen Mantikern in Dtn 13,2f., die ihren Aufruf zur Fremdgötterei mit Schauwundern legitimieren, wird eine hintergründige Mitwirkung JHWHs unterstellt, indem der Vorfall als Erprobung (נסה-D) Israels durch JHWH gedeutet wird.

Wichtige Folgen zeitigt die Mirakulosität der Erweiswunder in Belangen der Historizität. Während die Berichte von prophetischen Symbolhandlungen fraglos auf einer gängigen Praxis fußen, sind narrative Beispiele von Beglaubigungszeichen, bei Wundern nicht überraschend, gemeinhin auf Überlieferungen beschränkt, die als legendär gelten müssen. Wenn deshalb Fälle von Literarisierung auftreten, kenntlich wieder vor allem an der eingeschränkten Praktikabilität, entspricht dies ganz der Erwartung. Da Erweiswunder eine zeitweilige Glaubwürdigkeitslücke schließen sollen, würde man sich unter „realistischen" Bedingungen neben dem spektakulären Zuschnitt vor allem promptes Eintreten wünschen. Dem widerstreiten allerdings jene Beglaubigungszeichen, die gleichzeitig mit oder gar erst nach der verbürgten Sache eintreffen sollen und faktisch eine ihrer Begleiterscheinungen oder Konsequenzen darstellen. Laut Ex 3,12 soll sich das Zeichen der Moseberufung erst manifestieren, nachdem Mose sein Amt längst angetreten hat: „Und dies sei dir das Zeichen, dass *ich* dich gesandt habe: Wenn du das Volk aus Ägypten herausgeführt hast, werdet ihr an diesem Berg Gott dienen." Nach 1 Sam 2,34 kann Eli die Verwerfung seines Priestergeschlechts daran ablesen, dass seine Söhne an demselben Tag zu Tode kommen. In 2 Kön 19,29 (‖ Jes 37,30) bekräftigt Jesaja seine Prophezeiung der Restitution Judas (Vv. 30f.) nach dem Abzug der Assyrer mit folgendem Zeichen: „Man wird in diesem Jahr den Nachwuchs (der Ernte) essen und im zweiten Jahr den Wildwuchs. Im dritten Jahr

---

39   Ex 4,1–9; 7,8–10.14–18; 8,16–19.
40   Ex 7,3; 10,1–2; 11,9; 14,4.17.
41   Anonyme Gottesmänner: 1 Sam 2,34; 1 Kön 13,3; Jesaja: 2 Kön 19,29; Jeremia: Jer 44,29–30.
42   Mose: Ex 8,6–9; 9,29.33; Samuel: 1 Sam 12,16–18; Jesaja: 2 Kön 20,8–11.

aber sollt ihr säen und ernten und Weinberge pflanzen und ihre Frucht essen."[43]

Solche Omina sind keine vorläufig stellvertretenden Wunder, sondern nähere Umstände der Bewahrheitung der Sache selbst. Wenn sich aber die Zeichen von Vorboten zu Bestandteilen oder gar Folgen des Bezeichneten wandeln, verlagert sich ihr Beweiswert: Sie garantieren nicht mehr zwischenzeitlich die Vertrauenswürdigkeit einer Zusage, sondern verbriefen bei oder nach deren Eintritt in Gestalt eines kontingenten Erfüllungsmodus die göttliche Signatur des Geschehens.[44] Und je weiter Ankündigung und Eintreffen auseinanderdriften, desto mehr abstrahieren die Erzähler von der Situation der Figuren im Text, bis hin zu Erweiszeichen, die unter realen Gegebenheiten gar nicht mehr funktionieren würden, sondern nur noch die Leser überzeugen können, aus deren Warte die Omina im Sinne des Textes als erfüllt gelten. So wird die normalerweise doppelte Sprechrichtung auf die Adressaten im Text und die Adressaten des Textes völlig zugunsten Letzterer aufgegeben. Literarisierung bekundet sich dann als verminderte Erzählrealistik, wo die Erweiszeichen einzig auf die Leserschaft zielen.

Als spezielle Aspekte der Verwirklichung sind derlei literarisierte Bürgschaften zwangsläufig ikonisch. Wenn Ikonizität gar einem Erweiswunder zukommt, an dem ein Prophet mitwirkt, ist das Ergebnis ein vollendeter Zwitter, wie er in der Zertrümmerung des Altars von Bet-El in 1 Kön 13 (s. o.) vorliegt: Einerseits bestätigt das Zeichen wunderhaft die Prophezeiung der destruktiven Akte Joschijas, andererseits nimmt es diese Operationen anfanghaft vorweg und fungiert daher, von einem Gottesmann bzw. Propheten (vgl. V. 18) in Gang gesetzt, als prophetische Symbolhandlung.[45]

Nach alldem wurden prophetische Symbolhandlungen und Erweiswunder im alten Israel nicht begrifflich differenziert und wiesen erwartungsgemäß Randunschärfen auf. Doch einzelne Grenz- und Mischfälle ändern nichts daran, dass die Unterscheidung berechtigt, durchführbar und analytisch ergiebig ist. Die meisten Belege können mit folgenden Kriterien klar einer Kategorie zugeordnet werden: Prophetische Sym-

---

43 Übersetzungen der revidierten Elberfelder Bibel.
44 Vgl. aus dem NT Lk 2,12. – Bisweilen wird die Zeichenhaftigkeit von 2 Kön 19,29 bestritten; so z. B. E. Würthwein, Die Bücher der Könige. 1. Kön 17 – 2. Kön 25 (ATD 11/2), Göttingen 1984, hier 432: „Man wird in dieser Aussage eher ein Gleichnis denn ein Zeichen zu sehen haben: Auf Zeiten der Not kommen wieder normale Zeiten." Diese Deutung hat jedoch den Sprachgebrauch (אוֹת) gegen sich und postuliert überdies einen Textsinn, wonach die Verheißung mit Naturnotwendigkeit eintrat.
45 Ein ikonisches Erweiswunder, das von einem Propheten nur angekündigt wird, ist Jer 44,29f.

bolhandlungen bekräftigen auf nonverbalem Wege eine prophetische Botschaft. Weil sie deren *Inhalt* betonen, sind sie auf Ausdrucksmittel angewiesen, die sich zum Bezeichneten ikonisch verhalten. Wunderhafte Züge fehlen. Erweiswunder hingegen garantieren rein formal die *Glaubwürdigkeit* zeitweilig nicht überprüfbarer Aussagen. Dazu inszenieren sie ein mirakulöses Geschehen, das mit dem verbürgten Bescheid keine Ikonizität gemein zu haben braucht.

Mit diesen Vorklärungen können wir an die zeichenhaften Akte in der Denkschrift herantreten. Die Mitnahme Šeʾar-Yašūbs (7,3), die Aufstellung der Tafel samt der Benennung des Maher-Šalal-Ḥaš-Baz (8,1–4) sowie die fortdauernde Rolle Jesajas und seiner Kinder (8,18) bilden unbestrittenermaßen prophetische Symbolhandlungen. Zumindest die ersten beiden versichern dem aramäisch-israelitischen Bündnis einen Fehlschlag, wie 8,4 explizit erklärt, und שְׁאָר־יָשׁוּב wird überwiegend futurisch-restriktiv auf die Koalition bezogen: „(Nur) ein Rest (der Angreifer) wird den Heimweg antreten." Was das Immanuelzeichen angeht, so wird gern das geflügelte Wort Martin Bubers zitiert, die Perikope sei die „wohl umstrittenste Bibelstelle" überhaupt.[46] Das freilich kaum mehr mit Recht, denn aus der Diskussion haben sich einige Resultate herausgeschält, die so viel Anklang gefunden haben, dass die weitere Forschung darauf aufbauen kann. Das Immanuelzeichen enthält im rekonstruierten Wortlaut (also ohne V. 15) zwar Heilsmomente, nämlich die Sohnesverheißung, den Vertrauensnamen „Immanuel" und die Prophezeiung des Untergangs der Angreifer, dient aber gleichwohl der Unheilsansage. Das legen schon die Erwartungen nahe, die der Vorbau des Verblendungsbefehls mit seinem Höhepunkt in 6,11 schürt. Vor allem ist die Rede Jesajas in V. 13–17 nach den gattungstypischen Merkmalen des prophetischen Gerichtsworts geformt, wobei der scharfe Tadel der Davidsdynastie in 13cd die Rolle des Schuldaufweises einnimmt und die Zeichenankündigung durch לָכֵן 14a als Strafansage gekennzeichnet ist. Der sprachliche Umschwung von „dein Gott" 11a zu „mein Gott" 13d zerschneidet das Tischtuch zwischen JHWH und Ahas. Folgerichtig gipfelt die Rede in V. 17 mit einem klaren Drohwort. Das Unheil hat Jesaja nach verbreiteter Interpretation deshalb angekündigt, weil der König JHWHs Forderung aus V. 4 – „hüte dich und sei ruhig, fürchte dich nicht" – verwarf, indem er gegen die Maximen der Zionstheologie ausländischen Beistand suchte (vgl. 2 Kön 16,7–18).[47]

---

46 M. Buber, Der Glaube der Propheten, Zürich 1950, 177.
47 Zu abweichenden Auffassungen vgl. oben Anm. 4.

Zu den Akteuren des Zeichens zählt „die junge Frau" (הָעַלְמָה).
Mittlerweile kann als befriedigend geklärt gelten, wer sich dahinter
verbirgt: Es handelt sich um eine oder eher die Gattin des Ahas, also
wohl Abi, die in 2 Kön 18,2 erwähnte Mutter Hiskijas. Denn die Frau
wird ohne Vorstellung, aber mit Artikel wie eine bekannte Figur eingeführt, als sei sie für die implizierten Adressaten mühelos identifizierbar
gewesen. Außerdem benutzt die formelhafte Prophezeiung von
Schwangerschaft und Geburt sprachliche Kategorien für die Gegenwart
bzw. die nahe Zukunft. In dem Satzbund[48] 14bc הִנֵּה הָעַלְמָה הָרָה
וְיֹלֶדֶת בֵּן wird die Schwangerschaft durch das Adjektiv הָרָה als gegenwärtig behandelt, womit die Empfängnis entweder konstatiert (vgl.
Gen 16,11) oder für die baldige Zukunft in Aussicht gestellt wird (vgl.
Ri 13,5.7). Bei fortwirkendem הִנֵּה wird die Geburt durch die Konstruktion הִנֵּה + Partizip verheißen, einem Ausdruck des Futurum instans,
wonach selbst die Niederkunft noch in der nahen Folgezeit zu erwarten
ist. Dazu passt, dass die in V. 16 prophezeite Niederlage Arams und
Israels bereits im folgenden Jahr 733 eintrat, ein Ereignis, das der Knabe
laut 16a im Kleinkindalter erleben sollte.

Nach der obigen Unterscheidung ist das Immanuelzeichen trotz
seiner phänomenologischen Nähe zu den übrigen Omina (Geburt und
sprechender Name eines Knaben, Unheilsprophetie gegen die Angreifer) keine prophetische Symbolhandlung, sondern ein Erweiswunder,
das die Zuverlässigkeit der anschließenden Drohworte garantiert.
Denn zunächst wird die Wahl des Zeichens Ahas anheimgestellt, wobei
die Grenzen der Möglichkeiten denkbar weit gedehnt werden (V. 11).
Das ist nur möglich bei einem anikonischen Beglaubigungswunder.
Typisch ist ferner der Nachdruck auf der Urheberschaft JHWHs („ein
Zeichen von JHWH" 11a; „mein Herr[49] selbst wird euch ein Zeichen geben" 14a), und zur Wahlofferte ist das Erweiswunder Jesajas in 2 Kön
20,8–11 zu vergleichen. Und wie betont, ist es dem Immanuelzeichen
eigentümlich, mit positiv besetzten Zeichenkomponenten eine Ge-
richtsbotschaft zu verbürgen. Diesen Mangel an Ikonizität lassen nur
Erweiswunder zu.

Jesaja soll seine Prophezeiung 7,4–9 und das Immanuelzeichen in
einer Situation ernster Bedrohung an einem allgemein zugänglichen

---

48 Vgl. zum Folgenden die syntaktische Analyse von H. Irsigler, Zeichen und Bezeich-
    netes in Jes 7,1–17. Notizen zum Immanueltext, BN 29 (1985) 75–114, hier 89f. = U.
    Struppe (Hg.), Studien zum Messiasbild im Alten Testament (SBA.AT 6), Stuttgart
    1989, 155–197, hier 171f.
49 Zu dieser Übersetzung von אֲדֹנָי vgl. M. Rösel, Adonaj – warum Gott ‚Herr' genannt
    wird (FAT 29), Tübingen 2000, bes. 30f.

und kriegswichtigen[50] Ort (V. 3) zum Herrscher von Juda gesprochen haben, wobei das Zeichen die oder eine Königsgemahlin betraf. Weil eine solch öffentliche und naturgemäß Aufsehen erregende Szene nicht aus kurzer Distanz fingierbar war, muss dem Bericht ein tatsächliches Begebnis zugrunde liegen. Dasselbe gilt für Jesajas Beschriftung der Tafel mit dem Namen Maher-Šalal-Ḥaš-Baz sowie für die Zeugung und Geburt eines Sohnes dieses Namens, wo sich der Text sogar auf das Zeugnis prominenter zeitgenössischer Bürgen beruft (8,1f.). Deshalb ist die Liste unserer Prämissen abzurunden mit der Feststellung, dass die Denkschrift in den Teilen, wo sie öffentliche Auftritte des Propheten schildert, im Kern historische Vorgänge reflektiert.

2. Unrealistische Züge der Zeichenhandlungen in Jes 7 und 8

Obgleich die Berichte von zeichenhaften Akten Jesajas in Kap. 7 und 8 offenbar auf nicht-fiktiven Erinnerungen fußen, verraten massiv unrealistische Züge, dass die Darstellung in wichtigen Punkten von den historischen Tatsachen abweichen muss, wie immer sie ausgesehen haben mögen. Schon das Treffen von Prophet und König an der Walkerfeldstraße kann unmöglich so, wie beschrieben, verlaufen sein. Zweifel weckt bereits der Anspruch, Jesaja habe Ahas ein Erweiswunder vermittelt. Entspräche dies dem Hergang, böte Jes 7 den einzigen Fall im AT, wo sich einem Beglaubigungszeichen Historizität bescheinigen ließe. Die Skepsis wird weiter genährt durch die Offerte, Ahas dürfe sich jedes beliebige Wunder an jedem denkbaren Ort einschließlich der Ober- und Unterwelt wünschen. Ein Zeichenangebot übt eine Pression auf den Empfänger aus, denn wenn das Omen eintrifft, steht er unter vermehrtem Druck, sein Tun der so verbürgten Zukunft anzugleichen. Folgerichtig schlägt Ahas das Anerbieten aus. Dies ist das innertextliche Pendant zur realweltlichen Weigerung des Königs, seine Politik an den zionstheologisch motivierten Erwartungen Jesajas auszurichten. In einem realen Szenario hätte sich Jesaja einem widerwilligen Herrscher durch eine Einladung nach Art von 7,11 regelrecht ausgeliefert. Denn er hätte ihm auf dem Silbertablett die Chance serviert, durch die Forderung eines extremen Mirakels den unbequemen Störer bloßzustellen

---

50 Daran ändert nichts, dass die fragliche Anlage außerhalb der Stadtmauern lag (נ‎צ‎ 3b; 2 Kön 18,17f.26f. par), denn es konnte nicht in judäischem Interesse liegen, den Belagerern Wasservorräte zu überlassen.

und mundtot zu machen. Man kann immerhin fragen, ob ein Prophet, der bei Sinnen war, ein solches Risiko einging.[51]

Auch das Immanuelzeichen selbst bereitet so, wie es formuliert ist, schwerwiegende Glaubwürdigkeitsprobleme. Obwohl es Gericht ansagt, wählt Jesaja das Omen derart, dass es mit eindeutigen Heilsassoziationen besetzt ist. J. Werlitz bemerkt zu Recht: „Eine Geburtsankündigung ist im AT und NT immer auf ein freudiges Ereignis ausgerichtet, garantiert Zukunft und damit auch Heil."[52] Obendrein schließt das Zeichen die Vergabe eines Vertrauensnamens ein, der eine Heilserfahrung proklamiert und im Angesicht eines Umsturzversuchs (7,6d) den Rückhalt JHWHs für die Herrscherdynastie kundtut.[53] Im vorfindlichen Text steht Immanuel freilich für das exakte Gegenteil. Es ist frappant, wie paradox Jesaja damals geredet haben soll. Deshalb verwundert es nicht, wenn die Rezeptionsgeschichte von Jes 7 den übermächtigen Sog dokumentiert, das Immanuelzeichen heilvoll aufzufassen.[54]

Wenig Vertrauen erweckt ferner der Anspruch, ein zentraler Bestandteil des Unheilszeichens habe seitens der Unheilsempfänger selbst vollzogen werden müssen. Wäre das Gespräch wie geschildert verlaufen und Jesaja hätte angekündigt, das Königshaus werde dem Neugeborenen einen Namen beilegen, den er selbst vorweg zum Unheilszeichen erklärt hatte, so hätte man ihm in der wirklichen Welt kaum diesen Gefallen getan. Ein Unheilszeichen, das von Adressaten der Drohung selbst in die Tat umgesetzt werden muss, ist ein Unding.[55]

Dem Aufweis weiterer unrealistischer Züge ist eine Zwischenüberlegung voranzuschicken, wo die Immanuelperikope die Grenze zwischen Zeichen (Signifikant) und Bezeichnetem (Signifikat) zieht. Der Wortlaut lässt mindestens drei Möglichkeiten zu: (1) Nach der ersten Variante zählt V. 14 die Signifikanten auf, und die Vv. 16–17 enthalten die Signifikate. V. 16 prophezeit das Verderben der Aggressoren und erhebt es durch כִּי zum Motiv der Namengebung. Da aber das Begrün-

---

51 Vgl. schon P. de Lagarde, Kritische anmerkungen zum buche Isaias. Erstes stück, Semitica I (AGWG 23/3), Göttingen 1878, 1–32, hier 10.

52 J. Werlitz, Noch einmal Immanuel – gleich zweimal!, BZ 40 (1996) 254–263, hier 261.

53 Vgl. nur die wohlbekannten Parallelen 1 Sam 16,18; 18,12; 2 Sam 5,10; 7,9; 23,5; 1 Kön 1,37; 11,38; Ps 89,22.25 und dazu zuletzt Barthel, Prophetenwort (Anm. 1), 140f.

54 Vgl. schon die messianische Reinterpretation V. 15; ferner 7,21f.; 8,(8c?).10; Mi 5,2 und dazu Werlitz, Immanuel (Anm. 52); die Wiedergabe von עַלְמָה V. 14 durch παρθένος in G und dazu M. Rösel, Die Jungfrauengeburt des endzeitlichen Immanuel. Jesaja 7 in der Übersetzung der Septuaginta, JBTh 6 (1991) 135–151; Mt 1,21–23.

55 Es ist daher für unsere Fragestellung gleichgültig, ob in 7,14d das Verb mit MT schon immer auf die Mutter bezogen war (וְקָרָאת) oder mit diversen antiken Zeugen (vgl. Wildberger [Anm. 11], hier 267) und modernen Vorschlägen ehemals Ahas ansprach (יְוקָרָא*, וְקָרָאתָ* o. ä.).

dete dem Grund vorausgehen soll, kann das Kausalverhältnis von Benennung und Errettung nicht wie Effekt und Ursache, sondern nur wie ikonisches (!) Zeichen und Bezeichnetes beschaffen sein, wo die Eigenart des Signifikats rückwirkend den Charakter der Signifikanten bestimmt. Demnach markiert die Konjunktion am Beginn von V. 16 den Übergang vom Zeichen zum Bezeichneten, sodass Geburt und Benennung Immanuels ein mehrphasiges Geschehen garantieren, das sukzessiv sowohl die Angreifer als auch die Angegriffenen ins Verderben reißt. So resultiert als Signifikat ein Unheil, das durch die Niederlage der Feinde eine Heilskomponente für Juda einschließt, die sich freilich als Illusion herausstellt, weil das Südreich nicht mehr dauerhaft davon profitieren wird. (2) 17a beginnt asyndetisch: ... יְהוָה יָבִיא. Weil asyndetischer Satzanschluss häufig Explikation anzeigt („das heißt: ...")[56] kann man fragen, ob die Zäsur vielmehr hinter V. 16 zu suchen ist. Während das vorige Modell ein gestaffeltes Signifikat annimmt, ergibt sich hier ein komplexes Gefüge von Signifikanten, wo der Untergang der Feinde noch zur Zeichenfolge gehört, die dann einzig Gericht für Juda gewährleistet. (3) Mit einem neuen Vorschlag von J. Barthel kann man das Immanuelzeichen schließlich als „Ineinander zweier Zeichen mit unterschiedlicher Bedeutung und Verweisfunktion" auffassen, die stufenartig fortschreiten, sodass beide möglichen Trennlinien auch als solche fungieren: Zunächst bürgt V. 14 für V. 16, und in einem zweiten Omen versichert zwischenzeitliches Heil (V. 16) das endliche Gericht (V. 17).[57]

---

56 P. Joüon, A Grammar of Biblical Hebrew. Translated and Revised by T. Muraoka, Vol. II (SubBi 14/II), Roma 1991, 649f. (§ 177a).

57 Barthel, Prophetenwort (Anm. 1), 146–151, Zit. 146. Daneben ist Irsigler, Zeichen (Anm. 48), für eine vierte Verstehensweise eingetreten, wonach die komplette Prophetenrede bis V. 17* eine Sequenz mehrerer Zeichen ankündige, die in „gespalte-ne[r] Verweisfunktion" (105) wie folgt auf die Verheißungen in V. 7bc.9cd (so seine Rekonstruktion ebd. 82–86) als ihre Signifikate bezogen seien: „V. 14b–c + V. 16 bestätigen die Wahrheit der göttlichen Zusage von V. 7", und „die bösen ‚Tage' von V. 17 und indirekt dann auch ein negativ (als Appell) konnotierter Immanuelname 14c bekräftigen die Wahrheit der bedingten Drohung gegen das Davidhaus 9c–d." (105f.) Die beiden Hälften dieser These leuchten in unterschiedlichem Maße ein. Wenn man die Aram und Israel betreffenden Passagen wie zitiert verknüpft, wird das Immanuelzeichen als literarisiertes Erweiswunder begriffen, wo die nähere Art der Erfüllung als Beglaubigungszeichen dient. Das erscheint prüfenswert, denn da 7bc die Drohung gegen die Feinde nicht konkretisiert bzw. – auf der hier zugrunde gelegten Textbasis – die Worte gegen die Hauptstädte und Könige der Angreiferstaaten (8ab.9ab) nicht notwendig auch die Entvölkerung ihrer Länder (16b) einschließen, kann man V. 16 so auffassen, dass ein kontingenter Modus der Bewahrheitung für die Leser zum Ausweis der göttlichen Regie hinter der Geschichte erhoben wird. Dieser Weg steht allerdings nicht offen bei Irsiglers Verhältnisbestimmung

Die Unterschiede zwischen diesen Erklärungen kann man folgendermaßen systematisieren: Nach dem ersten Modell steht ein Zeichen aus heilvoll konnotierten Komponenten (V. 14) für eine Zukunft, die zwar vordergründig Heil einschließt (V. 16), aber letztlich unheilvoll gipfeln wird (V. 17). Das Omen ist dann ikonisch zur Zwischenetappe, aber anikonisch zum Endergebnis. Nach dem zweiten Modell garantiert ein Zeichen aus noch mehr heilvollen Elementen (Vv. 14 + 16) ausschließlich Gericht (V. 17), was ein rein anikonisches Omen ergibt. Der dritte Weg sondert ein erstes ikonisches Zeichen von einem zweiten anikonischen. Alle Interpretationen sind sich einig, dass das Immanuelzeichen zumindest teilweise anikonisch ausfällt. Das passt zu unseren Vorklärungen, wonach das Immanuelzeichen als Erweiswunder präsentiert wird, für das Anikonizität charakteristisch ist, auch wenn es Ikonizität zulässt. Doch gleichwie man den Umfang des Zeichens bestimmt, realisiert es in seinen anikonischen Komponenten ganz untypische Formen der Anikonizität, denn bei anikonischen Erweiswundern ist die Relation von Zeichen und bestätigter Größe normalerweise rein zufällig. Das Immanuelzeichen steht jedoch keineswegs arbiträr zum Bezeichneten, sondern realisiert in allen denkbaren Fassungen einen singulären Sonderfall der Anikonizität: Wo immer es sich zum Bezeichneten anikonisch verhält, ist es ikonisch zur Antithese des Bezeichneten. Der Kollaps der Angreifer ist anikonisch zum Endergebnis, dem Gericht über Juda, aber ikonisch zu dessen Gegenteil, dem Heil Judas. Die Signifikanten sind stets ikonisch zur Umkehrung des Signifikats. Damit widersprechen die anikonischen Signifikanten des Immanuelzeichens entschieden den Gepflogenheiten der Erweiswunder: Es fehlt ihnen die Zufälligkeit. Sie sind nicht einfach anikonisch, sondern stehen zum Bezeichneten im Verhältnis konträrer Ikonizität, d. h. sie sind ikonisch zu seinem Gegenteil.

Eigenartig ist es ferner um die Situationsangemessenheit des Immanuelzeichens bestellt. Wie betont, müsste ein Beglaubigungswunder

---

der Vv. 9cd und 17, derzufolge eine bedingte Drohung durch das Eintreffen ihrer unheilvollen Alternative zeichenhaft verbürgt werden soll. Man fragt sich, was das anderes bedeutet, als dass Zeichen und Bezeichnetes schlechterdings ineinsfallen. Doch hat nicht erst die moderne Semiotik die unabdingbare Differenz von Signifikant und Signifikat entdeckt; vielmehr waren schon die atl. Erzähler selbst bei literarisierten Erweiswundern sonst stets darauf bedacht, die Grenzscheide zumindest theoretisch zu wahren, und sei es dadurch, dass sie das Omen auf einen identifizierbaren Ausschnitt des Bezeichneten einschränkten. Wer aber V. 17 als einen distinkten Erfüllungsmodus von 9cd präsentieren wollte, hätte ihn kaum so vage formuliert, wie wir ihn vorfinden. Das spricht nicht dafür, dass V. 17 als Bürgschaft für 9cd konzipiert wurde. Es erscheint daher kaum angeraten, diesen Vorschlag weiterzuverfolgen.

unter „Praxisbedingungen" vor allen Dingen rasch eintreten. Der einzige Bestandteil des Omens, der für baldige Bewahrheitung infrage kommt, ist die Schwangerschaft, während die Geburt eines Sohnes (statt einer Tochter!), die Namengebung und, sofern zum Zeichen gehörig, das Fiasko der Angreifer noch längere Zeit auf sich warten lassen. Dies gilt selbst dann, wenn man 7,14b auf eine bereits vorhandene Schwangerschaft bezieht. Aber auch wenn die Empfängnis erst erfolgen musste, war sie kaum als Mirakel gemeint. Schwangerschaft ist nur wunderhaft bei akuter Gefahr, ohne männlichen Erben zu versterben, doch von einer solchen Notlage weiß Jes 7 nichts, was mit einiger Wahrscheinlichkeit den historischen Tatsachen entspricht. Denn was immer den verworrenen Angaben in 2 Kön 16,1f.; 17,1; 18,1f. zugrunde liegt, war Ahas zur Zeit des syro-efraimitischen Krieges noch jung; überdies dürfte sein Sohn und Nachfolger Hiskija sogar schon geboren gewesen sein.[58]

Daher ist ein erheblicher Verzug zu veranschlagen zwischen dem Treffen an der Walkerfeldstraße und dem ersten Ereignis, dem sich Wunderhaftigkeit zusprechen lässt, also der unerwarteten Namengebung. Freilich ist Praxisferne, wie dargelegt, typisch für literarisierte Erweiswunder. Damit verdichten sich die Anzeichen, dass das Immanuelzeichen ebenfalls jener Kategorie zugehört, weswegen Historizität in der vorfindlichen Gestalt vollends ausgeschlossen werden darf. Das Orakel muss, obwohl im Kern historisch, durch nachträgliche Umstilisierung weit von seinem historischen Pendant abgerückt worden sein.

Die Merkwürdigkeiten nehmen nochmals zu, wenn man das Immanuelzeichen den prophetischen Symbolhandlungen mit dem Namen Maher-Šalal-Ḥaš-Baz gegenüberstellt (8,1–8). Jes 7,10–17* entwirft ein Bild, wo den Propheten von der Davidsdynastie ein tiefes Zerwürfnis trennt, das ihn zum oppositionellen Außenseiter stempelt. In ausgeprägter Spannung hierzu, aber mit beträchtlichem Anrecht auf historische Glaubwürdigkeit will Jesaja laut 8,2 Zeugen aus höchsten judäischen Regierungskreisen berufen haben. Der Priester Urija war Ahas' oberster Kultfunktionär (vgl. 2 Kön 16,10–16). Da uns Urija bereits in den engsten Zirkel um die Königsfamilie führt, wird der zweite Zeuge Secharja ben Jeberechja meist mit jenem Secharja gleichgesetzt, der uns aus 2 Kön 18,2 als Vater der Abi, somit Ahas' Schwiegervater und wohl

---

58 Sein Regierungsantritt wird meist auf 728 geschätzt. – Die isolierte Parallele KTU 69 (*hl ġlmt tld bn*) reicht schon wegen des unklaren Kontexts nicht aus, das Immanuelzeichen auf das Orakel eines Thronfolgers einzuengen, wie erstmals vertreten von E. Hammershaimb, The Immanuel Sign, StTh 3 (1949) 124–142 = ders., Some Aspects of Old Testament Prophecy from Isaiah to Malachi (Det Laerde Selskabs skrifter. Teologiske skrifter 4), København 1966, 9–28.

auch Großvater Immanuels bekannt ist. Selbst wenn die letztere Identifikation fehlgehen sollte, setzt allein die Erwähnung Urijas eine Lage voraus, wo Jesaja mit dem Herrscherhaus in bestem Einvernehmen stand, obwohl die Prophezeiung V. 4 eine exakte Sachparallele zur Ansage der Geburt des Immanuel darstellt und daher nahezu gleichzeitig erfolgt sein muss. Denn aus der Zeit vor 734 ist kein Grund für eine Drohung gegen Damaskus und Samaria bekannt, und schon wenig später war der Anlass dazu entfallen.

Die Parallele zwischen den beiden Zeichen reicht indessen über V. 4 hinaus. Die prophetischen Symbolhandlungen eröffnen eine gleichartige Folge von Gerichtsansagen gegen die Koalitionäre und Juda, wie sie dem Immanuelzeichen eignet. Der Name des Knaben verbürgt zunächst das Desaster der Angreifer (V. 4). Doch ähnlich wie in 7,16f. wird das Unheil der Feinde durch Drohworte gegen Juda aufgewogen (V. 6–9*). Sie sind auffälligerweise durch eine zweite Redeeinleitung abgesetzt (V. 5), die in expliziter Redundanz bloß die Funktion hat, das Folgende als Fortsetzung der vorhergehenden JHWH-Rede kenntlich zu machen (וַיֹּסֶף יְהוָה דַּבֵּר אֵלַי עוֹד לֵאמֹר).

Bei Jesajas Symbolhandlungen in 8,1–4 ist ein ikonisches Verhältnis zum Signifikat zu erwarten. Auf die Gerichtsansage über die Angreifer in V. 4 trifft das uneingeschränkt zu, denn sie ist dem Auftrag zur Namengebung (3e) unmittelbar angeschlossen und schildert den assyrischen Sieg entsprechend den Andeutungen des Namens als Raubzug, wobei sie zudem das Lexem שָׁלָל aufgreift. Weil der Name Maher-Šalal-Ḥaš-Baz im Unterschied zu Immanuel für Juda keine notwendigen Heilskonnotationen aufweist, verhält er sich zu den Drohworten für Juda nicht konträr ikonisch, aber auch nur im weiten Sinne ikonisch, da die Vv. 6–9* weder auf den Namen anspielen noch überhaupt von Plünderung reden. Deshalb ist die Unheilsansage gegen die Feinde erheblich enger mit den prophetischen Symbolhandlungen verknüpft als die durch separate Redeeinleitung abgesetzte Drohung gegen das Südreich.

So ergibt sich: Die Denkschrift Jesajas stimmt ihre Leser durch den Vorbau des Verblendungsauftrags von vornherein auf eine epochale Unheilsbotschaft ein, und der Abschluss in 8,16–18 bestätigt diese Erwartung vollauf. Die derart gerahmten Berichte von öffentlichen prophetischen Auftritten Jesajas bieten allerdings eine seltsame Gemengelage gegensätzlicher Ingredienzen. Auf der einen Seite stehen ausgeprägte Heilsmomente, nämlich heilvoll besetzte Symbolik und Drohworte über Judas Gegner, die in anderen Zusammenhängen anstandslos als Heilsprophetie für Juda durchgingen. Dem widerstreiten klare Gerichtsansagen, die ein negatives Gesamtergebnis für Juda sicherstellen. Zum spannungsvollen Ineinander von heil- und unheilvollen Komponenten fügt sich der Kontrast zwischen Erzählzügen, die ein harmonisches bzw. ein konfliktives Verhältnis Jesajas zum Königspalast voraussetzen. Wenn also etwas charakteristisch ist für die Zeichenhandlungen in Jes 7–8, so eine gravierende Unstimmigkeit: Trotz eines außergewöhnlichen Anspruchs auf Historizität im Allgemeinen sind sie gespickt mit Glaubwürdigkeitsproblemen im Detail.

3. Konsequenzen für die Funktion der Denkschrift

Einen Ansatz zur Aufhellung dieser Diskrepanzen bietet die schon wiederholt vertretene These, Jesaja sei vor dem syro-efraimitischen Krieg als Heilsprophet aufgetreten, indem er einen judäischen Sieg verhieß.[59] Wie kam dann aber das andersartige Bild der Vorgänge in der Denkschrift zustande? Im Licht des späteren kerygmatischen Profils des Propheten legt sich folgender Rückschluss nahe: Jesajas Heilsprophetie war möglicherweise unkonditioniert vorgetragen, aber durch seinen zionstheologischen Denkrahmen zumindest implizit konditioniert, d. h. an die sicherheitspolitischen Prinzipien der Zionstheologie gekoppelt, die sich in Furchtlosigkeit und Bündnisverzicht konkretisierten.[60] Diese Grundsätze hatte Ahas wenig später durch seinen Kotau vor den Assyrern grob verletzt. Der weitere Gang der Ereignisse muss Jesaja in empfindliche Verlegenheiten gestürzt haben, weil seine Zusage der Verschonung Judas eintraf, obwohl sich der König über die wenigstens mitgedachte Bedingung des alleinigen Vertrauens auf den Zionsherrn hinweggesetzt hatte. Seine Heilsweissagung bewahrheitete sich unter Umständen, wo sie das nach seinen eigenen Prämissen gar nicht hätte tun dürfen.

Die Reflexion der entstandenen Lage führte den Propheten zu dem Fazit, dass der judäische Triumph von assyrischen Gnaden nicht das letzte Wort JHWHs zur Schändung seiner Prärogativen sein konnte. Nachdem JHWH sich bei der programmgemäßen Züchtigung der Angreifer auf das politische Kalkül Ahas' eingelassen hatte, musste seine Abrechnung auch Juda einholen, um seine verletzte Ehre wiederherzustellen, sodass der einstweilige Erfolg Judas sich als trügerische Ruhe vor dem Sturm erweisen würde. Laut 8,7f.* erwartete Jesaja die Strafe von jener Macht, deren vermeintliche Obhut das Volk seinem wahren

---

59 Vgl. die unter Anm. 77–79 genannten Autoren, deren weitere Konsequenzen freilich meist ganz anders ausfallen.

60 Vgl. z. B. 7,4; 8,12f.; 28,14–21; 30,1–7.15–17; 31,1–3.

Schutzherrn vorgezogen hatte. Allerdings fand der Prophet mit seiner Sicht der Lage begreiflicherweise wenig Gehör, weil er gewissermaßen seinem eigenen Erfolg zum Opfer fiel, da er ja den glücklichen Ausgang für Juda selbst vorhergesagt hatte. Die Tiefe seiner Glaubwürdigkeitskrise ist an dem Umstand zu ermessen, dass man seinen Protesten seine eigenen, vom Lauf der Geschichte bestätigten Prophezeiungen entgegenhalten konnte.

Unter der Notwendigkeit, die umfassende Bedeutung seiner Worte retrospektiv zu erläutern, verfasste Jesaja die Denkschrift, worin er seine damalige, unleugbare Verkündigung beispielhaft dokumentierte, aber derart reformulierte, dass ihr mittlerweile situationsgerechter Sinn zutage trat. Dabei erhob er die seinerzeit vielleicht nur als selbstverständlich mitgedachte Unheilsalternative für den Fall der Missachtung der zionstheologischen Konditionen des Heils in den Rang der Hauptbotschaft. Er gab also seiner Prophetie jene Gestalt, die sie angesichts der Verwerfung ihrer theologischen Säulen hätte haben müssen. Somit stellen sich die Gerichtsworte in Jes 7 und 8 als weitere Anwendungsfälle der Rückprojektionshypothese heraus. Sein späteres Scheitern, greifbar in der Nichtachtung der zionstheologischen Vorrechte und Schutzgarantien JHWHs, spiegelte Jesaja in die Vergangenheit zurück und glich seine Botschaft entsprechend an. Aus seiner Sicht war dies gewiss kein Reinterpretations-, sondern ein Explikationsvorgang. Weil er gezwungen war, seine originalen Orakel zu zitieren, da sie allseits bekannt waren, entstand die charakteristische Mixtur aus massiven Heilselementen und finalem Gericht.

Der Unterschied zwischen originaler und aktueller Sprechweise ist besonders augenfällig bei den prophetischen Symbolhandlungen in Kap. 8, wo die Zeugenwahl ungetrübtes Einvernehmen mit dem Herrscherhaus erfordert und die Unheilsfolgen für Juda durch eine redundante Redeeinleitung abgesetzt sind. Demnach verkörpert nur V. 4 den Tenor von Jesajas Prophetie aus der Zeit des syro-efraimitischen Krieges, während die Vv. 6–8*.11–15 die mittlerweile aktuell gewordenen Implikationen entfalten.

Nach demselben Muster lässt sich das Ineinander von Heil und Gericht in Kap. 7* erklären. In der ersten Hälfte spiegeln nur die Vv. 4d–9b, geformt nach der Gattung „Heilsorakel an einen König in bedrängter Lage"[61], die Essenz von Jesajas ursprünglichen Worten wider, während der gattungsfremde Rahmen mit den Warnrufen in 4bc und 9cd die Wirkungsgeschichte seiner Rede ins Auge fasst. Die größte Mü-

---

61 Die altorientalischen Parallelen sind erschlossen bei Wildberger, Jesaja (Anm. 11), 271f.

he bereitete Jesaja das Immanuelzeichen, weil der konnotativ eindeutig besetzte Name anders als die Namen seiner Söhne notwendig für Juda Heil verhieß und daher nicht leicht umzupolen war. Deshalb sind die inneren Widersprüche hier besonders eklatant: Im Erscheinungsbild ist das Immanuelzeichen auffällig verwandt mit den benachbarten Symbolhandlungen, gibt sich aber als Erweiswunder. Zu seinen heilvollen Zusagen verhält es sich ikonisch, wie bei symbolischen Akten obligatorisch, doch wenn bei der Drohbotschaft die für Erweiswunder typische Anikonizität auftritt, beobachten wir den einmaligen Sonderfall der konträren Ikonizität. Obendrein wollen der Anspruch auf Historizität und die mirakulöse Natur nur schwer zusammenpassen. Die Janusköpfigkeit des Immanuelzeichens dürfte folgender Ursache entspringen: Es war ehemals kein Beglaubigungswunder, sondern, sofern kein ganz normales Heilsorakel, ein symbolischer Akt unter Mitwirkung des Königshauses,[62] das sich dazu nur allzu gerne einspannen ließ, weil Jesaja dem Hof eng verbunden war, wie gerade die im Namen Immanuel proklamierte Solidarität JHWHs mit den Davididen unterstreicht. Den zentralen Signifikanten wird man in der Vergabe des sprechenden Namens zu suchen haben (14d), die als ihr Signifikat das Scheitern der Feinde versicherte.[63] Nach dem vorderhand spektakulären Erfolg von Ahas' Realpolitik geriet der bei Hofe lebende Königssohn zu einer wandelnden Infragestellung von Jesajas Theologie. Wollte der Prophet nicht vor dem Eindruck kapitulieren, Schiffbruch erlitten zu haben, musste er der Namengebung einen anderen Sinn beilegen, was durch die Umwidmung zu einem Erweiswunder für noch künftiges Unheil geschah. Dem Kunstgriff kam zustatten, dass die beiden Zeichentypen in Israel ohnehin kaum reflex geschieden wurden.

Wenn – was die Textoberfläche nicht eindeutig klarstellt – V. 16 im Sinne des Autors zu den Signifikanten zählt, hat hier eine ähnliche Reinterpretation stattgefunden, insofern das Heil im Licht neuer Erfahrungen zur bloß zeichenhaften Zwischenetappe auf dem Weg zum

---

62　Zur Delegierbarkeit prophetischer Zeichenhandlungen an die Zeichenempfänger vgl. 2 Kön 13,14–19.

63　Damit berührt sich meine Analyse eng mit der von Barthel, Prophetenwort (Anm. 1), allerdings mit einem wesentlichen Unterschied: Ihm zufolge soll die Denkschrift von den Worten und Zeichen aus Kap. 7 nur die erschließbare Originalfassung (≈ 3–9b*. [10].14b–d.16), von den Zeichen mit Maher-Šalal-Ḥaš-Baz in Kap. 8 aber schon die gerichtstheologisch adaptierte Version mit V. 5–8 enthalten haben (147–153.174–177. 198). So entsteht eine wenig plausible Rekonstruktion, die dem König Heil und dem Volk (verstanden als proassyrische Parteigänger der aramäisch-israelitischen Koalition) Unheil ansagt. Man fragt sich, wie Jes 6* und Heilsverheißungen für das Herrscherhaus nebeneinander harmoniert haben sollen.

endgültigen Gericht herabsank. Dann verwandelte Jesaja das Signifikat der prophetischen Symbolhandlung zu einem Signifikanten des Erweiszeichens. Dessen rein literarische Funktionsweise entspricht seinem Zweck: Es gilt nicht den Adressaten *im* Text, sondern es soll die Adressaten *des* Textes überzeugen, dass der überraschende Untergang der Feinde weiter nichts ist als eine von Jesaja vorhergesagte Präfiguration künftiger Katastrophen.

Die Widersprüchlichkeit der Verkündigung Jesajas in der Denkschrift rührt also aus dem Reinterpretationsvorgang, der den Hauptzweck der Urkunde darstellte: Die nunmehr explizierten Aussagen lassen sich nur auf Umwegen mit den Worten und Zeichen vereinbaren, die Jesaja in seinem Werk dokumentiert. Daher erscheint es bei den meisten Kohärenzstörungen müßig, Erklärungen auf der Ebene der Textentwicklung (also auf schriftlicher Ebene) zu suchen. Das Verhältnis von historischem Substrat und literarischer Verarbeitung war selbst unaufhebbar spannungsvoll, weswegen es auch schon die Urform der Denkschrift gewesen sein muss. Ohnehin bedürfen literarhistorische Herleitungen der zusätzlichen Prämisse, dass die zitierten Prophetenworte vorweg in Schriftform vorlagen. Das hier vertretene Verständnis verlangt dagegen bloß, dass Aufsehen erregende Aktivitäten Jesajas zur Zeit des syro-efraimitischen Krieges (Ansage des aramäisch-israelitischen Fehlschlags, bekräftigt durch mehrere Zeichen: Namen der Söhne Jesajas und Immanuels, Errichtung der Tafel) sowie prägnante Details der historischen Szenerie (Begegnung an der Walkerfeldstraße unter Beisein Šeʼar Yašūbs und der Mutter Immanuels, Zeugenschaft Urijas und Secharjas) im Gedächtnis der judäischen Führungskreise haften geblieben waren. Die Präsenz dieser Erinnerungen war es, die Jesaja zu dem Versuch trieb, seine eigene Lesart jener Vorgänge zu verbreiten.

Der Umgang der Denkschrift mit ihren Stoffen liefert auch einen Datierungsgesichtspunkt. Der beobachtete Zwang, auf nicht beliebig manipulierbare Reminiszenzen Rücksicht zu nehmen, konnte nur bei mäßigem Abstand zum Geschehen auftreten. Die Distanz zu den Ereignissen ist abschätzbar am Gestaltungsspielraum des Verfassers: Er sah sich genötigt, die Zeichenakte zur Sprache zu bringen, konnte aber ihre Gerichtsansagen auf Juda ausdehnen (7,17; 8,5–8) und der Immanuelweissagung wider die Historie eine Zeichenofferte vorschalten (7,10–12).[64] Jüngere, nicht durch störende Erinnerungen gebundene Autoren

---

64 Besondere Erklärungsnöte scheint Jesaja das Gelingen von Ahas' proassyrischer Bündnispolitik bereitet zu haben. Das dürfte der Grund sein, warum er das konkrete Motiv für die Verwerfung Judas und der Davididen schweigend überging. Auch dies setzt eine geringe Distanz zum Geschehen voraus.

hätten von vornherein die resultierenden Spannungen vermieden und einen glatteren Text hervorgebracht. Nach diesen und weiteren Hinweisen auf einen ereignisnahen Verfasserstandort (s. o.) müssen unterdessen einige, wenngleich nicht zu viele Jahre verstrichen sein; zusammen mit 7,1a* gelangt man in die Zeit Hiskijas.[65] Der Rekurs auf Jesajas Schülerkreis (oder gar noch spätere Epochen) erscheint dagegen als unnötige Komplizierung.

Diese Interpretation bekräftigt die geläufige Sicht, wonach Jesaja die Denkschrift abfasste, um den Erfüllungsverzug seiner Drohworte über Juda zu überbrücken, indem er sie für eine Zukunft konservierte, wenn nach einem leidvollen Lernprozess die Hörwilligkeit seines Publikums wieder zunähme. Wie es scheint, kam allerdings einem zweiten Motiv eher noch höhere Bedeutung zu. Nach der Bewahrheitung seiner Heilsansagen sah sich Jesaja genötigt, einem kapitalen Missverständnis seiner Prophetie entgegenzutreten, das deren zionstheologischen Bezugsrahmen glaubte ignorieren zu können – eine fatale Verkennung der Lage, die Juda unweigerlich ins Verderben stürzen würde. Wie die Art der Fusion von Heil und Gericht in der Denkschrift noch durchblicken lässt, hatte Jesaja ursprünglich die Heilsalternative derart hervorgekehrt, dass er als reiner Heilsprophet wahrgenommen wurde. Der Missbrauch seiner Prophetie zwang ihn schließlich, die Gewichte zurechtzurücken, was auf die Notwendigkeit hinauslief, seine eigene Frühzeitverkündigung unwirksam zu machen. Vor allem musste er dem Eindruck des Selbstwiderspruchs wehren, indem er darlegte, dass seine damalige Prophetie in Wahrheit schon die jetzige war. Deshalb hat er sie aktualisierend dokumentiert und mittels einer verbindlichen Fassung seiner rückblickend missverständlichen Zeichenakte aus der Ära des syro-efraimitischen Krieges hervorgekehrt, dass seine Botschaft immer schon mit einer Unheilsalternative verschwistert war, was die vorfindliche Melange aus Heil und Gericht heraufbeschworen hat.

Zumindest in Form einer Problemanzeige sei noch die Anschlussfrage aufgegriffen: Wer waren die Adressaten von Jesajas Selbstinterpretation? Die Not seiner Einsamkeit ließ ihm naturgemäß keine andere Wahl, als an seine verbliebenen Anhänger zu appellieren (vgl. 8,11–13 mit V. 16). Wenn man deshalb in jenem Zirkel wie üblich den angezielten Empfängerkreis ausmacht, geben eindeutige Wendungen des Textes auf einer ersten Verständnisebene dem zweifellos Recht. Die

---

65 Die Autoren, die sich zur Authentizität der Denkschrift bekennen, vertreten bekanntlich recht weit gestreute Datierungsvorschläge, die sich über die gesamte Spanne der verbleibenden Aktivität Jesajas verteilen, also über mehr als drei Jahrzehnte. Für unsere Zwecke erscheint eine nähere Festlegung entbehrlich.

Indizien reichen indes weiter. Schon die Schriftform weckt Bedenken: Bedurfte es für die Jünger dieses Mediums, wo doch nichts davon verlautet, dass Jesajas Zugang zu ihnen jemals behindert worden wäre? Welchen Gewinn verhieß es gegenüber mündlichem Zuspruch? Der Kolophon in 8,16–18 vermittelt zudem einen gespaltenen Eindruck. Einerseits gibt der Prophet als seine Devise aus: „Verschnürung (צוֹר) des Zeugnisses, Versiegelung (חֲתוֹם) der Weisung in meinen Schülern (בְּלִמֻּדָי)" (V. 16), was dem Schriftstück einen arkanen Nimbus verleiht. Andererseits proklamiert er sich und seine Söhne zu prophetischen Zeichenakten (לְאֹתוֹת וּלְמוֹפְתִים) in Israel (V. 18), wobei der Einschluss seiner selbst nicht danach klingt, als habe er das baldige Ende seiner Mission gewärtigen müssen. Obendrein redet der Sprechakt an den Jüngern vorbei zu einem nicht spezifizierten breiteren Publikum. Dies insinuiert im Gegenteil eine öffentliche Natur des Dokuments. Dazu passen die dargebotenen Szenen, die Jesaja auf freier Bühne vor König (Kap. 7), Notabeln und Volk (Kap. 8) präsentieren, wo er die aktualisierte Ausgabe seiner Prophetie verbreitet, die gerade die ursprünglichen Hörer bzw. deren Nachfolger angehen musste.

Lässt man diese Anhaltspunkte in voller Breite gelten, wird man den gewünschten Empfängerkreis der Denkschrift trotz ihrer notgedrungen vorrangigen Orientierung an der verbliebenen Gefolgschaft nicht vorschnell auf Letztere einengen, sondern mit sublim gestuften Adressatenschichten rechnen. Was die Jünger betrifft, so bleibt es bei den von C. Hardmeier aufgewiesenen Funktionen der Identitätspflege und Selbstvergewisserung der an den gesellschaftlichen Rand gedrängten Oppositionsgruppe.[66] Doch im Licht der genannten Indizien dürfte ihnen Jesaja darüber hinaus die Rolle der Bewahrer und Multiplikatoren zugedacht haben, um schließlich doch noch die Öffentlichkeit zu erreichen, also jene führenden Kreise, die das Schicksal Judas in Händen hielten. Mit J. Barthel ist festzuhalten, dass erzwungener Verzicht auf Öffentlichkeit keinem grundsätzlichen Rückzug gleichkommt.[67] Dazu überzeugt sein Hinweis, dass die Warnung 7,9cd angesichts ihres traditionsgeschichtlichen Hintergrundes[68] eher als Anrede des „Hauses Davids" (vgl. 7,2a.13b–14a) denn der Jüngerschaft[69] einleuchtet.[70] Was

---

66 Vgl. C. Hardmeier, Gesichtspunkte pragmatischer Erzähltextanalyse. „Glaubt ihr nicht, so bleibt ihr nicht" – ein Glaubensappell an schwankende Anhänger Jesajas, WuD 15 (1979) 33–54, hier 47ff.; ferner ders., Verkündigung und Schrift bei Jesaja. Zur Entstehung der Schriftprophetie als Oppositionsliteratur im alten Israel, ThGl 73 (1983) 119–134; bes. 131.

67 Barthel, Prophetenwort (Anm. 1), hier 234.

68 Vgl. oben Anm. 20.

69 So Hardmeier (vgl. oben Anm. 66).

Jesaja demnach zur Feder greifen ließ, war die Hoffnung, im dauerhaften Medium der Schrift die Mauern seiner Isolation früher oder später doch noch zu durchbrechen.

Ist dies richtig, verrät der Blick über den Anhängerkreis hinaus, worum es dem Propheten tatsächlich ging: nämlich doch noch zu verhüten, was vorgeblich irreversibler Wille JHWHs war (6,9–11). Darin tritt die paradoxe Natur der Denkschrift zutage. Einerseits zieht sie mit dem Verblendungsbefehl alle Register, um die Gerichtsansage bis zur äußersten Kompromisslosigkeit zu treiben.[71] Andererseits zerrt sie JHWHs sorgsam eingefädelten Plan ans Licht und tut somit alles, um ihn zu vereiteln, denn eine durchschaute Illusion ist keine mehr.[72] Der scheinbare Widersinn ist nur begreiflich, wenn man das Dokument als Umkehrprophetie höherer Ordnung versteht: Statt weiterhin gegen die Hörunwilligkeit anzupredigen, wird deren Ursache selbst thematisiert. Das zähe Beschreiten selbst verschlungener Wege, um über den Status Judas vor JHWH aufzuklären, erweist die Denkschrift als Vehikel einer gellenden Warnung.[73] Nur wenn man dem offengelegten Verblendungsbefehl eine paränetische Dimension zubilligt,[74] lässt er sich mit Jesajas und seiner Kinder Sendung als „Zeichen und Mahnmale in Israel" zusammendenken.[75] Wie es daher sich selbst erfüllende Prophezeiungen gibt, so steht die Denkschrift für eine Prophetie, die sich selbst zu durchkreuzen trachtet. Die freilich reale Möglichkeit des Scheiterns bewältigt Jesaja mit dem Konzept des „Gerichts als Grenze" (E. Blum[76]),

---

70 Barthel, Prophetenwort (Anm. 1), hier 138.169f.

71 Zur „umfassende[n] Gerichtsperspektive" des Verblendungsbefehls vgl. jetzt auch mit neuen Gesichtspunkten F. Hartenstein, Die Unzugänglichkeit Gottes im Heiligtum. Jesaja 6 und der Wohnort JHWHs in der Jerusalemer Kulttradition (WMANT 75), Neukirchen-Vluyn 1997, wonach „Jesaja mit dem Stichwort ‚Verstockung' eine Reflexionsfigur einbringt, die von der Erfahrung der Verborgenheit JHWHs auf unbestimmte Zeit geprägt ist und so den Charakter einer abschließenden Überlegung hat" (223).

72 Vgl. Schenker, Verblendung (Anm. 5). Micha ben Jimlas folgenlose Enthüllung der Verblendung Ahabs in 1 Kön 22,19–23 ist keine geeignete Analogie, da Erzählungen nicht an die Gesetze der realen Welt gebunden sind.

73 Die Finesse der Konstruktion wird verkannt, wenn Berges, Jesaja (Anm. 1) 97f., erklärt: „Die Verbindung von Sendung und Verstockungsauftrag … ist eine logische und theologische Unmöglichkeit."

74 Vgl. auch Jon 3,4 und die Folgen.

75 Das Problem ist klar gesehen bei Th. Lescow, Jesajas Denkschrift aus der Zeit des syrisch-ephraimitischen Krieges, ZAW 85 (1973) 315–331, wenn er „eine starke Spannung zwischen 6,9–11 und 8,16–18" (315) konstatiert, die er dann literarkritisch durch Abtrennung von Kap. 6 lösen will (vgl. auch oben Anm. 21).

76 Vgl. Blum, Prophetisches Testament II (Anm. 1) 21–29. Er sieht darin das Ergebnis von Jesajas „(Selbst-)Reflexion von Bedeutung und Aufgabe der Gerichtsprophetie

wo eine Erneuerung Israels widrigenfalls erst nach der Katastrophe in Gang kommen kann (6,11). Darin wird der Jüngerschaft bedeutet, wie der Hoffnungsfunke Jesajas (8,17) unter den gegebenen Umständen konkret zu werden vermag. Schon der Verblendungsauftrag als pathetische Affirmation der Geschichtssouveränität JHWHs ist im Kern ein hoch dramatischer Versuch, mit dem göttlichen Triumph im vermeintlichen Desaster die Möglichkeitsbedingung der Hoffnung zu sichern.

Als Ergebnis lässt sich festhalten: Wenn die expliziten Drohworte für Juda in Jes 6,1–8,18* auf Rückprojektion beruhen, bestärkt dies ein Bild, das sich in neueren Arbeiten verdichtet hat: So sehr die authentischen Stücke im Protojesabuch von Gerichtsprophetie beherrscht sind, muss trotzdem die Heilsansage in Jesajas Verkündigung einen hohen Rang eingenommen haben. Das literarische Nebeneinander beider Arten rührt jedoch nicht aus unterschiedlichen Adressatenkreisen[77] oder gar sekundärer Umpolung eines reinen Heilspropheten[78], sondern spiegelt ein Nacheinander in Jesajas eigener Biographie.[79] Es waren ernüchternde Erfahrungen mit seiner Heilsprophetie, die ihn bewogen, die schon immer latente Unheilsalternative schließlich ganz in den Vordergrund zu rücken. Insofern bezeugt die Denkschrift indirekt die Bekehrung Jesajas vom Heilspropheten zum Künder des Gerichts.

---

seit Amos" (ebd. 27); vgl. auch ders., Jesaja und der רבד des Amos. Unzeitgemäße Überlegungen zu Jes 5,25; 9,7–20; 10,1–4, DBAT 28 (1992/93) 75–95.

77 So Irvine, Syro-Ephraimitic Crisis (Anm. 4); Barthel, Prophetenwort (Anm. 1), bes. 174–180.198–203.

78 Becker, Jesaja (Anm. 4); Knauf, Prophetinnenwort (Anm. 9).

79 Ähnlich J. Høgenhaven, Gott und Volk bei Jesaja. Eine Untersuchung zur biblischen Theologie (AThD 24), Leiden u. a. 1988, 94, der aber die Verbindung der gegensätzlichen Elemente in der Denkschrift erst nachjesajanischen Redaktoren zugesteht.

Die joschijanische Reform im Jeremiabuch

Mit einem Seitenblick auf das Deuteronomistische Geschichtswerk

1. Die Frage nach dem ursprünglichen Ende der Königsbücher bzw. des DtrG

In einer anderen Studie[1] habe ich versucht, weitere Gesichtspunkte zur Erhellung des viel verhandelten Problems beizutragen, wo das ursprüngliche Ende jenes Literaturkomplexes zu suchen ist, auf den die heutigen Königsbücher zurückgehen. In meiner Sicht steht an ihrer Wurzel das DtrG, doch lassen sich die Resultate auch auf andere rekonstruierte Größen anwenden. Die Untersuchung bestätigte jene Exegeten, die das ehemalige Finale des Werkes in 2 Kön 23 verorten, d. h. nach dem Bericht von der joschijanischen Reform, wie im Rahmen der Diskussion um das DtrG vertreten von den Befürwortern des sog. Blockmodells.[2] Diese Erklärung verdient weiterhin den Vorzug, auch wenn einzuräumen ist, dass der exakte Wortlaut, mit dem das Werk einst ausklang, sich bislang nicht befriedigend hat ermitteln lassen und daher wohl als verloren gelten muss.[3] Die Hypothese des originalen Abschlusses mit Joschija wurde gestützt mit folgenden Beobachtungen:

(1) 2 Kön 23,25 verherrlicht Joschija als Paradebeispiel einer mustergültigen Umkehr, obwohl aufgrund der Sünden Manasses und seiner Untertanen (2 Kön 21,2–16) vorweg feststeht, dass der mit David parallelisierte vorbildliche Herrscher[4] den zürnenden JHWH nicht von seinem erklärten Willen würde abbringen können, Juda dem Untergang

---

1   H.-J. STIPP, Ende.
2   Über die neuere Diskussion zum DtrG informieren G. BRAULIK, Theorien; TH. RÖMER, History; DERS., Wüstentraditionen, 55-50; A. SCHERER, Forschungen; T. VEIJOLA, Deuternomismusforschung.
3   Zu den Problemen des meist vertretenen Vorschlags, der Schlusssatz sei in 2 Kön 23,25b zu suchen, vgl. H.-J. STIPP, Ende, 396.
4   2 Kön 22,2; vgl. auch בְּכָל־לְבָבוֹ 2 Kön 23,25 mit 1 Kön 14,8.

preiszugeben.[5] Um keine falsche Zuversicht aufkommen zu lassen, wird der längst gefällte Vernichtungsbeschluss JHWHs abermals eingeschärft mit einem kommentierten Gotteswort, das dem zusammenfassenden Lob für den Idealkönig auf dem Fuße folgt (23,26-27; vgl. ferner 24,3-4). Diese kategorischen Aussagen werden auch durch die Notiz von der sog. Rehabilitation Jojachins im Exil (2 Kön 25,27–30) nicht aufgehoben. Daher präsentiert sich das Ende des DtrG bzw. von 2 Kön als ausholende Dokumentation dessen, was selbst die aufrichtigste Umkehr *nicht* vermag – ein schwer begreifliches Vorgehen, sollten die Redaktoren gewünscht haben, ihr Publikum nach dem Hereinbruch der Katastrophe davon zu überzeugen, dass nun aufrichtige Reue und Buße, konkretisiert zumal in der Observanz deuteronomistischer Normen der JHWH-Verehrung, das Gebot der Stunde seien.

(2) Einem Ansporn zum Neubeginn arbeitet noch zusätzlich das Bild vom Kollaps des Nordstaats entgegen, denn 2 Kön stellt die Massendeportationen nach der Zerstörung Samarias mit aller Deutlichkeit als Ausweis der endgültigen Verwerfung der Nordstämme hin (17,18. 20.23), um dann von Juda ein gleichartiges Schicksal zu berichten. Anstatt zu erklären, dass die Reprise im Falle Judas eine andere theologische Wertigkeit besäße, werden die Vorgänge ausdrücklich parallelisiert (21,13; 23,27; 25,21c ‖ 17,23c). Man fragt sich, welche Art von Ermutigung die Leser daraus ziehen sollten.

Die Schlussstrichrhetorik in 2 Kön ist zwar Glied eines Theodizeekonzepts, das JHWH im Blick auf das Desaster vom Verdacht der Schwäche oder der Ungerechtigkeit entlasten sollte, doch bildet sie ein enormes Erschwernis, wenn man versucht, dem darin aufgipfelnden Erzählzusammenhang eine konstruktive Zukunftsperspektive zu entnehmen, so dringend eine solche schon wegen der schieren Größe des Werkes zu erwarten ist. Im vorliegenden Wortlaut entfaltet das Buch tatsächlich eine Ätiologie der irreversiblen Verwerfung Israels, die eigentlich das unwiderrufliche Ende des JHWH-Volkes nach sich ziehen müsste – ganz so, wie Martin Noth geurteilt hatte, als er das Aussageziel des von ihm rekonstruierten DtrG in die viel zitierten Worte fasste, dessen Autor habe „in der Geschichte des Volkes Israel einen in sich geschlossenen Vorgang gesehen, der … mit der Zerstörung von Jerusalem seinen definitiven Abschluß gefunden hat".[6] Diese Interpretation mag in sich unglaubhaft klingen, passt jedoch viel besser auf den von Noth vorausgesetzten Textbestand als spätere Alternativvorschläge, die

---

5   Vgl. 2 Kön 21,13; 22,19 im Licht von 17,18.20–23.

6   M. NOTH, Überlieferungsgeschichtliche Studien, 103.

aus mageren Indizien einen Vorblick auf eine bessere Zukunft zu destillieren suchen.[7]

(3) Wenn das Werk mit solch kontraintuitiver Perspektivlosigkeit abbricht, dann zunächst deshalb, weil der in den Schlusskapiteln von 2 Kön nachdrücklich promulgierte Vernichtungswille JHWHs alle Zwischentöne unter sich begräbt, an die sich Hoffnungen auf einen Neubeginn Judas klammern könnten. Die Paradoxie wird aber durch folgende konzeptionelle Eigenarten nochmals drastisch gesteigert: Die Königsbücher entfalten ein Geschichtsbild, das den Höhenheiligtümern (בָּמוֹת) eine schicksalhafte Schlüsselstellung für das Wohl und Wehe Judas beimisst und Joschija die endgültige Beseitigung solcher Kultstätten durch Profanation zuschreibt (טמא 2 Kön 23,8.10.13.16). Wie es scheint, war der institutionelle Erfolg der joschijanischen Reform für die Redaktoren eine derart unumstößliche Tatsache, dass sie die ausschlaggebende Ursache des Desasters *vor* der Reform situierten anstatt danach – ein Szenario, das mit beachtlichen konzeptionellen Opfern erkauft wurde, denn die Redaktoren hätten die werbende Strahlkraft der exemplarischen Tugenden des Idealherrschers weitaus weniger gefährdet, hätten sie den Untergang Judas auf Vergehen zurückgeführt, die sich erst in der verbleibenden Königszeit nach Joschija zutrugen. Dann wäre die Reform erst im Nachhinein ihrer Wirkung beraubt worden, und man hätte den misslichen Eindruck vermieden, dass selbst die radikalste Umkehr nichts fruchte. Diese Risiken wiegen umso schwerer, als die Nachfolger Joschijas sich nachgerade für den Part des Sündenbocks aufzudrängen scheinen. Immerhin erhalten sie sämtlich die negative Zensur „Er tat das Böse in den Augen JHWHs",[8] und auch andere Quellen wie das vom Schöpfer von 2 Kön 24f. benutzte Jeremiabuch haben wenig Gutes von ihnen zu berichten. Im Ergebnis zahlte die Redaktion für das Festhalten an ihrem Geschichtsbild einen gewaltigen Preis: Statt am Beispiel Joschijas den Nutzen des Gesetzesgehorsams aufzuzeigen, veranschaulichte sie im Gegenteil die Vergeblichkeit der Mühe; ja, sie leistete sogar dem fatalen Eindruck Vorschub, JHWH habe durch die baldige Schleifung des Tempels vielmehr die joschijanischen Manipulationen am angestammten Kultwesen demonstrativ verdammt. Die in 2 Kön erzählte Geschichte lässt sich nachgerade als Warnung vor der Alleinverehrung JHWHs und der Opferzentralisation deuten, wie es laut Jer 44,17–18 auch tatsächlich viele Judäer nach 587 taten (s. u.) .

---

7   Vgl. die Beispiele bei H.-J. STIPP, Ende, 398–400; 403 Anm. 51.
8   2 Kön 23,32.37; 24,9.19.

Daraus ergeben sich die Erklärungsaufträge an die Exegese: Die Redaktion des DtrG bzw. der Königsbücher hat dem Thema der kultischen Orthopraxie eine solch zentrale Rolle zuerkannt, dass nirgends bezweifelt wird, sie habe ihr Publikum vom Segen der Befolgung dtr Maximen überzeugen wollen. Warum hat sie dann aufwendig ein Exempel der idealen Erfüllung dieser Normen geschildert, das sich umgehend als unfähig herausstellt, das Heil zu sichern? Warum hat sie sich ferner einen bequemen Ausweg verbaut, der ihr das Paradox mühelos erspart hätte? Warum entwirft die Redaktion ein Panorama, das den Eindruck suggeriert, sie habe sehenden Auges ihre eigenen Anliegen untergraben?

Wie in jener anderen Studie dargelegt, lässt sich der seltsame Befund mit folgenden Annahmen erklären: Das vorfindliche Geschichtsbild repräsentiert nicht den originalen Zustand, sondern ein sekundäres, aus der Not geborenes Kompromissprodukt. Ganz im Sinne des Blockmodells ist das DtrG unter Joschija oder kurz danach, aber jedenfalls noch vorexilisch entstanden. Zwecks Legitimation der joschijanischen Maßnahmen propagierte es das kultische Rechttun nach deuteronomistischen Standards als verlässliches Instrument der Heilssicherung, da der Trägerkreis des Werkes nach vollendeter Reform eine Katastrophe nach dem Muster des Nordstaats, wie sie alsbald auch Juda einholte, für ausgeschlossen hielt. Entsprechend gehen sämtliche Bestandteile, die die Kenntnis der Niederlage spiegeln, auf spätere Hände zurück, darunter die Manasse-Passagen, die die Hauptschuld dem Großvater Joschijas und seiner Generation aufbürden (2 Kön 21,10–15 [16?]; 23,26-27; 24,3-4). Dabei rührt die paradoxe Natur der revidierten Neuausgabe offenbar vor allem aus dem Umstand, dass die Bearbeiter textliche und historische Vorgaben respektierten, die sie nicht antasten konnten oder wollten. Statt das Opus ganz aus dem Verkehr zu ziehen und gegebenenfalls zu ersetzen oder wenigstens grundlegend umzuschreiben, nahmen sie nur begrenzte Modifikationen vor, wobei sie ihre Eingriffe zudem normalerweise auf Nachträge beschränkten, während sie mit Tilgungen und Reformulierungen sparsam verfuhren. Weiterhin fällt, wie betont, an den Aktualisierungen der Verzicht auf den Vorwurf auf, die letzten Könige Judas hätten gegen die deuteronomistischen Hauptgebote der Monolatrie und der Opferzentralisation verstoßen. Folglich zielten die Ergänzer primär auf ein Publikum, das erstens mit der vorexilischen Fassung schon eingehend vertraut war und zweitens wusste, dass Joschijas Nachfolger seine Reformen keineswegs widerrufen hatten. In literargeschichtlicher Hinsicht bestätigt der Befund das Blockmodell: Ein spätvorexilisches Original wurde nach 587 und/oder 562 (2 Kön 25,27–30) erweitert. Für realhistorische Belange

ergibt sich: Wenn die Revisoren auf sperriges, da mit ihren leitenden
Konzepten nur mühsam vereinbares Weltwissen Rücksicht nahmen,
untermauert dies die Historizität und Dauerhaftigkeit der joschijanischen Neuerungen zumindest im Kern. Außerdem müssen auch die
betroffenen Bearbeiter noch zu einem ereignisnahen Moment die Feder
ergriffen haben.

Diese Schlüsse wurden aus den Königsbüchern bzw. dem DtrG
selbst gewonnen. Die folgenden Untersuchungen sollen nun die Beob-
achtungsbasis verbreitern, indem sie jenes Korpus deuteronomistischer
Literatur ins Auge fassen, das nächst den meist dem DtrG zugerechneten Stücken den größten Umfang einnimmt: die deuteromistischen Redaktionen des Jeremiabuchs (JerDtr). Es gilt zu zeigen, dass JerDtr und
die post-dtr Schichten des Buches die joschijanische Reform wiederum
in ein ganz anderes Licht tauchten als Kön. Der Vergleich hat den Nebeneffekt, auf seine Weise die soeben nochmals begründeten Hypothesen zur Literargeschichte des DtrG zu bekräftigen. Dabei ist allerdings
ein längerer Anweg zu nehmen: Die dtr Strategien im Umgang mit der
Kultreform gewinnen weiter an Kontur, wenn sie zusätzlich mit dem
Echo Joschijas und seiner Maßnahmen in der Chronik und in den authentischen Stücken des Jeremiabuches konfrontiert werden. Deshalb
sind diese Befunde vorweg zu resümieren.

2. Die joschijanische Reform in der Chronik

Das andersartige Bild der joschijanischen Reform in der Chronik[9] wirft
bereits im Abschnitt über Hiskija seinen Schatten voraus. Während 2
Kön 18,4 Hiskijas Kultreform in einem Vers abhandelt, weitet 2 Chr das
Thema auf volle drei Kapitel aus (29–31), unter Einschluss eines breit
geschilderten Paschafestes (2 Chr 30), dessen Neubelebung damit gegenüber 2 Kön 23,21–23 um ein rundes Jahrhundert vorverlagert wird.
Als Hiskija sich schließlich doch noch versündigt, deutet der Erzähler
erstmals die kommende Katastrophe an: Eigentlich war nun ein „Zorn
(-gericht) JHWHs" fällig, wurde aber aufgrund der Buße des Königs und
seiner Untertanen unbefristet aufgeschoben (32,25–26).

Anschließend macht Manasse wie in der Vorlage die Leistungen
seines Vaters zunichte, wird aber keineswegs derart zur Schreckensge-
stalt perhorresziert wie dort (2 Chr 33,1–20). Aus den Vorwürfen gegen
den schlimmsten Götzendiener auf dem Jerusalemer Thron entlehnte

---

9   Vgl. an aktuellen Arbeiten zum Thema L. C. JONKER, Reflections; H.-S. BAE, Suche; E.
     BEN ZVI, Observations; K. A. RISTAU, Reading.

der Chronist nur den Lasterkatalog 2 Kön 21,1–9 ‖ 2 Chr 33,1–9, während er die prophetische Strafrede mit der Exilsankündigung V. 10–15 durch die inhaltsarmen Summarien in 33,10.18 ersetzte und den Vorwurf des Massenmords V. 16 samt den übrigen Manasse-Passagen 2 Kön 23,26–27 und 24,3–4 überging. Infolgedessen ist der Großvater Joschijas nun von der Hauptschuld am Exil befreit. Vielmehr habe der Übeltäter, von den Assyrern „nach Babel" verschleppt, in der Gefangenschaft bereut, nach der ihm gnädig von JHWH gewährten Heimkehr die Abgötterei aus dem Tempel und Jerusalem beseitigt und lediglich die Höhenheiligtümer intakt gelassen (2 Chr 33,11–17). Um für Joschija noch ein nennenswertes Betätigungsfeld übrig zu lassen, wird Amon die Verehrung der Götzenbilder seines Vaters vorgeworfen (33,22), doch nur mit dem Ergebnis, dass Amon „die Schuld vermehrte" (V. 23). Mit diesem Ausbau des Paradigmas der anschwellenden Sündenlast hob der Chronist die fatalen Vorentscheidungen auf, die ein dtr Redaktor der Königsbücher in die Ära Manasses verlegt hatte, sodass das Schicksal Judas weiterhin offen blieb.

Wie die hiskijanische Reform gesteigert wird, so wird die joschijanische herabgestuft, und wie Manasse weniger dämonisiert wird, so wird Joschija weniger idealisiert. Der Bericht von Joschijas Kultreinigung fällt erheblich kürzer aus als in der Quelle, und von einer irreparablen Profanation der Kulthöhen verlautet nichts mehr (vgl. 2 Chr 34,3–7 mit 2 Kön 23,4–20.24). Außerdem hat der Chronist die Aktionen ins 8. Jahr des Königs (34,3) vorgezogen, sodass sie eine Dekade vor dem Buchfund und dem Orakel Huldas (34,8–28 ‖ 2 Kön 22,3–20) im 18. Regierungsjahr (34,8 ‖ 2 Kön 22,3) stattfinden. Infolgedessen sind die Reformen nicht mehr durch den Buchfund veranlasst, der somit innertextlich vor allem der Unheilsansage dient (vgl. 34,21.24–25.28), und die Frage entfällt, warum der König trotz seines Wissens um die Unvermeidlichkeit der Katastrophe zu seinen heroischen Taten schritt. Dem Bundesschluss (V. 29–32 ‖ 2 Kön 23,1–3) folgt dann nur noch ein knappes Summarium, das die Vollständigkeit seiner Maßnahmen feststellt (34,33ab). Damit hat sich das relative Gewicht der beiden Kultreformen umgekehrt: Die Leistungen Hiskijas stellen nun jene seines Urenkels deutlich in den Schatten. Anschließend tritt an die Stelle der hymnischen Unvergleichlichkeitsformel, mit der die Vorlage ihren Helden gepriesen hatte (2 Kön 23,25), das wesentlich bescheidenere Lob: „Er hielt alle, die sich in Israel befanden, dazu an, JHWH, ihrem Gott, zu dienen. Alle seine Tage wichen sie nicht von der Nachfolge JHWHs, des Gottes ihrer Väter, ab." (34,33cd) Das Fazit begrenzt die Lebensdauer der Kultreinheit von vornherein auf die Herrschaft Joschijas und stimmt damit auf das Porträt der restlichen Königszeit ein, das ebenfalls eigene Wege gehen wird. Und wie der Reformbericht auf einen Bruchteil seines Vorbilds schrumpft, wird im Gegenzug die Schilderung von Joschijas Pascha auf die mehrfache Länge ausgedehnt (vgl. 35,1–19 mit 2 Kön 23,21–23), sodass sich auch innerhalb des Bildes Joschijas die Akzente verschieben: Seine Verdienste um das Paschafest überstrahlen jetzt seine Kultreformen.[10]

Zusätzlich flocht der Chronist noch einen Bericht vom Tod des Königs ein (2 Chr 35,20–25), der weit über die verdächtig knappen Notizen in 2 Kön 23,29–30 hinausgeht. Ließ die Vorlage im Dunklen, warum und unter welchen Umständen der Reformer ein wenig respektables Ende von Feindeshand erlitt,[11] wird hier eine religiöse Rationalisierung unterbreitet: Der Richtung Karkemisch[12] marschierende Pharao Necho habe Joschija mit einem Gotteswort gemahnt, sich aus einem Krieg herauszuhalten, der ihn gar nicht betraf, doch der Judäer habe den Warnruf missachtet und dafür mit dem Leben gebüßt. Obendrein werden seine letzten Akte beziehungsreich mit dem Sterben Ahabs parallelisiert: Wie der übelste Exponent des Nordstaates sei er auf seinem Streitwagen von einem Pfeil tödlich verwundet worden und habe in ähnlichen Worten seine Evakuierung vom Schlachtfeld befohlen (vgl. 35,23 mit 2 Chr 18,33).[13] Gewiss bleibt die Gesamtbilanz seiner Regierung sehr freundlich (V. 26), aber für den Chronisten musste sich der Reformer, um den schmachvollen Abschied zu motivieren, am Ende seiner Tage doch noch in Schuld verstricken.

Auch bei der Sicht der nachjoschijanischen Königszeit weicht der Chronist grundlegend von seiner Quelle ab: Unter dem letzten judäischen Herrscher Zidkija sei die alte Götzendienerei in allen Bevölkerungsschichten wieder ausgebrochen (36,14), bis hin zur Verunreinigung und damit der Kultuntauglichkeit des Tempels (טמא). Anschließend charakterisiert ein resümierender Rückblick die Geschichte Israels als beständige Folge verschmähter Warnungen, „bis der Zorn JHWHs

---

10 Vgl. L. C. JONKER, Reflections, 32f. JONKER, ebd. 51f.58, verweist ferner auf die zum chronistischen Sondergut gehörigen Daten der beiden Paschafeste: Hiskija nutzt für die Feier den von Num 9,10–11 zugestandenen Ersatztermin am 14. Tag des zweiten Monats (2 Chr 30,2.15). Daher verwirkliche erst Joschija die Idealgestalt des Festes, indem er es zum ordnungsgemäßen Zeitpunkt am 14. Tag des ersten Monats begeht (2 Chr 35,1; vgl. Ex 12,1–20). Dies sei auch der Grund, warum 2 Chr 35,18 das Paschafest unter Hiskija ignoriert.

11 Vgl. dazu H.-J. STIPP, Ende, 404, mit Angaben zu neuerer Literatur.

12 Zu den Hintergründen dieser Geschichtsrevision vgl. zuletzt K. A. RISTAU, Reading, 228–237; TH. SEIDL, Carchemish, 655–658.

13 Außerdem wurde wahrscheinlich in *TT* V. 22 יִתְחַמֵּשׁ* „er wollte sich freimachen" (?) mit Rücksicht auf 2 Chr 18,29 in הִתְחַפֵּשׂ „er verkleidete sich" abgewandelt (vgl. die Komm.).

gegen sein Volk (so weit) anstieg, dass es keine Heilung mehr gab"
(36,15–16). Daraufhin bricht sogleich die babylonische Invasion mit
dem Ende des Staates Juda herein (36,17–21), deklariert als Erfüllung
der Vorhersage Jeremias (V. 21). Dieser hatte zwar schon für Joschija
die Totenklage angestimmt (35,25), aber nur für die Zeit Zidkijas wird
notiert, dass er als Prophet aufgetreten sei (36,12). Obwohl also die
Niederlage bereits im Abschnitt über Hiskija vom Erzähler angedeutet
(32,35–36) und dann durch das Huldaorakel definitiv angekündigt
worden war (34,24–25), erreichten die Sünden Judas nach diesem Konzept erst in den Jahren Zidkijas ihr volles Maß, sodass die Katastrophe
als die unmittelbare Konsequenz des finalen Dammbruchs erscheint.

Folglich hat der Chronist das Bild der judäischen Kultreformen und
ihrer Wirkungen gegenüber den Königsbüchern entscheidend umgestaltet: Die Initiativen Hiskijas, die in beiden Werken die Befreiung
vom assyrischen Joch nach sich ziehen, werden erheblich höher ge-
wichtet, während Joschija, dem das Huldaorakel bereits das nahende
Unheil ansagte, sowohl bei seiner Tugendhaftigkeit als auch seinen kultischen Leistungen Abstriche hinnehmen muss. Ferner hat der Chronist
den Sättigungspunkt, ab dem der göttliche Groll nicht mehr zu beschwichtigen war, aus der Ära Manasses unmittelbar vor den Untergang des Staates verschoben, sodass die Strafe als folgerichtige Antwort auf die Klimax der Verschuldung erschien und überdies der Gewinn kultischer Orthopraxie dem Zweifel enthoben war. Die Sonderrolle der Kulthöhen entfiel; was profaniert und damit endgültig seinem
Daseinszweck entzogen wird, sind in Chr nicht die Höhenheiligtümer,
sondern der Tempel (36,14), sodass seine Zerstörung sich zur natürlichen Remedur eines anders kaum mehr behebbaren Problems verwandelte.

Der Chronist hat also die Paradoxien seiner Vorlage weitgehend
aus der Welt geschafft. Wie die Geschichtsrevisionen zeigen, wurden
die oben exponierten Widersprüche im Erzählfaden von 2 Kön bereits
in der Antike als so störend empfunden, dass man sie größtenteils
ausräumte, sobald die Autoren über die nötige Freiheit verfügten. Der
Vergleich mit der Chronik erhärtet daher die These, dass der Befund in
2 Kön kein einheitliches redaktionelles Konzept repräsentiert, sondern
ein Kompromissprodukt, das einen vorexilischen Entwurf mit exilisch-
nachexilischen Modifikationen verschmilzt, deren Spielraum durch die
Vorgaben des Originals entscheidend beschnitten wurde. Nun konnte
auch der Chronist die berichteten Vorgänge in der fraglichen Periode
nicht unbegrenzt nach Gutdünken manipulieren, da er sich an die Königsbücher anlehnte und somit in gewissem Maße band; doch kam ihm
zustatten, dass er erst Jahrhunderte nach den Reformkönigen tätig war.

Welche Gestaltungsmöglichkeiten besaßen hingegen Theologen, die der Zeit Joschijas ähnlich nahe standen wie die exilischen Bearbeiter des DtrG und womöglich sogar ähnlichen, vom deuteronomischen Gesetz geprägten Idealen anhingen? Um diese Frage einer Antwort näher zu führen, muss sich das Augenmerk dem Jeremiabuch zuwenden.

3. Die joschijanische Reform in echten Jeremiaworten

Die wahrscheinlich authentischen Partien des Jeremiabuches sind wiederholt auf Spuren abgesucht worden, die die joschijanische Reform dort hinterlassen hat.[14] Daran hängt ein altes Problem der Jer-Exegese: wie der Prophet, ein scharfer Kritiker von Gesellschaft und Religion seiner Zeit, zu den kultpolitischen Aktivitäten jenes Davididen gestanden hat, den die Königsbücher als Paradebeispiel vorbildlicher JHWH-Frömmigkeit präsentieren.[15] Nach Klärung ruft vor allem folgende Merkwürdigkeit: Einerseits hat kein anderes Prophetenbuch eine solch intensive dtr Bearbeitung erfahren; keinen anderen Schriftpropheten haben die Deuteronomisten in solchem Maße nach ihren eigenen Ideen remodelliert und zu ihrem literarischen Wortführer erkoren. Dazu unterstellen mehrere, allesamt redaktionelle Datierungen, dass Jeremia unter Joschija als Prophet aufgetreten sei (1,2; 3,6; 25,3; 36,2). Laut der Buchüberschrift 1,1–3 wurde er im 13. Jahr Joschijas berufen (1,2), also 627/6 und mithin fünf Jahre vor der Reform (2 Kön 22,3). Zusammen mit dem Ende seines Wirkens im 11. Jahr Zidkijas = 587/6 (1,3) ergibt dies eine vierzigjährige prophetische Laufbahn. Doch während das Abschlussdatum immerhin auf das Jahr genau von den Erzählstoffen in Kap. 39–44 bestätigt wird (vgl. 39,2; 41,1), fehlt eine solche Stütze für

---

14   Entgegen einem verbreiteten Meinungstrend sehe ich Gründe vor allem sprachlicher Art, dass ein nicht zu geringer Anteil der Gedichte des Jeremiabuches auf den Propheten selbst zurückgeht; vgl. H.-J. STIPP, Kennzeichen. Kandidaten sind vor allem die sog. Frühzeitverkündigung in Jer *2–6 samt weiterer Worte über den Feind aus dem Norden in den folgenden Kapiteln, die Gottesklagen, die sog. Konfessionen, die Spruchsammlungen über die Propheten und die Könige, die poetischen Anteile der Trostschrift sowie die Fremdvölkersprüche in Kap. 46–49, selbstverständlich immer unter Abzug jüngerer Zutaten. Einzelbegründungen können nur an anderer Stelle nachgetragen werden; zur Trostschrift vgl. unten Anm. 49.

15   Vgl. an neueren Studien zum Thema: S. HERRMANN, Prophet, 66–87; J. SCHARBERT, Reform; J. SCHREINER, Reform; dazu die monographischen Arbeiten von M. A. SWEENEY, Josiah, 208–233; J. B. JOB, Kings, 39–52. In besonders optimistischer Einschätzung der Quellenlage porträtiert M. LEUCHTER, Reform, den Propheten als vollblütigen Deuteronomisten: „The prophet considered his own mission to be Deuteronomistic in the true sense of the word." (169)

den Termin der Berufung. Deshalb und wegen der symbolträchtigen Zeitspanne unterliegt die Angabe in 1,2 dem Verdacht der theologischen Stilisierung, die allerdings gerade eine Aussage über das Verhältnis Jeremias zur Reform bezweckt haben könnte: Weil eine vierzigjährige Aktivität des Propheten noch vor dem epochalen Umbruch im judäischen Kultwesen begonnen haben müsste, scheint sich der Vorschlag zu empfehlen, das Berufungsdatum habe Jeremia als „Wegbereiter der Reform" reklamieren sollen.[16]

Dies ist die eine Seite: Die Art, wie die Redaktoren sich die Figur Jeremias anverwandelten, hat vielfach den Eindruck geweckt, sie hätten den Propheten als Zeitgenossen und Unterstützer der joschijanischen Reform erinnert. Auf der anderen Seite erstaunt vor diesem Hintergrund, wie schwierig es ist, jenen Passagen des Buches, die als eigene Schöpfungen Jeremias in Betracht kommen, belastbare Reflexe der Reform zu entnehmen. Direkt wird sie nie erwähnt. Weil der Prophet aus Anatot in der Buchüberschrift auf ein nichtjerusalemer Priestergeschlecht zurückgeführt wird (1,1), mag man sich fragen, ob er zu den Verlierern der Reform und deshalb gar zu ihren Gegnern zählte (vgl. 2 Kön 22,8–9), aber dafür fehlen erst recht Belege. Wenn das Wort über Jojakim (22,13–19[17]) dem Adressaten das positive Beispiel seines Vaters entgegenhält (V. 15–16), so bezeugt dies immerhin den Respekt Jeremias für Joschija. Und wenn er dessen Sohn soziale Vergehen vorwirft (V. 13.17), während er dem Vater bescheinigt, er habe „Recht und Gerechtigkeit geübt" (עָשָׂה מִשְׁפָּט וּצְדָקָה V. 15[18]) sowie „dem Elenden und Armen Recht verschafft" (דָּן דִּין־עָנִי וְאֶבְיוֹן V. 16[19]), kommt dies sachlich dem Kampf des dtn Gesetzes für sozialen Ausgleich und gegen die Benachteiligung der Armen im Rechtsleben nahe, freilich ohne deshalb mittels charakteristischer Terminologie den Einfluss schultypischer Diskurse zu verraten.[20] Auch wenn Jeremia die Tugenden des Reformers im Prädikat der JHWH-Erkenntnis bündelt (V. 16), benutzt er keine

---

16 C. LEVIN, Anfänge, 221; zustimmend: J. SCHREINER, Reform, 16.

17 Vgl. dazu zuletzt W. WESSELS, Josiah.

18 Die Verbindung עָשָׂה מִשְׁפָּט וּצְדָקָה ist weiterhin belegt in Gen 18,19; 2 Sam 8,15 ‖ 1 Chr 18,14; 1 Kön 10,9 ‖ 2 Chr 9,8; Jer 9,23; 22,3; 23,5 ‖ 33,15; Ez 18,5.19.21.27; 33,14. 16.19; Ez 45,9; Ps 99,4; 103,6; Spr 21,3. Zum Wortpaar צְדָקָה + מִשְׁפָּט vgl. Dtn 33,21; Jes 1,27; 5,7; 9,6; 28,17; 32,16; 33,5; 56,1; 58,2; 59,9.14; Jer 4,2; Am 5,7.24; 6,12; Ps 33,5; 36,7; 72,1; 106,3; Ijob 37,23; Spr 8,20.

19 Die Verbindung דִּין עָנִי וְאֶבְיוֹן hat eine Parallele in Spr 31,9. Zum Wortpaar עָנִי + אֶבְיוֹן vgl. Dtn 15,11; 24,14; Jes 41,17; Ez 16,49; 18,12; 22,29; Am 8,4; Ps 9,19; 12,6; 35,10; 37,14; 40,18; 70,6; 72,4.12; 74,21; 86,1; 109,16.22; 140,13; Ijob 24,4.14; Spr 30,14.

20 Vgl. Anm. 18 und 19.

für die Deuteronomisten kennzeichnende Ausdrucksweise.[21] Der Ausdruck נָקִי דָּם (V. 17), in wahrscheinlich authentischem Kontext nochmals in 2,34 belegt, wurde zwar bevorzugt von Deuteronomisten aufgegriffen, denn in der Gesetzesliteratur bezeugt ihn nur das deuteronomische Korpus;[22] außerdem wird er von den Manasse-Passagen in
2 Kön (s. o.)[23] und der dtr Redaktion des judäischen Jeremiabuches (Jer
1–25*) gebraucht,[24] aber insgesamt verhindert das Verteilungsbild, ihn
als Indikator deuteronomistischen Gedankenguts zu werten.[25] Auch im
Hinblick auf die Figur Joschijas bleibt es dabei: Authentische Texte in
Jer vermeiden dtr Diktion; Texte, die sie verwenden, sind nicht authentisch. Mehr noch: Kein einziger „echter" Passus, der ein judäisches Publikum anredet, lässt sich mit Sicherheit der Herrschaft Joschijas zuordnen (die Verkündigung an die Nordstämme bildet ein Spezialproblem,
auf das sogleich gesondert einzugehen ist). Das älteste sicher datierbare
Wort Jeremias, der Spruch über den deportierten Schallum/Joahas
22,10–12, steht der Zeit Joschijas allerdings notwendig so nahe, dass
prophetische Auftritte unter dem Vater des Ägypten-Exilanten immerhin die natürliche Wahrscheinlichkeit für sich beanspruchen können.

Was Verweise auf das dtn Gesetz angeht, so ist allein 3,1 zu
nennen. Der Vers spiegelt das Scheidungsrecht von Dtn 24,1–4 und
somit einen Paragrafen, der gerade keinen spezifisch dtr Stempel trägt.
Deshalb lässt sich nur konstatieren, dass Jeremia eine Ordnung voraussetzt, die faktisch im Dtn kodifiziert wurde, aber kaum zu den Kernanliegen der Deuteronomisten zählte und wahrscheinlich ein Gewohn-
heitsrecht repräsentiert, das unabhängig von Joschijas Maßnahmen
Gültigkeit erlangte.[26]

Eine engere Affinität des Propheten zur deuteronomistischen Bewegung[27] dokumentieren lediglich die Erzählstoffe des Buches, wenn
sie wiederholt die Eintracht zwischen Jeremia und den Schafaniden
samt den Achboriden betonen,[28] also den Nachkommen von Joschijas
Beamten Schafan und Achbor ben Micha, denen der Bericht vom

---

21 Vgl. die Belegsammlung bei H.-J. STIPP, Konkordanz, 55.
22 Dtn 19,10.13; 21,8.9; 27,25.
23 2 Kön 21,16; 24,4.
24 Jer 7,6; 19,4; 22,3; zum Terminus „judäisches Jeremiabuch" vgl. H.-J. STIPP, Jeremia-
    buch.
25 Übrige Belege: 1 Sam 19,5; Jes 59,7; Jer 26,15 (patrizische Redaktion; dazu H.-J. STIPP,
    Parteienstreit, 17–33.66–72, in Verbindung mit DERS., Tempel; anders H. KNOBLOCH,
    Prophetentheorie, 19–72 und passim); Joël 4,19; Ps 94,21; 106,38; Jona 1,14; Spr 6,17.
26 Vgl. J. SCHARBERT, Reform, 45.
27 Zum Begriff vgl. H.-J. STIPP, Jeremiabuch, 245 mit Anm. 21.
28 Jer 26,24; 29,3; 36,10–13.19.25; 40,5–6; anders 26,22.

Buchfund indirekt Schlüsselrollen bei der joschijanischen Reform zuerkennt.[29] In Gestalt des Ahikam ben Schafan wird sogar ein Mann als Retter Jeremias profiliert, der selbst noch an der Reform mitgewirkt haben soll.[30] 29,3 bescheinigt neben Elasa ben Schafan einem gewissen Gemarja ben Hilkija, er habe sich um den Propheten verdient gemacht, indem er dessen Brief an die babylonische Gola übermittelte. Sollte Gemarja – was nicht zu klären ist – ein Sohn von Joschijas Oberpriester Hilkija gewesen sein, dem die Entdeckung des Gesetzbuches nachgesagt wird,[31] träten hier die Söhne zweier Vorkämpfer der joschijanischen Reform gemeinsam als Unterstützer Jeremias auf. Allerdings verorten die einschlägigen Quellen das Einvernehmen des Propheten mit diesen Männern in einem politisch-religiösen Standpunkt, der nicht zum Programm der joschijanischen Reform gehört haben kann. Denn was Jeremia laut diesen Erzählungen mit Teilen der judäischen Führungskreise verbindet, ist die „probabylonische" Haltung, also die Bereitschaft, sich mit der imperialen Übermacht zu arrangieren, eine Option, die maßgeblich von den Schafaniden verfochten wurde, wie vor allem die Bestellung des Schafanenkels Gedalja zum höchsten judäischen Würdenträger im babylonischen Besatzungsregime belegt (40,5–7ff.).[32] Aber selbst wenn die Prosapartien des Buches das Vertrauensverhältnis in Motiven verankern, die das dtr Programm überschreiten, bleibt die Auffälligkeit, dass sie ihrem Helden eine besondere Nähe gerade zu jenen aristokratischen Sippen zuschreiben, die die joschijanische Reform in leitenden Positionen mitgestaltet hatten. Zwar besorgte sich Joschija laut 2 Kön 22,12–20 die prophetische Rückendeckung für sein Vorhaben nicht bei Jeremia, sondern bei Hulda. Doch sollte der Mann aus Anatot seinerzeit tatsächlich schon seine Berufung erlebt haben, genoss die Prophetin wohl weitaus größeres Ansehen, zumal sie als Gattin eines weiteren Hofbeamten (V. 14) selber dem engeren Zirkel um den Herrscher angehörte. Sie dürfte daher die natürliche Wahl gewesen sein, wenn es darum ging, die Pläne des Königs durch ein Gotteswort zu autorisieren. Vorausgesetzt ist dabei, dass Huldas Orakel im vorexilischen Original des Reformberichts notwendig einer anderen Funktion diente, als es heute der Fall ist: Es verkündigte kein definitives Ende, sondern drohte es lediglich an für den Fall, dass die Forderungen des Gesetzbuches ignoriert würden.

---

29   2 Kön 22,3–20.
30   Vgl. Jer 26,24 mit 2 Kön 22,12.14.
31   2 Kön 22,4.8.10.12.14; 23,4.24.
32   Vgl. auch 29,3, wonach Elasa ben Schafan mit einer diplomatischen Mission nach Babylon betraut wurde.

Das Zeugnis der narrativen Stücke ist ferner mit 8,8–10a[33] zu vergleichen, der Polemik gegen die Weisen (חֲכָמִים), Schreiber (סֹפְרִים) und jene, die beanspruchen: „Die Weisung JHWHs ist bei uns" (תּוֹרַת יְהוָה אִתָּנוּ). Hier nimmt Jeremia dieselben führenden Stände und Theologenkreise aufs Korn, aus denen sich die deuteronomistische Bewegung rekrutierte und unter denen die Prosapartien des Jer auch die Freunde des Propheten ausmachen. Es ginge jedoch zu weit, hier einen Widerspruch zu behaupten, denn wie bestimmte Quellen verraten, hat sich in der Schlussphase der Königszeit eine Fraktion von Deuteronomisten herausgeschält, die, von einer zionstheologisch enthusiasmierten Heilsprophetie befeuert, einem strikt antibabylonischen Kurs folgten und deshalb zu den schärfsten Widersachern Jeremias zählten. Zum literarischen Nachlass dieser Partei zählt vor allem die den Propheten heftig diffamierende Grundschicht von 2 Kön 18f.;[34] hinzu kommt der Bericht von der Regentschaft Gedaljas und der Flucht der nichtexilierten judäischen Restbevölkerung nach Ägypten in 2 Kön 25,22–26, ein Passus, der Jer 40,7–43,7 exzerpiert,[35] aber die Hauptfigur der *damnatio memoriae* anheimzugeben versucht (vgl. Jer 11,19g).

Daneben halte ich vor allem aus sprachlichen Gründen[36] weiterhin die These für korrekt, dass das Jeremiabuch zwei Sammlungen authentischer Sprüche bewahrt hat, die an die Bewohner des Territoriums des ehemaligen Nordstaats gerichtet waren[37] und deshalb unter unserem Thema zu erörtern sind, weil 2 Kön 23,15–20 den Vorstoß Joschijas in diesen Raum als Vollzug seiner Kultreform stilisert. Die erste Kollektion in 2,4–4,2*[38] endet zwar mit einem zuversichtlichen Ausklang, ist aber überwiegend unheilstheologisch geprägt und bezieht sich auf Israel mit den Termini „Israel" (2,14.31; 3,12.23), „Söhne Israels" (2,26 *AlT*;[39] 3,21), „Haus Israel" (2,4.26 *MT*; 3,20) und „Haus Jakob" (2,4). Anders als die Verkündigung Jeremias an die Judäer setzt der Zyklus seinen

---

33 Der masoretische Überhang 10b–12 ist als Nachtrag aus 6,13–15 auszuklammern.

34 Dies ist die bleibende Einsicht von C. HARDMEIER, Prophetie.

35 Für eine andere Sicht des Abhängigkeitsverhältnisses vgl. zuletzt J. PAKKALA, Murder; C. LEVIN, Empty Land, 83 Anm. 70.

36 S. Anm. 14 und 49.

37 Dass Jeremia Vorgänge im Gebiet der Nordstämme kommentierte, wird auch von 23,13 bestätigt.

38 Mit R. ALBERTZ, Frühzeitverkündigung; D. BÖHLER, Geschlechterdifferenz; M. A. SWEENEY, Structure; u. a. Für alternative Sichtweisen vgl. z. B. die Arbeiten von C. HARDMEIER, Geschichte; Zeitverständnis; Wahrhaftigkeit; M. HÄUSL, Bilder der Not, 335–337; W. H. SCHMIDT, Jeremia, 80f.

39 *AlT* = alexandrinischer Text. Die Terminologie und die theoretischen Prämissen zur Textbezeugung des Jer sind erläutert bei H.-J. STIPP, Diskussion.

Schwerpunkt bei Anklagen des Fremdgötterkults[40] und zitiert die Traditionen von Exodus und Landnahme.[41] Dazu wird ein Israel gezeichnet, das unter schweren Kriegsfolgen leidet,[42] aber den außenpolitischen Spielraum besitzt, um mit zeitgenössischen Großmächten diplomatische Kontakte zu pflegen, die die Proteste des Propheten herausfordern, weil er bündnisbasierte Sicherheitspolitik – darin durchaus zionstheologisch imprägniert – aus religiösen Gründen verurteilt.[43] Als ausländische Partner treten Ägypten und Assur auf (2,18.36[44]). Babylon kommt nicht vor. Dies steht zwar im Einklang mit dem Babelschweigen in jener Vorstufe der Kap. 1–25, die ich als das judäische Jeremiabuch bezeichne,[45] aber es ist auch nicht zu erkennen, wieso Assur schon bei Abfassung des Textes als Chiffre für das Großreich gedient haben sollte, das sein Erbe antrat.

Was besagt dies für die Datierung und den situativen Hintergrund? Mit dem Ersten Gebot verficht der Redenzyklus die oberste deuteronomische Maxime.[46] Von Joschija und seiner Reform verlautet indes ebenso wenig wie sonst in Jer. Außerdem wird nirgends die Erwartung ausgesprochen, die Adressaten sollten sich kultisch auf den Zion hin orientieren; es fehlt also das Programm der Opferzentralisation. Zudem mangelt erneut die deuteronomistische Terminologie (die Prosapassagen 2,28; 3,6–12c.14–18 mit ihrem geprägten Sprachgut und judäischen Fokus sind als redaktionelle Nachträge anerkannt). Das Porträt eines diplomatisch souverän agierenden Israel weiß nichts von einer judäischen Nordexpansion; der Text redet zu Israeliten, die dem Arm des Jerusalemer Herrschers entzogen sind. Der Verweis auf Assur plädiert für eine Entstehung vor 605; obendrein ist die eigenständige Außenpolitik, die den Adressaten zugetraut wird, kaum vorstellbar, nachdem die Babylonier die Levante unterworfen hatten.

40　Vgl. etwa 2,5.8–13.20–27; 3,1–5.13.23–24; 4,1. In Sprüchen, die sich an Judäer wenden, ist dieses Thema selten; vgl. etwa 5,7; 13,27. Höchstwahrscheinlich sekundäre Modifikationen älterer Gedichte liegen vor in 8,19d; 17,2.

41　2,2d.6–7.21; 3,19.

42　2,14–15.17.30; 3,21.

43　2,16.18.24–25.33?.36–37; 3,1–2.13. In diesem Korpus verschmelzen bekanntlich häufig die Themen der Fremdgötterei und der Bündnispolitik, zumal sie beide bevorzugt in die Metapher der Unzucht gekleidet werden.

44　Vgl. zudem für Ägypten 2,16. Der Vers ist allerdings wegen verschiedener Probleme schwer auswertbar; vgl. etwa J. B. JOB, Kings, 45.

45　Zum Babelschweigen des judäischen Jeremiabuches vgl. H.-J. STIPP, Jeremiabuch, 253–255. Aufgrund späterer Textentwicklungsprozesse setzt die explizite Nennung der Babylonier heute bereits in Kap. 20 ein.

46　Vgl. ferner zum außenpolitischen Isolationismus Dtn 17,16; anders 1 Kön 10,26–29.

So eignet den Themen der Spruchkomposition eine diffuse Nähe zum wichtigsten Anliegen der deuteronomistischen Bewegung, wie niedergelegt im ersten Paragrafen des dtn Gesetzes, dem Alleinverehrungsgebot (Dtn 12,2–3), während der zweite Punkt, die Opferzentralisation (Dtn 12,4–7), keine Rolle spielt. Das politische Szenario entspricht am ehesten den Machtverhältnissen in Palästina zwischen dem Rückzug der Assyrer ca. 623[47] und ca. 615, als Psammetich I. kurzzeitig die ägyptische Vorherrschaft über die Levante erneuerte, bevor die Babylonier im Gefolge der Schlacht bei Karkemisch 605 das Heft in die Hand nahmen,[48] also praktisch von der joschijanischen Reform bis in die späten Jahre Joschijas. Betrachtet man jedoch im Vergleich, welche Bedeutung die Königsbücher der Kultreform zumessen, muss erst recht auffallen, wie vage und unspezifisch die Konvergenzen bleiben. Die authentische Basis des Zyklus gäbe keinerlei Anlass, kultische und politische Initiativen Joschijas, wie in 2 Kön beschrieben, auch nur zu vermuten. Redaktionell wurde der Komplex ohnehin weitgehend auf Juda umgewidmet, begünstigt durch die sprachliche Repräsentation der Nordstämme als „Israel" und nur einmal als „Jakob" (s. o.). Während 3,6–12c den Kontext als Botschaft an die Nordstämme wertet (12b), behandelt ihn der vorgeschaltete Berufungsbericht als Explikation des Verkündigungsauftrags an die Judäer, den Jeremia in 1,16–19 erhält. Zur Judaisierung tragen weiter 2,28 und 3,14–18 bei; die prämasoretisch vorangeschickte Einleitung 2,1–2b (> AlT) lenkt die Redenfolge endgültig auf Jerusalem als Repräsentantin Judas um, mit allen Konsequenzen für die realweltlichen Bezüge des Textes: Die beklagten Kriegsschäden müssen nun als Tat der Babylonier erscheinen, und mögliche Zusammenhänge mit der joschijanischen Reform werden vollends gekappt. Diese Feststellungen sind weiter unten zu präzisieren, wenn sich die Analyse den redaktionellen Beiträgen zuwendet.

Ehemals für die Nordstämme bestimmt war auch das authentische Material, das in die Trostschrift (*30,4–31,26) einging.[49] Die Adressierung an die abtrünnigen Brüder ist hier besonders prägnant, weil die an- bzw. besprochene Größe zwar ebenfalls als „Israel" (31,1.2.7.9.10; vgl. 30,4) bzw. „Jungfrau Israel" (31,4.21) firmiert, aber überdies den eindeutigen Namen „Efraim" (31,9.18.20) trägt und gehäuft „Jakob"

---

47 So mit O. LIPSCHITS, Fall, 11–29.

48 Vgl. B. U. SCHIPPER, Egypt.

49 Für die Verankerung des jeremianischen Anteils in der joschijanischen Reform sind vor allem eingetreten N. LOHFINK, Jeremia; M. A. SWEENEY, Jeremiah 30–31. Die Authentizität des Grundbestands habe ich nochmals eigens begründet in H.-J. STIPP, Trostschrift, in Absetzung von K. SCHMID, Buchgestalten, 110–161, der den Komplex als rein redaktionelles Produkt erklärt.

(30,7.18; 31,7.11)[50] heißt; zudem wird sie verkörpert durch Rahel, die in Rama über ihre verschwundenen Söhne weint (31,15). Die Lokalisierung der angeredeten Gruppe „auf den Bergen von Samaria" (31,5) und „im Gebirge Efraim" (31,6) vervollständigt das Bild. Weiterhin treten Merkmale auf, die leicht mit der joschijanischen Reform verbindbar sind: 31,6 erschaut den Tag, an dem die Herolde „im Gebirge Efraim" zur Wallfahrt zum Zion aufrufen werden, und 31,12 kündigt an, dass die von JHWH gesammelten Israeliten auf dem Zion in Jubel ausbrechen werden. Außerdem ist in diesem Zusammenhang zu beachten, dass das Elend der Nordstämme als göttliche Züchtigung begriffen wird (יִסַּרְתַּנִי וָאִוָּסֵר 31,18; מַכַּת אוֹיֵב הִכִּיתִיךְ מוּסַר אַכְזָרִי 30,14), begründet durch Vorwürfe von „Schuld" und „Sünde" (עַל רֹב עֲוֺנֵךְ עָצְמוּ חַטֹּאתָיִךְ 30,14), die allerdings nicht als Verstöße gegen das Erste Gebot konkretisiert werden.

Gemessen am Bild der joschijanischen Reform in 2 Kön, verfährt die Trostschrift also umgekehrt wie 2,4–4,2*: Sie propagiert die kultische Bindung der Nordstämme an Jerusalem, worin sich für Leser, die mit dem Dtn und den Königsbüchern vertraut sind, die Opferzentralisation abzeichnet; sie prangert aber keine Verstöße gegen die Kultreinheit an. Auf das in dem unheilstheologischen Gegenstück so dominante Thema der Außenpolitik findet sich nur eine Anspielung, indem 30,14 „deine Liebhaber" (מְאַהֲבַיִךְ) erwähnt. Für das Verhältnis zur joschijanischen Reform ist überdies kennzeichnend, dass die kultische Einheit nicht alsbald infolge der Annexion durch Juda erwartet wird, sondern erst für die Zukunft, wenn JHWH einen grundlegenden Wandel der Verhältnisse im Norden bewirken wird: die Heimführung der Versprengten (31,2–3.8–10.16–17.21), ihre Befreiung von Fremdherrschaft (31,11), den Wiederaufbau der Städte (30,18; 31,4), das Wachstum der Bevölkerung auf den Sollstand (30,19–20) und die Neubelebung der Landwirtschaft (31,5). Wie in 2,4–4,2* ist für den Südstaat keine Mitwirkung vorgesehen, und das judäische Königtum kommt nicht vor. Indes fragt man sich, was es für den Norden konkret bedeuten soll, wenn „sein Machthaber aus ihm (selbst stammen) und sein Herrscher aus seiner Mitte hervorgehen wird" (30,21), denn die Offenheit der Formulierung könnte der Absicht entspringen, verschleiert judäische Ansprüche anzumelden.

Doch wie dem auch sei: Selbst wenn das Quellenmaterial der Trostschrift mit der Kultzentralisation ein erstrangiges Reformziel Joschijas

---

50   Abzusehen ist von dem Trostwort für Jakob 30,10–11, das in *AlT* fehlt und durch prämasoretischen Idiolekt (Zerstreuung unter alle Nationen V. 11) als späte Zutat erwiesen wird; vgl. H.-J. STIPP, Peculiarities, 192f.

vertritt, wird die Wallfahrt der Nordstämme zum Zion literarisch als Zukunftshoffnung präsentiert, deren Realisierung an Voraussetzungen hängt, die in der Textwelt noch unerfüllt sind und daher selbst verheißen werden müssen. Zudem bedingen redaktionelle Zutaten, dass die Trostschrift als Komposition, anders als ihre vorgefundenen Bausteine, von vornherein neben Israel auch Juda anspricht: Die Überschrift 30,4 nennt beide Teilvölker; der Einschub 30,8–9 prophezeit das Wiedererstehen der Davidsdynastie, was die mehrdeutigen Aussagen von 30,21 präsumptiv auf die judäische Herrscherfamilie verengt; die Bundesformel 31,1 spricht das Gottsein JHWHs der „Sippe Israels" (AlT), also doch wohl Gesamtisrael zu;[51] 31,23–25 dirigiert die vorausgehenden Heilszusagen endgültig auf die Heimkehr der deportierten Judäer um. Entsprechend werden die inkorporierten Sprüche insgesamt auf Juda reappliziert. Ohne dass im Einzelnen über das relative Alter der redaktionellen Einschübe befunden werden muss, lässt sich feststellen: Die Trostschrift als Komposition entwirft von Beginn an ein schillerndes Bild, das als Erbmasse seines Materials weiterhin den Norden einschließt, aber primär auf das Schicksal Judas im Kontext der Exilskatastrophe hin durchsichtig ist. So reicht das Panorama von der drohenden Notzeit (30,5–7) und deren Eintreffen (30,12–14) über die Ansagen der Bestrafung der Vollstrecker und der künftigen Heilung (30,16–17) hin zu Verheißungen, die die Sammlung der Verschleppten und den Wiederaufbau umfassen (30,18–21; 31,2–6.7–9.10–14.15–17). Am Schluss steht das Schuldbekenntnis der Gezüchtigten (31,18–19), beantwortet durch JHWHs Herzensumsturz zum Erbarmen (31,20) und seinen Aufruf zur Heimkehr (31,21–22). Diese redaktionelle Neuausrichtung lässt allerdings auch die möglichen Reflexe der joschijanischen Reform weiter verblassen, da sich Verweise auf die Pilgerfahrt zum Zion jetzt zu Facetten der nachexilischen Sammlung Gesamtisraels wandeln.[52]

Aus alldem ergibt sich: Sollte der historische Jeremia tatsächlich durch die joschijanische Reform beeinflusst worden sein oder gar zu ihrer Umsetzung beigetragen haben, finden sich die relativ stärksten Indizien dafür in den Kollektionen jener authentischen Worte, die ehemals an die Nordstämme gerichtet waren. Doch auffälligerweise manifestiert sich in der Redaktionsgeschichte beider Korpora derselbe Trend, einschlägige Passagen nicht, wie die Propaganda für Joschijas Maßnahmen in den Königsbüchern und die deuteronomistische Aneignung des Jeremiabuches erwarten lassen könnten, zu vereindeutigen,

---

51 Der Ausdruck ist – im Singular wie im Plural – singulär.
52 Der Judaisierungsprozess reicht bis in die Spätphase der Textentwicklung, als צֵידֵנוּ 30,17 AlT in MT durch צִיּוֹן ersetzt wurde.

sondern im Gegenteil durch Umwidmung und Rekontextualisierung zu entspezifizieren. Dieses Fazit lenkt den Blick auf die Rolle der Redaktoren bei der Formung des Bildes der joschijanischen Reform im Jeremiabuch. Deshalb ist nun der Moment gekommen, das eigentliche Thema dieser Erörterung anzuschneiden.

4. Die joschijanische Reform in den redaktionellen Schichten des Jeremiabuches

Der größte Anteil der redaktionellen Texte in Jer entstammt deuteronomistischen Händen, die das Buch wahrscheinlich auch ins Leben gerufen bzw. ihm erstmals eine Form verliehen haben, die seiner heutigen Gestalt nahe kam. Befragt man die dtr Stücke nach Reminiszenzen an die joschijanische Reform, fällt das Resultat entgegen den an den Königsbüchern geschulten Erwartungen noch magerer aus als im älteren Quellenmaterial. Wie im authentischen Grundbestand wird die Reform nie direkt erwähnt, und deren königlichen Vorkämpfer nannten die Deuteronomisten selbst laut dem hier vorausgesetzten Modell des Buchwachstums lediglich in der Filiation Jojakims 26,1 sowie in der Datierung 1,2 beim Namen.[53] Im Übrigen ist nur eine einzige Anspielung auf die Kultreinigung zu entdecken, die freilich immerhin durchblicken lässt, dass die Reform und ihre Folgen den Kreisen hinter den Redaktoren in gewissen Hinsichten Kopfzerbrechen bereiteten: 44,17–18 zitiert die Ägyptenemigranten mit einer Klage über die schädlichen Konse-

---

53   Die Verweise in 22,11.15–16.18 sind vor-dtr; zu 25,1.3 s. S. 509 mit Anm. 67. – Als kritisches Minimum sind der dtr Ebene des Buches folgende Einheiten zuzuweisen (vgl. H.-J. STIPP, Jeremiabuch):

JerDtr I   1,11–19; 2,28; 5,19; 7,2d–8,3; 9,12–15; 11,1–14.17; 13,1–14; 14,11–16; 15,1–3; 16,2–13.16–18; 19,1–13; 22,1–6a.8–9; 25,*1–10 *AIT*

JerDtr II   26,1–6.8*–9.17–23; 34; 42,17–22; *44,1–28

JerDtr III   32

Die Überschrift 1,1–3 wird in diesem Schema mangels Kriterien keiner dtr Hand zugewiesen, obwohl sie sicherlich bereits der von JerDtr I geschaffenen Ausgabe angehörte. – Für eine ganz andere und mir nicht nachvollziehbare Sicht des fraglichen Textkorpus vgl. nun E. OTTO, Jeremia, und H. KNOBLOCH, Prophetentheorie. Ottos Thesen verdienen aufmerksame Prüfung, beruhen aber, wie mir scheint, vor allem auf einer Überinterpretation von Dtn 34,10–12, dazu problematischen Annahmen über literarische Abhängigkeiten vom Pentateuch sowie Exegesen von Jer-Texten, die an deren Wortlaut nicht auszuweisen sind. Vorausgesetzt ist ferner ein sehr optimistisches Bild von der Fähigkeit des zeitgenössischen Publikums, intertextuelle Phänomene zu entschlüsseln. Eine detaillierte Würdigung der Argumente muss freilich einer anderen Gelegenheit vorbehalten bleiben.

quenzen der Abkehr vom Götzendienst, die die Sprecher noch selbst erlebt haben wollen (וּמִן־אָז חָדַלְנוּ V. 18) und die somit nicht allzu lange zurückliegen kann.[54] Wie die Auswanderer betonen, habe ihnen die monolatrische Wende ausschließlich Nöte und Verluste eingetragen, weswegen sie in ihrer neuen Heimat zu ihren alten Bräuchen zurückgekehrt seien. Damit setzen die Flüchtlinge eine rezente Kultreinigung voraus, wie sie in 2 Kön Joschija zugeschrieben wird. Der Text verlässt sich allerdings völlig auf geeignete Vorkenntnisse seiner Adressaten, verliert also kein Wort zu der Frage, wie der Wandel der Kultpraktiken zustande kam, und bringt sie somit auch in keine Verbindung mit dem Herrscher, dem die Königsbücher aufgrund seiner makellosen JHWH-Verehrung huldigen.

Weitere Auffälligkeiten treten hinzu. Die dtr Redaktionen haben die Anklage der Fremdgötterei zum unermüdlich wiederholten Hauptvorwurf an die Adresse der vorexilischen Judäer erhoben.[55] Dagegen schwiegen sie zum Thema der Kulteinheit, ein signifikanter Unterschied zum Dtn und den dtr geprägten Bestandteilen der Königsbücher. Laut 7,22 hat JHWH den Israeliten überhaupt keine Vorschriften zum Opferwesen auferlegt: „Denn ich habe nichts mit euren Vätern geredet und ihnen nichts geboten in Sachen Brandopfer und Schlachtopfer an dem Tag, da ich sie aus dem Land Ägypten herausführte." Wenn dem so war, konnte JHWH gar keine Opferzentralisation verlangt haben; folglich konnten derlei Maßnahmen auch nicht beanspruchen, den Gotteswillen zu vollstrecken. Die für das geschichtstheologische Konzept des DtrG so bedeutsamen Höhenheiligtümer (בָּמוֹת) thematisierten die jeremianischen Deuteronomisten nur in einem Spezialfall, nämlich der „Tofet" genannten Installation im Hinnomtal (7,31; 19,5; 32,35).[56] Diese Anlage diente aus ihner Warte zudem nicht unzulässigen Formen der JHWH-Verehrung, sondern dem Baalskult (19,5; 32,35). Wenn also die בָּמוֹת in JerDtr zur Sprache kommen, dann nicht als Verstoß gegen die Zentralisationsforderung, sondern als Verletzung des Ersten Gebots. Weiterhin verraten die wiederholten Polemiken gegen das Tofet keine Kenntnis davon, dass Joschija den Kultplatz laut 2 Kön 23,10 für immer profaniert haben soll (טמא); ebenso wenig deuten sie an, dass das illegitime Heiligtum zur Zeit Jeremias nicht mehr genutzt worden sei. Dieses Bild der judäischen Kultpraxis konkretisiert indes

---

54 Der Passus entstammt anerkanntermaßen einer älteren, in Kap. 44 eingearbeiteten Vorlage.

55 Vgl. v. a. 1,16; 2,28; 5,19; 7,6.9.17–18.30–31; 8,2; 9,13; 11,10.12–13.17; 13,10; 16,11–13. 18; 19,4–5.13; 22,9; 25,6–7; 44,3–5.8.15–25.

56 Für andersartige Belege von בָּמָה vgl. 17,3; 26,18; 48,35.

nur für ein Einzelbeispiel, was die redaktionellen Einheiten des Jer generell unterstellen: Ihre Geschichtssummarien sehen für eine joschijanische Reform keinen Platz vor, denn sie kennen bloß ein lückenloses Schuldkontinuum vom Exodus bis zu Jeremias Gegenwart.[57] Die Könige werden mehrmals in diese unaufhörliche Sukzession der Sünder eingereiht.[58] Beim Wort genommen, belässt diese Rhetorik keinen Raum mehr für Ausnahmen wie Joschija, David oder andere. Zwar wird tatsächlich ein Lichtblick in der permanenten Schuldverfallenheit zugestanden, aber dieser betrifft nicht Joschija, sondern Hiskija und seine Generation (26,19 AlT[59]), worin sich eine Tendenz abzeichnet, die später die Chronik in variierter Form prägen wird. Überdies hält JHWH laut 26,1 ausgerechnet das Antrittsjahr Jojakims für den richtigen Moment, um Jeremia mit einer Gesamtreprise seiner bisherigen Drohbotschaft zu beauftragen, die als ultimative Warnung die Strafe noch hätte verhüten können (V. 2–6).[60] Folgerichtig müssten die Judäer unter Joschija in bruchloser Fortsetzung einer Geschichte immerwährenden Ungehorsams (V. 5) derart gegen die Gebote der Tora verstoßen haben, dass JHWHs Geduld unmittelbar nach Joschijas Tod endgültig aufgebraucht war.

Diese Formulierungen gestehen der Ära Joschijas keinerlei religiösen Sonderstatus zu. Wenn zudem in der ältesten erschließbaren dtr Buchkomposition auf die Überschrift samt joschijanischer Datierung 1,1–3 sogleich die Visionsberichte mit der Ankündigung des Feindes aus dem Norden V. 11–19 folgten,[61] legte das Arrangement den Lesern nahe, dass die zentrale Unheilsansage des Buches bereits unter Joschija erging, wie auch der in V. 16 angeprangerte Götzendienst unter seiner Ägide ungebremst grassierte. In dieselbe Kerbe schlägt V. 18, wo „die Könige von Juda"[62] die Reihe der Widersacher des Propheten anführen, denen gegenüber er „zur befestigten Stadt und zur ehernen Mauer" (AlT) bestellt wird. Dort gibt kein Textsignal eine Handhabe, Joschija aus den gewalttätigen (V. 19) Kontrahenten Jeremias auszunehmen. Die durch Jer 1 gestifteten hermeneutischen Präjudizien beeinflussten

---

57   Dtr: 7,13.25–26; 25,3–4; 32,33; 44,4–5; patrizische Redaktion (vgl. Anm. 25): 35,14–15; prämasoretisch: 11,7; 29,19.

58   8,2; 19,4; 32,32; 44,9.17.21; vgl. 15,4; 22,1–5.

59   Zur Textrekonstruktion vgl. H.-J. STIPP, Sondergut, 120. Zum dtr Charakter der Grundschicht von Jer 26 (V. 1–6.8*–9.17–23) vgl. H.-J. STIPP, Parteienstreit, 41–48; C. MAIER, Jeremia, 146–165; G. WANKE, Jeremia II, 237f.

60   Vgl. Anm. 59.

61   In Adaption des Urteils von S. HERRMANN, Jeremia (BK), 49–55, ist der Berufungsbericht 1,4–10 einer postdtr Hand zuzuschreiben; vgl. H.-J. STIPP, Jeremiabuch, 259f.

62   AlT setzt „alle" hinzu.

dann auch das Verständnis der Fortsetzung ab Kap. 2, die im Buchaufbau den in 1,17 erteilten Verkündigungsauftrag explizieren, wobei zugleich, wie oben betont, die ehemals an die Nordstämme gerichteten Aussagen redaktionell auf das Südreich ausgeweitet wurden. Infolgedessen nahmen die Anklagen des Götzendienstes und einer Außenpolitik, die die Prinzipien des Jahwismus verriet, nun auch Joschija und seine Untertanen ins Visier. Da auf jener Wachstumsstufe die Buchüberschrift wahrscheinlich ohnehin die einzigen Datumsangaben innerhalb von Kap. 1–25 enthielt, hinderte nichts daran, nahezu den gesamten Inhalt dieses Komplexes (auch) auf die Amtsperiode Joschijas zu beziehen, eine Interpretation, die lediglich bei den Königssprüchen versperrt war.[63] Das Lob für Joschija in 22,15–16 blieb in einem solchen Konzert eine minoritäre Stimme. So ist für die jeremianischen Deuteronomisten zu resümieren: Die joschijanische Reform war ihnen keiner Rede wert.

Postdeuteronomistische Redaktionen haben die Vorstellung, dass Jeremias vergebliche Umkehrprophetie samt dem Vorwurf der Götzendienerei schon unter Joschija einsetzte, noch weiter gefestigt. Der Einbau des Berufungsberichts 1,4–10[64] verankerte die begründete Ansage der Invasion aus dem Norden endgültig im 13. Jahr Joschijas, mit allen Folgen für das Verständnis der folgenden Kapitel. Laut der frühnachexilischen patrizischen Redaktion[65] warnte Jeremia „seit den Tagen Joschijas" vor dem Unheil, das JHWH den Judäern wegen ihres „bösen Weges" und „ihrer Schuld und Sünde" anzutun plante (36,2–3.7).[66] Die Datumsangaben aus 36,1–2 wurden später in den Auftakt von Kap. 25 eingeflochten (V. 1–3);[67] infolgedessen unterband der Wortlaut nun jeden Zweifel, dass die dauernde Sendung von Propheten mit ihren vergeblichen Appellen zur Umkehr durch Abkehr vom Götzendienst (25,4–7) auch während der Jahre Joschijas anhielt. Außerdem bekräftigte die Einheit jetzt ausdrücklich die Implikation des Berufungsberichts, dass die prophetische Ansage des Feindes aus dem Norden (25,8–10) schon so frühzeitig anhob.

All das läuft praktisch auf die Annullierung der joschijanischen Reform hinaus. Die Geschichtsrevision hat Konsequenzen für die Art, wie das redaktionell edierte Jeremiabuch die Katastrophe von 587 erklärt:

---

63 In späteren Redaktionsschüben traten noch die postjoschijanisch situierten Einheiten 21,1-10 (zur Datierung: H.-J. STIPP, Prosaorakel) und Kap. 24 (zur Datierung: H.-J. STIPP, Jeremia 24) hinzu.
64 Vgl. Anm. 61.
65 Vgl. Anm. 25.
66 Vgl. zusätzlich 35,15.
67 Mit W. THIEL, Redaktion I, 268–271, zu adaptieren nach H.-J. STIPP, Sondergut, 111–115.

Wenn es in der universellen Schuldverfallenheit allenfalls kurzfristige Atempausen, aber niemals eine effektive Wende zum Besseren gab, war Jhwh mit seiner drakonischen Strafe umso mehr im Recht. Die Entwertung der Reform war also ein integrierendes Moment der Gerichtsdoxologie, die namentlich die dtr Redaktoren auf ihre Fahnen geschrieben hatten. Demnach kann die Vorverlegung von Jeremias Amtsantritt auch nicht dazu gedient haben, ihn zum Wegbereiter der Reform zu erheben; vielmehr erscheint der Zug als weiterer Aspekt der Umformung des Geschichtsbilds mit dem Ziel, der Zeit Joschijas ihren Nimbus zu nehmen.[68]

Die Krönung dieser Tendenz liefert der Prosazusatz 3,6–12c, der den Judäern noch schlimmeres Versagen als den Nordstämmen vorwirft[69] und seine Kritik in der Anklage aufgipfeln lässt: „Auch bei alldem kehrte »Abtrünnigkeit« [...] Juda nicht aus ihrem ganzen Herzen zu mir um, sondern (bloß) zum Schein (wörtl.: zum Trug בְּשֶׁקֶר)." (V. 10 *AlT*) Der Passus ist neben 44,18 der einzige im gesamten Buch, der auf die joschijanische Reform explizit anspielt, doch über jenes Gegenstück hinaus nennt er auch ihren Urheber beim Namen. Die Vorgänge werden hier also nicht ignoriert wie seitens der deuteronomistischen Redaktoren, aber als Augenwischerei abgetan, die die Schuld Judas nur weiter in die Höhe trieb. Der Vorwurf in 3,10a, Juda sei nicht aus ganzem Herzen zu Jhwh umgekehrt (לֹא־שָׁבָה אֵלַי ... בְּכָל־לִבָּהּ), bestreitet beziehungsreich für das ganze Volk, was 2 Kön 23,25b dem Idealherrscher bescheinigt hatte: שָׁב אֶל־יְהוָה בְּכָל־לְבָבוֹ. Damit wird der soteriologische Wert der Leistungen Joschijas gegenüber den Königsbüchern endgültig auf den Kopf gestellt: Die Reform hat sich von einem – gescheiterten – Instrument zur Abwehr der Katastrophe zu einer ihrer Ursachen verkehrt. Infolgedessen entfällt nunmehr die Frage, warum die Maßnahmen das Desaster nicht verhüten konnten, haben sie es doch im Gegenteil durch ihre Heuchelei bloß mit heraufbeschworen. Nichts scheint Jeremia hier ferner zu liegen, als die Reform zu unterstützen; vielmehr begegnet er uns hier als jener Prophet, der durch sein Buch der Nachwelt Jhwhs Urteil über das fehlgeleitete Unternehmen übermittelt hat. Das theodizeegeleitete Bild der Taten Joschijas in Jer hat hier seinen folgerichtigen Endpunkt erreicht.[70]

---

68   Unter dem Einfluss von 2 Kön hat ein Glossator ferner in 15,4 eine Bezichtigung Manasses eingetragen, die im Jeremiabuch konzeptionell isoliert dasteht.

69   Zur nachexilischen Entstehung des Passus vgl. z. B. W. L. HOLLADAY, Jeremiah I, 81; G. WANKE, Jeremia I, 48-51.

70   Die Vorstellung des nahezu permanenten Schuldkontinuums und die pauschale Polemik gegen die judäischen Könige in den redaktionellen Schichten, vollendet durch die Umwertung der joschijanischen Reform in 3,6–12c, gehören zu den Einwänden

5. Ergebnisse

Das Jeremiabuch präsentiert seinen Protagonisten als Zeitgenossen Joschijas, der sein prophetisches Amt bereits mehrere Jahre vor jenem Datum erhielt, zu dem 2 Kön 22,3 den kultischen Umbruch ansetzt. Da das Werk den Propheten zudem durchweg in Jerusalem auftreten sieht, müsste er die Reform aus nächster Nähe miterlebt haben, und angesichts der epochalen Bedeutung, die die Königsbücher dem Unterfangen zumessen, erwartet man, dass er irgendwie dazu Stellung bezogen hätte. Trotzdem könnten wir dem Jeremiabuch allein nicht entnehmen, dass die Entwicklung hin zur (offiziellen) Monolatrie und zum zentralisierten Opferkult unter Joschija einen wichtigen oder gar den entscheidenden Schritt vorangekommen ist. Vielmehr gilt auch für Jer, was Ehud Ben Zvi für die in jener Periode situierten Prophetenbücher allgemein festgestellt hat: „The overwhelming impression of Josianic times in the prophetic books that are set in these days is that this was an appalling period characterized by social and cultic sin and by a refusal to listen to YHWH's way."[71] Wer etwa das Ezechielbuch liest, käme nie auf den Gedanken, dass es unlängst eine orthodoxe Bereinigung judäischer Kultpraxis gegeben habe. Die Exegese hat das Schweigen zur Reform in den wahrscheinlich authentischen Stücken des Jeremiabuchs seit Langem als Merkwürdigkeit registriert. Erweitert man indes das Blickfeld auf das gesamte Buch, ergibt sich, dass die sekundären Strata bei ihrem Umgang mit der Überlieferung von der joschijanischen Reform die Erwartungen noch stärker enttäuschen, allen voran die dtr Ebene. Daraus resultieren mehrere Konsequenzen. Unter anderem sind

---

gegen die These von K. SCHMID, Weltherrschaft, das Jeremiabuch vertrete eine geschichtstheologische Theorie der siebzigjährigen babylonischen Weltherrschaft von 609 bis 539 (vgl. 25,11–12; 29,10) mit einer gestuften *translatio imperii* von den Davididen auf Nebukadnezzar, die bereits mit dem Ende Joschijas eingesetzt habe: „Nach dem Tod des letzten frommen Königs über Juda, Josia, gibt es … keine positiv qualifizierte Königsherrschaft über Juda mehr." (238) Laut der kumulativen Botschaft des Buches trat eine solche jedoch auch vor 609 bloß in kurzfristigen Ausnahmefällen auf (vgl. 22,15–16; 26,19). Weiterhin ist beispielsweise anzumerken, dass der für Schmids These unabdingbare V. 27,1 zum masoretischen Sondergut gehört und seine Teilhabe am prämasoretischen Idiolekt seine späte Entstehung bestätigt (vgl. H.-J. STIPP, Peculiarities, 198f.). Außerdem stellt das masoretische Sondergut der älteren Siebzig-Jahre-Zählung eine Rechnung an die Seite, die die babylonische Herrschaft auf drei Generationen bemisst (27,7; 29,6e). Dies erschwert die Inanspruchnahme von 27,1 für das postulierte Konzept zusätzlich.

71 E. BEN ZVI, Josiah, 48.

hier Kriterien zur Bewertung des Reformschweigens in den eigenen Worten des Propheten zu finden.

Die erste Folgerung betrifft das theologische Profil der jeremianischen Deuteronomisten und ihr Verhältnis zu jenen Kollegen, die die Königsbücher bzw. das DtrG in Händen hielten. Am Umgang mit der joschijanischen Reform offenbart sich ein gravierender Unterschied zwischen den beiden Gruppen. Die deuteronomistischen Kräfte hinter den Königsbüchern übertrugen die Hauptschuld an der Exilskatastrophe auf Manasse und seine Generation. So gestanden sie den institutionellen Erfolg der Reform zu und wahrten zugleich im Interesse der Theodizee die in der Geschichte waltende Gerechtigkeit JHWHs, freilich um den Preis einer zugkräftigen Perspektive für die Zukunft. Außerdem rückten sie ihre eigenen Ideale ins Zwielicht, weil der Gesetzeseifer ihres königlichen Helden sich vor aller Augen als untauglich erwies, das Heil zu garantieren, und nur wenige Jahre später ausgerechnet jenes Heiligtum den Brandschatzern anheimfiel, das Joschija als einzig rechtmäßige Opferstätte bestehen gelassen hatte – ganz so, als habe die Kultzentralisation vielmehr den Zorn JHWHs heraufbeschworen.

Demgegenüber strebten die jeremianischen Deuteronomisten nach einem schlüssigeren Theodizeekonzept, das zudem nicht ihre Vorstellungen von rechtem Gottesdienst zu desavouieren drohte. Ihr eigener Entwurf verlangte jedoch, die Verdienste Joschijas ungeschehen zu machen. Vereinzelte Lichtblicke in der religiösen Geschichte Judas wurden zwar nicht geleugnet,[72] aber im Rahmen eines nahezu lückenlosen Schuldkontinuums als unter dem Strich bedeutungslos eingeebnet. Außerdem gingen die JerDtr mit den Hauptgeboten der Kulteinheit und der Kultreinheit ganz unterschiedlich um. Die Maxime der Opferzentralisation strichen sie aus ihrem Forderungskatalog (7,22). Damit bestritten sie der von Joschija vollzogenen Kulteinigung ihre soteriologische Relevanz, wichen dafür aber der unangenehmen Frage aus, was es über die Konformität solcher Maßnahmen mit dem Gotteswillen besagte, wenn der Tempel bald nach der Ausmerzung der übrigen JHWH-Opferstätten in Schutt und Asche gesunken war. Die rettende Kraft kultischer Orthopraxie konzentrierte sich infolgedessen auf die Alleinverehrung, also auf jenes Gebot, das sich auch ohne Zentralheiligtum befolgen ließ und in der Verbannung sogar an Dringlichkeit gewann.[73] Und während die Redaktoren des DtrG die Verantwortung für das

---

72 Mit dem Lob für Hiskija und seine Generation in 26,19 *AlT* zeichnet sich in JerDtr eine Entwicklung ab, die schließlich in Chr zur Entfaltung kommen sollte.

73 Zusätzlich steigerten sie den Nachdruck auf sozialen Verpflichtungen: Jer 7,5–6.9; 22,3; 34,8–22; vgl. R. ALBERTZ, Deuteronomisten, 291.

Wohl und Wehe Israels nicht ausschließlich, aber weit überwiegend
den für die Kulteinheit zuständigen Königen übertrugen, verlagerten
die JerDtr die Schuld an der Katastrophe konsequent auf das gesamte
Volk, das unter allen Umständen zur Alleinverehrung verpflichtet war.
Dabei räumten sie zwar ein, dass es kurz vor dem Exil monolatrische
Tendenzen gegeben hatte, gestanden ihnen aber nur eine ephemere
Rolle zu. Die fundamentalen konzeptionellen Differenzen gegenüber
den Bearbeitern der Königsbücher bestätigen somit die schon vielfach
beobachtete Kluft zwischen den beiden Flügeln der deuteronomistischen Bewegung rundum den Beginn der Exilszeit.

Die zweite Konsequenz bezieht sich auf das Verhältnis des historischen Jeremia zur joschijanischen Reform. Aus den obigen Beobachtungen ergibt sich: Sollten die deuteronomistischen Redaktoren in ihrem
Quellenmaterial ein eindeutiges positives Votum zu den kultpolitischen Maßnahmen Joschijas vorgefunden haben, konnten sie ihr
geschichtstheologisches Konzept nur durchhalten, wenn sie zur Zensur
griffen, indem sie derlei Stücken die Aufnahme in ihr Buch verweiger-
ten. Indes können wir natürlich nicht wissen, ob ihnen solche Äußerun-
gen tatsächlich vorlagen. Daraus folgt, dass die Haltung Jeremias zur
Reform prinzipiell nicht mehr aufzuhellen sein wird. Da die jeremianischen Deuteronomisten den Propheten zu ihrem Sprecher erhoben,
seine Sympathie für Joschija belegt ist und Konzepte wie der Ausschließlichkeitsanspruch JHWHs und die kultische Zentralität Jerusalems auch in seinem theologischen Kosmos heimisch waren, ist kaum
wahrscheinlich, dass er die regierungsamtliche Durchsetzung dieser
Maximen abgelehnt hat. Weil die Redaktoren zudem genötigt waren,
Zeugnisse der offenen Parteinahme für die Reform auszufiltern, ist
ferner nicht auszuschließen, dass er den Wandel aktiv unterstützte.
Näheres lässt sich jedoch nicht mehr sagen. Im Gegenzug ist die Annullierung der joschijanischen Reform durch JerDtr mit zu bedenken,
wenn man das Reformschweigen Jeremias als Einwand gegen die Historizität der kultischen Innovationen ins Feld führt.

Drittens liefert der Befund im Jeremiabuch einen Gesichtspunkt für
die Lösung zentraler Probleme des Werdegangs der Königsbücher
bzw. des DtrG. Zu Beginn wurde die andernorts erneuerte These resümiert, dass jenes Stück Literatur noch vorexilisch entstand und ehemals
im Bericht von der joschijanischen Reform kulminierte, während exilisch-nachexilische Hände das Werk erweiterten, indem sie den Widerspruch von institutionellem Erfolg und soteriologischem Scheitern der
Reform auf die Schuld Manasses und seiner Untertanen zurückführten.
Dieses Votum für das Blockmodell wurde begründet mit der konzeptionellen Paradoxie des heutigen Wortlauts, der als Kompromiss-

produkt zu werten ist, aufgezwungen durch bestimmtes Vorwissen des implizierten Publikums, dem die Originalausgabe der Geschichtsdarstellung samt deren Porträt der Taten Joschijas wohlvertraut war. Wie der Vergleich mit der Chronik und dem Jeremiabuch erweist, hat man die Anstößigkeit jenes Entwurfs bereits in der Antike empfindlich verspürt und daher bei Schaffung neuer Werke auf verschiedenen Wegen bereinigt. Die Chronik hat die Maßnahmen Joschijas zugunsten der Reform Hiskijas herabgestuft, Manasse entlastet und das Überschreiten der roten Linie unmittelbar vor die Katastrophe verschoben. Noch radikaler gingen die Redaktoren des Jeremiabuches vor, die weitaus zeitnäher arbeiteten, aber auch keinen literarischen Vorgaben verpflichtet waren. Der Befund zeigt, dass unter dem Druck des theologischen Erklärungsbedarfs sogar deuteronomistische Autoren bereit waren, die Leistungen Joschijas zu opfern. Es bedurfte lediglich eines hinreichenden Gestaltungsspielraums, der ihnen erlaubte, das Geschichtsbild nach ihren eigenen Bedürfnissen zu formen. Die Entwicklung gipfelte in der Verkehrung der soteriologischen Valenz der Vorgänge (3,6–12c).

So ergibt sich: Das Bild der Kultgeschichte Israels, wie die Königsbücher es zeichnen, war keineswegs alternativlos. Wenn die deuteronomistischen Kreise hinter den Königsbüchern eine derart problembeladene Antwort auf die Frage nach der Gerechtigkeit Gottes in der Geschichte gaben, so deshalb, weil sie in maßgeblichen Belangen ihre Hände gebunden sahen. Der Bericht von der joschijanischen Reform hatte bereits durch die vorexilische Ausgabe einen hohen Bekanntheitsgrad erzielt, und wollte man das Werk der eigenen Schule nicht vollends verwerfen oder durch tiefgreifende Revision desavouieren, blieb nur eine Notlösung nach Art jenes Flickwerks, das wir heute vorfinden. Das Blockmodell der Entstehung der Königsbücher bzw. des DtrG wird so auch durch externe Indizien untermauert.

Zitierte Literatur

ALBERTZ, R., Jer 2–6 und die Frühzeitverkündigung Jeremias (1982), in: Ders., Geschichte und Theologie, 209–238.

— Wer waren die Deuteronomisten? Das historische Rätsel einer literarischen Hypothese (1997), in: Ders., Geschichte und Theologie, 279–301.

— Geschichte und Theologie. Studien zur Exegese des Alten Testaments und zur Religionsgeschichte Israels (BZAW 326), Berlin 2003.

BAE, H.-S., Vereinte Suche nach JHWH. Die Hiskianische und Josianische Reform in der Chronik (BZAW 355), Berlin 2005.

BEN ZVI, E., Observations on Josiah's Account in Chronicles and Implications for Reconstructing the Worldview of the Chronicler, in: Y. Amit (u. a., Hg.), Essays on Ancient Israel in its Near Eastern Context. A Tribute to Nadav Na'aman, Winona Lake 2006, 89–106.

— Josiah and the Prophetic Books: Some Observations, in: L. L. Grabbe (Hg.), Good Kings and Bad Kings. The Kingdom of Judah in the Seventh Century BCE (T&T Clark Biblical Studies), London 2007, 47–64.

BOGAERT, P.-M. (Hg.), Le livre de Jérémie. Le prophète et son milieu. Les oracles et leur transmission (BEThL 54), Leuven ²1997.

BÖHLER, D., Geschlechterdifferenz und Landbesitz. Strukturuntersuchungen zu Jer 2,2–4,2, in: W. Groß (Hg.), Jeremia und die »deuteronomistische Bewegung«, 91–127.

BRAULIK, G., Theorien über das Deuteronomistische Geschichtswerk (DtrG) im Wandel der Forschung, in: E. Zenger (u. a.), Einleitung in das Alte Testament (KStTh 1,1), 8., vollständig überarb. Aufl. hg. von C. Frevel, Stuttgart 2012, 237–256.

GROß, W., (Hg.), Jeremia und die »deuteronomistische Bewegung« (BBB 98), Weinheim 1995.

HARDMEIER, C., Prophetie im Streit vor dem Untergang Judas. Erzählkommunikative Studien zur Entstehungssituation der Jesaja- und Jeremiaerzählungen in II Reg 18–20 und Jer 37–40 (BZAW 187), Berlin 1990.

— Geschichte und Erfahrung in Jer 2–6. Zur theologischen Notwendigkeit einer geschichts- und erfahrungsbezogenen Exegese und ihrer methodischen Neuorientierung, EvTh 56 (1996) 3–29.

— Zeitverständnis und Geschichtssinn in der Hebräischen Bibel. Geschichtstheologie und Gegenwartserhellung bei Jeremia (1998), in: Ders., Realitätssinn und Gottesbezug, 89–124.

— Wahrhaftigkeit und Fehlorientierung bei Jeremia. Jer 5,1 und die divinatorische Expertise Jer 2–6* im Kontext der zeitgenössischen Kontroversen um die politische Zukunft Jerusalems (2001), in: Ders., Realitätssinn und Gottesbezug, 125–154.

— Realitätssinn und Gottesbezug. Geschichtstheologische und erkenntnisanthropologische Studien zu Genesis 22 und Jeremia 2–6 (BThSt 79), Neukirchen-Vluyn 2006.

HÄUSL, M., Bilder der Not. Weiblichkeits- und Geschlechtermetaphorik im Buch Jeremia (HBS 37), Freiburg i. Br. 2003.

HERRMANN, S., Jeremia. Fasz. 1: 1,1–19 (BK 12.1), Neukirchen-Vluyn 1986.

— Jeremia. Der Prophet und das Buch (EdF 271), Darmstadt 1990.

HOLLADAY, W. L., Jeremiah 1. A Commentary on the Book of the Prophet Jeremiah Chapters 1–25 (Hermeneia), Philadelphia 1986.

JOB, J. B., Jeremiah's Kings. A Study of the Monarchy in Jeremiah (Society of Old Testament Study Monographs), Aldershot 2006.

JONKER, L. C., Reflections of King Josiah in Chronicles. Late Stages of the Josiah Reception in 2 Chr 34f (Textpragmatische Studien zur Hebräischen Bibel 2), Gütersloh 2003.

KNOBLOCH, H., Die nachexilische Prophetentheorie des Jeremiabuches (BZAR 12), Wiesbaden 2009.

LEUCHTER, M., Josiah's Reform and Jeremiah's Scroll. Historical Calamity and Prophetic Response (HBM 6), Sheffield 2006.

LEVIN, C., Noch einmal: Die Anfänge des Propheten Jeremia (1981), in: Ders., Fortschreibungen. Gesammelte Studien zum Alten Testament (BZAW 316), Berlin 2003, 217–226.

— The Empty Land in Kings, in: E. Ben Zvi – C. Levin (Hg.), The Concept of Exile in Ancient Israel and its Historical Contexts (BZAW 404), Berlin 2010, 61–89.

LIPSCHITS, O., The Fall and Rise of Jerusalem. Judah under Babylonian Rule, Winona Lake 2005.

LOHFINK, N., Der junge Jeremia als Propagandist und Poet. Zum Grundstock von Jer 30–31, in: P.-M. Bogaert (Hg.), Le livre de Jérémie, 351–368.439–445.

MAIER, C., Jeremia als Lehrer der Tora. Soziale Gebote des Deuteronomiums in Fortschreibungen des Jeremiabuches (FRLANT 196). Göttingen 2002.

NOTH, M., Überlieferungsgeschichtliche Studien. Die sammelnden und bearbeitenden Geschichtswerke im Alten Testament (1943), 3. Aufl. Tübingen 1967.

OTTO, E., Jeremia und die Tora (2007). Ein nachexilischer Diskurs, in: Ders., Die Tora. Studien zum Pentateuch. Gesammelte Schriften (BZAR 9), Wiesbaden 2009, 515–560.

PAKKALA, J., Gedaliah's Murder in 2 Kings 25:25 and Jeremiah 41:13, in: A. Voitila – J. Jokiranta (Hg.): Scripture in Transition. Essays on

Septuagint, Hebrew Bible, and Dead Sea Scrolls in Honour of Raija Sollamo (JSJ.S 126), Leiden 2008, 401–411.

RISTAU, K. A., Reading and Rereading Josiah: The Chronicler's Representation of Josiah for the Postexilic Community, in: G. N. Knoppers – K. A. Ristau (Hg.), Community Identity in Judean Historiography. Biblical and Comparative Perspectives, Winona Lake 2009, 219–247.

RÖMER, TH., The So-called Deuteronomistic History. A Sociological, Historical and Literary Introduction, London 2005.

— Das deuteronomistische Geschichtswerk und die Wüstentraditionen der Hebräischen Bibel, in: H.-J. Stipp (Hg.), Das deuteronomistische Geschichtswerk, 55–88.

SCHARBERT, J., Jeremia und die Reform des Joschija, in: P.-M. Bogaert (Hg.), Le livre de Jérémie, 40–57.422–424.

SCHERER, A., Neuere Forschungen zu alttestamentlichen Geschichtskonzeptionen am Beispiel des Deuteronomistischen Geschichtswerks, VF 53 (2008) 22–40.

SCHIPPER, B. U., Egypt and the Kingdom of Judah under Josiah and Jehoiakim, TA 37 (2010) 200–226.

SCHMID, K., Buchgestalten des Jeremiabuches. Untersuchungen zur Redaktions- und Rezeptionsgeschichte von Jer 30–33 im Kontext des Buches (WMANT 72), Neukirchen-Vluyn 1996.

— Nebukadnezars Antritt der Weltherrschaft und der Abbruch der Davidsdynastie. Innerbiblische Schriftauslegung und universalgeschichtliche Konstruktion im Jeremiabuch, in: Ders., Schriftgelehrte Traditionsliteratur: Fallstudien zur innerbiblischen Schriftauslegung im Alten Testament (FAT 77), Tübingen 2011, 223–241.

SCHMIDT, W. H., Das Buch Jeremia. Kapitel 1–20 (ATD 20.1), Göttingen 2008.

SCHREINER, J., Jeremia und die joschijanische Reform. Probleme – Fragen – Antworten, in: W. Groß (Hg.), Jeremia und die »deuteronomistische Bewegung«, 11–31.

SEIDL, TH., Carchemish in Near Eastern Historiography and in the Old Testament, OTE 22 (2009) 646–661.

STIPP, H.-J., Jeremia im Parteienstreit. Studien zur Textentwicklung von Jer 26, 36–43 und 45 als Beitrag zur Geschichte Jeremias, seines Buches und judäischer Parteien im 6. Jahrhundert (BBB 82), Frankfurt a. M. 1992.

- Das masoretische und alexandrinische Sondergut des Jeremiabuches. Textgeschichtlicher Rang, Eigenarten, Triebkräfte (OBO 136), Freiburg Schweiz – Göttingen 1994.
- Linguistic Peculiarities of the Masoretic Edition of the Book of Jeremiah. An Updated Index, JNWSL 23/1 (1997) 181–202.
- Deuterojeremianische Konkordanz (ATSAT 63), St. Ottilien 1998.
- Jeremia 24: Geschichtsbild und historischer Ort, JNWSL 25/1 (1999) 151-183.
- Jeremia, der Tempel und die Aristokratie. Die patrizische (schafanidische) Redaktion des Jeremiabuches (KAANT 1), Waltrop 2000.
- Zur aktuellen Diskussion um das Verhältnis der Textformen des Jeremiabuches, in: M. Karrer – W. Kraus (Hg.), Die Septuaginta – Texte, Kontexte, Lebenswelten (WUNT 219), Tübingen 2008, 630–653.
- Sprachliche Kennzeichen jeremianischer Autorschaft, in: H. M. Barstad – R. G. Kratz (Hg.), Prophecy in the Book of Jeremiah (BZAW 388), Berlin 2009, 148–186.
- Das judäische und das babylonische Jeremiabuch, in: J. Krašovec (Hg.), Congress Volume Ljubljana 2007 (VT.S 133), Leiden 2010, 239–264.
- Die individuellen Prosaorakel des Jeremiabuches, in: C. Diller – M. Mulzer – K. Ólason – R. Rothenbusch (Hg.), Studien zu Psalmen und Propheten (FS Hubert Irsigler; HBS 64), Freiburg i. Br. 2010, 309-345.
- Ende bei Joschija. Zur Frage nach dem ursprünglichen Ende der Königsbücher bzw. des Deuteronomistischen Geschichtswerks; in diesem Band 391–439.
- (Hg.), Das deuteronomistische Geschichtswerk (ÖBS 39), Frankfurt a. M. 2011.
- Die Verfasserschaft der Trostschrift Jer 30–31*, ZAW 123 (2011) 184-206.

SWEENEY, M. A., King Josiah of Judah. The Lost Messiah of Israel, Oxford 2001.

- Jeremiah 30–31 and KING Josiah's Program of National Retoration and Religious Reform (1996), in: Ders., Form and Intertextuality, 109–122.
- Structure and Redaction in Jeremiah 2–6 (1999), in: Ders., Form and Intertextuality, 94–108.

— Form and Intertextuality in Prophetic and Apocalyptic Literature (FAT 45), Tübingen 2005, 94–108.

THIEL, W., Die deuteronomistische Redaktion von Jeremia 1–25 (WMANT 41), Neukirchen-Vluyn 1973.

VEIJOLA, T., Deuteronomismusforschung zwischen Tradition und Innovation, ThR 67 (2002) 273–327.391–424; 68 (2003) 1–44.

WANKE, G., Jeremia. Teilband 1: Jeremia 1,1–25,14 (ZBK.AT 20.1), Zürich 1995.

— Jeremia. Teilband 2: Jeremia 25,15–52,34 (ZBK.AT 20.2), Zürich 2003.

WESSELS, W., Josiah the Idealized King in the Kingship Cycle in the Book of Jeremiah, OTE 20 (2007) 860–876.

Verzeichnisse

Verzeichnis der Originalveröffentlichungen

Gen 1,1 und asyndetische Relativsätze im Bibelhebräischen

Sigurður Örn Steingrímsson – Kristinn Ólason (Hg.), Literaturwissenschaftliche und sprachwissenschaftliche Beiträge zu alttestamentlichen Texten. Symposium in Hólar í Hjaltadal, 16.-19. Mai 2005 (Festschrift für Wolfgang Richter; Arbeiten zu Text und Sprache im Alten Testament 83), St. Ottilien: EOS 2007, 323-355.

Anfang und Ende. Nochmals zur Syntax von Gen 1,1

Zeitschrift für Althebraistik 17-20 (2004-2007) 188-196.

Dominium terrae. Die Herrschaft der Menschen über die Tiere in Gen 1,26.28

Andreas Michel – Hermann-Josef Stipp (Hg.), Gott – Mensch – Sprache. Schülerfestschrift für Walter Groß zum 60. Geburtstag am 30. Juni 2001 (ATSAT 68), St. Ottilien: EOS 2001, 113-148.

„Alles Fleisch hatte seinen Wandel auf der Erde verdorben" (Gen 6,12). Die Mitverantwortung der Tierwelt an der Sintflut nach der Priesterschrift

Zeitschrift für die alttestamentliche Wissenschaft 111 (1999) 167-186.

„Meinen Bund hat er gebrochen" (Gen 17,14). Die Individualisierung des Bundesbruchs in der Priesterschrift

Münchner Theologische Zeitschrift 56 (2005) 290-304.

Simson, der Nasiräer

Vetus Testamentum 45 (1995) 337-369.

Richter 19: Schriftgestützte politische Propaganda im davidischen Israel

Der Aufsatz basiert auf:

Richter 19 – ein frühes Beispiel schriftgestützter politischer Propaganda in Israel, in: Susanne Gillmayr-Bucher – Annett Giercke – Christina Nießen (Hg.), Ein Herz so weit wie der Sand am Ufer des Meeres (Festschrift für Georg Hentschel; Erfurter Theologische Studien 90), © Echter Verlag Würzburg 2007, 127-164.

Beobachtungen zur ehemaligen literarischen Selbstständigkeit von Ri 19, in: Kristinn Ólason (Hg.), „Ruft nicht die Weisheit ...?" (Spr 8,1). Alttestamentliche und epigraphische Textinterpretationen. Symposion in Skálholt, 1.-3. Juni 2009 (Arbeiten zu Text und Sprache im Alten Testament 94), St. Ottilien: EOS 2011, 221-242.

Die sechste und siebte Fürbitte des Tempelweihegebets (1 Kön 8,44-51) in der Diskussion um das Deuteronomistische Geschichtswerk

Journal of Northwest Semitic Languages 24/1 (1998) 193-216.

Ahabs Buße und die Komposition des Deuteronomistischen Geschichtswerks

Biblica 76 (1995) 471-497.

Traditionsgeschichtliche Beobachtungen zu den Kriegserzählungen der Königsbücher

Revue Biblique 104 (1997) 481-511.

Vier Gestalten einer Totenerweckungserzählung
(1 Kön 17,17-24; 2 Kön 4,8-37; Apg 9,36-42; Apg 20,7-12)

Biblica 80 (1999) 43-77.

Die Qedešen im Alten Testament

Anselm C. Hagedorn – Hendrik Pfeiffer (Hg.), Die Erzväter in der biblischen Tradition (Festschrift für Matthias Köckert; Beihefte zur Zeitschrift für die alttestamentliche Wissenschaft 400), Berlin – New York: de Gruyter 2009, 209-240.

Ende bei Joschija. Zur Frage nach dem ursprünglichen Ende der Königsbücher bzw. des Deuteronomistischen Geschichtswerks

H.-J. Stipp (Hg.), Das Deuteronomistische Geschichtswerk (Österreichische Biblische Studien 39), Frankfurt a. M. (u. a.): Lang 2011, 225-267.

Rezensionen

Susanne Otto: Jehu, Elia und Elisa

Theologische Literaturzeitung 127 (2002) 1042-1045.

Adrian Schenker: Älteste Textgeschichte der Königsbücher

Biblische Zeitschrift 49 (2005) 307-312.

Vom Heil zum Gericht.
Die Selbstinterpretation Jesajas in der Denkschrift

Franz Sedlmeier (Hg.), Gottes Wege suchend. Beiträge zum Verständnis der Bibel und ihrer Botschaft (Festschrift für Rudolf Mosis), © Echter Verlag: Würzburg 2003, 323-354.

Die joschijanische Reform im Jeremiabuch. Mit einem Seitenblick auf das Deuteronomistische Geschichtswerk

Erasmus Gaß – Hermann-Josef Stipp (Hg.), „Ich werde meinen Bund mit euch niemals brechen!" (Ri 2,1) (Festschrift für Walter Groß; Herders Biblische Studien 62), Freiburg i. Br. (u. a.): Herder 2011, 101-129.

Stellenregister (in Auswahl)

Sach- und Namenregister

Wortregister

a) Hebräisch

b) Akkadisch